UTB

UTB 2266

W0382505

Eine Arbeitsgemeinschaft der Verlage

Beltz Verlag Weinheim und Basel
Böhlau Verlag Köln · Weimar · Wien
Wilhelm Fink Verlag München
A. Francke Verlag Tübingen und Basel
Paul Haupt Verlag Bern · Stuttgart · Wien
Verlag Leske + Budrich · Opladen
Lucius & Lucius Verlagsgesellschaft Stuttgart
Mohr Siebeck Tübingen
C. F. Müller Heidelberg
Ernst Reinhardt Verlag München und Basel
Ferdinand Schöningh Verlag Paderborn · München · Wien · Zürich
Eugen Ulmer Verlag Stuttgart
UVK Verlagsgesellschaft Konstanz
Vandenhoeck & Ruprecht in Göttingen
WUV Facultas · Wien

Eugenio Coseriu

Geschichte der Sprachphilosophie

Von den Anfängen bis Rousseau

Neu bearbeitet und erweitert von Jörn Albrecht

Mit einer Vor-Bemerkung von Jürgen Trabant

A. Francke Verlag Tübingen und Basel

Eugenio Coseriu lehrte Romanische Philologie und Allgemeine Sprachwissenschaft an der Universität Tübingen.

Jörn Albrecht ist Professor für Französische Sprach- und Übersetzungswissenschaft an der Universität Heidelberg.

Bibliografische Information Der Deutschen Bibliothek

Die Deutsche Bibliothek verzeichnet diese Publikation in der Deutschen Nationalbibliografie; detaillierte bibliografische Daten sind im Internet über <http://dnb.ddb.de> abrufbar.

Dischingerweg 5 · D-72070 Tübingen
ISBN 3-7720-2979-5

Gedruckt auf chlorfrei gebleichtem und säurefreiem Werkdruckpapier.

Internet: http://www.francke.de
E-Mail: info@francke.de

Einbandgestaltung: Atelier Reichert, Stuttgart
Satz: Nagel, Reutlingen
Druck und Bindung: Pustet, Regensburg
Printed in Germany

ISBN 3-8252-2266-7 (UTB-Bestellnummer)

Inhaltsverzeichnis

Buchhandlung Fiehland
Holstenstraße 32
24568 Kaltenkirchen
Tel.: 04191 958600

atum: 30.01.2012 11:01:39 00010/00021
asse: Kassierer

rtikel	Menge	Preis	MwSt	Summe
783825222666, Geschichte der Sprachphil eschichte der Sprachphilosophie von B)	1	18,84	7,0%	18,84

Summe 18,84

Bar 50,00
Zurück 31,16

wSt 7,0% 1,23
wSt 19,0% 0,00
wSt Summe 1,23

ntgelt: 17,61

Vielen Dank für Ihren Besuch.
Auf Wiedersehen.
Mo-Fr:9:00-18.30 Sa:9.00-14.00
www.buchhandlung-fiehland.de
St.-Nr.:1105217362

Buchhandlung Fehland
Holstenstraße 32
24568 Kaltenkirchen
Tel.: 04191 958800

atum: 30.01.2012 11:01:39 00010/00021
asse: Kassierer

rtikel Menge	Preis	MwSt	Summe	

783825222666 Geschichte der Sprachphil
eschichte der Sprachphilosophie von
8) 1 18,84 7,0% 18,84

18,84	Summe	
50,00	Bar	
31,16	Zurück	

wSt 7,0% 1,23
wSt 19,0% 0,00
wSt Summe 1,23

ntgelt: 17,61

Vielen Dank für Ihren Besuch.
Auf Wiedersehen.
Mo-Fr:9:00-18:30 Sa:9:00-14:00
www.buchhandlung-fehland.de
St.-Nr.:11052173862

Jürgen Trabant

Vor-Bemerkungen, dreißig Jahre danach

1. Die *Geschichte der Sprachphilosophie*, die hier in einer Neubearbeitung von Jörn Albrecht vorliegt, ist sicher eines der erfolgreichsten Bücher Eugenio Coserius. Dabei war sie zunächst gar kein richtiges Buch. Es war die Nachschrift von Vorlesungen, die Coseriu 1968/69 und 1970/71 in Tübingen gehalten hat und die Rudolf Windisch und Gunter Narr aufgezeichnet und in zwei schmalen Bänden 1969 und 1972 zum ersten Mal publiziert haben: maschinenschriftlich, in der Eile auch fehlerhaft und vor allem – fragmentarisch: Die *Geschichte der Sprachphilosophie* bricht ja ab, bevor es mit der „eigentlichen" Sprachphilosophie überhaupt losgeht, d.h. vor Herder, Humboldt, Hegel. Coseriu hat zwar den Zeitraum bis 1835 (Humboldts Todesjahr) noch in späteren Vorlesungen behandelt, diese sind aber nicht mehr in Buchform veröffentlicht worden. Und von dem, was heute, dreißig Jahre später, mit „Sprachphilosophie" an den philosophischen Instituten der Universitäten gemeint ist, ist in dieser Geschichte überhaupt nicht die Rede.

Daß es eine Vorlesungsnachschrift ist, macht das Buch allerdings zu einem typischen Coseriu-Buch. Einige seiner bekanntesten Bücher sind gerade solche Vorlesungsnachschriften, außer dem hier vorliegenden z.B. auch die von Jörn Albrecht so exzellent bearbeitete *Textlinguistik* oder die von Heinrich Weber besorgte *Sprachkompetenz*. In gewisser Hinsicht kann man sogar sagen, daß sich – mit Ausnahme wohl der frühen Arbeiten – das gesamte Werk Coserius der Verschriftlichung mündlicher Mitteilung durch Hörer verdankt. Auch seine Aufsätze, denen man ihre Mündlichkeit nicht ansieht wie den Vorlesungsnachschriften, sind immer diktiert worden, vorzugsweise einem promovierten Assistenten, also einem Hörer, der auch versteht, was gesagt wird. Ich glaube nicht, daß Coseriu jemals eine Schreibmaschine betätigt hat. Coseriu braucht zum Schreiben seine Stimme, und er braucht ganz offensichtlich einen Hörer, einen akroates, der dann der Aufschreiber ist. Coserius schriftliches Werk ist in diesem Sinne wesentlich akroamatisch, Werk auch seiner Hörer. Dieses komplizierte und im Kern mündliche Aufschreibe-Dispositiv bewahrt im Geschriebenen wesentliche Züge der Sprache der Nähe, ganz besonders natürlich bei den aus den Vorlesungen hervorgegangenen Büchern. Das Akroamatische dieser Texte ist ein wesentlicher Grund für ihre Intensität.

2. Die beiden in vielerlei Hinsicht unvollendeten Bändchen über die Geschichte der Sprachphilosophie haben vielleicht sogar wie kaum ein anderes der Coseriuschen Werke gewirkt. Sie haben ganz entschieden einen neuen Forschungszweig mitbegründet, der in den dreißig Jahren seit der Erstveröffentlichung zu einem respektablen internationalen Unternehmen gediehen ist: die historische Reflexion des europäischen (und dann auch außereuropäischen) Sprachdenkens.

Hinsichtlich dieser Wirkung ist vermutlich nur Coserius strukturelle Semantik mit der *Geschichte der Sprachphilosophie* vergleichbar.

Natürlich ist Coserius *Geschichte der Sprachphilosophie* nicht die erste und einzige Publikation dieser Art. Erinnert sei nur an die berühmten klassischen Bücher von Benfey, Steinthal oder Cassirer. Der Erfolg hängt sicher auch nicht nur damit zusammen, daß das Buch viele verschiedene Disziplinen anspricht: Philosophen und Sprachwissenschaftler, Literaturwissenschaftler und Kulturwissenschaftler. Entscheidend für die große Wirkung waren meines Erachtens zwei Momente: Erstens kamen Coserius Vorlesungen und die Veröffentlichung der Nachschriften in einem historisch günstigen Moment: Die sechziger/siebziger Jahre sind ja sowohl durch eine krisenhafte Entwicklung der Sprachwissenschaft geprägt, die sich in einer Wende zur Geschichte ihrer neuen Zielsetzungen vergewissern wollte, als auch durch eine Transformation der Philosophie zur „Sprachphilosophie", in Deutschland in der Begegnung mit dem angelsächsischen Philosophieren. Für das erste sei Chomskys berühmte und umstrittene „monumentalische" legenda aurea der generativen Linguistik in *Current Issues* und in *Cartesian Linguistics* erwähnt. Coserius *Geschichte der Sprachphilosophie* sowie seine zahlreichen Aufsätze zur Geschichte der Sprachwissenschaft sind gerade auch eine Reaktion auf diese Art der problematischen Vereinnahmung von großen Namen der Vergangenheit (bei Chomsky vor allem von Descartes und Humboldt) für die eigenen spezifischen linguistischen Bemühungen. Für das zweite sei an Apels und Liebrucks' Arbeiten erinnert sowie an eine geradezu explosionsartige Publikationstätigkeit zum Thema „Sprache und Philosophie" durch die Hinwendung zur analytischen Philosophie.

Der zweite und hauptsächliche Grund für den Erfolg ist in den Qualitäten des Buches selbst zu suchen: in der Präsenz eines wirklich „meisterhaften" Denkens und Sprechens, d.h. einer stupenden Gelehrsamkeit, einer Leidenschaft für die genaue Lektüre von Texten, eines Jahrtausende umfassenden Überblicks über Philosophie und Sprachwissenschaft und einer daraus resultierenden, einfach mitreißenden Überzeugungskraft der Kritik. Denn die hermeneutisch subtil erschlossenen Texte der Vergangenheit werden im Lichte der geschichtlichen Erfahrung mit der Sprache gelesen. Coserius *Geschichte* ist aber keine für eine spezifische sprachwissenschaftliche oder sprachphilosophische Zielstellung instrumentalisierte Darstellung, wie es Chomskys historiographische Bücher unzweifelhaft sind, in denen dieser sich eine monumentalische Geschichte seiner eigenen Bemühungen aus den Texten der Vergangenheit zusammenstellt. Das Vorspannen der Geschichte vor einen kleinen partikularen Wagen ist im übrigen schon deswegen ausgeschlossen, weil Coserius Sprachauffassung sich gerade dadurch auszeichnet, daß sie nichts Sprachliches ausschließt, daß sie eine umfassende Systematik des Sprachlichen entfaltet, in der die Fragestellungen der Vergangenheit aufgehoben sind. Sie erlaubt es dann auch, genauestens zu fragen, welches Problem ein Autor der Vergangenheit denn nun eigentlich verfolgt und welche Tragweite – angesichts der historischen Entfaltung des Nachdenkens über die Sprache – seine Fragestellungen haben, was er gesehen, was er noch nicht gesehen hat. Die folgenden Beispiele mögen das andeuten: Coseriu hat deutlich gemacht, daß Sprache bis zu Vico, Herder und der klassischen deutschen Sprachphilosophie immer im Hinblick auf anderes – zumeist im Hinblick auf die Erkenntnis-Problematik – thematisiert worden ist und daß sie erst durch die genannten Autoren als ein eigenes Gebiet des menschlichen Geistes entdeckt und damit zum autonomen Gegenstand der philosophischen und der wissenschaftlichen Reflexion wurde. Auch daß die Historizität und Partikularität der Semantik – und damit überhaupt ein adäquates Verständnis sprachlicher „Verschiedenheit" – eine späte Einsicht ist, die eigentlich erst Humboldt wirklich systematisch in das Denken der Sprache einholt. Oder daß Vico, der gerade als erster das Sprachliche als ein eigenes Gebiet menschlicher Geistigkeit entdeckt, in struktureller Hinsicht einen unzureichenden Sprachbegriff hat, sofern er das Sprachliche nur als etwas Textuelles versteht, d.h. die für die Sprache konstitutive Ebene des Wortes nicht erfaßt. Coseriu präsentiert also die *Geschichte der Sprachphilosophie* vor dem Hintergrund eines Wissens über die Sprache, das durchaus als historische Akkumulation von Erkenntnissen verstanden ist, hinter die dann allerdings auch nicht mehr zurückgegangen werden kann.

Die Höhepunkte der beiden Vorlesungen sind eindeutig die Darstellung von Aristoteles und von Vico. Coseriu ist ja einer der ganz großen Kenner aristotelischer Philosophie, die in seinem Sprachdenken immer präsent ist. Vico war damals, als Coseriu über ihn sprach, noch wenig als Sprachphilosoph bekannt. In Italien hatte ihn kurz vorher Antonino Pagliaro, in Deutschland Karl-Otto Apel und Bruno Liebrucks als einen bedeutenden Sprachdenker thematisiert. Vico wird seit Michelet in Europa hauptsächlich als Geschichtsphilosoph wahrgenommen bzw. in der Diltheyschen Tradition als ein Begründer der Wissenschaftsfähigkeit der Wissenschaften vom „mondo civile", der gesellschaftlichen Welt bzw. der Kultur. Als solcher ist er natürlich jetzt auch wieder ein Säulenheiliger der „Kulturwissenschaften". Ohne die geschichtsphilosophischen und epistemologischen Einsichten Vicos zu leugnen, stärkt Coseriu die dritte Säule der Lektüre, eben die sprachphilosophische, die seitdem auch die eigentlich innovative der neueren Vico-Forschung ausmacht.

Gewiß wäre dreißig Jahre später manches an der *Geschichte der Sprachphilosophie* zu revidieren. Gerade das wollte Coseriu als Lehrer ja immer am meisten: daß man sich nicht unterwirft, daß man mit ihm streitet, weiterfragt, weiterforscht. Und das ist ja auch dank der Anregungen seiner *Geschichte der Sprachphilosophie* in der Forschung geschehen. Daher ist in der vorliegenden Neubearbeitung auch die Sekundärliteratur zu den meisten Autoren ergänzt worden. Dennoch ist Coserius Lektüre der sprachphilosophischen Klassiker heute nicht überholt, sie hat gleichsam selber den Status eines Klassikers, und das Mitreißende und Faszinierende jener Vorlesungen ist auch heute noch erfahrbar.

3. Dabei birgt die erneute Lektüre dreißig Jahren nach dem Hören der Vorlesung bzw. nach dem ersten Lesen der Nachschriften durchaus auch einige Überraschungen. Ich möchte nur drei davon erwähnen. Überraschend ist erstens der Duktus der Rede. Das war mir damals im Hörsaal nicht aufgefallen, aber es ist

doch einigermaßen erstaunlich, wenn man selber am Ende des eigenen professoralen Berufslebens steht und auf den Vortrag seines Lehrers horcht. Der Duktus ist eines der Elemente dessen, was ich anfangs das „Meisterhafte“ nannte: Hier spricht nicht nur jemand, der unendlich viel weiß und der daher mit eindrucksvoller Autorität seine Interpretationen und Urteile vortragen kann. Hier spricht jemand, der sich seiner Sache sicher ist und für den die menschlichen und kosmischen Dinge, vor allem die Dinge der Gelehrsamkeit, eine Ordnung haben. Daher scheut er auch vor Sätzen nicht zurück, die heute nur noch wenigen über die Lippen kämen: So weiß er z.B. und er sagt es auch, was die Aufgabe der Philosophie ist und was die Aufgabe der Wissenschaft. Philosophie fragt nach dem Sinn des Seins. Sprachphilosophie also nach dem Sinn des Seins der Sprache. So ist es, denkt man. Aber würde man heute selber einen solchen Satz wagen? Die großen Worte sind uns abhanden gekommen ebenso wie der dazugehörige Gestus der meisterhaften Rede.

Überraschend sind nach dreißig Jahren auch die Diskrepanzen, die durch die eigene Arbeit an den hier vorgestellten Texten entstanden sind und von denen ich niemals angenommen hätte, daß sie existieren. So war ich immer der Überzeugung, daß meine Aristoteles-Lektüre mit derjenigen von Coseriu völlig übereinstimmt, da ich Aristoteles ja durch Coseriu kennengelernt habe. Ich stelle nun aber bei der erneuten Lektüre fest, daß ich manche Aristoteles-Stelle doch anders lese als mein Lehrer: Coseriu versteht die an der berühmten immer wieder zitierten Stelle von „De interpretatione“ behandelten Beziehungen zwischen den Sachen (pragmata), den Bewußtseinsinhalten (pathemata tes psyches) und den Lauten (ta en te phone) so, daß wie in Saussures Zeichenmodell die Vorstellungen und die Laute *zusammengenommen* das Wort (onoma) ausmachen und in dieser *Einheit* den Sachen *katà synthéken* gegenüberstehen. Diese Einheit ist nun meines Erachtens aber gerade erst die tiefe Einsicht Humboldts. Bei Aristoteles sehe ich dagegen eine deutliche Trennung zwischen der – im Grunde sprachlosen – kognitiven Beziehung zwischen den Sachen und den Bewußtseinsinhalten einerseits und der kommunikativen Beziehung zwischen den Lauten und den Bewußtseinsinhalten andererseits. Einerseits bilden die pathemata tes psyches die pragmata ab, sie sind homoiomata der Sachen und für alle Menschen gleich (hier liegt also ein universaler mimetischer kognitiver Vorgang vor). Andererseits bezeichnen die in den verschiedenen Gemeinschaften je verschiedenen Laute diese universellen Bewußtseinsbilder nach historischer Übereinkunft (katà synthéken) zum Zwecke der Kommunikation (wozu sonst dienen symbola oder semeia, als die Aristoteles die Laute auffaßt?). So trivial hat jedenfalls die europäische Tradition weitgehend diese Stelle verstanden. Wenn Vico z.B. gegen Aristoteles und die Aristoteliker (Scaliger) polemisiert, so attackiert er genau die Auffassung, daß die „Wörter“ – gemeint sind eindeutig nur die Signifikanten (voci) – arbiträr (a placito) gegenüber den Ideen sein sollen. Vico will nämlich die Abbildlichkeit, die bei Aristoteles auf die Beziehung zwischen Sachen und „Ideen“ beschränkt ist, auch auf die Beziehung zwischen Ideen und Signifikanten (seien diese Gebärden, visuelle Zeichen, Laute, „Stimmen“) ausdehnen. Es kommt mir hier nicht darauf an, wer in dieser Streitfrage recht hat. Es steht sogar vermutlich eher schlecht um mich, da ich nicht auf eine ausgedehnte und tiefe Lektüre des gesamten Aristoteles rekurrieren kann. Es kommt mir hier nur darauf an, die Überraschung zu artikulieren, die die Lektüre dieser Vorlesungen immer noch und immer wieder bereitet.

Drittens möchte ich auf das Vorkommen des Ausdrucks „Kulturwissenschaften“ hinweisen. Der Terminus wurde ja vor ein paar Jahren mit großem Getöse als alternativer – nicht-idealistischer – Ausdruck für „Geisteswissenschaften“ und als Perspektive zu ihrer Rettung propagiert. Ganze Universitäten haben ihre revolutionäre Modernität durch die Affichierung von „Kulturwissenschaften“ (statt der alten verrotteten Geisteswissenschaften) bekundet. Die Neuerung machte auf mich wenig Eindruck, weil mir der Ausdruck längst geläufig war. Die erneute Lektüre der *Geschichte der Sprachphilosophie* hat mich nun wieder daran erinnert, daß wir im Umkreis Coserius immer von „Kulturwissenschaften“ gesprochen haben. Obwohl dies ein ganz bewußt und ausdrücklich „idealistischer“ Kontext war, in dem sich niemand vor dem „Geist“ fürchtete, war in Coserius Systematik der Wissenschaften nicht der „Geist“ die Opposition zur Natur, sondern die Kultur. „Geisteswissenschaft“ wäre gerade die Mathematik gewesen, die aber einen dritten Bereich der Wissenschaft ausmacht.

4. Die Geschichte des europäischen Nachdenkens über die Sprache, die Geschichte der Sprachwissenschaft und der Sprachphilosophie zusammengenommen, hat sich, wie schon bemerkt, zu einem außerordentlich produktiven Forschungsgebiet entwickelt. Schon die Coseriu-Festschrift von 1981 förderte ein eindrucksvolles Spektrum von Studien zutage, die direkt auf die hier vorliegende *Geschichte der Sprachphilosophie* antworteten. Es sind seitdem in vier europäischen Sprachen große historische Synthesen entstanden, herausgegeben von Giulio Lepschy auf englisch und italienisch, von Peter Schmitter auf deutsch und von Sylvain Auroux auf französisch, außerdem das monumentale Handbuch von Dascal und Lorenz. Es haben sich nationale und internationale gelehrte Gesellschaften gebildet, die vielfältige Tagungen organisieren. Es gibt drei wissenschaftliche Zeitschriften, im englischen, deutschen und französischen Sprachgebiet, die sich ausschließlich der Geschichte der Sprachreflexion widmen.

Diese Entwicklung, die natürlich nicht ausschließlich auf das hier vorliegende Buch und die angedeutete wissenschaftshistorische Konstellation in Philosophie und Sprachwissenschaft zurückzuführen ist, ist doch im Rückblick einigermaßen überraschend. Der Aufschwung der Geschichte der Sprachreflexion verläuft, was bisher von den beteiligten Wissenschaftlergruppen kaum bemerkt worden ist, parallel zur eindrucksvollen Entwicklung der allgemeinen Wissenschaftsgeschichte (womit zumeist die Geschichte der Naturwissenschaften gemeint ist), die es sogar schon zu einem Max-Planck-Institut und zu Graduiertenprogrammen an amerikanischen und englischen Universitäten gebracht hat. Die dynamische Entwicklung in diesem Wissenschaftsbereich verdankt sich der Tatsache, daß in einer von Wissenschaft geprägten Welt Wissenschaft als ein wichtiger Teil menschlicher Kultur erkannt worden ist und daß die Geschichte der Bedingungen und Modi der Produktion von naturwissenschaftlicher Erkenntnis und des Umgangs des Menschen mit der Natur angesichts ihrer extremen Gefährdung durchaus „lehrreich“ für das Leben der Menschen ist. Die Parallele zur Wissenschaftsgeschichte ist insofern wichtig, als sie uns auf die tiefe Berechtigung der entsprechenden Bemühungen auch im Bereich der Sprachreflexion verweist: erstens zeigt sie, daß Sprache – durchaus analog zur Natur – eine der fundamentalen Gegebenheiten des Menschseins ist, über die Menschen schon immer reflektiert haben und die in den letzten zweihundert Jahren von einer immer größeren Anzahl von Menschen wissenschaftlich erforscht und philosophisch durchdacht worden ist. Wie die Geschichte der Naturwissenschaften nach dem Umgang der Menschen mit der Natur, so fragt auch die Geschichte der Sprachreflexion, wie die Menschen im Verlaufe der Menschheitsentwicklung mit der Sprache umgegangen sind. Die Sprachreflexion erweist sich dabei als ein bedeutendes Moment menschlicher Kultur, das – wie die Naturwissenschaft – eingebettet ist in gesellschaftliche Praxis: Daß die Griechen (wie die Amerikaner heute) sich nicht für fremde Sprachen interessiert haben, ist z.B. auch ein Effekt ihres „globalen“ Erfolgs als Handelsnation. Die anderen Nationen lernten Griechisch, so daß sich das Umgekehrte erübrigte. Griechische Sprachreflexion bezog sich daher im wesentlichen auf die eigene Sprache, die als universelle erfahren wurde.

Allerdings scheint die Parallele zur Wissenschaftsgeschichte ihre Grenze in der Tatsache zu finden, daß Erkenntnisse der Sprachphilosophie oder Sprachwissenschaft weniger Einfluß auf die Lebenswelt der Menschen haben als die Naturwissenschaften. Diese Ansicht könnte sich aber bei näherem Hinsehen als durchaus unrichtig erweisen: Daß sich z.B. die Veränderung der politischen Ordnung in der Französischen Revolution ganz entschieden auch auf die Sprache bezog, hing mit sprachwissenschaftlichen oder sprachphilosophischen Einsichten zusammen. Wenn, wie damals entdeckt worden war, Sprache eng mit dem Denken verbunden ist, dann muß die neue politische Ordnung ein Denken-Sprechen bekämpfen, das den neuen Verhältnissen entgegensteht: die höfische Sprache des alten Regimes ebenso wie die anderen Sprachen, die unaufgeklärt die neue Ordnung nicht zu denken erlauben. Oldspeak in allen seinen Formen hatte zu verschwinden. Das französische Vorbild macht dann Schule in der politischen Organisation Europas und der Welt in National-Staaten. Wenn dagegen in unserer Zeit die Sprachwissenschaft sich vor allem um die allen Sprachen zugrundeliegende Universelle Grammatik kümmert, die wir als genetische Ausstattung von der biologischen Evolution mitbekommen haben, dann schrumpfen die existenten Sprachen auf völlig sekundäre Mitteilungstechniken zusammen, die auch politisch und kulturell keine große Bedeutung haben. Die Universalgrammatik ist gleichsam die Sprachtheorie der ökonomischen Globalisierung.

Schließlich ist die Geschichte der Sprachreflexion insofern ein genuiner Bestandteil des aktuellen wissenschaftlichen Forschens, als die Erkenntnisse der Vergangenheit ja nicht einfach veralten oder überholt werden wie in den Naturwissenschaften: So ist z.B. die Frage nach der „Richtigkeit der Wörter“, die Platon im *Kratylos* gestellt hat, immer noch eine moderne Frage, die in der Linguistik heute unter anderem in Form des Problems der „Ikonizität“ oder der „Natürlichkeit“ diskutiert wird. Natürlich sind z.B. viele Etymologien Vicos falsch, richtig ist aber an seinem etymologischen Blick die Annahme, daß sich die aktuelle Form und Bedeutung der Wörter durch ihre Geschichte erklären lassen. Die Annahme einer (allerdings durch keinerlei hermeneutische Zurückhaltung gedämpften) Aktualität theoretischer Positionen der Vergangenheit war daher auch das durchaus richtige Motiv bei Chomskys Suche nach Vorgängern. Sogar sein Anschließen an Descartes erwies sich letztlich insofern als zutreffend, als es, wie Coseriu im hier vorliegenden Buch gezeigt hat, gar keine Cartesianische Linguistik gibt, sondern nur eine Theorie des (sprachlosen) Geistes, als die sich Chomskys Universale Grammatik letztlich ja auch herausgestellt hat.

5. Der große Unterschied zur Situation von 1970 ist die Erklärungsbedürftigkeit des Titels *Geschichte der Sprachphilosophie* heute. Das hängt mit einem einschneidenden Wandel im Kanon der Philosophie zusammen. Wenn deutsche Philosophen heute das Wort „Sprachphilosophie“ verwenden, beziehen sie sich auf einen Diskussionszusammenhang, der etwas mehr als hundert Jahre alt ist, und auf eine Serie von Autoren, die ungefähr mit den folgenden Namen angedeutet ist: Frege, Russell, Wittgenstein, Carnap, Quine, Putnam, Davidson, und Wittgenstein II, Austin, Searle. Es ist die Tradition der anglo-amerikanischen analytischen Sprachphilosophie. Vor dreißig Jahren evozierte „Sprachphilosophie“ noch einen Zeitraum von 2500 Jahren und eine Serie, die etwa folgende Autoren enthält: Platon, Aristoteles, die Stoa, Augustinus, Scholastiker, Humanisten (Valla, Vives), Locke, Leibniz, Condillac, Vico, Herder, Hegel, Humboldt, Cassirer, Heidegger, Jaspers. Diese Tradition, die nicht zuletzt eine deutsche Tradition war, spielt heute im deutschen Sprachraum in der „Sprachphilosophie“ offensichtlich keine Rolle mehr. Ausnahmen wie der schöne Band *Klassiker der Sprachphilosophie* von Tilman Borsche bestätigen die Regel. Dies ist umso merkwürdiger, als noch in den sechziger Jahren, als die Sprache wieder als philosophischer Gegenstand entdeckt wurde, in den schon erwähnten Arbeiten von Apel oder von Liebrucks etwa, auch in Deutschland noch die europäische Serie gemeint war, wenn von „Sprachphilosophie“ die Rede war. Ist das „Haus des Seins“, das die Sprache sein soll, von den deutschen Philosophen fluchtartig verlassen worden, weil es sich als eine rurale Schwarzwaldhütte erwiesen hat, in der es ziemlich tausendjährig roch? Die Begegnung mit der angloamerikanischen sprachanalytischen Philosophie hat jedenfalls geradezu zu einem Ausmerzen der eigenen Tradition geführt.

Dabei sind allerdings neben den Blumen des Bösen auch die schöneren Blumen jenes europäischen Gartens ausgerissen worden, der auf den Inseln und jenseits des Meeres „kontinentale“ – will sagen: irgendwie „literarische“, also eher unverständliche und nicht ganz ernst zu nehmende – Philosophie heißt. So nimmt etwa Humboldt in einem neueren „Lehrbuch“ der Sprachphilosophie eine (in Worten eine!) Seite von 250 ein, Heidegger kommt gar nicht erst vor, während Frege, der Begründer der analytischen Sprachphilosophie, zwanzig Seiten hat und überhaupt ab Seite 50 nur noch von analytischer Sprachphilosophie die Rede ist. Dies ist mehr oder minder bei allen neueren deutschen Einführungen in die „Sprachphilosophie" so, wobei das hier gemeinte Lehrbuch immerhin der Antike und dem Mittelalter noch einen gewissen Raum gewährt. Aber es ist eben bezeichnenderweise auch die Antike und das Mittelalter, die als Vor-Geschichte der „Sprachphilosophie" aufgerufen werden, und gerade nicht jener Zeitraum zwischen dem Mittelalter und Frege, in dem die eigentliche Entdeckung der Sprache stattfand. D.h. aus der Vergangenheit werden nur die Bemühungen dargestellt, die den eigenen korrespondieren: Grob gesagt ist das die Theorie der wissenschaftlichen Erkenntnis (und der dazugehörigen apophantischen Rede), in der sich nun einmal die Sprache störend bemerkbar macht. Sie schiebt sich anscheinend zwischen den Denkenden und die zu denkende Welt. Wie schon bei Plato. Am Ende des *Kratylos* resümiert Sokrates, der Ur-Philosoph: „es genüge uns aber schon, darin übereinzukommen, daß nicht durch die Worte, sondern weit lieber durch die Dinge selbst man sie [die Dinge, ta onta, ta pragmata] erforschen und kennenlernen muß als durch die Worte". Die Epoche der Entdeckung der Sprache, eine der wirklich bedeutenden Neuerungen des europäischen Denkens zwischen Antike und heute, wird schlicht ausgeklammert. Es ist jene Epoche, deren große Namen Vico, Condillac, Herder, Humboldt, Hegel heißen, und in der die Sprache als ein autonomer Gegenstand, als eine Form des Denkens entdeckt wird, die als solche eines eigenen philosophischen Sprachstudiums würdig ist. Kurzum, „Sprachphilosophie" heute ist analytische Philosophie, und das heißt sie ist gar keine Philosophie, die, wie Coseriu sagt, über „den Sinn des Seins der Sprache" nachdenkt. „Sprachphilosophie" ist einfach Philosophie, und zwar jene Richtung der Philosophie, der, salopp gesagt, die Sprache auf die Nerven geht und die sie deswegen „auflösen" möchte, wie schon Sokrates, der es doch besser fand, daß man die Sprache beim Erkennen des Seienden gar nicht erst berücksichtigt, sondern daß man sich den Sachen selbst nähert – ohne Worte. „Phainetai, o Sokrates!".

Die hier vorliegende *Geschichte der Sprachphilosophie* dringt gar nicht bis ins Zeitalter der linguistic philosophy vor. Sie endet ja um 1800, und sie behandelt ja nicht einmal den größten Sprachphilosophen Wilhelm von Humboldt. Vor allem aber ist ihr die analytische Sprachphilosophie fremd. Ich höre immer noch den aus der Emigration heimgekehrten Horkheimer arrogant und „kontinental" sagen, daß er nicht *philosophy,* sondern Philosophie betreibe. Das hätte Coseriu ebenso sagen können. Man hätte sich aber doch gewünscht, daß Coseriu die linguistic philosophy mit seiner tiefen Erudition und kritischen Klarheit analysiert hätte. Man hätte sich eine Auseinandersetzung vorstellen können, wie sie Coseriu – und nach ihm niemand mehr in dieser Schärfe und Klarheit – mit Chomsky geführt hat. Auch wenn Chomskys Linguistik – auch durch die globalisierende Wirkung der englischen Sprache – sozusagen die Weltherrschaft erobert hat (Coserius Werke sind dagegen kaum auf englisch zu lesen), hat Coserius Protest doch in der noch nicht von der englischen Sprache dominierten Welt genügend Skepsis und Kritik generiert, die eine völlige geistige Uniformierung der Linguistik verhindert hat. Auch mit der „Sprachphilosophie", d.h.

der – ebenfalls mit dem Englischen reisenden – sprachanalytischen Philosophie hätte niemand die Diskussion besser führen können als Coseriu. Daß er es nicht getan hat, ist wohl seiner Geringschätzung dieser Ansätze geschuldet. Angesichts des vollkommenen Sieges dieser Denkrichtung auf der philosophischen Szene muß dies allerdings als eine bedauerliche Kurzsichtigkeit eines Denkens angesehen werden, das hochgemut die Frage nach dem „Sinn des Seins der Sprache" stellt, das aber nicht sehen konnte, daß einer solchen Frage vom methodischen Kannitverstan der analytischen Philosophie jegliche Grundlage entzogen werden kann.

6. Als letztes sei angemerkt, daß die *Geschichte der Sprachphilosophie* eines der Bücher ist, an denen sich der Erfolg des verlegerischen Unternehmens von Gunter Narr, das ja aufs engste mit der Publikation Coseriuscher Schriften verbunden ist, mit Händen greifen läßt: Mein Exemplar der *Sprachphilosophie* besteht einerseits aus einem Bändchen von 1969, das maschinenschriftlich noch in einer Stuttgarter Vervielfältigungs-Firma polykopiert wurde, und andererseits aus einem schon ordentlich gebundenen Band des jungen Narr-Verlags aus dem Jahr 1972, der schon die stolze Nummer 28 der Tübinger Beiträge zur Linguistik trägt, der aber immer noch die Vervielfältigung eines Typoskripts ist. Die Neuauflage des Buches des berühmtesten Autors des Hauses Narr ist eine sinnfällige Bestätigung des beiderseitigen Erfolgs. Wir halten ein „richtiges" Buch eines großen Verlags in Händen. Traurig sind wir allerdings darüber, daß Eugenio Coseriu dies nicht mehr erlebt hat. Er ist am 7. September 2002 im Alter von einundachtzig Jahren von uns gegangen.

Vorwort des Bearbeiters

Am 15. Juni 1991 fand in Heidelberg, in einem kleinen chinesischen Restaurant in unmittelbarer Nähe der Akademie der Wissenschaften, eine folgenreiche Unterredung statt. Eugenio Coseriu erläuterte mir dabei in allen Einzelheiten, wie er sich eine völlig neubearbeitete Ausgabe der beiden im Gunter Narr Verlag erschienenen Vorlesungsnachschriften zur Geschichte der Sprachphilosophie[1] vorstellte. Das Ergebnis der Besprechung habe ich sorgfältig protokolliert und zunächst war ich auch entschlossen, sofort mit der Arbeit zu beginnen. Viele Jahre, zu viele Jahre hindurch habe ich anderen Projekten und dienstlichen Aufgaben den Vorrang eingeräumt. Ich sammelte zwar fleißig Literaturangaben, Rezensionen zu themenverwandten Büchern und machte mir Notizen zu Einzelfragen, begann aber nicht mit der eigentlichen Redaktion. Erst im Herbst 2000, ein knappes Jahr vor Coserius achtzigstem Geburtstag, machte ich mich ernsthaft an die Arbeit. Dabei zeigte sich schnell, daß die Einlösung des gegebenen Versprechens mit weit größeren Schwierigkeiten verbunden war, als ich ursprünglich angenommen hatte. Ich konnte auf meine eigenen Vorlesungsnachschriften zurückgreifen, und neben den genannten offiziellen Nachschriften lag mir eine Kopie des verhältnismäßig gut ausgearbeiteten Originalskripts vor.[2] Unter diesen günstigen Voraussetzungen, dachte ich, sollte sich die Arbeit in der verbleibenden Zeit bewältigen lassen. Eine unrealistische Annahme – schon die Beschaffung und Lektüre der Primärtexte nahm weit mehr Zeit in Anspruch als ursprünglich veranschlagt. Darüber hinaus mußte wenigstens die wichtigste in den vergangenen dreißig Jahren erschienene Literatur gesichtet und behutsam eingearbeitet werden. Dennoch wird man viele neuere Arbeiten, die den Terminus *Sprachphilosophie* im Titel tragen, hier vermissen. Ich habe mich zwar bemüht, neue und neueste Literatur soweit wie möglich in die vorliegende Bearbeitung einzubringen, durfte dabei jedoch nicht so weit gehen, die wissenschaftstheoretischen Grundüberzeugungen des Autors, meines akademischen Lehrers, zu mißachten.[3] Dies gilt umgekehrt auch für die in der Urfassung berücksichtigte ältere Literatur. Manchen Lesern mögen einige der in der vorlie-

---

[1] Eugenio Coseriu: *Die Geschichte der Sprachphilosophie von der Antike bis zur Gegenwart. Eine Übersicht. Teil I: Von der Antike bis Leibniz.* Vorlesung gehalten im Winter-Semester 1968/69 an der Universität Tübingen. Autorisierte Nachschrift von Gunter Narr und Rudolf Windisch. 2. überarbeitete Auflage von Gunter Narr; Tübingen 1975; Idem: *Die Geschichte der Sprachphilosophie* usw. *Teil II Von Leibniz bis Rousseau.* Vorlesung gehalten im Winter-Semester 1970/71 an der Universität Tübingen. Autorisierte Nachschrift von Gunter Narr, Tübingen 1972.

[2] Zum Projekt der Sichtung und geordneten Archivierung der zahllosen unveröffentlichten Manuskripte Eugenio Coserius vgl.: Johannes Kabatek: „Die unveröffentlichten Manuskripte Eugenio Coserius – eine Projektskizze“, in: Adolfo Murguía (Hg.): *Sprache und Welt.* Festgabe für Eugenio Coseriu zum 80. Geburtstag, Tübingen 2002, 111–124.

[3] Vgl. unten Kap. 2.

genden Fassung weiterhin aufgeführten Arbeiten als überholt erscheinen. Urteile dieser Art erweisen sich häufig als voreilig; die Grenzen zwischen Wissenschaft und Wissenschaftsgeschichte sind fließend – zumindest in unseren Disziplinen. Die vor über sechzig Jahren veröffentlichte *Theorie der Forschung* des amerikanischen „Pragmatizisten" John Dewey, die von Coseriu gründlich rezipiert wurde, ist vor wenigen Monaten erstmals in deutscher Übersetzung erschienen.[4]

Die beiden oben genannten Bände wurden zu einem einheitlichen Text umgearbeitet. Dabei mußten Überschneidungen getilgt und einige Kapitel umgestellt werden. Die meisten Kapitel enthalten im letzten Abschnitt bibliographische Hinweise in Kurzform; die vollständigen bibliographischen Angaben wurden in einem aus drei Teilen bestehenden Literaturverzeichnis zusammengefaßt. Im Hinblick auf den angestrebten Leserkreis waren einige allgemeine biographische und philosophiehistorische Informationen hinzuzufügen. Die vorliegende Fassung setzt weniger Vorkenntnisse voraus als die ursprüngliche Vorlesungsnachschrift. Die Kenner der ersten Auflage werden die »Zutaten« des Bearbeiters sofort identifizieren; besonders eigenmächtige Zusätze, die Eugenio Coseriu möglicherweise für entbehrlich gehalten hätte, wenn er das Ganze noch gründlich hätte studieren können, stehen – wie bei meiner Bearbeitung von Coserius *Textlinguistik*[5] – in eckigen Klammern. Die in der Urfassung enthaltene Aufzählung der Primärtexte wurde in der vorliegenden Version nicht berücksichtigt; das Inhaltsverzeichnis und Teil I des Literaturverzeichnisses geben hinreichend Auskunft.

Auch in der erweiterten Form erhebt die vorliegende Übersicht nicht den Anspruch, eine wirkliche Geschichte der Sprachphilosophie zu sein. Es handelt sich um eine historische Übersicht, die in ihrem Kern zunächst einmal die Texte bedeutender Philosophen vorstellt, die in sprachphilosophischer und sprachtheoretischer Hinsicht von Belang sind. Eine solche Übersicht war auch zum gegebenen Zeitpunkt immer noch ein Desiderat, wenn auch seit dem Erscheinen der ursprünglichen Nachschrift einige nützliche Übersichtsdarstellungen erschienen sind, die erkennbar von der Erstfassung beeinflußt waren und die nun ihrerseits die vorliegende Bearbeitung beeinflußt haben. Wenn im Text vom „ersten Teil der Übersicht" die Rede ist, so ist die vorliegende Zusammenfassung und Bearbeitung der beiden oben genannten Bände gemeint. Die Fortsetzung, die vor allem der Sprachphilosophie der deutschen Romantik gewidmet sein wird, liegt bisher nur in einer vorläufigen Fassung vor.[6]

Auf einige Besonderheiten, teils technischer, teils inhaltlicher Art, soll an dieser Stelle noch hingewiesen werden:

Es wird generell ausführlicher zitiert als in der Urfassung. Alle Zitate, außer den englischen, werden übersetzt oder wenigstens paraphrasiert. Dabei steht vor allem bei den älteren Texten die Originalfassung mit ihrer Übersetzung im Text selbst. Bei den neueren Werken wird der Originaltext nur dann zitiert, wenn die

---

4 Vgl. Dewey 1938; dt. Üb. 2002.

5 Vgl. Coseriu 1994.

6 Vgl. Kabatek, *art. cit.*, 121f.

Art seiner Formulierung besondere Beachtung verdient, sonst erscheint er in einer Fußnote. Bei Klassikern wurde nach Möglichkeit so zitiert, daß die Zitate auch in einer anderen als der hier verwendeten Ausgabe nachgeschlagen werden können. Nur beiläufig erwähnte Werke oder wissenschaftliche Arbeiten wurden nicht ins Literaturverzeichnis aufgenommen, es ist auch so schon umfangreich genug.

Von Eigennamen abgeleitete Adjektive werden großgeschrieben, wenn sie eine Relation bezeichnen, klein, wenn sie einen einstelligen Prädikator repräsentieren: also *Platonische Schriften*, aber *platonische Liebe*. Normale Anführungszeichen „“ stehen für Bedeutungsangaben und für Zitate im engeren und weiteren Sinn, französische Anführungszeichen »« für ungewöhnliche Verwendungen von Wörtern, für die sich der Verfasser gleichsam entschuldigt.

Zur Beschaffung der Literatur sind Christine Düssel, Verena Jung, Daniela Niggemann und Ruth Simons oft beschwerliche Wege gegangen. Mit der Gestaltung der Rohfassung des Skripts haben Anna Körkel und Katrin Zuschlag so manche leidvolle Stunde verbracht. *Σοφία Κατσάρα* hat die griechischen Zitate mit viel Sachverstand in einen Rechner eingegeben, der dafür nicht besonders gut geeignet war; Reinhard Meisterfeld hat Korrektur gelesen. Für die sprachliche Diskussion und Übersetzung einiger schwieriger lateinischer Zitate bin ich Dr. Manfred Moser und Andrea Wolpert zu großem Dank verpflichtet. Bei den Übersetzungen aus dem Griechischen und dem Lateinischen wurden zum Teil deutsche, französische, englische oder italienische Übersetzungen ausgewiesener Kenner mitherangezogen; dies wurde nicht immer ausdrücklich vermerkt. Was die verbliebenen Unzulänglichkeiten betrifft, so bleibt dem Bearbeiter nichts anderes übrig, als die alleinige Verantwortung dafür zu übernehmen.

Im Dezember 2001 hatte ich Gelegenheit, die provisorische Fassung der ersten acht Kapitel des vorliegenden Buchs Eugenio Coseriu anläßlich einer akademischen Feierstunde zu überreichen. Bei der Redaktion der zweiten Hälfte konnte ich ihn nur in besonders schwierigen Fragen mündlich konsultieren. Zu einem Zeitpunkt, als ich mit dem Lesen der Korrekturfahnen beschäftigt war, erfuhr ich von seinem Tod. Der Tod kommt, auch wenn er von unerträglichen Schmerzen befreit, doch meistens ungelegen. Eugenio Coseriu gegenüber hat er sich als besonders voreilig erwiesen.

Heidelberg, September 2002 Jörn Albrecht

1 Die philosophische Problematik

Zu Beginn stellt sich uns die grundsätzliche Frage, was man denn unter »philosophischer Problematik« zu verstehen habe. Es ist immer wieder die Auffassung vertreten worden, die verschiedenen Wissenschaften hätten sich nach und nach von der Philosophie emanzipiert und seien »autonome« Disziplinen geworden. Gegen diese Auffassung müssen wir uns verwahren, denn einerseits ist eine Emanzipation dieser Art nicht möglich, da die Prinzipien der Wissenschaft in der Philosophie enthalten sind und bleiben, insofern die Philosophie als Grundlage jeder Wissenschaft anzusehen ist; andererseits ist die Wissenschaft nie Philosophie gewesen und kann sich somit auch nicht von dieser »gelöst« haben.

Viele Philosophen haben wissenschaftliche Fragen gestellt; das heißt nicht, daß die vorgeschlagenen Lösungen unbedingt »philosophisch« gewesen wären. Philosophen stellen nun einmal unter anderem auch wissenschaftliche Fragen, das ist eine rein empirische Gegebenheit. Schon dem Sinn der Frage läßt sich entnehmen, ob sie »wissenschaftlich« im üblichen Sinn oder philosophisch ist. Ganz allgemein betrachtet gibt die Wissenschaft Antworten auf zuvor gestellte Fragen; zunächst gilt es zu klären, um welche Art von Fragen es sich dabei handelt.

1.1 Drei Arten von Wissenschaft

Es soll hier zwischen »Wissenschaft« in einem sehr allgemeinen Sinn (d.h. einschließlich der Philosophie) und »den Wissenschaften« unterschieden werden. Die Wissenschaften im Plural entsprechen ungefähr dem, was man üblicherweise unter »Wissenschaft« versteht. Wissenschaft im allgemeinsten Verständnis ist durch eine Art der Erkenntnis charakterisiert, die man in der Forschung anstrebt: nicht intuitive, sondern methodisch-systematisch fundierte Erkenntnis. In diesem Sinne unterliegt auch die Philosophie der Forderung nach »Wissenschaftlichkeit«. Was nun die Philosophie – innerhalb des Rahmens dieser »Wissenschaftlichkeit« – von den Wissenschaften im üblichen Sinne abhebt, das soll hier anhand der Fragen dargestellt werden, die ein methodisch und systematisch Forschender an seinen Gegenstand richten kann (vgl. unten 1.3). Zunächst sei festgehalten, daß sich je nach Art oder Wesen der Frage drei Arten von Wissenschaften unterscheiden lassen:

1. eine Wissenschaft als Geschichte
2. eine Wissenschaft des Allgemeinen
3. eine Wissenschaft im Sinne der Philosophie.

Die Arten von Fragen, die diesen Wissenschaftstypen entsprechen, und die Situationen, in denen Fragen dieser Art gestellt werden, sollen anschließend noch genauer erläutert werden. Zuvor muß jedoch etwas über die Struktur der Frage selbst gesagt werden, über die Elemente, aus denen sie besteht.

1.2 Die Struktur der philosophisch-wissenschaftlichen Frage

Hinsichtlich der Frage selbst lassen sich drei Elemente unterscheiden:

1. der Fragende
2. der Gegenstand der Frage (das, *worum* es bei der Frage geht)
3. der Zweck der Frage (das, *wonach* in bezug auf den Gegenstand gefragt wird).

Die beiden zuletzt genannten Elemente liefern das Kriterium zur Abgrenzung der Philosophie gegenüber den Wissenschaften im üblichen Sinn. Das zuerst genannte, der Fragende, derjenige, der die Frage stellt, könnte ein Kriterium zur Abgrenzung einer besonderen Art von Philosophie liefern; das kann, da es nicht zum eigentlichen Thema dieser Einführung gehört, nur kurz skizziert werden (vgl. unten 1.5).

Man könnte einwenden, daß die hier vorgenommene Analyse der Frage nicht vollständig ist, daß nicht alle ihre Bestandteile aufgeführt wurden. So fehlt z.B. das Instrument der Frage, das Mittel, mit Hilfe dessen sie vorgebracht wird. Natürlich werden Fragen immer mit Hilfe der Sprache oder irgendwelcher Formen letztlich sprachlichen Ausdrucks geäußert. Gerade deshalb kann der sprachliche Charakter alles Fragens für die Bestimmung des Wesens der Frage selbst nicht ausschlaggebend sein. Das muß ausdrücklich betont werden, denn es wurde verschiedentlich die Meinung vertreten, wer nach Sprachlichem frage, betreibe schon »Sprachphilosophie«. So wurde z.B. behauptet, die gesamte Philosophie Platons sei insofern Sprachphilosophie, als dieser nach der Bedeutung der Wörter in der Sprache frage: „Was nennst du »Tugend«?“ oder „Was nennst du »schön«?“.

Diese Ansicht ist in zweierlei Hinsicht falsch. Einerseits fragt Platon keineswegs nach der Bedeutung der Wörter; er fragt nach Außersprachlichem, nach dem Sinn der Gegenstände und Sachverhalte, für die die betreffenden Wörter stehen. Es geht ihm also nicht um die Bedeutung des Wortes ἀρετή im Griechischen, sondern um das Wesen der Tugend. Er hatte nicht die Absicht, ein Wörterbuch des Griechischen zu schreiben und zu diesem Zweck Wortbedeutungen zu definieren.[1] Andererseits hätte er, wäre dies tatsächlich seine Absicht gewesen, keine Sprachphilosophie, sondern Sprachwissenschaft betrieben, denn der Gegenstand seiner Frage wäre dann gerade nicht die Sprache als solche, die Sprache im philosophischen Sinn gewesen.

[1] Mutatis mutandis gilt dies – wie noch zu zeigen sein wird – insgesamt für den sog. *linguistic turn* in seinen beiden Ausprägungen.

1.3 Drei Arten von philosophisch-wissenschaftlichen Fragestellungen

Kehren wir nun noch einmal zu den Arten von Fragestellungen zurück, die den bereits vorläufig identifizierten Wissenschaftstypen entsprechen (vgl. oben 1.1).[2]

1.3.1 Die historische Frage als Frage nach dem Sein eines Gegenstandes (Ipseität)

Die historische Frage gilt dem Sein eines Individuums,[3] eines Einzelnen und Einmaligen. Diese Frage führt uns zur Wissenschaft des Einzelnen, das nicht im Hinblick auf die Klasse von Gegenständen und Sachverhalten betrachtet wird, denen es zugeordnet werden kann, sondern um seiner selbst willen. Natürlich treten alle Gegenstände unmittelbar als einzelne auf, doch das ist in diesem Zusammenhang nicht das Entscheidende. Entscheidend ist vielmehr, daß etwas ganz für sich allein und nicht im Hinblick auf seine Zugehörigkeit zu einer Klasse betrachtet wird. Dabei kann es sich durchaus auch um Gruppen von Individuen (z.B. um Völker) oder um Gruppen von Gegenständen (z.B. um Sprachfamilien) handeln. Werden solche Kollektive in ihrer Einmaligkeit und Unverwechselbarkeit betrachtet und beschrieben, so werden sie nicht als Klassen, sondern als Individuen behandelt. Es ist also die Art der Fragestellung, durch die »Geschichte« entsteht. Zur Geschichte im hier gemeinten Sinn gehört nicht nur die Entwicklung eines historischen Individuums im Lauf der Zeit, die Betrachtung eines Einzelgegenstandes über einen gewissen Zeitraum hinweg, sondern auch seine Beschreibung zu einem gewissen Zeitpunkt. Innerhalb der historischen Fragestellung gibt es keinen Gegensatz zwischen Geschichte und Beschreibung, wie dies immer wieder von Sprachwissenschaftlern behauptet wurde und wird. Ein historisches Individuum (z.B. Luther, Deutschland, die deutsche Sprache usw.) kann nicht definiert werden. Man kann es entweder zu einem gegebenen Zeitpunkt beschreiben oder aber seine Entwicklung ermitteln und nachzeichnen und diese schließlich – wenn auch nicht im üblichen, d.h. im kausalen Sinn – »erklären«. Unter »geschichtlicher Wissenschaft« soll also hier die Betrachtung von Einzelgegenständen über einen gewissen Zeitraum hinweg und ihre Beschreibung zu einem gegebenen Zeitpunkt verstanden werden.

1.3.2 Die allgemeinwissenschaftliche Frage als Frage nach dem Sein von Klassen von Gegenständen und Sachverhalten

»Allgemeinwissenschaftlich« ist hier nicht als „wissenschaftlich im allgemeinsten Sinn“ (vgl. oben 1.1) zu verstehen, sondern als „die Wissenschaft des All-

---

2 Vgl. hierzu die Logik von John Dewey, insb. Part IV: *The Logic of Scientific Method*, Dewey 1938, 371ff.

3 [»Unteilbar« (vgl. griech. ἄτομος) in dem Sinn, daß seine Eigenschaften nicht als ablösbare »unterscheidende Merkmale« (*differentiae specificae*) betrachtet werden, die zur Definition und zur Bildung von Klassen dienen.]

gemeinen betreffend". Es geht dabei um Klassen[4] von Gegenständen und Sachverhalten und um deren Sein, nicht um Gruppen oder »Familien«. Es handelt sich also um *Spezies* im üblichen Sinn, deren Inhaltsmerkmale – im Gegensatz zu den Individuen – gemäß der in einem gegebenen Fall erforderlichen Genauigkeit erschöpfend aufgezählt werden können. Auch hier kann konkret nach einem Einzelgegenstand gefragt werden; als »allgemeinwissenschaftlich« ist die Frage dann anzusehen, wenn dieser Gegenstand als Vertreter der Klasse oder Spezies gemeint ist, zu der er gehört. Man fragt also nicht: „Wer ist Fido, wer ist Struppi?", sondern „Was ist ein Hund, was sind Hunde?". Das wäre dann die Grundfrage der Kynologie, der Wissenschaft von den Hunden. Eine Wissenschaft, die nach dem Wesen von Klassen fragt, soll »Wissenschaft des Allgemeinen« heißen.

1.3.2.1 Weitere Unterscheidungen entsprechend der »Art« des Gegenstandes

Entsprechend der Art des behandelten Gegenstandes lassen sich innerhalb der Wissenschaft des Allgemeinen drei Ausprägungen unterscheiden:

1. die mathematischen Wissenschaften
2. die Naturwissenschaften
3. die Kulturwissenschaften.

Diese drei Formen der Wissenschaft können um der reinen Erkenntnis willen oder im Hinblick auf bestimmte Anwendungen betrieben werden; es ist also in diesem Sinne nochmals zwischen theoretischen und angewandten Ausprägungen der jeweiligen Wissenschaft zu differenzieren.

1.3.2.1.1 Formale Objekte: mathematische Wissenschaften

Spielt die Substanz eines Gegenstandes bei seiner Betrachtung keine Rolle, so haben wir es mit formalen Objekten zu tun, für die die mathematischen Wissenschaften zuständig sind. Nehmen wir an, es gehe um zwei Bäume und zwei Vögel als Gegenstände unmittelbarer Erfahrung. Wir interessieren uns aber weder für diese beiden bestimmten Bäume bzw. Vögel (historische Frage), noch für Bäume oder Vögel schlechthin (allgemeinwissenschaftliche Frage). Es interessiert uns lediglich die Art der Konfiguration, die die beiden Bäume mit den beiden Vögeln gemeinsam haben und deren Vergleichbarkeit am deutlichsten offenbar wird, wenn auf jedem der beiden Bäume ein Vogel sitzt. Wir ordnen also zunächst Einzelgegenstände einer Klasse zu, indem wir sie für Exemplare (*tokens*) einer Spezies (*type*) halten und bilden im Anschluß daran eine »Klasse von Klassen«, nämlich die beobachtete Konfiguration „2", die beiden Klassen gemeinsam ist. Nun können wir noch einen Schritt weitergehen und die »Klasse von Klassen von Klassen« bilden, die alle denkbaren Konfigurationen der beobachteten Art enthält. Auf diese Weise gelangen wir zu dem formalen Objekt

[4] [»Klasse« ist hier im traditionellen Sinn, d.h. nicht genau im Sinn von »Menge« zu verstehen. Im Gegensatz zur Menge, die man »bildet«, wird eine Klasse über nicht-willkürlich gewählte Kriterien definiert.]

par excellence, zum Zahlbegriff. Das hier nur grob skizzierte Vorgehen entspricht den Versuchen, die unternommen worden sind, sich dem Begriff der Zahl nicht über die Operation des Abzählens, sondern auf logisch-begrifflichem Weg zu nähern.[5] Ähnlich verhält es sich mit anderen formalen Objekten, z.B. mit geometrischen Figuren. Bei einem Quadrat spielt die materielle Reproduktion (Kreide auf einer Tafel, Bleistift auf Papier usw.) keine Rolle, ja noch nicht einmal die Ausmaße der Figur. Es geht ausschließlich um seine formalen Eigenschaften.

1.3.2.1.2 Naturgegenstände: Naturwissenschaften

Objekte, die wir in der Welt physisch wahrnehmen und die wir nicht zuletzt im Hinblick auf ihre physische Beschaffenheit, auf ihre Substanz, interpretieren, sind Naturgegenstände. Für sie sind die Naturwissenschaften zuständig.

1.3.2.1.3 Intentionale Objekte: Kulturwissenschaften

Objekte, die wir sowohl im Hinblick auf ihre Substanz als auch im Hinblick auf ihre Form, ihre Funktion wahrnehmen und interpretieren, sind intentionale Gegenstände, Objekte, die mit einer bestimmten Intention zu einem bestimmten Zweck geschaffen wurden. Für sie sind die Kulturwissenschaften zuständig. Es geht dabei um Artefakte im weitesten Sinne, also auch um Kunstwerke. Zwischen dem Marmor und der Statue, die aus ihm gehauen wurde, besteht ein grundlegender Unterschied. Der Marmor begegnet uns, sofern wir ihn getrennt wahrnehmen, als Stoff, dem wir keinerlei Intentionalität zuschreiben. Wir sind gehalten, bei der Erklärung seiner Beschaffenheit, seines Zustandekommens, auf kausale Prinzipien zurückzugreifen. Die Statue hingegen werden wir auf eine ihr zugrundeliegende Absicht, auf ein intentional handelndes, zweckgebendes Subjekt zurückführen. Bei der Interpretation dieser Intention, dieser Zweckgebung, berücksichtigen wir sowohl die Form als auch die Substanz des Gegenstandes, denn die Substanz ist in diesem Fall nicht einfach »naturgegeben«, sondern sie wurde im Hinblick auf die Verwirklichung der Form ausgewählt.

Nicht immer entspricht die »Art« dieser Gegenstände ihrer tatsächlichen Behandlung durch die Kultur und die Wissenschaft. Man kann zwar behaupten, daß die hier unterschiedenen Gegenstände, so wie sie uns unmittelbar in der Erfahrung begegnen, eine adäquate Betrachtung erfordern: Sie wollen von vornherein als formale Objekte, als Natur- oder Kulturgegenstände behandelt werden. Formaliter ist eine solche Behandlung jedoch nicht zwingend vorgegeben; man kann Kulturgegenstände als Naturgegenstände oder Natur- und Kulturgegenstände als formale Objekte betrachten und entsprechend behandeln. Wer die Sprache als reine Substanz behandelt, allein im Hinblick auf ihre Materialität wahrnimmt und untersucht, macht sie zu einem Naturgegenstand. Ein Versuch in dieser Richtung ist durch die Bloomfieldschule in den Vereinigten Staaten

---

[5] Vgl. u.a. Gottlob Freges *Grundlagen der Arithmetik* (= Frege 1884/1988).

(Deskriptivismus) unternommen worden.[6] Wer die Sprache als »reine Form« betrachtet, die sich mehr oder weniger zufällig in einer bestimmten Substanz manifestiert, behandelt sie als formales Objekt. Die Glossematiker (Hjelmslev, Uldall und andere) haben die Forderung, man habe die Sprache ausschließlich im Hinblick auf ihre Form, nicht im Hinblick auf ihre Substanz zu untersuchen, zum Programm erhoben.

Schließlich können Naturgegenstände als Kulturgegenstände aufgefaßt werden, wenn sie einer Intentionalität zugeschrieben werden. Genau dies ist in der Mythologie der Fall; hier werden Naturgegenstände wie Flüsse, Bäume oder Sterne als intentionale Objekte wahrgenommen und gedeutet.

1.3.2.1.4 »Falsche« vs. »inadäquate« Fragestellungen

Je nachdem, ob eine Frage im Hinblick auf einen der hier skizzierten Gegenstände richtig gestellt, aber falsch beantwortet, oder aber falsch, zumindest jedoch einseitig gestellt, in dieser Einseitigkeit jedoch unter Umständen durchaus »richtig« beantwortet wird, soll hier zwischen »falsch« und »inadäquat« unterschieden werden. »Falsch« soll all das heißen, was behauptet wird, ohne daß es dem untersuchten Gegenstand in Wirklichkeit zukäme; »inadäquat« hingegen sollen Fragestellungen genannt werden, die ihren Gegenstand unangemessen partialisieren, in seiner Gesamtheit verfehlen, indem sie einen der Aspekte, die an ihm wahrgenommen werden können, zum einzigen und allgemeingültigen erheben. Dabei kann hinsichtlich des Aspekts, der untersucht wird, durchaus etwas Wohlbegründetes und Sinnvolles gesagt werden. Partialisierungen dieser Art – wenn etwa Kulturgegenstände als formale oder als Naturgegenstände behandelt werden – sind nicht »falsch«, sondern unangemessen, »inadäquat«, es sei denn, es würde von vornherein klargestellt, daß in einem gegebenen Fall zu einem bestimmten Zweck eine »reductive fallacy«, eine unangemessene Verkürzung des Gegenstands vorgenommen wurde. Geschieht dies nicht, wird ausdrücklich behauptet, der untersuchte Aspekt entspreche dem Wesen des Objekts im ganzen, so handelt es sich um eine falsche Annahme. »Falsch« in diesem Sinn sind z.B. die Annahmen, man habe es bei der Sprache mit einem Naturgegenstand oder mit einem formalen Objekt zu tun.

Wir wollen uns anhand eines Schemas vergegenwärtigen, welche Fragen im Hinblick auf die unterschiedlichen Gegenstände gestellt werden können; erst im Anschluß daran wird die eigentlich philosophische Fragestellung erläutert werden, von der bisher nur beiläufig die Rede war.

---

6 [Noch viel expliziter, wenn auch in einem andersartigen wissenschaftsgeschichtlichen Rahmen, ist dieses Vorhaben von August Schleicher (1821–1868) verfolgt worden. In dem berühmten, an seinen Freund, den Darwin-Schüler Ernst Haeckel gerichteten „offenen Sendschreiben" heißt es: „Die Sprachen sind Naturorganismen, die, ohne vom Willen des Menschen bestimmbar zu sein, entstanden, nach bestimmten Gesetzen wuchsen und sich entwickelten und wiederum altern und absterben; [...] Die Glottik, die Wissenschaft der Sprache ist demnach eine Naturwissenschaft ..." (Schleicher 1863/1977, 88).]

Gegenstand \ Frage	historisch	allgemein-wissenschaftlich	philosophisch
formal	–	+	+
natürlich	(+)	+	+
kulturell	+	+	+

Ausgeschlossen unter den möglichen Kombinationen ist lediglich die historische Fragestellung im Hinblick auf rein formale Objekte, die über keine Substanz und keine Entwicklung verfügen. In diesem Bereich können nur allgemeinwissenschaftliche oder philosophische Fragen gestellt werden. Historische Fragen können prinzipiell auch an Naturgegenstände gerichtet werden (z.B. im Fall der Geographie und der Geologie). Dies geschieht häufig deshalb nicht, weil solchen Fragen in bezug auf die »Natur« kein unmittelbares Erkenntnisinteresse entspricht (vgl. unten 1.4.1). Naturgegenstände sind also in erster Linie allgemeinwissenschaftlichen oder philosophischen Fragestellungen unterworfen. Die »Kultur« kann in all ihren Erscheinungsformen Gegenstand aller Arten von Fragestellungen sein, nicht zuletzt der philosophischen, von der nun die Rede sein soll.

1.3.3 Die philosophische Frage als Frage nach dem Sinn des Seins

Im Hinblick auf alle Arten von Gegenständen und Klassen von Gegenständen kann die Frage nach dem Sinn ihres Seins gestellt werden. Dies schließt die Frage nach dem *Warum* dieses Seins ein. Die historischen Wissenschaften und die Wissenschaft des Allgemeinen stellen diese Frage nicht; sie akzeptieren stillschweigend, daß die Gegenstände und die Klassen von Gegenständen, mit denen sie sich beschäftigen, »da sind« und daß sie »so sind«, wie wir sie intuitiv erfassen. Die philosophische Fragestellung geht über die stillschweigende Akzeptanz des Seins der Gegenstände und Sachverhalte hinaus, sie stellt deren Dasein und Sosein »in Frage«.

1.4 Weitere Probleme und Fragen

Im folgenden sollen noch einige Probleme und Fragen angesprochen werden, die die oben entwickelten systematischen Unterscheidungen ergänzen.

1.4.1 Fragen, die gestellt werden könnten, in der Regel jedoch nicht gestellt werden

Wie wir anhand des oben aufgeführten Schemas (vgl. 1.3.2.1.4) gesehen haben, kann nahezu jede Art von Frage hinsichtlich jeder Art von Gegenstand gestellt werden. Für solche denkbaren Fragen besteht jedoch häufig kein unmittelbares Erkenntnisinteresse, sie sind in rein praktischer Hinsicht nicht besonders sinnvoll. Zwar hat jeder Baum eines Waldes seine Geschichte, es müssen aber schon besondere Umstände eintreten, wenn jemand dazu veranlaßt werden soll, sie zu erforschen und festzuhalten. Oft wird die Frage auch deshalb nicht weiterverfolgt, weil es – wiederum im praktischen Verständnis – »sinnvoller« erscheint, von Anfang an einer übergeordneten Frage nachzugehen. Wer die Frage nach dem »Schiff-Sein« stellt, wird gleich an die Frage nach dem Sein von Mitteln und Werkzeugen im allgemeinen, d.h. an die Frage nach dem Sein von »Instrumentalität« weiterverwiesen.

1.4.2 Wissenschaftliche vs. »vorwissenschaftliche« Fragen

Auch im Alltagsleben werden Fragen von der Art gestellt, wie sie oben behandelt wurden: „Wer ist Peter?" oder „Was ist ein Baum?" Sie gelten dann als hinlänglich beantwortet, wenn wir erfahren, wie wir mit den betreffenden Gegenständen in einer gegebenen Situation umzugehen haben. Häufig geben wir uns mit nicht erschöpfenden Antworten zufrieden wie: „Ein Baum ist ziemlich hoch, spendet Schatten und liefert Holz"; „ein Baum trägt Früchte, schützt vor dem Wind, nimmt aber auch die Sicht". Und in bezug auf Peter genügt unter Umständen der Hinweis, daß es sich um Annas Freund handelt. Antworten dieser Art gelten als »vorwissenschaftlich«, weil sie nicht systematisch alle Aspekte der dazugehörigen Frage ausschöpfen oder weil sie von Fall zu Fall nach völlig unterschiedlichen Kriterien erteilt werden. Das mag richtig sein, doch darf darüber nicht vergessen werden, daß es wichtiger ist, »auf die richtigen Fragen zu kommen«, als Methoden zu ihrer Beantwortung auszuarbeiten. Da nun solche relevanten Fragen schon immer an die Sprache gestellt wurden, hat es – zumindest im »vorwissenschaftlichen« Sinn – schon in der Antike eine Sprachwissenschaft gegeben und nicht erst zu Beginn des 19. Jahrhunderts, als eine Methode des historischen Vergleichs von Sprachen entwickelt wurde.

1.4.3 Gegenstände der philosophisch-wissenschaftlichen Frage, die die Sprache schon »fertig« bereitstellt

Viele Gegenstände philosophisch-wissenschaftlicher Fragen sind uns bereits »vorwissenschaftlich« vorgegeben in Form von Ausdrücken, die die Sprache schon »fertig« bereitstellt; Ausdrücke für Gegenstände und Sachverhalte, die wir in historischer, in allgemeinwissenschaftlicher und in philosophischer Hinsicht befragen können.

1.4.3.1 Eigennamen

Eigennamen (*nomina propria*) bezeichnen per definitionem Individuen, Gegenstände der Geschichte. Alles, was einen Namen erhält – nicht „unter einen Begriff fällt" –, ist sprachlich als Individuum identifiziert, nach dessen Geschichte man fragen kann. Bei einer Frage wie „Welches Schiff ist das?" wird der Gegenstand der Frage noch gesucht, die Sprache dient als Werkzeug zu seiner Identifizierung. Fragt man jedoch „Wer ist Peter?", so sucht man offensichtlich nicht nach dem Gegenstand der Frage, er ist durch die Sprache bereits vorgegeben. Eine solche Frage zielt nicht auf die Identifizierung des Gegenstandes, sondern auf die Erteilung von Auskünften, die der Fragende benötigt, um das betreffende Individuum in seiner Erfahrungswelt »unterzubringen«. Ebenso verhält es sich mit Fragen wie „Was ist Berlin?"; „Wer sind die Deutschen?"; „Was ist die deutsche Sprache?". Wer auf diese Weise nach der „deutschen Sprache" fragt, hat einen durch die Sprache selbst schon identifizierten „historischen Gegenstand"[7] im Auge – nicht einen „Begriff", den es zu definieren gilt. Die Beantwortung einer solchen Frage betrifft nicht die Wissenschaft des Allgemeinen, sondern die Geschichte; Geschichte hier verstanden als eine Disziplin, die Auskünfte über ein historisches Individuum erteilt. Es muß allerdings berücksichtigt werden, daß die Abgrenzung historischer Gegenstände in der und durch die Sprache selbst nicht immer eindeutig vorgegeben ist. Dies gilt z.B. für die literarischen Gattungen. Ein Ausdruck wie *Tragödie* kann sich entweder auf ein historisches Individuum oder auf die Tradition beziehen, in der dieses Individuum steht. Er kann aber manchmal auch nur für eine konkrete Erscheinungsform dieser Tradition stehen. Auch literarische Gattungen wie *Roman*, *Ballade* usw. sind historische Individuen, die wie Sprachen, Religionen und ähnliche Institutionen überliefert werden. Eine Abgrenzung ist immer dort schwierig, wo historisches Individuum und konkrete Erscheinungsform durch ein und dasselbe Wort bezeichnet werden.

1.4.3.2 Appellativa als Klassennamen

Im Wortschatz der Sprache liegen zahlreiche Allgemeinbezeichnungen (*Appellativa*) bereit, für die die Wissenschaft des Allgemeinen zuständig ist, Ausdrücke wie *Baum*, *Fisch*, *Brücke*, *Wort* usw. Es handelt sich dabei nicht um Eigennamen, sondern um Klassenbezeichnungen, und von den durch sie bezeichneten Klassen pflegt die Wissenschaft des Allgemeinen ihren Ausgang zu nehmen.

1.4.3.3 Namen für formale Objekte

Zu den durch die Sprache selbst für die Wissenschaft bereits vorgegebenen Gegenständen gehören auch die Namen für formale Objekte wie *Kreis*, *Gerade*, *Dreieck*, *Rechteck* usw.

1.4.3.4 Namen für das Sein der Gegenstände

Darüber hinaus stellt die Sprache auch vorgeformte Gegenstände einer anderen Art bereit, »Gegenstände«, nach denen man nicht nur auf die Weise fragen kann, wie nach den Bäumen, Fischen oder Brücken, von denen oben die Rede war. Ausdrücke wie *Kunst*, *Technik*, *Wahrheit*, *Tugend*, *Geschichte*, *Wissenschaft* oder *Sprache* beziehen sich unmittelbar auf das Sein der damit gemeinten Gegenstände. In Fragen wie „Was ist Wahrheit?" oder „Was ist Tugend?" hat das Wörtchen *ist* einen anderen Sinn als in „Was ist eine Brücke?" Wer die Frage nach der Wahrheit stellt, fragt nicht nach einem Sein, für das die Wissenschaft des Allgemeinen zuständig wäre. Die Frage gilt nicht dem Gegenstand

[7] [In diesem Sinn ist der häufig mißverstandene Terminus „historische Sprache" in Coserius Beiträgen zur Varietätenlinguistik zu interpretieren; vgl. u.a. Coseriu 1980/88.]

„Wahrheit", sondern dem Sein der Wahrheit; sie ist somit unmittelbar philosophisch. Es zeigt sich also, daß die Sprache nicht nur über Namen für die Gegenstände selbst, sondern auch über Namen für das Sein der Gegenstände verfügt.

1.4.4 Gegenstandsbedeutung vs. Seinsbedeutung

Häufig wird die Unterscheidung zwischen Gegenstandsbedeutung und Seinsbedeutung in sprachlicher Hinsicht nicht getroffen. Wir finden in der Sprache *Namen* vor, die sich entweder auf die damit gemeinten Gegenstände selbst oder auf deren Sein beziehen können. Die Frage „Was ist ein Wort?" kann eine wissenschaftliche Frage sein, dann nämlich, wenn sie allein den *Wörtern* gilt, z.B. der Definition der Einheit „Wort" in einer oder mehreren Sprachen. Sie kann jedoch auch eine philosophische Frage sein, dann nämlich, wenn nicht nach den Wörtern, sondern nach dem *Sinn des Wortseins* gefragt wird. Der Unterschied zwischen den beiden Fragestellungen ist dem sprachlichen Ausdruck nicht direkt zu entnehmen. Wissenschaftliche und philosophische Fragen können die gleiche sprachliche Form haben und dennoch in verschiedene Richtungen zielen.

1.4.5 Die Frage nach den Teilen eines Ganzen

Nicht selten gelten philosophische Fragen Gegenständen, die sich bei genauerem Hinsehen als Teile eines Ganzen herausstellen. In diesem Fall wird der Teil als Stellvertreter, als Erscheinungsform des Ganzen angesehen. So gilt die Frage nach dem „Sinn" der Sprache natürlich gleichzeitig dem Sein der Sprache. Wie wir soeben gesehen haben, kann die Frage „Was ist ein Wort?" in den Zuständigkeitsbereich der Wissenschaft des Allgemeinen fallen, sie kann jedoch auch philosophisch gemeint sein. Man kann nämlich im Wort die minimale Erscheinungsform der Sprache sehen;[8] die Frage nach der Funktion der Wörter im Hinblick auf die außersprachliche Wirklichkeit betrifft dann die Sprache insgesamt. Es ist durchaus berechtigt, sich zu fragen, warum sich die Ausdrucksmittel der Sprache in Redeteile[9] gliedern, und die Frage, warum Sprache schlechthin immer nur in Form einzelner Sprachen in Erscheinung tritt, drängt sich uns geradezu auf.

1.5 Die Bedeutung des Fragenden für die Frage: »Wesensphilosophie« vs. »Existenzphilosophie«

Nachdem der Unterschied zwischen wissenschaftlichen und philosophischen Fragen erläutert wurde, soll nun noch kurz ein in der Geschichte der Philosophie lange Zeit vernachlässigtes Problem angesprochen werden: Wer sich die Struk-

---

[8] [Man denke nur an den in unserer Kultur jedermann bekannten Satz „Am Anfang war das Wort", der freilich auch anders gedeutet werden könnte.]

[9] [Unter Redeteil (*pars orationis*) ist hier eine notwendige, aus dem Begriff der Sprache selbst ableitbare Kategorie zu verstehen – im Gegensatz zur historisch-kontingenten Kategorie „Wortart" (*espèce de mot*).]

tur der philosophisch-wissenschaftlichen Frage nochmals vor Augen hält (vgl. oben 1.2), wird feststellen, daß ein Element dieser Frage bisher ausgeklammert blieb – derjenige, der die Frage stellt. Dies geschah nicht aus Versehen; es gehört nun einmal zur philosophisch wissenschaftlichen Tradition, die Frage auf einen Gegenstand hin zu richten und einen Zweck mit ihr zu verfolgen. Es gehört nicht zu dieser Tradition, die Frage auf den Fragenden »zurückfallen« zu lassen. Die traditionelle Philosophie, die sich auf diese Ausrichtung beschränkt, d.h. den Fragenden als Ausgangspunkt stillschweigend voraussetzt und Gegenstand sowie Zweck der Frage als etwas von ihm Losgelöstes erscheinen läßt, könnte man *Wesensphilosophie* nennen. Sie wird auch von einigen Philosophen so genannt, insbesondere in Abgrenzung zu einer anderen Art von Philosophie, von der nun die Rede sein wird.[10]

Die philosophische Frage kann jedoch auch in bezug auf den Fragenden selbst gestellt werden: „Warum fragt er, was bewegt ihn dazu zu fragen?"; „Was macht den Fragesteller seinem Wesen nach zum Fragenden, was befähigt ihn zu fragen?" usw. usf. Eine solche Philosophie, die die Frage nach dem Fragenden stellt, wäre, wenn sie denn tatsächlich »existiert«, eine *Existenzphilosphie.*[11]

Es ist jedoch auch eine Synthese dieser beiden Arten von Philosophie denkbar, eine Philosophie, die zwar ganz traditionell auf den Gegenstand und den Zweck der Frage gerichtet ist, darüber jedoch den Fragenden nicht vergißt; eine Philosophie, die die traditionelle philosophische Frage nicht »absolut«, abgelöst vom Fragenden, sondern auch im Hinblick auf ihn und die Umstände seines Fragens zu beantworten sucht.

---

[10] Vgl. u.a. Müller 1986, 22ff.

[11] Vgl. u.a. Müller 1986, 68ff.

2 Die philosophische Problematik in bezug auf die Sprache: Was ist Sprachphilosophie?

Wie wir gesehen haben, können die *Sprache* und die *Sprachen* Gegenstand aller hier behandelten Arten philosophisch-wissenschaftlicher Fragen sein. Es gilt also zunächst einmal zu klären, worin das Spezifikum der philosophischen Frage in bezug auf die Sprache besteht. Es scheint von vornherein klar, daß die Geschichte einer Einzelsprache nicht Gegenstand dieser Frage sein kann (sehr wohl jedoch die Historizität der Sprache). Es besteht also keine Gefahr der Verwechslung von Sprachgeschichte und Sprachphilosophie. Im Hinblick auf die allgemeine Sprachwissenschaft und die Sprachtheorie (sofern diese noch zu begründende Unterscheidung überhaupt getroffen wird) ist jedoch eine solche Verwechslungsgefahr durchaus gegeben. Es gibt Linguisten, die die Sprachphilosophie auf die allgemeine und die theoretische Sprachwissenschaft reduzieren wollen. Das, was hier unter „Sprachphilosophie" verstanden werden soll, gehört jedoch nicht zum Aufgabenbereich der Linguistik und liegt darüber hinaus auch außerhalb der Kompetenz vieler Vertreter dieser Disziplin, die den Anspruch erheben, unter anderem auch Sprachphilosophie zu betreiben. Man wird also hier eine Reihe von Werken, die den Terminus *Sprachphilosophie* im Titel führen, überhaupt nicht oder nur am Rande berücksichtigt finden.

2.1 Allgemeine Sprachwissenschaft

Wie schon die Benennung andeutet, gehört die allgemeine Sprachwissenschaft zum Bereich der Wissenschaft des Allgemeinen. In ihrem eigentlichen Sinn verstanden stellt sie eine induktiv vorgehende empirische Disziplin dar. Ihr Arbeitsgebiet sind die bereits »vorwissenschaftlich« identifizierten und gegeneinander abgegrenzten Sprachen; ihre Hauptaufgabe besteht darin, Analogien und Gemeinsamkeiten zwischen unterschiedlichen Sprachen zu ermitteln und induktive Generalisierungen vorzunehmen. Die Allgemeine Sprachwissenschaft als etablierte Disziplin[12] bewegt sich auf der Ebene des Empirisch-Allgemeinen.

2.2 Sprachtheorie

Wie die (fortan großgeschriebene) Allgemeine Sprachwissenschaft gehört auch die Sprachtheorie zum Bereich der Wissenschaft des Allgemeinen. Auch sie hat ihren Ausgangspunkt »innerhalb der Sprache«, auch sie geht von der Sprache und den Sprachen als bereits identifizierten und abgegrenzten Gegenständen aus. Beim Stellen und Beantworten von Fragen schlägt sie jedoch die entgegengesetzte Richtung ein: Am Anfang steht die Theorie mit ihren aufeinander be-

[12] Die Großschreibung zeigt an, daß es sich nicht um ein freies Syntagma, sondern um eine lexikalisierte Mehrwortbenennung handelt.

zogenen Begriffen wie „Sprache im allgemeinen", „Einzelsprache", „Wort", „Satz" usw., und daraus werden dann bestimmte Eigenschaften theoretisch gefolgert, deduziert. Die auf diesem Wege abgeleiteten Eigenschaften haben den Charakter von definitorischen Kriterien; es sind – in der hier verwendeten Terminologie – die eigentlichen „sprachlichen Universalien". Den Reichtum an Synonymen nutzend, den der deutsche Wortschatz bietet, wollen wir fortan von *Allgemeinheit* sprechen, wenn wir uns im Bereich der Empirie und der Induktion befinden, von *Universalität*, wenn wir uns auf dem Gebiet der Theorie und der Deduktion bewegen.[13] Die Allgemeine Sprachwissenschaft stellt fest, was *allgemein* gilt, die Sprachtheorie schlägt vor, was als *universell* gelten soll.

2.3 Sprachphilosophie

Im Gegensatz zur Allgemeinen Sprachwissenschaft und zur Sprachtheorie geht es in der Sprachphilosophie um das Wesen der Sprache an sich, und deshalb kann die sprachphilosophische Frage nicht, oder nicht nur, »innerhalb der Sprache« gestellt werden. Sie muß über die Sprache hinausgehen. In der Sprachphilosophie muß die Sprache im Zusammenhang mit den übrigen menschlichen Tätigkeiten und mit dem Wesen des Menschen überhaupt betrachtet werden. Allein aufgrund ihres Gegenstands bleibt dies der Allgemeinen Sprachwissenschaft und der Sprachtheorie versagt. Diese Disziplinen befassen sich mit dem »Wie« der Sprache und der Sprachen, in der Sprachphilosophie geht es um das »Was«, um den Sinn der Sprache überhaupt. Die Abgrenzung des Gegenstands „Sprache" wird von der allgemeinen und der theoretischen Sprachwissenschaft stillschweigend hingenommen; in der Sprachphilosophie wird eben diese Abgrenzung zum Problem. Daher läßt sich, je nach Blickrichtung, behaupten, daß die linguistischen Disziplinen dort beginnen, wo die Sprachphilosophie aufhört oder umgekehrt: Ein tüchtiger, der Grenzen seiner Möglichkeiten bewußter Linguist könnte am Ende seiner Arbeit sagen: „Hier endet meine Aufgabe, alles, was über sie hinausgeht, ist ein Problem der Sprachphilosophie". Idealiter geht die Sprachphilosophie allerdings der allgemeinen und der theoretischen Linguistik voraus, und dies selbst dann, wenn sie in Einzelheiten auf die Ergebnisse der Sprachwissenschaft zurückgreifen sollte. Denn die Sprachphilosophie erhebt gerade das zum Problem, was von der Sprachwissenschaft explizit oder implizit als Grundlage angenommen wird. Insofern liegt die tiefere Begründung jeder Sprachwissenschaft in der Sprachphilosophie. Im Rahmen der hier vertretenen Auffassung kann es dem Sprachphilosophen nicht darum gehen, ein schon beschriebenes Sein der Sprache zum Problem zu erheben; seine Aufgabe besteht darin, ein intuitiv erfaßtes Sein der Sprache zum Gegenstand seiner Bemühungen zu machen, eben das Sein, das auch in der Sprachwissenschaft bereits erfaßt, aber nicht thematisiert wird.

---

[13] [Eine ausführliche Begründung mit noch feineren Unterscheidungen findet sich in Coseriu 1974/88.]

Es kann interessant und lohnend sein, die sprachphilosophischen Grundlagen verschiedener Formen der Sprachwissenschaft aufzudecken, doch sollte man diese Unternehmung nicht mit der eigentlichen Sprachphilosophie identifizieren. Es geht dabei eher um (nur undeutlich geoffenbarte) Überzeugungen als um systematisches Forschen.

Ob eine Fragestellung als „sprachwissenschaftlich" oder als „sprachphilosophisch" anzusehen ist, hängt natürlich nicht von der hauptamtlichen Tätigkeit des Fragenden ab. Niemand kann einen Linguisten daran hindern, »philosophische« oder einen Philosophen davon abhalten, »linguistische« Fragen zu stellen. Wenn sich »zünftige« Linguisten auch selten auf das Gebiet der Sprachphilosophie begeben (obschon sie nicht selten glauben, dies zu tun), so haben Philosophen wie Platon und Aristoteles u.a. auch rein sprachwissenschaftliche Fragen gestellt.

Schließlich muß auch auf eine weitere Verwechslungsgefahr hingewiesen werden. Es könnte der Eindruck entstehen, bei dem Versuch, die Linguistik und ihre methodischen Grundlagen in Abhängigkeit vom jeweiligen Erkenntnisziel zu begründen, handele es sich um ein genuin sprachphilosophisches Problem. Das ist nicht der Fall. Es geht dabei zwar um eine philosophische, nicht jedoch um eine *sprach*philosophische Frage. Fragen dieser Art können an jede wissenschaftliche Disziplin gerichtet werden, sie gehören zur Philosophie der Wissenschaft, nicht zur Philosophie der Sprache. Somit sind Werke über das Wesen der Sprachwissenschaft, wie sie u.a. von Ferdinand de Saussure, Leonard Bloomfield oder auch von Noam Chomsky konzipiert oder geschrieben wurden,[14] eigentlich als Beiträge zur Epistemologie anzusehen – unabhängig davon, ob diese Beiträge annehmbar sind oder nicht.

2.3.1 »Mittelbare« und »unmittelbare« Sprachphilosophie

Wenn man auf den ganzen in den folgenden Kapiteln erst noch abzuschreitenden Weg von einem (vorläufigen) Ende her zurückblickt, so könnte man behaupten, daß sich die Sprachphilosophie bis Giambattista Vico und bis zur deutschen Romantik nicht eigentlich mit der Sprache als solcher befaßt. In der älteren Sprachphilosophie geht es immer um Sprache im Hinblick auf etwas anderes, das sich bei genauerem Hinsehen als das eigentliche Ziel der Fragestellung erweist. Aus methodischen Gründen soll der Übergang von einer »mittelbaren« zu einer »unmittelbaren« Sprachphilosophie bereits hier, vor dem historischen Teil dieser Einführung, skizziert werden. Dabei muß in Kauf genommen werden, daß manchen Lesern einiges erst im Nachhinein wirklich verständlich werden wird.

Bis Vico und bis zur deutschen Romantik thematisiert die Sprachphilosophie nicht die Sprache als solche. Es geht nicht um den Sinn der Sprache allein, es geht vielmehr um den Sinn der Sprache in bezug auf etwas anderes: um die instrumentale Rolle der Sprache beim Ausdruck des Gedankens, um ihre mediale Funktion bei der Abbildung der außersprachlichen Realität oder der »Wirklich-

---

[14] Saussure 1916/71; Bloomfield 1933/73; Chomsky 1966/71.

keit« schlechthin. Man kann also behaupten – und dies haben bereits andere, wenn auch nicht mit diesen Worten, getan – daß die Sprachphilosophie bis Vico und bis zur deutschen Romantik immer nur »unterwegs zum Problem der Sprache«[15] gewesen ist.

Gerade darin steckt übrigens ein spezifisches sprachphilosophisches Problem. Warum wird das philosophische Problem der Sprache so spät als autonome Fragestellung entdeckt? In der langen Geschichte der älteren Sprachphilosophie wird die Sprache immer nur als Übergang zu etwas anderem behandelt, dem das eigentliche Interesse gilt: Wie und inwiefern kann man mit Hilfe der Sprache zur Erkenntnis gelangen? Liegt in der Sprache selbst irgendein Erkenntniswert? Oder es werden andere Fragen gestellt, Fragen wie: Welchen Wert besitzt die Sprache im Hinblick auf die Dialektik und die Logik? Können wir uns dabei auf sie verlassen? Noch John Locke fragt im dritten Buch seines Hauptwerks *An Essay Concerning Human Understanding* (dieses Buch ist bezeichnenderweise mit „On words" überschrieben)[16] nach dem Sinn und Wert der Sprache für die Philosophie selbst. In diesen zuletzt genannten Fällen geht es eigentlich um Epistemologie. Die Sprache wird nur als Instrument, als – und darin liegt das Beunruhigende – unumgängliche Zwischenstufe in Richtung auf etwas anderes behandelt.

Aus dem soeben Gesagten wird deutlich, daß wir bei der Rekonstruktion der frühen Sprachphilosophie behutsam vorgehen müssen. Spätestens nach der deutschen Romantik ist das Problem der Sprache zu einem zentralen Problem der Philosophie schlechthin geworden; das gilt auch noch für die Gegenwart. Wir dürfen also Fragestellungen und Lösungen der späteren Epochen nicht einfach auf die frühere Zeit zurückprojizieren. Oft entsteht der Eindruck, ein in der Neuzeit behandeltes Problem sei mehr oder weniger in derselben Form bereits in früheren Stadien der Philosophiegeschichte aufgetreten. Bei genauerer Prüfung erweist sich das als eine Täuschung, denn die frühere Spachphilosophie und ihre Fragestellungen stehen in einem andersartigen Kontext. Sie gelten nur mittelbar der Sprache, nicht dem Zweck der Bestimmung des Sinns dieser menschlichen Tätigkeit an sich.

Vielleicht wird das alles etwas klarer, wenn wir uns (notgedrungen in grob schematischer Form) die beiden Grunddimensionen der Sprache vor Augen führen:

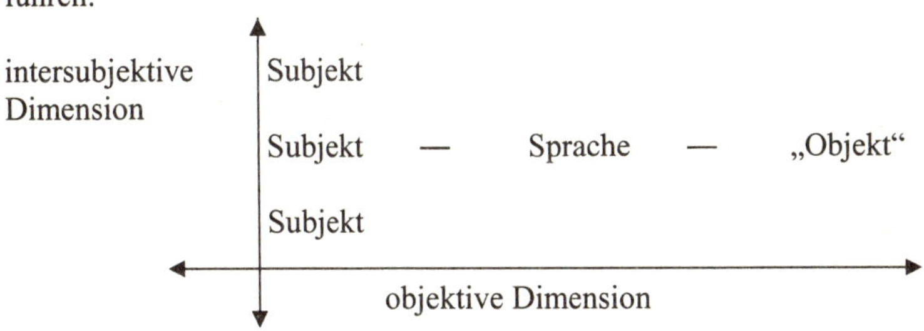

[15] Für diejenigen, denen dieser Band wirklich als erste Einführung dient: vgl. Heidegger 1959.

[16] Locke 1690/1975, Book Three.

Zunächst zur „objektiven" Dimension der Sprache.[17] Die Sprache ist auf ein Objekt hin ausgerichtet. Sie entspricht durch ihre Bedeutungsseite einem Phänomen, das ihrem Subjekt »gegenübersteht«: Sie bildet die Realität ab, oder sie entspricht dem Sein.[18] Sie ist auf irgendeine Weise, die näher zu bestimmen wäre, Erfassung der Realität, Erfassung des Seins. Damit könnte man sich zufriedengeben, wenn die Sprache als menschliche Tätigkeit ein absolutes Subjekt hätte. Nun läßt sich aber unserem Schema unmittelbar entnehmen, daß die Sprache Tätigkeit eines Subjekts ist, das mit anderen Subjekten eben über diese Tätigkeit in Verbindung steht. Einem solchen Subjekt, das im Hinblick auf seine Tätigkeit, das Sprechen, von vornherein nur eines unter vielen möglichen ist, das durch diese Tätigkeit mit anderen Subjekten verbunden ist, kommt eine besondere Dimension zu, eine Dimension, die ich mit Antonino Pagliaro *Alterität* nenne.[19] Diese „Alterität" läßt sich in zweifacher Hinsicht näher bestimmen: Wir sprechen „wie andere", um „für andere" sprechen zu können; das Subjekt einer Tätigkeit anerkennt »neben sich« andere Subjekte, um sich ihnen zuzuwenden. Für eine andere menschliche Tätigkeit, die Kunst, gilt dies allenfalls im praktischen, nicht jedoch im theoretischen Sinn. Die Kunst kann als die Tätigkeit eines absoluten, eines universellen Subjekts aufgefaßt werden, das sich nicht an andere Subjekte richtet.[20] Nicht so die Sprache. Selbst dort, wo das Subjekt der Sprache sich schöpferisch betätigt, wo es sich nicht mit der Anwendung des bereits Geschaffenen begnügt, erkennt es andere Subjekte »neben sich« an als Subjekte ein und derselben Tätigkeit.

Daraus folgt, daß durch die Dimension der „Alterität" eine Relativierung der Subjekte gegeben ist, die an ihr teilhaben. Das Subjekt erkennt, daß andere Subjekte es selbst als Objekt verstehen und erfassen können, so wie es die anderen Subjekte zunächst einmal als Objekte wahrnimmt. Eine unmittelbare Wahrnehmung des anderen als Subjekt ist überhaupt nicht möglich. Die anderen sind Objekte der eigenen Wahrnehmung, wie alle übrigen Gegenstände und Sachverhalte auch. Erst über die Sprache, die durch ihre intersubjektive Dimension, die Dimension der Alterität, ihre Subjekte miteinander verbindet, wird ein Subjekt in die Lage versetzt, andere Subjekte nicht nur als Objekte wahrzunehmen, sondern ihnen mittelbar Subjektivität zuzuerkennen.

---

17 [Um Mißverständnissen vorzubeugen sei hinzugefügt, daß „objektiv" in der Umgangssprache cum grano salis dem entspricht, was hier als „intersubjektiv" bezeichnet wird. Wenn jemand behauptet, dies oder jenes lasse sich „objektiv" feststellen, dann meint er damit in der Regel, daß es sich intersubjektiv verifizieren läßt.]

18 Vgl. unten, „Die Sprachphilosophie des Mittelalters"; insb. das Verhältnis von *modi essendi, modi intelligendi (concipiendi)* und *modi significandi*.

19 Vgl. Pagliaro 1951 [1952]; Coseriu ^{3}1978, III, insb. S. 74f. (dt. Üb. 1974).

20 [Vgl. speziell im Hinblick auf die Frage, ob die Dichtung einen »Adressaten« habe, die Ausführungen in Coserius leider zu wenig beachteter *Textlinguistik*; Coseriu 1994, insb. S. 82ff. Im übrigen sei auf die 5. „Cartesianische Meditation" von Edmund Husserl verwiesen, die um die Vereinbarkeit der beiden Dimensionen kreist (Husserl 1950/1992, 91–161).]

Man kann behaupten, daß diese beiden Dimensionen und ihr Verhältnis zueinander – in immer wieder neuen Variationen und Kombinationen – das Hauptproblem der Sprachphilosophie darstellen. Zum einen geht es um die Bedeutung der Sprache für den Menschen in objektiver Hinsicht: Was leistet die Sprache für den Menschen bei der Erfassung der Realität? Dabei kann es zunächst nur um die Sprache im allgemeinen gehen – die Einzelsprache fungiert nur als Beispiel für Sprache schlechthin. Zum anderen geht es aber auch um die Funktion der Sprache beim Umgang des Menschen mit anderen. Und sobald diese zweite Dimension ins Blickfeld rückt, kann nicht mehr darüber hinweggesehen werden, daß Sprache immer nur in Form verschiedener Sprachen in Erscheinung tritt. Daher stellt sich mit dem Problem der Intersubjektivität zugleich das Problem der Historizität, die Frage nach der Gemeinschaft stiftenden Funktion der Sprache und nach der Vielzahl der Sprachen.

Erst aus der gleichzeitigen Betrachtung der beiden Dimensionen – in, wie bereits gesagt, immer neuen Variationen und Kombinationen – ergibt sich ein drittes Problem: Wie läßt sich die universelle Funktion der Sprache in ihrer objektiven Dimension mit der intersubjektiven vereinbaren, wo doch die zweite die erste zu relativieren scheint, indem sie sich als historisch und damit als partikulär erweist? Bedeutet dies am Ende, daß die Erfassung der Wirklichkeit durch die Sprache nicht universell, sondern einzelsprachlich bedingt ist? Unterscheidet sich die Erfassung der Wirklichkeit von Sprachgemeinschaft zu Sprachgemeinschaft? Oder läßt sich die Relativität der Sprache in ihrer intersubjektiven Dimension letztlich doch auf irgendeine Weise überwinden und auf die Universalität der Sprache in ihrer objektiven Dimension zurückführen? Läßt sich der Widerspruch, der zwischen der Sprache im allgemeinen (frz. *langage*) und ihren vielfältigen historischen Erscheinungsformen (frz. *langues*) zu bestehen scheint, letztlich doch auflösen? Das Problem stellt sich auch auf der Ebene der Sprachwissenschaft. So werden grammatische Fragestellungen im historischen Rahmen diskutiert, d.h. im Rahmen der einzelsprachlichen Grammatik, oder aber in einem Rahmen, der das universal Gültige betont, im Rahmen der Universalgrammatik. Die Auseinandersetzungen, die sich aus diesen unterschiedlichen Standpunkten ergeben, werden oft in naiver Form ausgetragen, und dennoch kommt dabei eine tiefer liegende Aporie der Sprache zum Vorschein, die nicht nur die Linguistik beschäftigt, sondern die auch zu den Hauptschwierigkeiten der Sprachphilosophie gehört.

2.3.2 Die Autonomie der Sprache als Problem der Sprachphilosophie

Ein weiteres Problem der Sprachphilosophie soll zum Schluß nur angedeutet werden, da es in dem hier behandelten Zeitraum keine bedeutende Rolle spielt: die Frage nach der Autonomie der Sprache. Diese Frage stellt sich sowohl in objektiver als auch in intersubjektiver Hinsicht. Ist die Sprache eine autonome menschliche Tätigkeit oder läßt sie sich auf andere menschliche Tätigkeiten zurückführen? Verneint man die Autonomie der Sprache, so hat man sich weiterhin zu fragen, auf welche der angenommenen oder allgemein anerkannten

Tätigkeiten sie zurückzuführen ist. Ist sie eine praktische, in erster Linie instrumentale, oder aber eine theoretische Tätigkeit? Und wenn man ihr einen Platz unter den theoretischen Tätigkeiten einräumen will, so hat man sich wiederum zu fragen, ob sie zur Dichtung oder zur Logik, zum intuitiven oder zum rationalen Denken gehört.[21] Bejaht man hingegen die Autonomie der Sprache, so muß man sich fragen, an welcher Stelle sie unter den übrigen praktischen und theoretischen Tätigkeiten des Menschen einzuordnen ist.

[21] [Diese Ausführungen sind Benedetto Croces (1866–1952) „Philosophie des Geistes" verpflichtet; vgl. Croce 1902.]

3 Die Sprachphilosophie der Inder

Ein Überblick über die Geschichte der Sprachphilosophie sollte den Beitrag Indiens zu dieser Disziplin wenigstens erwähnen, wenn auch die indische Sprachphilosophie kaum Einfluß auf die Entwicklung der abendländischen genommen hat. Sie soll daher hier nicht eingehender behandelt werden. Im Vergleich zu Europa beginnt sie verhältnismäßig spät. Wenn man einmal von den sprachlichen Erörterungen absieht, die im *Veda* (oder den *Veden*), einer Sammlung der ältesten heiligen Schriften der Inder, enthalten sind,[22] so beginnt die indische Sprachphilosophie erst mit dem Mahābhāṣya, dem „großen Kommentar“, den Patañjali um 150 vor Chr. zum Werk des Sanskrit-Grammatikers Pāṇini (5. oder 4. Jh. vor Chr.) verfaßt hat.[23] Erst einige Jahrhunderte später entfaltet sich die »klassische« Epoche der indischen Sprachphilosophie, die sich fast ausschließlich im Rahmen der Grammatiktheorie bewegt. Als wichtigster Vertreter wäre Bhartṛhari (vermutlich um 450 nach Chr. geboren) zu nennen. Er hat den „großen Kommentar“ Patañjalis seinerseits kommentiert.[24]

Eine ausführliche Behandlung der indischen Sprachphilosophie ist im Rahmen dieser Übersicht nicht möglich. Es sei lediglich darauf hingewiesen, daß die Fragestellungen und die vorgeschlagenen Lösungen in der indischen und in der abendländischen Sprachphilosophie recht ähnlich sind. So geht es z.B. auch in der indischen Logik um das Verhältnis von Sprache und Erkenntnis. Die Erkenntnis (*jñāna*) wird als „Grund (causa finalis) aller sprachlichen Ausdrücke (*śabda*)“ definiert. Es wurden vier Arten der Erkenntnis von etwas Neuem (Erwerb von Wissen) unterschieden; eine davon ist die Erkenntnis durch Wörter/ Sprache (*śabda*), die *anubhava*. Im sogenannten *Nyāya-Vaiśeṣika*-System, das Annambhaṭṭa (vermutlich 17. Jh. nach Chr.) später in seinem *Tarkasaṃgraha* resümiert hat,[25] wird ähnlich wie bei Aristoteles zwischen *pada* (etwa „vox, signifiant“) und *vākya* „Satz, Aussage“ unterschieden. Ersteres hat zwar Bedeutung (*śakti*), dient jedoch nicht als Mittel der Erkenntnis, da es im Gegensatz zum Satz (*vākya*) weder wahr noch falsch sein kann. Auch die Diskussion um das Verhältnis von Zeichenform (*signifiant*) und Zeicheninhalt (*signifié*), die in der abendländischen Sprachphilosophie eine so große Rolle gespielt hat, ist bei den Nachfolgern Bhartṛharis bereits angelegt.[26]

Ganz anders als in Indien entwickelt sich in Europa nicht zuerst die Grammatiktheorie, sondern die Sprachphilosophie im in den beiden einführenden

---

22 Vgl. Seyfort Ruegg 1959, 15–21.

23 Vgl. Pinault 1996a und 1996b im *Lexicon Grammaticorum* sowie Seyfort Ruegg 1959, 31–56.

24 Vgl. Patnaik 1994 und Verpoorten 1996 im *Lexicon Grammaticorum.*

25 Deutsche Übersetzung von E. Hultzsch; s. Annambhaṭṭa/Hultzsch 1907; vgl. ebenfalls Chakrabarti 1975.

26 Vgl. Seyfort Ruegg 1959, 10f.

Kapiteln erläuterten Sinn. Die Anfänge der Philosophie im allgemeinen und der Sprachphilosophie im besonderen fallen zeitlich zusammen. Als autonome Disziplin entsteht die Sprachphilosophie allerdings erst sehr spät (vgl. oben 2.3.1). Bedeutende Philosophen wie Descartes oder Kant haben die sprachphilosophische Problematik nicht zur Kenntnis genommen. Wer von *Cartesian Linguistics* spricht, projiziert in naiver Weise moderne Fragestellungen auf ältere Epochen zurück – eine „Cartesianische Linguistik" hat es nie gegeben.

3.1 Bibliographische Hinweise

Eine ausgezeichnete, systematische Zusammenfassung bietet Giuseppe Tucci im 12. Kapitel (*La parola*) seiner *Storia della filosofia indiana*. David Seyfort Ruegg informiert in seinen *Contributions à l'histoire de la philosophie linguistique indienne* (eine Sammlung von Einzeluntersuchungen, die, wie auch die unten genannte Arbeit von Ganeri, ein nützliches Register von Sanskrit-Fachtermini enthält). P. Ch. Chakravarti stellt die Sanskrit-Grammatiktheorie und die sich daran anschließenden Spekulationen späterer Sprachtheoretiker aus indischer Sicht dar.[27]

Die neueren Darstellungen wurden häufig ebenfalls von Indern geschrieben, die allerdings stark von modernen westlichen, vor allem angelsächsischen Sprachtheorien beeinflußt sind und nicht als gänzlich unvoreingenommene Berichterstatter gelten dürfen. Eine grobe Orientierung bietet der Übersichtsartikel von Bimal K. Matital im HSK-Handbuch *Sprachphilosophie*; die Arbeit von Tandra Patnaik über Bhartṛharis Sprachphilosophie gibt Einblicke in die Vorgeschichte und zeigt Parallelen zur modernen westlichen Sprachtheorie auf. In Jonardon Ganeris *Semantic Powers* geht es vor allem um die Rolle der sprachlichen Bedeutung als Mittel der Erkenntnis bei den indischen Sprachphilosophen.[28]

---

27 Vgl. Tucci 1957; Seyfort Ruegg 1959; Chakravarti 1930 und 1933.

28 Vgl. Matital 1992; Patnaik 1994; Ganeri 1999.

4 Heraklit

Der erste bedeutende Philosoph, der – vor allem durch seine Schüler – die Tradition der abendländischen Philosophie im allgemeinen und darüber hinaus die Sprachphilosophie der westlichen Welt im besonderen mit begründet hat, war Heraklit (Herakleitos) aus Ephesos (vermutlich 550–480 vor Chr.). Die hier angegebenen Lebensdaten sind nicht gesichert. Den philosophiegeschichtlichen Schriften des Diogenes Laertios (3. Jh. nach Chr.) läßt sich entnehmen, daß Heraklit um 500 vor Chr. mit dem Perserkönig Dareios (Darius) I. (550–486 vor Chr.) in Verbindung getreten ist. Er gehörte dem patrizischen Stadtadel seiner kleinasiatischen Heimatstadt an. Den Beinamen *der Dunkle* ὁ σκοτεινός erhielt er nach Ansicht antiker Historiker deshalb, weil er sich bewußt verhüllend ausgedrückt habe, um seine Lehre nicht den urteilsunfähigen Angehörigen des Demos, den Plebejern, auszuliefern. Wir werden gleich sehen, daß sich auch andere Gründe für die Vergabe dieses Beinamens ausfindig machen lassen; immerhin hat Heraklit besonders starken Einfluß auf Denker ausgeübt, denen ihrerseits der Ruf der „Dunkelheit" anhaftet, so z.B. Hölderlin und Heidegger. Ob die beiden Aufsätze, die Martin Heidegger über Heraklit veröffentlicht hat (vgl. unten 4.3) als »Sekundärliteratur« im üblichen Sinn gelten können, ist zu bezweifeln. Heidegger hat Heraklit dort nur zum Ausgangspunkt seines eigenen Philosophierens gewählt. Im folgenden Abschnitt wird »Sekundärliteratur« im engeren Sinn heranzuziehen sein, vor allem eine Studie von Ernst Hoffmann und ein Aufsatz von Antonino Pagliaro, der sich auf sie bezieht.

4.1 Die Sprachphilosophie Heraklits

Wie wir gesehen haben, hat Heraklit schon in der Antike den Beinamen *der Dunkle* (ὁ σκοτεινός) erhalten; seine Ausdrucksweise ist jedoch vielleicht gar nicht so dunkel, wie allgemein behauptet wird. Zum einen sind von seinen Schriften nur einige Bruchstücke überliefert, zum anderen wurde er später von seinen Schülern umgedeutet, so daß ihm heute manches zugeschrieben wird, das der späteren Lehre seiner Schüler angehört. Unter diesen Umständen ist es nicht verwunderlich, daß das Wenige, das wir von ihm besitzen, nicht unmittelbar verständlich ist.

Der wichtigste Text Heraklits, über den wir verfügen, ist ein kurzes Bruchstück, das in der Schrift πρὸς μαθηματικούς (Adversus Mathematicos) VII, 132 des Sextos Empeirikos (Sextus Empiricus, 2. Jh. nach Chr.) überliefert wurde. Seit Hermann Diels die sog. *Fragmente der Vorsokratiker*[29] herausgegeben und

---

[29] Der Terminus ist nicht streng chronologisch zu verstehen. Nach Walther Kranz, dem späteren Hg. der Sammlung, umfaßt er die Philosophen, „die nicht durch die Gedankenschule des Sokrates (und des Platon) gegangen" sind, d.h. z.T. auch Denker, die nach Sokrates gelehrt haben.

damit der systematischen Forschung zugänglich gemacht hat, spricht man in Anlehnung an die in dieser Ausgabe vorgenommene Anordnung der Texte[30] von Fragment B1.[31] Es befand sich am Anfang der Schrift περὶ φύσεως (Über die Natur). Vermutlich ging ihm ein erster Abschnitt voraus, denn am Anfang steht die postpositive Partikel δὲ, die sich häufig leicht adversativ auf etwas Vorangegangenes bezieht: „hingegen, andererseits, darüber hinaus". Der Text lautet folgendermaßen:

> Τοῦ δὲ λόγου τοῦδ᾽ ἐόντος ἀεὶ ἀξύνετοι γίνονται ἄνθρωποι καὶ πρόσθεν ἢ ἀκοῦσαι καὶ ἀκούσαντες τὸ πρῶτον· γινομένων γὰρ πάντων κατὰ τὸν λόγον τόνδε ἀπείροισιν ἐοίκασι, πειρώμενοι καὶ ἐπέων καὶ ἔργων τοιούτων, ὁκοίων ἐγὼ διηγεῦμαι κατὰ φύσιν διαιρέων ἕκαστον καὶ φράζων ὅκως ἔχει. τοὺς δὲ ἄλλους ἀνθρώπους λανθάνει ὁκόσα ἐγερθέντες ποιοῦσιν, ὅκωσπερ ὁκόσα εὕδοντες ἐπιλανθάνονται.

Wie jede Übersetzung schließt auch die hier vorgeschlagene eine Deutung des Originals ein:

> Diesen *logos* hingegen, wenngleich er ewig (beständig) ist, verstehen die Menschen nicht, weder bevor sie ihn vernehmen, noch sobald sie ihn vernommen haben. Denn obwohl alles gemäß diesem *logos* geschieht (entsteht), erscheinen sie doch (in bezug auf ihn) als unerfahren (gleichen sie Unerfahrenen) und dies obschon (in demselben Augenblick, in dem) sie dergleichen Worte und Dinge (Tatsachen) erfahren, wie diejenigen, die ich erörtere, indem ich jedes seiner Natur (seinem Wesen) entsprechend auseinanderlege (unterscheide?) und sage (erkläre), wie es ist (wie es sich verhält). Den übrigen Menschen entgeht aber, was sie im Wachen (nach dem Erwachen) tun, so wie sie das vergessen, was sie im Schlaf tun.

Der für das Verständnis des Textes entscheidende Ausdruck *logos* wurde vorerst noch nicht übersetzt, denn die Bedeutung dieses Worts in diesem Text soll ja im folgenden diskutiert werden. Im Anschluß an erste Hinweise auf die wichtigsten Interpretationsschwierigkeiten wird auf die Vorschläge und Gegenvorschläge verschiedener Exegeten eingegangen werden.

Zum Vergleich die bei Diels/Kranz angegebene Übersetzung, die im folgenden diskutiert und kritisiert wird:

> (*Heraklit, Blosons Sohn, aus Ephesos lehrt folgendes.*) Für der Lehre Sinn aber, wie er hier vorliegt, gewinnen die Menschen nie ein Verständnis, weder ehe sie ihn vernommen noch sobald sie ihn vernommen. Denn geschieht auch alles nach diesem Sinn, so gleichen sie doch Unerprobten, so oft sie sich erproben an solchen Worten und Werken, wie ich sie erörtere, nach seiner Natur ein jegliches zerlegend und erklärend, wie es sich verhält. Den anderen Menschen aber bleibt

---

[30] Bei den Abschnitten, die den einzelnen Philosophen gewidmet sind, stehen unter A die Stellen zum Leben und zur Lehre, unter B die überlieferten Texte und unter C Apokryphes oder spätere Nachahmungen.

[31] Bibliographische Angaben auch zu den späteren Editionen finden sich in 4.3.

unbewußt, was sie nach dem Erwachen tun, so wie sie das Bewußtsein verlieren für das, was sie im Schlafe tun.[32]

4.1.1 Fragment B1: Die Hauptschwierigkeiten der Interpretation, insbesondere des Begriffs „logos"

1. Mit dem Ausdruck *logos* kann nicht allein die Lehre Heraklits selbst gemeint sein. Es wäre höchst ungewöhnlich, daß ein Philosoph über seine Lehre, die er für wahr hält, gleich zu Beginn erklärt, niemand könne sie verstehen. Die adverbiale Bestimmung ἀεί „beständig, ewig" ist auf ἐόντος, nicht auf ἀξύνετοι γίνονται zu beziehen, also „der logos ist ewig (beständig)", nicht „die Menschen werden in alle Ewigkeit kein Verständnis für ihn gewinnen". Allerdings ist die Ansicht Pagliaros, mit *logos* könne nur das objektive Weltgesetz, nicht die Lehre Heraklits gemeint sein,[33] zu relativieren. Hier ist Hoffmann zuzustimmen, wenn er in seinem bekannten Aufsatz „Die Sprache und die archaische Logik" betont, daß die strenge Alternative „entweder Heraklits Lehre oder das objektive Weltgesetz" überhaupt nicht gestellt werden kann, da beide Interpretationen nur verschiedene Aspekte ein und desselben Phänomens sind:[34] Für Heraklit fällt seine Lehre mit dem „Weltgesetz" zusammen; der *logos* seiner Schrift ist zugleich der objektive *logos* und als solcher unvergänglich. Insofern spricht der *logos* tatsächlich selbst – wie im von Heidegger analysierten Fragment B 50.[35]
2. In Übereinstimmung mit Pagliaro ist πειρώμενοι nicht – wie von vielen Übersetzern vorgeschlagen – im Sinne von „indem sie sich erproben", sondern in dem von „sich erfahren, an dergleichen Worten und Dingen beteiligt sein" zu interpretieren. Im Text werden ἀπείροισιν ἐοίκασι und πειρώμενοι im Sinne des σχῆμα, einer rhetorischen Figur, einander gegenübergestellt. In Verbindung mit dem Präsens legt dies die Interpretation nahe, daß die Menschen im Akt des Erfahrens unerfahren bleiben.[36]
3. Ἔργα ist nicht im Sinn von „Handlungen, Werke (der Menschen)" zu verstehen, sondern in jenem von „Tatsachen, Sachverhalte". Damit können u.a. auch Handlungen, nicht-sprachliche Tatbestände gemeint sein, auf die sich die Rede bezieht. Es geht um die Realität als *Wirklichkeit*, d.h. als das „Wirksame" (im Gegensatz zum Scheinbaren oder *Er*dachten).[37]

---

32 Diels/Kranz 1992, 150.

33 „Anzitutto, è assolutamente da escludere che il λόγος possa essere anche il senso del libro περὶ φύσεως ...", Pagliaro 1961, 137.

34 Vgl. Hoffmann 1925, 1–8.

35 Vgl. Heidegger 1954, 207f.

36 Vgl. Pagliaro 1961, 141. Snell ([5]1965, 7) übersetzt: „So sind sie doch wie Unerfahrene – trotz all ihrer Erfahrung mit derlei Worten und Werken ...". Hier wird aus dem unmittelbaren Akt des Erfahrens etwas Resultatives, die bereits erworbene Erfahrung.

37 [Dies ist ungefähr die etymologische Bedeutung des im Spätmittelalter von den Mystikern geprägten Ausdrucks *wirklich* – ursprünglich eine Art von Fachterminus.]

4. Mit ἔπεα sind nicht „Wörter" (λέξεις), sondern eher „Worte" gemeint, sprachliche Äußerungen (*énonciations*), „Sprechakte", wie man heute sagen würde. Unter ἔπος ist also das zu verstehen, was mit „Wort" in der Redensart „jemanden beim Wort nehmen" gemeint ist.

Fassen wir zunächst einmal zusammen, was in Heraklits Fragment B1 über den *logos* ausgesagt wird: Er ist erstens ewig (beständig, immer schon vorhanden), zweitens hörbar, muß jedoch drittens auch anders als durch Hören erfahrbar sein, sonst könnte den Menschen nicht der Vorwurf gemacht werden, sie verständen ihn weder vor dem noch beim Hören, und viertens folgen ihm die Menschen in ihren Handlungen (befolgen ihn).

Was bedeutet nun „logos"? In einem sind sich Hoffmann und Pagliaro einig: Der *logos* ist als der Darstellungsvorgang zu verstehen, der in der Rede in Erscheinung tritt. Als geäußertes, in Worte gefaßtes Denken ist der *logos* das subjektive Moment der Wirklichkeit selbst. Er *ist* Wirklichkeit – Wirklichkeit als etwas von den Menschen in Gedanken Erfaßtes (etwas *Ge*dachtes, nicht *Er*dachtes) und Ausgedrücktes. In einem anderen Fragment (B 101) heißt es: ἐδιζησάμην ἐμεωυτόν „ich habe mich selbst erforscht."[38] Das darf als Anhaltspunkt dafür gelten, daß gerade dieses subjektive Moment das für Heraklit ausschlaggebende ist.

Man geht wohl nicht fehl in der Annahme, daß der Ausgangspunkt dieser Selbsterforschung die Struktur der Sprache gewesen sein muß, so wie sie sich im ausgesprochenen Gedanken manifestiert. Der *logos* liegt für Heraklit zunächst einmal im Bereich des Sprachlichen[39] – man kann ihn schließlich hören. Man kann also Hoffmann zustimmen, wenn er erklärt, der *logos* als Satz, als Aussage sei für Heraklit Widerspiegelung des „Weltregiments", denn der Satz sei – im Gegensatz zum einzelnen Wort, zur Vokabel – eine Synthese von Subjekt und Prädikat, er drücke die Einheit der Gegensätze aus, die die Wirklichkeit ausmacht:

> Weil der Logos, die Rede, dies zu leisten vermag: sich über die einzelnen Vokabeln (ἔπεα) [...] zu erheben und das Widerspruchsvolle der einzelnen Vokabel zu verwenden, um den *Gegensatz* zu ihr zu setzen (z.B. zur Vokabel „Leben" die gegensätzliche „Tod") und aus dieser Gegensätzlichkeit die Einheit und Identität des Sinnes zu gewinnen („Leben und Tod sind ein und dasselbe"), deshalb darf die „Rede" und darf das „Weltgesetz" denselben Namen „Logos" tragen.[40]

Hoffmanns Identifikation des *logos* mit der Rede, insbesondere mit dem Satz, ist jedoch nur bedingt annehmbar. Gerade hier muß man die „archaische Logik" in Betracht ziehen, von der im Titel seiner Schrift die Rede ist. Ihr wichtigstes Kennzeichen besteht darin, daß sie mehrfache Zuordnungen erlaubt, daß mit einer vorgenommenen Identifizierung weitere nicht notwendig ausgeschlossen

---

38 Vgl. Diels/Kranz 1992, 173.

39 Das gilt natürlich auch in etymologischer Hinsicht: λόγος gehört zu λέγω „erzählen, sagen, reden".

40 Hoffmann 1925, 4.

werden. Wenn der *logos* mit dem Satz identifiziert wird, so bedeutet dies nicht, daß er nicht zugleich auch etwas anderes sein könnte. Der *logos* ist ewig, schon immer anwesend – von der Rede und vom Satz kann man das schwerlich behaupten. Wie wir gesehen haben, muß es möglich sein, ihn zu kennen, bevor er ausgesprochen wird, sonst wäre der im ersten Satz des Fragments geäußerte Vorwurf haltlos. Man muß den *logos* auch aus den Tatsachen und Sachverhalten unmittelbar, d.h. ohne sprachliche Vermittlung erfahren können. Der *logos* ist das Gesetz der Wirklichkeit und ihres sprachlichen Ausdrucks zugleich: Dieselbe *ratio*, dieselbe Norm, dasselbe Ordnungsprinzip, das Heraklit in der Wirklichkeit ausmacht, entdeckt er auch in der sprachlichen Darstellung der Wirklichkeit, in der Rede, und daher kann *logos* zugleich „Rede" und „Weltgesetz" bedeuten.

Hoffmann baut seine weitere Interpretation, auf die gleich noch genauer eingegangen werden soll, auf dem Gegensatz von λόγος und ἔπος auf:

> Daß der Logos das Weltgesetz bedeutet, steht außer Zweifel; aber das Weltgesetz trägt bei Heraklit auch noch andere Namen: Dike, Nomos, Weisheit, Vernunft, Notwendigkeit, Schicksal, das Eine, das Gemeinsame; es ist auch identisch mit dem Feuer, ja mit dem Kosmos selbst [es folgen Hinweise auf verschiedene Fragmente]. Jeder dieser Namen ist zutreffend, und keiner ist zutreffend [...]. Es muß im Wesen des Logos (also der „Rede") liegen, daß er nicht durch ein bloßes Epos (eine „Vokabel") in seinem Inhalt auszuschöpfen ist, und auch nicht durch mehrere.[41]

Hoffmann stellt also einander gegenüber:

> λόγος „Satz, Rede" – ἔπος „einzelnes Wort, Vokabel".

Diese Interpretation beruht auf einer Spekulation, die, wie zu zeigen sein wird, aus verschiedenen Gründen nicht annehmbar ist.

4.1.1.1 Die Interpretation Ernst Hoffmanns und ihre Schwierigkeiten

Vier Argumente lassen sich gegen Hoffmanns Interpretation anführen; zwei davon sind allgemein historischer Natur, zwei weitere beziehen sich auf den Text selbst.

1. Auf eine sprachhistorische Schwierigkeit hat bereits Pagliaro hingewiesen: Der Begriff des Wortes als eines Elements des Satzes, der Rede, λέξις „Vokabel", erscheint historisch viel später. ἔπος ist daher eher im Sinn von „Rede, sprachliche Aussage" zu interpretieren; es entspricht frz. *parole* oder dt. *Wort* im Sinne von „nicht viele Worte machen". Hoffmanns Interpretation stützt sich jedoch auf die Bedeutung „Vokabel" (frz. *mot*).
2. Auch in philosophiehistorischer Hinsicht ist Hoffmanns Interpretation problematisch. Zu den ἔπεα bemerkt er:

   > Diese Unangemessenheit der einzelnen Vokabel gegen ihre vermeintliche, d.h. gegen die ihr von der Menge zugeschriebene, aber nach Heraklit irrtüm-

[41] Ibid., 2.

lich zugeschriebene Aufgabe: eine erschöpfende Benennung und eindeutig fixierende Bezeichnung eines Objektes zu sein, ist ihre Physis, und diese spiegelt sich nach Heraklit sichtbar in der Mehrdeutigkeit so vieler Wörter wieder.[42]

Nun wird jedoch, wie wir später noch sehen werden, gerade von Heraklit und seiner Schule die „Richtigkeit der Namen" behauptet; die Wörter sind für Heraklit im Hinblick auf das, was sie ausdrücken, φύσει „naturgemäß".

3. Bei genauer Lektüre zeigt sich, daß Heraklit auch gar nicht behauptet, daß die ἔπεα („Worte") widersprüchlich oder unangemessen seien. Sie sind vielmehr alle berechtigt. Das gilt ebenfalls für den *logos* selbst, der auch „Vernunft", „Weisheit", „das Eine" usw. genannt werden könne. Der einzige (auch von Hoffmann zitierte) Text Heraklits, in dem eine auf einen Widerspruch hinweisende Gegenüberstellung erscheint, das Fragment B 48, betrifft gerade nicht das Verhältnis von λόγος und ἔπος, sondern das von ἔργον und ὄνομα:

   τῷ οὖν τόξῳ ὄνομα βίος, ἔργον δὲ θάνατος

   Der Name des Bogens (βιός) ist Leben (βίος), aber sein Wirken (ἔργον) ist Tod.[43]

   Für Hoffmann ist ὄνομα und ἔπος schlicht und einfach dasselbe. Mit ὄνομα ist jedoch nicht die Aussage, sondern das Wort als Bezeichnung gemeint, und nur in dieser Hinsicht, nicht als Aussage, kann es für Heraklit widersprüchlich sein.
4. Schließlich muß in diesem Zusammenhang nochmals daran erinnert werden, daß die Menschen nach Heraklits Auffassung den *logos* aus den ἔπεα *und* aus den ἔργα erfahren. Somit können die ἔπεα, die den *logos* enthalten, nicht widersprüchlich sein.

4.1.1.2 Der Gegenvorschlag Antonino Pagliaros

Es scheint angemessener, zumindest was die oben diskutierten Probleme angeht, der Interpretation Pagliaros zu folgen. Er schlägt vor, in den ἔπεα (den Worten) und den ἔργα (den Tatsachen, *nicht* den „Handlungen") zwei unterschiedliche Aspekte eines einheitlichen Vorgangs zu sehen, nämlich als die parallele Entfaltung des *logos* im Wirklichen selbst und in der Aussage des Wirklichen. Es werden also drei Ebenen unterschieden:

ἔργον	die ontologische Ebene, die Entfaltung des Wirklichen
ἔπος	die sprachliche Ebene, der sprachliche Ausdruck der Entfaltung des Wirklichen
λόγος	die Synthese der beiden Ebenen, die Entfaltung des Wirklichen und ihr Ausdruck im sprachlichen (Nach-)Vollzug dieses Vorgangs.

---

[42] Hoffmann 1925, 3.
[43] Vgl. Diels/Kranz 1992, 161.

Ἔργον und ἔπος sind also die beiden Manifestationen des λόγος; dieser tritt eben nicht nur sprachlich, sondern auch »faktisch« in Erscheinung.[44]

Da nun aber *logos* zugleich auch „Denken, Vernunft" bedeutet, läßt sich das Verhältnis der drei Ebenen folgendermaßen interpretieren (Heraklit selbst unterscheidet die drei Momente nicht, und wir werden auch gleich sehen, weshalb er dies nicht tut):

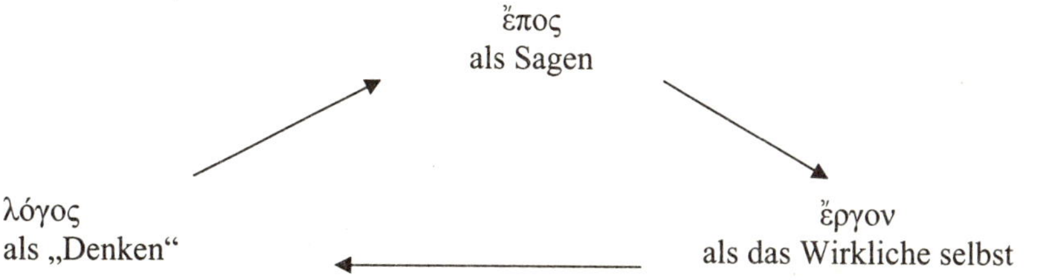

Der *logos* ist das einheitliche Gesetz, die *ratio*, die diesen drei Ebenen innewohnt, das Gesetz des Wirklichen, des Denkens und des Sagens. Für Heraklit und seine Schule denkt der Mensch, was ist, und er sagt, was er denkt. Und insofern sich das Sagen auf die ἔργα bezieht, kehrt es wieder zum Wirklichen zurück. All dies geschieht dank dem *logos*, der diese drei Momente vereinigt.

Der sogenannten „archaischen Logik" gemäß unterscheidet Heraklit die drei Ebenen nicht, die sich in den unterschiedlichen Benennungen widerspiegeln; ihm geht es vielmehr um die Betonung der Einheit der drei Ebenen. Möglicherweise hat er sie in materieller Hinsicht als etwas Einheitliches gedacht. Einer Überlieferung zufolge soll sich Heraklit den *logos* als eine Art von Hauch vorgestellt haben, dessen Anwesenheit in den Dingen das Wirkliche gestaltet und ordnet und der, indem er auch im Kopf des Denkenden und im Mund des Sprechenden erscheint, dafür sorgt, daß dieselbe Ordnung auch im Denken und Sagen herrscht.[45]

4.1.2 Das Verhältnis von *onoma* und Gegenstand

Die ontologische, die logische und die sprachliche Ebene bilden für Heraklit eine Einheit. Daraus erklärt sich eine Eigentümlichkeit seiner Lehre, die von seinen Schülern überliefert wurde: Für Heraklit ist es nicht möglich, zu sagen, was nicht ist. Es ist unmöglich, das „Nicht-Sein" oder das „Falsche" auszusagen. Wenn man spricht, sagt man immer, was ist, wenn es auch die Menschen nicht verstehen. Es gibt gute Gründe für die Annahme, daß Kratylos in Platons gleichnamigem Dialog die These Heraklits vertritt, wenn er Sokrates die Frage stellt: „Wie sollte denn auch, Sokrates, wenn einer doch das sagt, was er sagt, er nicht etwas sagen, was ist?" Sokrates hatte kurz zuvor bemerkt, schon manche

---

[44] Vgl. Pagliaro 1961, 142ff.

[45] Hegel geht in seinen *Vorlesungen zur Geschichte der Philosophie* besonders ausführlich auf diese Überlieferung ein; vgl. Hegel 1826/1989, Bd. 7, 75ff.

hätten, „jetzt und auch sonst schon“ behauptet, man könne überhaupt nichts Falsches sagen.[46] Wenn wir also im Kratylos des Platonischen Dialogs das Sprachrohr Heraklits sehen, wozu wir einige Berechtigung haben, so läßt sich dessen Ansicht folgendermaßen rekonstruieren: Es geht ihm um die „Wahrheit“ des Ausdrucks der Wirklichkeit so, wie sie durch die Bedeutung der *onómata* gegeben ist. Ein Name wie *Tisch* bezeichnet entweder den Tisch und ist in diesem Sinn „wahr“, oder er bezeichnet ihn nicht. Im zweiten Fall ist er kein »falscher Name«, sondern er ist schlicht nicht der Name des Tischs, in bezug auf den Tisch ist er unzutreffend. Wie aus dem folgenden Schema hervorgeht, schließt das nicht aus, daß »unzutreffende« Namen tatsächlich verwendet werden:

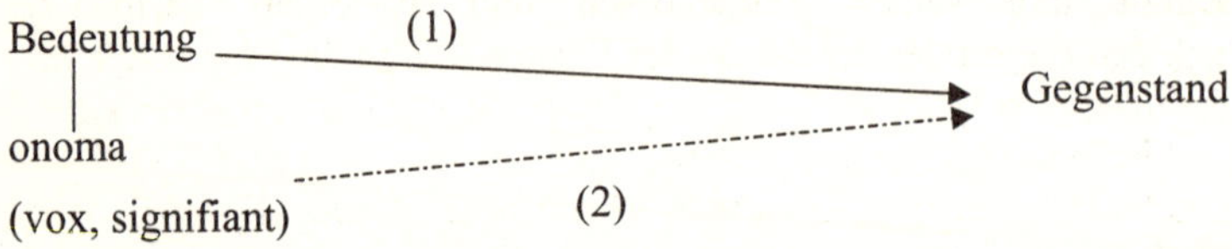

In diesem Schema sind alle Namen »richtig« und »wahr«, was die Relation (1) betrifft. Falsch oder logisch inkongruent kann allenfalls das (durch eine gestrichelte Linie symbolisierte) Verhältnis zwischen dem *onoma* als Zeichenträger (vox, signifiant) und dem bezeichneten Gegenstand (Relation (2)) sein, auch dann, wenn dieses *onoma* gewohnheitsmäßig »unpassend« gebraucht wird. So gibt Kratylos in Platons Dialog ohne Umschweife zu, daß ‘Ερμογένης wirklich der Name des Hermogenes ist, wenn man ihn meint, indem man ihn mit diesem Namen bezeichnet. Diese logische „Wahrheit“ des Wortes wird von Kratylos akzeptiert; er leugnet jedoch, daß ‘Ερμογένης der »richtige« Name des Hermogenes im ontologischen Verständnis sei. Hermogenes gehöre nämlich nicht zur Sippe des Hermes, was sein Name eigentlich bedeute, und in dieser Hinsicht gebühre der Name ‘Ερμογένης einem anderen, dem er von Natur (φύσις) aus zukomme.[47]

Das Wort *Düsseldorf* – so könnte man mit Heraklit/Kratylos argumentieren – bezeichnet zwar die Hauptstadt Nordrhein-Westfalens und ist insofern ihr »richtiger« Name. Nun ist Düsseldorf aber kein Dorf, was es seinem Namen nach sein müßte, und in dieser Hinsicht trägt die Stadt einen »falschen« Namen.

4.1.3 Das Problem der „Richtigkeit der Namen“

Das soeben angedeutete Problem, die Frage nach der ὀρθότης ὀνομάτων (Richtigkeit der Namen) in ontologischer Hinsicht, hat Heraklit selbst nicht wirklich gestellt. Wie wir gesehen haben, klingt es im „Bogen-Fragment“ (B48) an und wird dort in negativer Hinsicht gelöst. Trotz der Ähnlichkeit zwischen βιός „Bogen“ und βίος „Leben“ ist das ἔργον („Wirken“) des Bogens nicht Leben, sondern θάνατος („Tod“). Dadurch wird jedoch die sprachlich-logische Wahrheit des Wortes nicht berührt. Man darf also annehmen, Heraklit habe eine

[46] Vgl. *Kratylos*, 329 d; Zitate nach der Übersetzung Schleiermachers.

[47] Vgl. *Kratylos*, 429 c.

natürliche, kausale Kongruenz von *onoma* und bezeichnetem Gegenstand geleugnet. Ganz anders verhält es sich mit seinen Schülern, die sein Denken uminterpretiert haben. Sie stellen die Frage nach dem Verhältnis von *onoma* und bezeichnetem Gegenstand und suchen die Wahrheit des Gegenstandes in seinem Namen. Sie bedienen sich dabei einer etymologischen Forschung, die in den ὀνόματα das ἔτυμον, das „Wahre" sucht.

4.2 Ausblick: Sprache als Mittel der Erkenntnis bei Heraklit und Parmenides

Durch Heraklit und seinen Zeitgenossen und Widerpart Parmenides (Παρμενίδης), den Begründer der Schule der Eleaten,[48] wird die Frage nach dem erkenntnistheoretischen Wert der Sprache gestellt. Dieses Problem, bei dem die Beziehung zwischen *Sprache* und *Erkenntnis* oder das Verhältnis von *Sein*, *Denken* und *Sprache* im Mittelpunkt steht, wird für die Sprachphilosophie lange Zeit das entscheidende bleiben und die Diskussion bis in die neuere Zeit hinein, zumindest bis Hegel, beherrschen.

4.3 Bibliographische Hinweise

Die bereits mehrfach erwähnte Ausgabe von Diels/Kranz, die eine Vielzahl von Texten früher griechischer Philosophen, natürlich auch von Parmenides, enthält, stellt die wichtigste Textgrundlage dar. Zu den Vorsokratikern insgesamt kann auch die Ausgabe von Wilhelm Capelle benutzt werden.[49] Bruno Snell hat eine kleine griechisch-deutsche Ausgabe allein der Texte Heraklits zusammengestellt (mit knappen biographischen Daten und kommentierendem Nachwort); umfangreicher (aber im deutschen Sprachraum weniger leicht zugänglich) ist die Ausgabe von M. Marcovich (mit englischsprachigem Kommentar).[50] Ebenfalls einen englischen Kommentar enthält die leichter zugängliche Auswahlausgabe von Kirk, Raven und Schofield, die auch in deutscher Übersetzung vorliegt.[51]

Was die Interpretation der überlieferten Texte angeht, so lohnt es sich immer noch, zunächst einmal die Heraklit gewidmeten Seiten in Hegels *Vorlesungen über die Geschichte der Philosophie* zu konsultieren.[52] Hegels allgemeine Deutung des Denkens Heraklits ist beeindruckend, vor allem wenn man bedenkt, daß er noch nicht über alle Fragmente verfügte. Auf die Interpretationen von Hoffmann und Pagliaro wurde bereits mehrfach hingewiesen. Die beiden Aufsätze, die Martin Heidegger zu zwei Fragmenten Heraklits in einem Sammel-

---

48 Er lebte und lehrte in Elea, einer griechischen Kolonie in Süditalien. Ein weiterer wichtiger Vertreter der Schule der Eleaten war sein Schüler Zenon (Zeno), der durch sein Paradoxon vom Wettlauf Achills mit einer Schildkröte weit über den Kreis der Fachkundigen hinaus bekannt wurde.

49 Capelle [8]1973.

50 Marcovich 1967.

51 Kirk/Raven/Schofield 1983, dt. Üb. 1994.

52 Hegel 1826/1989, Bd. 7, 69–81.

band vorgelegt hat („Logos“ zu Fragment B 50 und „Aletheia“ zu Fragment 16) stellen keine Interpretationen im üblichen Sinn dar (vgl. oben 4).[53]

Auch in neuerer Zeit sind zahlreiche Arbeiten zu Heraklit erschienen. Zunächst ist auf zwei Studien hinzuweisen, die der früheren Fassung dieser Vorlesungsnachschrift in nicht unerheblichem Maß verpflichtet sind, auf den Aufsatz „Heraklit und die Sprache“ von Donatella Di Cesare und auf das Heraklit gewidmete Kapitel in Jochem Hennigfelds *Geschichte der Sprachphilosophie*.[54] Dort wird eine größere Zahl von Fragmenten berücksichtigt. Der von Hans-Georg Gadamer herausgegebene Sammelband enthält Studien zu den zentralen Begriffen der Vorsokratiker und stellt somit einen „mittelbaren“ Beitrag zur Sprachphilosophie dar.[55] Mit dem Buch *Vorsokratiker* von Christof Rapp verfügen wir über eine leicht zugängliche Einführung in das Denken der Vorsokratiker insgesamt, wenn auch nicht aus spezifisch sprachphilosophischer Sicht.[56] Dort findet man zahlreiche weiterführende Literaturhinweise.

---

[53] Heidegger 1954, 207–229 und 257–282.

[54] Di Cesare 1986; Hennigfeld 1994, 4–13.

[55] Gadamer 1968.

[56] Rapp 1997.

5 Platon

Πλάτων (die griechische Namensform *Platon* und die lateinische *Plato* waren im deutschen Sprachraum von jeher gleichermaßen üblich, in neuester Zeit scheint sich die griechische durchzusetzen) wurde wahrscheinlich 428/27 vor Christus – also mitten im Peloponnesischen Krieg – in Athen oder in unmittelbarer Nähe der Stadt geboren. Sein Vater und seine Mutter gehörten alteingesessenen Adelsgeschlechtern an. Eine politische Laufbahn schien ihm vorherbestimmt, doch wandte er sich bereits in jungen Jahren der Philosophie zu. Aristoteles berichtet, sein frühester Lehrer sei der Herakliteer Kratylos gewesen; sicher ist, daß er, der Patriziersohn, als Jüngling die Bekanntschaft des Sokrates machte, eines aus bescheidenen Verhältnissen stammenden berühmt-berüchtigten Originals, das die Passanten in den Gassen Athens in komplizierte Streitgespräche verwickelte. Bis zum Jahr 399 vor Chr., als Sokrates von einer nur schwach legitimierten Obrigkeit – die kurze Phase der Diktatur nach dem verlorenen Krieg war gerade zuende gegangen – aufgrund fragwürdiger Anklagepunkte dazu verurteilt wurde, den sprichwörtlich gewordenen Schierlingsbecher zu leeren, blieb er dessen Schüler.

Der Name *Platon* wird vor allem mit der Ideenlehre und der politischen Philosophie in Verbindung gebracht, die in den mittleren Lebensjahren ihres Urhebers entstand. Von all dem wird hier nicht die Rede sein. *Kratylos*, der Dialog, den wir im folgenden genauer betrachten wollen, gehört ebenfalls Platons mittlerer Schaffensperiode an; er ist vermutlich nach dem *Gorgias* und vor *Parmenides*, *Theaitetos* und *Sophistes* entstanden.[57] Der *Siebente Brief* (mit einiger Sicherheit der einzige echte unter den dreizehn Briefen, die Platon zugeschrieben wurden) sowie der Dialog *Sophistes*, von denen im Anschluß an *Kratylos* kurz die Rede sein wird, sind verhältnismäßig späte Schriften. Platon starb achtzigjährig im Jahre 348/47 in seiner Heimatstadt.

Während sein Lehrer Sokrates Athen nur selten verlassen hatte, unternahm Platon mehrere Reisen, die ihn in die griechischen Kolonien in Unteritalien und auf Sizilien führten. Nach der Rückkehr von seiner ersten Reise nach Syrakus hatte er eine eigene Philosophenschule gegründet. Sie wurde nach ihrem Sitz in einem dem lokalen Heros Akademos geweihten Hain *Akademie* genannt und existierte – ein Vorbild aller späteren Akademien – bis zu ihrer Schließung durch den oströmischen Kaiser Justinian im Jahre 529 nach Chr. Da die Lehre ihres Gründers dort hochgehalten wurde, sind Platons Schriften fast vollständig erhalten, was bei einem antiken Autor nur selten der Fall ist. Darüber hinaus verfügen wir nicht zuletzt aus dem Umkreis der Akademie über zahlreiche zusätzliche Quellen über die Lehre ihres Gründers, so z.B. in den Schriften des

[57] Zu Problemen der Chronologie vgl. u.a. Méridier ^{4}1969, 46ff. und Dörrie 1975 (in: *Der kleine Pauly*), Bd. 4, 902f. Zur Biographie gibt jede Philosophiegeschichte genauere Auskunft.

Neuplatonikers Proklos (Proclus), der die Akademie im 5. Jh. nach Chr. fast fünfundvierzig Jahre lang geleitet hat.

Platon lebte in einer Epoche, die schon stark durch die Schrift geprägt war, aber er scheint sich eine gewisse Anhänglichkeit an die schriftlose Frühzeit bewahrt zu haben, in der allein das Gedächtnis, unterstützt durch eine ausgefeilte Mnemotechnik, die kulturelle Überlieferung sicherte, und in der philosophisches und wissenschaftliches Denken noch nicht im Geschriebenen erstarrte, in Texten, die man nicht unmittelbar nach ihrem Sinn fragen kann und die daher vielerlei Mißdeutungen schutzlos ausgesetzt sind. Schriftkritische Äußerungen Platons, nicht zuletzt eine kurze Bemerkung im *Siebenten Brief*, haben viele Philosophen und Philosophiehistoriker zu der Annahme veranlaßt, es müsse eine „ungeschriebene Lehre" Platons geben, und diese gelte es als sein eigentliches Vermächtnis zu rekonstruieren.

Obschon hier nur die in Platons Schriften überlieferten sprachphilosophischen Fragestellungen behandelt werden, soll doch ein positiver Aspekt der vermeintlichen oder tatsächlichen Skepsis ihres Verfassers gegenüber der Schrift kurz angesprochen werden – ein Aspekt, der für das Verständnis der folgenden Ausführungen von Bedeutung ist. Ein Großteil der Platonischen Schriften liegt in einer Form vor, die in seltsamem Kontrast zu den Vorstellungen steht, die man sich heute von gelehrten Abhandlungen zu machen pflegt. Es handelt sich um Dialoge, in denen der Prozeß der »Wahrheitsfindung« durch ein lebhaftes Streitgespräch plastisch nachgebildet wird. Der Stil scheint oft der gesprochenen Sprache nachempfunden; Schleiermacher hat dies als einer der ersten im Deutschen nachzuahmen versucht. Die Protagonisten machen Randbemerkungen, die strenggenommen »nicht zur Sache gehören«, die dem Leser jedoch dabei helfen, sich ein Bild von der Sprechsituation zu machen. Selten werden in diesen Dialogen eindeutige Antworten auf die dort gestellten Fragen gegeben, und es ist oft schwer zu erkennen, welcher von den vorgetragenen Thesen nun denn der Autor selbst den Vorzug gibt. Wir dürfen allerdings annehmen, daß in vielen Fällen (wenn auch nicht in allen) Platon seine eigenen Ansichten dem Lehrer Sokrates in den Mund gelegt hat.

Platons Behandlung des Problems der Sprache stellt das zweite wichtige Moment in der Geschichte der Sprachphilosophie dar – ein kritisches, negatives Moment. Durch Platon werden die bisherigen sprachphilosophischen Fragestellungen ihrerseits in Frage gestellt. Schon mit den Sophisten, spätestens jedoch mit Sokrates, hört der Philosoph auf, „Philosoph" im etymologischen Sinne zu sein: ein die Weisheit liebender Prophet. Die Philosophie besteht nun nicht mehr in der Verkündung der Schau eines einzelnen. Sie hat sich methodischen Regeln zu unterwerfen. Die Fragen, die gestellt werden, sind ernst gemeint, sie sollen nicht mehr, wie die sogenannten „rhetorischen Fragen", die Offenbarung einer Antwort vorbereiten, die als endgültige Lösung des angesprochenen Problems ausgegeben wird.

Um Platons Fragestellungen und seine Diskussion des Problems der Sprache richtig zu verstehen, muß man den historischen Kontext kennen, in dem und vor dem sich der Verfasser der Dialoge befand. Diesen Kontext zu rekonstruieren, ist nicht leicht; er muß wenigstens zum Teil aus den Texten selbst erschlossen werden. Die Überlieferung des historisch-kulturellen Umfelds ist unsicher und fragmentarisch.

5.1 Sprache und Erkenntnis

Bevor wir uns den Schriften Platons zuwenden, muß zunächst dieser historische Kontext skizziert werden, der Voraussetzung für ein genaues Verständnis der Schriften, insbesondere des Dialogs *Kratylos* ist. Wie bei Heraklit und anderen Vorsokratikern wird auch bei Platon und seinen Nachfolgern die Frage nach dem erkenntnistheoretischen Wert der Sprache aufgeworfen. Die Fragestellung ist noch wenig ausdifferenziert; sie kann in dreierlei Hinsicht interpretiert und präzisiert werden:

5.1.1 Die Erscheinungsformen des Phänomens „Sprache“

a) *Sprache im allgemeinen*: Hier geht es um das Phänomen „Sprache“ insgesamt, um die Sprache als eine Erscheinungsform des Universums. Sie wird mit den anderen Erscheinungsformen konfrontiert, mit dem Denken einerseits und den Gegenständen und Sachverhalten, der sogenannten „außersprachlichen Wirklichkeit“ andererseits. Dabei gibt es zwei Möglichkeiten: Wird die Isomorphie der Strukturen von Sprache, Denken und Wirklichkeit bejaht, so kann der Sprache „Wahrheit“ *zu*gesprochen werden, wird sie geleugnet, wird bezweifelt, daß Sprache, Denken und Wirklichkeit analog gestaltet sind, so muß der Sprache „Wahrheit“ *ab*gesprochen werden, d.h. ihre Brauchbarkeit als Mittel der Erkenntnis wird skeptisch beurteilt.
b) *Sprache als Satz*: Hier geht es um einen Vergleich von Aussage und Tatbestand bzw. Sachverhalt. Wird beiden eine analoge Struktur zuerkannt, so ist die sich in Form der Aussage manifestierende Sprache „wahr“; wird die Analogie der Struktur geleugnet, so ist sie „falsch“.
c) *Sprache als Wort*: Hier geht es um die Frage, ob ein Wort dem Gegenstand oder Sachverhalt (bzw. der Klasse von Gegenständen oder Sachverhalten), den es bezeichnet, entspricht oder nicht. Was in diesem Fall mit „entsprechen“ gemeint sein kann, wird später noch deutlicher werden (vgl. unten 5.2).

Bei Heraklit wird das Problem von Sprache und Erkenntnis auf der Ebene der *Sprache im allgemeinen* abgehandelt. Wie wir gesehen haben (vgl. oben 4.1.1.2), behauptet er, daß die Strukturen der Sprache, die des Denkens und der Wirklichkeit analog seien. Dies wird garantiert durch den einheitlichen *logos*, der den drei Erscheinungsformen des Universums innewohnt, in denen die Einheit des Gegensätzlichen durch die Bewegung und das Werden gewährleistet ist. Die *Sprache als Satz* wird nur indirekt thematisiert; die Aussage ist für Heraklit eher ein Symbol als eine Darstellung eines Sachverhalts. Es geht ihm um Analogie, um Ähnlichkeit, nicht um „Wahrheit“ oder „Falschheit“ im späteren Sinn. Aristoteles wird diese Fragestellung dann klar von den übrigen trennen; er wird

„Wahrheit“ und „Falschheit“ als mögliche Eigenschaften des „aussagenden *logos*“ behandeln, ohne dabei gleichzeitig die Wörter oder die Sprache im allgemeinen im Auge zu haben. Auf der Ebene der *Sprache als Wort* wird, wie wir gesehen haben, das Problem von Sprache und Erkenntnis von Heraklit nicht diskutiert. Er gibt nur beiläufig zu – wie wir aus Platons Dialog *Kratylos* schließen dürfen – daß ein *onoma* »unpassend« gebraucht werden kann (vgl. oben 4.1.2).

Erst später, bei seinen Schülern, den Herakliteern, und deren Gegnern wird die Frage in diesem Sinn tatsächlich aufgeworfen; dazu müssen allerdings die Wörter in elementarere Bestandteile zerlegt werden (vgl. unten 5.2.2).

5.2 Das Verhältnis von „Wort“ und „Gegenstand“

Die drei Aspekte der Frage nach dem erkenntnistheoretischen Wert der Sprache werden bei Heraklit noch nicht unterschieden. Wenn es bei ihm auch meist um die Sprache im allgemeinen geht, so ist doch nicht auszuschließen, daß die anderen Aspekte mitgemeint sind. Je stärker später differenziert wird, desto mehr konzentriert sich die Diskussion auf das Verhältnis von „Wort“ und „Gegenstand“. Auch hier können wiederum, je nach dem eigentlichen Erkenntnisinteresse, drei Modi unterschieden werden:

5.2.1 Die Interpretation des Verhältnisses von „Wort“ und „Gegenstand“ in epistemologischer Hinsicht

Was kann gemeint sein, wenn die Frage nach dem Verhältnis zwischen dem Wort und dem von ihm bezeichneten Gegenstand gestellt wird?

Die Frage kann im *ontologischen* Sinn gemeint sein: Entspricht ein Wort (qua *onoma*, *signifiant*) tatsächlich dem Sein des Gegenstandes, den es benennt? Ob die Antwort positiv oder negativ ausfällt, ändert nichts am Sinn der Fragestellung.

Die Frage kann weiterhin in *logisch-funktionaler* Hinsicht gestellt werden: Wozu ist der Name da? Wodurch wird der artikulierte Laut zu einem Namen? Welches Verhältnis besteht zwischen dem durch den Namen bezeichneten Gegenstand und dem, was über ihn ausgesagt wird?

Schließlich kann sich die Fragestellung in Richtung auf den Ursprung der Namen verschieben; sie wird damit zu einem *glottogonischen* Problem. Wie kam es dazu, daß bestimmte Gegenstände mit ihnen zugehörigen Namen belegt wurden? Welches ist der Ursprung der Wörter und der Sprache insgesamt?

Wie im Fall der Relation zwischen Sprache und Erkenntnis werden auch hier die verschiedenen Möglichkeiten, die Frage zu interpretieren, noch nicht klar differenziert, schon gar nicht in der vorplatonischen („vorsokratischen“) Philosophie. In dieser Epoche geht es de facto vornehmlich um den *ontologischen Aspekt* der Fragestellung. Der *logisch-funktionale* Aspekt wird von Platon mehrmals angedeutet, jedoch erst von Aristoteles explizit herausgearbeitet. Der *glottogonische* Aspekt beherrscht schließlich die Diskussion in der nacharistotelischen Philosophie und erscheint in ähnlich lautenden Formulierungen in der späteren Sprachphilosophie bis hin zu Leibniz.

5.2.2 Die Interpration des Verhältnisses von „Wort“ und „Gegenstand“ in zeichentheoretischer Hinsicht

Darüber hinaus kann die Frage nach dem Verhältnis von Wort und Gegenstand in einem Sinn diskutiert werden, der zwar eng mit den soeben behandelten Aspekten der Fragestellung zusammenhängt, der jedoch den Schwerpunkt des Interesses von der Wissenschaftstheorie zur Zeichentheorie verschiebt: Ist das Verhältnis zwischen Wort und Gegenstand als „natürlich“ (notwendig, motiviert) oder als „nicht-notwendig“ (nicht »naturnotwendig«, auf Konvention oder Willkür beruhend) anzusehen? Die Frage wird in Form von Dichotomien vorgetragen, die auf den ersten Blick ein und dasselbe Problem zu betreffen scheinen. Bei genauerem Hinsehen hat man jedoch drei Phasen in der Entwicklung des Sinns der Problemstellung zu unterscheiden:

Verhältnis	„notwendig“	„nicht notwendig“
1. Phase	φύσει „von Natur aus“	νόμῳ, ἔθει, ὁμολογίᾳ, ξυνθήκῃ „durch Gesetz, Usus, Konvention, Übereinkunft“
2. Phase	φύσει „von Natur aus“	κατὰ συνθήκην „als eingerichtet“
3. Phase	φύσει „von Natur aus“	θέσει „durch Setzung“

Das erste Begriffspaar (mit seinen Varianten auf der Seite des „Nicht-Notwendigen“) erscheint vor Platon und wird von diesem aufgegriffen. Das zweite wurde von Aristoteles geprägt und mit einer gegenüber der ursprünglichen völlig veränderten Problemstellung verbunden; das ist von späteren Kommentatoren nicht immer klar erkannt worden.[58] Das dritte Begriffspaar ist für die nacharistotelische Philosophie kennzeichnend – wenn auch der Ausdruck θέσει möglicherweise schon früher bei Demokrit (2. Hälfte des 5. Jh. vor Chr.) verwendet wurde.[59]

In verschiedenen Werken zur Geschichte der Sprachwissenschaft (weniger in denen zur Geschichte der Sprachphilosophie) wird der Eindruck erweckt, als handele es sich um eine dem Sinn nach einheitliche Dichotomie, die in unterschiedlicher sprachlicher Einkleidung von der Antike bis zur Renaissance (und darüber hinaus) diskutiert worden wäre. Das ist ein Irrtum. Die Ausdrücke νόμῳ, κατὰ συνθήκην und θέσει werden nicht im gleichen Sinn gebraucht, und dadurch ändert sich auch der Sinn des immer gleichlautenden Ausdrucks φύσει, je nachdem, in welchem Begriffspaar er erscheint.

---

58 Vgl. Coseriu 1967, 87f. und 1988, 90f. und 1996, 1.3–1.5 sowie unten 6.2.3 und 6.3.8.5.

59 Vgl. unten 5.3.

Bei der ersten Fassung der Dichotomie geht es um die ὀρθότης τῶν ὀνομάτων, um die „Richtigkeit der Namen". Gibt es eine natürlich motivierte Entsprechung zwischen dem Wortlaut (der Wortform) und dem bezeichneten Gegenstand? Liegt es in der Natur der Sache, daß ihr Name gerade so und nicht anders lauten muß? Die Befürworter der φύσει-These geben eine positive, die der νόμῳ-These eine negative Antwort auf diese Frage.

Bei der zweiten Fassung der Dichotomie geht es eigentlich nicht um eine Alternative wie bei der ersten und wahrscheinlich auch der dritten, sondern um eine Ablehnung der φύσει-Annahme: nicht φύσει *oder* κατὰ συνθήκην, sondern κατὰ συνθήκην – *nicht* φύσει. Es geht um den intentional-funktionalen Aspekt des Zeichens, d.h. um die These, daß nur das Name eines Gegenstandes sein könne, was auch als Name »gedacht« war, und zwar unabhängig davon, ob dieser Name nun zu dem bezeichneten Gegenstand »paßt« oder nicht.

Bei der dritten Fragestellung geht es eigentlich um den Ursprung der Namen und damit unter Umständen auch um die Entstehung der Einzelsprachen. Zumindest die Vertreter der θέσει-Meinung können behaupten, die Namen seien bei diesem Volk so, bei jenem hingegen ganz anders festgesetzt worden.

5.2.2.1 Der Sinn von φύσει

Der Ausdruck φύσει bedeutet zwar strenggenommen immer dasselbe, nämlich „von Natur aus, naturnotwendig"; er erhält jedoch je nach dem Kontext, in dem er erscheint, einen anderen Sinn.

Im Rahmen der Diskussion um die „Richtigkeit der Namen" wird er auf die Gegenstände und Sachverhalte selbst bezogen, auf deren φύσις. Wer behauptet, die Namen seien „naturnotwendig", sucht im Gegenstand die bewirkende Ursache (*causa efficiens*) für seinen Namen.

Der Ausdruck φύσει könnte jedoch auch auf die Namen (Wörter) und auf die Sprache bezogen werden. Ansätze dazu finden sich bei Platon und Aristoteles. Sie werden dort jedoch nicht ausgeführt, und so wird nicht klar, was in diesem Zusammenhang unter der „Natur" (dem Wesen) des Wortes (oder der Sprache) zu verstehen ist.

Schließlich kann sich φύσει auf das Wesen des Menschen, des Sprechenden beziehen. Damit wird die Diskussion allerdings auf eine andere Ebene verlagert, es geht nun um die Gegenüberstellung von φύσις und τέχνη (*natura – ars*). Wird dieser Gegensatz nicht auf das Sprachvermögen im allgemeinen (*langage*), sondern auf die Einzelsprache (*langue*) bezogen, so kann die φύσει-Annahme – wie z.B. bei Epikur – zur Erklärung der Unterschiede zwischen den Einzelsprachen herangezogen werden; die Namen entsprechen dann nicht den bezeichneten Gegenständen, sondern den Sprechern, die sie gebrauchen.

5.2.2.2 Von den „richtigen" zu den „ersten" Namen

Kehren wir nun nochmals zur ersten der soeben behandelten Verwendungsweisen von φύσει zurück. Wird die φύσει-Annahme in dieser Hinsicht bejaht, wird also die These vertreten, die Namen entsprächen der Natur (φύσις) der durch sie bezeichneten Gegenstände, so ergeben sich wiederum verschiedene Interpretationsmöglichkeiten:

Nur eine Aussage kann wahr oder falsch sein, Wörter können dies nicht. In der vorplatonischen Philosophie wurde diese Erkenntnis noch nicht klar ausgesprochen; es wurde ihr jedoch intuitiv Rechnung getragen. Die vorsokratischen Philosophen, die nach der „Richtigkeit der Namen“ fragten, behandelten das Wort so, als wäre es eine Aussage, eine Art von Definition. Dazu mußte es in kleinere Teile zerlegt werden, die ihrerseits Bedeutung tragen. Bei Wortbildungsprodukten, insbesondere bei Komposita, war dies verhältnismäßig einfach, bei Simplicia führte dieses Verfahren oft zu völlig willkürlichen Ergebnissen (vgl. unten 5.4.3.1).

Durch die Zerlegung des Wortes in elementare Bestandteile wurde das Problem nicht gelöst, nur verschoben. Nun galt es, die Grundbestandteile der Wörter zu ermitteln, die „ersten oder „ursprünglichen“ Namen: τὰ πρῶτα ὀνόματα. Für diese mußte eine Ähnlichkeit mit den Dingen postuliert werden, damit sie als deren Nachahmung gedeutet werden konnten.

Dabei erwies es sich oft als notwendig, von der Ebene der bedeutungstragenden zu jener der bedeutungsunterscheidenden Einheiten hinabzusteigen, wie wir heute sagen würden. Die „ersten“ Namen wurden in Phoneme (στοιχεῖα, *litterae*)[60] zerlegt, denen eine unmittelbar lautmalerische (onomatopöische) oder mittelbar lautsymbolische (ikastische) Funktion zugeschrieben wurde (vgl. unten 5.4.3.1).

5.3 Die Vorgeschichte der im *Kratylos* diskutierten Ansichten

Halten wir zunächst noch einmal die wichtigsten Ergebnisse der vorangegangenen Bestandsaufnahme fest:

a) Die Frage nach dem Verhältnis von Sprache, Erkenntnis und Wirklichkeit wird unmittelbar vor Platon vorwiegend auf der Ebene des Wortes diskutiert, als Frage nach der Relation zwischen Wort und bezeichnetem Gegenstand.
b) Unter den möglichen Spezifizierungen dieser Fragestellung wird die ontologische Interpretation bevorzugt: Entweder die Wörter entsprechen der Natur der Dinge (φύσει-Lösung) oder sie tun es nicht (νόμῳ-Lösung).
c) Die Vertreter der φύσει-Lösung beziehen sich auf die φύσις der bezeichneten Gegenstände, nicht etwa – in einem noch zu klärenden Sinn – auf die φύσις der Wörter oder der Sprecher. Sie fragen nach der „Richtigkeit der Namen“, die sie dabei wie Aussagen oder Definitionen behandeln. Daraus ergibt sich die Notwendigkeit, Wörter in elementare Bestandteile zu zerlegen oder noch weiter, bis zur Ebene der Phoneme, hinabzusteigen, denen dann lautmalerische oder lautsymbolische Funktion zugeschrieben wird.

---

[60] Die Wörter bedeuten „Buchstaben“ und „Laut“ zugleich. Der Phonetiker D. Abercrombie (1949/50) hat gezeigt, daß der littera-Begriff eine Art von Amalgam der modernen Begriffe „Phonem“ und „Graphem“ darstellt.

Wie kam es nun zu diesem Stand der Diskussion, auf den sich Platon in seinem Dialog *Kratylos* bezieht? Bisher wurden die möglichen und tatsächlich vorgebrachten Fragestellungen vorwiegend aus systematischer Sicht dargestellt, nun sollen noch einige historische Informationen nachgeliefert werden.

Anhänger und Gegner Heraklits, unter den letzteren vor allem Parmenides, stellten dieselben Fragen, sie gelangten jedoch zu dem genau entgegengesetzten Ergebnis: Da die Sprache Bewegung und Werden ist, kann sie nicht, wie Heraklit annahm, der Wirklichkeit, dem Sein entsprechen, denn dieses ist unbewegt und bleibt sich selbst immer gleich:

> χρὴ τὸ λέγειν τε νοεῖν τ' ἐὸν ἔμμεναι˙ ἔστι γὰρ εἶναι, μηδὲν δ' οὐκ ἔστιν˙[61]
>
> Es ist notwendig, daß das Sagen und Denken dem Seienden treu bleiben (am Seienden festhalten); denn das Sein ist, das Nichts ist nicht.

Diese Forderung werde zwar vom Denken erfüllt, und zwar vom nicht ausgesagten Denken, von der einheitlichen Intuition des Seins:

> ταὐτὸν δ' ἐστὶ νοεῖν τε καὶ οὕνεκεν ἔστι νόημα[62]
>
> das Denken und der Gegenstand des Denkens sind dasselbe,

nicht jedoch vom Sagen, von der Sprache, die eine Zerlegung einschließe und somit nicht dem unbeweglichen Ganzen entspreche. Parmenides spricht zwar von Namen, wählt aber als Beispiele Verben und Satzwörter, die Vorgänge bezeichnen wie „geboren werden", „sterben", „sein" und „nicht sein", „die Lage und die Farbe wechseln" und versichert, dergleichen ὀνόματα entsprächen nicht dem νόημα, dem Denken, das das Seiende erfaßt, sondern der δόξα, der Meinung der Menschen, die sich mit oberflächlichen Erscheinungen begnügen.

Dies alles wird wie bei Heraklit auf die *Sprache im allgemeinen* bezogen. Erst später wird die Frage nach der Korrespondenz zwischen Wirklichkeit, Denken und Sprache auf die Ebene der λέξεις, der Wörter verlagert. Dabei handelt es sich vermutlich um eine interne Weiterentwicklung und Ausdifferenzierung der Fragen, die von Heraklit und Parmenides aufgeworfen worden waren.

Es gibt allerdings Hinweise darauf, daß das Problem der Wörter schon vor Heraklit, nämlich von Pythagoras im 6. Jh. vor Chr. zur Sprache gebracht wurde. Wir haben darüber jedoch nur indirekte Informationen. In Proklos' Kommentar zu Platons *Kratylos*, der immerhin ungefähr ein Jahrtausend nach Pythagoras verfaßt wurde, heißt es:

> 'Ερωτηθεὶς γοῦν Πυθαγόρας˙ τί σοφώτατον τῶν ὄντων˙ἀριθμός, ἔφη. τί δὲ δεύτερον εἰς σοφίαν; ὁ τὰ ὀνόματα τοῖς πράγμασι θέμενος [...] διὰ δὲ τοῦ θεμένου τὰ ὀνόματα τὴν ψυχὴν ᾐνίττετο, ἥτις ἀπὸ νοῦ μὲν ὑπέστη.[63]

---

[61] Diels/Kranz 1992, 232. Übersetzung dort: Nötig ist zu sagen und zu denken, daß *nur* das Seiende ist; denn Sein ist, ein Nichts dagegen ist nicht ...

[62] Fragment B8, 34; vgl. Diels/Kranz 1992, 238; Übersetzung dort: „Dasselbe ist Denken und der Gedanke, das IST ist".

[63] Proclus Diadochus/Pasquali 1908/1994, 5f. (=XVI).

> Als jemand Pythagoras fragte, was das weiseste aller Dinge sei, antwortete dieser, es sei die Zahl. Und was sei dann das zweite im Hinblick auf die Weisheit? Das sei der, der den Dingen die Namen gegeben hat [...] unter dem Namengeber verstand er die Seele, die sie [scil. die Zahl] vom Verstand übernimmt.

Daher seien die Wörter φύσει, und auch die Namengebung (ὀνοματουργεῖν) sei nicht das Werk irgendeines Menschen, sondern das eines Namengebers (ονομαϊοθέτης), der zugleich auf die Dinge und auf deren durch die Zahlen ausgedrücktes Wesen schaut.

Nach Proklos hat Pythagoras somit zwei Arten von Erkenntnis unterschieden:

- die echte Erkenntnis (νόησις), die der Vernunft (νοῦς) angehört; eine Art von mathematischer Erkenntnis, die auf die abstrakten Beziehungen zwischen den Dingen gerichtet ist, die sich durch Zahlen ausdrücken lassen;
- die nachgeordnete Erkenntnis, die der Seele (ψυχή) zuzuordnen ist, eine Erkenntnis, die nur die äußere Gestalt der Dinge (ἄγαλμα) erfaßt und in den Wörtern zum Ausdruck kommt.[64]

Demokrit (um 460 nach Chr. im thrakischen Abdera geboren) habe dagegen, so kann man bei Proklos lesen, die θέσει-Meinung vertreten:

> Ὁ δὲ Δημόκριτος θέσει λέγων τὰ ὀνόματα ... [65]

Er habe folgende Gründe dafür angegeben:

- die *Homonymie*: Wenn verschiedene Dinge mit demselben Namen benannt werden, kann dieser nicht φύσει sein;
- die *Polynomie*: Wenn ein und derselbe Gegenstand mehrere Namen erhalten kann, welcher von ihnen drückt dann sein Wesen aus?
- die *Veränderlichkeit der Namen*: Wie kann ein Name φύσει sein, wenn er sich im Lauf der Zeit ändert, während der von ihm bezeichnete Gegenstand ständig gleich bleibt?
- die *fehlende Analogie in der Wortbildung*, d.h. die unregelmäßige Gestaltung von Wortfamilien: Wenn das Verhältnis Substantiv-Verb etwas Wirklichem entspricht, dann müßte es zu jedem Substantiv ein Verb geben, dies ist jedoch nicht der Fall.[66]

Die Sprachen seien nach Demokrit aus unartikulierten Lauten durch zufällige Festsetzung des Verhältnisses von Laut und Gegenstand entstanden, und dieses Verhältnis habe sich dann in der Überlieferung bei verschiedenen Stämmen und Völkern verfestigt. Aus diesem Grund gebe es auch verschiedene Sprachen.

Ob Pythagoras und Demokrit wirklich die Termini φύσει und θέσει gebrauchten, ist fraglich. Proklos könnte die zu seiner Zeit längst üblichen Aus-

---

[64] Vgl. ibid., 6.

[65] Ibid.

[66] Vgl. Diels/Kranz 1992, 148; Steinthal ^{2}1890, 176ff.; Proclus Diadochus/Pasquali 1908/1994 5ff. (=XVI); Pagliaro 1930/1993, 21.

drücke zur Charakterisierung von Positionen verwendet haben, die der Sache nach wahrscheinlich tatsächlich von den beiden Denkern vertreten wurden.

Bei den Schülern Heraklits verlagert sich die Diskussion mehr und mehr von der Ebene der Sprache auf die des Wortes; das Verhältnis von Wort und Gegenstand steht stellvertretend für dasjenige von Sprache und Wirklichkeit im allgemeinen. Wie wir bei Platon erfahren können, wurde dabei etwa folgendermaßen argumentiert: Wenn sich in der Sprache die Wirklichkeit im ganzen widerspiegelt, so müßte das auch bei den Wörtern im einzelnen nachzuweisen sein; jedes Wort müßte dann der φύσις des Gegenstandes entsprechen, den es bezeichnet. Bei dieser Argumentation handelt es sich um einen sogenannten Sophismus, um einen Trugschluß, der nicht von jedem auf Anhieb als solcher erkannt wird (vgl. unten 5.4.3.1).

Von den Sophisten, die eine Art von »angewandter Philosophie« betrieben und die sich durch ihre Lehrtätigkeit ihren Lebensunterhalt verdienen mußten, wurde dann diese Art der Argumentation bereitwillig aufgegriffen, jedoch zur Erreichung des entgegengesetzten Ziels benutzt: Der erkenntnistheoretische Wert der Sprache wurde geleugnet, die intersubjektive Verbindlichkeit aller Erkenntnis in Frage gestellt. Zuweilen wurde auch die Technik des Operierens mit zweifelhaften Etymologien gezielt zur Beeinflussung der Meinung anderer eingesetzt. Gorgias (etwa 483–375 vor Chr.),[67] der aus Sizilien nach Athen gekommen war, treibt diese Argumentation auf die Spitze. In seiner Schrift „Über das Nicht-Seiende", von der wir durch Sextus Empiricus (vgl. oben 4.1) Nachricht haben, gelangt er von einem erkenntnistheoretischen Relativismus und Subjektivismus zu einem radikalen Agnostizismus. Die Wahrheit kann nicht intersubjektiv verbindlich erkannt, sondern bestenfalls »ausgehandelt« werden. Das läuft – modern gesprochen – auf eine Art von Konsensustheorie der Wahrheit hinaus. Die übrigen Sophisten, Protagoras (etwa 455–360 vor Chr.), Prodikos (Prodicus; geboren um 450 vor Chr.) oder Antisthenes (etwa 455–360), zunächst Schüler des Gorgias, dann des Sokrates, waren in dieser Hinsicht weniger radikal. Pagliaro zufolge finden sich bei Protagoras sogar Elemente der Lehre Heraklits.[68]

Schematisch vereinfachend läßt sich die Genese der beiden Hauptthesen, die in Platons *Kratylos* diskutiert werden, etwa folgendermaßen darstellen:[69]

---

[67] Die Lebensdaten sind nie völlig sicher; es ist jedoch zuverlässig überliefert, daß Gorgias über hundert Jahre gelebt hat.

[68] Vgl. Pagliaro 1930/1993, 23.

[69] [Die Angaben zu den Lebensdaten weichen in den einschlägigen Nachschlagewerken beträchtlich voneinander ab. Hier werden vorzugsweise die in neueren Werken angegebenen Daten zugrundegelegt; in vielen Fällen die bei Röd 1994 angeführten.]

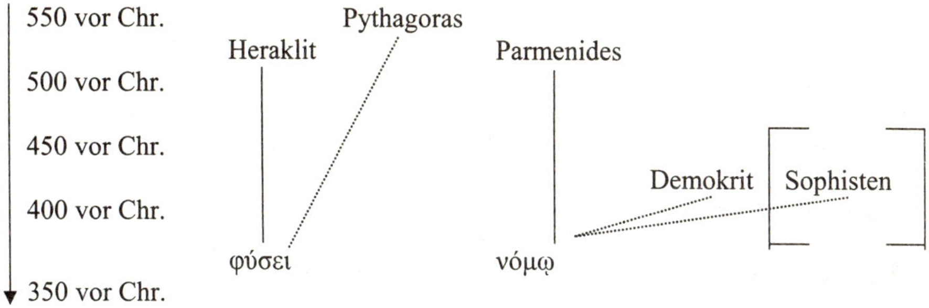

5.4 Der Dialog *Kratylos*

Das Für und Wider der Thesen vom „notwendigen" oder „nicht notwendigen" Verhältnis von Wort und Gegenstand wird von Platon in seinem Dialog *Kratylos* ausführlich erörtert. Mit diesem Dialog eröffnet Platon der Sprachphilosophie neue Wege. Von der Antike bis in die jüngste Vergangenheit hinein ist dieser Text immer wieder kommentiert worden. Die bibliographischen Hinweise am Ende dieses Kapitels (vgl. unten 5.8) müssen daher notgedrungen auf eine sehr knappe Auswahl beschränkt bleiben.

5.4.1 Thema und Adressaten des Dialogs

Bevor wir zur eigentlichen Interpretation des Dialogs übergehen, müssen zwei Probleme, die schon von früheren Kommentatoren aufgeworfen wurden, buchstäblich »aus dem Weg geräumt« werden.

- Worum geht es eigentlich im *Kratylos*? Handelt es sich dabei, wie z.T. im 19. Jahrhundert angenommen wurde, um die Frage nach dem *Ursprung der Sprache*? Schon der Untertitel [Κρατύλος] ἢ περὶ ὀνομάτων ὀρθότητος, „[Kratylos] oder über die Richtigkeit der Namen", zeigt, daß hier kein glottogonisches, sondern ein erkenntnistheoretisches Problem behandelt werden soll. Daß diese ὀρθότης von späteren Exegeten im Sinne von „Ursprünglichkeit" interpretiert wurde, ist eine andere Frage. Sie betrifft die Rezeptionsgeschichte, nicht den Dialog selbst.
- Gegen wen richtet sich der Dialog? Gegen Kratylos selbst, Platons ersten Lehrer? Gegen Demokrit, Protagoras, Prodikos oder Antisthenes?[70] Das ist eine jener Fragen, die von Historikern und Philologen gestellt zu werden pflegen. In sprachphilosophischer Hinsicht ist sie unerheblich und darüber hinaus sinnwidrig. Wir werden sehen, daß in Platons Dialog weniger gegen irgendjemanden polemisiert als vielmehr ein Problem diskutiert wird. Zweifellos werden Heraklit und die Herakliteer kritisiert, aber nicht hinsichtlich der Lösungen, die sie vorschlagen, sondern hinsichtlich der Fragen, die sie

[70] Vgl. u.a. Steinthal ²1890, 80ff. und Méridier ⁴1969, 38ff.

zuvor gestellt haben. Im übrigen könnte man sowohl die φύσει- als auch die θέσει-Annahme auf Heraklit zurückführen. Einerseits vertritt nämlich Kratylos, Heraklits Schüler, hinsichtlich der Wörter (λέξεις) die Meinung, die Heraklit über die Sprache äußert, andererseits behauptet Hermogenes, der Vertreter der Gegenthese, über die Wörter genau das, was Heraklit im Bogenfragment (B 48, vgl. oben 4.1.1.1) vom ὄνομα aussagt.

5.4.2 Die Struktur des Dialogs

Der Dialog besteht aus drei ungleichen Teilen.

Der erste Teil (383a–384c) stellt eine Art von Präambel dar: Kratylos und Hermogenes, die gerade über das Problem der „Richtigkeit der Namen" diskutiert haben, rufen den soeben hinzugekommenen Sokrates als Schiedsrichter auf. Dazu müssen die beiden kontroversen Ansichten, die die Dialogpartner vertreten, erst einmal vorgestellt werden.

Der zweite Teil (385a–427d) ist bei weitem der umfangreichste. Er besteht in einer langen Unterhaltung zwischen Sokrates und Hermogenes. Sokrates verteidigt gegen Hermogenes die Annahme des Kratylos, die Namen müßten in irgendeiner Hinsicht »richtig« sein, d.h. sie müßten der Natur der Dinge entsprechen, die sie bezeichnen. Dabei werden die zur Zeit der Abfassung des Dialogs allgemein bekannten Argumente für die φύσει-Annahme vorgebracht: Die Etymologie der Wörter, die ihrerseits als Definitionen aufgefaßt werden; die Zerlegung der Wörter in ihre elementaren („ursprünglichen") Bestandteile (τὰ πρῶτα ὀνόματα) und schließlich die weitere Zerlegung dieser Bestandteile in Phoneme/Grapheme (στοιχεῖα), denen dann onomatopöische oder ikastische Funktion zugeschrieben wird.

Im dritten Teil (428b–439b; 428a stellt nur eine Art von Übergang dar, in dem der Wechsel der Diskussionspartner motiviert wird) unterhalten sich Sokrates und Kratylos, wobei Sokrates nun plötzlich die These des Hermogenes verteidigt. Kratylos' Ansichten werden einer strengen Prüfung unterzogen. Wenn die Namen Nachahmungen der Dinge seien, so könnten sie doch auch gerade in dieser Hinsicht mißlungen sein. Wenn man aus den Namen die Natur der Dinge erfährt, wie verhält es sich dann mit den „ersten Namen"? Irgendwann einmal komme man wohl nicht umhin, auf die Dinge selbst zurückzugreifen. In den späteren Abschnitten des dritten Teils geht es dann nicht mehr darum, gegen die These des Kratylos zu polemisieren, es geht nun ganz allgemein um die Frage, ob und inwiefern der Name ein Mittel der Erkenntnis sein könne. Dabei zeigt sich, daß aus dieser Diskussion auch eine Bestätigung der Thesen des Parmenides gegen die Behauptungen Heraklits abgeleitet werden kann. In der Diskussion um den ὀνοματοθέτης, den „Namengeber", wird die Richtung der Determination im Verhältnis von Wort und Gegenstand umgekehrt: Nicht die Namen sind ausschlaggebend für die Natur der Dinge, die Natur der Dinge bestimmt die Art der Namen. Und schließlich seien diejenigen wohl nicht gut beraten, meint Sokrates, die annehmen, die Namen drückten eine ständige Bewegung, ein fortwährendes Werden aus. Es müsse Wirkliches „an sich" geben, das sich immer gleich bleibe. Wenn alles in ständigem Wandel begriffen sei, könne es keinen Namen erhalten und von niemandem erkannt werden.

5.4.2.1 Die Problemstellung

Um den zum Schlichter aufgerufenen Sokrates über den Stand der Diskussion zu unterrichten, faßt Hermogenes am Anfang des Dialogs die beiden Thesen erst einmal zusammen. Zunächst trägt er die These seines Kontrahenten vor:

> Κρατύλος φησὶν ὅδε, ὦ Σώκρατες, ὀνόματος ὀρθότητα εἶναι ἑκάστῳ τῶν ὄντων φύσει πεφυκυῖαν, καὶ οὐ τοῦτο εἶναι ὄνομα ὃ ἄν τινες συνθέμενοι καλεῖν καλῶσι, τῆς αὑτῶν φωνῆς μόριον ἐπιφθεγγόμενοι, ἀλλὰ ὀρθότητά τινα τῶν ὀνομάτων πεφυκέναι καὶ Ἕλλησι καὶ βαρβάροις τὴν αὐτὴν ἅπασιν. (383a f.)

> Kratylos sagt, o Sokrates, es gebe eine natürliche Richtigkeit (Angemessenheit) des Namens für alles, was ist; der Name sei nicht das, was gewisse Leute aufgrund einer Übereinkunft (indem sie es vereinbaren) verwenden, indem sie einen Teil ihrer Sprache als Bezeichnung benutzen,[71] sondern es gebe eine naturgemäße Richtigkeit der Namen, sowohl für die Griechen als auch für die Barbaren, und zwar dieselbe für alle.

Kratylos gebe zwar zu, daß sein Name *Kratylos* und der des Sokrates *Sokrates* laute, nicht jedoch, daß sein eigener Name wirklich Ἑρμογένης[72] sei, auch wenn ihn alle so nennen, weil dieser Name nicht den »Tatsachen« entspreche. Und daraufhin gibt er seine eigene Sicht der Dinge zum besten:

> ... οὐ δύναμαι πεισθῆναι ὡς ἄλλη τις ὀρθότης ὀνόματος ἢ ξυνθήκη καὶ ὁμολογία. Ἐμοὶ γὰρ δοκεῖ ὅ τι ἄν τίς τῳ θῆται ὄνομα, τοῦτο εἶναι τὸ ὀρθόν· καὶ ἂν αὖθίς γε ἕτερον μεταθῆται, ἐκεῖνο δὲ μηκέτι καλῇ, οὐδὲν ἧττον τὸ ὕστερον ὀρθῶς ἔχειν τοῦ προτέρου, ὥσπερ τοῖς οἰκέταις ἡμεῖς μετατιθέμεθα, οὐδὲν ἧττον τοῦτ' εἶναι ὀρθὸν τὸ μετατεθὲν τοῦ πρότερον κειμένου· οὐ γὰρ φύσει ἑκάστῳ πεφυκέναι ὄνομα οὐδὲν οὐδενί, ἀλλὰ νόμῳ καὶ ἔθει τῶν ἐθισάντων τε καὶ καλούντων. (384 c–d)

> ... ich kann mich nicht davon überzeugen, daß die Richtigkeit des Namens etwas anderes sein könnte als Übereinkunft und Konvention. Es scheint mir nämlich, daß eben der Name, den jemand (man) einem Ding gibt, auch der richtige ist; und wenn man nachher einen anderen festsetzt und den früheren nicht mehr benutzt, so ist der spätere nicht weniger richtig als der frühere, so wie wir die Namen unserer Sklaven wechseln und der neue Name deshalb nicht weniger richtig ist als der, der früher galt; denn von Natur aus ist kein Name einer jeden Sache eigen; dies liegt am Sprachgebrauch und an der Gewohnheit derer, die zu nennen pflegen (die die Namen verwenden).

Die Gegenüberstellung der beiden Thesen erscheint im Dialog *Kratylos* bereits in klar ausgearbeiteter Form, auch was die Terminologie betrifft:

---

[71] Eine andere Interpretation wäre: „Was sie dann einen Teil ihrer Sprache nennen." Im ersten Fall ist der Name durch die Sprache gegeben, im zweiten entsteht die Sprache selbst durch die Übereinkunft.

[72] Der Name bedeutet „der Sippe des Hermes angehörig".

„notwendig“

φύσει „von Natur aus“
ἑκάστῳ ὄνομα πέφυκε
einem jeden ein Name von Natur aus

Daraus folgt:
Nicht alle Namen sind richtig; es gibt zwar richtige Namen, aber unter den Bezeichnungen, die die Menschen verwenden, gibt es auch falsche, die eigentlich keine Namen sind. Schematisch

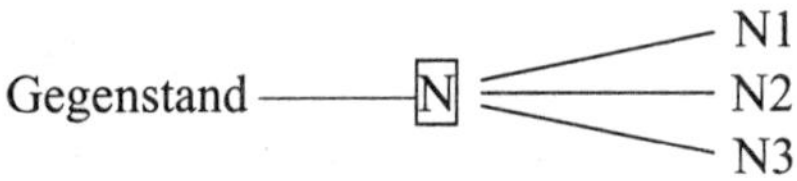

N ist der „naturgemäße“ Name, der unter Umständen durch die empirischen (tatsächlich verwendeten) Namen N_1, N_2, N_3... vertreten werden kann.

„nicht notwendig“
νόμῳ, ἔθει, ξυνθήκῃ, ὁμολογίᾳ „durch Gesetz, Usus, Konvention, Übereinkunft“

Daraus folgt:
Alle Namen sind richtig, da sie der Konvention unterliegen, aufgrund einer Übereinkunft vergeben werden und den »Dingen« gegenüber alle gleichermaßen »willkürlich« (beliebig) sind.

Wie wir bereits gesehen haben, wurden diese beiden gegensätzlichen Thesen später immer wieder aufgegriffen; allerdings mit verschobener Fragestellung, nämlich nicht mehr im Hinblick auf die »richtige« Widerspiegelung der Dinge in den Wörtern, sondern im Hinblick auf deren Entstehung, auf den Ursprung der Sprache. So vertraten der dänische Latinist Johan Nicolai Madvig (1804–1886) und der amerikanische Indologe William Dwight Whitney (1827–1894) Ansichten, die sich der θέσει-Annahme subsumieren lassen: Sprache ist von Anfang an willkürlich, intentional zum Zweck der Mitteilung geschaffen. Für den dänischen Anglisten Jens Otto Jespersen (1860–1943) hat sich die Sprache hingegen aus einer »naturgemäßen« Nachahmung der Dinge entwickelt; er darf also als später Anhänger der φύσει-These bezeichnet werden.

Sowohl die von Kratylos vertretene φύσει-Annahme als auch die von Hermogenes vertretene νόμῳ-These beruhen auf richtigen Intuitionen, die jedoch beide in nicht annehmbarer Form geäußert werden, da die Relationen, um die es geht, nicht richtig erfaßt werden.
Die von Kratylos vertretene These beruht auf zwei Intuitionen. Einerseits geht es um die semiotische Relation zwischen Ausdruck und Inhalt: Name kann nur etwas sein, was Ausdruck (*signifiant*) und Inhalt (*signifié*) hat. Ein bloßer artikulierter Schall, dem keine Bedeutung anhaftet, ist kein Name. Andererseits liegt Kratylos’ Annahme die Überzeugung zugrunde, daß die Wörter dem „Sein“ der Dinge entsprechen, daß also z.B. das Wort *Baum* „Baum-Sein“ oder – in Anlehnung an die scholastische Terminologie – „Baumheit“ bedeutet. Beide Intuitionen kommen nicht klar zum Ausdruck, weil das Problem falsch gestellt wurde.

Das „notwendige“ oder „naturgegebene“ Verhältnis zwischen Wort und Gegenstand wird in der Beziehung zwischen der Lautgestalt (*signifiant*) und dem Gegenstand gesucht, als ob sich im Klangbild das Sein der Dinge widerspiegeln müsse:

(a) ὄνομα (vox, signifiant, Lautgestalt)

↓

(b) πρᾶγμα (res, chose réelle, Gegenstand/Sachverhalt)

Das *onoma* wird also so behandelt, als habe es keine Bedeutung. Es geht jedoch um etwas ganz anderes:

(a) σημαῖνον
(vox, signifiant, Zeichenform)

(c) πρᾶγμα
(res, chose réelle, Gegenstand/Sachverhalt)

(b) σημαινόμενον
(conceptus, signifié, Zeicheninhalt)

Wenn von der Widerspiegelung oder vom Ausdruck des „Seins“ der Dinge die Rede ist, so kann nur das Verhältnis zwischen den Komponenten (a) und (b) des zweitens Schemas gemeint sein. Kratylos spricht jedoch vom Verhältnis zwischen Zeichenform (a) und bezeichnetem Gegenstand (c). So fällt es Sokrates leicht, ihn im dritten Teil des Dialogs in allerlei Widersprüche zu verwickeln.

Auch die von Hermogenes vertretene νόμῳ-These beruht auf einer richtigen Intuition. Sie betrifft die Historizität der Sprache und damit nicht deren objektive, sondern deren intersubjektive Dimension, die Dimension der Alterität (vgl. oben 2.3.1). Sowohl das Zustandekommen als auch die Überlieferung von sprachlichen Zeichen vollziehen sich in historischen Gemeinschaften. Die Sprache als Zeichensystem ist eine historische Institution. Daraus resultiert eine ganz andere Art von Notwendigkeit: Sie betrifft die Komponenten (a) und (b) unseres Schemas in bezug auf die Komponente (c). Es geht also um eine komplexe Relation, bei der eines der beiden Relata selbst schon eine Relation darstellt: Auf der einen Seite steht das vollständige sprachliche Zeichen als eine Einheit von Ausdruck und Inhalt, auf der anderen die außersprachliche Wirklichkeit. Hermogenes spricht jedoch ebenso wie Kratylos vom Verhältnis zwischen Zeichenform (a) und Gegenstand (c), was ebenfalls zu scheinbar unauflöslichen Widersprüchen führt.

5.4.2.2 Sokrates diskutiert mit Hermogenes und verteidigt die Position des Kratylos

Im zweiten Teil des Dialogs unterhalten sich Sokrates und Hermogenes, wobei die von Hermogenes vertretene νόμῳ-These einer gründlichen Prüfung unterzogen wird. Sokrates vertritt die Ansicht, die Namen müßten in irgendeiner Hinsicht »richtig« sein, und es müsse die Möglichkeit bestehen, falsche Namen als solche zu erkennen. Um Hermogenes davon zu überzeugen, muß er ihn erst einmal dazu bringen einzugestehen, daß man beim Reden Richtiges oder Falsches sagen könne:

Σωκράτης : Ἔστιν ἄρα τοῦτο, λόγῳ λέγειν τὰ ὄντα τε καὶ μή ;

Es ist also möglich, in der Rede zu sagen, was ist (Richtiges) und was nicht ist (Falsches)

Ἑρμογένης: Πάνυ γε. (385b f.)

Durchaus.

Im weiteren Verlauf der Diskussion veranlaßt Sokrates Hermogenes dazu, einer Reihe von Schlußfolgerungen zuzustimmen, die sich bei genauerem Hinsehen als typische Sophismen erweisen.

Der *erste Sophismus* steckt in der Behauptung, die Bestandteile einer Aussage müßten in derselben Hinsicht „wahr" sein wie die Aussage insgesamt:

Σωκράτης: Ὁ λόγος δ'εστὶν ὁ ἀληθὴς πότερον ὅλος μὲν ἀληθής, τὰ μόρια δ'αὐτοῦ οὐκ ἀληθῆ;

Und die wahre Rede, ist sie als ganze wahr, ohne daß ihre Teile es wären?

Ἑρμογένης: Οὔκ, ἀλλὰ καὶ τὰ μόρια

Nein, auch die Teile sind es.

Allein schon die Behauptung, die Eigenschaft eines Ganzen müsse sich in all seinen Teilen wiederfinden, stellt einen Sophismus dar. Noch problematischer ist die Behauptung in diesem besonderen Fall, denn die Wahrheit einer Aussage kann nicht einfach auf die »Wahrheit« der Wörter zurückgeführt werden, aus denen sie besteht.[73]

Der *zweite Sophismus* geht aus der unmittelbar folgenden Diskussion hervor. Sokrates gelingt es durch geschickte Suggestivfragen, Hermogenes mehr und mehr von der relativistischen These des Protagoras abrücken zu lassen. Nicht der Mensch ist das Maß aller Dinge (πάντων χρημάτων μέτρον),[74] sondern die Dinge haben ihre Natur (φύσις), die wir ihnen nicht einfach nach Belieben zu- oder absprechen können.

Nun verhalte es sich aber mit den Handlungen (αἱ πράξεις) wie mit den Dingen: Handlungen, so Sokrates, werden in Übereinstimmung mit ihrer eigenen Natur und nicht nach Maßgabe unserer persönlichen Sichtweise durchgeführt, und die dazu notwendigen Werkzeuge müssen ihrem Zweck angemessen sein. Das gilt auch für die Namen; denn Sprechen ist eine Handlung, Benennen ist ein Teil dieser Handlung, und die dazu notwendigen Werkzeuge sind die Namen. Das wird von Sokrates ausdrücklich festgehalten:

---

[73] Vgl. u.a. Derbolav 1972, 113.

[74] [385e; zumindest in Platons Interpretation ist hier offensichtlich der einzelne Mensch, nicht der Mensch im allgemeinen gemeint; vgl. Hennigfeld 1994, 31.]

Σωκράτης: [...] Ὄργανον ἄρα τί ἐστι καὶ τὸ ὄνομα (388a)

Ein Werkzeug ist also auch der Name (das Wort).

Der zweite Sophismus besteht nun in einer stillschweigenden Gleichsetzung von Instrument und Handlung; Sokrates macht keinen Unterschied zwischen dem Werkzeug, das zur Ausführung einer Handlung benötigt wird, und der Handlung selbst:

Σωκράτης: Ὄνομα ἄρα διδασκαλικόν τί ἐστιν ὄργανον καὶ διακριτικὸν τῆς οὐσίας [...] (388b)

Der Name (das Wort) ist also belehrendes Werkzeug und ein das Wesen unterscheidendes [...][75]

Der *dritte Sophismus* ist dann rein sprachlicher Natur. Werkzeuge werden von Fachleuten angefertigt, gibt Sokrates zu bedenken. Dagegen hat Hermogenes nichts einzuwenden. Wenn also die Namen vom νόμος, vom Sprachgebrauch, bereitgestellt werden, so müssen sie doch wohl das Werk eines νομοθέτης, eines „Gesetzgebers" sein.[76] Hier spielt Sokrates mit der Polysemie von *nomos* „Sitte, Brauch, Gesetz". Νόμος im Sinne von „usus" verstanden setzt nicht notwendigerweise das Vorhandensein eines „Gesetzgebers" oder „Brauchstifters" voraus, wie das Wortpaar νόμος-νομοθέτης nahezulegen scheint.

Der *vierte Sophismus* beruht – modern gesprochen – auf einer Nicht-Unterscheidung von *type* und *token*. Ein Handwerker, der ein zerbrochenes Werkzeug durch ein neues ersetzt, gibt Sokrates zu bedenken, fertigt das neue nicht nach dem Muster des alten an, sondern nach dem Idealtyp, nach dem Muster des „Werkzeugs an sich". So müssen die Namen, die ja ebenfalls Werkzeuge sind, nach dem Muster des „Namens an sich" gebildet sein. Ihr Vorbild ist das, was eigentlich ein Name ist (αὐτὸ ἐκεῖνο ὃ ἔστιν ὄνομα; 389d). Die Namen (Wörter) der verschiedenen Sprachen seien alle nach dem Muster dieses von Natur aus gegebenen „Namens an sich" gefertigt. Wenn zwei Schmiede den gleichen (nicht denselben!) Gegenstand herstellen, benutzen sie nicht dasselbe Eisen. So sei auch bei den Namen nicht das Material ausschlaggebend; es müßten nicht notwendigerweise dieselben Silben und Buchstaben vorhanden sein. Wichtig sei nur, daß der Gesetzgeber dieselbe Form (εἶδος) bei der Herstellung der Namen verwende, und zwar bei den Griechen ebenso wie bei den Barbaren. Der Vergleich »hinkt«, wie schon vielen Kommentatoren aufgefallen ist.[77] Die beiden Schmiede verwenden nicht unterschiedliche Materialien, sondern verschiedene Stücke desselben Materials. Auf die Sprache übertragen hieße dies, daß die Wörter der verschiedenen Sprachen nicht aus unterschiedlichem Lautmaterial, sondern lediglich aus unterschiedlichen Teilen desselben Materials vorgefertigt

[75] Die hier gegebenen Übersetzungen orientieren sich an der Übertragung Schleiermachers, die einer Interlinearversion nahekommt.

[76] 388d; vgl. die von Proklos überlieferte Ansicht des Pythagoras, oben 5.3.

[77] Vgl. z.B. Méridier ^{4}1969, 59f., Anm. 7: „Argument contestable. Deux forgerons façonnant le même instrument n'emploient pas une matière différente, mais différents morceaux de la même matière."

würden.[78] Wir werden gleich sehen, daß dieser vierte Sophismus die Grundlage für die etymologischen Spekulationen im weiteren Fortgang des Dialogs bildet.

Bevor nun das Problem der „Richtigkeit der Namen“ in rein technischer Hinsicht diskutiert wird, kommt Sokrates auf die Instanz zu sprechen, die über die Angemessenheit des Werkzeugs (ὄργανον) „Name, Wort“ befindet. Ob eine Leier gut gemacht ist, könne nur ein geübter Spieler dieses Instruments entscheiden; über die Zweckmäßigkeit eines Schiffs befinde der Steuermann. So könne nur derjenige die Zweckmäßigkeit der Namen (Wörter) beurteilen, der Fragen stellt und Antworten gibt, der „Dialektiker“ (διαλεκτικός). Er müsse die Arbeit des Gesetzgebers gewährleisten oder wenigstens beaufsichtigen.
Sokrates faßt nochmals alle Argumente zusammen und gelangt zu folgendem Schluß:

> [...] Καὶ Κρατύλος ἀληθῆ λέγει λέγων φύσει τὰ ὀνόματα εἶναι τοῖς πράγμασι, καὶ οὐ πάντα δημιουργὸν ὀνομάτων εἶναι, ἀλλὰ μόνον ἐκεῖνον τὸν ἀποβλέποντα εἰς τὸ τῇ φύσει ὄνομα ὂν ἑκάστῳ καὶ δυνάμενον αὐτοῦ τὸ εἶδος τιθέναι εἴς τε τὰ γράμματα καὶ τὰς συλλαβάς. (390d–e)

> [...] Und Kratylos hat recht, wenn er sagt, die Namen kämen den Dingen von Natur aus zu und nicht jeder könne ein Namengeber sein, sondern nur der, welcher, mit Blick auf den einem jeden von Natur eigenen Namen, den Buchstaben[79] und Silben die Form aufzuprägen versteht.

Sokrates ist es also gelungen, die Überzeugung seines Diskussionspartners ins Wanken zu bringen, so daß dieser nolens volens die φύσει-These weitgehend übernimmt. Die Argumente werden in Form von losen Syllogismen vorgetragen. Im Hinblick auf die Frage, wie ernst es Sokrates mit seiner Verteidigung der These von Kratylos meint, sollten wir festhalten, daß der Übergang von den Prämissen zur Konklusion stets in Form eines Sophismus, eines Trugschlusses, erfolgt.

Im weiteren Fortgang des Dialogs fordert Hermogenes Sokrates auf zu zeigen, worin denn nun die „Richtigkeit der Namen“ bestehe. Er habe nie behauptet, das zu wissen, entgegnet Sokrates. Es bleibe nichts anderes übrig, als dieser Frage gemeinsam nachzugehen. Man könne dabei freilich die Sophisten um Rat fragen, aber das werde erfahrungsgemäß ziemlich teuer. Da sei es doch wohl besser, sich nicht an geschäftstüchtige Philosophen, sondern an Homer und die übrigen Dichter zu halten. Sokrates erinnert nun seinen Gesprächspartner an einige Verse von Homer, in denen von unterschiedlichen Namen für ein und dasselbe die Rede ist. Zunächst werden die Namen verglichen, die einerseits die Götter, andererseits die Menschen für dieselben Wesen oder Dinge gebrauchen. Dabei wird vorausgesetzt, daß die Namen der Götter »richtiger« sind als die der Menschen.

---

78 [Modern ausgedrückt: Das phonologische Inventar wäre für alle Sprachen dasselbe; nur bei der Wahl der Phoneme und bei deren Anordnung in der gesprochenen Kette hätten die Namengeber gewisse Freiheiten.]

79 Buchstabe steht hier für „Graphem als Repräsentant eines Phonems“, vgl. Fn. 60.

Der Fluß vor Troia, der dem Hephaistos so heftigen Widerstand entgegensetzte, werde von den Göttern Ξάνθος, von den Menschen jedoch Σκάμανδρος genannt. Der nächtliche Raubvogel, den Zeus vom idäischen Gebirge hinunter in die Ebene schicken soll, heißt bei den Göttern χαλκίς, bei den Menschen κύμινδις.[80] Es sei allerdings zu schwer für ihn, über die Namen der Götter zu urteilen, meint Sokrates, daher wolle er sich lieber an leichter lösbare Aufgaben halten. So heiße es vom Sohn des Hektor, die Troer hätten ihn 'Αστυάναξ, die Troerinnen Σκαμάνδριος genannt.[81] Für beide Gesprächspartner kann kein Zweifel daran bestehen, daß die Männer verständiger sind als die Frauen und daß auch Homer diese Ansicht geteilt haben müsse. Halbherzig macht sich Sokrates daran zu zeigen, daß daher auch der Name, den seiner Ansicht nach die Männer gegeben haben, der bessere ist. Im Fall eines »durchsichtigen« Worts wie 'Αστυάναξ, „Herrscher, Beschützer der Stadt“, fällt ihm das nicht schwer. Er weist darüber hinaus darauf hin, daß der zweite Bestandteil ἄναξ „Herrscher, Beschützer“ und Ἕκτωρ mehr oder weniger dasselbe bedeuten, denn der Name Hektor komme von ἔχει „er hält fest“ (vgl. unten).[82] Beide Namen seien für Könige geeignet.

Das mag zur Illustration des Argumentationsstils genügen. Im folgenden sollen die Prinzipien herausgearbeitet werden, nach denen bei der Ermittlung der „Form“ (εἶδος) der Namen vorgegangen wird.

1. Prinzip: Zwischen dem Gegenstand und den tatsächlich gebrauchten Namen steht der „natürliche Name“ (vgl. oben 5.4.2.1)

Gegenstand ——— [N] < N1 / N2 = Zeichenträger (voces, signifiants) / N3

Man darf die im Sprachgebrauch feststellbaren Zeichenträger nicht einfach mit dem „natürlichen Namen“ identifizieren; dieser muß gewissermaßen »rekonstruiert« werden.

2. Prinzip: Die „Form“ des Namens kann eine Bedeutung höheren Grades sein: der zu zwei Synonymen passende Oberbegriff, oder, extensional formuliert, der Gegenstand oder Sachverhalt, den man mit zwei unterschiedlichen Ausdrücken bezeichnen kann. Ἕκτωρ „der, der etwas hält, der Halter“ und ἄναξ „Herr, Gebieter“ lassen sich auf eine gemeinsame Bedeutung höheren Grades zurückführen, in der sich die „Form“ des Namens manifestiert:

---

[80] 391e–392a; vgl. *Ilias*, XX, 73f. und XXIV, 291.

[81] 392b–e; vgl. *Ilias* XX, 506f. Dort ist allerdings nur von dem »durchsichtigen« Namen die Rede, den die Troer Hektors Sohn gegeben haben, um den Vater zu ehren. Im übrigen zitiert Sokrates den Vers ungenau (vgl. Méridier ^{4}1969, 64, Anm. 2). Schon viel früher, nämlich *Ilias* VI, 402f. ist davon die Rede, daß Hektor selbst seinen Sohn Skamandrios genannt habe (nicht die Frauen) und daß der Ehrentitel Astyanax später erteilt worden sei.

[82] Vgl. 393 a–b.

„Herr, Gebieter“ — B — „Halter“

B: gemeinsame Bedeutung
Bedeutung höheren Grades

3. Prinzip: Die „Form“ des Namens kann assoziativ gegeben sein. So wird Ἕκτωρ mit ἔχει „er hat, hält“ und Ἀστυάναξ – vom modernen Standpunkt aus plausibler – mit ἄναξ „Herr und Gebieter“ in Verbindung gebracht. Beide Namen seien für Könige geeignet (vgl. oben):

Gegenstand —— „König“ < Ἀστυάναξ (ἄναξ) / Ἕκτωρ (ἔχει)

4. Prinzip: Der Name kann auf die eine oder andere Weise als Definition aufgefaßt werden. In der Regel ist diese Definition im Zeichenträger versteckt und muß durch geeignete Verfahren (vgl. unten 5. Prinzip) entschlüsselt werden. Im Falle durchsichtiger Komposita wie Ἀστυάναξ sei das eine lösbare Aufgabe, in anderen Fällen übersteige sie hingegen die Möglichkeiten menschlicher Intelligenz (392a). Der Name des Zeus bilde hingegen eine Ausnahme, denn er stelle eine Definition im eigentlichen Sinn dar (vgl. 396a und unten).

5. Prinzip: Bei der Entschlüsselung des „natürlichen Namens“ dürfen Silben getilgt, hinzugefügt oder modifziert werden. Die Hauptsache ist, das Wesen der Dinge offenbart sich im Namen: ἡ οὐσία τοῦ πράγματος δηλουμένη ἐν τῷ ὀνόματι (393d). Als Musterbeispiel hierfür werden die Namen der meisten Buchstaben angeführt. Diese sprächen ja in den meisten Fällen auch nicht für sich selbst. Im Namen βῆτα für β offenbare sich das Wesen dieses Buchstabens, obwohl doch -ῆτα hinzugefügt worden sei (393e). Und die τέχνη, das „Wissen, wie man etwas macht“, die „Kunst“, erweise sich schnell als ἕξις νοῦ „Besitz der Vernunft“, wenn man das τ wegläßt und zwischen χ und ν und ν und η jeweils ein ο einfügt: ἐχονόη. Es gehe also darum, in den tatsächlich gebräuchlichen Namen die natürlichen Namen, d.h. die Benennbarkeit der Dinge selbst zu entdecken.

Auf diese Art und Weise werden 112 Wörter unter die Lupe genommen, für die dann 140 verschiedene Etymologien ermittelt werden, darunter 120 mehr oder weniger richtige. So zum Beispiel:

- Ὀρέστης zu ὀρεινός „wild, den Bergen eigen“ (394e)
- Ἀγαμέμνων „bewundernswert“ (ἀγαστός) wegen seiner „Beharrlichkeit“ (ἐπιμονή) (395a–b)
- Πέλοψ „der nur das Naheliegende sieht“ (zu πέλας „nah“ und ὄψις „Sicht“) (395c)
- ἄνθρωπος „Mensch“, d.h. „der Prüfende dessen, was er gesehen hat (im Gegensatz zu den Tieren)“ (ἀναθρῶν ἃ ὄπωπε) (399c).

Oft werden gleich zwei oder drei unterschiedliche Etymologien für ein und dasselbe Wort angegeben:

So sei der Name des Zeus eigentlich eine Definition, was man allerdings nicht unmittelbar erkennen könne, denn die einen sagten Ζῆνα (zu ζῆν „Leben“), die anderen jedoch Δία[83] (zu διά „durch“). Erst wenn man beide Teile zusammenfüge, erscheine die wahre Natur des Bezeichneten, was man von einem wirklichen Namen erwarten dürfe: „der, durch den (δι’ ὅν) die Lebenden das Leben (τὸ ζῆν) erhalten“ (396a).

Der ἥρως „Heros, Held“ sei einerseits durch eine kleine Abwandlung aus ἔρως „Eros, Liebe“ entstanden. Das sei leicht zu erklären, denn die Heroen seien ja die Frucht der Liebe eines Gottes zu einer Sterblichen oder eines Sterblichen zu einer Göttin. Wenn man die alte attische Mundart heranziehe, so ließen sich die Heroen andererseits auch als gelehrte Redner oder große Dialektiker auffassen, als Meister des Fragens (ἐρωτᾶν) und des Sprechens (εἴρειν) (398c–d).

’Ατρεύς, der Stammvater des Hauses der Atriden, wird zunächst auf ἀτειρής „unerbittlich, unbeugsam“, dann auf ἄτρεστος „unerschrocken, furchtlos“ und schließlich auf ἀτηρός „unheilvoll, unselig“ zurückgeführt (395b–c).

σῶμα „Körper“ werde allgemein von σῆμα „Grabmal“ d.h. „Zeichen eines Grabs“ abgeleitet. Somit werde der Körper als „Grab der Seele“ definiert. Man könne σῆμα in diesem Fall allerdings auch als „Zeichen schlechthin“ verstehen; der Körper wäre dann die „Offenbarung der Seele“.[84] Am plausibelsten sei jedoch die Herleitung der Orphiker. Sie führen den Namen σῶμα, ohne genötigt zu sein, einen Buchstaben zu ändern, auf seine eigentliche Bedeutung „Kerker“ zurück.[85] Der Körper wäre dann das Gefängnis, in dem die Seele für ihre Sünden büßt (400b–c).

So werden, einer alten Tradition folgend, zunächst die Namen der Götter und Heroen, dann die astronomischen Bezeichnungen und schließlich eine Reihe von abstrakten Begriffen durchetymologisiert. Wenn das zu Platons Zeit übliche Griechisch nicht hinreicht, wird auf „barbarische“ (d.h. nichtgriechische) Wörter oder auf Archaismen und Regionalismen zurückgegriffen, oder auch auf die Sprache der Frauen, die Platon offenbar für archaischer als die der Männer hielt.

Insgesamt lassen sich die in *Kratylos* vorgeschlagenen Etymologien in dreierlei Hinsicht charakterisieren:

a) In *formaler Hinsicht* handelt es sich um eine Zurückführung von Wörtern auf andere Wörter. Dabei werden entweder willkürliche Tilgungen, Umstel-

[83] Z.B. in den Bekräftigungsformeln νὴ (τὸν) Δία ; μὰ (τὸν) Δία „bei Zeus“, die im Dialog *Kratylos* häufig gebraucht wird.

[84] [Schleiermacher versucht fast immer, die *figura etymologica* nachzuahmen, und entfernt sich dabei gezwungenermaßen weit von der Vorlage: „Und wiederum, weil durch ihn die Seele alles begreiflich macht, was sie andeuten will, auch deshalb heißt er mit Recht so gleichsam der Greifer und Griffel.“]

[85] [Vgl. u.a. *Gorgias* 493a; *Phaidon* 62b.]

lungen und Zerlegungen vorgenommen oder es wird mit Klangähnlichkeiten (Paronomasien) operiert.

b) *Dem Sinn nach* geht es um eine Anspielung auf und um ein Spiel mit Heraklits These von der ständigen Bewegung, vom ständigen Werden und Fließen aller Dinge – und zwar nicht nur in positiver Hinsicht, sondern auch in negativer, wenn es um negative Begriffe geht:

- οἱ θεοί „die Götter" werden auf θέω „rennen, laufen" zurückgeführt; die Alten hätten nämlich früher nur Sonne, Mond und Sterne verehrt, die sie als in ständiger Bewegung befindlich wahrgenommen hätten (397c–d).
- φρόνησις „der Gedanke" geht zurück auf φορᾶς καὶ ῥοῦ νόησις „das Verstehen der Bewegung der Strömung" (411d).
- ἄρρεν „das Männliche" und ἀνήρ „Mann" werden erklärt als das „Fließen nach oben" (ἄνω ῥοή) (414a).
- ἀήρ „die Luft" „strömt immer" (ἀεὶ ῥεῖ) (410b).
- ἀλήθεια „Wahrheit" besteht in einem „göttlichen Umherschweifen" (θεία ἄλη) (421b).
- ἀρετή „die Tugend" ist „Das, was immer fließt" (ἀεὶ ῥέον) (415c–d).
- θηλή „die weibliche Brust" kommt von τεθηλέναι „aufblühen", und dieses Verb wiederum von θεῖν „rennen" und ἅλλεσθαι „aufspringen" (414a–b).
- ὄν „das Sein" ist eigentlich „das, was geht" (ἰόν) (421a).

Dies alles gilt auch in negativer Hinsicht:

- οὐκ ὄν „das Nicht-Sein" ist „das, was nicht geht" (οὐκ ἰόν) (421b).
- βλαβερόν „das Schädliche" wird erklärt als „das, was die Strömung behindert" (τὸ βλάπτον τὸν ῥοῦν) (417d–e).
- αἰσχρόν „das Häßliche" ist nur eine Kontraktion von ἀεὶ ἴσχον τὸν ῥοῦν „was immer die Strömung aufhält" (416a–b).

Im übrigen wird auf das Denken Heraklits auch explizit Bezug genommen. So erklärt Sokrates, die ersten Namengeber hätten offenbar wie Heraklit daran geglaubt, daß alles im Fluß ist und nichts bleibt (401d), und etwas später spottet er, den Weisen der Urzeit sei es offenbar nicht besser ergangen als den zeitgenössischen Wortforschern:

> [...] weil sie [die Gelehrten] sich so oft vielfältig herumdrehen müssen bei der Untersuchung, wie es sich mit den Dingen verhält, immer gar sehr schwindlig werden und ihnen dann scheint, als ob die Dinge sich herumdrehten und auf alle Weise in Bewegung wären. Sie suchen aber die Schuld von dieser Erscheinung nicht innerlich in dem, was ihnen selbst begegnet, sondern in den Dingen selbst ..."[86]

Den Dingen, meint Sokrates, seien ihre Namen offenbar unter der stillschweigenden Voraussetzung beigelegt worden, daß alles im Fluß sei:

---

[86] 411b–c; Übersetzung von Schleiermacher.

> [...] παντάπασιν ὡς φερομένοις τε καὶ ῥέουσι καὶ γιγνομένοις τοῖς πρᾶγμασι τὰ ὀνόματα ἐπίκειται (411c).

Wie wir bereits gesehen haben, wird auch in negativer Hinsicht auf Heraklit angespielt. Wenn alles Wirkliche ständig im Werden begriffen ist, so kann τὸ ψεῦδος „das Falsche" nur das Gegenteil davon sein, nämlich die eingeschlafene Bewegung. Auszugehen sei von τοῖς καθεύδουσι, den „Schlafenden"; man müsse dann nur καθ tilgen und ψ hinzufügen (421b).

c) Im *Hinblick auf die Einstellung des Autors zu seinen eigenen Ausführungen* ist der distanziert ironische Ton kennzeichnend, mit dem die oft reichlich komplizierten Beweisführungen vorgetragen werden. Sokrates beruft sich auf fremde Autoritäten und distanziert sich häufig von dem, was er vorträgt.[87]

Zum Schluß kommt Sokrates auf die nicht mehr aus anderen ableitbaren Namen zu sprechen, auf die sogenannten „Urwörter" (τὰ ὀνόματα στοιχεῖα). Er liefert damit einen Beitrag zum Problem der ikastischen Funktion der sprachlichen Zeichen,[88] der bis heute nicht entscheidend weiterentwickelt wurde.[89] Es wäre reizvoll, die weit verstreuten Arbeiten zu diesem Themenkomplex einmal systematisch auszuweiten und das Ergebnis mit Platons Ausführungen im *Kratylos* zu vergleichen.

Am Ende seiner etymologischen Forschungen, bei denen sein Dialogpartner Hermogenes eine untergeordnete Rolle spielt, ist Sokrates bei den „Urwörtern" ἰόν „das Gehende", ῥέον „das Fließende" und δοῦν „das Ankettende" angelangt. Wie man denn nun deren „Richtigkeit" nachweisen könne, will Hermogenes wissen (421c). Dazu gebe es zwei Möglichkeiten, meint Sokrates. Man könne sie den Göttern oder den Barbaren zuschreiben und habe damit einen guten Vorwand, sich nicht weiter den Kopf zu zerbrechen; dies sei allerdings keine zuverlässige Methode (425d–426a). Man müsse vielmehr die „Urwörter", die sich nicht mehr auf andere Wörter zurückführen lassen, auf die Dinge selbst zurückführen. Es biete sich an, diese Wörter als Nachahmungen der Dinge zu verstehen. Im Gegensatz zu den Malern, die mit Hilfe von Formen und Farben die äußere Gestalt der Dinge nachahmen, können die Namengeber nur auf die Möglichkeiten der menschlichen Stimme zurückgreifen. Damit komme man, was die Nachahmung äußerer Aspekte der Gegenstände angeht, nicht sehr weit. Die reine Nachahmung des Blökens der Schafe, des Krähens der Hähne und der übrigen Tierlaute sei noch kein Benennen (423c). Es gehe nämlich bei der Benennung nicht darum, Farben und Töne der Erscheinungen nachzuahmen, wie dies die Malerei und die Musik tun, sondern man müsse durch die Artikulation der Laute zur Nachbildung des Wesens (τῆς οὐσίας) der Dinge gelangen. Um dies zu erreichen, bleibe nichts anderes übrig, als etwas zu tun, was zunächst

[87] Insgesamt an 14 Stellen; vgl. u.a. 413d; 426a–b; 428a; 428d.

[88] Ausführlich bei Coseriu 1994, 111–119.

[89] Vgl. u.a. Delbouille 1961; Posner 1980; Trabant 1988.

verwegen und lächerlich erscheine, meint Sokrates (425d), man müsse die Artikulation der Laute als »Gebärden« auffassen. So solle

ρ Ausdruck der Bewegung,
ι Ausdruck des Leichten und Durchdringenden,
δ,τ Ausdruck des Ankettenden und Festhaltenden,
λ Ausdruck des Gleitenden, Glitschigen und Klebrigen und
ο Ausdruck des Runden
sein (vgl. 426c–427d).

Mehr kann und will Sokrates nicht zum Problem der Richtigkeit der Namen beitragen. Er fordert Kratylos auf, unverblümt seine Meinung zu dieser Frage zu äußern. Schließlich sei er der Fachmann auf diesem Gebiet und er, Sokrates, sei bereit, sich unter die Schüler des Kratylos einzureihen (428a–b).

5.4.2.3 Sokrates diskutiert mit Kratylos und verteidigt die These des Hermogenes

Sokrates faßt die Ausgangsthese nochmals zusammen: Die Richtigkeit des Namens, so weit sei man sich einig, bestehe darin, daß er zeigt, von welcher Art das benannte Ding ist:

> 'Ονόματος [...] ὀρθότης ἐστὶν αὕτη, ἥτις ἐνδείξεται οἷόν ἐστι τὸ πρᾶγμα· (428e)

Kratylos räumt zwar ein, daß es besser oder weniger gut gelungene Nachahmungen in der Malerei gibt; für die Namen will er aber Vergleichbares nicht zugestehen. Es gebe keine besseren oder schlechteren Namen. Alle Namen, die wirklich Namen sind, seien auch richtig:

> Σωκράτης: Πάντα ἄρα τὰ ὀνόματα ὀρθῶς κεῖται;
>
> Alle Namen sind also richtig?
>
> Κρατύλος: Ὅσα γε ὀνόματά ἐστιν. (429b)
>
> Diejenigen wenigstens, die Namen sind.

Er bleibt bei seiner Ansicht, Ἑρμογένης sei nicht der Name des Hermogenes, sondern der eines anderen, und es sei unmöglich, etwas Falsches zu sagen:

> Πῶς γὰρ ἄν [...] λέγων γέ τις τοῦτο ὃ λέγει, μὴ τὸ ὂν λέγοι; (429d)
> Wie könnte jemand, der das sagt, was er sagt, nicht sagen, was ist?

Wenn jemand »falsche« Namen gebraucht – Sokrates gibt hypothetische Beispiele dafür an – so seien dies nur bedeutungslose Laute.

Die Behauptung, eine Aussage sei entweder wahr oder bedeutungslos, beruht auf zwei Verwechslungen, genauer gesagt auf einer zweifachen Nicht-Unterscheidung:

- die Bedeutungen des Verbs εἶναι „(vorhanden) sein" und „wahr sein" werden nicht unterschieden; vgl. ἐστί(ν) „es gibt, es ist vorhanden" und ἐστί(ν) „es ist der Fall, es stimmt."

- das absolute Nicht-Sein eines Gegenstandes („es gibt ihn nicht") und das relative Nicht-Sein, das Nicht-So-Sein („er ist nicht so, er ist anders") bleiben undifferenziert.[90]

Im weiteren Verlauf des Dialogs kommt Sokrates nochmals auf die Grundthese zurück, derzufolge der Name eine Nachahmung des benannten Dings ist. Nachahmungen könnten nun einmal, das zeige die Malerei, besser oder schlechter gelingen. Das müsse auch für die Namen gelten. So weit will ihm Kratylos jedoch nicht folgen. Er versteift sich darauf, daß die Namen immer richtig sind:

...ἐπὶ δὲ τοῖς ὀνόμασιν [...] ἀναγκαῖον ᾖ ἀεὶ ὀρθῶς. (430e)

Sokrates versucht nochmals, Kratylos zu der Einsicht zu verhelfen, daß eine Nachahmung schlechterdings nicht vollkommen sein kann. Gelänge es einem Gott, ihn, den Kratylos, wirklich vollkommen, d.h. hinsichtlich aller erdenklicher Aspekte nachzuahmen, dann sei dies keine Nachahmung mehr, sondern eine Nachbildung. Dergleichen wäre keine Benennung, sondern eine Reduplikation des Gegenstandes. Wenn man also den graduellen Charakter der Nachahmung nicht akzeptieren wolle, müsse man ein anderes Kriterium zur Beurteilung der „Richtigkeit" der Namen heranziehen. Und er beeilt sich zu zeigen, daß die üblichen Wörter tatsächlich »unangemessen« sein können. Das Wort σκληρός „hart" enthält ein λ; dabei habe man sich doch eben darauf geeinigt, daß λ das Gegenteil von „Härte" ausdrücke (vgl. oben 5.4.2.2). Eigentlich wäre es besser, in diesem Fall das λ durch ein ρ auszuwechseln, räumt Kratylos ein. Aber dennoch verstehe er das Wort, gibt Sokrates zu bedenken. Ja, er kenne es durch den Sprachgebrauch, διὰ [...] τὸ ἔθος, versichert Kratylos. Dieses ἔθος, der „Gebrauch" sei aber doch letztlich nichts anderes als ξυνθήκη „Übereinkunft, Konvention", entgegnet Sokrates (434e). Diese durch den Sprachgebrauch festgesetzte Konvention mache es möglich, daß sich bei dem, der den Namen ausspricht, und dem, der ihn hört, eine Vorstellung vom benannten Ding einstellt, gleichgültig, ob die Lautform ihm ähnelt oder nicht (435a–b).

Es geht also um zwei Relationen, die miteinander verwechselt, zumindest jedoch nicht klar unterschieden werden, nämlich (a) das Verhältnis von Zeichenträger (*signifiant*) und Zeicheninhalt (*signifié*) und (b) das Verhältnis von Zeichenträger und bezeichnetem Gegenstand (vgl. oben 4.1.2 und 5.4.2.1): Für Kratylos ist (a) der Konvention unterworfen, (b) hingegen »naturnotwendig«. Nur wenn (b) der Forderung nach »Angemessenheit« oder »Ähnlichkeit« genügt, handelt es sich um einen »richtigen« Namen. Für Sokrates hingegen ist (a) notwendig (wenn auch nicht »naturnotwendig«), (b) ist nicht notwendig, d.h. die Bedingung der „Angemessenheit" kann, muß jedoch nicht erfüllt sein. So erklärt sich, daß »angemessene« und »unangemessene» materielle Zeichenträger (*signifiants*) gleichermaßen im Sprachgebrauch ihre Funktion erfüllen. Das Wort *lang* wird ebensogut verstanden wie *kurz*, obschon es, gemessen an Kratylos' Vorstellungen von einem »richtigen« Namen, länger sein sollte als das Wort

[90] Vgl. *Sophistes*, 260 a ff. und unten 5.5.2.

kurz. Nur in seltenen Fällen wird die »Unangemessenheit« im Bereich der Relation (b) wirklich als störend empfunden. So hat Roman Jakobson daran erinnert, daß der französische Dichter Stéphane Mallarmé seine Muttersprache einer „täuschenden Widernatürlichkeit" bezichtigt hat, weil sie dem Wort *nuit* „Nacht" eine helle, dem Wort *jour* „Tag" eine dunkle Klangfarbe zugestanden habe.[91]

Am Ende des Dialogs gehen Sokrates und Kratylos zu einem anderen Thema über. Es geht nun um die Leistung der Namen, allgemeiner ausgedrückt um die Leistung der Sprache für die Erkenntnis. Wer die Namen kenne, meint Kratylos, der kenne auch die Dinge:

> Διδάσκειν ἔμοιγε δοκεῖ [...] ὃς ἂν τα ὀνόματα ἐπίστηται, ἐπίστασθαι καὶ τὰ πράγματα. (435d)

Dies gelte jedoch nur für den „Namen an sich" (τὸ ὄνομα οἷόν ἔστιν; 435d), entgegnet Sokrates. Man müsse sich fragen, ob die tatsächlich gebrauchten Namen immer mit dem „Namen an sich" übereinstimmen. Man müsse in dieser Hinsicht zwischen Forschen (Suchen) und Entdecken (Finden) unterscheiden. Wenn sich einer bei seiner Forschung kritiklos auf das verlasse, was er entdeckt, was er vorfindet, könne er leicht in die Irre geführt werden. Man habe zweierlei zu bedenken:

Einerseits sei es möglich, daß sich der Gesetzgeber (νομοθέτης) hin und wieder geirrt hat. Wenn man sicher gehen wolle, müsse man also den Dingen selbst auf den Grund gehen (436b–d). Das zeige sich schon an den Namen, die ein widersprüchliches Bild böten und sich nicht auf ein einheitliches Prinzip zurückführen ließen. Einige unter ihnen bestätigen nämlich eher die These des Parmenides vom ewigen Beharren der Dinge im selben Zustand als die des Heraklit vom stetigen Wandel. In positiver Hinsicht zeige sich dies in folgenden Fällen:

- ἐπιστήμη „Wissen, Wissenschaft" sei als ein „Anhalten" (ἵστησις) der Seele bei der Betrachtung der Dinge zu deuten;
- ἱστορία „Kenntnis, Erkundung des Geschehenen" heißt so, weil „sie die Strömung aufhält" (ὅτι ἵστησι τὸν ῥοῦν);[92]
- μνήμη „Gedächtnis, Erinnerung" zeigt ein „Verbleiben" (μονή) in der Seele an (437a–b);

Dasselbe gilt auch in negativer Hinsicht:

- ἀμαθία „ignorantia, Unwissenheit" ist „das, was Gott in seiner Bewegung begleitet: ἅμα θεῷ ἰόντος (437b–c).

---

[91] Ausführlicher bei Coseriu 1994, 116f.

[92] Schleiermacher versucht wiederum, vor allem das Wortspiel zu erhalten: „»Geschichte« deutet doch wohl an, daß sie dem *Gehen Schicht* macht und es also zum Stehen bringt ..." (437b).

Selbst wenn die »heraklitischen« Namen in der Überzahl sein sollten, wie Kratylos vermutet, bleibe ungewiß, welches die »richtigen« sind. Die größere Zahl, meint Sokrates, sei kein Kriterium für die Wahrheit (437d).

Andererseits müsse auch der Namengeber selbst von der Kenntnis der Dinge ausgegangen sein, denn auf die Namen konnte er sich ja bei seiner Arbeit nicht stützen. Angesichts des Verdachts, daß sich unter den vielen Namen einige »falsche« befinden, die, wie Kratylos behauptet, gar keine Namen sind, verbiete es sich auch unsereinem, bei der Erforschung der Dinge von der Kenntnis der Namen auszugehen. Man müsse vielmehr versuchen, einen direkten Zugang zur Erkenntnis der Dinge zu finden:

> ἀγαπητὸν δὲ καὶ τοῦτο ὁμολογήσασθαι, ὅτι οὐκ ἐξ ὀνομάτων, ἀλλὰ πολὺ μᾶλλον αὐτὰ ἐξ αὐτῶν καὶ μαθητέον καὶ ζητητέον ἢ ἐκ τῶν ὀνομάτων (439b)

Im weiteren Fortgang des Dialogs wird Heraklits These von der ständigen Bewegung der Dinge anhand der Wörter in Frage gestellt, die absolute Werte wie „das Schöne oder das Gute an sich“ bezeichnen. Wie können solche Worte verbindlich sein, wenn sie ebenfalls im Wandel begriffen sind? Sie wären keine faßbaren Gegenstände für die Erkenntnis. Dasselbe gilt auch für die Erkenntnis selbst. Wenn auch sie nie sich selbst gleich bleibe, könne es weder Objekt noch Subjekt der Erkenntnis geben (440a–b).

Mit diesen Erörterungen endet der Dialog wie ein Musikstück mit einem unaufgelösten Akkord. Eine definitive Antwort auf die aufgeworfenen Fragen wird nicht gegeben. Kratylos mußte am Schluß einige Zugeständnisse machen. Er zeigt sich jedoch letztlich nicht bereit, seine Ausgangsthese aufzugeben.

5.4.3 Der Dialog *Kratylos*: Zusammenfassung der Ergebnisse

- Platon erkennt, daß die Sprache keine willkürliche Ansammlung von Wörtern darstellt, die außer ihrer selbst liegende Gesetzmäßigkeiten abbildet, sondern daß sie – auf vorerst ungeklärte Weise – selbst νόμος „Gesetz“ ist. Das wird schon zu Beginn des zweiten Teils deutlich, wenn Sokrates im Dialog mit Hermogenes auf den Unterschied zwischen ἰδίᾳ „privatim, nur für die eigene Person“ und δημοσίᾳ „publice, öffentlich, für alle“ abhebt (385a).
- Die Frage nach dem erkenntnistheoretischen Wert der Sprache wird negativ beantwortet. Durch die Analyse der Wörter allein kann keine Erkenntnis über die Natur der Dinge erworben werden. Einige Wörter scheinen die φύσει-Annahme zu stützen, andere eher auf das Gegenteil hinzudeuten. Beide Arten von Wörtern sind durch den Sprachgebrauch üblich geworden und erfüllen gleichermaßen ihre Aufgabe. Somit eröffnen die Wörter keinen sicheren Zugang zur Natur der durch sie bezeichneten Dinge.
- Auch in sprachphilosophischer Hinsicht liefert der Dialog keine Lösung für die aufgezeigten Probleme. Die Funktion der Sprache wird nicht identifiziert, wenn auch indirekt wichtige Erkenntnisse über die Sprache gewonnen werden, so z.B. die Bestimmung des sprachlichen Zeichens als eines δια-

κριτικόν τῆς οὐσίας, einer „Abgrenzung des Seins". Das eigentliche Ergebnis des Dialogs liegt in seiner Ergebnislosigkeit. Im *Kratylos* werden keine Fragen beantwortet, sondern Fragestellungen in Frage gestellt. Platon entscheidet sich weder für die φύσει- noch für die νόμῳ-These. Er verfolgt die Wege, die die beiden Thesen eröffnen, bis zu ihrem äußersten Ende und zeigt damit, daß keiner zum Ziel führt. Eindeutig abgelehnt wird die φύσει-These, aber auch der νόμῳ-Annahme kann Platon nicht zustimmen.

Der bedeutende klassische Philologe und Altertumswissenschaftler Ulrich von Wilamowitz-Möllendorff (1848–1931) hat dies in seinem unmittelbar nach dem Ersten Weltkrieg erstmals erschienenen Buch über Platon klar zum Ausdruck gebracht:

> Der [scil. Dialog *Kratylos*] ist geschrieben, um sich selbst und seine Schüler von dem Wahne gründlich zu heilen, daß in den Buchstaben oder dem Klange eines Wortes sein Sinn zu finden wäre; er erklärt diesen Weg für ungangbar, aber er tummelt sich zum Vergnügen so lange auf ihm, wie es nur einer tut, der sich weit auf ihm vorgewagt hatte, ehe er sich überzeugte, daß es ein Holzweg war.[93]

Und in einer Fußnote hierzu heißt es:

> ... überhaupt ist der Gegensatz Natur und Konvention (Gesetz) für die platonische Behandlung der Sprache nicht wohl verwendbar.[94]

Platon spürt, daß es so etwas wie eine Angemessenheit der Wörter geben muß. Diese wäre allerdings noch genauer zu bestimmen. Die ὀρθότης ist nach anderen Kriterien zu definieren als nach den von Kratylos vorgeschlagenen. Irgendeine Art von »Wahrheit« müssen die Namen[95] jedoch aufweisen. Sie können nicht einfach beliebig oder »falsch« sein, damit kann Platon sich nicht abfinden. Das eigentliche Ergebnis des Dialogs besteht in der Erkenntnis, daß die Gegenüberstellung der φύσει- und der νόμῳ-These nicht zur Beantwortung der Frage nach dem Wesen der Sprache führt, daß das Problem folglich anders gestellt werden muß. Das wird dann erst Aristoteles tun.

Gelangt Platon bereits – zumindest de facto – zu einer Unterscheidung zwischen Zeichenträger (*signifiant*) und Zeicheninhalt (*signifié*), wie Pagliaro anzunehmen scheint?[96] Man darf es bezweifeln. Platon ist wohl lediglich aufgefallen, daß irgendetwas nicht »stimmt« mit der Art und Weise, in der das Problem zu

---

93 Wilamowitz-Möllendorff ^{3}1948, 223.

94 Ibid., Fn. 2. Vgl. ebenfalls Coseriu 1988, 93.

95 [Bisher war in der Wiedergabe des Dialoginhalts häufig von „Namen", in den Kommentaren von „Wörtern" die Rede. Schon vielen Kommentatoren ist aufgefallen, daß für die frühen Griechen die Substantive die »Wörter par excellence« darstellen und daß zwischen *nomen proprium* und *nomen commune* nicht konsequent unterschieden wurde. So heißt es bei Wilamowitz-Möllendorff ^{3}1948, 222f.: „Name schien jedes Substantiv zu sein, das daher noch heute in der Grammatik Nomen heißt; die Eigennamen von den anderen Substantiven zu unterscheiden, sah man noch keine Veranlassung. Sokrates hieß und war eben Sokrates, wie der Löwe Löwe und das Gold Gold hieß und war."

96 Pagliaro 1930/1993, 15f.

seiner Zeit diskutiert wurde. Seine Argumente für und gegen die »Richtigkeit der Namen« betreffen teils das Verhältnis von *signifiant* und Gegenstand, teils die zeicheninterne Relation von *signifiant* und *signifié*. Sollte es sich dabei um eine mit rhetorischer Zielsetzung absichtlich herbeigeführte Verwechslung handeln? Auch das muß bezweifelt werden. Es handelt sich wohl eher um eine Nicht-Unterscheidung, darauf deutet der offene Ausgang des Dialogs hin.

5.5 Weitere sprachphilosophische Probleme in anderen Texten Platons

Sprachphilosophische Fragen im engeren und im weiteren Sinn werden später noch in den Dialogen *Theaitetos* und *Sophistes* sowie im sogenannten *Siebenten Brief* behandelt. Die negative Einschätzung der Rolle der Sprache beim Erkenntnisprozeß, zu der Platon im *Kratylos* gelangt war, wird im *Siebenten Brief* bekräftigt.

5.5.1 Sprache und Erkenntnis im *Siebenten Brief*

Im *Siebenten Brief* entwickelt Platon seine skeptische Bewertung der Rolle der Sprache beim Erkenntnisprozeß im Rahmen seiner berühmten Kritik an der Schrift, von der hier nicht die Rede sein soll.[97] Nachdem er eindringlich vor der Gefahr der Profanierung höherer Wahrheiten durch Schriften gewarnt hat, die jedem Unverständigen hilflos ausgeliefert sind, da sie sich nicht selbst erklären können, entwickelt er seine Auffassung vom Zustandekommen wahren Wissens, wahrer Erkenntnis:

> Ἔστιν τῶν ὄντων ἑκάστῳ, δι'ὧν τὴν ἐπιστήμην ἀνάγκη παραγίγνεσθαι, τρία, τέταρτον δ'αὐτή – πέμπτον δ'αὐτὸ τιθέναι δεῖ ὃ δὴ γνωστόν τε καὶ ἀληθῶς ἐστιν ὄν – ἓν μὲν ὄνομα, δεύτερον δὲ λόγος, τὸ δὲ τρίτον εἴδωλον, τέταρτον δὲ ἐπιστήμη. (342 a–b)
>
> Für jedes Ding gibt es dreierlei, wodurch notwendigerweise die Erkenntnis (das Wissen) zustandekommt, dazu kommt als viertes die Erkenntnis (das Wissen) selbst, als fünftes muß man das ansetzen, was eben Gegenstand der Erkenntnis (des Wissens) und wirklich ist; das eine ist der Name, das zweite der *logos* (die Definition), das dritte das Abbild (die Darstellung), das vierte die Erkenntnis (das Wissen).

Wir haben es also mit folgenden Elementen zu tun:

1. ὄνομα, der Name (das Wort)
2. λόγος, die Definition (Wesensbestimmung)
3. εἴδωλον, das Abbild (die materielle Darstellung des Gegenstands)
4. ἐπιστήμη, die Erkenntnis (das Wissen)
5. αὐτὸ τὸ ὄν, der Gegenstand (das Seiende) selbst.

---

97 Besonders ausführlich hat Platon seine Kritik der Schrift im *Phaidros* vorgetragen vgl. u.a. Ong 1982, 24–28; Hennigfeld 1994, 66f.; Kraus 1996, 29–31.

Der Kreis (ὁ κύκλος) soll als Beispiel dienen, um zu zeigen, wie das alles zu verstehen ist:

1. ὄνομα : κύκλος
Der Name stelle keine sichere Grundlage für die Erkenntnis dar, er habe keine Festigkeit. Man könne das Gerade „kreisförmig" nennen und das Kreisförmige „gerade", ohne damit etwas an der Sache selbst zu ändern. Mit dem „Namen" ist also der materielle Zeichenträger, das *signifiant* gemeint:

> Ὄνομά τε αὐτῶν φαμεν οὐδὲν οὐδενὶ βέβαιον εἶναι, κωλύειν δ᾽οὐδὲν τὰ νῦν στρογγύλα. (343b)

2. λόγος : die Definition, die Wesensbestimmung des Kreises:

> ἐξ ὀνομάτων καὶ ῥημάτων συγκείμενος· „τὸ γὰρ ἐκ τῶν ἐσχάτων ἐπὶ τὸ μέσον ἴσον ἀπέχον πάντῃ" (342b)
>
> Aus Namen (*onomata*, Substantiven) und Aussagewörtern (*rhemata*, Verben) zusammengesetzt: „Dasjenige, dessen Äußeres überall gleich weit von der Mitte entfernt ist"

Die Definition sei nicht zuverlässiger als der Name, da sie selbst aus Namen und Aussagewörtern (Verben, *rhemata*) besteht. Dieses Argument stellt offensichtlich einen Sophismus dar. Es wird unterstellt, das Verhältnis zwischen dem Gegenstand und seinem Namen sei von derselben Art wie das zwischen der Vorstellung des Gegenstandes und ihrem sprachlichen Ausdruck. Wenn wir zum Kreis unter bestimmten Umständen statt *Kreis* auch *Gerade* oder *Kyklos* sagen könnten, so heißt das noch lange nicht, daß wir das, was wir unter einem Kreis verstehen, einmal mit diesen, ein anderes Mal mit jenen sprachlichen Elementen ausdrücken können. Unsere Vorstellung ist enger mit dem Gegenstand verbunden als die Lautform, mit der wir ihn belegen, das betont Platon selbst.

3. εἴδωλον: das Abbild, die materielle Darstellung des Kreises

> τὸ ζωγραφούμενόν τε καὶ ἐξαλειφόμενον καὶ τορνευόμενον καὶ ἀπολλύμενον. (342c)
>
> das, was gezeichnet und wieder ausgewischt wird

Das Abbild eines Kreises (ob es nun gezeichnet oder vom Drechsler aus Holz geformt wird) enthält Merkmale der Geraden, die dem Wesen des Kreises zuwiderlaufen.

4. ἐπιστήμη:

> ἐπιστήμη καὶ νοῦς ἀληθής τε δόξα (342c)
>
> die Erkenntnis (das Wissen) und die wahre (richtige) Meinung

Die drei zuerst genannten Elemente haben nur einen heuristischen Wert für die Erkenntnis der wirklichen Dinge. Auch das Wissen, die Erkenntnis, die in der Seele angesiedelt ist, sei etwas völlig anderes, als das Ding, in unserem Fall der

Kreis selbst; sie komme ihm jedoch viel näher als die ersten drei Elemente, da sie auf einer unmittelbaren Intuition des Gegenstandes beruhe.[98]

5. αὐτὸ τὸ ὄν: αὐτὸς ὁ κύκλος

Das Ding selbst, in unserem Fall der Kreis selbst, wäre im Zusammenhang mit Platons Ideenlehre zu erörtern, wozu hier nicht der Ort ist. Es genügt, daran zu erinnern, daß die ersten drei Elemente für Platon nur Hilfsmittel auf dem Weg zur Erkenntnis, zum Wissen sind. Die Erkenntnis des Gegenstandes kommt diesem am nächsten, viel näher als das Abbild, wenn der Erkennende die nötigen Voraussetzungen dafür mitbringt (343b–344a).

Wie schon im *Kratylos* so wird auch im *Siebenten Brief* die Rolle der Sprache beim Erkenntnisprozeß negativ beurteilt. Die Voraussetzungen für eine Unterscheidung von Zeichenträger (*signifiant*) und Zeicheninhalt (*signifié*) sind bereits vorhanden, die Unterscheidung selbst wird jedoch nicht getroffen.

5.5.2 „Wahr" und „falsch" im *Sophistes*

Der wichtigste positive Beitrag Platons zur Sprachphilosophie – von größter Bedeutung für die Geschichte des abendländischen Denkens – findet sich im Dialog *Sophistes* (259d–264b). Als im Laufe der Unterhaltung von Theaitetos und dem Fremden die alte Frage aufgeworfen wird, ob es möglich sei, Falsches zu meinen oder auszusagen – eine Frage, die von den Vorsokratikern negativ beantwortet worden war – entwickelt sich im Gespräch eine neue Lösung des Problems. Wie ist das Falsche überhaupt möglich? Falsches zu meinen oder zu sagen, heißt doch Nichtseiendes meinen oder sagen, also nichts zu meinen und nichts zu sagen. Nun tritt aber das Falsche doch offensichtlich in Erscheinung; es muß also auch eine bestimmte Art des Seins für das Nichtseiende geben. Diesem Nichtseienden kommt insofern Sein zu, als es nicht dessen vollständige Negierung, sondern „Nicht-so-Sein", „Anders Sein" ist. Jedes Seiende negiert nämlich auch das Andere, das Nichtseiende. Das „Baum-Sein" (die „Baumheit") schließt das „Nicht-Baum-Sein" aus. Das „Andere", das Nichtseiende ist immer relativ zu einem Seienden. Das „Falsche" ist gedachtes und ausgesagtes Nicht-Sein. Wie im *Kratylos* gilt weiterhin, daß die »wahre« Rede sagt, was ist, die »falsche«, was nicht ist:

> λέγει δὲ [...]ὁ μὲν ἀληθὴς (scil. λόγος) τὰ ὄντα ὡς ἔστιν ...[99] (263b)
>
> Der wahre (scil. *logos*) sagt doch das, was ist ...
>
> τὸ γὰρ τὰ μὴ ὄντα δοξάζειν ἢ λέγειν, τοῦτ' ἔστι που τὸ ψεῦδος ἐν διανοίᾳ τε καὶ λόγοις γιγνόμενον. (260c)
>
> Denn Nichtseiendes meinen oder aussagen, das ist doch das Falsche, das im Denken oder Sagen erscheinen kann.

---

[98] Zur Stufung der verschiedenen Elemente vgl. Gaiser 1974, 112.

[99] Vgl. Coseriu 1977.

Platon bleibt zwar bei dieser Ansicht über das „Wahre“ und „Falsche“, begeht jedoch nicht mehr den Irrtum wie im *Kratylos* (oder verwendet nicht den dort erscheinenden Sophismus), das „Falsche“ schlicht mit dem Nichtseienden zu identifizieren. Die Wahrheit der Rede wird nun nicht mehr auf die Wahrheit der Wörter zurückgeführt; „Wahrheit“ und „Falschheit“ sind nun Kategorien der Rede, der Aussage. Wahres sagen heißt, die Dinge zu sagen, wie sie sind, Falsches zu sagen bedeutet, die Dinge zu sagen, wie sie nicht sind, was nicht mehr heißen muß, daß sie überhaupt nicht sind.
Auf der Ebene der Rede (der Aussage) wird eine Unterscheidung eingeführt, die für die spätere Sprachbetrachtung (nicht nur auf philosophischer Ebene) von richtungsweisender Bedeutung ist, die Unterscheidung zwischen *Onoma* und *Rhema*. In diesen Termini fallen begriffliche Momente zusammen, die wir heute zu unterscheiden pflegen:

ὄνομα: Name, Substantiv, Subjekt
ῥῆμα: Verb, Prädikat[100]

'Ονόματα wie z.B. λέων „Löwe“, ἔλαφος „Hirsch“ oder ἵππος „Pferd“ können ebensowenig allein eine Aussage bilden wie die ῥήματα βαδίζει „geht“, τρέχει „läuft“ oder καθεύδει „schläft“:

> οὐδεμίαν γὰρ οὔτε οὕτως οὔτ᾽ἐκείνως πρᾶξιν οὐδ᾽ ἀπραξίαν οὐδὲ οὐσίαν ὄντος οὐδὲ μὴ ὄντος δηλοῖ τὰ φωνηθέντα, πρὶν ἄν τις τοῖς ὀνόμασι τὰ ῥήματα κεράσῃ. (262c)
>
> Denn sie (die *onomata*) stellen weder Handlung, noch Nicht-Handeln noch ein Wesen dar, solange man den *onomata* keine *rhemata* beimischt.

Im Anschluß daran wird die Unterscheidung zwischen „benennen“ und „aussagen“ getroffen (262d):

ὀνομάζειν	λέγειν
„benennen (bezeichnen) durch ein *onoma*“	„etwas aussagen in Verbindung mit einem *rhema*“

Die Aussage in ihrer Minimalform (λόγος ἐλάχιστος τε καὶ πρῶτος „die einfachste und kürzeste Rede“, vgl. 262 c–d) besteht aus Subjekt und Prädikat, die jeweils durch ein Nomen und ein Verb vertreten werden: ἄνθρωπος μανθάνει „der Mensch lernt“.

---

[100] [Die Unterscheidung zwischen Wortart und „Redeteil“ (*pars orationis*, Satzfunktion) wurde erst viel später durchgeführt. Noch viel später wurde dieser Unterscheidung ein weiterer Aspekt hinzugefügt, der es ermöglichen sollte, die kommunikative Funktion der Satzteile von der formal-syntaktischen zu unterscheiden. In dem Satz „Dumm ist Peter, Anna ist unerfahren“ ist *Peter* zwar in formal-syntaktischer Hinsicht Subjekt, in kommunikativer Hinsicht jedoch nicht „Gegenstand der Aussage“, sondern das Ausgesagte. Man sprach in solchen Fällen zunächst von „psychologischem“ Subjekt bzw. Prädikat, später haben sich die Termini *Thema* und *Rhema* eingebürgert.]

Der aus *onoma* und *rhema* bestehende *logos*, die Aussage, betrifft immer ein Etwas, von dem etwas ausgesagt wird, ein „Subjekt" (262e). Dieser *logos* kann in Form von φάσις „Bejahung, Behauptung" oder ἀπόφασις „Verneinung, Leugnung" in Erscheinung treten (263e).

Nun fordert der Fremde den Theaitetos, seinen Gesprächspartner, auf, zwei unterschiedliche Aussagen zu beurteilen, die er jetzt über ihn selbst machen wird: Θεαίτητος κάθηται „Theaitetos sitzt" und Θεαίτητος πέτεται „Theaitetos fliegt" (263a). Daß beide Aussagen etwas über ihn selbst sagen, gibt Theaitetos zu, jedoch ist die erste richtig, die zweite falsch. Die eine sagt nämlich τὰ ὄντα ὥς ἔστιν „die Dinge, wie sie sind" in bezug auf ihn, Theaitetos, der gerade sitzt; die zweite aber τὰ μὴ ὄντ(α) [...]ὡς ὄντα [...] ἕτερα τῶν ὄντων „die Nichtseienden als Seiende [...] verschieden von dem, was ist" (vgl. 263b). Die falsche Aussage behauptet also durchaus etwas, das sein könnte, das es gibt, das aber in dem Augenblick, in dem sie gemacht wird, nicht auf Theaitetos zutrifft: ὄντων δέ γε ὄντα ἕτερα περὶ σοῦ (263b). Sie betrifft das Andere des Seins, das Nicht-so-Sein. Damit ist die »Existenz« des Falschen bewiesen. Eine Aussage ist falsch, nicht weil sie Nichtseiendes schlechthin behauptet, sondern weil sie von einem Subjekt etwas behauptet, was es nicht ist, was nicht zutrifft. Dasselbe gilt umgekehrt auch für die negative Aussage und für Gedanken, Meinung und Vorstellung (διάνοια, δόξα, φαντασία), die ja nur „innere Rede" sind (263d–e).

Das alles läßt sich folgendermaßen interpretieren: Die Wörter bedeuten das Sein. Der *logos*, die aus Subjekt und Prädikat zusammengesetzte Aussage, kann aber dennoch falsch sein, dann nämlich, wenn sie das relative Nicht-Sein behauptet, ein Sein, das anders ist als das, das behauptet wird. Das gilt bei Platon jedoch nur für den λόγος. Damit erscheint in der abendländischen Philosophie zum ersten Mal der Unterschied zwischen Nicht-Sein und Nicht-So-Sein.

Der Dialog *Sophistes* hat den Verlauf der abendländischen Philosophie entscheidend beeinflußt, daher seien hier die wichtigsten Ergebnisse nochmals zusammengefaßt:

- Mit der Erkenntnis, daß das Nichtseiende als das jeweils Andere in bezug auf ein Subjekt ausgesagt werden kann, geht die Entdeckung und Bestimmung des Nicht-Seins als Begrenzung des jeweiligen Seins einher und der Abgrenzung dieses So-Seins vom anderen So-Sein. Es geht also nicht mehr nur um die Behauptung der »Existenz« der Gegenstände und Sachverhalte, sondern um deren Abgrenzung voneinander durch die Sprache.
- Sowohl das Sein als auch das Nicht-Sein werden im *logos* – im Satz – ausgesagt und damit überhaupt erst erfaßbar. Andere Arten der Aussage, die – modern ausgedrückt – nicht »wahrheitswertfähig« sind, unterscheidet Platon noch nicht.
- Die Eigenschaft des *logos*, Zutreffendes und Unzutreffendes auszusagen, wird nicht mehr auf die Eigenschaften der dazu verwendeten Wörter zurückgeführt. Dies geschieht in rein negativer Hinsicht. Die Wörter als solche drücken keine Handlung und auch kein Nicht-Handeln aus, sie bedeuten nicht das Wesen von etwas Seiendem. Die Funktion der einzelnen

Wörter wird nicht weiter bestimmt; es wird lediglich die äußerst wichtige Unterscheidung zwischen Benennen (ὀνομάζειν) und (Aus)sagen (λέγειν) getroffen. Inwiefern das Wort ein Sein bedeutet, bleibt unklar.

- Die Möglichkeit, etwas Falsches zu sagen, wird nicht mehr bestritten wie noch bei den Vorsokratikern. Sprache und Sein fallen nicht mehr einfach zusammen; „wahr" und „falsch" bleiben aber immer noch Eigenschaften des Sagens.

5.6 Bibliographische Hinweise

Abgesehen von den bereits angeführten Werken zur Geschichte der Philosophie im allgemeinen und der Sprachphilosophie im besonderen soll auf die folgenden Arbeiten besonders hingewiesen werden. Die Gesamtdarstellungen zu Leben und Werk Platons von Wilamowitz-Möllendorff (^{3}1948) und A. E. Taylor (1926) sind Klassiker, deren Lektüre heute noch lohnt. Zu empfehlen ist auch das zweibändige Werk von Stefanini (1932/35). Die Darstellung von Karl Jaspers (^{3}1985), die ursprünglich als ein Kapitel zu dem monumentalen Werk *Große Philosophen* verfaßt worden war, wendet sich ebenso an ein breiteres Publikum wie die in einer populären Reihe erschienene Monographie von Gottfried Martin (1969).

Aus der überaus reichhaltigen Literatur zum Dialog *Kratylos* seien folgende Arbeiten erwähnt: Deuschle (1852); Benfey (1886), die Dissertationen von F. Schäublin (Basel 1891) und I. Abramczyk (Breslau 1929), das Vorwort von Louis Méridier zu seiner zweisprachigen Ausgabe des Dialogs (^{4}1969), die Bücher von Haag (1933), Büchner (1936), Derbolav (1972), Gaiser (1974) und schließlich die Aufsätze von Pagliaro (^{2}1956) und Guzzo (1958).

Über Platons Sprachphilosophie im allgemeinen informieren u.a. Rehn (1982); Hennigfeld (1994, 23–70), Borsche (1991), Kraus (1996: in Borsche Hrsg. 1996, 15–32).

6 Aristoteles

Aristoteles wurde 384 vor Chr. in Stagira (Stageiros) geboren, wo heute ein etwas klobig geratenes Denkmal an ihn erinnert. Die kleine Stadtrepublik an der Ostküste der Halbinsel Chalkidike lag in unmittelbarer Nachbarschaft zu Makedonien. Aristoteles' Vater war Leibarzt am dortigen Königshof; seine Mutter stammte von der Insel Euböa. Über Aristoteles' Leben haben wir nur wenige gesicherte Kenntnisse. Die nicht eben schmeichelhaften Schilderungen seines Äußeren und seines Charakters widersprechen dem Bild, das wir uns von ihm aus seinen Schriften machen können. Sie dürften auf Legenden zurückgehen, zu deren Entstehung seine Feinde – darunter die Redner Demosthenes und Isokrates sowie sein früherer Weggefährte Xenokrates – das ihre beigetragen haben. Mit 17 Jahren ging Aristoteles nach Athen, um an Platons Akademie zu studieren und später zu lehren. Dieser erste Aufenthalt in Athen dauerte zwanzig Jahre. Das Verhältnis zu seinem Lehrer Platon ist frühzeitig an Platons Verehrung für seinen eigenen Lehrer Sokrates gemessen und kritisch beurteilt worden. „Amicus Plato, magis amica veritas, ich liebe Platon, aber noch lieber ist mir die Wahrheit", soll er, späterer römischer Überlieferung zufolge, gesagt haben. In diesem zumindest »gut erfundenen« Ausspruch kommt das respektvoll-distanzierte Verhältnis zwischen Schüler und Lehrer gut zum Ausdruck.

Nach Platons Tod verließ Aristoteles Athen und verbrachte einige Jahre in der kleinasiatischen Stadt Assos, deren Herrscher, sein ehemaliger Mitschüler Hermeias, ihn großzügig mit Mitteln für seine vielfältigen Forschungen versorgte. Er heiratete dessen Nichte Pythias. Als Hermeias einer Verschwörung zum Opfer fiel, zog sich Aristoteles einige Jahre auf die nahegelegene Insel Lesbos zurück, von wo er durch Philipp von Makedonien als Erzieher des Thronfolgers Alexander an den makedonischen Hof gerufen wurde. Dieses Zusammentreffen des bedeutendsten Philosophen mit dem erfolgreichsten Feldherrn der damaligen Zeit hat die Phantasie der Geschichtsschreiber angeregt. Die Beziehung zwischen Schüler und Lehrer scheint indes nicht sehr intensiv gewesen zu sein. Als einigermaßen gesichert darf gelten, daß Aristoteles seinem Zögling die griechische Kultur (die nordwestgriechischen Makedonier wurden in klassischer Zeit nicht zu den Hellenen gerechnet) und vor allem die homerischen Epen nahebrachte. Als nach der Zerstörung Thebens im Jahre 335 vor Chr. der griechische Widerstand gegen die makedonischen Hegemoniebestrebungen fast völlig erlosch, konnte Aristoteles nach Athen zurückkehren. Er stand in dem nicht ganz unbegründeten Ruf, ein Freund Makedoniens zu sein (wenn er auch mit den politischen Zielen seines ehemaligen Zöglings sicherlich nicht einverstanden war) und mußte als „Metöke"[101] in politischer Hinsicht vorsichtig sein. Nachdem sein einstiger Mitschüler Xenokrates zum Haupt der Platonischen

---

[101] Μέτοικος, einer, der Aufenthaltsgenehmigung und Gewerbefreiheit, nicht jedoch das Bürgerrecht besitzt.

Akademie gewählt worden war, ging er an das nordwestlich der Stadt am Lykabettos gelegene Lykeion („Lyceum"), eine staatliche Lehranstalt. Sie wurde wegen der Wandelhallen, in denen Aristoteles mit seinen Schülern auf und ab gehend dozierte, im Volksmund „Peripatos" genannt, Aristoteles' Anhänger hießen bald „Peripatetiker". Sicherlich trat diese Institution allein durch ihre Anwesenheit in ernsthafte Konkurrenz zur Platonischen Akademie; es kann sich jedoch dabei schwerlich um „seine" Gründung gehandelt haben, wie in zahlreichen Darstellungen behauptet wird, dazu wäre er als „Metöke" nicht befugt gewesen. Erst sein Schüler und Freund Theophrast erhielt die Genehmigung, die Schule in eigener Regie weiterzuführen. Die Art und Weise, in der Aristoteles seinen Schülern die in Arbeit befindlichen Forschungsvorhaben vortrug und die begabteren unter ihnen daran teilhaben ließ, darf als das Modell gelten, das Wilhelm von Humboldt vorschwebte, als er dem kränkelnden preußischen Universitätswesen die „Einheit von Forschung und Lehre" als Heilmittel verschrieb.

Nach dem plötzlichen Tod seines ehemaligen Zöglings Alexanders des Großen, der den Widerstand gegen die makedonische Herrschaft wieder aufflammen ließ, wurde die Situation für Aristoteles in Athen gefährlich. Er wolle den Athenern keine Gelegenheit geben, sich ein zweites Mal an der Philosophie zu versündigen, soll er in Anspielung auf Sokrates' Verurteilung gesagt haben, bevor er sich nach Chalkis auf Euböa in das Haus der Familie seiner Mutter zurückzog. Dort starb er wenige Monate später im Jahr 322 vor Chr. an einer Krankheit, über die wir nichts Genaueres wissen. Besser zu seinem Forscherleben paßt die Legende, die berichtet, er habe sich in den Euripos, die Meerenge zwischen Euböa, Böotien und Attika gestürzt, weil er die regelmäßigen Richtungsänderungen der dort herrschenden Strömung nicht erklären konnte.

Indirekt und unsicher wie die Einzelheiten seines Lebens sind auch Aristoteles' Schriften überliefert worden. Man nimmt an, daß nur ein gutes Fünftel davon erhalten ist; zum größten Teil dürfte es sich um Abschriften oder „Rekonstruktionen" handeln. Verloren sind vor allem die zur Veröffentlichung bestimmten, die sog. „exoterischen" Schriften, bei denen Aristoteles große Sorgfalt auf die sprachliche Form verwendet hatte. Überliefert wurde ein Teil der schulinternen, der sog. „esoterischen" Schriften. Über deren Stil hat sich schon Schleiermacher, der Übersetzer der Platonischen Dialoge, abfällig geäußert. Es handelt sich – modern ausgedrückt – um Vorlesungsnotizen, „Pragmatien" (πραγματείαι) in Aristoteles' eigener Ausdrucksweise. Dergleichen Texte erscheinen vor allem demjenigen als „esoterisch" im modernen Sinn, der sie nicht selbst für den eigenen Gebrauch verfaßt hat. Was die Makrostruktur seiner Schriften betrifft, so kann Aristoteles als der Begründer der Textsorte „wissenschaftliche Abhandlung" angesehen werden. Die Nüchternheit des Stils, der Verzicht auf rhetorischen Schmuck – Eigenschaften, die zum Verdruß der Schöngeister bis heute für wissenschaftliche Texte in unserer Kultur charakteristisch sind – gehen auf ihn zurück. In der Stillehre der antiken Rhetorik wurde die wissenschaftliche Prosa dem *genus humile* zugeordnet.

Im Gegensatz zu Platon gibt es bei Aristoteles keine ununterbrochene Tradition der Textüberlieferung. Erst um 70 vor Chr. gab Andronikos von Rhodos, der damals den Peripatos leitete, die von ihm gesammelten Texte heraus, die den Kernbestand des heutigen *Corpus Aristotelicum* bilden.[102] Auf ihn und spätere Kommentatoren wie Ammonios und Boethius (6. Jh. nach Chr.) geht die heute übliche Einteilung der Schriften zurück:

1. logisch-wissenschaftstheoretisches Propädeutikum („Organon"); 2. Ethik, Politik, Rhetorik und Poetik; 3. Naturkunde und Psychologie; 4. „Erste Philosophie" (*prima philosophia*), allgemein „Metaphysik" genannt, weil sie hinter (griech. μετά) den Schriften zur Physik zu stehen kam. Ob das alles von Aristoteles selbst so »gedacht« war, ist zweifelhaft.[103]

Im Hochmittelalter kam es nach anfänglichen Widerständen aus kirchlichen Kreisen zu einer regelrechten »Kanonisierung« des Aristoteles. Er galt als der Philosoph schlechthin; *philosophus dicit* bedeutete so viel wie „bei Aristoteles kann man lesen". Die von ihm aus Elementen der griechischen Alltagssprache geprägten Fachausdrücke gehörten in lateinischer Gestalt lange Zeit zum Rüstzeug der Schulphilosophie. Die Loslösung von der aristotelischen Schultradition, die mit Francis Bacon (1561–1626) ihren ersten Höhepunkt erreichte, muß heute als Emanzipation von einer zur Schablone erstarrten Denkrichtung verstanden werden, die man ihrem Urheber nicht zum Vorwurf machen sollte.

6.1 Aristoteles' Beitrag zur Sprachphilosophie: Vorausblick

Die Titel der drei folgenden Unterkapitel dürfen nicht mißverstanden werden: Aristoteles hat keinen Beitrag zur Sprachphilosophie geliefert, der sich expressis verbis als solcher zu erkennen geben würde. In den Texten, die hier berücksichtigt werden sollen (vgl. 6.1.2) verfolgt er andere, außerhalb der Sprache liegende Zwecke, die er nie aus den Augen verliert, wenn er sich zur Sprache äußert. Im folgenden sollen die wichtigsten Fragestellungen zunächst einmal in ich ihrem historischen Kontext vorgestellt und erst im Anschluß daran eingehender behandelt werden.

6.1.1 Aristoteles in der *communis opinio*: zählebige Mißverständnisse

Obschon Hegel in seinen *Vorlesungen zur Geschichte der Philosophie* eine Interpretation der Aristotelischen Texte vorlegte, die den Anstoß zu einer Erneuerung und Vertiefung der Aristoteles-Studien gegeben hat, sind weiterhin viele falsche Ansichten über diesen Denker und Wissenschaftler im Umlauf, der in den unterschiedlichsten Bereichen tätig war. Dies gilt zunächst einmal für die unteren Etagen des Schul- und Bildungswesens, wo die seltsamsten Ansichten ungeprüft weitergegeben werden. Das liegt vor allem daran, daß – wie bei so vielen »Klassikern« – nur wenige die Texte direkt konsultieren; die meisten informieren sich aus zweiter oder dritter Hand.

---

[102] Zur Überlieferungsgeschichte vgl. u.a. Moraux 1973/84.

[103] Vgl. unten 6.1.2 und 6.3.8.5.

Doch auch in der Fachliteratur stößt man auf unhaltbare Behauptungen. Man ist immer wieder überrascht, wenn man das, was Aristoteles gesagt haben soll, mit dem vergleicht, was man in den überlieferten Texten nachlesen kann. Ein Musterbeispiel hierfür sind die sog. „drei Einheiten" (Einheit des Ortes, Einheit der Zeit, Einheit der Handlung), die in der klassischen französischen Tragödie eine so bedeutende Rolle gespielt haben.[104] Nun ist aber von der Einheit des Ortes in Aristoteles' Poetik überhaupt nicht die Rede, über die Einheit der Zeit werden einige Bemerkungen gemacht, die den Charakter praktischer Empfehlungen haben und nur die Einheit der Handlung erscheint in der *Poetik* wirklich in Form einer ästhetischen Forderung. Diese ist jedoch nicht im banalen Sinn einer einzigen (oder „einsträngigen") Handlung zu verstehen, sondern in dem einer inneren Motivation, einer einheitlichen inneren Notwendigkeit des Kunstwerks.[105]

Auch in der Logik stößt man auf die wunderlichsten Ansichten. So wurde behauptet, Aristoteles habe in seiner Syllogistik den Unterschied zwischen Individuen- und Klassentermen nicht gesehen und keine Variablen für sprachliche Ausdrücke verwendet. Das gilt allenfalls für den »peripheren« Aristoteles, d.h. für spätere Aristoteleskommentare, in denen ausschließlich mit den von Aristoteles zur Veranschaulichung hinzugefügten Beispielen operiert wird. So kann der Eindruck entstehen, einer Klassenbezeichnung wie „Menschen" werde dieselbe Seinsweise zuerkannt wie dem Eigennamen „Sokrates", und der Prädikator „ist/sind sterblich" erhalte in beiden Fällen denselben Status.[106] In Wirklichkeit operiert Aristoteles in den *Analytica Priora* mit Variablen; er skizziert eine rein formale Aussagenlogik, innerhalb derer sich die Frage der Existenzpostulate überhaupt nicht stellt.[107] So beginnt der eigentliche Kern der Syllogistik mit dem Satz: „Denn wenn A von jedem B und B von jedem C ausgesagt wird, muß A von jedem C ausgesagt werden."[108]

Auf dem Gebiet der Sprachtheorie wird Aristoteles häufig „Logizismus" nachgesagt, und er wird zu den Vertretern der These von der Konventionalität des sprachlichen Zeichens gerechnet. Einerseits soll Aristoteles die sprachlichen Kategorien mit den logischen identifiziert haben, da er die Sprache als Produkt des logischen Denkens betrachtet habe; andererseits wird behauptet, er habe sich in der Diskussion um die φύσει- und die νόμῳ-These eindeutig für die zweite entschieden.

---

104 [Vgl. Boileau, *Art poétique* III, 44ff.: Nous voulons qu'avec art l'action se ménage;| Qu'en un lieu, qu'en un jour, un seul fait accompli | Tienne jusqu'à la fin le théâtre rempli.]

105 [Die Lehre von den „drei Einheiten" geht im wesentlichen zurück auf den Poetik-Kommentar des Sprach- und Literaturtheoretikers Lodovico Castelvetro (1505–1571). Aristoteles' *Poetik* war durch eine 1536 erschienene griechisch-lateinische Ausgabe in Europa bekannt geworden.]

106 Vgl. u.a. Russell 1946, 219ff und Łukasiewicz [2]1958, 6.

107 Vgl. Bocheński 1956, 74–84; 113f.

108 *Analytica Priora* 25b f.; vgl. Bocheński 1956, 74.

In Wirklichkeit vertritt Aristoteles weder eine logizistische Position in der Sprachtheorie, noch spricht er sich für die νόμῳ-These aus. Das Gegenteil trifft zu. Er betont ausdrücklich, daß die Sprache als solche in logischer Hinsicht unbestimmt ist und daß sie dem logischen Denken notwendigerweise vorausgeht. „Wahrheit" und „Falschheit" sind für ihn keine Kategorien der Sprache, sondern Eigenschaften einer bestimmten Art des Sprechens, also Kategorien des Sprach*gebrauchs*. Im übrigen nimmt er nicht für die Anhänger der νόμῳ-These Partei; die Kontroverse zwischen φύσει und νόμῳ erweist sich für ihn als sinnlos, weil er nicht nach dem *Grund* (*causa efficiens*) der Sprache, sondern nach ihrem *Zweck* (*causa finalis*) fragt und sie von dorther erklären möchte.

6.1.2 Die Texte zur Sprachphilosophie

Zu Mißverständnissen dieser Art konnte es vor allem deshalb kommen, weil sich die verbreiteten historischen Darstellungen zu stark auf sekundäre Quellen und zu wenig auf die Texte selbst stützen. Im folgenden sollen die entscheidenden Fragen unmittelbar auf der Grundlage der Aristotelischen Schriften behandelt werden. Dabei sind in erster Linie folgende Texte zu berücksichtigen:

1. Περί ἑρμηνείας; lat. *De interpretatione*; dt. *Lehre vom Satz*, *Über die Aussage*, gelegentlich *Hermeneutik* (bei Steinthal *Hermenie*);
2. 'Αναλυτικὰ πρότερα und ὕστερα; lat. *Analytica priora* und *posteriora*; dt. *Erste Analytik(en)*, traditionell als dritter Teil des *Organon* angesehen; *Zweite Analytik(en)*, zusammen mit der *Topik* und den *Sophistischen Widerlegungen* traditionell als vierter Teil des *Organon* angesehen.
3. Περὶ ποιητικῆς; lat. *Poetica*, dt. *Poetik*, 20. Kapitel (1456b–1457a).

Gelegentlich soll auch auf andere Texte, nämlich die *Metaphysik* (Τὰ μετὰ τὰ φυσικά; *Metaphysica*); auf die *Physik* (Φυσική, *Physica*), auf die Schrift *Über die Seele* (Περὶ ψυχῆς; *De anima*) sowie auf die *Sophistischen Widerlegungen* (Περὶ σοφιστικῶν ἐλέγχων; *Sophistici elenchi*) zurückgegriffen werden. Darüber hinaus könnte man auch auf die Rhetorik (῾Ρητορικὴ τέχνη; *Rhetorica*) zurückgreifen.

In keinem dieser Texte geht es Aristoteles primär um die Sprache. In *Peri hermēneias* (*De interpretatione*) möchte er den »aussagenden Logos«, d.h. die Art von Aussagen, denen man »Wahrheit« oder »Falschheit« zuerkennen kann, genauer bestimmen. Dieses Ziel wird in den beiden Analytiken weiterverfolgt, in denen die »Logik« des Aristoteles enthalten ist. In Kapitel 20 der *Poetik* geht es darum, die zusammenhängende Rede in ihren Teilen zu untersuchen; es wird – modern ausgedrückt – eine Morphosyntax skizziert. Sprachliche Faktoren werden in all diesen Texten zum Teil nur indirekt bestimmt; dennoch läßt sich, wie wir sehen werden, aus den oben genannten Texten eine fast vollständige Sprachphilosophie herauslesen.

6.1.3 Aristoteles' Bedeutung für die Geschichte der Sprachphilosophie

Die von Aristoteles vorgeschlagenen Lösungen sprachphilosophischer Probleme sind sowohl in rein historischer als auch in systematischer Hinsicht bedeutsam, und zwar aus drei Gründen:

a) Einige dieser Lösungen sind bis heute gültig; sie gehören inzwischen zum »Allgemeingut« der Sprachphilosophie.
b) Alle vorgeschlagenen Lösungen, darunter auch die unbefriedigenden, haben die weitere Entwicklung der Sprachphilosophie entscheidend beeinflußt.
c) Was bei Aristoteles ungeklärt bleibt, ist zum größten Teil heute noch strittig, und was fehlt, wurde lange Zeit – bis zu Hegel und zum Teil sogar bis heute – nicht oder nur am Rande behandelt. Das gilt vor allem für den historisch-gesellschaftlichen Aspekt der Sprache, der in ihrer intersubjektiven Dimension wurzelt (vgl. oben 2.3.1).

6.1.4 Weiterführung und Überwindung Platonischer Fragestellungen

Was das Verhältnis von Schüler und Lehrer auf dem Gebiet der Sprachphilosophie betrifft, so muß zwei gegensätzlichen Behauptungen entschieden widersprochen werden. Einerseits wurde behauptet – so z.B. von Steinthal – Aristoteles sage im großen und ganzen dasselbe wie Platon; er berufe sich auf ihn in so knapper Form, wie man es nur zu tun pflegt, wenn man allgemein anerkannte Ansichten referiert, deren Gültigkeit man nicht anzuzweifeln gedenkt.[109] Andererseits wurde die Meinung vertreten, Aristoteles habe seinen Lehrer widerlegt und gegenteilige Ansichten vertreten. Auch das ist nicht richtig. Aristoteles nimmt die Diskussion an dem Punkt auf, an dem sie von Platon fallengelassen wurde. Platon war zu folgenden vorläufigen Erkenntnissen gelangt:

a) Weder der φύσει- noch der νόμῳ-Annahme kann man uneingeschränkt zustimmen; an der Fragestellung selbst »stimmt etwas nicht«, sie muß geändert werden.
b) Die Wörter entsprechen dem Sein der Dinge, und dennoch hat Heraklit unrecht, wenn er behauptet, man könne daher überhaupt nichts Falsches, nicht das Nicht-Sein der Dinge sagen. Um dies zu zeigen, hatte er den Unterschied zwischen λέγειν „etwas aussagen" und ὀνομάζειν „etwas benennen" eingeführt (vgl. oben 5.5.2). Was es mit dem „Benennen" auf sich hat, welches nun die eigentliche Funktion der „Namen" ist, bleibt ausgespart.
c) Wenn die Wörter dem Sein entsprechen – und daran hegt Platon keinen ernsthaften Zweifel – dann müssen sie in einem »notwendigen« (nicht beliebigen oder willkürlichen) Verhältnis zu den Dingen stehen. Das Bestehen eines so gearteten Verhältnisses läßt sich jedoch nicht nachweisen, es kann immer wieder mit guten Argumenten in Frage gestellt werden.

[109] Vgl. Steinthal 1890, 186.

Bei diesen ungelösten, nicht weiterverfolgten Fragestellungen Platons setzt Aristoteles' Beitrag zur Sprachphilosophie ein.

6.2 Aristoteles' Beitrag zur Sprachphilosophie: Überblick

Die bisher nur in ihrem historischen Kontext vorgestellten Fragekomplexe sollen nun eingehender behandelt werden – nicht mehr in historischer, sondern in systematischer Hinsicht.

6.2.1 Die dreifache Differenzierung des Verhältnisses von Wort (Sprache) und Gegenstand (außersprachliche Wirklichkeit)

Innerhalb des bis zu Platon undifferenziert betrachteten Verhältnisses zwischen Wort (Sprache) und Gegenstand (außersprachliche Wirklichkeit) unterscheidet Aristoteles drei Relationen:

a) die rein sprachliche (innersprachliche) Relation zwischen Laut und Bedeutung (Wortform und Wortinhalt bzw. Signifikant und Signifikat);
b) die ontologische Relation zwischen Namen (Wort) und Gegenstand (außersprachliche Wirklichkeit)
c) die logische Relation zwischen Subjekt und Prädikat, hier verstanden als durch einen „Namen“ vertretener Gegenstand, von dem etwas ausgesagt wird, und dem durch ein Rhema vertretenen Ausgesagten (vgl. oben 5.5.2, Fn. 100).

Diese dreifache Relation läßt sich schematisch folgendermaßen darstellen:

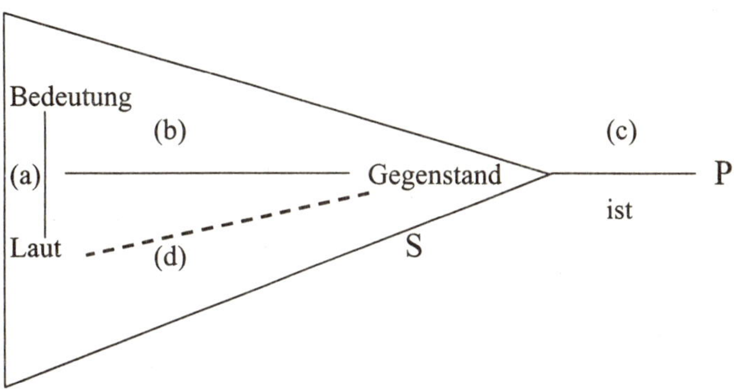

In diesem Schema werden vier mögliche Relationen mit (a), (b), (c) und (d) bezeichnet. Die Relation (d), die in der älteren Sprachphilosophie eine so große Rolle spielte (vgl. oben Relation (2) im Schema in 4.1.2), wird von Aristoteles nicht mehr behandelt. Die Frage nach dem Verhältnis von Laut (Wortform) und Gegenstand (Wirklichkeit) interessiert ihn nicht; er betrachtet nur die Relationen (a), (b) und (c). Die beiden ersten bestehen in einem Bereich, der der Logik und damit der Frage nach der „Wahrheit“ oder „Richtigkeit“ vorgeordnet ist. Erst im Bereich der dritten Relation (c) ist die Sprache mehr als nur λόγος σημαντικός. Logisch determiniert ist sie, wie wir noch sehen werden, auch dann nicht in allen Fällen. Unter den verschiedenen Formen des aktuell in Erscheinung tretenden Logos ist es nur der „aussagende“, der, wie im obenstehenden Schema, die Form S[ubjekt] = P[rädikat] annimmt (vgl. unten 6.2.4.1 und 6.3.2).

6.2.2 Der Übergang von der Kausalität zur Finalität

Schon Platon ahnte, daß die Frage nach der Ursache der Sprache ins Leere zielt. Diese Erkenntnis läßt sich zumindest ansatzweise aus seiner Bestimmung des Namens als διακριτικόν τῆς οὐσίας (Abgrenzung, Unterscheidung des Seins, vgl. oben 5.4.2) erschließen. Bei Aristoteles wird sie klar ausgesprochen. Er verlegt die Problematik der Sprache von der kausalen auf die finale Ebene, in den Bereich der Tatsachen, die sich auf Zwecke zurückführen lassen, m.a.W. aus dem Bereich der Natur in den der menschlichen Gesellschaft, der der Geschichte unterworfen ist.[110] Damit werden sowohl die Frage nach der „Richtigkeit“ der Namen als auch die Kontroverse um φύσει oder νόμῳ hinfällig.

6.2.2.1 Die „Richtigkeit der Namen“

Aristoteles fragt nicht mehr, *warum* es die „Namen“ gibt, er fragt sich, *wozu* sie da sind. Damit wird die Frage nach der „Richtigkeit der Namen“, so wie sie bisher gestellt worden war, für ihn sinnlos. Es geht nicht mehr darum, darüber zu grübeln, ob es eine Entsprechung zwischen Namen und Gegenstand gebe, es geht darum, sich zu fragen, welche Funktion die Namen im Bereich des Menschen und der menschlichen Gesellschaft haben. So sieht Aristoteles im Namen, im Wort, etwas mit einer Absicht Verknüpftes, ein Zeichen (σῆμα) oder Symbol (σύμβολον) für etwas. Für ihn genügt es nicht, daß ein Laut oder eine Folge von Lauten etwas ausdrückt, interpretiert werden kann, um als Name angesehen werden zu können. Dazu muß der Laut mit der Absicht hervorgebracht werden, Zeichen, Symbol zu sein:

> Ὄνομα μὲν οὖν ἐστὶ φωνὴ σημαντικὴ κατὰ συνθήκην [...] τὸ δὲ κατὰ συνθήκην, ὅτι φύσει τῶν ὀνομάτων οὐδέν ἐστιν, ἀλλ’ ὅταν γένηται σύμβολον· ἐπεὶ δηλοῦσί γέ τι καὶ οἱ ἀγράμματοι ψόφοι, οἷον θηρίων, ὧν οὐδέν ἐστιν ὄνομα. (Περί ἑρμηνείας | De interpretatione 16a, 19; 26ff.)
>
> Der Name ist also ein bedeutungstragender Laut *katà synthéken* [...] *Katà synthéken,* weil kein Name *phýsei* als solcher ist, sondern erst, wenn er zu einem

[110] [Aristoteles unterscheidet vier Arten von „Ursachen“ (αἰτίαι). Die ersten beiden, *causa materialis* und *formalis* in der allgemein üblichen lat. Terminologie, interessieren in diesem Zusammenhang nicht. Hier geht es um den Unterschied zwischen der dritten, der *causa efficiens* und der vierten, der *causa finalis* (vgl. u.a. Barnes 1992, Kap. 12). Es sei in diesem Zusammenhang daran erinnert, daß die Unterscheidung zwischen „Grund“ und „Zweck“ auch in unserer Umgangssprache undeutlich ist. Wir fragen oft „warum?“, wenn wir „wozu?“ meinen, und antworten mit „weil“, wenn wir „um zu“ sagen müßten.]

Symbol wird. Denn auch die unartikulierten Laute wie die der Tiere drücken etwas aus (zeigen etwas an), doch keiner von ihnen ist ein Name.

Die Schreie der Tiere sind demnach interpretierbar, es sind „Anzeichen" für etwas, aber keine intentionalen Zeichen, „Symbole" in Aristoteles' Sprechweise, da sie nicht mit der Absicht hervorgebracht werden, etwas zu benennen. Die Einführung des Begriffs „Symbol" ist in diesem Zusammenhang von entscheidender Bedeutung.

Ebenso wichtig ist die Feststellung, daß kein Name φύσει ist. Das gilt auch für Interjektionen und lautmalerische Wörter (Onomatopöika), die manche Forscher auch heute für „naturbedingt" halten. Auch diese Wörter bedeuten nicht *aufgrund* einer wie immer gearteten Ähnlichkeit mit den von ihnen benannten Gegenständen, sondern insofern, als sie diesen Gegenständen ähneln *sollen*; ihre relative Ähnlichkeit ist aus der Ausdrucksabsicht abzuleiten.

Aristoteles gebraucht an dieser Stelle den Terminus κατὰ συνθήκην, den er dem Ausdruck φύσει gegenüberstellt. Dadurch könnte der Eindruck entstehen, er würde die traditionelle Dichotomie φύσει – ξυνθήκῃ wieder aufgreifen. Das ist nicht der Fall. Es muß zunächst einmal betont werden, daß von der φύσις der Laute, nicht der Dinge die Rede ist. Aristoteles will sagen, daß kein Laut allein „seiner Natur nach" ein Name ist, von der Natur der Dinge redet er nicht. Daß κατὰ συνθήκην auch nicht im Sinne von νομῳ zu verstehen ist, wird etwas später noch zu zeigen sein (vgl. unten 6.2.3).

Finalistisch, d.h. im Hinblick auf ihre Funktion, werden bei Aristoteles auch die στοιχεῖα, die „Elemente" oder „elementaren Laute" (cum grano salis: Phoneme/Grapheme) definiert:

> Στοιχεῖον μὲν οὖν ἐστιν φωνὴ ἀδιαίρετος, οὖ πᾶσα δὲ ἀλλ' ἐξ ἧς πέφυκε συνθετὴ γίγνεσθαι φωνή· καὶ γὰρ τῶν θηρίων εἰσὶν ἀδιαίρετοι φωναί, ὧν οὐδεμίαν λέγω στοιχεῖον.
>
> (*Poetik*, 1456b, 22ff.)
>
> Ein *stoicheîon* ist ein unteilbarer Laut, aber nicht jeder so geartete [ist es], sondern nur der, aus dem seiner Natur nach ein artikulierter Laut entsteht; denn auch die Laute der Tiere sind unteilbar, aber keinen davon nenne ich ein *stoicheîon*.

Das Wesen der στοιχεῖα wird also nicht aufgrund ihres Verhältnisses zu den bezeichneten Dingen bestimmt, sondern in bezug darauf, daß sie Wörter bilden können, daß sie – modern gesprochen – zur Unterscheidung von Bedeutungen beitragen.[111]

6.2.2.2 Die Überwindung der φύσει – νόμῳ-Kontroverse im Rahmen einer neuen Theorie des sprachlichen Zeichens

Da kein kausales Verhältnis zwischen Laut (Wortform) und Gegenstand besteht, zieht Aristoteles die φύσει-Hypothese überhaupt nicht mehr in Betracht. Nun

[111] [Vgl. Hennigfeld 1994, 95].

könnte man sich fragen, ob er statt dessen ein auf Konvention beruhendes Verhältnis zwischen dem Wort insgesamt und dem mit ihm bezeichneten Gegenstand annimmt. Auch dies muß ausgeschlossen werden, wenn man die Texte genau liest. Die Wortformen sind Aristoteles zufolge nämlich nicht etwa Symbole der Gegenstände (zumindest nicht unmittelbar), sondern sie stehen für die παθήματα, für die »Affektionen«[112] der Seele:

> Ἔστι μὲν οὖν τὰ ἐν τῇ φωνῇ τῶν ἐν τῇ ψυχῇ παθημάτων σύμβολα ...
> (Perì hermēneías 16a, 3f.)
>
> Es ist also das, was in der (durch die) Stimme ist, Symbol dessen, was der Seele widerfährt ... (freier: das Lautliche ist Symbol der Erfahrungen der Seele)

Ψυχή ist bei Aristoteles ein umfassender Begriff, der nicht nur „Seele", sondern auch „Geist", „Bewußtsein" (vgl. engl. *mind*) bedeuten kann; die Bedeutung von πάθημα in diesem spezifischen Kontext muß später noch erörtert werden (vgl. unten 6.2.3.3 und 6.3.7), zum vorläufigen Verständnis genügen einige in unseren Wörterbüchern verzeichnete Bedeutungen wie „Erlittenes, Erfahrung, Erlebnis, Bewußtseinsinhalt".

Mit der Gegenüberstellung von φονή und παθήματα τῆς ψυχῆς wird zum ersten Mal in der Geschichte der Philosophie ein eindeutiger Unterschied zwischen *Wortform* (Signifikant/*signifiant*) und *Wortinhalt* (Signifikat/*signifié*) gemacht. Die Wortinhalte (Bedeutungen) werden nicht mehr einfach mit den Gegenständen selbst identifiziert, sondern vielmehr als Bewußtseinsinhalte verstanden, die (kollektive) menschliche Erfahrungen repräsentieren. Die unmittelbare Relation zwischen der Wortform und dem Gegenstand ((d) im obenstehenden Schema) besteht für Aristoteles überhaupt nicht, weder auf »natürliche« Weise (φύσει) noch aufgrund von Konvention (νόμῳ). Damit ist die traditionelle Kontroverse „φύσει oder νόμῳ?" gegenstandslos geworden.

6.2.3 Κατὰ συνθήκην

Wenn nun Aristoteles nicht nur die φύσει-, sondern auch die νόμῳ-These ablehnt, was bedeutet dann der Ausdruck κατὰ συνθήκην, der darauf hinzudeuten scheint, er stehe im Gegensatz zu φύσει? Handelt es sich dabei um ein Synonym zu altbekannten Ausdrücken wie ἔθει, νόμῳ, ὁμολογίᾳ oder ξυνθήκη, mit denen traditionell der konventionelle Charakter der Sprache bezeichnet wurde? Sehen wir uns zunächst einige Interpretationen an, die zur genaueren Bestimmung der Bedeutung dieses Ausdrucks vorgeschlagen wurden.

6.2.3.1 Verschiedene Interpretationen

Lange Zeit hindurch wurde der Ausdruck tatsächlich so interpretiert, als habe sich Aristoteles auf die Seite der Anhänger der These von der Konventionalität der Sprache schlagen wollen. In fast allen Übersetzungen wird κατὰ συνθήκην

---

[112] [Hennigfeld 1994 schreibt „Erleidnisse"; Graeser 1996 „Widerfahrnisse".]

so wiedergegeben, als handele es sich um ein Synonym zu νόμῳ und den übrigen oben aufgeführten Termini.[113]

Antonino Pagliaro betont in seiner Interpretation den Gegensatz zu φύσει und scheint damit die „Willkürlichkeit" des Verhältnisses von Wortform (Laut) und Wortinhalt (Bedeutung) herausstellen zu wollen.[114] Seine Interpretation entspricht dem in der allgemeinen Zeichentheorie üblichen Konzept des *arbitraire du signe*.

Eine weitere, besonders aufwendige Interpretation untersucht nicht nur die Bedeutung von κατὰ συνθήκην unter Heranziehung verschiedener griechischer Autoren, sie fragt auch nach der Bedeutung des lateinischen Äquivalents *secundum placitum*, das der spätrömische Philosoph Boethius in seiner kommentierten Übersetzung von Περὶ ἑρμηνείας für diesen Ausdruck gewählt hat. Der erste Satz des 2. Kapitels in dieser Übersetzung, die die Aristotelesrezeption lange Zeit stärker bestimmt hat als das Original, lautet folgendermaßen: Nomen ergo est vox significativa secundum placitum.[115] Der niederländische Philosophiehistoriker J. Engels kommt in seiner Interpretation, um die es hier geht, zu dem Schluß, der lateinische Ausdruck bedeute so viel wie „nach Belieben, nach Gutdünken".[116] Das braucht uns hier nicht weiter zu interessieren. Den griechischen Originalausdruck, den Boethius seiner Ansicht nach nicht richtig verstanden hat, interpretiert er im Sinn von „gegliedert, durch Zusammensetzung" (*par composition*). Nur dieser Teil der Interpretation wird uns im folgenden beschäftigen.

6.2.3.2 Kritik dieser Interpretationen

Die zuerst angeführte „traditionelle" Interpretation ist aus verschiedenen Gründen nicht annehmbar. Beginnen wir mit den rein philologischen:

a) Aristoteles verwendet keinen der traditionellen Ausdrücke, die ihm sicherlich wohlbekannt waren; weder ἔθει oder νόμῳ, noch ὁμολογίᾳ oder ξυνθήκῃ. Daß er einen neuen Ausdruck wählt, nämlich κατὰ συνθήκην, deutet darauf hin, daß er auch etwas bisher nicht Gesagtes sagen wollte. Auch den Ausdruck θέσει, der möglicherweise schon bei Demokrit erscheint (vgl. oben 5.2.2), greift er nicht auf.

Aristoteles gebraucht συνθήκη, ein deverbales Substantiv zu συντίθημι „zusammenstellen, vereinbaren, festsetzen", nicht im Dativ (συνθήκῃ), was eine

[113] [So steht z.B. in der weit verbreiten Übersetzung von E. Rolfes „konventionell"; „auf Grund von Übereinkunft". J. Engels, von dessen Interpretation gleich die Rede sein wird, schreibt: „j'ai constaté un accord quasiment complet chez tous ceux, traducteurs, commentateurs, lexicographes, qui se sont prononcés sur son interpretation (scil. κατὰ συνθήκην) [...] Pratiquement tous l'interprètent comme signifiant »par convention-pacte«; Engels 1963, 87.]

[114] In seiner Übersetzung des Passus verwendet er das Äquivalent *arbitrario*; vgl. Pagliaro 1956a, 115; vgl. ebenfalls ibid. 119 und 149.

[115] Zit. nach Engels 1963, 87.

[116] [*Selon le bon plaisir, naar goeddunken, naar believen*; vgl. Engels 1963, 110. Er führt im übrigen überzeugende Belege dafür an, daß diese Lesart bei ital. und frz. Autoren der Renaissance geläufig war; vgl. ibid. 113.]

kausale Lesart nahelegen würde. Er gebraucht vielmehr ein aus einer Präposition + Nomen im Akkusativ bestehendes Syntagma: κατὰ in dieser Verwendung entspricht bei ihm lat. *qua* „als“; das läßt sich durch zahlreiche Parallelstellen stützen (vgl. u.a. κατὰ δύναμιν „in potentia“). Eine kausale Interpretation wie „aufgrund von“ ist also auszuschließen.

Darüber hinaus sprechen auch sachliche Gründe gegen die traditionelle Interpretation:

a) Die Zurückweisung der φύσει-Annahme betrifft bei Aristoteles nicht die Dinge, sondern die Laute; kein Laut ist allein „seiner Natur nach“ ein Name (vgl. oben 6.2.2.2).
b) Der Ausdruck bezieht sich auf das vollständige Zeichen, nicht allein auf die Wortform (den Signifikanten). Es ist also nicht die Relation zwischen Wortform und Wortinhalt gemeint, die idealiter frei ist (Relation (a)), sondern die zwischen dem Gesamtzeichen (ὄνομα) und dem Gegenstand (πρᾶγμα) (Relation (b), immer im obenstehenden Schema). Auf diese Relation bezieht sich κατὰ συνθήκην.

Nun zur Interpretation Pagliaros. Sie entspricht schon eher Aristotelischem Geist, ist aber dennoch nicht annehmbar. Wenn κατὰ συνθήκην wirklich als „nicht von Natur aus“ und damit als „willkürlich, beliebig“ zu interpretieren wäre, dann müßte damit das Verhältnis von Laut und Bedeutung (Relation (a) gemeint sein. An die Relation (d) denkt Pagliaro mit Sicherheit nicht. Diese Interpretation paßt jedoch nicht zu den übrigen Textbelegen, wie gleich noch deutlicher werden wird. Gemeint ist das Verhältnis von Wort und Gegenstand; es geht nicht um den „arbiträren“ Charakter des Signifikanten.

Am kompliziertesten und ziemlich schwer nachzuvollziehen ist die Interpretation von Engels. Er führt drei Argumente an:

a) In der *Poetik* finde sich eine Stelle, die der oben zitierten aus *Perì hermēneías* ähnele:

   Ὄνομα δ'ἐστὶ φωνὴ συνθετὴ σημαντική ...
   (*Poetik* 1457a, 10f.)[117]

   Der Name ist ein gegliederter (zusammengesetzter) bedeutungstragender Laut ...

   Das Adjektiv συνθετὴ „zusammengesetzt“ (aber auch „verabredet“), das φονή näher bestimmt, entspreche dem Syntagma κατὰ συνθήκην.

b) An einer anderen Stelle der *Poetik* (1456b, 22ff.), anläßlich der Definition der „Elementarlaute“ (vgl. das Zitat in 6.2.2.1), erscheine der Ausdruck in einem ähnlichen Kontext: συνθετὴ ... φωνή. Die menschlichen Laute seien unteilbar und gegliedert (zusammengesetzt), die der Tiere jedoch nur unteilbar.[118]

[117] Vgl. Engels 1963, 89.
[118] Ibid., 88f.

c) In *Perì hermēneias* (vgl. die oben zitierte Stelle) stehe κατὰ συνθήκην einfach im Gegensatz zu den nicht-artikulierten Lauten (ἀγράμματοι ψόφοι) der Tiere.[119]

Diese Interpretation muß aus folgenden Gründen abgelehnt werden:

a) Die Ausdrücke κατὰ συνθήκην und συνθετή sind nicht gleichzusetzen. Das Adjektiv συνθετή bezieht sich – so wie es am Anfang des 20. Kapitels der *Poetik* gebraucht wird – auf die materielle Gestaltung der Sprache. Dort wird die Gliederung der λέξις, des sprachlichen Ausdrucks, in aufsteigender Reihe vorgeführt: Buchstabe (στοιχεῖον), Silbe, Wort. Darauf wird eine Klassifikation der Wortarten gegeben. Es werden vier Wortarten unterschieden: Zwei „mit Bedeutung", nämlich ὄνομα (Nomen) und ῥῆμα (Verb), und zwei „ohne Bedeutung", nämlich σύνδεσμος (Konjunktion) und ἄρθρον (Artikel).[120] An der Spitze des Gebäudes befindet sich der λόγος (Rede, Diskurs). Die gesamte λέξις gilt in all ihren Teilen als „artikuliert". Bei den scheinbar analogen Stellen in *Perì hermēneias* geht es jedoch um etwas anderes; dort werden nicht „Wortarten" definiert, sondern „Satzteile" (*partes orationis*). Die dort getroffene Unterscheidung ist syntaktisch-funktionaler Natur und entspricht derjenigen von „Subjekt" und „Prädikat".
b) Auch bei der Gegenüberstellung von φύσει und κατὰ συνθήκην geht es nicht um die materielle Gestaltung sprachlicher Elemente, sondern um die Funktion von ὄνομα und ῥῆμα, daher kann auch nicht die Opposition „artikuliert" vs. „nicht artikuliert" gemeint sein. Die ἀγράμματοι ψόφοι (artikulierten Laute) der Tiere sind nicht deshalb keine Namen, weil sie unartikuliert sind, sondern weil sie φύσει sind. Es sind interpretierbare „Anzeichen", keine mit einer Ausdrucksabsicht hervorgebrachten σύμβολα (Zeichen, Symbole). Das Hauptargument gegen die Interpretation von Engels läßt sich daraus ableiten, daß er die unterschiedlichen Kriterien nicht erkennt, nach denen sprachliche Zeichen in der *Poetik* und in *Perì hermēneias* definiert werden. Die beiden Passus können nicht als analog angesehen werden.

Die Interpretation von Engels scheint in der späteren Diskussion nicht mehr berücksichtigt worden zu sein.

6.2.3.3 Versuch einer neuen Definition

Gestützt auf einige einschlägige Passus in den überlieferten Texten soll nun eine neue Interpretation des Ausdrucks κατὰ συνθήκην vorgeschlagen werden.[121] Der Übersichtlichkeit zuliebe müssen dazu einige bereits getroffene Feststellungen in Erinnerung gerufen werden.

---

[119] Ibid., 90.

[120] [Modern: Autosemantika (mit lexikalischer Bedeutung) und Synsemantika (ohne lexikalische, aber mit grammatischer Bedeutung). Zwischen Konjunktion und Präposition unterscheidet Aristoteles offenbar nicht.]

[121] Vgl. hierzu Coseriu 1967, insb. 87ff.

- κατὰ συνθήκην bei Aristoteles betrifft, wie gezeigt wurde, nicht das Verhältnis zwischen Laut und Bedeutung (Relation (a), sondern das zwischen dem vollständigen sprachlichen Zeichen und dem Gegenstand (Relation (b)).
- Wenn κατὰ im Sinn von lat. *qua* „als" interpretiert wird, so bedeutet der gesamte Ausdruck nicht „aufgrund einer Vereinbarung", sondern „nach alter Gewohnheit, aufgrund einer Einrichtung" (lat. *ex instituto, ex institutione, secundum institutionem*). Damit ist nicht der Ursprung der Wörter gemeint, sondern ihre Funktionsweise. Aristoteles trifft die schlichte Feststellung, daß die Dinge aufgrund einer historischen Überlieferung ihre Namen haben – eine Einrichtung, die man hinnehmen muß. In einer modernen Übersetzung könnte man für φωνὴ σημαντικὴ κατὰ συνθήκην das Äquivalent „Laut, der aufgrund historischer Überlieferung etwas bedeutet" wählen, nicht jedoch „Laut, der aufgrund einer Vereinbarung etwas bedeutet". Der Gegensatz zu φύσει enthält einen anderen Sinn, je nachdem ob man die „Natur" der „Geschichte" oder einer „willkürlichen", (d.h. nicht durch die Gesetze der Natur bedingten) Entscheidung gegenüberstellt.
- Idealiter wäre es durchaus möglich, daß ich als Individuum für mich beliebige Lautgebilde zur Repräsentation meiner Bewußtseinsinhalte erfinde. Aristoteles spielt sogar in einer Stelle der *Metaphysik* (Γ 1006, b11) auf diese Möglichkeit an, wie gleich zu zeigen sein wird. Im wirklichen Sprachgebrauch, wenn wir uns an die Mitglieder der historischen Gemeinschaft wenden, in der wir leben, benutzen wir jedoch die Namen, die die Überlieferung »fertig« für uns bereithält.

Der italienische Philosoph und Politiker Giovanni Gentile hat diesen scheinbaren Widerspruch folgendermaßen zum Ausdruck gebracht:

> So könnte ich also anstelle von *Schreibtisch* auch *Füllfeder* sagen? Abstrakt betrachtet schon, konkret gesehen nicht, denn ich, der ich spreche, habe eine Geschichte hinter mir oder besser in mir und ich bin diese Geschichte, und daher bin ich jemand, der *Schreibtisch* sagt und sagen muß – so und nicht anders.[122]

Mit diesem Beispiel wird die von Aristoteles aufgeworfene Problematik schön veranschaulicht.

- Im obenstehenden Schema wurden zwei Relationen unterschieden: (a) zwischen πάθημα (Wortinhalt) und φωνή (Wortform) und (b) zwischen dem ὄνομα (Wort) als Ganzem und dem πρᾶγμα (Gegenstand). Diese Unterscheidung soll nun nochmals anhand einiger Aristoteles-Stellen begründet werden:
  a) Gleich nach der Feststellung des Verhältnisses zwischen φωνή und παθήματα τῆς ψυχῆς (*Perì hermēneias* 16a, 3f.; vgl. oben) wird gesagt,

[122] „E allora invece di tavolino potrei dir penna! – In astratto, certamente, ma in concreto no, perché io che parlo ho una storia dietro a me, o meglio dentro di me, e sono questa storia: e però son tale che dico e devo dire tavolino e non altrimenti", Gentile 1954, 65. Vgl. ebenfalls Coseriu (^{3}1978), 70, Anm. 2.

daß die παθήματα („Vorstellungen") ὁμοιώματα („Abbilder") der πράγματα („Dinge") seien (ibid. 7).

b) In der *Poetik* wird, wie wir gesehen haben, nur den ὀνόματα und den ῥήματα „Bedeutung" zuerkannt – nicht den grammatikalischen Wörtern Konjunktion (σύνδεσμος) und Artikel (ἄρθρον). Wenn Aristoteles von „Bedeutung" spricht", dann meint er immer „lexikalische Bedeutung", bezieht sich also auf unsere Relation (b), die zwischen Namen und Gegenstand besteht. Im übrigen wird auch das Verb σημαίνειν bei Aristoteles immer nur im Sinn von „etwas Außersprachliches bedeuten" gebraucht (*Perì hermēneias* 16b, 20ff.).

c) In der *Metaphysik* ist an einer Stelle davon die Rede, daß Denken unmöglich wäre, wenn die Wörter keine einheitliche Bedeutung hätten. In diesem Zusammenhang betont Aristoteles ausdrücklich, daß die Namen den Gegenständen verliehen werden:

  οὐδὲ γὰρ ἐνδέχεται νοεῖν μὴ νοοῦντα ἕν · εἰ δ' ἐνδέχεται, τεθείη ἂν ὄνομα τούτῳ τῷ πράγματι ἕν.
  (*Metaphysik* Γ 1006b, 10f.)

  Denn es ist unmöglich, etwas zu denken, ohne es als Eines zu denken; und selbst wenn es möglich wäre, so müßte man doch diesem Ding einen Namen geben können.

d) In *Perì hermēneias* (17a, 39f.) wird nicht mehr von „Wörtern", sondern von „Dingen" gesprochen

  'Επεὶ δ' ἐστὶ τὰ μὲν καθόλου τῶν πραγμάτων τὰ δὲ καθ' ἕκαστον ...

  Da die Dinge teils allgemein, teils Einzeldinge sind ...

  Łukasiewiczs Interpretation dieser Stelle[123] trifft nicht ganz den Übergang; es sind nämlich die Dinge selbst, die als Subjekte und Prädikate bezeichnet werden; die Namen vertreten sie nur.

e) In der *Sophistici elenchi* (165a, 6ff.) wird ausdrücklich bemerkt, daß die Namen in der Rede für die Dinge stehen:

  ἐπεὶ γὰρ οὐκ ἔστιν αὐτὰ τὰ πράγματα διαλέγεσθαι φέροντας, ἀλλὰ τοῖς ὀνόμασιν ἀντὶ τῶν πραγμάτων χρώμεθα ὡς συμβόλοις ...

  Man kann beim Diskutieren (im Dialog) nicht die Dinge selbst hernehmen, sondern gebraucht statt ihrer die Namen (Wörter) als Symbole (Zeichen) für sie ...

Die Wortformen (Signifikanten) sind also Symbole der παθήματα τῆς ψυχῆς, der Vorstellungen, und die vollständigen Wörter sind ihrerseits Symbole der Dinge. Somit sind die Dinge »außersprachlich«, da sie außerhalb der rein sprachlichen Relation angesiedelt sind. Das heißt jedoch nicht, daß sie sich »außerhalb des Denkens« befinden, ganz im Gegenteil. Aristoteles betont aus-

---

[123] [„A definition of the universal and the singular *terms* is given only in the *De interpretatione* ..."; Łukasiewicz ^{2}1958, (Kursivierung vom Bearbeiter, J.A.).]

drücklich, daß die „Dinge" nicht objektiv zu existieren brauchen, es kann sich sehr wohl um erdachte Dinge handeln. Die Sprache mache überhaupt keinen Unterschied zwischen »erdachten« und »wirklichen« Dingen. Um dies zu zeigen, bildet er das Kunstwort τραγέλαφος „Bockhirsch" und versichert, dieses Wort bedeute genau so etwas, wie jedes andere auch, es sage nämlich, wie jedes andere Wort, nichts darüber aus, ob es den damit gemeinten Gegenstand wirklich gibt (vgl. *Perì hermēneias* 16a, 17f.). Auch die Wörter, die keineswegs Fabelwesen, sondern Dinge bezeichnen, deren Existenz wir nicht bezweifeln, beinhalten keine Existenzpostulate. So bedeutet das Wort ἄνθρωπος „Mensch", es sagt jedoch nicht aus, daß es Menschen gibt:

> λέγω δέ, οἷον ἄνθρωπος σημαίνει μέν τι, ἀλλ'οὐχ ὅτι ἔστιν ἢ οὐκ ἔστιν... (*Perì hermēneias* 16b, 28f.)
>
> Ich will z.B. sagen, daß *Mensch* etwas bedeutet, aber nicht, daß er ist oder nicht ist.

Die Sprache – sofern sie nicht „aussagender Logos" ist – konfrontiert uns immer mit gemeinten, intendierten Gegenständen und Sachverhalten, nicht mit »wirklichen«, außerhalb des Denkens liegenden Dingen.

6.2.4 Der λόγος ἀποφαντικός als besondere Form des λόγος σημαντικός

Bisher war vor allem von den Relationen (a) und (b) unseres Schemas die Rede:

(a)	φωνή – παθήματα τῆς ψυχῆς	intentional, idealiter frei
(b)	ὄνομα – πρᾶγμα	notwendig; jedoch nur in historischer, weder in ontologischer noch in logischer Hinsicht

Auf beide Relationen sind die Urteile „wahr" oder „falsch" nicht anwendbar.

6.2.4.1 Διαίρεσις und σύνθεσις als Voraussetzung für das Zusprechen von Wahrheitswerten

Was den logischen Status der beiden ersten Relationen betrifft, so ist nicht ganz klar, ob Aristoteles ihn ausdrücklich nur der Relation (a) oder beiden abspricht. In jedem Fall werden die beiden Relationen in logischer Hinsicht einer dritten gegenübergestellt, der Relation (c) unseres Schemas. Zur Erinnerung nochmals in knapper Form:

„Subjekt"

[(a)	——	ist	——	„Prädikat"
(b)]		(c)		

Die Wörter sind nach Aristoteles deshalb weder „wahr" noch „falsch", weil sie weder eine διαίρεσις („Trennung, Analyse") noch eine σύνθεσις („Zusammenfügung, Synthese") der durch sie bezeichneten Gegenstände beinhalten. Das ὄνομα („Name, Wort") steht einfach für das πρᾶγμα („Gegenstand, Ding"); eine

„Analyse" findet erst im Aussagesatz statt, wo das Subjekt dem Gegenstand zugeordnet wird, den der entsprechende sprachliche Ausdruck im Satz vertritt: Subjekt „ist" Prädikat. Erst im Hinblick auf Sätze dieser Art kann man von „wahr" oder „falsch" sprechen; die Wörter an sich lassen dies nicht zu:

> ἔστι δέ, ὥσπερ ἐν τῇ ψυχῇ ὁτὲ μὲν νόημα ἄνευ τοῦ ἀληθεύειν ἢ ψεύδεσθαι ὁτὲ δὲ ἤδη ᾧ ἀνάγκη τούτων ὑπάρχειν θάτερον, οὕτω καὶ ἐν τῇ φωνῇ· περὶ γὰρ σύνθεσιν καὶ διαίρεσίν ἐστι τὸ ψεῦδός τε καὶ τὸ ἀληθές. τὰ μὲν οὖν ὀνόματα αὐτὰ καὶ τὰ ῥήματα ἔοικε τῷ ἄνευ συνθέσεως καὶ διαιρέσεως νοήματι, οἷον τὸ ἄνθρωπος ἢ τὸ λευκόν, ὅταν μὴ προστεθῇ τι· (*Perì hermēneías* 16a, 10ff.)
>
> Wie es aber in der Seele (im Bewußtsein) bald Gedanken ohne Wahrheit oder Falschheit gibt, bald solche, bei denen das eine oder das andere notwendigerweise vorhanden ist, so verhält es sich auch mit der Sprache. Denn Falschheit und Wahrheit sind an Verbindung (Synthese) und Trennung (Analyse) geknüpft (setzen diese voraus). Die Nomina und Verben für sich gleichen dem Gedanken (Begriff) ohne Verbindung und Trennung, so z.B. „Mensch" oder „weiß", wenn nichts hinzugefügt wird.

6.2.4.2 Die Hinfälligkeit der Frage nach der „Richtigkeit der Namen"

Im Lichte dieser Erkenntnis, die sich bei Platon bereits andeutete (vgl. oben 5.5.2), wird nun die alte Frage nach der „Richtigkeit der Namen" endgültig hinfällig; denn die Wörter gehen ebenso wie die Gegenstände und die ihnen entsprechenden Begriffe der Feststellung von „Wahrheit" oder „Falschheit" voraus. Ob es sich um die Bezeichnung eines Fabelwesens wie τραγέλαφος „Bockhirsch" oder um die eines Lebewesens wie ἄνθρωπος „Mensch" handelt, das wir für real halten – über die Existenz sagen die ὀνόματα (hier „Nomina") nichts aus, solange sie nicht in einem bejahenden oder verneinenden Aussagesatz (κατάφασις ἢ ἀπόφασις) erscheinen. Dasselbe gilt auch für die ῥήματα (Verben), die zwar schon als solche eine σύνθεσις (Verbindung, hier „Prädikation") bedeuten, aber ebensowenig wie die ὀνόματα dem Urteil „wahr" oder „falsch" unterliegen, solange sie keinem Subjekt zu- oder abgesprochen werden:

> ... τὰ ῥήματα ὀνόματά ἐστι καὶ σημαίνει τι [...] ἀλλ'εἰ ἔστιν ἢ μή, οὔπω σημαίνει. (*Perì hermēneías* 16b, 20ff.)
>
> Die Verben sind Namen und bedeuten wohl etwas [...] sie zeigen aber nicht an, ob dieses Etwas ist oder nicht.

Die Verben allein sind nämlich nur Zeichen für das, was von etwas anderem ausgesagt werden kann:

> Καὶ ἀεὶ [...] τῶν καθ' ἑτέρου λεγομένων σημεῖόν [εστιν] (*Perì hermēneías* 16b, 7.)
>
> und das immer etwas bedeutet, das von einem Anderen gilt ...

ohne dieses Andere (das Subjekt) schließen auch die Verben keine Wahrheit oder Falschheit ein.

Ebenso nutzlos ist es nach Aristoteles, die Wörter zum Zwecke der Wahrheitsfindung zu zerlegen (vgl. oben die entsprechende Diskussion in *Kratylos*). Sie sind bereits minimale Bedeutungseinheiten, und ihre Bestandteile stellen nichts als bloßen Laut (φωνή) ohne Bedeutung dar (vgl. *Perì hermēneias* 16a, 20ff.; 16b, 6f. und 30ff.)

Die etymologische Bedeutung der Namen, die nicht als echte Komposita fungieren, wird nicht als aktuelle (d.h. für den lebendigen Sprachgebrauch maßgebliche) Bedeutung anerkannt. Das gilt z.B. für die Bestandteile ἵππος „Pferd" oder δῶρον „Geschenk" in den Eigennamen Κάλλιππος und Θεόδωρος.[124] Aristoteles sagt ausdrücklich, daß der Eigenname Κάλλιππος nicht mit dem Syntagma καλὸς ἵππος „schönes Pferd" gleichzusetzen sei.[125] Bei echten Komposita wird den Bestandteilen zwar eine eigene Bedeutung zugestanden; diese ist jedoch nicht selbständig und entspricht nicht der Bedeutung, die das betreffende Element bei selbständigem Auftreten hat. Im Kompositum, selbst wenn es »durchsichtig« ist, liegt nämlich die explizite Analyse und Synthese nicht vor, die für Aristoteles Voraussetzung der Möglichkeit ist, Wahrheitswerte zuzusprechen (vgl. *Perì hermēneias* 16a, 24ff.; *Poetik* 1457a, 30ff.).

6.2.4.3 Ὄνομα und ῥῆμα verstanden als „Subjekt" und „Prädikat"

Die Relation (c) unseres Schemas betrifft das Verhältnis von Subjekt und Prädikat im Aussagesatz. Sie beinhaltet die „Trennung" (Analyse) und „Verbindung" (Synthese), die nach Aristoteles Voraussetzung dafür ist, daß man von „wahr" oder „falsch" reden kann. Wahrheit und Falschheit sind also Eigenschaften der Sätze, nicht der Wörter. Dabei stehen jedoch die Wörter für Dinge. So ist es strenggenommen richtig, daß Aristoteles nicht zwischen individuellen und allgemeinen Ausdrücken (Individuen- und Klassentermen, vgl. oben 6.1.1) unterscheidet; er spricht nämlich von individuellen und allgemeinen „Gegenständen".

6.2.4.3.1 Drei Klassen prädizierbarer „Gegenstände"

Aristoteles stellt ausdrücklich fest, daß manche „Gegenstände" (πράγματα) allgemein sind, andere dagegen individuell:

> Ἐπεὶ δ' ἐστί τὰ μὲν καθόλου τῶν πραγμάτων τὰ δὲ καθ' ἕκαστον, [...] – ἀνάγκη δ' ἀποφαίνεσθαι ὡς ὑπάρχει τι ἢ μή, ὁτὲ μὲν τῶν καθόλου τινί, ὁτὲ δὲ τῶν καθ' ἕκαστον. (*Perì hermēneias* 17a, 39ff.)
>
> Da nun alle Dinge teils allgemein, teils einzeln (individuell) sind [...] so muß das Ausgesagte notwendigerweise auf ein Allgemeines oder ein Einzelnes zutreffen oder nicht zutreffen.

---

[124] [Vgl. *Theodor*; vgl. ebenfalls *Philipp*, ein Name, der im 18. Jh. tatsächlich ins Deutsche »übersetzt« wurde als *Markhold*, „der den Mähren holde", d.h. „der die Pferde liebt".]

[125] Vgl. *Perì hermēneias* 16a, 22f. und *Poetik* 1457a, 13f. Vgl. ebenfalls oben die Diskussion in *Kratylos* um die „Richtigkeit" des Namens *Hermogénes* „aus der Sippe des Hermes".

Allgemein ist das, was von vielen Dingen gesagt werden kann – z.B. ἄνθρωπος „Mensch“ –, einzeln (individuell) das, was nicht von vielen Dingen gesagt werden kann – z.B. Καλλίας.

In den *Analytica Priora* (ʼΑναλυτικὰ πρότερα, 43a, 20ff.) teilt Aristoteles die Gegenstände in drei Klassen ein:

a) Gegenstände, die von anderen nicht in allgemeiner Hinsicht ausgesagt werden können, wie z.B. Kleon, Kallias und sonstige Einzeldinge oder Einzelwesen;
b) Gegenstände, die von anderen ausgesagt werden können, von denen selbst aber nichts anderes ausgesagt werden kann (Aristoteles gibt kein Beispiel, aber er meint natürlich das, was an der Spitze der Abstraktionspyramide stehen kann, also τὸ ὄν, „das Seiende“).
c) Gegenstände, die von anderen in allgemeiner Hinsicht ausgesagt werden können und denen ihrerseits andere Gegenstände zugesprochen werden können. So kann z.B. ἄνθρωπος von Καλλίας ausgesagt werden – „Kallias ist ein Mensch“ –; andererseits kann von ἄνθρωπος wiederum etwas anderes ausgesagt werden – z.B. ζῷον –: „Der Mensch ist ein Lebewesen“. Damit wird klar, daß für Aristoteles die Subjekt- und Prädikatausdrücke stellvertretend für die Gegenstände selbst stehen.

6.2.4.3.2 Łukasiewiczs Kritik

In seiner im übrigen ausgezeichneten Darstellung der Syllogistik des Aristoteles macht der polnische Logiker Jan Łukasiewicz einige kritische Anmerkungen, die hier ihrerseits kritisiert werden sollen:

a) In bezug auf die erste von Aristoteles angeführte Klasse bemerkt er, Aristoteles scheine zu vergessen,

> that a non-universal term need not to be singular, for it may be empty, like the term ‚goat-stag‘ cited by himself a few chapters before.[126]

Es sei daran erinnert, was oben über den Sinn des Beispiels vom τραγέλαφος („goat-stag“) gesagt wurde: Eine Unterscheidung zwischen „leeren“ und „nicht-leeren“ Termen ergibt für Aristoteles keinen Sinn, da die Gegenstände für ihn unterschiedslos intendiert, „vorgestellt“ sind.

b) In bezug auf die zweite Klasse bemerkt Łukasiewicz zunächst, es sei

> not correct to say that individual or singular terms, like ‚Callias‘, cannot be truly predicated of anything else. Aristotle himself gives examples of true propositions with a singular predicate, as ‚That white object is Socrates‘ or ‚That which approaches ist Callias ...‘[127]

Łukasiewicz hat nicht beachtet, daß Aristoteles nicht von jeder beliebigen, sondern nur von der universalen Prädikation spricht. Sie hat die Form „Alle

---

[126] Łukasiewicz ^{2}1958, 4.
[127] Ibid., 6.

As sind Bs“ bzw. „Wenn alle As Bs sind“ und bedeutet die Inklusion in eine Klasse „Alle As gehören zur Klasse der Bs“. Bei den anderen von Łukasiewicz zitierten Beispielen „dieser weiße Gegenstand ist Sokrates oder „das, was da näher kommt, ist Kallias“ – Sätze, die nur okkasionell, d.h. in Abhängigkeit von den gegebenen Umständen, wahr sein können – handelt es sich um einen anderen Typ von Prädikation, nämlich um die Identifizierung. Die Tatsache, daß eine Identifizierung historisch gesichert sein kann – es trifft zu, daß Sophroniskos der Vater von Sokrates war – macht sie nicht zu einer allgemeingültigen Aussage.

Weiterhin glaubt Łukasiewicz Aristoteles darin korrigieren zu müssen, daß dieser dauernd von „Dingen“ rede, wenn er offensichtlich „Ausdrücke“, „Terme“ meine:

> It is not correct to say that a thing may be predicated of another thing. Things cannot be predicated, because a predicate is a part of a proposition and a proposition is a series of spoken or written words having a certain meaning.[128]

Dieser zweite Einwand kann noch weniger hingenommen werden als der erste. Die Logik des Aristoteles betrifft nicht einfach die in Aussagen vorkommenden Ausdrücke, sondern eher die Dinge selbst. Natürlich vollzieht sich die Prädikation mittels sprachlicher Ausdrücke, sie betrifft jedoch die »Wirklichkeit«. „Wahrheit“ und „Falschheit“ gibt es daher nur in bezug auf die Gegenstände; sie sind es, die „getrennt“ und „wieder zusammengefügt“ werden.

6.2.4.4 Was heißt ἀποφαντικός? Der Sinn der Prädikation

Unter διαίρεσις („Trennung, Analyse“) hat man sich eine zwar im Medium der Sprache erfaßbare, aber dennoch nicht rein sprachliche Operation vorzustellen, durch die eine Eigenschaft des Gegenstandes formal von diesem losgelöst und ihm gegenübergestellt wird – wie z.B. die Eigenschaft „grün“ dem Baum. Die σύνθεσις („Zusammenfügung, Synthese“) ist eine Operation, mittels derer die vom Gegenstand formal abgelöste Eigenschaft diesem wieder zugesprochen wird, und zwar mithilfe der Kopula „ist“:

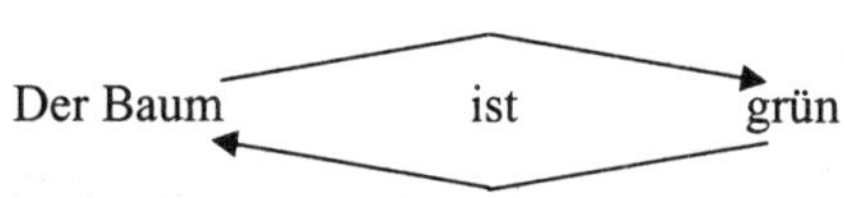

Bei dieser Operation kann man sich in zweifacher Hinsicht irren: Man kann an einem Ding eine Eigenschaft feststellen, die nicht vorhanden ist, oder man kann einem Gegenstand eine Eigenschaft zusprechen, die ihm nicht zukommt. Dies gilt sowohl für die positive Aussage (κατάφασις) als auch für die negative (ἀπόφασις). Die Art von λόγος, die διαίρεσις und σύνθεσις in sich einschließt,

[128] Ibid.

wird ἀποφαντικός genannt. Nur der λόγος ἀποφαντικός läßt das Sein oder das Nicht-Sein der Dinge in Erscheinung treten.

Üblicherweise wird λόγος ἀποφαντικός mit „aussagende Rede“ wiedergegeben. Das ist zwar nicht falsch, trifft das Gemeinte aber nicht genau. Um den Sinn genau zu treffen, müßte man eher „heraussagend“ verwenden. Gemeint ist nämlich der „manifestierende“ Logos, der das im Subjekt *latent* Vorhandene *patent* macht.[129]

„Wahrheit“ und „Falschheit“ sind also nicht Eigenschaften der „Wörter“, sondern der Rede. Platon war im *Sophistes* bereits zu dieser Erkenntnis gelangt, ohne sie genauer zu begründen (vgl. oben 5.5.2). Diese Begründung liefert erst Aristoteles mithilfe der Begriffe διαίρεσις und σύνθεσις. Er geht aber noch ein Stück auf dem eingeschlagenen Weg weiter. Aufgrund des bisher Gesagten könnte der Eindruck entstehen, Aristoteles habe in bezug auf die Möglichkeit der Wahrheitswertzuweisung der (nicht aktualisierten) „Sprache“ global die (aktualisierte) „Rede“ gegenübergestellt. Das stimmt nicht ganz. Er scheint wohl gesehen zu haben, daß nicht jede Art der „Rede“ die Voraussetzung für die Zuweisung von Wahrheitswerten bietet. In *Perì hermēneías* (17a, 1ff.) heißt es:

> Ἔστι δὲ λόγος ἅπας μὲν σημαντικός [...] ἀποφαντικὸς δὲ οὐ πᾶς, ἀλλ' ἐν ᾧ τὸ ἀληθεύειν ἢ ψεύδεσθαι ὑπάρχει.
>
> Jede Rede weist Bedeutung auf (ist semantisch) ... Dagegen sagt nicht jede etwas aus (ist apophantisch), sondern nur die, in der es „Wahrheit“ oder „Falschheit“ gibt.

Im folgenden wird dieser Gedanke präzisiert: Das Gesagte gelte sowohl für bejahende als auch verneinende Aussagen. Im Anschluß daran gibt Aristoteles ein Beispiel dafür, daß nicht jede Rede „apophantisch“ im zuvor definierten Sinn ist:

> οὐκ ἐν ἅπασι δὲ ὑπάρχει, οἷον ἡ εὐχὴ λόγος μὲν, ἀλλ' οὔτ' ἀληθὴς οὔτε ψευδής. (*Perì hermēneías* 17a, 3f.)
>
> Das ist aber nicht bei allen der Fall (scil. nicht in allen Arten der Rede gibt es Wahrheit oder Falschheit). So ist z.B. die εὐχή („Bitte, Gebet, Gelübde“) λόγος („Rede“), aber weder wahr noch falsch.

Diese Erkenntnis sollte für die spätere Entwicklung der Sprachphilosophie bedeutsame Folgen haben (vgl. unten 6.3.8.2).

Die Untersuchung der Sprache im engeren Sinn bricht an dieser Stelle ab. Aristoteles erklärt, die Behandlung anderer Arten der nicht-apophantischen Rede gehöre in die Rhetorik und in die Poetik; in den überlieferten Texten findet sich dort jedoch nichts darüber (vgl. unten 6.3.2).

[129] [Hennigfeld (1994, 90) paraphrasiert „ans Licht bringen“.]

6.3 Aristoteles' Beitrag zur Sprachphilosophie: Rückblick

Im vorhergehenden Teilkapitel wurde ein systematischer Überblick über diejenigen Stellen aus Aristoteles' Schriften gegeben, die als sein Beitrag zur Sprachphilosophie angesehen werden können, obschon er selbst sich für die Sprache nur insofern interessiert hat, als dies zur Erforschung der »hinter ihr« stehenden Wirklichkeit notwendig schien. Nun sollen die von ihm vorgeschlagenen Lösungen klassischer sprachphilosophischer Probleme noch einmal in knapper Form rekapituliert und im Hinblick auf mögliche und tatsächliche Nachwirkungen kommentiert werden. Eine kurze Skizze der Rezeptionsgeschichte wird den Abschluß des Kapitels bilden.

6.3.1 Nochmals zum Verhältnis von Wort (Sprache) und Gegenstand (außersprachliche Wirklichkeit)

Die Frage nach dem Verhältnis von Sprache und Wirklichkeit, über die schon die Vorsokratiker disputierten, erhält bei Aristoteles einen neuen Sinn. Er sieht darin keine einfache, sondern eine gestufte, komplexe Relation. Da ist zunächst die innersprachliche Relation zwischen Wortform (φωνή) und Wortinhalt (πάθημα τῆς ψυχῆς), durch die das sprachliche Zeichen (ὄνομα) konstituiert wird (a). Dieses steht als Ganzes in einem zweiten, historisch notwendigen Verhältnis zu dem Gegenstand (πρᾶγμα), den es bezeichnen kann (b). Bis hierher handelt es sich um ein logisch undeterminiertes Verhältnis, um eine Bereitstellung von Elementen für das Denken, die der Frage nach der „Wahrheit" oder „Richtigkeit" des Denkens vorausgeht. Diese stellt sich erst dann, wenn eine weitere Stufe der Komplexität erreicht ist: Das gesamte sprachliche Zeichen kann in Vertretung des gemeinten „Dinges" Gegenstand einer „apophantischen" Aussage sein, wobei eine latent in ihm vorhandene Eigenschaft formal abgelöst und ihm im Akt der Prädikation wieder zugesprochen wird (c). Es wird also zunächst eine komplexe Einheit einem einfachen Relatum gegenübergestellt. Dieses geht im nächsten Schritt in einer noch komplexeren Einheit auf, die ihrerseits dann wieder einem neuen Relatum gegenübergestellt wird. Die einfachen Relata entfernen sich dabei von der Sprache und nähern sich dem Denken und der Erfassung der Wirklichkeit. Schematisch läßt sich das folgendermaßen darstellen (vgl. ebenfalls das weniger stark abstrahierende Schema in 6.2.1):

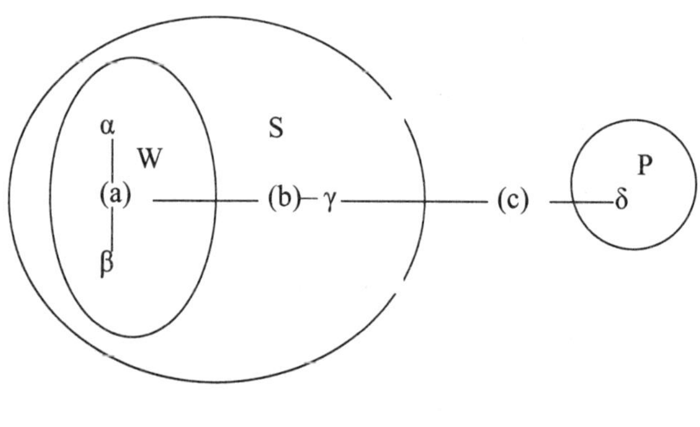

Die unmittelbar an diesem Gefüge beteiligten Komponenten sind mit griechischen Kleinbuchstaben bezeichnet: α = πάθημα; β = φωνή; γ = πρᾶγμα; δ = ῥῆμα.

Die Relationen werden wie im vorhergehenden Schema durch lateinische Kleinbuchstaben in Klammern bezeichnet: (a) = Laut-Bedeutung (innersprachlich); (b) = Wort-Gegenstand (logisch-unbestimmt); (c) = Subjekt-Prädikat („apophantisch", logisch determiniert).

Die durch die Relationen konstituierten komplexen Einheiten erhalten lateinische Großbuchstaben: W = Wort (ὄνομα); S = Subjekt; P = Prädikat.[130] Das ῥῆμα (δ) vertritt die auf einer höheren Ebene angesiedelte Einheit „Prädikat" (P).

Die „apophantische" Rede ist nicht mit der Rede schlechthin gleichzusetzen, sie ist eine Form der aktualisierten Sprache unter anderen. Daraus läßt sich ableiten, daß für Aristoteles die Sprache nicht das Produkt des logischen Denkens ist, sondern daß für ihn dieses Denken die Sprache benutzt, indem es ihr eine bestimmte Form verleiht. Die Sprache insgesamt, sogar die aktualisierte Sprache, die Rede, kann auch außerhalb des rationalen Denkens liegen.

6.3.2 Modalitäten der Aktualisierung des λόγος σημαντικός

So wichtig die Bestimmung des λόγος αποφαντικός als die Modalität der Rede sein mag, die „wahr" oder „falsch" sein kann – es soll darüber nicht vergessen werden, daß Aristoteles wenigstens andeutungsweise davon spricht, daß es andere Formen der aktualisierten Sprache gibt, die nicht »wahrheitswertfähig« sind, obwohl es sich auch bei ihnen um Formen des λόγος σημαντικός *in actu*, um Modalitäten der Sprachverwendung handelt:

	Mögliche Modalitäten der Aktualisierung
	λόγος ἀποφαντικός („apophantisch") Aussage, Urteil, das „wahr" der „falsch" sein kann
λόγος σημαντικός	λόγος πραγματικός („pragmatisch") Sprachgebrauch als eine Form des Handelns
	λόγος ποιητικός („poetisch") Sprachgebrauch als Ausdruck der Einbildungskraft

Nur zur ersten der hier aufgeführten Modalisierungsmöglichkeiten äußert sich Aristoteles explizit.

130 [An anderen Stellen seiner Schriften verwendet Aristoteles eigene Ausdrücke für diese Einheiten, nämlich ὑποκείμενον (lat. *subiectum*) und κατηγορούμενον (lat. *praedicamentum*).]

Wir werden sehen, daß es in der späteren Sprachphilosophie und Sprachtheorie Bestrebungen gibt, die darauf abzielen, die Sprache auf eine dieser möglichen Modalitäten der Aktualisierung des λόγος σημαντικός zu reduzieren (vgl. unten 6.3.8.2).

6.3.3 Die „Richtigkeit der Namen" und das Problem der Definition

Das Bemühen, die alte Frage nach der „Richtigkeit der Namen" als unsinnig zurückzuweisen und zu zeigen, daß nur eine bestimmte Form der Rede „richtig" oder „falsch" sein kann, beherrscht Aristoteles' Denken. Zu den dem Verhältnis von Subjekt und Prädikat vorausgehenden Relationen äußert er sich weniger ausführlich. Das gilt vor allem für die innersprachliche Relation zwischen Laut und Bedeutung (a). Sie wird im Grunde nur *ex negativo* bestimmt: Sie ist „idealiter frei" insofern, als sie keiner logischen Notwendigkeit unterliegt und einer Absicht entspringt (μετὰ φαντασίας τινος).[131] Wie läßt sie sich in positiver Hinsicht charakterisieren? Dazu finden sich bei Aristoteles nur vereinzelte Bemerkungen:

Im Buch Z der *Metaphysik* behandelt Aristoteles das Problem der Definition und kommt dabei indirekt auch auf die Namen zu sprechen. Eine selbständige Art des Seins (ein So-Sein), heißt es da, komme nur den Wesenheiten zu, deren Begriffe Gegenstand einer Definition sein könnten. Nicht alle Begriffe kämen dafür in Frage: ἔσται γὰρ ὄνομα ὁτῳοῦν λογῳ „denn sonst würde es für jeden Begriff einen analogen (adäquaten) Namen geben" (Z 1030a, 8f.). In einer Variante heißt es sogar λόγῳ ταὐτόν „einen dem Begriff gleichen".

Der Name (hier als Wortform zu verstehen) ist also dem Begriff adäquat, aber damit ist er noch kein ὁρισμός, keine Definition. Ein ὁρισμός ist ein Satz, der eben das aussagt, was der Name nur bedeutet. Um dies zu verdeutlichen, gibt Aristoteles Beispiele für Sätze, deren Prädikate zwar etwas Zutreffendes aussagen, die aber keine Definitionen sind. „Dieser Mensch ist weiß", von einem weißen Menschen gesagt, trifft zwar zu, sagt aber nicht das „Was", das So-Sein des Subjekts „Mensch" aus, sondern spricht ihm etwas anderes zu. (Andere Bedingungen für das Vorliegen einer Definition sollen hier übergangen werden; so unterscheidet Aristoteles zwischen der bloßen Begriffserklärung – Nominaldefinition – und der Definition *sensu stricto* – „Wesensdefinition").[132]

Eine *wahre* Definition, d.h. eine Aussage, bei der das Subjekt dem Prädikat entspricht und bei der das Prädikat nichts aussagt, was dem Wesen des Subjekts nicht entspricht, ist nach Aristoteles ὁ τοῦ τί ἦν εἶναι λόγος, die Aussage dessen, was das Subjekt notwendigerweise, d.h. seinem Wesen nach ist.[133] Damit ist die Definition Entfaltung dessen, was im Namen bereits angelegt ist, ohne ausdrücklich ausgesagt zu werden. Die Namen selbst sind keine Definitionen, sie enthalten jedoch das „Was", das Wesen der Dinge. Sie sagen es nicht aus, aber sie vertreten es. Eben das ist mit σημαίνειν „bedeuten" gemeint.

---

[131] *De anima*, 420b.

[132] Vgl. *Metaphysik*, Z 1030a, 14ff.

[133] Vgl. ibid., 1ff.

Daß der Name für das „Was“ der Gegenstände steht, die er bezeichnet, hat Aristoteles auch an anderen Stellen mehr oder weniger klar ausgeführt. So heißt es z.B. in der Physik (I, 184b): [τὰ ὀνόματα] ὅλον γάρ τι καὶ ἀδιορίστως σημαίνει „denn [die Namen] bedeuten ein Ganzes in unbestimmter Weise (ohne Differenzierung).“ Die Ausdifferenzierung dieses Ganzen erfolgt nämlich erst durch die Definition, die, insofern sie etwas behauptet, λόγος ἀποφαντικός ist, der διαίρεσις und σύνθεσις einschließt.

6.3.4 Das ὄνομα als *nomen commune*: Bedeutung vs. Bezeichnung

Bisher wurde immer nur gesagt, daß die Namen für die Gegenstände stehen, die sie bezeichnen. An einigen Stellen äußert sich Aristoteles etwas genauer zur zweiten »vorlogischen« Relation (b), zum Verhältnis von ὄνομα und πρᾶγμα. Dabei kommt ein wichtiger Gesichtspunkt zur Sprache, von dem bisher noch nicht die Rede war: Im Anschluß an die oben zitierte Stelle aus den *Sophistici elenchi*, wo gesagt wird, daß man die Namen im Gespräch verwendet, weil die Dinge, die sie vertreten, nicht zur Verfügung stehen (vgl. oben 6.2.3.3), heißt es:

> τὰ μὲν γὰρ ὀνόματα πεπέρανται καὶ τὸ τῶν λόγων πλῆθος, τὰ δὲ πράγματα τὸν ἀριθμὸν ἄπειρά ἐστιν· ἀναγκαῖον οὖν πλείω τὸν αὐτὸν λόγον καὶ τοὔνομα τὸ ἓν σημαίνειν. (*Sophistici elenchi* 165a, 11f.)

> Denn die Namen und die ihnen entsprechenden Begriffe sind der Zahl nach begrenzt, die Zahl der Dinge jedoch unbegrenzt. Darum muß notwendigerweise ein und derselbe Name eine Vielheit von Dingen bezeichnen.

Obwohl der Name eine einheitliche Bedeutung hat, muß er also, wenn er in der Rede vorkommt, auf eine unbegrenzte Zahl von Gegenständen anwendbar sein:

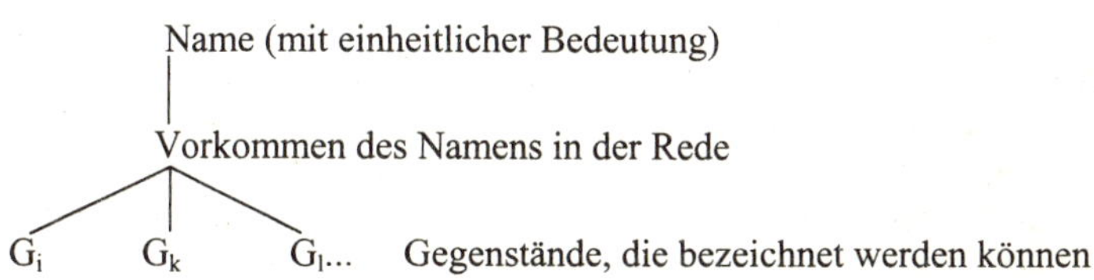

Damit soll ausgedrückt werden, daß die Bedeutung des Wortes in der Sprache und die Bezeichnung eines Gegenstandes durch die Verwendung dieses Wortes in der Rede nicht einfach zusammenfallen.

Im Buch Γ der *Metaphysik* hat sich Aristoteles noch eingehender dazu geäußert, was er unter „Einheit der Bedeutung“ versteht. Damit ist nicht gemeint, daß ein Name nur eine einzige Bedeutung haben kann – er kann deren mehrere haben –, sondern daß die Bedeutung, die in einem gegebenen Fall zur Diskussion steht, einheitlich sein muß. In seiner jeweiligen Bedeutung kann sich der Name nur auf eine bestimmte Art des Seins beziehen und nicht gleichzeitig auf das Gegenteil davon. Ferner:

εἰ τὸ ἄνθρωπος σημαίνει ἕν· ἔστω τοῦτο τὸ ζῷον δίπουν (λέγω δὲ τὸ ἓν σημαίνειν τοὺτο˙ εἰ τοῦτ' ἔστιν ἄνθρωπος, ἂν ᾖ τι ἄνθρωπος, τοῦτ' ἔσται τὸ ἀνθρώπῳ εἶναι). (*Metaphysik* Γ1006a, 29ff.)

... wenn das Wort „Mensch" eines bedeutet, so mag dies z.B. „zweibeiniges Lebewesen" sein. Mit „eines bedeuten" meine ich folgendes: Wenn *Mensch* dies bedeutet, so wird, falls etwas ein Mensch ist, sein Wesen, Mensch zu sein, eben darin liegen.[134]

Die einheitliche Bedeutung „Mensch" steht also nicht einfach für die Klasse der Menschen, sondern für das „Mensch-Sein". Sie stellt eine Bedingung für die Prädikation und damit für die Inklusion in diese Klasse dar: Wenn einem X „Mensch-Sein" zukommt, so darf es zurecht als der Klasse „Mensch" zugehörig angesehen werden. Der Name bedeutet also das Sein, er vertritt es, aber er entfaltet es nicht. Er entspricht somit der Erkenntnis eines einheitlichen So-Seins, das einer unbegrenzten Anzahl von Gegenständen („Seienden") eigen ist.

6.3.5 Τῶν ἀδιαιρέτων νόησις (*indivisibilium intelligentia*): Die Einheit der Bedeutung in der Intuition des Seins

Welcher Art ist nun aber diese Erkenntnis des So-Seins der Dinge? Zur Beantwortung dieser Frage muß noch ein letzter Text von Aristoteles angeführt werden, der bisher nur in einer Fußnote erwähnt wurde: *De anima* (περὶ ψυχῆς). Walter Bröcker, ein Schüler Heideggers, hat in seiner Darstellung der Philosophie des Aristoteles auf einen kurzen Passus hingewiesen, der in der Tat Aufmerksamkeit verdient. Aristoteles spricht dort von einer geistigen Operation, die er „Erfassung des Ungeteilten" (τῶν ἀδιαιρέτων νόησις) nennt.[135] Dieser Ausdruck wird später von den Scholastikern mit *apprehensio simplex* oder auch *indivisibilium intelligentia* wiedergegeben. Gemeint ist die Intuition, eine auf reiner Anschauung beruhende unmittelbare Erkenntnis. Die Stelle lautet folgendermaßen:

Ἡ μὲν οὖν τῶν ἀδιαιρέτων νόησις ἐν τούτοις περὶ ἃ οὐκ ἔστι τὸ ψεῦδος, ἐν οἷς δὲ καὶ τὸ ψεῦδος καὶ τὸ ἀληθές, σύνθεσίς τις ἤδη νοημάτων ...

(*De anima* 430a, 26ff.)

Die *indivisibilium intelligentia* liegt ja nun in denjenigen [Gedanken], die nicht falsch sein können; denn die Falschheit und die Wahrheit schließen schon eine Verbindung (Synthese) der Gedanken ein (setzen sie voraus).

Aristoteles spricht hier zunächst nur von „falsch" und spielt damit *ex negativo* auf den korrelativen Begriff der Wahrheit an. Im Anschluß daran stellt er die *apprehensio simplex*, die Erfassung des Ungeteilten, einer anderen Art des Den-

---

134 [Vgl. Coseriu 1979, 433. Dort wird (in Anm. 3) eine umständliche, aber textnahe lateinische Übersetzung zitiert, die Wilhelm von Moerbeke (um 1215–1286) auf Anregung des Thomas von Aquin angefertigt hat: „[Amplius] si homo significat unum, sit hoc animal bipes. Dico autem significare hoc, si hoc est homo, si sit aliquid homo, hoc est hominem esse."]

135 Vgl. Bröcker ^{2}1957, 169, Anm. 3.

kens gegenüber, die durchaus falsch (und im gegenteiligen Fall auch richtig) sein kann.[136] Die *indivisibilium intelligentia* wird dabei genau wie die Sprache, der λόγος σημαντικός, charakterisiert. Man darf daher annehmen, daß für Aristoteles die Sprache, die dem rationalen Denken vorgeordnet ist, dieser geistigen Operation, der „Erfassung des Ungeteilten", entspricht.

6.3.5.1 Der λόγος bei Heraklit in neuem Licht

Wenn diese Interpretation richtig ist, so könnte sie auch den Ausgangspunkt dieser Überlieferungslinie der Sprachphilosophie, die Intuition der Einheit von Sprache und Sein bei Heraklit, in einem neuen Licht erscheinen lassen. In der Sprache ist das Sein zwar schon vorhanden, aber nur als intuitiv gegebenes Sein, ohne Differenzierung, ohne Entfaltung und damit auch ohne „Wahrheit". Denn die Wahrheit ist eine Eigenschaft des aussagenden Logos, der Trennung und Verbindung voraussetzt. Vor diesem Hintergrund könnte das Fragment B1 Heraklits (vgl. oben 4.1) eine neue Auslegung erfahren: Die Menschen verstehen das Sein nicht in dem Augenblick, in dem sie es als Wort und als reines Faktum erfahren; denn zum Verstehen gehört etwas, das darüber hinausweist: das Moment der Reflexion, des Nachdenkens über das in der Sprache gegebene Sein.

6.3.6 Die „objektive" und die „intersubjektive" Dimension der Sprache bei Aristoteles

Wenn man, wie es hier geschieht, von einer gewissen Kontinuität in der Entwicklung der Sprachphilosophie ausgeht, so darf man behaupten, daß Aristoteles weit auf dem vorgezeichneten Weg vorangeschritten ist. Das betrifft jedoch nur die objektive Dimension der Sprache, das Verhältnis Subjekt-Sprache-Objekt (Sein).[137] Für Aristoteles ist die Sprache das subjektive Moment des Seins, das vom Menschen erfaßte und in den jeweiligen Erscheinungsformen des So-Seins abgegrenzte (und damit klassifizierte) Sein.

Die Sprache hat jedoch, wie wir im zweiten Kapitel gesehen haben, auch eine intersubjektive Dimension, die ihrem historisch-gesellschaftlichen Charakter entspricht. Sprache entsteht und funktioniert im Miteinandersprechen; sie setzt voraus, daß der jeweils andere als Subjekt anerkannt wird. Diese intersubjektive Dimension der Sprache ist nicht weniger wichtig als die objektive, die im Zentrum des Aristotelischen Denkens steht. Die Probleme, die die intersubjektive Dimension der Sprache aufwirft, hat Aristoteles nicht gelöst, ja er hat die dazu notwendigen Fragen nicht einmal klar gestellt. Wie allen Griechen geht es ihm fast ausschließlich um das Verhältnis von Sprache und Sein – und das Sein ist für ihn nichts Historisches. Was die intersubjektive Dimension betrifft, so begnügt sich Aristoteles mit der Feststellung, daß die Sprache κατὰ συνθήκην gegeben ist, d.h. sie tritt uns kraft einer historischen Überlieferung so entgegen,

---

[136] [Vgl. Coseriu 1987, 182. Dort wird auf eine der wichtigsten Konsequenzen der *apprehensio simplex* hingewiesen: Der primäre Wortschatz einer Sprache ist nicht Benennung einer bereits klassifizierten Realität, er *ist* Klassifikation der Realität. Vgl. ebenfalls Coseriu 1988, 94.]

[137] Vgl. das Schema in 2.3.1 und Anm. 17.

wie wir sie vorfinden. Nach den Gründen dafür fragt Aristoteles nicht. Eine philosophische Begründung des historisch-gesellschaftlichen Charakters der Sprache werden erst sehr viel später Denker wie Hegel, Dewey oder Heidegger liefern.

6.3.7 Die unvollständige Entdeckung der Historizität der Sprache durch Aristoteles: Beschränkung auf die Signifikanten

Bisher blieb die Frage offen, was an der Sprache „traditionell" ist, welche ihrer Komponenten an bestimmte historische Gemeinschaften gebunden und somit nicht universell gültig sind. Wenn das Verhältnis zwischen ὄνομα und πρᾶγμα wirklich κατὰ συνθήκην ist, so müßte man annehmen, daß nicht nur die Wortformen (Signifikanten), sondern auch die Wortinhalte (Signifikate) nicht universell gültig, sondern von Sprache zu Sprache unterschiedlich sind. Aristoteles scheint dies aber nur von der materiellen Seite der Wörter anzunehmen.[138] Die Signifikanten (φωναί; lat. *voces*) sind in den verschiedenen Gemeinschaften unterschiedlich wie die Buchstaben, mit denen sie aufgeschrieben werden. Die Dinge selbst sind überall gleich, aber offenbar nicht nur sie, sondern auch ihre Analoga, die Bewußtseinsinhalte, die „Affektionen der Seele" (παθήματα τῆς ψυχῆς):

> καὶ ὥσπερ οὐδὲ γράμματα πᾶσι τὰ αὐτά, οὐδὲ φωναὶ αἱ αὐταί· ὧν μέντοι ταῦτα σημεῖα πρώτων, ταὐτὰ πᾶσι παθήματα τῆς ψυχῆς, καὶ ὧν ταῦτα ὁμοιώματα πράγματα ἤδη ταὐτά.
> (Perì hermēneías 16a, 6ff.)
>
> Und wie nicht alle die gleichen Buchstaben haben, so sind auch die Laute (Wortformen) nicht bei allen gleich. Was aber beide an erster Stelle bezeichnen, die Dinge und deren Abbilder, die Bewußtseinsinhalte, sind bei allen gleich.

Es besteht also für Aristoteles eine Isomorphie zwischen den Gegenständen und Sachverhalten und deren Abbildung im menschlichen Bewußtsein, die sich in allen Sprachen widerspiegelt. Einzelsprachen wären somit Nomenklaturen, die einer einheitlich in Gegenstände und Sachverhalte gegliederten Wirklichkeit unterschiedlich klingende und unterschiedlich aussehende »Namenetiketten« aufkleben würden. Diese Ansicht ist bis heute weit verbreitet. Daß die Gegenstände (oder besser gesagt, die Sachverhalte, denn häufig geht es nicht um „Gegenstände" im üblichen Sinn) in objektiver Hinsicht für alle dieselben sind, heißt aber nicht, daß die sprachliche Gestaltung der Welt ebenfalls überall gleich sein müßte.

Den historisch bedingten und damit einzelsprachlichen Charakter der Bedeutung hat Aristoteles nicht gesehen. Das hat erst Wilhelm von Humboldt getan. Er hat dafür den häufig mißverstandenen und später auch ideologisch befrachteten Terminus *innere Form* geprägt. Die Stoiker sind der Entdeckung des einzel-

[138] [Vgl. hierzu die „Vor-Bemerkungen" von Jürgen Trabant, IVf. Seine Aristoteles-Lektüre stimmt wohl doch besser mit derjenigen seines Lehrers überein, als er selbst annimmt; das *onoma* steht nur bedingt als einzelsprachlich autonome Einheit den Dingen gegenüber.]

sprachenspezifischen Charakters der Bedeutung schon recht nahe gekommen. Sie machen nämlich einen Unterschied zwischen νόημα „Bewußtseinsinhalt“ und λεκτόν „Wortinhalt“, der bei Aristoteles nicht erscheint (vgl. unten 7.2.3). Diese Unterscheidung geht in der weiteren Geschichte der Sprachphilosophie für lange Zeit verloren.[139]

6.3.8 Rezeption und Nachwirkungen

Im folgenden soll die Rezeption gewürdigt werden, die Aristoteles’ gewissermaßen nebenbei erbrachter Beitrag zur Sprachphilosophie im weiteren Verlauf der Philosophiegeschichte gefunden hat. Wie wurden seine Anregungen aufgenommen? Was wurde mißverstanden oder bewußt umgedeutet? Was hat nachgewirkt? Was ging für lange Zeit oder möglicherweise bis zum heutigen Zeitpunkt verloren?

6.3.8.1 Die Erkenntnis des vorlogischen Charakters der Sprache

Zumindest was die Wörter betrifft bleibt die Erkenntnis, daß die Sprache weder „logisch“ noch „unlogisch“, sondern „vorlogisch“ ist, in der weiteren Geschichte der Sprachphilosophie erhalten. Die Frage nach der ὀρθότης ὀνομάτων („Richtigkeit der Namen“) wird fortan nicht mehr gestellt; dies geschieht allenfalls außerhalb der ernstzunehmenden Forschung. Selbst in der etymologisierenden Philosophie – wie z.B. in den im siebten Jahrhundert nach Chr. entstandenen *Etymologiae* des Bischofs Isidor von Sevilla – geht es eigentlich um eine andere Frage. Nicht die „Richtigkeit“ des Namens steht zur Diskussion, sondern der Aspekt eines Gegenstands, der den „Namengeber“ bei seinem Tun inspiriert haben könnte. So stehen, wenn man diese Art der Argumentation nachvollziehen möchte, bei den Wörtern, die die „Kunst“ bezeichnen, in verschiedenen Sprachen unterschiedliche Gesichtspunkte im Vordergrund: Bei griech. τέχνη ist es die Geschicklichkeit der Verfertigung; bei lat. *ars* das Artikulierte, Wohlgefügte; bei dt. *Kunst* das bloße Können. Griechisch ἀλήθεια kann als „Unverborgenheit“, lat. *veritas*, eine Ableitung von *verus*, als „Glaubwürdigkeit“, dt. *Wahrheit* als das, „was währt und sich bewährt“, gedeutet werden. Durchsichtige Komposita oder Ableitungen laden zu dergleichen Gedankenspielen geradezu ein: Es liegt auf der Hand, daß die jeweiligen „Namengeber“ bei dt. *Schublade* und dem fr. Gegenstück *tiroir* an entgegengesetzte Aspekte der Handhabung des gemeinten Gegenstands gedacht haben.

Von einer φύσει-Motivation wird in der späteren Sprachphilosophie somit nur noch im glottogonischen Sinn gesprochen. Man hat zwei Typen der Motivation zu unterscheiden, eine kausale und eine finale. Von der ersten war soeben die Rede. Es geht um die Gründe, die der Namengeber gehabt haben könnte, gerade diesen Namen und keinen anderen zu prägen. Es geht um eine Art von psychologisierender Etymologie. Wenn z.B. griech. νῆσος „Insel“ mit lat. *nasus*

[139] [Der französische Sprachtheoretiker Dumarsais macht immerhin im 18. Jh. darauf aufmerksam, daß lexikalisierte Tropen („übertragene Bedeutungen“) von Sprache zu Sprache verschieden sind, insb. dann, wenn sie in Phraseologismen erscheinen; vgl. Albrecht 1981.]

in Zusammenhang gebracht wird, so soll damit nicht ausgedrückt werden, daß eine Insel eine „Nase“ *ist*, sondern daß sie als eine solche gesehen wird. Es ist also ein „Als ob“ im Spiel, es ist die bildhafte Intuition bei der Namengebung gemeint, die innere Metaphorik der Sprache. Beim zweiten Typ geht es um die Frage, ob eine Wortform dazu geeignet ist, den gemeinten Gegenstand unmittelbar nachzuahmen oder wenigstens zu symbolisieren. So könnte man die Ansicht vertreten, das frz. Wort *sombre* passe viel besser zu der Eigenschaft, die es bezeichnet, als sein deutsches Äquivalent *finster*, das dafür viel zu hell klingt. Im Fall von frz. *nuit* und *jour* hatte der Dichter Stéphane Mallarmé Anstoß daran genommen, daß die Klangfarben dieser Wörter »vertauscht« worden seien; *jour* klinge dunkel, *nuit* dagegen hell (vgl. oben 5.4.2.3 und Fn. 91). In dieser zweiten Hinsicht, nämlich im Hinblick auf die ikastische Funktion des sprachlichen Zeichens, ist es auch durchaus sinnvoll, die im *Kratylos* geführte Diskussion wieder aufzunehmen.

6.3.8.2 Spätere Reduktionen des λόγος σημαντικός auf eine seiner Modalitäten

Wir haben gesehen, daß Aristoteles verschiedene Modalitäten der Aktualisierung des λόγος σημαντικός vorsieht (vgl. oben 6.3.2):

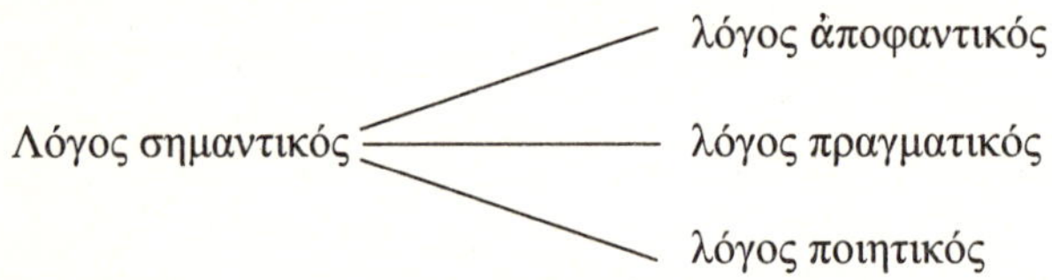

Nur die erste dieser Modalitäten wird eingehender behandelt, die beiden übrigen werden nur beiläufig erwähnt. Es soll nun untersucht werden, ob überhaupt und wenn, inwiefern in der späteren Geschichte der Sprachphilosophie Versuche unternommen worden sind, die Sprache insgesamt auf eine dieser vorgezeichneten Aktualisierungsmöglichkeiten zu reduzieren.

Eine Reduktion der Sprache auf den λόγος ἀποφαντικός ist nicht vorgenommen worden – zumindest nicht im Bereich der strengen Philosophie. Es gibt allerdings zwei wissenschaftliche Disziplinen, in denen sich dahingehende Tendenzen aufzeigen lassen:

a) In der Grammatiktheorie besteht die Tendenz, sprachliche Funktionen auf logische Kategorien zurückzuführen. So werden zur Charakterisierung der Wortarten und einiger elementarer grammatischer Funktionen Kategorien herangezogen, die letztlich auf Aristoteles' Kategorienlehre zurückgehen: Substantiv ⇨ Substanz; Adjektiv ⇨ Qualität; Präposition ⇨ Relation; Verb ⇨ Zeit (vgl. dt. *Zeitwort*), Aktiv und Passiv (*genus verbi*, *vox*) ⇨ Tätigkeit (*actio*) und Erleiden (*passio*) usw. usf. Kasusfunktionen wie z.B. die des lateinischen Genitivs werden schon frühzeitig auf konkrete Fälle der Verwendung zugeschnitten. Die Kasusbezeichnung wird zu diesem Zweck mit einem Zusatz versehen: *invidia Caesaris* gilt als *Genetivus subiectivus*, wenn aus dem Kontext hervorgeht, daß Caesar auf andere neidisch ist, als *Genetivus obiectivus*, wenn ersichtlich ist, daß andere Caesar beneiden; *nihili esse* „nichts wert sein“ gilt als *Genetivus pretii* usw. Dergleichen ist nützlich, wenn es als Übersetzungshilfe gedacht ist, die eigentliche Kasusfunktion in der Sprache gerät dabei leicht aus dem Blickfeld. Im übrigen hat dieses Verfahren keine natürliche Grenze; man wird immer wieder einen konkreten Fall entdecken, in dem der Genitiv eine Relation bezeichnet, für die es noch keine angemessene Mehrwortbenennung gibt.

b) In den positivistischen Ausprägungen der Logik stößt man ebenfalls auf eine (meist stillschweigend vorgenommene) Reduzierung der Sprache auf den „aussagenden Logos“. Sie tritt allerdings vorzugsweise in Form von Argumenten *ex negativo* zu Tage: Die natürliche Sprache, so heißt es, ist zu unbestimmt und inkohärent, um ihrer eigentlichen Aufgabe zu genügen, man müsse ihre „Unzulänglichkeiten“ aufdecken und korrigieren. Diese Art der Reduktion, die bevorzugt in Form von „Sprachkritik“ auftritt, findet sich in Ansätzen schon bei einem keineswegs positivistischen Denker wie Gottfried Wilhelm Leibniz (1646–1716) in seinen Bemühungen um die Konstruktion einer logischen Universalsprache. Später tritt sie in sehr viel entschiedenerer Form bei Denkern wie Gottlob Frege (1848–1925), Bertrand Russell (1872–1970), Hans Reichenbach (1891–1953) und Rudolf Carnap (1891–1970) in Erscheinung.

In der Sprachphilosophie selbst erscheint diese Form der Reduktion nur bei Autoren geringeren Ranges, wie z.B. Fritz Mauthner (1849–1923). Seine sogenannte „Kritik der Sprache“[140] ist ebenso hilflos wie die eines Historikers, der in einem spannenden Abenteuerroman eine verfälschende Darstellung historischer Fakten beklagt.

Alle diese Formen der Sprachkritik, die auf einer stillschweigend vorgenommenen Reduktion des λόγος σημαντικός auf den λόγος ἀποφαντικός beruhen, sind für die Belange der Sprachphilosophie nur in negativer Hinsicht interessant: Sie zeigen, daß die „natürlichen“ Sprachen gerade das nicht sind, wofür sie dort gehalten werden, nämlich logisch konstruierte Kunstsprachen.

In der Linguistik tritt dasselbe Problem auf, wenn zur Analyse natürlicher Sprache solche konstruierten Modellsprachen herangezogen werden. Modelle dieser Art sind durchaus sinnvoll, wenn sie für den richtigen Zweck konstruiert werden, der darin besteht, die natürliche Sprache für die Bedürfnisse der Logik einzurichten. Meist werden sie aber nicht zur Verfolgung dieses praktischen, sondern des entgegengesetzten theoretischen Ziels herangezogen: Sie sollen dabei helfen, die „tieferliegenden“, die »eigentlichen« Strukturen der natürlichen Sprachen aufzudecken. Sinnvolles und nicht-sinnvolles Operieren in diesem Bereich soll anhand einer Analyse der Funktion der deutschen Präposition *mit* veranschaulicht werden:

[140] Vgl. Mauthner 1923.

mit	mit einem Stock schlagen	„Instrument“	Formen der Benutzung
	mit Mehl backen	„Stoff“	
	mit Peter spazierengehen	„Begleitung“	Formen der Begleitung
	mit Freude arbeiten	„Begleitumstand“	

Eine solche Analyse ist nur sinnvoll, wenn sie von der Sprachfunktion ausgeht und zu den einzelnen Verwendungstypen hinführt; sie ist nicht sinnvoll, wenn die Verwendungstypen als das der Sprachfunktion „Zugrundeliegende“ angesehen werden. Also nicht: »Die Bedeutung von „mit“ repräsentiert an der „Oberfläche“ ganz unterschiedliche Bedeutungen in der „Tiefe“, wie z.B. „Instrument“, „Stoff“, „Begleitung“, „Begleitumstand“«, sondern umgekehrt »die Bedeutung von „mit“ erfährt je nach Kontext unterschiedliche präzisierende Bestimmungen«. „Tiefenstruktur“ ist – wenn man mit diesem Terminus operieren will – die Sprachfunktion, nicht die sich aus spezifischen Kontexten im Bereich der Sprachverwendung ergebenden Relationen. Es ist oft nicht leicht, die den vielfältigen Verwendungsfällen zugrundeliegende sprachliche Bedeutung angemessen zu paraphrasieren. Im Fall von dt. *mit* könnte man an „und x ist dabei“ denken: *Ich schlage*, *ich backe*, *ich gehe spazieren*, *ich arbeite* und x (= *ein Stock*, *Mehl*, *Peter*, *Freude*) ist dabei. Die konkret bezeichneten Relationen ergeben sich aus der Sachkenntnis. Ich kann mit einem Stock schlagen oder auch spazierengehen, zur Not sogar arbeiten, schwerlich jedoch backen. Natürlich kann ich auch jemanden *mit Peter schlagen*, wenn mein Stock so heißt, oder *mit Freude schlagen*, wenn mein Charakter einiges zu wünschen übrig läßt.[141] Wie die sehr allgemeine Bedeutung „und x ist dabei“ jeweils zu interpretieren ist, hängt von den Umständen der Verwendung ab.

Erst nach der Analyse kann man die sprachliche Bedeutung, die im Hinblick auf den konkreten Akt der Bezeichnung eines Sachverhalts nur eine Möglichkeit darstellt, auf die außersprachliche Wirklichkeit projizieren. Man wird dann im Vergleich mit anderen Sprachen feststellen, daß sich die »Anwendungsbereiche« einzelsprachlicher Bedeutungen nur selten decken. Die Bedeutung von dt. *mit* entspricht im Lateinischen keiner einheitlichen Intuition, keiner *apprehensio simplex*. Zwar werden die „Formen der Begleitung“ weitgehend durch lat. *cum* abgedeckt: *cum uxore redire* „mit der Gattin zurückkehren“; *summa cum laude*; *cum tempore* usw. Die „Formen der Benutzung“ liegen aber nur zum Teil im Anwendungsbereich von *cum*, häufiger fallen sie in den Bereich des reinen Ablativs: *fundis*, *sagittis reliquisque telis pugnare* „mit Schleudern, Pfeilen und sonstigen Wurfgeschossen kämpfen“; *navem militibus complere* „ein Schiff mit Soldaten bemannen“ usw. Die Funktionen der Präposition *cum*[142] und des lateinischen Ablativs reichen ihrerseits wiederum weit über den Anwendungsbereich von dt. *mit* hinaus.

---

141 Vgl. Coseriu 1970, 14f.

142 [*Cum* als Konjunktion wurde hier nicht berücksichtigt. Das versteht sich nicht von selbst, sondern wäre eigentlich zu begründen.]

Entsprechungen dieser Art lassen sich auch innerhalb ein und derselben Sprache finden. Statt mit einem Stock, mit Mehl, mit Peter, mit Freude könnte man auch mit Hilfe eines Stocks, unter Verwendung von Mehl, in Begleitung von Peter, unter Bekundung von Freude oder einfach freudig sagen. Das heißt nicht, daß alle diese Bedeutungen mit derjenigen von „mit" zusammenfallen würden, sondern zunächst einmal nur, daß jede Sprache ihre eigene Metasprache sein kann. Man kann die Funktionen jeder Sprache mit Hilfe eben dieser Sprache analysieren. Darüber hinaus zeigen die Beispiele, daß eine Sprache im Paradigma der Präpositionen – oder an einer bestimmten Stelle dieses Paradigmas – Unterscheidungen treffen kann, die sie in anderen Paradigmen nicht trifft. Das Syntagma *mit x* hat nicht dieselbe „zugrundeliegende" Bedeutung wie seine Paraphrase „unter Verwendung von x als Werkzeug". Die beiden Ausdrücke entsprechen unterschiedlichen Intuitionen der Wirklichkeit. Nur wenn man die bezeichnete außersprachliche Wirklichkeit als zugrundeliegende Bedeutung (oder in einer spezifischen technischen Lesart als „Tiefenstruktur") ansieht, liegt einem Ausdruck und all seinen Paraphrasen eine gemeinsame Bedeutung zugrunde. Damit würden aber Begriffe wie „zugrundeliegende Bedeutung" oder „Tiefenstruktur" jegliche sprachwissenschaftliche und sprachphilosophische Relevanz verlieren.

Die zweite Reduktion besteht darin, daß im λόγος πραγματικός das eigentliche Wesen der Sprache gesehen wird. Diese Form der Reduktion ist als Abweichung vom *mainstream* der Geschichte der Disziplin anzusehen. Sie beginnt bei Francis Bacon (vgl. oben 6), wird von den britischen Empiristen John Locke (1632–1704), George Berkeley (1685–1753), David Hume (1711–1776) und anderen fortgeführt und erscheint in andersartigem geistesgeschichtlichen Kontext bei Henri Bergson (1859–1941) und Guido Calogero (1904–1986) – beim zuletzt genannten in unmittelbarer Reaktion auf Croce (vgl. unten). Diese Art der Reduktion beruht auf der an sich richtigen Intuition dessen, was hier als „Alterität" bezeichnet wurde (vgl. oben 2.3.1). Dabei geht es um die Kommunikation *mit* dem anderen („sich jemandem mitteilen"). Sie darf nicht mit der Kommunikation im alltäglichen Sinn verwechselt werden, mit der Mitteilung *von etwas an* einen anderen („jemandem etwas mitteilen"). Diese banale Form der Kommunikation gehört der Sphäre der Praxis an und hat nichts mit dem Wesen der Sprache zu tun. Das Kommunizieren mit dem anderen gründet hingegen unmittelbar in der intersubjektiven Funktion der Sprache und ist somit konstitutiv für sie. Wo dieses Sich-Einem-Anderen-Mitteilen fehlt, handelt es sich möglicherweise um „Kunst", nicht jedoch um „Sprache".[143] Erst durch Hegels Charakterisierung der Sprache als „Dasein des reinen Selbsts, als Selbst", in dem „die *für sich seiende Einzelheit* des Selbstbewußtseins als solche in Existenz" tritt, „so daß sie *für andere* ist",[144] wurde die Grundlage für das Verständnis dieser Art von „Kommunikation" gelegt. Darauf wird sehr viel später zurückzukommen sein.

---

[143] Vgl. Coseriu 1994, 82f.

[144] *Phänomenologie des Geistes*, Kap. VI, B. I. a.; vgl. Hegel 1807/1970, 376.

Die dritte Reduktion besteht darin, daß der λόγος ποιητικός als Manifestation des Wesens der Sprache betrachtet wird. Sie läuft im wesentlichen auf eine Identifikation von Sprache und Dichtung oder Sprache und Kunst im allgemeinen hinaus. Diese Identifikation zeichnet sich bei dem neapolitanischen Sprachphilosophen Giambattista Vico (1668–1744) ab, sie läßt sich aus Herders, Hegels und Heideggers Behandlung der Sprache herauslesen und erscheint *expressis verbis* bei Benedetto Croce (vgl. oben 2.3.2 und Anm. 21). Es wird später zu klären sein, ob diese dritte Art von Reduktion mit den beiden übrigen vergleichbar ist.

Es bleiben also bis heute vier – zum Teil miteinander konkurrierende, zum Teil sich überlappende – Möglichkeiten bestehen, in der Nachfolge des Aristoteles das Wesen der Sprache zu bestimmen:

a) Sprache als „unbestimmte", dem Denken vorgeordnete Instanz, die die Grundlage für alle geistigen Tätigkeiten liefert;
b) Sprache als Produkt des rationalen Denkens;
c) Sprache als Produkt des praktischen Geistes, als Instrument des Handelns;
d) Sprache als Dichtung, als Kunst.

6.3.8.3 Ausdruck und Inhalt des sprachlichen Zeichens

Vom Verhältnis zwischen Wortform (φωνή) und Wortinhalt (πάθημα τῆς ψυχῆς) ist zwar bei Aristoteles ausdrücklich die Rede; genauere Ausführungen dazu findet man bei ihm nicht. Er äußert sich so beiläufig und sporadisch, daß man schon einiges »herauslesen« muß, wenn man eine befriedigende Erklärung erhalten möchte. In der späteren Geschichte der Sprachphilosophie bleiben Aristoteles' knappe diesbezügliche Äußerungen zunächst ohne Nachwirkung und Echo. Erst viel später wird die Diskussion im Rahmen der Bestimmungen der objektiven Dimension der Sprache wieder aufgenommen. Bis heute bleiben alle Erklärungen dieses Verhältnisses insofern unbefriedigend, als sie den beiden Dimensionen der Sprache nicht in gleicher Weise gerecht werden, dem Verhältnis „Mensch-Sprache-Sein" einerseits und dem Verhältnis „Mensch-Sprache-Mensch" andererseits.

6.3.8.4 Der Status der Zeicheninhalte (παθήματα τῆς ψυχῆς)

Mit Aristoteles' spärlichen Bemerkungen zum Verhältnis von Laut und Bedeutung geht auch der Status fast völlig in Vergessenheit, den er den sprachlichen Inhalten zuerkannt hatte. Er vertritt, modern ausgedrückt, eine „psychologistische" Auffassung; Bedeutungen sind für ihn „Affektionen der Seele", Bewußtseinsinhalte. Die Bezeichnung für den Zeicheninhalt bleibt, wie wir noch sehen werden, in Form unterschiedlicher Äquivalente bis über die Scholastik hinaus erhalten. Bei Augustinus erscheint *dicibile* als „etwas, das die Seele fühlt und das in der Seele aufbewahrt ist"; Thomas von Aquin spricht in bezug auf die vom Menschen verwendeten Zeichen von den *conceptiones intellectus*, und selbst der Empirist John Locke versichert, die Wörter (= Wortformen) seien Zeichen für Ideen:[145]

> ... it was further necessary that he [scil. man] should be able to use the sounds as signs of internal conceptions, and to make them stand as marks for the ideas within his own mind ...[146]

Da nun aber die παθήματα unmittelbar den Dingen entsprechen sollen, betrachtet Locke konsequenterweise auch die Wortformen als Zeichen für die Gegenstände und Sachverhalte selbst. Antoine Arnauld und Pierre Nicole, die Autoren der *Logique de Port-Royal* scheinen einen Schritt in Richtung auf die Autonomie des Gesamtzeichens gegenüber den Gegenständen der außersprachlichen Wirklichkeit zu tun, wenn sie versichern: „Ainsi le signe enferme deux idées, l'une de la chose qui représente, l'autre de la chose représentée."[147] Erst bei Hegel erhält dann die Bedeutung einen autonomen Status.

In der Sprachwissenschaft wird der einzelsprachenspezifische Charakter nicht nur der Wortformen, sondern auch der Wortinhalte am entschiedensten von Wilhelm von Humboldt behauptet. Die Sprachen, wird er nicht müde immer wieder zu versichern, unterscheiden sich voneinander nicht nur in ihrer äußeren, sondern auch in ihrer „inneren Form". Dabei betont er ausdrücklich, daß die Philosophen der Antike diese Unterschiede der „inneren Form" nicht gesehen haben:

> Sie [scil. die Ansicht, daß es zwischen den Sprachen nur „Verschiedenheit von Schällen" gebe] war vermutlich, wird sie auch nirgends ausdrücklich ausgesprochen, bei den Alten die vorherrschende. Sonst würden aus der Tiefe ihrer Philosophie andere Ideen über die Natur der Sprache, nicht bloss über die logische und grammatische Form der Rede, hervorgegangen seyn, ihre Wissbegierde würde mehr fremden Sprachstoff zusammengetragen, und ihr bewunderungswürdiger Scharfsinn ihn bearbeitet haben.[148]

Modelle des sprachlichen Zeichens, in denen die Bedeutung als eigenständige Komponente erscheint, werden – möglicherweise angeregt durch Hegel – von den russischen Linguisten Filipp Fedorovič Fortunatov (1848–1914), Viktor Karlovič Poženzinskij (poln. Porzeziński; 1870–1929) und von dem Genfer Indogermanisten Ferdinand de Saussure (1857–1913) konzipiert.

---

[145] Vgl. unten die Kapitel zu Augustinus, zur mittelalterlichen Sprachphilosophie und zu den Empiristen.

[146] *An Essay Concerning Human Understanding*, Book Three, chap. I, 2 (= Locke 1690/1975).

[147] [Dieser Satz findet sich erst in der 2. Aufl. von 1685, in der ersten von 1662 fehlt das gesamte Kapitel, in dem er steht; vgl. Coseriu 1967, 94f. Vgl. ebenfalls Saussure (1916/71), 98: „Le signe linguistique unit non une chose et un nom, mais un concept et une image acoustique."]

[148] *Über die Verschiedenheit des menschlichen Sprachbaus*, Erster Abschnitt, 7. (= Humboldt 1829/1963, 153).

6.3.8.5 Spätere Interpretationen von κατὰ συνθήκην

Die Geschichte der Interpretation des Aristotelischen Ausdrucks κατὰ συνθήκην ist »ein Kapitel für sich« – im umgangssprachlichen Verständnis des Wortes. So wird auch das folgende Unterkapitel ziemlich umfangreich werden und wiederum in mehrere Abschnitte gegliedert sein.

Bei der Interpretation des Ausdrucks tritt schnell eine Verschiebung in Richtung auf eine glottogonische Fragestellung ein; schon bald nach Aristoteles' Tod wird κατὰ συνθήκην auf die Entstehung der Sprache bzw. der Wörter bezogen; sie gehe auf eine Art von ausdrücklicher Verabredung zurück. Das Verständnis für die der Sprache innewohnende Historizität geht weitgehend verloren. Sie wird nicht wie bei Aristoteles als ein Wesensmerkmal der Sprache interpretiert, sondern als ein Faktum, das im Moment der Entstehung eines Wortes hinzutritt. Sprachschöpfung, auch wenn sie sich immer wieder spontan im Sprechen durch Abwandlung des schon Vorhandenen vollzieht, ist jedoch an menschliche Gemeinschaften gebunden, von denen sie angenommen und weitergegeben wird; darin liegt ihre Historizität. Dazu bedarf es keiner ausdrücklichen Verabredung. Die richtige Einsicht in den Sinn des Aristotelischen Ausdrucks erscheint nur sporadisch in der langen Interpretationsgeschichte, so z.B. bei Thomas von Aquin.

6.3.8.5.1 Thomas von Aquin

In seinem Kommentar *In libros Peri Hermeneias et Posteriorum Analyticorum Expositio* sagt Thomas von Aquin (1225–1274), der bedeutendste Theologe und Philosoph des Mittelalters, ausdrücklich, daß in der gesellschaftlichen Natur des Menschen die Wurzeln der Sprache liegen, oder besser, daß Sprache und gesellschaftliche Natur des Menschen eins sind:

> Et si quidem homo esset naturaliter animal solitarium, sufficerent sibi animae passiones, quibus ipsis rebus conformaretur, ut earum notitiam in se haberet; sed quia homo est animal naturaliter *politicum* et *sociale*, necesse fuit quod conceptiones unius hominis innotescerent aliis, quod fit per vocem; et ideo necesse fuit esse voces significativas, ad hoc quod homines ad invicem conviverent.[149]

> Wenn jedoch der Mensch ein von Natur aus einsames [ungeselliges] Lebewesen wäre, so genügten ihm die Eindrücke der Seele, mittels deren er durch die Dinge selbst geprägt würde, so daß er die Kunde von ihnen in sich trüge, da aber der Mensch seiner Natur nach ein geselliges und politisches Lebewesen ist, war es nötig, daß die Begriffe des einen auch den übrigen Menschen bekannt gemacht würden, und dies erfolgte durch die Stimme. Und ebenso war es nötig, daß die Laute mit Bedeutung versehen waren, um ein Zusammenleben der Menschen zu ermöglichen.

Thomas interpretiert *secundum placitum*, die seit Boethius übliche Übersetzung von κατὰ συνθήκην, nicht im Sinn von „durch Übereinkunft"; er paraphrasiert den Ausdruck vielmehr folgendermaßen: secundum institutionem humanam a

---

[149] Liber I; Cap. I; Lectio II; Paragraphus 2 (= Thomas von Aquin 1955, 10).

beneplacito hominis procedentem,[150] „gemäß einer menschlichen Einrichtung, die dem Gutdünken des Menschen entspringt". Und er fährt fort:

> Et per hoc differt nomen a vocibus significantibus naturaliter, sicut sunt gemitus infirmorum et voces brutorum animalium.[151]
>
> Und dadurch unterscheidet sich der Name von den Lauten, die von Natur aus etwas audrücken, wie das Stöhnen der Kranken oder die Schreie der unverständigen Tiere.

Etwas später kommt Thomas in einem anderen Argumentationszusammenhang nochmals auf den Ausdruck *secundum placitum* zurück:

> ... nomen significat secundum placitum, quia nullum nomen est naturaliter. Ex hoc enim est nomen, quod significat: non autem significat naturaliter, sed ex institutione. Et hoc est quod subdit [...]: *Sed quando fit nota* [ἀλλ' ὅταν γένηται σύμβολον],[152] idest quando imponitur ad significandum.[153]
>
> Der Name bedeutet aufgrund einer menschlichen Einrichtung, denn kein Name ist naturgegeben. Name ist er nämlich gerade dadurch, daß er bedeutet, und er bedeutet nicht von Natur aus, sondern gemäß einer menschlichen Einrichtung. Und das fügt er [scil. Aristoteles] als Erklärung hinzu: Aber erst, wenn er zum Zeichen (Symbol) wird, das heißt, wenn er zum Bedeuten (zum Ausdruck einer Bedeutung) herangezogen wird.

Hier ist Intentionalität, nicht Konvention gemeint; das bringt Thomas in seinem Kommentar klar zum Ausdruck. Im übrigen sei nochmals daran erinnert, daß sich *naturaliter* „von Natur aus" nicht auf die Natur der Dinge, sondern auf die der Zeichen (*voces*) bezieht.

Die Interpretation von Thomas geht zwar über das hinaus, was man bei Aristoteles lesen kann, aber sie bewegt sich streng im Rahmen Aristotelischer Begriffe und trifft den Sinn des kommentierten Passus genau.

Das ist jedoch in der langen Rezeptionsgeschichte keineswegs die Regel. Weit üblicher ist eine Verschiebung der Fragestellung in Richtung auf den Ursprung der Sprache. Κατὰ συνθήκην wird nicht dahingehend verstanden, daß die Sprache aufgrund einer historischen Einrichtung funktioniert, insofern sie an eine menschliche Gemeinschaft gebunden ist; der Ausdruck wird auf die Entstehung der Sprache bezogen. Das läuft – mutatis mutandis – auf eine Rückkehr zur alten νόμῳ-These hinaus, wie sich bereits bei Ammonios, dem ersten Kommentator von Περὶ ἑρμηνείας zeigt.

6.3.8.5.2 Ammonios (Ammonius)

In seinem gegen Ende des 5. Jahrhunderts nach Christus in Alexandria entstandenen Kommentar zu *Perì hermēneías* – wahrscheinlich handelt es sich um Vorlesungsaufzeichnungen seiner Schüler – unterstreicht Ammonios zwar zu-

---

[150] Ibid., Lectio IV, Paragraphus 6.

[151] Ibid.

[152] Περὶ ἑρμηνείας 16a, 27; vgl. oben 6.2.2.1.

[153] Ibid., Paragraphus 11.

nächst die Intentionalität des sprachlichen Zeichens; es bestehe ein Unterschied zwischen der Nachahmung, die auf der Ähnlichkeit mit den Dingen selbst beruht, und der Verwendung eines Zeichens oder Symbols:

> τὸ δέ γὰρ σύμβολον ἤτοι σημεῖον (ἀμφοτέρως γὰρ αὐτὸ ὁ φιλόσοφος ὀνομάζει) τὸ ὅλον ἐφ' ἡμῖν ἔχει, ἅτε καὶ ἐκ μόνης ὑφιστάμενον τῆς ἡμετέρας ἐπινοίας.[154]
>
> Dagegen liegt das Zeichen oder Symbol (denn beide Ausdrücke gebraucht der Philosoph dafür) ganz in uns, da es ausschließlich ein Erzeugnis unserer Erfindung ist.

Einige Seiten später, anläßlich seines ausführlichen Kommentars von *Perì hermēneias* 16a, 19–20, setzt Ammonios dann jedoch den Ausdruck κατὰ συνθήκην dem alten Terminus θέσει gleich: „τὸ κατὰ συνθήκην ταὐτὸν σημαῖνον τῷ θέσει"[155] und spricht sogar von einer ausdrücklichen Übereinkunft der Griechen, bestimmten Dingen bestimmte Namen zu geben:

> συνέθετο γὰρ πρὸς ἀλλήλους Ἕλληνες μὲν τοῖσδε τοῖς ὀνόμασι τὰ πράγματα καλεῖν.
>
> So haben sich die Griechen darauf verständigt, die Dinge mit denselben Namen zu benennen.

6.3.8.5.3 Von Boethius bis zur Spätscholastik

Eine ähnliche Auffassung vertritt der spätrömische Philosoph Anicius Manlius Severinus Boethius (etwa 480–525), der durch seine im Kerker entstandene Schrift *De consolatione philosophiae* berühmt wurde. Seine kommentierte Übersetzung von *Perì hermēneias* beruft sich auf frühere Kommentare, nicht zuletzt auf den des Ammonios. Boethius gibt κατὰ συνθήκην mit *secundum placitum* wieder und erklärt diesen Ausdruck folgendermaßen:

> secundum placitum vero adiunctum est, quoniam nullum nomen natura significat, sed secundum placitum ponentis constituentisque voluntatem

Und etwas später:

> secundum placitum vero est, quod secundum quandam positionem placitumque ponentis aptatur.[156]

Der Zusatz *secundum placitum* solle also ausdrücken, daß ein Name nicht von Natur aus, sondern gemäß der freien Entscheidung und dem Gutdünken des „Namenssetzers" bedeutet. Der Ausdruck wird also nicht auf die Überlieferung bezogen, durch die die Namen von Generation zu Generation weitergegeben werden, sondern auf den Akt der Namengebung.

---

[154] 1. Kap., B20 (vgl. Ammonius 1961, 39; griech. Text nach Scarpat 1950, 84f.).

[155] Ibid., B30; vgl. Ammonius 1961, 59: »secundum confictionem«, idem significans ei quod positione.

[156] Zitiert nach Pagliaro 1957, 274f.

Die spätrömisch-frühchristliche Auslegung des Ausdrucks findet sich – mit Ausnahme Thomas von Aquins – auch in der Scholastik. Die Scholastiker verwenden zwar unterschiedliche Äquivalente für κατὰ συνθήκην (Abelard gebraucht *institutio*, Petrus Hispanus *ad placitum*, Wilhelm von Moerbeke in seiner Ammoniusübersetzung *secundum confictionem*), die Interpretation ändert sich jedoch kaum. Johannes a Sancto Thoma (João de São Tomás, 1589–1644), ein Portugiese von teilweise flämischer Abstammung und einer der letzten bedeutenden Vertreter der Scholastik folgt in seiner Erklärung des Ausdrucks immer noch der Interpretation Boethius':

> Signum ad placitum, quod repraesentat aliud ex impositione voluntatis.[157]

Und an einer anderen Stelle

> ... voces significant ex conceptu imponentis, ut a quo suscipiunt significationem et impositionem, ...[158]

Auch hier geht es ausschließlich um den Akt der „(Ein)setzung" des Namens, der auf einer freien Willensentscheidung des Namengebers beruht.

6.3.8.5.4 Leibniz und Wolff

Auch die frühen Vertreter der Aufklärung in Deutschland Gottfried Wilhelm Leibniz (vgl. oben 6.3.8.2) und Christian Wolff (1679–1754) führen diese exegetische Tradition noch fort, emanzipieren sich allerdings auch schon teilweise von ihr. So liest man in Leibnizens *Nouveaux essais sur l'entendement humain*, die eine Art von Antwort auf John Lockes *Essay concerning Human Understanding* (1690) darstellen, an einer Stelle, an der Philalète, einer der beiden Dialogpartner, die Meinung Lockes bloß referiert:

> Maintenant, les mots étant employés par les hommes pour être signes de leurs idées, on peut demander d'abord comment ces mots y ont été déterminés; et l'on convient que c'est [...] par une *institution arbitraire* en vertu de laquelle un tel mot a été volontairement le signe d'une telle idée.[159]

Daraufhin antwortet Théophile, der wohl für Leibniz selbst spricht:

> Je sais qu'on a coutume de dire dans les écoles et partout ailleurs que les significations des mots sont arbitraires (ex instituto) et il est vrai qu'elles ne sont point déterminées par une nécessité naturelle, ...[160]

Hier wird das Prinzip der Arbitrarität als eine alte Schulmeinung hingestellt und es wird gleichzeitig daran erinnert, daß die eigentlich wichtige Bestimmung des sprachlichen Zeichens negativer Natur ist; es ist nicht „natürlich", d.h. nicht kausal determiniert.

---

[157] Zit. nach Herculano de Carvalho 1961, 168 (= Prima Pars Artis Logicae, Caput II, p. 9b–10a).

[158] Zit. nach ibid., 169 (= Ibid., Questiones disputandae, p. 107a).

[159] *Nouveaux essais*; Livre III, chap. II; vgl. Leibniz 1765/1966, 239.

[160] Ibid.; vgl. ebenfalls Coseriu 1967, 99ff.

Ganz ähnlich Christian Wolff: In seinen *Vernünfftige[n] Gedancken von Gott, der Welt und der Seele des Menschen, auch allen Dingen überhaupt* (1719) unterscheidet er – wie viele vor ihm – zwischen „natürlichen“ und „willkürlichen“ Zeichen und betont den arbiträren Charakter der zuletzt genannten:

> Die Wörter gehören unter die willkührliche Zeichen [...]; denn daß ein Wort und ein Begrif mit einander zugleich zugegen sind, oder eines von beyden auf das andere erfolget, beruhet auf unserem Willkühr.[161]

Gleich darauf wird jedoch der negative Aspekt, nämlich die Nicht-Notwendigkeit des Verhältnisses von „Dingen“ und „Nahmen“ hervorgehoben:

> Nehmlich diejenigen, welche die Wörter erst erdacht, haben nach ihrem Gefallen denen Arten und Geschlechtern der für sich und durch andere bestehenden Dinge Nahmen aufgeleget. Denn ob sie gleich einigen Grund dazu müssen gehabt haben [...]; so ist derselbe doch nicht nothwendig gewesen, welches zur Genüge daraus erhellet, daß die Wörter [...] in verschiedenen Sprachen unterschieden sind.[162]

Weit ausführlicher kommt Wolff in seinem zweiten Hauptwerk, mit dem er reumütig zum Lateinischen zurückkehrt, auf die Zeichentheorie zu sprechen. In *Philosophia prima sive ontologia* (1730) unterscheidet er wiederum zwischen den „notwendigen“ *signa naturalia* und den „willkürlichen“ *signa artificialia*:

> Talia signa artificialia sunt vocabula, quibus rerum notiones, tum res ipsae iis respondentes significantur ... (§ 958)

Nachdem er gezeigt hat, daß die Idee des vollkommensten Wesens im Lateinischen mit *Deus*, im Deutschen mit *Gott*, im Polnischen mit *Bog* ausgedrückt wird, fährt er im nächsten Paragraphen fort:

> Quoniam vis significandi signorum artificialium pendet ab arbitrio entis cujusdam intelligentis [...], ideo aliam rationem praeter arbitrium entis cujusdam intelligentis non agnoscit [...], consequenter *signa artificialia prorsus arbitraria sunt*, ac ideo *per se indifferentia sunt ad quemlibet significatum*, ... (§ 959)

Auch hier wird als Korollar der „Willkürlichkeit“ das Fehlen einer natürlichen Motivation hervorgehoben. Außer der freien Entscheidung des *ens intelligens* gibt es keinen weiteren Grund für die Zuordnung von Wort und Gegenstand, und die *signa artificialia* sind demzufolge jeder beliebigen Bedeutung gegenüber indifferent. Noch stärker wird die Unmotiviertheit im nächsten Paragraphen betont:

> Ex notione signi artificialis nihil colligere licet, quod signato conveniat; sed idem signatum aliunde notum tantum, modo in memoriam revocat, ubi ante edocti fuerimus, cujusnam sit signum. (§ 960)

Das *signum artificiale* verschafft uns also keinen Eindruck vom Bezeichneten durch irgendeine Ähnlichkeitsbeziehung, es ruft uns vielmehr lediglich das ins

---

[161] *Vernünfftige Gedancken*, § 295; vgl. Wolff 1720/1983, 161.
[162] Ibid., § 296.

Gedächtnis zurück, was wir bereits vorher und auf anderem Wege vom Bezeichneten erfahren haben.[163]

Die Geschichte des Ausdrucks κατὰ συνθήκην ließe sich noch bis in die Gegenwart hinein fortsetzen. Dazu ist hier nicht der Ort.[164] Die folgende Skizze berücksichtigt in erster Linie die spätere Rezeption.

6.3.8.5.5 Weitere Etappen der Geschichte von κατὰ συνθήκην

Im folgenden sollen die wichtigsten Etappen der Geschichte des Ausdrucks κατὰ συνθήκην in materieller und in inhaltlicher Hinsicht nachgezeichnet werden.

Zunächst in *materieller* Hinsicht: Mit welchen Termini oder Syntagmen wird das Verhältnis von Wort und Gegenstand nach Aristoteles bezeichnet? Wir haben eine Haupt- und eine Nebenlinie der Überlieferung zu unterscheiden; die Nebenlinie ist seit der frühen Neuzeit für den modernen Sprachgebrauch maßgebend geworden.

Hauptlinie: Der Aristotelische Ausdruck κατὰ συνθήκην findet in der griechischsprachigen Philosophie keine Fortsetzung; allgemein üblich bleibt vielmehr der ältere Terminus θέσει. In seiner kommentierten Übersetzung von *Peri hermēneias* gebraucht Boethius als Äquivalent *secundum placitum*, das u.a. von Thomas von Aquin übernommen wird. Daneben werden eine Vielzahl von Ausdrücken gebraucht: *ad placitum*, *ex instituto*, *ex institutione*, *secundum positionem*, *ex institutione* oder *ex positione* (die Aufzählung ließe sich verlängern). Bei der Bildung der zuletzt genannten Ausdrücke hat eher θέσει als κατὰ συνθήκην Pate gestanden. Das von Wilhelm von Moerbeke verwendete Syntagma *secundum confictionem* (wörtl. „nach freier Erdichtung"; vgl. oben 6.3.8.5.2) scheint Episode geblieben zu sein.

Nebenlinie: Das Syntagma *ex arbitrio* „aus freier Willensentscheidung" bildet eine letztlich siegreiche Nebenlinie aus. Schon in dem um 170 nach Chr. entstandenen antiquarischen Sammelwerk *Noctes Atticae* des Aulus Gellius erscheint das Adjektiv *arbitrarius* im Zusammenhang mit der alten Dichotomie φύσει vs. θέσει: Ein gewisser P. Nigidus habe Argumente dafür angeführt, daß die Wörter eher als natürlich motiviert denn als arbiträr anzusehen seien:

> In eam rem multa argumenta dicit, cur videri possint verba esse naturalia magis quam arbitraria.[165]

Isidor von Sevilla interpretiert in seinen berühmten *Etymologiae* (vgl. oben 6.3.8.1) den Ausdruck *secundum placitum* als Folge einer freien menschlichen Willensentscheidung:

> Non autem omnia nomina a veteribus secundum naturam inposita sunt, sed quaedam et secundum placitum, sicut et nos servis et possessionibus interdum secundum quod placet nostrae voluntati nomina damus. Hinc est quod omnium

---

[163] Alle Zitate (§§ 958–960) nach Wolff 1730/1962.

[164] Vgl. Coseriu 1967, 99ff.

[165] Gellius 170/1903, Bd. 1, 345.

> nominum etymologiae non reperiuntur, quia quaedam non secundum qualitatem, qua genita sunt, sed iuxta arbitrium humanae voluntatis vocabula acceperunt.[166]

Seit der Renaissance setzt sich *arbitrarius* bei romanischen und englischen Autoren immer stärker durch. Einige Zitate mögen dies belegen:
In seinem 1533 entstandenen *Liber de differentia vulgarium linguarum et Gallici sermonis varietate* (Über die Unterschiede der Volkssprachen und die Vielfalt der in Frankreich gesprochenen Sprachen) schreibt Charles de Bouvelles (Carolus Bovillus; 1479–1567),

> [...] impensumque illi [scil. homini] hunc honorem, ut singulas mundi substantias, propter hominem factas, arbitrariis nominibus [indueret].[167]

> [...] daß dem Menschen die Ehre erwiesen wurde, die verschiedenen Substanzen der Welt, die im Hinblick auf ihn geschaffen wurden, nach eigenem Gutdünken mit Namen (mit arbiträren Namen) zu versehen.

In der 1584 postum erschienen Grammatik *De causis linguae latinae* des französischen Humanisten italienischer Herkunft Iulius Caesar Scaliger (1484–1558) trägt ein Kapitel den Titel *Utrum Dictiones a natura sunt, an arbitrio inventoris* („Ob die Wörter von Natur aus sind [wie sie sind] oder nach Gutdünken ihres Erfinders").[168]

Auch bei den Schriftstellern setzt sich die neue Terminologie durch. Gleich zu Beginn seines berühmten Traktats *La deffence et illustration de la Langue Francoyse* (1549) versichert der Dichter Ioachim Du Bellay (1522–1560):

> Donques les langues ne sont nées d'elles mêmes en façon d'Herbes, Racines et Arbres [...] mais toute leur vertu est née au monde du vouloir, et arbitre des mortelz ...[169]

Und François Rabelais (1494–1553), der Schöpfer der Inkarnationen des *esprit gaulois* Pantagruel und Gargantua, versichert in seinem *Tiers Livre* (1546):

> C'est abus, dire que ayons languaige naturel: les languaiges sont par institutions arbitraires et convenences des peuples; ...[170]

Im 17. Jahrhundert ist die Entwicklung nahezu abgeschlossen; *ex arbitrio*, *arbitrarius* und ihre volkssprachlichen Äquivalente sind die normalen Termini geworden; sie haben älteres *secundum placitum*, *ad placitum* nahezu vollständig verdrängt.

Nun noch einige Bemerkungen zur Überlieferungsgeschichte in *inhaltlicher* Hinsicht. Generell läßt sich festhalten, daß der Aristotelische Begriff „historisch motiviert" zu „intentional erfunden oder festgesetzt" uminterpretiert wird. Dabei

[166] Liber I, caput 29; vgl. Isidor 1911/89.
[167] Bovillus 1533, caput L II.
[168] Scaliger 1584, 142.
[169] [Du Bellay 1549/1892, 50. Es handelt sich um eine Paraphrase der entsprechenden Stelle im *Dialogo delle lingue* von Sperone Speroni.]
[170] Rabelais 1546/1941, 417.

lassen sich vier Typen begrifflicher Umdeutung der Bestimmung „nicht φύσει (*non natura*), sondern *ad* (*secundum*) *placitum*" unterscheiden:

a) Die traditionelle These bleibt begrifflich erhalten, für *ad placitum* tritt jedoch *arbitrarius* „willkürlich" ein. So schon bei Schottel 1663;[171] außerdem im mehrfach zitierten *Essay* von John Locke, bei Wolff (1. Bedeutung von *arbitrarius*) und einigen anderen Sprachtheoretikern, von denen im zweiten Band dieser Geschichte die Rede sein wird.
b) Die traditionelle These bleibt erhalten, jedoch tritt „willkürlich" für *non natura* ein und die *ad placitum*-Bestimmung wird anders benannt. So wiederum bei Wolff (2. Bedeutung von *arbitrarius*) und bei anderen Theoretikern wie Condillac, Harris, Jouffroy and Whitney, die erst später behandelt werden.
c) Die *non natura*-Bestimmung wird ausdrücklich weggelassen und „willkürlich" wird auf den Akt der Namengebung bezogen: So bei Nicole, einem der Verfasser der *Logique de Port-Royal*, und später am eindeutigsten bei Fichte.
d) Die *non natura*-Bestimmung bleibt erhalten und wird mit dem Terminus *arbitrarius* bezeichnet, die Zusatzbestimmung *ad placitum* erscheint dagegen nicht oder wird sogar ausdrücklich zurückgewiesen, vor allem im Hinblick auf den Akt der Namengebung: so bei Leibniz, Turgot, Hermann Paul und vielen anderen.[172]

Abschließend läßt sich sagen, daß Aristoteles' Frage nach dem Verhältnis von Wort und Gegenstand bis heute aktuell geblieben und die von ihm vorgeschlagene Lösung bis heute nicht als »überholt« anzusehen ist.

6.4 Bibliographische Hinweise

Die Literatur zu Aristoteles ist nahezu unüberschaubar; es kann hier nur eine knappe Auswahl von Werken gegeben werden, die zur weiterführenden Lektüre geeignet sind.

Zu Aristoteles insgesamt kann man immer noch den entsprechenden Abschnitt in Hegels *Vorlesungen über die Geschichte der Philosophie*[173] mit Gewinn heranziehen. Empfehlenswerte deutschsprachige Gesamtdarstellungen sind (unter vielen anderen): Brentano (1911); Jäger (1923/^{2}1955), ein besonders einflußreiches, aber auch umstrittenes Werk; Bröcker (1935/^{2}1957, ^{3}1967); Düring (1966); Höffe (1996) und Buchheim (1999). Von besonderer Bedeutung für die moderne Aristotelesinterpretation sind eine Reihe von englischsprachigen Werken, die zum Teil auch in deutscher Übersetzung vorliegen: Taylor (^{2}1919); Ross (1923/^{5}1949); Ackrill (1981) und Barnes (1982) (eine deutsche

171 Schottel 1663/1967. *Ausführliche Arbeit von der Teutschen HaubtSprache* ... Eine Kapitelüberschrift lautet: *An Verba ex natura ipsa aut ex arbitrio*?
172 Genauer ausgeführt in Coseriu 1967, 105f.
173 Hegel 1826/1989, Bd. 8, 59–99.

Übersetzung liegt in Form eines Reclambändchens vor). Wichtig im Hinblick auf quellenkritische Fragen und auf die Nachwirkungen der Aristotelischen Philosophie sind Moraux (1962) und Moraux (Hrsg. 1968).

Speziell zur Sprachphilosophie wären (wiederum unter vielen anderen) zu nennen: Das entsprechende Kapitel bei Steinthal (1890);[174] ferner einige italienische Darstellungen wie Rostagni (^{2}1945); Scarpat (1950) und Pagliaro (1956a). In jüngster Zeit sind in deutscher Sprache einige knappe Gesamtdarstellungen der Sprachphilosophie Aristoteles' erschienen, die eine Fülle von weiterführenden Literaturhinweisen enthalten: Ax (1992); das entsprechende Kapitel bei Hennigfeld[175] und Graeser (1996).

Schließlich wäre noch auf die Behandlung der Aristotelischen Logik bei den neueren Vertretern der formalen Logik hinzuweisen: Łukasiewicz (^{2}1958); Bocheński (1957), Kap. III; Bocheński (1955), Kap. II und Lee (1984).

---

[174] Steinthal 1890, 183–271.

[175] Hennigfeld 1994, 71–103.

7 Die Stoiker

Das Bedürfnis, Philosophen verschiedenen „Schulen“ zuzuordnen, ist kein Charakteristikum der neueren Philosophiegeschichte, es war bereits in der Spätantike deutlich ausgeprägt. Die Stoiker erhielten ihren Namen von dem Gebäude, das der Schulgründer, Zenon aus Kition (vermutlich 333/32–262 vor Chr.), in Athen zu Unterrichtszwecken anmietete: An der Nordostseite des Forums, der 'Αγορὰ, befand sich die Στοά Ποικίλη („bunte Säulenhalle“), in deren Räumen im Jahre 301/300 der Lehr- und Studienbetrieb aufgenommen wurde.[176] Zenon stammte aus Zypern aus einem griechisch kolonisierten Gebiet, das einen starken semitischen Bevölkerungsanteil aufwies. Er war phönikischer Abstammung; noch Cicero lernte ihn durch seinen Philosophielehrer als einen „Punier“ kennen.[177] Sein Nachfolger, der Faustkämpfer Kleanthes aus Assos, war griechischer Muttersprache, während der dritte Schulleiter, Chrysippos aus Soloi in Kleinasien, ebenso wie Zenon einen semitischen Dialekt als Muttersprache hatte. Er soll zeitlebens ein fehlerhaftes Griechisch gesprochen haben. Er war es, der den Fortbestand der in eine Krise geratenen Schule sicherte und damit die Voraussetzung für ihre Nachwirkung bis weit über die Zeitenwende hinaus schuf. Die Tatsache, daß einige bedeutende Mitglieder der Stoa mehrsprachig waren, ist, wie wir noch sehen werden, vielleicht nicht ohne Bedeutung für die von ihnen vertretene Sprachtheorie.

Im allgemeinen gilt die Stoa als eine Abzweigung der sog. Megarischen Schule; allerdings war Zenon auch Schüler des Krates von Theben, der den Kynikern zugerechnet wird. Das folgende Schema soll die Zusammenhänge wenigstens in groben Zügen verdeutlichen:

---

176 Steinthal 1890, 183–271.

177 [Pohlenz ^{4}1970, 22.]

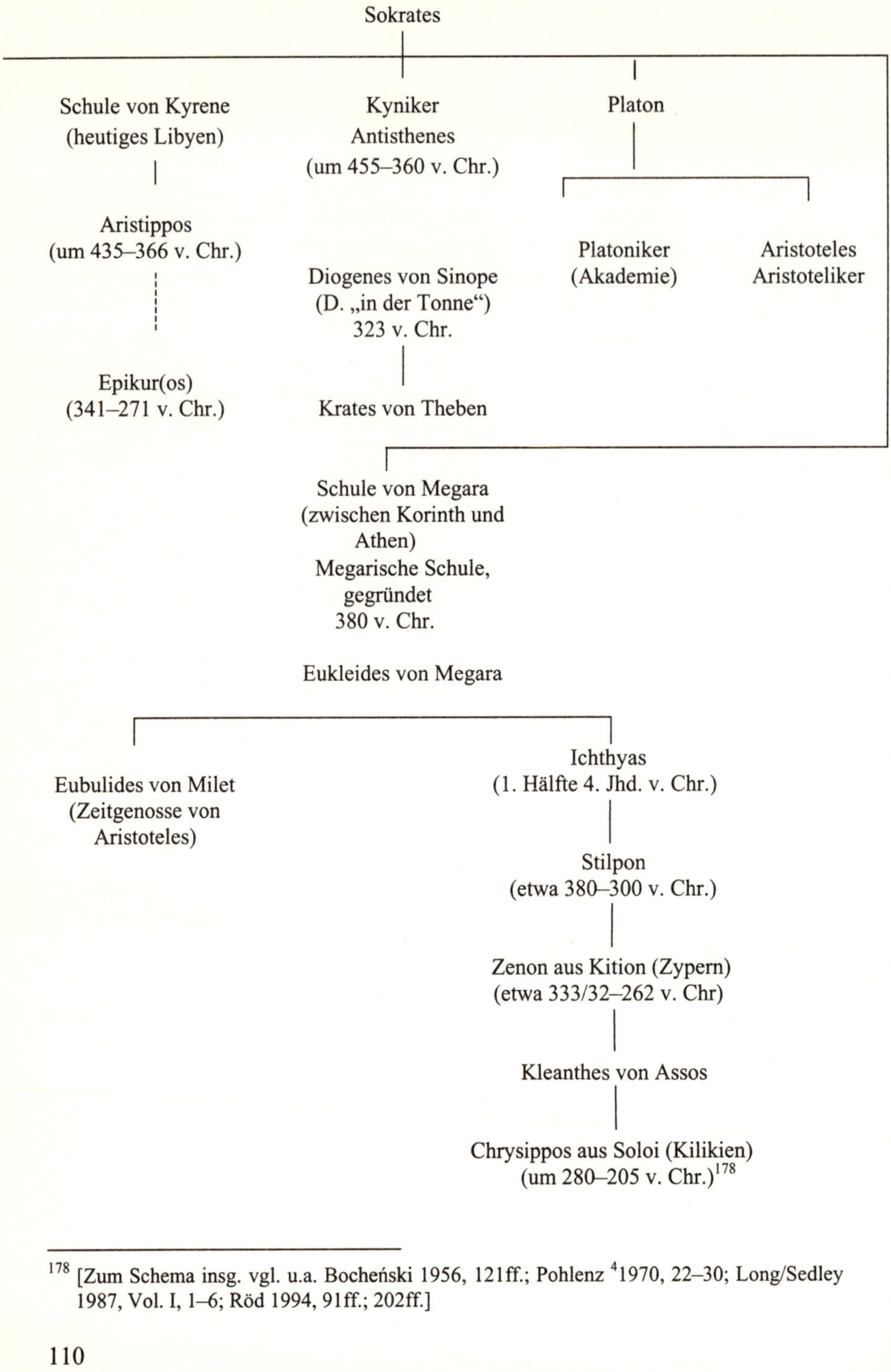

[178] [Zum Schema insg. vgl. u.a. Bocheński 1956, 121ff.; Pohlenz ^{4}1970, 22–30; Long/Sedley 1987, Vol. I, 1–6; Röd 1994, 91ff.; 202ff.]

Wenn heute noch die Adjektive *zynisch* und *stoisch* – die es mit kleinen Abwandlungen in den verschiedensten modernen Sprachen gibt – an die beiden Schulen erinnern, so zeigt dies, daß die ethischen Grundsätze und Lehren ihrer Anhänger die nachhaltigste Wirkung entfaltet haben. Die Tätigkeitsgebiete der Stoa, von denen hier die Rede sein wird, haben nur im engeren Kreis der Gelehrten nachgewirkt.

Die Schriften der Stoiker sind fast alle verloren gegangen; es gibt jedoch eine Fülle indirekter Zeugnisse. Eine der Hauptquellen ist (wie für viele andere Schulen) die Sammlung von Beschreibungen des Lebens und der Werke berühmter Philosophen von Diogenes Laertios (vgl. oben 4). Weiterhin wären unter anderem Plutarch, Galen, Alexander von Aphrodisias, Seneca, Philon von Alexandria, Cicero und Arius Didymus zu nennen, in deren Werken Bruchstücke der Schriften der Stoiker erhalten sind.[179] Gewissermaßen *ex negativo* werden die Meinungen der Stoiker in dem umfangreichen Werk Πρὸς Μαθηματικούς (*Adversus Mathematicos*)[180] des Skeptikers Sextos Empeirikos (Sextus Empiricus) vorgestellt. Die Stoiker gehörten für ihn zusammen mit Anhängern anderer Schulen zu den „Mathematikern“, d.h. zu denjenigen, die Lehrmeinungen mit großer Sicherheit vortragen und dabei Dinge behaupten, die sie nicht beweisen können.

7.1 Die Bedeutung der Stoa für die Entwicklung der Logik und der Grammatik

In der Logik haben sich die Stoiker besonders im Bereich der Syllogistik hervorgetan; eines ihrer Hauptanliegen bestand in der Aufdeckung von Trugschlüssen, die aufgrund von „trügerischen Argumenten“ (λόγοι ψευδόμενοι) zustandekommen. Die Untersuchung der logischen Gesetzmäßigkeiten verknüpften sie in der Regel mit der Analyse der sprachlichen Form des Ausdrucks, so daß Logik und Sprachtheorie oft eins zu sein scheinen.

Was das Gebiet der Grammatik betrifft, so können die Stoiker als die Begründer der wissenschaftlich-technischen Sprachbetrachtung in der westlichen Welt angesehen werden. Ein beträchtlicher Teil der grammatischen Terminologie, die uns noch heute vertraut ist, geht auf sie zurück.
Die »Außensicht«, die die älteren Stoiker als Sprecher semitischer Sprachen gegenüber dem typologisch andersartigen Griechischen einnahmen, mag eine zumindest implizit kontrastive Betrachtungsweise gefördert und den Blick für die Eigentümlichkeiten ihrer Arbeitssprache geschärft haben.[181]

---

179 Vgl. u.a. Arnim 1905/1964, IXff; Long/Sedley 1987, Vol. II, 163–431.

180 Nach einer anderen Überlieferung stellen die Bde 7–11 von *Adversus Mathematicos* ein selbständiges Werk dar, das den Titel Πρὸς Δογματικούς „Gegen die Dogmatiker“ trug; vgl. Sextus Empiricus 1914, *Praefatio*.

181 [So unter anderem Pohlenz 1939/65, 45; Hennigfeld 1994, 103f. Hülser (1996, 52) spricht sich gegen diese Annahme aus.]

Mit den Stoikern beginnt die Theorie des Verbalaspekts. Sie teilten die Tempora in „bestimmte“ (ὡρισμένοι) und „unbestimmte“ (ἀόριστοι) ein, je nachdem, ob sie ausgedehnte, nicht als abgeschlossen betrachtete (παρατατικός) oder abgeschlossene, vollendete (συντελικός) Handlungen bezeichneten.[182]

Ferner haben sich die Stoiker bei der Entwicklung der Morphologie und der Syntax hervorgetan – der Terminus σύνταξις geht auf sie zurück. Sie führten den Begriff „Kasus, Fall“ (πτῶσις) ein. Aristoteles hatte diesen Terminus noch für jede Form der Flexion einschließlich Wortbildungsphänomenen verwendet. Die fünf πτώσεις „Fälle“, die sie unterschieden, erhielten Namen, die von den Römern teils in lateinischer Form übernommen, teils umgedeutet, teils mißverstanden wurden. So wurde aus der ὀρθὴ πτῶσις, dem „aufrechten Fall“ (*casus rectus*) der „Nennfall“ (*nominativus*). Die Wiedergabe von griech. αἰτιατική durch lat. *accusativus* beruht auf einem groben Mißverständnis; gemeint war nicht der „Anklage-“, sondern der „Bewirkungsfall“.[183]

Auch die uns vertrauten Namen der Wortarten sind bei den Stoikern bereits in Ansätzen vorhanden; eine Neuerung gegenüber der älteren Überlieferung stellt der Terminus ἄρθρον „Artikel und Pronomen“ dar. Als erster scheint Chrysipp zwischen Eigennamen (ὄνομα κύριον) und Appellativum (ὄνομα προσηγορικόν) unterschieden zu haben. Später bleibt dann der Terminus ὄνομα dem wirklichen „Namen“, nämlich dem Eigennamen vorbehalten.[184] In der Satzsyntax wurden verschiedene Satztypen (genauer gesagt „Aussagetypen“; vgl. unten 7.2.3) unterschieden.

Schließlich beschäftigten sich die Stoiker auch mit der Etymologie, die sie allerdings vorwiegend in der im *Kratylos* ad absurdum geführten Art und Weise betrieben (vgl. unten 7.2.1).

Im Bereich der Grammatik ist die Betonung der „Anomalien“ (ἀνομαλίαι) durch die Stoiker von Bedeutung. Es ging ihnen dabei nicht so sehr um reine Unregelmäßigkeiten in Flexion und Wortbildung, die später von den philologischen Schulen aufgegriffen werden sollten (vgl. 7.1.1), sondern um das Fehlen eines Parallelismus zwischen inhaltlich-logischen und formal-grammatischen Kategorien im allgemeinen. Dazu gehören die komplementären Phänomene „Homonymie“ und „Synonymie“ („Polynomie“), darunter der Extremfall der Homonymie, die vor allem von Chrysippos untersuchte „Amphibolie“ (Homonymie ganzer Syntagmen).[185] Darüber hinaus geht es auch um lexikalische Anomalien: So werden z.B. positive Inhalte wie ἀθανασία „Unsterblichkeit“ durch eine privative („negierte“) Form, negative wie πένης „arm“ oder τυφλός „blind“ durch positive Formen bezeichnet; für die eine Stadt Theben wird eine Pluralform ge-

---

[182] [Vgl. Pohlenz 1939/65, 64f. Der von Dionysios Thrax übernommene, noch heute gebräuchliche Terminus *Aorist* bedeutet „unbestimmt hinsichtlich der Opposition ‚perfektiv vs. imperfektiv‘.]

[183] [Vgl. ibid., 55ff.]

[184] Vgl. u.a. Schmidt/Hülser 1979, 66f.; Pohlenz 1939/65, 51.

[185] Diogenes Laertios zufolge soll Chrysipp mehrere Bücher geschrieben haben, die diesem Phänomen gewidmet waren: Περὶ ἀμφιβολιῶν usw; vgl. Long/Sedley 1987, Vol. II, 223f.; Schmidt/Hülser 1979, 73.

braucht, als ob es mehrere wären, Θῆβαι, und das grammatische Genus stimmt häufig nicht mit dem natürlichen Geschlecht überein.[186]

7.1.1 Die Sprachforschung der älteren Stoa als Auslöser der Kontroverse zwischen „Analogisten“ und „Anomalisten“

Die Stoiker betrieben die Sprachforschung nicht um ihrer selbst willen, sondern im Hinblick auf philosophische Fragestellungen, genauer gesagt im Zusammenhang mit der Teildisziplin ihrer Logik, die sie „Dialektik“ nannten. Damit haben sie nicht nur der Sprachtheorie und der Semiotik (hier vor allem Augustinus), sondern auch der Philologie neue Impulse gegeben. Sie gaben den Anstoß zu einem Philologenstreit, der dreihundert Jahre dauern sollte, der Kontroverse zwischen „Analogisten“ und „Anomalisten“. Die Angehörigen der Schule von Alexandria[187] vertraten zum größten Teil die Position der Analogisten. Sie waren es, die die Hauptarbeit bei der Zusammenstellung morphologischer Paradigmata geleistet hatten; so ist es nur zu verständlich, daß sie bestrebt waren, deren Regelhaftigkeit (ἔγκλισις) herauszustreichen. Ihre Widersacher fanden sie bei den Anhängern der Schule von Pergamon. Krates von Mallos (2. Jhd. vor Chr.), ein Anhänger der Stoa und gleichzeitig zur Schule von Pergamon gehörig, versteifte sich darauf, Unregelmäßigkeiten der Flexion wie z.B. Βίας, Βίαντος gegenüber Λυσίας, Λυσίου hervorzuheben. Iulius Cäsar hat mit seiner Schrift *De Analogia* für die Alexandriner Partei ergriffen; der römische Grammatiker Marcus Terentius Varro hat die Kontroverse in seinem nur teilweise erhaltenen Werk *De lingua latina* dokumentiert und Argumente für beide Positionen angeführt.

7.2 Die Bedeutung der Stoa für die Sprachphilosophie

Die Sprachphilosophie, Sprachtheorie und Zeichentheorie der Stoiker ist in den letzten Jahren Gegenstand zahlreicher Untersuchungen gewesen – eine einheitliche »Lehrmeinung« gibt es weniger denn je. Insgesamt gesehen wird der Beitrag der Stoiker zu den genannten Gebieten heute höher bewertet als etwa im 19. Jahrhundert, als der Logikhistoriker Carl von Prantl und der Philologe Heymann Steinthal vernichtende Urteile über dessen Wert abgaben.[188] Hier sollen vor allem drei Komplexe herausgegriffen werden, die für die weitere Entwicklung der Sprachphilosophie von Bedeutung sind: 1. Die Trennung der Fragen nach dem Ursprung und nach der Funktion der Sprache; 2. die konsequente Unterscheidung zwischen einer logisch-inhaltlichen und einer grammatisch-formalen Betrachtung der Sprache und 3. die Zeichentheorie der Stoiker, innerhalb derer

---

[186] Vgl. u.a. Pohlenz ^{4}1970, 42.

[187] [Im weiteren Sinn existierte eine solche Schule vom 3. Jhd. vor bis zum 4. Jhd. nach Chr. Herausragende Grammatiker waren Dionysios Thrax (2. Jhd. vor Chr.) und Apollonios Dyskolos (2. Jhd. nach Chr.).] Der Wortführer der Partei der „Analogisten“ war Aristarchos aus Samothrake, 2. Jhd. vor Chr. Vgl. u.a. Ax 1991.

[188] [Vgl. u.a. Steinthal 1890, 274f.; Hennigfeld 1994, 117.]

die Behandlung der sprachlichen Inhalte, der Bedeutungsseite der Sprache, unsere besondere Aufmerksamkeit verdient.

7.2.1 Die Unterscheidung zwischen Ursprung und Funktion der Sprache

Wie ihre Vorgänger nehmen auch die Stoiker zur Frage nach dem Ursprung der Sprache – genauer gesagt der Wörter – Stellung; sie vermischen jedoch nicht, wie frühere Philosophen, den genetischen und den funktionalen Gesichtspunkt. Die im Sprachgebrauch beobachtbare Funktion eines Wortes muß nicht unbedingt dessen Ursprung entsprechen. Was diesen Ursprung betrifft, so sind die Stoiker überwiegend Anhänger der φύσει-These in einem weiteren Sinn; sie berufen sich bei den postulierten Ähnlichkeitsbeziehungen nicht grundsätzlich auf die φύσις der Dinge. Epikur, dessen Schule, der sog. „Garten", sich in unmittelbarer Nachbarschaft zur Stoa Poikile befand, vertrat ebenfalls die φύσει-These, berief sich dabei jedoch auf die durch verschiedene Lebensumstände bedingte φύσις der Völker, die die jeweiligen Sprachen hervorgebracht haben, und hatte somit keine Mühe, die φύσει-Annahme mit der faktischen Verschiedenheit der Einzelsprachen zu vereinbaren. Die Stoiker griffen Elemente dieser Ansicht auf, legten dabei jedoch besonderen Wert auf die unterschiedlichen Aspekte eines Gegenstandes, die die sinnliche Einbildungskraft bei dessen Nachahmung durch die Sprache angeregt haben konnten. Weiterhin nahmen sie an, daß der Wortkörper im Überlieferungsprozeß vielfachen Umwandlungen ausgesetzt ist.[189] Die Wörter sind nach Ansicht der Stoiker φυσικῶς, d.h. auf natürliche Weise, spontan entstanden. Dies gilt jedoch nur für die πρῶται φωναί, die „Urwörter".[190] Bei ihnen besteht ein unmittelbarer Zusammenhang zwischen Lautbild und Vorstellungskraft; in erster Linie natürlich in bezug auf Hörbares, darüber hinaus jedoch auch auf dem Wege synästhetischer Beziehungen zwischen dem Höreindruck und der Empfänglichkeit anderer Sinne. Augustinus wird später in seiner Jugendschrift *De Dialectica*, die im wesentlichen stoisches Gedankengut enthält,[191] davon sprechen, daß der „Name" *mel* „Honig" dem Gehörsinn ebenso sanft eingeht, wie die damit bezeichnete Sache vom Geschmackssinn als süß empfunden wird (vgl. Kap. 8).

Bei den Lautvorstellungen[192] unterschieden die Stoiker solche, die allen lebenden Wesen gemeinsam sind, und solche, über die nur denkende Wesen verfügen. Die zuletzt genannten heißen bei den Stoikern φανθασίαι λογικαί bzw. ἄλογοι oder auch νοήσεις. Sie können entweder αἰσθητικαί „sinnlicher Natur" oder οὐκ αἰσθητικαί „nicht-sinnlicher Natur", d.h. διὰ τῆς διανοίας, „durch das Hinzutreten des Denkens" bedingt sein:

---

[189] Vgl. Schmidt/Hülser 1979, 51f.

[190] Augustinus nennt sie *cunabula verborum*, „Wiege der Wörter".

[191] Vgl. Barwick 1957, 8.

[192] Diese entprechen, insofern sie „Vorstellungen des Lautes" sind, den παθήματα τῆς ψυχῆς bei Aristoteles, die dort allerdings „Vorstellungen der Dinge" sind.

φαντασίαι λογικαί (oder ἄλογοι)
(νοήσεις)

αἰσθητικαί
(νοήσεις ἀπὸ αἰσθήσεως)

οὐκ αἰσθητικαί
(διὰ τῆς διανοίας)

πρῶται φωναί

→ die dabei eintretenden Verfahren sind:
similitudo (ὁμοιότης)
contrarium (ἐναντίωσις)
compositio (σύνθεσις)

Nur die πρῶται φωναί, die „Urwörter", sind also naturbedingt, ikastisch im eigentlichen Sinn. Die „sekundären Wörter" sind aus dem ursprünglichen Grundbestand durch verschiedene Operationen wie „Übertragung des Ähnlichen", „Negierung des Gegensatzes" oder „Zusammensetzung" entstanden, also nicht aufgrund unmittelbarer sinnlicher Erfahrung, sondern durch Hinzutreten des Denkens.

Im sechsten Kapitel seiner Schrift *De Dialectica* (vgl. Kap. 8) beruft sich Augustinus ausdrücklich auf die Stoiker und unternimmt den Versuch, die Umwandlungsprozesse, denen die „Urwörter" ausgesetzt sind, auf drei Prinzipien zurückzuführen, die er – etwas abweichend von den Stoikern – *similitudo*, *vicinitas* und *contrarium* nennt:

- Das Prinzip der *similitudo* wird am Beispiel von lat. *crux* „Kreuz" und *crus* „Schienbein" erklärt: Der Klang des Wortes *crux* ist für die Ohren ebenso rauh, wie die Balken des Kreuzes für die Haut des Gekreuzigten. Vergleichbares gilt für *crura* „Schienbeine", da eine Ähnlichkeit zwischen ihnen und einem Kreuz besteht.
- Das Prinzip der *vicinitas* wird anhand der Wörter *orbis* „Kreis" und *urbs* „Stadt" erläutert, die wir heute noch als eine Einheit erfahren, wenn sich der Papst *urbi et orbi* „der Stadt (Rom) und dem Weltkreis" zuwendet. Es geht um eine Art von Synekdoche, eine *pars-pro-toto*-Beziehung. *Urbs* leitet sich von *orbis* her, da Städtegründer einen Kreis um das Gelände zu ziehen pflegten, auf dem die künftige Stadt entstehen sollte.
- Das Prinzip des *contrarium* gründet auf der Negierung des jeweiligen Gegensatzes (κατ'αντίφασιν, *progressio in contrarium*). So erklärt sich *bellum* „Krieg", *quod res bella non sit*, „weil es sich dabei um keine schöne Angelegenheit handelt", und *lucus*, „der Hain", *quod minime luceat*, „weil er nur äußerst wenig Licht spendet". Die Etymologie *lucus a non lucendo* findet sich noch in den bereits erwähnten *Etymologiae* des Isidor von Sevilla, und die *Parcae*, „die Parzen" tragen nach Meinung des spätrömischen Gramma-

tikers Aelius Donatus ihren Namen, *quia nulli parcunt*, „weil sie niemanden schonen".

Für die Stoiker ist das Wort an seinem Ursprung nicht in ontologischer, sondern in psychologischer Hinsicht „wahr", und deshalb ist es Aufgabe der etymologischen Forschung, die psychologische Wahrheit der Wörter aufzuspüren. Sextus Empiricus und andere Skeptiker vertreten dagegen die θέσει-Annahme (lat. *positione*, *positu* „durch Festsetzung").

Die Etymologie der Stoiker ist weniger um ihrer selbst willen von Interesse als vielmehr aufgrund der Tatsache, daß der Ursprung eines Wortes und seine Funktion in der Sprache zu einem gegebenen Zeitpunkt nicht mehr einander gleichgesetzt werden; die psychologisch „wahre" Bedeutung muß nicht die aktuelle sein.

7.2.2 „Logische" vs. „grammatische" Sprachbetrachtung bei den Stoikern

Die Stoiker übernahmen von der „Akademie" unter Xenokrates eine Aufteilung der Philosophie in drei große Arbeitsgebiete: Logik, Physik (Naturforschung) und Ethik; über die Reihenfolge dieser drei Disziplinen besteht keine Einigkeit in der Forschung. Innerhalb der Logik wurde weiter zwischen „Dialektik" und „Rhetorik" unterschieden; die Untersuchung der Sprache gehörte im großen und ganzen zum Aufgabenbereich der Dialektik. Obwohl die Sprache somit fast ausschließlich unter logischen Gesichtspunkten behandelt wurde, kam ihr insofern eine gewisse Autonomie zu, als die Stoiker aufgrund ihrer „anomalistischen" Überzeugungen damit rechneten, daß es keine zuverlässige Isomorphie zwischen sprachlichem Ausdruck und logischem Inhalt gibt. Die φύσει-These verträgt sich bei den Stoikern sehr gut mit der Annahme der „Anomalie": Die psychologische „Wahrheit" braucht nicht mit der logischen übereinzustimmen, und die sprachliche Form eines Ausdrucks ist kein getreues Abbild von dessen logischem Inhalt. Einige Beispiele dafür wurden bereits angeführt; so die Nicht-Übereinstimmung von sprachlicher Form und logischem Inhalt bei Begriffen wie „arm", „blind"[193] oder „unsterblich" (vgl. 7.1.1). Der sprachliche Ausdruck muß daher gesondert vom logischen Inhalt untersucht und sorgsam auf Kongruenz oder Diskrepanz überprüft werden. Damit war der Weg für die Grammatik als bedingt autonome Disziplin vorgezeichnet. Leider sind die Stoiker ihn nicht weiter gegangen; das blieb den oben erwähnten philologischen Schulen vorbehalten.

7.2.3 Die Zeichentheorie der Stoiker

Die Zeichentheorie der Stoiker wurde – soweit sich dies mit einiger Sicherheit rekonstruieren läßt – erst von Diogenes von Babylon, einem Schüler Chrysipps, voll ausgearbeitet.[194] Sie hat – vermutlich durch Vermittlung des römischen

[193] Das französische Wort *aveugle* „blind" entspricht demgegenüber analogistischen Vorstellungen. Die üblicherweise angenommene Etymologie lautet *ab oculis* „augenlos".

[194] Vgl. Baratin 1991; Hülser 1996, 55.

Grammatikers Varro – vor allem Augustinus beeinflußt, dessen Zeichentheorie im folgenden Kapitel behandelt wird. Diogenes unterscheidet bei den von Menschen hervorgebrachten Lauten zwischen der φωνὴ ἄναρθρος „unartikulierten Lauten" und der φωνὴ ἔναρθρος „artikulierten Lauten". Letztere bildet den eigentlichen sprachlichen Ausdruck, die λέξις. Diese Lexis ist, insofern sie artikuliert ist, auch analysierbar: φωνὴ ἔναρθρος καὶ ἐγγράμματος (*vox articulata et quae litteris comprehendi potest* „ein artikulierter Schall, der gleichzeitig in Form von Buchstaben (Phonemen) wahrgenommen werden kann"). Sie wird „buchstabierbar" oder „aufschreibbar" genannt, weil sie sich analysieren läßt. Ihre Elemente (τὰ στοιχεῖα τῆς λέξεως) sind die γράμματα „Buchstaben".[195] Die λέξις ist im allgemeinen σημαντική „bedeutungstragend", aber nicht immer, im Gegensatz zum λόγος, der per definitionem σημαντικός ist. Eine Reihe von Phonemen kann nämlich auch unsinnig sein (λέξις δὲ καὶ ἀσήμαντος, ὡς ἡ ‚βλίτυρι', λόγος δὲ οὐδαμῶς);[196] wenn die Lexis jedoch Bedeutung hat, wird sie als λόγος bezeichnet. Bei diesem sind wiederum zwei Seiten zu unterscheiden, nämlich Ausdruck (σημαῖνον, φωνή) und Inhalt (σημαινόμενον, λεκτόν):

λέξις — ohne Bedeutung (Unsinnswörter)
λέξις — mit Bedeutung — λόγος — λεκτόν (σημαινόμενον)
λόγος — φωνή (σημαῖνον)

Der Begriff des λεκτόν ist besonders wichtig; er wird in der Forschung bis heute sehr kontrovers diskutiert.[197] Er ist kein πάθημα „Eindruck der Seele, Bewußtseinsinhalt" und auch kein νόημα „Begriff". Die νοήματα bleiben nämlich in der Seele, Eigentum des Bewußtseins, das nicht in die Sprache eingeht, und sie entstehen auch ohne sprachliche Vermittlung. Die Tiere verfügen ebenfalls über νοήματα, nicht jedoch über λεκτά „sprachliche Bedeutungen". Nur bei denkenden Wesen treten νοήματα auf, die an Lautvorstellungen geknüpft sind; es handelt sich dann um νοήσεις, auch φανθασίαι λογικαί genannt (vgl. oben).

Die Ausdrucksseite der Sprache (σημαῖνον, φωνή) ist ebenso wie die bezeichneten Gegenstände körperlicher Natur. Nicht so die Inhaltsseite. Das Lektón ist unkörperlich, es gehört in den Bereich der Ideen; es ist νοούμενον πρᾶγμα, ein in seinem Wesen erkannter Gegenstand. Darunter hat man sich nichts Psychisches, dem Bewußtsein Angehöriges vorzustellen – die Psyche war für die Stoiker etwas Körperliches –, sondern den Sinn des Ausdrucks, das objektiv Gemeinte, das, was man meint, wenn man sinnvoll spricht. Es handelt sich auch nicht um „Gedanken", die für die Stoiker ebenfalls in die Sphäre des Körperlichen gehören. Das Lektón ist, wie Bocheński es ausgedrückt hat:

---

[195] Vgl. Schmidt/Hülser 1979, 49 und Anm. 32. Dort finden sich weitere Quellenangaben.

[196] Vgl. ibid., Anm. 35 und Hülser 1996, 55. Unsinnswörter wie *blityri* erscheinen bei späteren Autoren als Standardbeispiel.

[197] Vgl. u.a. Bocheński 1956, 126ff.; Schmidt/Hülser 1979, 77ff.; Brekle 1985, 53; Hennigfeld 1994, 116ff.; Hülser 1996, 57ff.

> Kein Gedankending, kein *conceptus subjectivus* in scholastischer Terminologie. Es ist, um mit Frege zu sprechen, der Sinn des Ausdruckes, scholastisch der *conceptus objectivus*, das objektiv Gemeinte.[198]

Somit entspricht der Begriff des λεκτόν mutatis mutandis der Intension in neueren semantischen Theorien (Begriffsinhalt, *compréhension* in der Logik von Port-Royal, Konnotation in der älteren Logik[199]). So erklärt sich, daß die Stoiker behaupten können, die Wahrheit sei, sowohl der Sache nach als auch als menschliche Überzeugung, etwas Körperliches. Unkörperlich, in die Sphäre der Ideen gehörig, ist dagegen der Wahrheitswert, die Eigenschaft, „wahr" oder „falsch" zu sein. Diese Eigenschaft kommt nur einem Typ des „vollständigen Lektóns" zu, der Aussage (ἀξίωμα).

Dem sprachlichen Zeichen steht der bezeichnete Gegenstand gegenüber: τὸ πρᾶγμα, bzw., wenn es speziell um den wahrgenommenen Gegenstand geht, τὸ τυγχάνον. Dieses *tynchánon* ist im Gegensatz zum *lektón*, σημαινόμενον πρᾶγμα „bezeichneter Gegenstand" und damit körperlicher Natur. Bei Sextus Empiricus heißt es:

> τούτων δὲ δύο μὲν εἶναι σώματα, καθάπερ τὴν φωνὴν καὶ τὸ τυγχάνον, ἓν δὲ ἀσώματον, ὥσπερ τὸ σημαινόμενον πρᾶγμα, καὶ λεκτόν, ὅπερ ἀληθές τε γίνεται ἢ ψεῦδος (zit. n. Long/Sedley (1987), Vol. 2, 197).
>
> Von diesen sind zwei Körper, die Äußerung und der wahrgenommene Gegenstand, aber eines ist unkörperlich, der bezeichnete und sagbare Sachverhalt, der wahr oder falsch ist.

Das τυγχάνον ist ἐκτὸς ὑποκείμενον, „außerhalb bestehend", d.h. es bleibt außerhalb des Bedeutungsaktes, des Erfaßtwerdens durch die Bedeutung.

Die λεκτά stehen für die unkörperliche Inhaltsseite der Sprache. Sie können vollständig (αὐτοτελές) oder unvollständig (ἐλλιπές) sein und, sofern sie vollständig sind, wahr oder falsch, jedoch nicht in allen Fällen. Während der Status der unvollständigen Lektá umstritten ist (in verschiedenen Phasen der Stoa wurden unterschiedliche Phänomene dazu gezählt), darf man behaupten, daß das „vollständige Lektón" grosso modo dem modernen Begriff der „Proposition" entspricht, wobei die Aussage (Assertion) nur eine Form der Proposition ist. Schematisch läßt sich das folgendermaßen darstellen:

---

198 Bocheński 1956, 127.

199 [Der Begriff „Konnotation" in der Glossematik und der davon abgeleitete, zum Teil verwässerte Begriff in der modernen linguistischen Semantik darf nicht mit dem logischen Begriff verwechselt werden; vgl. die Unterscheidung bei Bußmann 1992 s.v. Konnotation.]

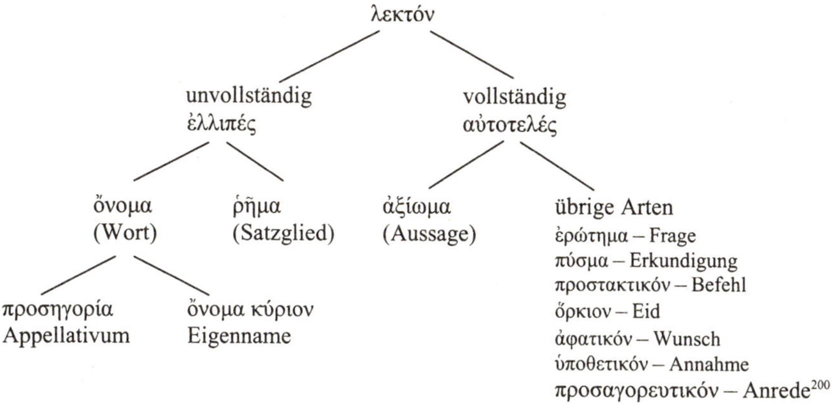

Die Aussage (ἀξίωμα) ist gewissermaßen der »Prototyp« des vollständigen Lektons: λεκτόν αὐτοτελές ἀποφαντὸν ὅσον ἐφ' ἑαυτῷ „ein Lektón, das vollständig ist, und behauptet werden kann, soweit dies an ihm selbst liegt", heißt es bei Diogenes Laertios.[201] Und etwas weiter kann man dort lesen (es handelt sich um ein Zitat Chrysipps):

> ἀξίωμα ἐστὶ τὸ ἀποφαντὸν ἢ καταφαντὸν ὅσον ἐφ' ἑαυτῷ, οἷον ἡμέρα ἐστί, Δίων περιπατεῖ.[202]
>
> Eine Aussage ist das, was an sich verneint oder bejaht werden kann, wie z.B. „es ist Tag", „Dion geht umher".

7.3 Die Sprachtheorien des Aristoteles und der Stoiker im Vergleich

Es dürfte deutlich geworden sein, daß die Stoiker sich nicht allzu weit von der Sprachtheorie Aristoteles' entfernen; dessen Psychologismus übernehmen sie allerdings nicht. Obschon das „nicht-körperliche" Lektón im weitesten Sinne als etwas »Gedachtes« aufgefaßt werden kann, handelt es sich dabei nicht um einen psychischen Eindruck oder einen Bewußtseinsinhalt, sondern um etwas „Sagbares", um „reine Bedeutung".

Der Bedeutung wird eine Existenz sui generis zugesprochen; sie erscheint als etwas objektiv im Sprechen Gegebenes, als das jeweils „Gemeinte". In der *Metaphysik* (Γ 1006a) deutet Aristoteles etwas Analoges an.[203] Später erscheinen objektiv gegebene, »reine Bedeutungen« erst wieder bei Théodore Jouffroy

---

200 [Vgl. die Schemata bei Bocheński 1956, 128 und Hennigfeld 1994, 121, die ihrerseits nur in leicht abgewandelter Form das Schema bei Mates (^{2}1961) reproduzieren. Vgl. ebenfalls die Kritik am hier wiedergegebenen Schema bei Schmidt/Hülser 1979, 187.]

201 Vgl. Long/Sedley 1987, Vol. II, 204 Beleg A.

202 Ibid.

203 Vgl. oben 6.2.3.3.

(1796–1842) und Edmund Husserl (1859–1938). Eine Analogie findet sich auch im *Cours de linguistique générale* von Ferdinand de Saussure. Der dort nur angedeutete, von den beiden Bearbeitern der Vorlesungsvorschriften unvollkommen rekonstruierte Begriff der *valeur* entspricht am ehesten dem der „reinen Bedeutung“, wenn er auch völlig anders definiert ist.

7.4 Bibliographische Hinweise

Zunächst zu den Textsammlungen: Unentbehrlich (obwohl in mancherlei Hinsicht unbefriedigend) bleiben immer noch die von Johannes von Arnim zusammengestellten *Stoicorum Veterum Fragmenta*, 4 Bände, Leipzig 1905ff.; Neudruck Stuttgart 1964; inzwischen gibt es die von Karlheinz Hülser nach systematischen Gesichtspunkten zusammengestellten *Fragmente zur Dialektik der Stoiker* (4 Bände, Stuttgart-Bad Cannstatt 1987f.). Ebenfalls nach systematischen Gesichtspunkten zusammengestellt ist die von A.A. Long und D.N. Sedley zusammengestellte Sammlung *The Hellenistic philosophers*, in der den Stoikern ein umfangreiches Kapitel gewidmet ist; Band I enthält englische Übersetzungen und Kommentare, der analog gegliederte Band II die griechischen und lateinischen Originaltexte.

Unter den Gesamtdarstellungen der stoischen Philosophie wären zu nennen: Barth 1908 und Pohlenz 1948, ^{4}1970, darüber hinaus das entsprechende Kapitel bei Röd 1994.

Zur Logik der Stoiker wären zu nennen: Mates ^{2}1961 (Erstausgabe 1953); Bocheński 1956 und 1957; Frede 1974.

Zur Sprachtheorie und zur Grammatik sind in letzter Zeit zahlreiche Arbeiten erschienen; es können hier nur einige von ihnen erwähnt werden: Steinthal (^{2}1890) ist vor allem von wissenschaftshistorischem Interesse; Pohlenz 1939/1965 und Barwick 1957 informieren gründlich und ausführlich. Die 1839 erschienene *Stoicorum grammatica* des Gymnasiallehrers Rudolf T. Schmidt liegt inzwischen in kommentierter deutscher Übersetzung vor (Schmidt/Hülser 1979). H.E. Brekle widmet den Stoikern ein umfangreiches Kapitel in seiner sogenannten *Einführung in die Geschichte der Sprachwissenschaft* (Brekle 1985). Pinborg (1962), Eco 1984 (dt. 1985); Baratin (1991) und Borsche 1994 arbeiten besonders die Zusammenhänge zwischen Stoa und Augustinus heraus. Hennigfeld (1994, 104–124) und Hülser (1996) geben einen gedrängten Überblick mit zahlreichen Hinweisen zur neueren Forschungsliteratur.

Speziell aus der Perspektive der Semiotik werden die Stoiker u.a. von Borgeaud/Bröcker/Lohmann (1942f.) und im Rahmen einer historischen Gesamtdarstellung der Zeichentheoric von Trabant (1989) behandelt.

8 Augustinus

Aurelius Augustinus (354–430), zunächst Rhetor, dann Philosoph und streitbarer Theologe und schließlich Kirchenvater, wird als „heiliger Augustinus" zu den bedeutendsten „Vätern des christlichen Abendlands" gerechnet. Gerade deshalb ist es nicht völlig überflüssig, darauf hinzuweisen, daß er ein „afrikanischer Römer" war – in Tagaste (auch Thagaste), einer kleinen Stadt in der Provinz Numidien (heute Algerien) geboren und vermutlich rein berberischer Abstammung. Sein Leben verlief außerordentlich wechselvoll, sowohl was seine innere Entwicklung als auch was das äußere historisch-politische Umfeld betrifft, in das es eingebettet war. Es hat immer wieder Biographen und Philosophiehistoriker zu farbigen Ausgestaltungen angeregt.[204] Ein stilisiertes Selbstzeugnis seiner persönlichen Entwicklung stellen seine „Bekenntnisse" dar (*Confessiones*, entstanden 397/98), eines seiner bekanntesten Werke, das eine ganze Gattung begründet hat. Die historischen Wirren, die er erlebte – kurz vor seinem Tode standen die Vandalen vor Hippo Regio, der Stadt, in der er als Bischof residierte, und der Untergang des weströmischen Reichs war, wenn auch nicht de iure, so doch de facto besiegelt –, hat er in einem weiteren Hauptwerk verarbeitet: *Der Gottesstaat* (*De civitate Dei*, entstanden 413–426).

Als Sprachphilosoph, oder vorsichtiger ausgedrückt, als ein Denker, der unter anderem auch auf die Entwicklung der Sprachphilosophie Einfluß genommen hat, wurde Augustin lange Zeit hindurch kaum wahrgenommen.[205] In den frühen historischen Abrissen der Sprachtheorie von Laurenz Lersch und Heymann Steinthal erscheint er ebensowenig wie in der Geschichte der Logik von Bocheński,[206] obwohl er zumindest als Wegbereiter der scholastischen Lehre von den *suppositiones* (vgl. Kap. 9) Erwähnung verdient hätte. Über den Dialog *De magistro* gibt es zwar eine reichhaltige Literatur, sie betrifft jedoch fast ausschließlich die Ansichten Augustins zur Pädagogik, die gewöhnlich mit der von Platon im Dialog *Menon* vertretenen Lehre gleichgesetzt werden. Der zeichentheoretische Ansatz des Dialogs wird dabei übersehen; es geht dort nicht um das

---

204 [Wie immer man zu ihm stehen mag, Augustinus ist ein Autor, der kaum jemanden »kalt läßt«: „Jeder kann Augustin mißverstehen, auch wenn er ihn vierzig Jahre liest. [...] Man kann Augustin sogar malträtieren, wobei noch nicht ausgemacht ist, was schlimmer ist: die salbungsvolle Verlangweiligung des Kirchendenkers oder die pietätlose Schändung des Übervaters. Aber eines kann man mit Augustin nicht: Man kann ihn nicht, um mit Lessings Worten über Spinoza zu reden, »behandeln wie einen toten Hund«. Starre Unbeteiligtheit läßt er nicht zu; diplomatische Neutralität stößt er von sich ab. Der heilige Rhetor beherrscht bis heute seine Kunst und verwickelt uns in seine Ideen" (Flasch ^{2}1994, 476f.).]

205 [Auch in jüngster Vergangenheit wurde sein Beitrag zur Sprachphilosophie als unerheblich angesehen, so von Kurt Flasch (^{2}1994, 121–126).]

206 [Lersch 1838–41; Steinthal ^{2}1890, Bocheński 1956. Lersch und Steinthal kannten zwar die Schrift *De dialectica*, ordneten sie jedoch nicht Augustinus zu (vgl. Kuypers 1934, 13; Pinborg 1962, 148).]

Lehren schlechthin, es geht um die Frage, ob es möglich ist, dem Menschen durch Wörter etwas beizubringen. Augustinus darf als der dritte große Sprachphilosoph der Antike angesehen werden.

[Seit Erscheinen der zweiten Auflage der vorliegenden Einführung hat sich die Forschungssituation geändert. Die Historiographen der Sprachphilosophie und Sprachtheorie haben Augustinus inzwischen in den Kanon der zu behandelnden Autoren aufgenommen; vgl. unten 8.5, bibliographische Hinweise.]

Zu sprachtheoretischen Fragen hat sich Augustinus vor allem in zwei Werken geäußert: der Frühschrift *De dialectica* (auch *Principia dialecticae*),[207] die kurz vor Augustins Taufe, also im Jahre 386 oder 387, entstanden sein muß, und dem Dialog *De magistro* („Der Lehrer") aus dem Jahr 389 nach Chr. Darüber hinaus hat sich Augustinus auch in späteren Werken wie *De doctrina christiana* („Über die christliche Lehre", entstanden 396/97) und *De trinitate* („Über den dreieinigen Gott", entstanden 399–419 n. Chr.) zum Problem der Sprache geäußert.[208]

8.1 Sprach- und Zeichentheorie in der Nachfolge der Stoiker

Die Schrift *De dialectica* stammt aus der Zeit, als Augustinus – vor seiner Bekehrung zum Christentum – in Mailand Rhetorik lehrte. Ihre Echtheit wurde lange Zeit angezweifelt. Auch denen, die von ihrer Echtheit überzeugt waren, galt sie als unselbständige Arbeit, in der stoisches Gedankengut zu Unterrichtszwecken zusammengetragen und systematisiert worden war. Als die wichtigsten Vermittler wurden Cicero und Varro genannt.[209] Die von Augustinus verwendete Terminologie verdient in jedem Fall unser Interesse, denn die Übertragung der griechischen Termini der Stoiker ins Lateinische stellt eine eigene Leistung dar, die für die weitere Entwicklung der Disziplin bedeutsamer war, auch wenn Augustin sich dabei möglicherweise auf lateinisch schreibende Vorgänger stützen konnte.

In den ersten Kapiteln des kurzen Traktats gibt Augustinus eine Reihe von zusammenhängenden Definitionen. Er sieht im *verbum* („Wort", und zwar sowohl im Sinne von „Wort-Wörter" als auch in dem von „Wort-Worte") ein Zeichen. Diese von seinen Vorgängern nicht deutlich ausgesprochene und erst viel später zum Allgemeingut gewordene Erkenntnis hat der Eingliederung der Sprachtheorie in eine allgemeine Zeichentheorie Vorschub geleistet. Augustinus unterscheidet zunächst zwischen *verba simplicia, quae unum quiddam significant* („einfache Wörter, die etwas Einzelnes bedeuten") und *verba coniuncta [...] quae sibi connexa res plures significant* und unter bestimmten Umständen *sententiam comprehendunt* („zusammengesetzte Worte, die miteinander zusammenhängend mehrere Dinge bedeuten und [...] einen Satz ausmachen").

[207] So heute noch bei Flasch ^{2}1994, 468. Duchrow (1965, 42, Anm. 47) vertritt mit anderen die Ansicht, der Titel *Principia dialecticae* gehe auf einen Irrtum der „Mauriner", der Benediktiner von Saint-Maur zurück, denen wir die Erstausgabe der Werke Augustins verdanken.

[208] Vgl. unten 8.5 und Literaturverzeichnis s. v. *Quellen*.

[209] Duchrow (1965, 42ff.), fest von der Echtheit der Schrift überzeugt, schätzt ihren Eigenwert höher ein. Vgl. auch Barwick 1957, Kap. 1, 2; Pinborg 1962, 148ff.

Dies entspricht genau der von den Stoikern getroffenen Unterscheidung zwischen den λεκτὰ ἐλλιπῆ und den λεκτὰ ἀυτοτελῆ (vgl. oben 7.2.3). Nur die *verba coniuncta* können wahr oder falsch sein (vgl. die ἀξιώματα der Stoiker):

> Aut enim sic sententia comprehenditur, ut vero aut falso teneatur obnoxia, ut est »omnis homo ambulat«; aut »omnis homo non ambulat«.[210]
>
> „Einerseits kann eine Aussage nun aber so verstanden werden, daß sie dem Wahren oder dem Falschen unterworfen ist, wie im Fall von »jeder Mensch geht« oder »nicht jeder Mensch geht«."[211]

Die Aussagen, *[quae] adfirmari tamen negarive non [possint]* („die weder bejaht noch verneint werden können") entsprechen ebenfalls der Klassifikation der Stoiker (vgl. das Schema in 7.2.3).

In bezug auf die *verba simplicia* unterscheidet Augustinus zwischen *verbum*, *res* und *signum* und gibt die folgenden Definitionen:

- *Verbum* est uniuscuiusque rei signum, quod ab audiente possit intellegi, a loquente prolatum.

  „Ein Wort ist von irgendeinem Gegenstand das Zeichen, das vom Hörer verstanden, vom Sprecher geäußert werden kann."

- *Res* est quidquid vel sentitur vel intellegitur vel latet.

  „Ein Gegenstand ist all das, was gefühlt (erfahren) oder verstanden werden kann, oder aber verborgen (unerkannt) bleibt."

- *Signum* est et quod se ipsum sensui, et praeter se aliquid animo ostendit.[212]

  „Ein Zeichen ist etwas, das einerseits sich selbst der Wahrnehmung, andererseits außerhalb seiner selbst etwas dem Verstand zeigt."

Aus diesen Definitionen geht hervor, daß Augustinus unter „verbum" sowohl den λόγος als auch die λέξις der Stoiker versteht und daß *res* offensichtlich dem τυγχάνον entspricht. Auch die Inhalts- und Ausdrucksseite des Zeichens bei Augustin stimmt mit der griechischen Tradition überein.

se ipsum sensui
sich selbst der Wahrnehmung
(= σημαῖνον)

signum (ostendit)
das Zeichen (zeigt)

praeter se aliquid animo
außerhalb seiner selbst etwas dem Verstand
(= σημαινόμενον)

---

[210] [*De dialectica* 6, 4. Genaue Quellenangaben beziehen sich auf Seiten und Zeilen der Ausgabe von Crecelius (1857), die in der Ausgabe von Pinborg/Jackson (1975) ebenfalls am Rande angegeben werden.]

[211] [Auf die Mehrdeutigkeit von „omnis homo non ambulat" kann hier nicht eingegangen werden.]

[212] *De dialectica* 7, 6ff. (= Cap. V).

An diese einleitenden Begriffsbestimmungen schließt sich die Definition des Sprechens unmittelbar an:

- *Loqui* est articulata voce signum dare; articulatam autem dico quae comprehendi litteris potest.[213]

  „Sprechen bedeutet mit Hilfe artikulierten Lautes ein Zeichen geben; artikuliert nenne ich den Laut, der in Form von Buchstaben (Phonemen) erfaßt werden kann."

Dabei entspricht *articulatus* dem Terminus ἔναρθρος, und *quae litteris comprehendi potest* ist eine Paraphrase des Ausdrucks ἐγγράμματος (vgl. oben 7.2.3). *Littera* wird definiert als *pars minima vocis articulatae* („kleinster Teil des artikulierten Lautkörpers"); eine gewisse Ähnlichkeit mit modernen Phonemdefinitionen ist nicht zu übersehen.[214]

In einem nächsten Schritt gelangt Augustinus nun zu einem (freilich nur angedeuteten) Modell des sprachlichen Zeichens: An die Stelle des *signum*, des Zeichens im allgemeinen, tritt nun die *dictio*, das sprachliche Zeichen, wobei der Terminus *verbum* nur eine Teilkomponente, nämlich die lautliche Seite bezeichnet:

- *verbum ab ore procedit* („das Wort wird vom Mund hervorgebracht"); es entspricht somit der φωνή und – allgemein betrachtet – dem σημαῖνον der Stoiker.

Die inhaltliche Seite des Zeichens wird als *dicibile* bezeichnet. Es bietet sich an, darin ein Analogon des stoischen λεκτόν zu sehen;[215] es ist jedoch auch Kritik an dieser naheliegenden Annahme geäußert worden:[216]

- [*dicibile*] quidquid autem ex verbo non auris sed animus sentit et ipso animo tenetur inclusum, *dicibile* vocatur [...] quod dixi dicibile, verbum est; nec tamen verbum, sed quod in verbo intellegitur et animo continetur, significat.[217]

  „All das, was von dem (gesprochenen) Wort nicht durch die Ohren, sondern vom Verstand wahrgenommen wird, und was auch in eben diesem eingeschlossen (aufbewahrt) bleibt, wird *dicibile* genannt [...] Was ich *dicibile* nannte, ist zwar Wort (Bestandteil des Worts), bedeutet jedoch eigentlich nicht »Wort«, sondern das, was mit diesem Wort verstanden wird und im Verstand enthalten ist."

- [*dictio*] cum vero verbum procedit non propter se, sed propter aliud aliquod significandum, *dictio* vocatur [...] quod dixi dictionem verbum est, sed tale quo iam illa duo simul,[218] id est ipsum verbum, et quod fit in animo per verbum, significantur.[219]

---

213 Ibid.
214 Vgl. Abercrombie, 1949/50.
215 Vgl. Barwick 1957, 12.
216 Vgl. Ruef 1981, 108ff.; Hennigfeld 1994, 129.
217 *De dialectica* 8, 4f.; 8, 9f.
218 Andere Lesart: sed quod iam.
219 Ibid., 8, 6f.; 8, 8.

„Wenn nun allerdings ein Wort nicht um seiner selbst willen geäußert wird, sondern um damit etwas anderes zu bezeichnen, wird es *dictio* genannt [...]. Was ich *dictio* nannte, meint beides zugleich, sowohl das Wort selbst als auch das, was durch das Wort im Verstand bewirkt wird.“

Insofern mit den *dictiones* sowohl „Wörter“ als auch „Worte“ gemeint sein können, entspricht der Terminus der λέξις und dem λόγος bei den Stoikern.

– *Res* autem ipsa, quae iam verbum non est, neque verbi in mente conceptio, sive habeat verbum quo iam significari possit, sive non habeat, nihil aliud quam res vocatur proprio iam nomine.[220]

„Das Ding selbst aber, das noch nicht Wort ist und auch nicht Erfassung des Wortes im Verstand, sondern ein Wort braucht, durch das es bezeichnet werden kann oder auch nicht,[221] wird im eigentlichen Sinn des Ausdrucks *res* »Ding, Sache« genannt.“

Aus diesen Begriffserläuterungen läßt sich Augustins Modell des sprachlichen Zeichens ableiten:

	verbum		
dictio		‖	res[222]
	dicibile		

In den folgenden Kapiteln der unvollendet gebliebenen Schrift kommt Augustinus nochmals unter spezifisch sprachlichen Gesichtspunkten auf die *verba* zurück. Zunächst geht es um die „Wiege der Wörter“ (*cunabula verborum)*, um die Etymologie im diachronischen Sinn, die sehr kritisch – nur der Vollständigkeit halber – behandelt wird. In den letzten Kapiteln des Fragments kommt dann der synchronische Aspekt der Etymologie, die Lehre von der *vis verbi* oder *verborum* an die Reihe. Die *vis verbi* wird folgendermaßen definiert:

– *Vis verbi* est, qua cognoscitur quantum valeat. Valet autem tantum quantum movere audientem potest.[223]

„Die Wirkkraft des Wortes ist das, woran man erkennt, wie stark es wirkt. Es wirkt nämlich in dem Maße, in dem es den Hörer bewegen kann.“

Dies geschieht nun *aut secundum se, aut secundum id quod significat, aut ex utroque communiter*[224] „entweder durch sich selbst (als Lautkörper) oder auf-

[220] Ibid., 8, 7.

[221] [Vgl. oben die erste Definition; *res vel sentitur, vel intellegitur vel latet.* Sie (*res*) kann also unerkannt bleiben und hat dann keine Bezeichnung.]

[222] Die Analogie zum sog. „zweiteiligen“ Zeichenmodell Saussures ist unübersehbar: *signe; signifiant/signifié // chose*. „Zweiteilig“ ist dieses Modell nur deshalb, weil die *res* (*chose*) außerhalb des Modells selbst bleibt.

[223] *De dialectica*, 12, 12.

[224] [Alle kurzen Zitate, die im folgenden angeführt werden, stammen aus *De dialectica*, Kap. VI und VII. In Kap. VI geht es um die *origo*, in Kap. VII um die *vis verbi*. Einige Aspekte, die Augustin im Anschluß an die Stoiker zur *origo* („Etymologie“) rechnete, werden hier im Zusammenhang mit der *vis verbi* behandelt, denn es geht dort um synchronisch wirk-

grund dessen, was es bedeutet, oder aber durch beides zugleich". Was die Wirkung „*secundum se*" betrifft, wird noch weiter differenziert: *aut solum sensum pertinet, aut ad artem, aut ad utrumque* „sie beruht entweder allein auf dem Sinneseindruck oder auf der Beherrschung einer Technik[225] oder auf beidem zugleich. Der Gehörsinn hingegen *aut natura movetur aut consuetudine* „wird entweder durch natürliche Gegebenheiten oder durch den Sprachgebrauch bewegt."

Damit sind wir – in gewisser Hinsicht – wieder bei der Frage nach der „Richtigkeit der Namen" angelangt. Es geht nun aber nicht mehr um die „Wahrheit" im glottogonischen Sinn, sondern um die psychische Nachvollziehbarkeit (vgl. oben 7.2.1). Um den Hörer *natura* „spontan" zu bewegen, müssen die Wörter *ita sonare ut ipsae res quae his verbis significantur* „so klingen wie die Dinge selbst, die durch diese Wörter bezeichnet werden". Dies ist jedoch nicht immer möglich, denn es gibt viele Dinge, die keinen Laut von sich geben: *sunt res quae non sonant.* In solchen Fällen tritt eine Korrespondenz zwischen Gehörsinn und Tastsinn (*similitudo tactus*) auf; in dem Maße, in dem uns die Dinge angenehm weich oder abstoßend hart erscheinen, berührt die Weichheit oder Härte der Laute, aus denen ihre Namen bestehen, unser Gehör (*lenitas vel asperitas litterarum [...] tangit auditum*). Augustinus gibt dann einige Beispiele für Wörter mit lautsymbolischer Wirkung auf den Hörer:

> Lene est auribus cum dicimus *voluptas*, asperum est, cum dicimus *crux*
>
> „sanft und gelinde klingt es den Ohren, wenn wir *voluptas* »Lust« sagen, hart und rauh, wenn wir *crux* »Kreuz« aussprechen ..."
>
> *mel*, quam suaviter res ipsa gustum, tam leniter nomine tangit auditum; *acre* in utroque asperum est.
>
> „so süß wie die Sache selbst, *mel* »Honig«, dem Geschmacksinn eingeht, so sanft berührt sie mit ihrem Namen das Gehör; das Wort *acer* »spitz, scharf« erscheint in beiderlei Hinsicht hart und rauh."

Die Wirkung der übrigen Wörter, die über keine ikastische Evokationskraft verfügen, beruht auf der *consuetudo*, dem Sprachgebrauch, der beim Hörer von Kindheit an tief eingewurzelt ist.

Wenn man einmal von seiner scharfen Ablehnung aller etymologischer Spekulationen absieht, bewegt sich Augustinus noch weitestgehend in der Begriffswelt der Stoiker. In zweierlei Hinsicht weist er jedoch neue Wege: Zum einen definiert er das Wort als Zeichen; seine Vorgänger haben allenfalls implizit angenommen, daß Wörter Zeichen sind. Zum anderen ist ihm aufgefallen, daß manche Wörter genau das bedeuten, was sie selbst sind: *quod dixi verbum,*

---

same Lautsymbolik und nicht um „Etymologie" im herkömmlichen Sinn. Die Argumente erscheinen hier also in anderer Reihenfolge als in der Originalschrift.]

[225] [Was mit *ars* in diesem Zusammenhang gemeint ist, bleibt unklar. Kuypers (1934, 15f.) spricht von einer „rein technischen Rubrizierung an dem Wort"; Duchrow 1965, 59f. versteht im Sinn von „nur dem wissenschaftlich geschulten Gehör zugänglich".]

et verbum est et verbum significat,[226] „was ich ein Wort nannte, ist einerseits ein solches, andererseits bedeutet es auch »Wort«". Damit ist der Weg bereitet einerseits für eine Einbeziehung der Sprachtheorie in die Zeichentheorie, die Semiotik, andererseits für eine systematische Unterscheidung von Objekt- und Metasprache.

8.2 Lernen, lehren und Sprache: Der Dialog *De magistro*

Über die soeben behandelte Schrift *De dialectica* macht Augustinus in seinen *Retractationes* (wört. „Überarbeitungen, Verbesserungen"), die er in seinen letzten Lebensjahren verfaßte, nur vage Andeutungen, so daß seine Autorenschaft lange Zeit angezweifelt wurde. Auf den Dialog *De magistro* kommt er hingegen in seinen *Confessiones* (IX, 6) ausführlicher zu sprechen. Er habe dort seinen Sohn Adeodatus als seinen Dialogpartner auftreten lassen:

> Est liber noster, qui inscribitur „de Magistro": ipse ibi mecum loquitur. Tu scis illius esse sensa omnia, quae inseruntur ibi ex persona conlocutoris mei, cum esset in annis sedecim.
>
> „Es gibt ein Buch von mir mit dem Titel *Der Lehrer*; in ihm unterhält er [Adeodat] sich mit mir. Du [Gott] weißt, daß er als Sechzehnjähriger all das gesagt hat, was dort die Person meines Dialogpartners vorbringt."[227]

Augustinus hatte fünfzehn Jahre im Konkubinat mit einer Frau zusammengelebt, deren Name nicht überliefert ist. Für den römischen Bürger, der er damals war, lag darin nichts Ehrenrühriges, für den Christen, der er später wurde, war es eine unverzeihliche Sünde. Der frühreife Adeodat starb wenige Jahre nach Entstehung des Dialogs in Karthago. Es handelt sich, wie wir sehen werden, nicht um eine trockene Abhandlung, sondern um eine sehr persönliche Schrift.

Der Dialog ist in dreierlei Hinsicht bedeutsam für die Entwicklung der Sprachtheorie und der Sprachphilosophie: *Erstens* enthält er die ausführlichste Zeichentheorie der Antike; *zweitens* werden dort Ansätze zu einer Unterscheidung von Objekt- und Metasprache entwickelt und *drittens* wird in diesem Dialog das Problem des erkenntnistheoretischen Werts der Sprache auf neue Weise gestellt, nämlich in Verbindung mit dem Lernen und der Lehre. Gerade hierin liegt der entscheidende Unterschied zu Platons Dialog *Menon*, der zu unrecht als Vorbild des Dialogs *De magistro* angesehen wurde und wird.

8.2.1 Zeichentheorie

Das Problem des Zeichens im allgemeinen und des sprachlichen Zeichens im besonderen hat Augustinus immer wieder beschäftigt; nicht nur in der oben behandelten Jugendschrift *De dialectica.* Auch in späteren, gewichtigeren Werken

---

[226] *De dialectica*, 8,9.

[227] Mit kleinen Modifikationen nach der Übersetzung von Kurt Flasch und Burkhard Mojsisch.

finden wir Definitionen des Zeichens. So heißt es in *De doctrina christiana* II,1,1 (um 396 entstanden):

> Signum est enim res, praeter speciem quam ingerit sensibus aliud aliquid ex se faciens in cogitationem venire.
>
> „Ein Zeichen ist nämlich etwas, das außer der Gestalt, die es der Sinneswahrnehmung eingibt, (auch) etwas anderes aus sich heraus in das Denken gelangen läßt."

Und in der später entstandenen Schrift über die Dreieinigkeit (*De Trinitate* VIII, 8, 12) kann man lesen:

> Sicut enim verbum indicat aliquid, indicat etiam se ipsum, sed non se verbum indicat, nisi se aliquid indicare indicet.
>
> „So wie ein Wort nämlich auf etwas verweist, verweist es auch auf sich selbst, aber es weist sich nicht als Wort aus, wenn es nicht anzeigt, daß es auf etwas hinweist."[228]

Die Lehre vom Zeichen wird in *De magistro* sehr viel ausführlicher behandelt als in *De dialectica*. Da es sich um einen Dialog handelt, verläuft der Gang der Argumentation in weniger strengen Bahnen – nicht ohne Argumentationssprünge, die der literarischen Ausgestaltung der Gesprächssituation geschuldet sind.

Nach einem einleitenden Gedankenaustausch über die Bedeutung von *lehren* und *lernen* (*docere* und *discere*) einigen sich die beiden Gesprächspartner schnell darauf, daß Wörter Zeichen sind (*De magistro* II, 3):

> Augustinus: Constat ergo inter nos verba signa esse.
>
> „Wir sind uns also darüber einig, daß Wörter Zeichen sind."[229]
>
> Adeodatus: Constat.
>
> „Ja."

Anhand eines Vergilverses, der aus acht Wörtern besteht (*Aeneis* II, 659):

> Si nihil ex tanta superis placet urbe relinqui
>
> Wenn es den Göttern gefällt, daß nichts von der ganzen (prächtigen) Stadt übrigbleibt

soll die Zeichenfunktion der einzelnen Wörter erläutert werden. Wie nicht anders zu erwarten war, treten schon bei *nihil* erhebliche Schwierigkeiten auf, die jedoch im Hinblick auf das eigentliche Ziel der Unterredung ausgeklammert werden. Es stellt sich heraus, daß es Dinge gibt, auf die man mit dem Finger zeigen (*digito ostendere*) kann; *paries* „die Wand" etwa. Klänge oder Geschmacksnuancen können durch Gesten oder Körperbewegungen pantomimisch dargestellt werden. In solchen Fällen, so scheint es, könnte man auf Zeichen

---

[228] Paraphrasiert: Wort ist es nur dann, wenn es anzeigt, daß es nicht nur für sich selbst steht, sondern auch etwas anderes meint.

[229] [Alle hier gegebenen Übersetzungen lehnen sich eng an diejenige von Burkhard Mojsisch (=*De magistro* 1998) an.]

verzichten. Handlungen oder Vorgänge können notfalls nachvollzogen (*agi*) werden; es wird dann allerdings nicht immer klar, ob man selbst handeln oder die Handlung als solche bezeichnen will. Will man indes einem anderen erklären, für welchen Sachverhalt eine Präposition wie *ex* steht, so bleibt einem oft nichts anderes übrig, als ein anderes Zeichen zu Hilfe zu nehmen, z.B. das Wörtchen *de*. Es deutet also alles darauf hin, daß man nicht ohne Zeichen auskommt, wenn man sich mit anderen über Gegenstände und Sachverhalte verständigen will.

In der sich nun entwickelnden lebhaften Diskussion werden ein Reihe von Zeichentypen erwähnt und erläutert, die sich folgendermaßen schematisch darstellen lassen (was Augustinus selbst natürlich nicht in dieser Form tut):

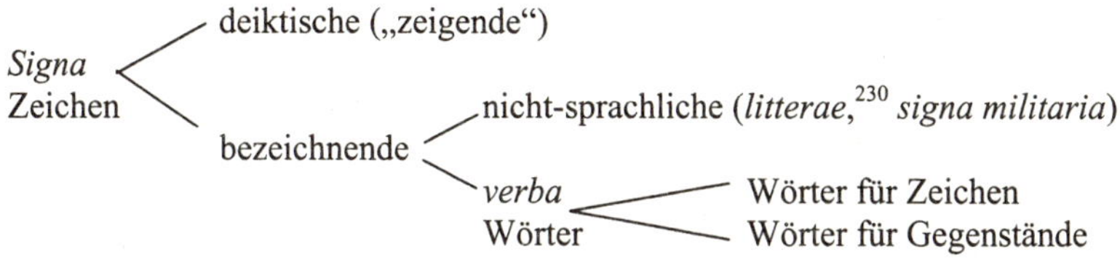

Als Beispiel für die deiktischen Zeichen wird die *intentio digiti* („Ausstrecken des Fingers") genannt. Diese bedeutet nicht den Gegenstand, auf den gezeigt wird, sondern den Akt des Zeigens selbst, die *Deixis*. Das gilt auch für die deiktischen Wörter:[231]

> Sed de intentione digiti non nimis curo, quia ipsius demonstrationis signum mihi videtur potius quam rerum aliquarum, quae demonstrantur, sicut adverbium, quod „ecce" dicimus; nam et cum hoc adverbio digitum solemus intendere, ne unum demonstrandi signum non sit satis (*De magistro* X, 34).
>
> „Doch ist mir am Ausstrecken des Fingers nicht viel gelegen, da es mir eher ein Zeichen für die Zeigehandlung selbst als für irgendwelche Gegenstände zu sein scheint, die gezeigt werden, wie das etwa beim Adverb *ecce* „(siehe) da" der Fall ist; denn gleichzeitig mit diesem Adverb strecken wir gewöhnlich den Finger aus, damit das eine Zeigezeichen nicht unzureichend sei (damit es unterstützt werde)."

Unter den bezeichnenden Zeichen gibt es sprachliche und nicht-sprachliche. Zu den zuletzt genannten bemerkt Augustinus:

> ... dicimus enim et signa universaliter omnia, quae significant aliquid, ubi etiam verba esse invenimus. Dicimus item signa militaria, quae iam proprie signa nominantur, quo verba non pertinent (*De magistro* IV, 9).

---

[230] [Augustinus geht vom Primat der gesprochenen Sprache aus; für ihn sind die *litterae* nur Zeichen für die eigentlich sprachlichen Zeichen, die Laute: „Omne verbum sonat. Cum enim est in scripto, non verbum, sed verbi signum est" (*De dialectica,* Cap. V).]

[231] [Mojsisch scheint dies für alle sprachlichen Zeichen anzunehmen, nicht nur für die Deiktika. Er gibt *significatio* bei Augustinus konsequent mit „Bezeichnungsfunktion", nicht mit „Bedeutung" wieder (vgl. u.a. *De magistro* 1998, Anm. 73 mit Nachwort, S. 152).]

„Wir nennen doch auch »Zeichen« alles, was etwas bezeichnet; dazu gehören auch die Wörter, wie wir herausgefunden haben. Ferner sprechen wir von Feldzeichen, die im eigentlichen Sinne »Zeichen« genannt werden, wozu die Wörter jedoch nicht gehören."

Bei den *verba*, den sprachlichen Zeichen, müssen zwei Arten unterschieden werden. Zunächst gibt es Wörter, die auf andere Zeichen verweisen:

Videtur ergo mihi loquendo nos aut verba ipsa signare verbis aut alia signa, velut cum gestum dicimus aut litteram – nam his duobus verbis quae significantur, nihilominus signa sunt –...

„Mir scheint also, daß wir beim Sprechen mit Wörtern entweder die Wörter selbst bezeichnen oder andere Zeichen, wenn wir etwa »Gebärde« oder »Buchstabe« sagen – denn das, was durch diese beiden Wörter bezeichnet wird, sind ebenfalls Zeichen – ...

Aber natürlich gibt es auch Wörter für Gegenstände, die keine Zeichen sind:

... aut aliquid aliud, quod signum non sit, velut cum dicimus „lapis" (*De magistro* IV, 7)

„... oder etwas anderes, das kein Zeichen ist, wenn wir etwa »Stein« sagen."

Und etwas später schlägt Augustinus vor, das, was durch Zeichen bezeichnet werden kann, jedoch selbst kein Zeichen ist, „Bezeichenbares" zu nennen:

Placetne appellemus significabilia ea, quae signis signifiari possunt et signa non sunt ...

Adeodat ist einverstanden. Der Zeicheninhalt wird an verschiedenen Stellen des Dialogs ausdrücklich von dem Gegenstand abgehoben, für den das Zeichen stehen kann. Die *significatio* falle nicht mit den Dingen selbst zusammen, sie sei vielmehr *cognitio rei* „Erkenntnis des Gegenstandes", *scientia, quae per signum evenit*, „Wissen, das vom Zeichen ausgeht". Im übrigen sind die Zeichen um der Bedeutung willen da, und nicht etwa umgekehrt:

Non enim ob aliud ista cognitio signo, de quo agimus, antelata est, nisi quia illud propter hanc, non haec propter illud esse convincitur (*De magistro* IX, 26)

„Denn aus keinem anderen Grund ist diese Erkenntnis dem Zeichen, von dem wir reden, vorgezogen worden, als aus dem, daß, wie unmittelbar einleuchtet, das Zeichen um der Erkenntnis willen, nicht aber die Erkenntnis um des Zeichens willen da ist."

8.2.2 Ansätze zu einer Unterscheidung von Objekt- und Metasprache

Die Unterscheidung, von der hier die Rede sein wird, ist bei Augustinus sehr weit ausgearbeitet. Dennoch kann man in seinen scharfsinnigen Überlegungen nicht mehr als „Ansätze" erkennen, denn er vermischt zwei Arten des „Sprechens über Sprache", die unbedingt unterschieden werden müssen:

Zum einen gehört die Sprache selbst, in all ihren Erscheinungsformen, zur »Wirklichkeit«. Sie kann somit Gegenstand des Sprechens sein wie alle übrigen Gegenstände und Sachverhalte auch. Die Wörter, die dazu dienen, haben »sprachbezogene« Bedeutungen; es geht um Ausdrücke wie *lingua*, *locutio*, *verbum*, *nomen*, bzw. *Sprache*, *Rede*, *Wort*, *Name* usw. Wörter wie diese haben eine inhärent »metasprachliche« Bedeutung, die nicht von einer bestimmten Verwendungsweise (*suppositio*) abhängt. Wir wollen in diesem Fall von der „Metasprache der Sprache" reden.

Zum anderen gibt es eine (sehr viel größere) Anzahl von Wörtern, die keine inhärent metasprachliche Bedeutung haben, Wörter wie *flumen*, *arbor*, *domus* bzw. *Fluß*, *Baum*, *Haus* usw. Diese Wörter können allerdings jederzeit so verwendet werden, daß sie sich nicht auf das beziehen, was sie normalerweise bedeuten, sondern nur auf sich selbst. Zur Verdeutlichung setzt man in solchen Fällen häufig einen primär metasprachlichen Ausdruck hinzu: das Wort „Baum". Im Lateinischen erscheint in diesem Fall als Anzeichen für den metasprachlichen Gebrauch der Genetiv: *vox arboris*. Hier geht es um eine bestimmte Verwendungsweise von Wörtern, die die Scholastik später *suppositio materialis* nennen sollte (vgl. 9. Kapitel). Diese Verwendungsweise kann auch ohne Zuhilfenahme primär metasprachlicher Ausdrücke erfolgen: „*Baum* hat vier Buchstaben". In der geschriebenen Sprache greift man in der Regel zu typographischen Mitteln, um diese besondere Form der Verwendung kenntlich zu machen. Diesen zweiten Fall von Metasprache wollen wir „Metasprache der Rede" nennen. Natürlich können auch Wörter, die zur „Metasprache der Sprache" gehören, im Sinne der „Metasprache der Rede" verwendet werden: vgl. „ich kenne diese Sprache nicht" vs. „ich kenne das Wort *Sprache* nicht".

Augustinus sieht diesen Unterschied nicht deutlich, er vermischt gelegentlich die beiden Kategorien.

8.2.2.1 Die „Metasprache der Sprache"

Augustins Hauptinteresse gilt den inhärent metasprachlichen Ausdrücken, den Wörtern, die „Arten des Seins der Zeichen" bedeuten, die also Zeichen klassifizieren und nicht primär sich selbst meinen, sondern nur insofern, als sie selbst einen Platz innerhalb dieser Klassifikation beanspruchen können; so bezeichnet z.B. *nomen* in Augustins Terminologie eine große Klasse von Wörtern, zu der es selbst gehört. Wird *nomen* hingegen im Sinne der *suppositio materialis* gebraucht, *vox nominis* „das Wort *nomen*", dann bezeichnet es keine Klasse, sondern einen Einzelgegenstand, nämlich sich selbst. Je nachdem, ob die Ausdrücke selbst, die „Arten des Seins der Zeichen" bedeuten, Gegenstand der Klassifikation sind (durchgezogene Linien, Kursivdruck) oder das, was sie bedeuten (gestrichelte Linien, Ausdrücke in Anführungszeichen) ergibt sich ein unterschiedlicher Status des jeweiligen Terminus; insgesamt ein recht kompliziertes Geflecht von Beziehungen:

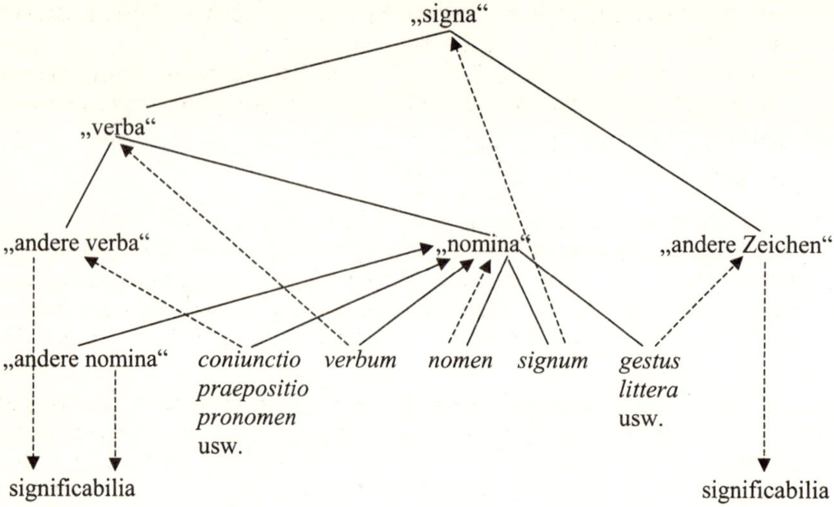

Zunächst einige Erläuterungen zum Schema; im Anschluß daran werden Belegstellen aus *De magistro* angegeben:

- *signum* gehört zur Klasse der *nomina,* diese zur Klasse der *verba* und diese schließlich zur Klasse der *signa*; die Bedeutung von *signum* entspricht dieser Klasse, die alle übrigen Zeichen einschließt.
- *verbum* gehört zur Klasse der *nomina*, diese zur Klasse der *verba*; die Bedeutung von *verbum* entspricht dieser Klasse.
- *nomen* ist ein *signum sui significativum*; es gehört zur Klasse der *nomina* und seine Bedeutung entspricht dieser Klasse.
- *gestus, littera* usw. gehören zur Klasse der *nomina*; ihre Bedeutung entspricht nicht der Klasse der *nomina*, sondern der der „anderen Zeichen“.

Die Beziehung all dieser Wörter zu den *significabilia*, den „Bezeichenbaren“, ist nur indirekt: Ihr Bezeichnetes (*signifié*) ist ein Zeichen (*signum*), und dieses Bezeichnete kann (muß nicht) ein Bezeichnendes für Nicht-Zeichen sein; was eine *coniunctio* „Konjunktion“ oder ein *gestus* bedeuten, ist zwar „bezeichenbar“, nicht jedoch selbst Zeichen. Das Bezeichnete von *nomen, verbum*, *signum* ist hingegen selbst Zeichen. In diesen Fällen ergeben sich wechselseitige Beziehungen (*signa, quae se invicem significant*, vgl. *De magistro* V, 11) auf unterschiedlichen Ebenen:

- *nomen* ist Nomen und bedeutet zugleich „Nomen“ (s. o.);
- *verbum* ist Verb und bedeutet „Verb“;
- *signum* ist Signum und bedeutet „Signum“.

Dies gilt allerdings nur in allgemeiner Hinsicht, d. h. ungeachtet der Tatsache, daß – qua Bezeichnende – nicht nur die *nomina*, sondern auch die *verba* und die *signa nomina* sind. Auf dieser Ebene ergibt sich also nur im Fall des Nomens eine reziproke Beziehung, denn:

- *verbum* ist Nomen und Verb, bedeutet aber mehr als „Nomen“, da die Bedeutung „Verbum“ diejenige von „Nomen“ einschließt;
- *signum* ist Nomen und auch Signum, bedeutet aber mehr, da die Bedeutung „Signum“ die Bedeutungen „Verbum“ und damit auch „Nomen“ einschließt.

Es fällt Adeodat nicht leicht, sich in diesem Beziehungsgeflecht ohne Hilfe seines Vaters und Lehrers zurechtzufinden:

> ADEODATUS: Inter illud quidem, quod dicimus nomen, et haec quattuor, quae significationi eius subiecimus [es war die Rede von *Romulus, Roma, fluvius* und *virtus*], hoc distare video, quod illud audibile signum est signorum audibilium, haec vero audibilia quidem signa sunt, non tamen signorum, sed rerum partim visibilium, sicut est Romulus, Roma, fluvius, partim intelligibilium, sicut est virtus (*De magistro* IV, 8)
>
> „Soweit ich sehe, besteht zwischen dem, das wir »Namen« nennen, und den vier Beispielen, die wir seiner Bedeutung untergeordnet haben, folgender Unterschied: Jenes [*nomen*] ist ein hörbares Zeichen von hörbaren Zeichen, diese aber sind zwar hörbare Zeichen, jedoch nicht von Zeichen, sondern von Sachen, teils von sichtbaren, so im Falle von Romulus, Rom und Fluß, teils von erkennenbaren, so im Falle von Tüchtigkeit.“

Im Wechselgespräch versichern sich die beiden Dialogpartner verschiedener nicht leicht zu begreifender Einzelheiten:

> AUGUSTINUS: [...] cum verbum signum sit nominis et nomen signum sit fluminis et flumen signum sit rei [...] inter hanc rem et flumen, id est signum eius, et inter hoc signum et nomen, quod huius signi signum est [...] quid interesse arbitraris [...]? (*De magistro* IV, 9)
>
> „[...] da das Wort ein Zeichen für den Namen, der Name ein Zeichen für den Fluß und der Fluß ein Zeichen für den Gegenstand (d. h. den Fluß selbst) [...] ist, welcher Unterschied besteht dann deiner Ansicht nach zwischen diesem Gegenstand und *flumen*, d. h. dem Zeichen dafür, und zwischen diesem Zeichen und *nomen*, das ein Zeichen für dieses Zeichen ist [...]?“
>
> ADEODATUS: Hoc distare intellego, quod ea, quae significantur nomine, etiam verbo significantur [...] quae autem verbo significantur, non omnia significantur et nomine. [...] Quamobrem cum omnia nomina verba sint, non autem omnia verba nomina sint [...] (ibid.)
>
> „Ich sehe ihn darin, daß das, was durch den Namen bezeichnet wird, auch durch das Wort bezeichnet wird [...] nicht jedoch wird all das, was durch das Wort bezeichnet wird, auch durch den Namen bezeichnet. [...] Weil demnach alle Namen Wörter, aber nicht alle Wörter Namen sind [...]“
>
> AUGUSTINUS: [...] si tibi dicerem: ut omnis equus animal, non autem omne animal equus, ita omne verbum signum, non autem omne signum verbum est, nihil, ut opinor, dubitares.
>
> „wenn ich dir sagte: »Wie jedes Pferd ein Tier, nicht aber jedes Tier ein Pferd ist, so ist jedes Wort ein Zeichen, aber nicht jedes Zeichen ein Wort«, so würdest du, meine ich, nicht daran zweifeln.“

[...]

ADEODATUS: Non sane; nam cum dicimus signum, non solum signa cetera, quaecumque sunt, sed etiam se ipsum significat (*De magistro* IV, 10)

„Natürlich nicht; wenn wir nämlich »Zeichen« sagen, bedeutet das nicht nur alle möglichen anderen Zeichen, sondern auch sich selbst ..."

Diese »Selbstbezüglichkeit« gilt für *nomen* und *verbum*; im Fall von *coniunctio* gilt etwas anderes. Auf die Frage Augustins, ob diese Art der Selbstbezüglichkeit für alle Zeichen gelte, z. B. auch für das Wort *coniunctio*, antwortet Adeodat:

Nullo modo; nam ea, quae significat, non sunt nomina, hoc autem nomen est. (*De magistro* V, 11)

„Keineswegs; denn das, was es bezeichnet, sind keine Namen, es selbst aber ist ein Name."

Nur ein Teil der Zeichen weist diese Selbstbezüglichkeit im strengen Sinn auf (*signa sui significativa*); die übrigen bezeichnen sich zwar auch gegenseitig (*sese invicem significant*), dabei ergibt sich jedoch keine vollständige Symmetrie. Augustinus unterscheidet drei Typen dieser *signa mutua*, wobei er die beiden Arten von Metasprache nicht auseinanderhält (vgl. *De magistro* VII, 20):

a) *signa quae non tantum* („nicht gleichviel") *significant*: Alle *verba* sind *signa*, aber nur einige *signa* sind *verba*;
b) *signa quae tantundem* („ebensoviel") *significant*: Da jedes Wort sein eigener Name sein kann, läßt sich zu Recht behaupten, daß z. B. alle *verba nomina* sind.

Hier wird nun plötzlich auf der Ebene der zweiten Art von Metasprache argumentiert. Die Gleichung *verbum* = *nomen* geht nur auf, wenn *verbum* in *suppositio materialis* verwendet wird. An einer anderen Stelle betont Augustinus, daß in diesem Fall zwar der Bedeutungsumfang (Extension), nicht jedoch der Bedeutungsinhalt (Intension) gleich sei. Er beruft sich dabei nicht auf die unterschiedlichen Bedeutungen der Wörter bei objektsprachlichem Gebrauch (dabei hätte sich zwangsläufig auch ein Unterschied der Extension ergeben), sondern auf die traditionell angenommene Etymologie: *verbum* komme von *verberare (aures)* „(die Ohren) treffen, erschüttern", *nomen* hingegen von *noscere* „erkennen"; somit würden sich die *verba* auf physische, die *nomina* auf geistige Gegenstände und Sachverhalte beziehen (vgl. *De magistro* V, 13).

c) *signa quae idem* („dasselbe") *valent*: Hier geht es zunächst um Bedeutungsäquivalente zwischen zwei verschiedenen Sprachen: nomen = ὄνομα. Darüber hinaus wird „Gleichheit der Bedeutung" auch für „Zeichen" und „Zeichen dieser Zeichen" angenommen (Laute und Buchstaben).

Was den ersten Fall betrifft, so scheint Augustinus fest von der vollkommenen Bedeutungsgleichheit von lexikalischen Äquivalenten zwischen zwei Sprachen überzeugt zu sein, Unterschiede bestehen für ihn nur hinsichtlich des Ausdrucks (*signa quae [...] nihil praeter sonum inter se* [*differunt*], vgl. *De magistro* VII, 19). Der zweite Fall gehört wiederum in eine ganz andere Kategorie. Hier handelt es sich um die Darstellung von Zeichen durch andere Zeichen; man könnte auch von „Ersatz" sprechen.

8.2.2.2 Die „Metasprache der Rede"

Mit der Verwendung eines Wortes kann nicht nur der Gegenstand oder Sachverhalt gemeint sein, für den es steht, sondern auch das Wort selbst (vgl. oben Kategorie b)). Augustinus verwendet sehr viel Mühe darauf, seinem Sohn und Schüler dies klar zu machen, und er scheut sich nicht, zu diesem Zweck auf ziemlich ausgefallene Beispiele zurückzugreifen:

> [...] cum ait Paulus apostolus: „Non erat in Christo est et non, sed est in illo erat";[232] non opinor putandum esse tres istas litteras, quas enuntiamus, cum dicimus „est", fuisse in Christo [...] (*De magistro* V, 14)
>
> „wenn der Apostel Paulus sagt: „In Christus waren nicht »Ja« und »Nein«, sondern »Ja« war in ihm", so darf man wohl nicht annehmen, meine ich, daß es die zwei Buchstaben waren, die wir aussprechen, wenn wir »ja« sagen, die in ihm waren [...]"

Adeodat muß zugeben, daß Sätze wie „Ja war in ihm" genauso wie „Tugend war in ihm" verkürzte Ausdrücke sind für: „das, was »ja« oder »Tugend« heißt" oder auch „das, was »ja« oder »Tugend« genannt wird, war in ihm". Er kann nicht leugnen, daß »ja« ein Nomen ist, wenn auch nicht im grammatikalischen Sinn:

> AUGUSTINUS: Vides ergo „est" nomen esse, siquidem illud, quod erat in Christo, „est" nominatur.
>
> ADEODATUS: Negare non possum. (*De magistro* V, 15)

Auch auf die bereits erwähnten interlingualen Äquivalente, auf die man beim Übersetzen zurückgreift, kommt Augustinus an einer anderen Stelle ausführlicher zu sprechen:

> Quis enim non videat, si quaeram, quid Graeci nominent, quod nos nominamus „quis", responderi mihi τίς quid Graeci nominent, quod nos nominamus „volo", responderi mihi θέλω, quid Graeci nominent, quod nos nominamus „bene", responderi καλῶς [...] (*De magistro* V, 16)
>
> „Denn wer wüßte nicht, daß auf meine Frage, wie die Griechen das benennen, was wir »wer?« nennen, mit τίς geantwortet wird, (oder) wie die Griechen das benennen, was wir »ich will« nennen, mit θέλω geantwortet wird (oder) wie die Griechen das benennen, was wir »gut« nennen, mit καλῶς [...]"

Bei einem weiteren Beispiel geht es um die metasprachliche Verwendung von Konjunktionen. Zwei logische Schlüsse werden miteinander verglichen: *Quia*

[232] Sinngemäß nach *2. Korinther* 1, 19.

homo est, animal est und *Si homo est, animal est.*[233] Es leuchtet ein, daß der erste Satz „Weil er Mensch ist, ist er Lebewesen" unsinnig, der zweite dagegen „Wenn er Mensch ist, ist er Lebewesen" korrekt ist. Man könnte also hinsichtlich des zweiten Satzes ganz natürlich sagen „placet mihi »si«„ („es gefällt mir das »Wenn«„), hinsichtlich des zweiten aber: „displicet »quia«"[234] („das »Weil« mißfällt).

Aus der weiteren, recht verwickelten Diskussion, die hier nicht vollständig wiedergegeben werden kann, geht schließlich etwas hervor, was für die weitere Entwicklung der Suppositionslehre von großer Bedeutung ist: Wenn ein Ausdruck so verwendet wird, daß er als sein eigener Name zu gelten hat (*suppositio materialis*), dann ist er in dieser Verwendung als Substantiv anzusehen – gleichgültig, welcher Wortart er »normalerweise« (i. e. in *suppositio formalis*) angehört.

Die beiden Verwendungsweisen entscheiden auch darüber, ob eine Aussage als „wahr" oder als „falsch" anzusehen ist. Auf die Frage: *Esne homo?* („Bist du (ein) Mensch?")[235] kann man mit „Ja!" oder mit „Nein!" antworten, je nachdem, welche Lesart in Frage kommt:

> Quamobrem, cum homo et nomen et animal esse inveniatur, illud dicitur ex ea parte, qua signum est, hoc ex parte rei, quae significatur. Qui ergo quaerit, utrum homo nomen sit, nihil ei aliud quam esse respondeam; satis enim significat ex ea parte se velle audire, qua signum est. Si autem quaerit, utrum animal sit, multo proclivius adnuam [...] (*De magistro* VIII, 24)
>
> „Daher gilt: Wenn »Mensch« sowohl als Nomen wie auch als Lebewesen eingestuft werden kann, so deshalb, weil jenes vom Gesichtspunkt des Zeichens, dieses aber vom Gesichtspunkt der bezeichneten Sache ausgesagt wird. Demjenigen also, der fragt, ob »Mensch« ein Name sei, könnte ich nichts anderes antworten als, daß es so sei, denn er gibt hinreichend deutlich zu verstehen, daß er eine Auskunft vom Gesichtspunkt des Zeichens aus wünscht. Wenn er aber fragt, ob »Mensch« ein Lebewesen sei, könnte ich ihm darin noch viel leichter zustimmen [...]"

Mit dieser Bemerkung räumt Augustinus ein, daß der objektsprachliche Gebrauch der normale ist. Wenig später bekräftigt er dies ausdrücklich: Wenn man sich zu einem Trugschluß verleiten läßt, weil man einen Ausdruck in der Konklusion objektsprachlich versteht, der in den Prämissen metasprachlich gebraucht wurde, so geschieht dies aufgrund der Regel

> quae naturaliter plurimum valet, ut auditis signis ad res significatas feratur intentio. (ebenda)
>
> „die von Natur aus in den meisten Fällen gilt und die besagt, daß wir, wenn wir Zeichen vernehmen, unsere Aufmerksamkeit auf die bezeichneten Gegenstände richten."

---

233 *De magistro* V, 16.

234 Ibid.

235 [Im Deutschen steht in der *suppositio formalis* der unbestimmte Artikel; eine Ambiguität besteht daher nicht.]

8.2.3 Lehren mit Hilfe von Wörtern: der erkenntnistheoretische Wert der Sprache

Das eigentliche Ziel, das Augustinus mit seinem Dialog *De magistro* verfolgt, besteht darin, den Wert der Sprache als Mittel der Erkenntnis in Frage zu stellen. Was zunächst über die Zeichen und über objekt- und metasprachlichen Gebrauch von Wörtern gesagt wird, dient zur Einübung des Denkens und zur Schärfung unserer Aufmerksamkeit für die Probleme, die das Verhältnis von Wahrnehmung, Denken und Sprache stellt. Es geht dabei nicht primär, wie bei früheren Denkern, um die unmittelbare Erkenntnis; es geht um die durch einen Lehrer, einen „Dozenten", vermittelte Erkenntnis. Schon am Anfang des Dialogs wird das Lehren (*docere*) als eigentlicher Zweck des Sprechens bezeichnet. Auf Adeodats Einwurf, das Sprechen diene doch wohl auch dem Lernen, entgegnet Augustinus, durch die Frage des Lernenden werde der Befragte darüber belehrt, daß jener etwas zu erfahren wünsche.[236] Im letzten Teil der Schrift, dort, wo der Dialog bereits zu einem Monolog Augustins geworden ist, wird der Sprache im Hinblick auf die Vermittlung von Kenntnissen nur eine äußerst bescheidene Rolle zugestanden. Man wird immer wieder an moderne Formen der Sprachkritik erinnert. Über die *cognitio verbi* (bzw. *nominis*) könne man nicht wirklich zur *cognitio rei* gelangen, lesen wir in immer neuen Formulierungen. Zwar ist Lehre nur mittels Zeichen möglich, doch täusche sich der, der da glaubt, es finde dabei wirklich eine Übertragung von Wissen statt. Mit Hilfe von Wörtern könne man sich nur der Dinge vergewissern, die man ohnehin schon kennt:

> Quid? quod si diligentius consideremus, fortasse nihil invenies, quod per sua signa discatur. Cum enim mihi signum datur, si nescientem me invenerit, cuius rei signum sit, docere me nihil potest, si vero scientem, quid disco per signum? (*De magistro* X, 33)
>
> „Was noch? Sollten wir noch weitere Überlegungen anstellen, würdest du vielleicht überhaupt nichts finden, das durch seine Zeichen (durch das, womit es benannt wird) gelernt würde. Wenn mir nämlich ein Zeichen gegeben wird, und es trifft mich an als einen, der nicht weiß, wofür es steht, kann es mich nichts lehren; trifft es mich aber an als einen, der es weiß, was lerne ich dann durch das Zeichen?"

Augustinus wird nicht müde zu versichern, daß man über die Dinge die Zeichen erlerne und nicht umgekehrt die Dinge mit Hilfe der Zeichen. So sei z. B. *caput* eine Lautform, die erst dadurch zu einem Zeichen wird, daß man feststellt, daß sie sich auf einen Gegenstand bezieht:

> Etenim cum primum istae duae syllabae, cum dicimus „caput", aures meas impulerunt, tam nescivi, quid significarent, quam cum primo audirem legeremve sarabaras. Sed cum saepe diceretur „caput", notans atque animadvertens, quando

[236] Vgl. *De magistro* I, 1.

diceretur, repperi vocabulum esse rei, quae mihi iam erat videndo notissima. Quod priusquam repperissem, tantum mihi sonus erat hoc verbum; signum vero esse didici, quando, cuius rei signum esset, inveni, quam quidem, ut dixi, non significatu, sed aspectu didiceram. Ita magis signum re cognita quam signo dato ipsa res discitur. (*De magistro* X, 33)

„Als nämlich diese zwei Silben, die wir mit *caput* »Kopf« aussprechen, zum ersten Mal mein Ohr trafen, wußte ich ebensowenig, was sie bezeichneten, wie ich wußte, was *sarabarae*[237] bezeichnet, als ich zum ersten Mal davon hörte oder las. Als aber *caput* oft gesagt wurde und ich meine Aufmerksamkeit darauf richtete, wenn es gesagt wurde, entdeckte ich, daß es sich um eine Vokabel für eine Sache handelte, die ich vom Sehen schon recht gut kannte. Bevor ich das entdeckt hatte, war dieses Wort für mich nur ein Klang; daß es aber ein Zeichen ist, habe ich erst gelernt, als ich herausfand, für welche Sache es ein Zeichen ist; diese hatte ich allerdings, wie gesagt, nicht durch die Bezeichnung, sondern durch die Anschauung kennengelernt."

Adeodatus wird mit Nachdruck dazu aufgefordert, sich zu vergegenwärtigen, daß man nicht durch die Zeichen zur Erkenntnis der Gegenstände, sondern über die unmittelbare Erfahrung der Gegenstände zur Kenntnis der Zeichen gelangt, die für sie stehen:

Et id maxime tibi nitor persuadere, si potero, per ea signa, quae verba appellantur, nos nihil discere; potius enim, ut dixi, vim verbi, id est significationem, quae latet in sono, re ipsa, quae significatur, cognita discimus, quam illam tali significatione percipimus. (*De magistro* X, 34)

„Und davon möchte ich dich vor allem überzeugen, wenn ich kann, daß wir nämlich durch die Zeichen, die »Wörter« genannt werden, nichts lernen; denn wir erlernen, wie gesagt, die Wirkung eines Wortes, das heißt die Bedeutung, die im Klang verborgen liegt, eher durch die Erkenntnis des bezeichneten Gegenstandes selbst als dadurch, daß wir eben diesen Gegenstand durch die Bedeutung erfassen."

Im Anschluß daran erläutert Augustinus, worin er die eigentliche Funktion der Wörter sieht:

[verba] admonent tantum, ut quaeramus res, non exhibent, ut no(ve)rimus. [...] Rebus ergo cognitis verborum quoque cognitio perficitur; verbis vero auditis nec verba discuntur [...] (*De magistro* XI, 36)

„[Die Wörter] ermahnen uns nur, uns den Dingen zuzuwenden (die Dinge aufzusuchen), bewirken jedoch nicht, daß wir sie kennen. [...] Aus der Erkenntnis der Dinge geht auch die Kenntnis der Wörter hervor; durch das (bloße) Hören von Wörtern, werden noch nicht einmal Wörter gelernt [...]"

---

[237] [Ein Kleidungsstück, das in *Daniel 3* im Zusammenhang mit der Geschichte von den drei jungen Männern im Feuerofen erwähnt wird. Sowohl Luther als auch Buber/Rosenzweig übersetzen mit *Mäntel*; Augustinus scheint eher an eine Kopfbedeckung zu denken.]

Entweder wir wissen, was die Wörter bedeuten, oder wir wissen es nicht. Wenn wir es wissen, erinnern wir uns beim Lesen oder Hören an eine Kenntnis, die wir auf anderem Wege erworben haben. Gilt das aber auch für die miteinander verbundenen Wörter, die einen zusammenhängenden Text bilden? Um diese Frage zu klären, greift Augustinus zum Beispiel der Geschichte von den drei jungen Männern im Feuerofen.[238] Hier deute doch wohl alles darauf hin, daß man zwar die Gegenstände, von denen die Rede ist, aus eigener Anschauung kennen müsse, nicht jedoch die eigentliche Geschichte; diese habe man ja nicht selbst erlebt und man nehme sie nur durch die sprachlichen Zeichen zur Kenntnis. Auch diesen möglichen Einwand möchte Augustinus nicht gelten lassen:

> Respondebo cuncta, quae illis verbis significata sunt, in nostra notitia iam fuisse. Nam quid sint tres pueri, quid fornax, quid ignis, quid rex, quid denique illaesi ab igne ceteraque omnia, iam tenebam, quae verba illa significant. Ananias vero et Azarias et Misahel tam mihi ignoti sunt quam illae sarabarae, nec ad eos cognoscendos haec me nomina quicquam adiuverunt aut adiuvare iam poterunt. (*De magistro* XI, 37)

> „Daraufhin werde ich antworten, daß alles, was durch jene Wörter bezeichnet wird, sich bereits in meiner Kenntnis befand. Denn was »drei junge Männer«, was »Ofen«, was »Feuer«, was »König«, was schließlich »vom Feuer Unversehrte« sind und was all das übrige ist, das jene Wörter bezeichnen, wußte ich vorher schon. Ananias, Azarias und Misahel aber sind mir ebenso unbekannt wie jene *sarabarae*; zu ihrer Erkenntnis haben mir diese Namen nicht verholfen und werden es auch künftig nicht tun können."

Die kurze Anspielung auf die Eigennamen ist von sprachtheoretischem Interesse; man kann in ihnen einen ersten Ansatz zu einer Theorie der Eigennamen sehen, die später vor allem von John Stuart Mill (1806–1873) ausgearbeitet worden ist und derzufolge Eigennamen reine Indizes ohne Bedeutung sind.[239]

Was nun die Handlung betrifft, die dem Hörer oder Leser der Geschichte von den drei Männern im Feuerofen allein durch Sprache mitgeteilt wird, so gibt Augustinus wenigstens implizite zu, daß es sich hierbei um mehr als um eine reine Wortliste handelt und daß die Zusammenhänge nicht durch eigene Erfahrung, sondern durch sprachliche Zeichen vermittelt werden. Bei der durch die Geschichte erworbenen Information handele es sich aber nicht um „Wissen" im strengen Sinn, gibt Augustinus zu bedenken, es gehe vielmehr um Inhalte, die „geglaubt" werden müssen:

> Haec autem omnia, quae in illa leguntur historia, ita illo tempore facta esse, ut conscripta sunt, credere me potius quam scire confiteor. (*De magistro* XI, 37)

---

[238] *Daniel 3*, vgl. oben.

[239] [„Proper names are not connotative: they denote the individuals who are called by them; but they do not indicate or imply any attributes as belonging to those individuals." John Stuart Mill: *A System of Logic Ratiocinative and Inductive* (1843); vgl. Aschenberg 1991, 9ff.]

> „Daß aber all das, was in dieser Geschichte zu lesen ist, sich damals wirklich so zugetragen hat, wie dort geschrieben steht, das, so gestehe ich, glaube ich eher, als daß ich es weiß."

Man kann also aus Geschichten dieser Art nichts wirklich lernen, denn das würde sicheres Wissen (*scire*) einschließen. Den Wörtern kann man glauben schenken oder auch nicht, lernen kann man aus ihnen nichts. Wenn wir mit Anspruch auf Wahrhaftigkeit sprechen wollen, können wir dies nur in bezug auf die Dinge tun, die wir selbst erfahren haben. Dabei müssen wir uns auf die Abbilder verlassen, die unserem Gedächtnis eingeprägt und anvertraut wurden (*non iam res ipsas, sed imagines ab eis impressas memoriaeque mandatas*[240]). Ein anderer, der uns etwas mitteilen will, muß dabei ebenso verfahren. Wir müssen ihm glauben, wenn er von Dingen spricht, die wir selbst nicht kennen; Wissen erwerben wir dadurch nicht.

Dasselbe gilt für die „innere Wahrheit". Wenn es um Sachverhalte geht, die wir im Geiste erblicken,[241] dann „sprechen wir zwar von dem, was wir in jenem inneren Licht der Wahrheit unmittelbar anschauen, wodurch der sogenannte innere Mensch erleuchtet wird" (*loquimur, quae praesentia contuemur in illa interiore luce veritatis, qua ipse, qui dicitur homo interior, illustratur ...*), aber auch dann hat der, der mir zuhört [...] das, was ich sage, durch eigene Anschauung kennengelernt, nicht durch meine Worte" (*sed tum quoque noster auditor, [...] novit, quod dico, sua contemplatione, non verbis meis*).[242]

In bezug auf sein Verhältnis zum Wahrheitsgehalt dessen, was jemand sagt, gibt es für den Zuhörer drei Möglichkeiten:

a) Er weiß nicht, ob das Gesagte wahr ist.
b) Er weiß, daß das Gesagte falsch ist.
c) Er weiß, daß das Gesagte wahr ist.

Im ersten Fall kann man dem Gesagten allenfalls glauben, man kann aber auch daran zweifeln; im zweiten Fall wird man widersprechen, im dritten Fall zustimmen – keinesfalls jedoch wird man dabei etwas lernen; denn in allen drei Fällen beruft sich der Hörer letztlich auf seine eigene Erfahrung und sein eigenes Wissen:

> [...] omnia scilicet, quae loquimur, aut ignorare auditorem, utrum vera sint, aut falsa esse non ignorare aut scire vera esse. Horum trium in primo aut credere aut opinari aut dubitare, in secundo adversari atque renuere, in tertio attestari, nusquam igitur discere, quia et ille, qui post verba nostra rem nescit, et qui se falsa novit audisse, et qui posset interrogatus eadem respondere, quae dicta sunt, nihil verbis didicisse convincitur. (*De magistro* XII, 40)

---

240 *De magistro* XII, 39.

241 [Cum grano salis: „Wissen a priori".]

242 [*De magistro* XII, 40. Implizite wird damit auch ein gewisses Vertrauen in die intersubjektive Verbindlichkeit der „inneren Wahrheit" zum Ausdruck gebracht.]

Der erste weiß nach meinen Worten soviel wie vorher, derjenige, der Falsches gehört hat, hat nicht durch meine Worte erfahren, was wahr ist, und derjenige, der Wahres von mir erfahren hat, kannte die Wahrheit des gesamten Tatbestandes schon vorher.

Auch über das Wissen eines anderen können die Wörter nicht zuverlässig Auskunft geben, und zwar aus folgenden Gründen:

a) Es ist nicht sicher, ob das, was einer sagt, dem entspricht, was er tatsächlich weiß, er könnte es ja nur so behaupten:

   Quare iam ne hoc quidem relinquitur verbis, ut his saltem loquentis animus indicetur, si quidem incertum est, utrum ea, quae loquitur, sciat. (*De magistro* XIII, 42)

b) Man kann mit Wörtern auch lügen und betrügen; d. h. die Sprache kann dazu dienen, das Denken zu verbergen:

   Adde mentientes atque fallentes, per quos facile intellegas non modo non aperiri, verum etiam occultari animum verbis. (ibid.)

c) Man kann auch etwas sagen und dabei gleichzeitig etwas ganz anderes denken, etwa, wenn man einen Hymnus mechanisch absingt, ohne auf den Inhalt zu achten oder wenn man sich verspricht – das heißt noch lange nicht lügen oder betrügen:

   Quamquam saepe experti fuerimus et in nobis et in aliis non earum rerum, quae cogitantur, verba proferri, quod duobus modis posse accidere video, cum aut sermo memoriae mandatus et saepe decursus alia cogitantis ore funditur, quod nobis, cum hymnum canimus, saepe contingit, aut cum alia pro aliis verba praeter voluntatem nostram linguae ipsius errore prosiliunt ... (ibid.).

d) Es kommt nur allzu häufig vor, daß ein Sprecher ein Wort in einer bestimmten Bedeutung gebraucht, der Hörer es jedoch in einer anderen Bedeutung versteht. Wenn etwa jemand behauptet, die Tiere überträfen den Menschen an *virtus*, so sind wir vielleicht empört, weil wir „Tugend, überragende geistige und charakterliche Eigenschaften" verstanden haben. Der Sprecher meinte jedoch vielleicht *vires corporis*, *virtus* im Sinne von „Körperkraft". Einem Irrtum solcher Art sollen zwar Definitionen vorbeugen (*huic errori definitiones mederi posse dicuntur*), aber wer kann schon gut definieren? (*quotusquisque bonus definitor inveniri potest*).[243]

e) Man versteht falsch, weil man das Wort rein akustisch falsch verstanden hat; man »verhört« sich leicht, woraus oft Streit entsteht (*multa non bene audimus et quasi de auditis diu multumque contendimus ...*)[244]

Aber selbst, wenn man sicher sein darf, daß der andere genau das sagt, was er denkt, erfährt man dabei nicht, was ist, sondern nur, was er denkt. Heißt das etwa lernen?

---

[243] *De magistro* XIII, 43.
[244] *De magistro* XIII, 44.

> Nam quis tam stulte curiosus est, qui filium suum mittat in scholam, ut, quid magister cogitet, discat? (*De magistro* XIV, 45)

> „Denn wer wäre schon auf eine so törichte Art neugierig, daß er seinen Sohn in die Schule schickt, damit dieser dort lerne, was der Lehrer denkt?"

Die Lehrer unterrichten zwar die unterschiedlichsten Fächer; das enthebt die Schüler jedoch nicht der Mühe, selbst zu entscheiden, ob die Inhalte, die dabei mitgeteilt werden, wahr sind. Sobald der Stoff vorgetragen worden ist.

> ... tum illi, qui discipuli vocantur, utrum vera dicta sint, apud semet ipsos considerant interiorem scilicet illam veritatem pro viribus intuentes. (ibid.)

> „... machen sich alsbald die sogenannten Schüler daran, bei sich selbst zu erwägen, ob etwas Wahres gesagt wurde, indem sie nämlich ihren Kräften entsprechend jene innere Wahrheit betrachten."

Ganz zum Schluß meldet sich Adeodatus noch einmal zu Wort. Er habe nun gelernt, daß man durch die Wörter lediglich zum Lernen aufgefordert werde. Lernen könne man nur durch die äußere und innere Erfahrung. Dazu bedürfe man eines Lehrers, der, obschon er draußen spricht, im Innern wohnt:

> ... utrum autem [didici] vera dicantur, eum docere solum, qui se intus habitare, cum foris loqueretur ... (*De magistro* XIV, 46).

Gemeint ist Christus als „innerer Lehrer", von dem etwas früher bereits ausführlicher die Rede war:

> Ille autem, qui consulitur, docet, qui in interiore homine habitare dictus est Christus, id est incommutabilis dei virtus atque sempiterna sapientia ... (*De magistro* XI, 38)

> „Jener aber, der befragt wird, lehrt, Christus, von dem es heißt, er wohne innen im Menschen, die unveränderliche Kraft Gottes und die ewige Weisheit ..."

8.3 Kritische Anmerkungen zu Augustinus' Sprachtheorie

Der Dialog *De magistro* ist keine nüchterne philosophische Abhandlung, er ist ein literarisches Dokument, in dem mit Leidenschaft nicht nur scharfsinnige Beobachtungen zur Sprache, sondern auch Überzeugungen vorgetragen werden. Die Vortragsweise ist mitunter sophistisch, sowohl was die Fragestellung, als auch was die Schlußfolgerungen betrifft. Das zeigt sich unter anderem anhand zahlreicher Paralogismen, mit denen der Gang der Argumentation durchsetzt ist. Auf die wichtigsten unter ihnen soll hier kurz eingegangen werden.

a) Ein erster Paralogismus steckt in der These, auf der der ganze Dialog beruht, in der Annahme nämlich, der eigentliche Zweck des Sprechens sei das „Lehren". Wenn sogar die Frage als Belehrung des Befragten über den Informationsbedarf des Fragestellers ausgegeben wird (vgl. oben 8.2.3), dann wird deutlich, daß Augustinus *docere* in einem sehr weiten Sinn gebraucht, nämlich in dem von „mit Entschiedenheit die eigene Meinung äußern". Wenn es jedoch der

Gang der Argumentation erfordert, verwendet Augustinus *docere* in anderen Bedeutungen (vgl. unten f) und g)).

b) Augustinus geht von der richtigen Beobachtung aus, daß die Kenntnis der Zeichen beim Individuum zunächst über die Erfassung der bezeichneten Gegenstände und Sachverhalte erworben wird und daß Erkenntnis ohne einen Grundbestand unmittelbarer Erfahrungen unmöglich ist. Seine Übertragung dieser Beobachtung vom Anfangszustand des Lernens auf einen späteren Zeitpunkt, zu dem dem Lernenden bereits ein differenziertes Begriffssystem zur Verfügung steht, ist jedoch unzulässig; denn damit wird die eigentliche Leistung der Sprache verkannt. Jedes Lernen beginnt zwar bei den Gegenständen und führt zu den Zeichen. Ab einem gewissen Stadium aber kehrt sich dieser Vorgang, zumindest in bestimmten Fällen, um und führt von den Zeichen zu den Gegenständen zurück. Das wäre nicht möglich, wenn Wortbedeutungen auch in einem fortgeschrittenen Stadium des Lernprozesses als nicht weiter analysierbare Einheiten gelernt würden. Die Leistung der Sprache besteht nun aber gerade darin, daß sie einen Satz »atomarer« Bedeutungsbestandteile bereitstellt, die mehr oder weniger frei kombiniert und zur Repräsentation von Gegenständen und Sachverhalten herangezogen werden können, die »verstanden« werden, ohne zuvor unmittelbar erfahren worden zu sein. Hierin liegt der Unterschied zwischen „Name“ und „Beschreibung“, auf den Bertrand Russell in seiner *Theory of Description* (1905) so großen Wert gelegt hat. Auch in der indischen Sprachphilosophie wurde die „Erkenntnis durch Wörter“ (*anubhava*) als eine von vier möglichen Formen der Erkenntnis angesehen (vgl. oben 3). Der Name eines Gegenstandes dient tatsächlich nicht dessen Erkenntnis, sondern der Verfügbarkeit eines Denkinhalts. Würde jedes Wort nur global bedeuten (nicht nur Augustinus scheint das anzunehmen), dann wäre das Lernen von Bedeutungen mit Hilfe anderer Bedeutungen tatsächlich unmöglich.

Freilich gibt es in diesem Bereich noch viele ungeklärte Probleme: Welches sind die Bedeutungen, die nur durch unmittelbare Erfahrung, nicht durch andere Bedeutungen erlernt werden können? Wir wissen, daß die Bedeutungen von Farbwörtern dazu gehören; Bedeutungen wie „rot“, „blau“ oder „gelb“ kann man nicht durch Kombination bereits bekannter unterscheidender Merkmale erschließen. Gibt es einen Grundbestand universeller semantischer Merkmale, der in allen Sprachen vorhanden sein muß? Zwingend notwendig ist eine solche Annahme nicht, denn diese Merkmale können sich auch einzelsprachenspezifisch aus logischen Kombinationen von Universalien ergeben. Man kann die Welt im ganzen durch jede Form der Erfahrung erkennen – den größten Teil davon erfährt man indirekt.

c) Wenn Augustinus davon spricht, daß man über die Dinge (*res*) keine Kenntnis mit Hilfe der Wörter erlangen könne, dann meint er damit nicht alle in Frage kommenden Wörter, sondern die Bezeichnungen der Dinge, um die es geht (*earum verba*). Im Lichte dessen, was in b) gesagt wurde, ist das fast schon ein Truismus. Natürlich sagt mir das Wort *Elefant* allein nichts über das so benannte Tier; es hält lediglich eine Leerstelle frei, die noch mit Inhalt zu füllen ist. Zumindest vorläufig (d.h. bevor ich Bekanntschaft mit einem Elefanten gemacht habe) kann ich mir jedoch mit Hilfe anderer, bereits bekannter Wörter, die mir in Beschreibungen des Tiers vorgetragen werden, ein Bild von ihm machen, und dieses Bild kann bei Bedarf vervollständigt und modifiziert werden.

d) Definitionsgemäß (vgl. das zweite Schema in 8.1) wird unter *verbum* der bloße Zeichenträger verstanden. Über reine Signifikanten läßt sich kein Wissen vermitteln, sondern nur über vollständige Zeichen (*signa*), die Augustinus in *De dialectica* in bezug auf die Sprache *dictiones* nennt. Der Gebrauch von *verbum* in *De magistro* wäre also in dieser Hinsicht kritisch zu überprüfen.

e) Augustinus unterscheidet nicht zwischen der Bedeutung eines Satzes oder dem Sinn eines Textes einerseits und den Elementen, aus denen sich Sätze und Texte zusammensetzen, andererseits. Nun besteht aber das Sprechen nicht in einer Aufzählung von Wörtern. Aus der Kenntnis der Bedeutungen „drei", „jung", „Mann", „Feuer", „Ofen" usw. allein läßt sich der Inhalt der Geschichte von den drei jungen Männern im Feuerofen nicht erschließen. Das Verständnis der Wörter – wenn auch nicht aller Wörter – ist lediglich notwendige, nicht auch schon hinreichende Bedingung für das Verständnis eines Textes. Die Leistung der Sprache besteht gerade darin, daß sie mit bekannten Wörtern etwas noch nicht Bekanntes ausdrücken kann.

f) Dort, wo er das komplexe Wissen behandelt, das Texte vermitteln, ist sich Augustinus dieses Unterschieds durchaus bewußt. Um bei seiner These bleiben zu können und zu zeigen, daß man auch durch das Anhören der Geschichte von den drei Männern im Feuerofen nicht eigentlich »belehrt« werde, versteht er nun *docere* in einem anderen Sinn. Gemeint ist hier nicht mehr „Ausdruck der eigenen Meinung", sondern „Vermittlung einer unmittelbaren Kenntnis von den Dingen". Diese Bedeutung steht nun im Gegensatz zur indirekten Vermittlung solcher Kenntnisse durch die Worte eines „Lehrers", eine Vermittlung, die nur zu „Glaubensinhalten", nicht zu sicherem Wissen führen könne. Dieser Vorbehalt betrifft aber nur die Art der Kenntnisse und die Sicherheit, mit der wir über sie verfügen, nicht den Vorgang der Übertragung selbst. Hier geschieht etwas, das sich bei späteren Sprachkritikern in verschiedenen Formen immer wieder ereignen wird: Eine der großen Leistungen der Sprache für die Kultur wird zur „Unzulänglichkeit" herabgestuft. In dieser „Unzulänglichkeit" liegt doch gerade ein unschätzbarer Gewinn: Nur weil es über Sprache verfügt, braucht ein Individuum nicht immer wieder von neuem die gesamte Kultur aufzubauen. Es kann auf gespeicherte Wissensbestände zurückgreifen, die sich bei Bedarf erweitern und modifizieren lassen. Alle historischen Wissenschaften beruhen im wesentlichen auf der Möglichkeit, in Texten gespeichertes Wissen heranzuziehen und – gegebenenfalls durch eine kritisch-vergleichende Analyse verschiedener Texte – Geschehnisse zu rekonstruieren, die der Forscher selbst nicht erlebt hat. Wer könnte es sonst heute wagen, sich über die Seeschlacht von Salamis zu äußern?[245]

---

245 [Vgl. Coseriu 1994, 183ff.]

g) Die verschiedenen „Unzulänglichkeiten", mit denen die Vermittlung von Erkenntnis durch Sprache behaftet ist, gehören eigentlich einer anderen philosophischen Ebene an als der, auf der sich Augustinus in *De magistro* bewegt. Wenn man der Sprache anlastet, sie vermittle das Denken des anderen ohne Hinweis darauf, ob es dessen tatsächlichem Wissen entspricht und ob es aufrichtig geäußert wird, dann muß man auch zugeben, daß die Vermittlung von »wahrem« Wissen unter günstigen Umständen auch glücken kann, dann nämlich, wenn der andere die reine faktische Wahrheit unverstellt wiedergibt. In diesem Zusammenhang verwendet Augustinus *docere* wiederum in einer neuen Bedeutung, nämlich in der von „Vermittlung von Wahrem". „Lehren" heißt aber doch wohl „Vermittlung von Wissen", und dieser Vorgang findet auch dann statt, wenn sich der „Schüler" des Wahrheitsgehalts der übermittelten Kenntnisse nicht sicher sein kann.

h) Bei genauerem Hinsehen verlangt Augustinus von der Sprache noch mehr: Das als „Lehren" verstandene Sprechen soll nicht nur ausschließlich Wahres mitteilen, es soll darüber hinaus auch noch die Kriterien aufscheinen lassen, nach denen über die „Wahrheit" von Sachverhalten geurteilt wird. Dies ist prinzipiell nur für logisch abgeleitete Kriterien möglich, nicht für die elementaren Prinzipien, die nicht bewiesen werden können. Damit fordert Augustinus etwas Widersprüchliches; denn bei diesen abgeleiteten Kriterien, die über „wahr" und „falsch" entscheiden, handelt es sich um ein Wissen, das nicht unmittelbar erfahren und somit – Augustinus zufolge – nur „geglaubt" werden kann.

i) Wenn verlangt wird, beim Lehren müsse sicheres Wissen vermittelt werden und wenn im Zusammenhang damit bezweifelt wird, daß ein Lehrer immer über sicheres Wissen verfügt, dann wird – zumindest implizit – in der Lehre eine Vermittlung des Kenntnisstandes des Lehrers an seine Schüler gesehen. „Lehren" sollte jedoch auch bedeuten, dem Lernenden die Mittel an die Hand zu geben, mit Hilfe deren er sich selbst Kenntnisse erwerben kann, die möglicherweise dem zuwiderlaufen, was ihm der Lehrer mitgeteilt hat.

k) Mit der plötzlichen Berufung auf Christus als den „inneren Lehrer" – er hat an dieser Stelle ungefähr die Funktion, die in Platons *Menon* der ἀνάμνησις zukommt – wird ein argumentativer Sprung vollzogen, der von kritischen Lesern, auch wenn sie zu den Bewunderern Augustins gehören, nicht ohne weiteres nachvollzogen werden kann.

8.4 Weiterführende Aspekte in Augustinus' Beitrag zur Sprachtheorie

Angesichts der soeben diskutierten Schwächen in den Ausführungen Augustins zum Problem der Sprache dürfen die positiven Aspekte nicht übersehen werden, die auf die weitere Entwicklung der Sprachphilosophie Einfluß genommen haben.

Für Augustinus beruht das Lernen des Gebrauchs von Zeichen – „Zeichen“ nun im Sinne von *dictio*, als Einheit von *verbum* und *dicibile* verstanden – auf einer Intuition der allgemeinen, d.h. nicht kontextgebundenen Zeichenbedeutung. Symptomatisch hierfür ist die Bemerkung Adeodats, man könne die Bedeutung von *ambulare* „umhergehen“ nicht durch eine Demonstration des bezeichneten Vorgangs vollständig vermitteln; *ambulare* bedeute nämlich mehr, als die wenigen Schritte zu tun, die man zur Demonstration des Gemeinten benötigt.[246] Die Erlernung einer Zeichenbedeutung geht, insofern sie auf einer Intuition beruht, über das *hic et nunc* Gegebene hinaus.

Ferner berührt Augustinus einen Punkt, der sehr viel später vor allem bei positivistischen Denkern zu einem radikalen Skeptizismus bei der Behandlung der Bedeutungsseite der Sprache geführt hat. Man spricht mit seinen eigenen Bedeutungen und kann dabei nie sicher sein, ob die Inhalte, auf die man sich beruft, beim anderen in gleicher Weise vorhanden sind. Es gehört nun einmal zu den Wesensmerkmalen der Sprache, daß das Sprechen auf der rational unbegründeten Annahme beruht, der andere verstehe, was man sagt. Diese Annahme wird zwar in lebenspraktischer Hinsicht meistens – wenn auch nicht immer – bestätigt, sie läßt sich jedoch nicht so ohne weiteres begründen. Wir schreiben dem anderen die Fähigkeit zu, uns zu verstehen, verfügen jedoch über keinerlei Mittel, um uns von der Richtigkeit dieser Annahme zu überzeugen; denn wir haben keinen Zugang zu fremden Bewußtseinsinhalten.

Schließlich gesteht Augustinus dem Lernen eine Eigenschaft zu, die er dem Lehren – wiederum nur implizite – abspricht: Lernen ist für ihn ein schöpferischer Vorgang, bei dem der Lernende keine rein passive Rolle spielt. Er ist kein Gefäß, das mit Wissen anzufüllen wäre; er überprüft das ihm übermittelte Wissen daraufhin, ob es mit den in ihm schon vorhandenen Kriterien der Wahrheit zu vereinbaren ist. Zum Lernen gehört die Berufung auf eine Intuition, die Augustinus als den „inneren Lehrer“ bezeichnet. Diese Instanz entspricht – und insofern ist der häufig bemühte Vergleich berechtigt – der ἀνάμνησις in Platons *Menon*. Die Vermittlung von Wissen ist nur möglich, wenn die Grundlage dafür bereits im Lernenden angelegt ist.

---

[246] *De magistro* X, 29.

8.5 Bibliographische Hinweise

Die beiden hier diskutierten Texte sind heute leichter verfügbar als beim ersten Erscheinen der vorliegenden *Einführung*. *De dialectica* wurde zum ersten Mal von W. Crecelius (1857) kritisch ediert; die Ausgabe von Pinborg und Jackson (1975) verzeichnet die dort vorgenommene Gliederung des Textes. Wie sehr das Interesse an Augustinus zugenommen hat, belegt die Tatsache, daß man eine Version des Traktats auch im Internet findet. *De magistro* ist am leichtesten zugänglich in der von Burkard Mojsisch besorgten zweisprachigen Ausgabe bei Reclam (1998), mit Kommentar und zahlreichen Literaturhinweisen. Weitere Hinweise finden sich s.v. *Quellen* im Literaturverzeichnis.

Von den zahlreichen Werken zu Augustinus insgesamt können hier nur wenige genannt werden: Gilson (^{3}1969), streng systematisch aus neoscholastischer Sicht; Marrou (1956); Brown (1967, dt. 1973), ausführlich auch in biographischen Einzelheiten und schließlich Flasch (^{2}1994), mehr dem Denken Augustins als seinem Leben gewidmet, um historische Einordnung dieses Denkens bemüht.

Speziell zur Sprachphilosophie Augustins wären (unter vielen anderen Arbeiten) zu nennen: Ott (1898, ^{2}1908), schwer auffindbar; Kuypers (1934), immer noch ein Standardwerk; Barwick (1957), Kap. 1, 2; Pinborg (1962); Duchrow (1965), Ruef (1981) und (1995), Borsche (1986), Hennigfeld (1994, 125–167), behandelt sehr ausführlich auch *De trinitate*, und schließlich Mojsisch (1996).

9 Die Sprachphilosophie des Mittelalters

Obwohl die Philosophie des Mittelalters insgesamt recht gut erforscht ist – allein schon aufgrund ihrer unauflöslichen Verbindung mit der Theologie –, bereitet die Behandlung der mittelalterlichen Sprachphilosophie erhebliche Schwierigkeiten. Es mangelt zwar nicht an Einzeluntersuchungen; große Übersichtsdarstellungen, in denen die Zusammenhänge zwischen den verschiedenen Richtungen aufgewiesen und die wichtigsten Texte vollständig und systematisch erfaßt und vorgestellt würden, fehlen weiterhin. Der reiche Fundus an primären Quellen ist noch längst nicht vollständig erschlossen; von vielen wichtigen Texten gibt es noch keine oder wenigstens keine kritischen Editionen. Vieles ist nur bruchstückweise einem breiteren Publikum bekannt geworden, in Form von in die Sekundärliteratur eingestreuten Zitaten, die weniger dem Verständnis des zitierten Autors als dem Aufweis einer vermeintlichen Parallele zu neueren Sprachtheorien dienen. So zitiert R. H. Robins in seiner *Ancient and Medieval Grammatical Theory in Europe*[247] einen Passus aus der zwischen 1310 und 1320 entstandenen *Summa modorum significandi* des Siger de Courtrai:[248]

> ... quia modi significandi activi sunt quidam conceptus ipsius intellectus; nunc conceptus intellectus manent in intellectu et sunt in eo et non transeunt extra, tamen voces denominant et per eas invicem construuntur sicut universale existens in intellectu denominat rem extra ...[249]
>
> „... weil die modi significandi activi sozusagen Begriffe des Verstandes selbst sind; nun bleiben aber die Begriffe des Verstandes im Verstand und treten nicht aus ihm heraus, wenngleich die Wörter (qua Signifikanten) sie benennen und Wörter und Begriffe sich wechselseitig darstellen, so wie das im Verstand existierende Universale den außerhalb seiner selbst bestehenden Gegenstand benennt ..."

Robins möchte mit diesem Zitat belegen, daß im Begriff des *conceptus intellectus* Saussures *signifié* vorgebildet ist;[250] er scheint nicht zu sehen, daß es sich bei den *conceptus intellectus* um eine Reminiszenz an die νοήματα der Stoiker handelt, die im Intellekt verbleiben und nicht in die Sprache eingehen (vgl. oben 7.2.3): τὰ νοήματα ἐκφορικά· ταῦτα γὰρ ἐκφέρομεν διὰ τῶν φωνῶν.[251]

Dazu kommt, daß die mittelalterliche Auffassung vom Status der intellektuellen und künstlerischen Schöpfungen den modernen Historiker vor ein prinzipielles Problem stellt. Die mittelalterliche Kultur ist universalistisch ausgerichtet. Wissen und Kunst sind Allgemeingut; die Urheber einzelner Werke

---

[247] Robins 1951.

[248] Lat. Sigerus de Cortraco, flämisch Siger von Kortrijk, gest. 1341.

[249] Siger de Courtrai 1913, 94f.

[250] Robins 1951, 82f., Fn. 1.

[251] Ammonios, zit. nach Hülser 1987, Bd. 2, 790 = Fragment 681.

wollen gar nicht individuell hervortreten. Wir sprechen vom „Meister von Naumburg“ und glauben zu wissen, daß er auch den Dom von Meißen wesentlich mitgestaltet hat; seinen Namen kennen wir nicht. Thomas von Erfurt, von dem gleich noch die Rede sein wird, verdankt seinen Namen höchstwahrscheinlich seiner langjährigen Lehrtätigkeit in der zum Bistum Mainz gehörigen thüringischen Stadt; von seiner Herkunft und von seinem Leben wissen wir so gut wie nichts. So ist es nicht verwunderlich, daß sein Traktat über die *modi significandi* lange Zeit hindurch anderen Autoren zugeschrieben wurde (vgl. unten). Wissen und Können hatten im Mittelalter einen objektiven Wert. Nicht der persönliche Anteil an der Vermittlung, nicht die individuelle Auffassung, sondern das objektiv Gemeinte und Dargestellte standen im Mittelpunkt des Interesses. Daher können wir allgemeine Denkrichtungen wie die Lehre von den *modi significandi*, die von den *proprietates significationum* der spätantiken Grammatik ihren Ausgang nahm, zwar aufgrund mühseliger historischer Forschungen mit einer Reihe von Namen verbinden, den Anteil eines einzelnen daran können wir jedoch nicht sicher einschätzen. Das gilt auch für die Lehre von den *suppositiones* und von der mittelalterlichen Zeichentheorie. Bevor diese kollektiven Denkrichtungen in eigenen Abschnitten behandelt werden, sollen einige Aspekte davon anhand des Werks eines Mannes vorgestellt werden, der aus der großen Schar mehr oder weniger anonymer Denker als individuell faßbare Persönlichkeit hervortritt: Thomas von Aquin.

9.1 Thomas von Aquin (1224/25 – 1274)

Thomas von Aquino (der Aquinate, Beiname: Doctor Angelicus) wurde als Sohn des Grafen Landulf von Aquino und seiner Frau Theodora, einer neapolitanischen Adligen normannischer Herkunft, im Stammschloß seiner Familie in Roccasecca (nördlich von Neapel) geboren. Aufgrund seiner Herkunft war es ihm kaum möglich, in die Anonymität der Existenz eines mittelalterlichen Klerikers einzutauchen; er war ursprünglich zum Kirchenfürsten, nicht zum Gelehrten bestimmt. Typisch »mittelalterlich« ist jedoch die Internationalität seiner Laufbahn: Nach ersten Studien in Neapel begibt er sich gegen den Widerstand seiner Eltern nach Paris, wird dort Schüler von Albertus Magnus, erhält dann in Köln die Priesterweihe, kehrt wieder nach Paris zurück und lehrt später an verschiedenen Orten in Italien, um schließlich, darin ein echter »Italiener«, in seine engere Heimat zurückzukehren. Er starb im Kloster Fossanova auf der Reise zum Konzil von Lyon, vermutlich an den Folgen eines Reiseunfalls.

Schon während seines Studiums nahm Thomas an den lebhaften geistigen Auseinandersetzungen teil, die sich damals fast ausschließlich im kirchlichen Umfeld abspielten. Die gerade wieder in größerem Umfang bekannt gewordenen Schriften des Aristoteles übten schon in seiner Jugend einen tiefen Einfluß auf ihn aus. Er verschmolz das geistige Erbe Augustinus’ und die Aristotelische Philosophie zu einem theologisch-philosophischen Gedankengebäude, in dem neben dem Glauben auch dem Wissen ein angemessener Platz eingeräumt wurde. Seine Sprachphilosophie entwickelt er vor allem in seinem unvollendeten

Kommentar zu Περὶ ἑρμηνείας: *In libros peri hermeneias expositio* (vgl. oben 6.3.8.5.1), der in seinen letzten Lebensjahren entstand. Thomas' Kommentare zu verschiedenen Schriften von Aristoteles sind „Auslegungen" (*expositiones*) im eigentlichen Sinn: Viel umfangreicher als die Vorlage – aus einem Syntagma wird meist ein ganzer Abschnitt – halten sie sich inhaltlich eng an das dort Gesagte und wo sie darüber hinausgehen, entwickeln sie das, was Aristoteles in seinen Vorlesungen, von denen uns nur Notizen überliefert sind, tatsächlich gesagt haben könnte.[252]

9.1.1 Aristoteles aus der Sicht des Aquinaten: drei Operationen des Verstandes und ihre Widerspiegelung im *Organon*

In der Vorrede zu seinem Kommentar zu der Aristotelischen Schrift *Peri hermēneias*, die ihm wohl in der lateinischen Übersetzung von Wilhelm von Moerbeke[253] vorgelegen hat, nennt Thomas die Vorgehensweisen (*operationes*) des Verstandes, die Aristoteles unterschieden habe, und verweist dabei auf das dritte Buch von *De anima*. Aristoteles habe in seinem *Organon* diese drei Vorgehensweisen der Reihe nach beschrieben:

Die erste unter ihnen ist die unmittelbare Einsicht in das Wesen der Dinge:

> operatio intellectus [...] quae dicitur indivisibilium intelligentia, per quam scilicet intellectus apprehendit essentiam uniuscuiusque rei in seipsa.
> „eine Verrichtung des Verstandes, die »Erfassung dessen, was unteilbar ist« genannt wird und durch die der Verstand bekanntlich das Wesen eines jeden Dings in sich selbst erfaßt"

Diese erste Operation habe Aristoteles in seiner Schrift *Categoriae vel Praedicamenta* behandelt.

Die zweite besteht in der Aussage: *operatio intellectus scilicet componentis et dividentis* „nämlich in der Verstandestätigkeit des Zusammenfügens und Teilens"; sie werde in *Peri hermēneias* (*De interpretatione*) abgehandelt.

Bei der dritten Vorgehensweise des Verstandes handelt es sich um die Schlußfolgerung (*ratiocinium*):

> ... additur autem et tertia operatio, scilicet ratiocinandi, secundum quod ratio procedit a notis ad inquisitionem ignotorum.
> „hinzuzufügen ist aber eine dritte Tätigkeit, nämlich die des Schlußfolgerns, die es der Vernunft gestattet, von den bekannten Gegebenheiten zur Erforschung der unbekannten fortzuschreiten"

Von dieser dritten Operation sei in den *Analytica priora* und *posteria* die Rede.[254]

---

[252] Zu den Aristoteleskommentaren vgl. u.a. Grabmann 1926, Bd. I, 226–313; Hennigfeld 1994, 228–235.

[253] Vgl. oben 6.3.4, Anm. 134.

[254] *Prooemium*, Abschnitt 1 und 2; die griechischen Originaltitel und ihre üblichen deutschen Entsprechungen wurden in 6.1.2 aufgeführt.

Thomas interpretiert Aristoteles sehr genau und korrekt, wie bereits im Hinblick auf κατὰ συνθήκην (*secundum placitum*) gezeigt wurde.[255] Wo es ihm dienlich scheint, zieht er auch die wichtigste Sekundärliteratur seiner Zeit heran, d.h. die Kommentare von Boethius, Porphyrius, Ammonius und andere Schriften.[256] Auch der Begriff πάθημα „Erleidnis" wird richtig interpretiert:

> Nam passio est ex impressione alicuius agentis; et sic passiones animae originem habent ab ipsis rebus. (I,1,2,2)
>
> „Denn das Erleiden geschieht aufgrund des Einwirkens irgendeines Urhebers; und so haben die „Erleidnisse der Seele" ihren Ursprung in den Dingen selbst."

Weiterhin sieht Thomas genau, daß sich die Bestimmung „nicht-φύσει" bei Aristoteles nicht auf das Verhältnis von Gegenstand und Wortform bezieht, sondern auf die Tatsache, daß die Bedeutung nicht „von Natur aus" gegeben ist. Er unterscheidet daher zwischen einer etymologischen und einer tatsächlich beim Sprechen wirksamen Bedeutung und kann damit Platon (genauer gesagt Kratylos) und Aristoteles auf einen Nenner bringen. Die »natürliche« Motivation, die der Etymologie zugrundeliegt, läßt keinen Schluß zu auf die Bedeutung, die in der Sprache zu einem gegebenen Zeitpunkt wirksam ist:

> Aliud autem est id a quo imponitur nomen ad significandum, ab eo quod nomen significat; sicut hoc nomen lapis imponitur a laesione pedis,[257] quam non significat: quod tamen imponitur ad significandum conceptum cuiusdam rei. (I,1,4,9)
>
> „Verschieden aber ist das, woraus der Name zur Bezeichnung hergeleitet wird, von dem, was er bezeichnet; so wie der Name *lapis* „Stein" von *laesio pedis* »Verletzung des Fußes« hergeleitet wird, was er aber nicht bedeutet, und doch wird er zur Bezeichnung des Begriffs des betreffenden Gegenstandes herangezogen."

Andererseits können die Namen ein und desselben Gegenstandes in etymologischer Hinsicht »natürlich« motiviert und dennoch verschieden sein:

> Nec obstat quod una res multis nominibus significatur: quia unius rei possunt esse multae similitudines; et similiter ex diversis proprietatibus possunt uni rei multa diversa nomina imponi. (I,1,4,12)
>
> „Und nichts steht dem entgegen, daß ein Gegenstand mit vielen Namen bezeichnet wird, denn es kann vielerlei Entsprechungen ein und desselben Gegenstandes geben, und somit können einem Gegenstand in bezug auf seine unterschiedlichen Eigenschaften viele verschiedene Namen gegeben werden."

Es zeigt sich immer wieder, daß Thomas sich zwar streng in den Grenzen des Aristotelischen Denkens bewegt, jedoch all das bis ins einzelne ausführt, was aus den Schriften von Aristoteles lediglich zu erschließen ist. So betont er immer wieder, weit deutlicher als Aristoteles selbst, daß die *voces* „Wörter" die

---

[255] Vgl. oben 6.3.8.5.1.

[256] Vgl. Grabmann 1926, 290.

[257] [Eine »Etymologie« von der Art, wie wir sie aus *Kratylos* kennen und wie sie bis zu Isidor von Sevilla üblich war: *laesio pedis* > *lapis*.]

simplices intellectus conceptiones „die einfachen Begriffe des Verstandes" repräsentieren, und dies aufgrund der *indivisibilium intelligentia*, der „Erfassung des Unteilbaren, des einheitlich Gegebenen".[258] Er erläutert dies folgendermaßen:

> In quantum scilicet intellectus intelligit absolute cuiusque rei quidditatem sive essentiam per seipsam, puta quid est homo vel quid album vel quid aliud huiusmodi. (I,1,3,3)
>
> „Insofern nämlich der Verstand unmittelbar eines jeden Dinges »Washeit« oder Wesen in sich selbst versteht, zum Beispiel was ein Mensch ist oder das Weiße oder irgend etwas dieser Art."

Damit wird zum ersten Mal gesagt, daß die Wörter nicht für die Dinge stehen, sondern für ihre „Washeit", ihr So-Sein, für das, wodurch sie als das jeweilige Ding erkannt werden. Ein Wort wie *homo* bedeutet das, worauf die Frage „Was ist ein Mensch?" abzielt.[259]

9.1.2 Drei Arten von Wahrheit

An einer wenig beachteten Stelle seines Kommentars, bei der es um die Erklärung von „wahr" und „falsch" als Eigenschaften der Aussage geht, unterscheidet Thomas – gewissermaßen nebenbei – drei Arten von „Wahrheit":

- die Wahrheit des Begriffs, die gegeben ist, wenn *ens et verum convertuntur* „das Seiende (Wesen) und das Wahre ineinander überführt werden; *unde videtur quod etiam simplex conceptio intellectus* [...] *non careat veritate et falsitate* „woraus zu ersehen ist, daß auch der einfache Begriff [...] nicht der Wahrheit und Falschheit entbehrt (den Kategorien ‚wahr' oder ‚falsch' unterworfen werden kann)";
- die Wahrheit der Sache selbst: *quia etiam res dicitur vera vel falsa, sicut dicimus aurum verum vel falsum* „denn auch die Sache selbst wird ‚wahr' oder ‚falsch' genannt, z. B. wenn wir von wahrem (echtem) oder falschem Gold sprechen";
- die Wahrheit als Relation zwischen dem, was ist, und dem, was gesagt oder erkannt wird. Aristoteles gehe es um diese dritte Art der Wahrheit: *veritas [...] in dicente vel cognoscente verum* „Wahrheit [...] in dem, der Wahres sagt oder erkennt".[260]

9.1.3 Die intersubjektive Dimension der Sprache

Deutlicher und entschiedener als seine Vorläufer weist Aristoteles auf den gesellschaftlichen Charakter der Sprache hin, in dem ihre intersubjektive Dimen-

---

[258] Vgl. z. B. I,1,2,10.
[259] Vgl. oben 1.3.2.
[260] Vgl. I,1,3,5–6.

sion wurzelt. Wie bereits im Kapitel über Aristoteles gezeigt wurde,[261] sieht Thomas in der gesellschaftlichen Verfaßtheit des Menschen die eigentliche Motivation für das Sprechen:

> ... quia homo est animal naturaliter politicum et sociale, necesse fuit quod conceptus unius hominis innotescerent aliis ...
>
> „... da aber der Mensch seiner Natur nach ein geselliges und politisches Lebewesen ist, war es nötig, daß die Begriffe des einen auch den übrigen Menschen bekannt gemacht würden ...“[262]

9.1.4 Sprache als Möglichkeit der Emanzipation vom *hic et nunc* der Erfahrung

Unmittelbar im Anschluß an die soeben angeführte Stelle geht Thomas von den anthropologischen Grundlagen des Sprechens zu den Möglichkeiten über, die diese Tätigkeit dem Menschen eröffnet:

> ... si homo uteretur sola cognitione sensitiva, quae respicit solum ad hic et nunc, sufficeret sibi ad convivendum aliis vox significativa, sicut et caeteris animalibus ...
>
> „... wenn der Mensch allein von der Sinneserfahrung Gebrauch machte, die nur auf das Hier und Jetzt gerichtet ist, genügte ihm zum Zusammenleben mit anderen wie den übrigen Lebewesen die Stimme zum Ausdruck der Bedeutung ...“

Damit gibt sich jedoch der Mensch nicht zufrieden:

> ... sed quia homo utitur etiam intellectuali cognitione, quae abstrahit ab hic et nunc; consequitur ipsum sollicitudo non solum de praesentibus secundum locum et tempus, sed etiam de his quae distant loco et futura sunt tempore ... (I, 1,2,2)
>
> „... aber da der Mensch auch von der intellektuellen Erkenntnis Gebrauch macht, die vom Hier und Jetzt absieht, kümmert er sich nicht nur um das, was räumlich und zeitlich gegenwärtig ist, sondern auch um die Gegebenheiten, die räumlich entfernt sind und zeitlich noch bevorstehen.“

Die Sprache erlaubt es dem Menschen, Dinge, die nicht in seiner unmittelbaren Erfahrung präsent sind, geistig weiterzuverfolgen und nicht nur auf gegenwärtige Ereignisse zu reagieren, sondern auch künftige zu bedenken.

Seltsamerweise verwendet Thomas dieses Argument zur Begründung der Notwendigkeit der Schrift,[263] nicht zur Unterscheidung von Tierlauten und menschlicher Sprache. Diese trifft er erst etwas später und begründet sie auf andere Weise. Die *passiones* im üblichen Sinn seien *appetitus sensibilis affectiones* „Berührungen des sinnlichen Triebs“, also Befindlichkeiten wie *ira* „Zorn“ oder *gaudium* „Freude“. Diese Seelenzustände könnten durch die *voces significantes naturaliter*, die „von Natur aus ihre Bedeutung ausdrückenden Laute“, vermittelt werden. In *Perì hermēneías* werde jedoch etwas anderes darunter

[261] Vgl. oben 6.3.6.

[262] Das vollständige Zitat findet sich in 6.3.8.5.1.

[263] Necessarius fuit usus scripturae; I,1,2,2.

verstanden, nämlich *intellectus conceptiones*, die „Begriffe des Verstandes", und diese würden durch *voces significantes ex institutione humana* „Laute, die aufgrund einer menschlichen Einrichtung bedeuten" bezeichnet. Daher habe man es bei den Wörtern nicht mit dem unmittelbaren Ausdruck von Empfindungen, sondern mit begrifflich-abstrakten Inhalten zu tun:

> Sed nunc sermo est de vocibus significativis ex institutione humana; et ideo oportet passiones animae hic intelligere intellectus conceptiones, quas nomina et verba et orationes significant immediate [...]. Non enim potest esse quod significent immediate ipsas res, ut ex ipso modo significandi apparet: significat enim hoc nomen homo naturam humanam in abstractione a singularibus. Unde non potest esse quod significet immediate hominem singularem; unde Platonici posuerunt quod significaret ipsam ideam hominis separatam. (I,1,2,5)

> „Aber nun ist die Rede von Lauten, die aufgrund einer menschlichen Einrichtung mit Bedeutung versehen sind, und daher sind die „Erleidnisse der Seele" hier im Sinne von „Begriffe des Verstandes" zu verstehen, (Begriffe), die von Nomina, Verba und Sätzen unmittelbar bezeichnet werden [...] Wie aus ihrem *modus significandi* hervorgeht, können sie nämlich nicht die Dinge selbst bedeuten. Das Nomen *homo* bedeutet nämlich die Natur des Menschen im allgemeinen, losgelöst von Einzelfällen. Daraus geht hervor, daß es nicht unmittelbar den einzelnen Menschen bedeuten kann. Davon ausgehend stellten die Platoniker die These auf, es bedeute die Idee des Menschen getrennt (vom konkreten Menschen)."

Die Loslösung vom *hic et nunc* der Erfahrung ist also die Voraussetzung für die Entstehung der Allgemeinbegriffe, der Universalia.

9.1.5 Objektsprache und Metasprache

Ähnlich wie Augustin unterscheidet auch Thomas zwischen Objekt- und Metasprache. Gegenüber der üblichen Ansicht, Verben seien für die Besetzung der Prädikatstelle im Satz vorgesehen, könne eingewendet werden, meint Thomas, daß Verben auch in Subjektposition erscheinen können; dies sei allerdings nur unter ganz spezifischen Bedingungen möglich:

> [...] ut cum dicitur, curro est verbum. Sed dicendum est quod in tali locutione, hoc verbum curro, non sumitur formaliter, secundum quod eius significatio refertur ad rem, sed secundum quod materialiter significat ipsam vocem, quae accipitur ut res quaedam. Et ideo tam verba, quam omnes orationis partes, quando ponuntur materialiter, sumuntur in vi nominum. (I,1,5,6)

> „[...] wie wenn z.B. gesagt wird *curro* »laufen« ist ein Verb. Dazu ist zu sagen, daß in einer solchen Aussage das Verb *curro* nicht in formaler Supposition, also nicht im Hinblick auf den Vorgang, den es bezeichnet, gebraucht wird, sondern in materialer Supposition, im Hinblick auf das Wort selbst, das wie ein Gegenstand aufgefaßt wird. Und daher erscheinen die Verben ebenso wie alle anderen Wortarten, wenn sie in materialer Supposition gebraucht werden, in der Funktion von Nomen."

Auch das hatte Augustin bereits gesehen (vgl. oben 8.2.2.2).

9.1.6 Weitere Aspekte von Thomas' Aristotelesinterpretation

Thomas bleibt dem Denken Aristoteles' auch in negativer Hinsicht verhaftet; er geht selbst dort nicht über Aristotelische Positionen hinaus, wo man dies von einem späteren Standpunkt aus möglicherweise erwarten würde. Das liegt vielleicht daran, daß er sich in seinen Aristoteleskommentaren große Zurückhaltung auferlegt hat und Kritik sowie selbständiges Weiterdenken hinter die reine Exegese zurücktreten ließ.[264]

9.1.6.1 Der Übergang von den Wörtern zu den nicht-aussagenden Sätzen

Wie gelangt man von den Wörtern zu den Sätzen, ohne dabei die Schwelle der »Wahrheitswertfähigkeit« zu überschreiten? Die Beantwortung dieser Frage fällt bei Thomas noch unbefriedigender aus als bei Aristoteles. Die positive Begründung durch die *apprehensio simplex* bezieht sich ausdrücklich und ausschließlich auf die Wörter. Nur diese entsprechen einer unmittelbareren Intuition des als Einheit Gegebenen (*indivisibilium intelligentia*) und unterliegen somit lediglich der Wahrheit des Begriffs, nicht der Wahrheit des Aussagens oder Erkennens (vgl. oben 9.1.2). Die negative Trennung in Elemente, die den Kriterien „wahr" oder „falsch" unterliegen, und in solche, bei denen dies nicht der Fall ist, betrifft dagegen Sätze oder sogar Texte. Aufgrund der unterschiedlichen Kriterien, die bei der Definition der nicht-wahrheitswertfähigen Wörter und der wahrheitswertfähigen Aussagen herangezogen werden, verbleiben die nicht-wahrheitswertfähigen Aussagen in einer begrifflich nicht klar erfaßten Zwischenzone.

9.1.6.2 Verkennen der Historizität der einzelsprachlichen Bedeutungen

Auch im Hinblick auf die Annahme, daß die Bedeutungen der Wörter in allen Sprachen notwendigerweise gleich sind, geht Thomas keinen Schritt über Aristoteles hinaus (vgl. oben 6.3.7). Den schöpferischen Charakter der Sprache sieht er nicht. Für ihn spiegelt sich in allen Sprachen eine einheitlich klassifizierte Wirklichkeit wider, deren Erscheinungsformen in den verschiedenen Sprachen lediglich mit unterschiedlichen Namenetiketten versehen sind. Die Möglichkeit, daß in jeder Sprache die Wirklichkeit bis zu einem gewissen Grad unterschiedlich klassifiziert werden könnte, besteht für ihn nicht. Zwar sind die *voces*, die Wortkörper, *ex institutione* gegeben und somit nicht universal; die *passiones*, die „Eindrücke der Seele" drücken jedoch als *similitudines rerum* die Dinge unmittelbar auf natürliche Weise aus:

> In passionibus autem animae opportet attendi rationem similitudinis ad exprimendas res, quia naturaliter eas designant, non ex institutione. (I,1,2,9)
>
> „Was jedoch die *passiones* angeht, so obliegt es der Seele sich von der Regel der Ähnlichkeit mit den auszudrückenden Dingen leiten zu lassen, weil die *passiones* die Dinge auf natürliche Weise, nicht aufgrund einer menschlichen Einrichtung, bezeichnen."

[264] Vgl. Grabmann 1926, Bd. I, 297ff.

Thomas fragt sich zwar, ob die als *conceptiones intellectus* verstandenen *passiones* nicht doch von Fall zu Fall verschieden sein könnten, verneint jedoch diese Möglichkeit und beruft sich dabei auf den Kommentar des Boethius.[265]

9.1.6.3 Διαίρεσις und σύνθεσις.

Διαίρεσις (*divisio*) und σύνθεσις (*compositio*) versteht Thomas anders als diese Termini hier interpretiert wurden (vgl. oben 6.2.4.1), also nicht als Isolierung einer Eigenschaft eines Gegenstandes (z.B. *grün* als Farbe eines Baumes), die ihm anschließend im Akt der Prädikation wieder zugesprochen werden kann: „Der Baum ist *grün*". Thomas behandelt die beiden Operationen im Zusammenhang mit der Behauptung (*affirmatio*) und dem Absprechen (*negatio*). *Compositio* erfolgt durch die Zusammenführung zusammengehöriger Bedeutungen (und damit der entsprechenden „Dinge") im Akt der Behauptung, wie z.B. in: „Der Mensch ist ein Lebewesen". *Divisio* geschieht durch das Absprechen, das Leugnen eines Zusammenhangs zwischen nicht zusammenhängenden „Dingen", wie z.B. in: „Der Mensch ist kein Gott". Vielleicht hat Thomas hier richtig gesehen; die Stelle in *Perì hermēneías*, auf die er sich bezieht, ist alles andere als explizit.[266]

9.2 Die Lehre von den *modi significandi* im Mittelalter

Die Lehre von den *modi significandi* stellt eine Abweichung von der Sprachtheorie des Aristoteles dar, eine Abweichung, die allerdings bei Aristoteles selbst eine gewisse Grundlage findet. Sie entwickelt sich einerseits aus der spätantiken Grammatik, andererseits aus den Kommentaren zu Aristoteles' sprachtheoretischen Schriften. So heißt es im bereits erwähnten Kommentar von Boethius zu *Perì hermēneías*:

> Res enim ab intellectu concipitur, vox vero conceptiones animi intellectusque significat, ipsi vero intellectus et concipiunt subiectas res et significantur a vocibus.[267]
>
> „Der Gegenstand wird nämlich vom Verstand begriffen, das Wort aber bezeichnet die Begriffe der Seele und des Verstandes, die Verstandesinhalte selbst erfassen einerseits die zugrundeliegenden Gegenstände und werden andererseits durch die Wörter bezeichnet."

Die Reihenfolge *res*, *conceptiones*, *voces*, die für die spätere Lehre von den *modi significandi* bestimmend sein wird, erscheint also bereits im 6. Jahrhundert. Die Grundlage dieser Lehre bildet die spätantike Grammatik: Im zwölften Gesang des *Paradiso* läßt Dante unter den seligen Geistern, denen er auf seiner wundersamen Reise begegnet, auch den spätrömischen Grammatiker Donatus auftreten, der uns bereits im Kapitel über die Stoiker begegnet ist:

---

[265] Vgl. I,1,2,10.
[266] Vgl. I,1,1,7.
[267] Boethius 1877, II, 20.

... e quel Donato
ch'alla prim'arte degnò porre mano[268]

Der Auftritt des Aelius Donatus in einem der bedeutendsten Werke der spätmittelalterlichen Literatur zeugt von der Bedeutung, die der Grammatik als der *prima ars*, der Grundfertigkeit, die Voraussetzung für alle weiteren Studien ist, im Mittelalter beigemessen wurde. Die Vollendung des Gebäudes der spätantiken Grammatik und damit auch eine wichtige Grundlage für die Lehre von den *modi significandi* hat man in den im 6. Jahrhundert in Byzanz entstandenen *Institutiones grammaticae* von Priscianus zu sehen.[269]

Die mittelalterliche Grammatik nimmt zunächst das Erbe der Antike auf, ohne es umzudeuten; das verhältnismäßig spät zu Unterrichtszwecken in Hexametern verfaßte *Doctrinale* des Normannen Alexander de Villa Dei (Alexandre de Villedieu, etwa 1170–1250) begnügt sich mit der Beschreibung der grammatischen Funktionen. Jedoch hatte sich schon vorher bei anderen Autoren eine Verschiebung des Interesses von den rein sprachlichen zu den logischen Kategorien abgezeichnet; der gesamte literarische Belegapparat im Werk Priscians wurde von den *modistae* als unnötiger Ballast empfunden. Aus der philologischen entwickelte sich eine logische, besser gesagt eine »logizistische« Grammatik, die bis in die jüngste Vergangenheit hinein sowohl in der neueren Schulgrammatik als auch in gewissen Ausprägungen der Generativen Grammatik (weniger im Strukturalismus) ihre Spuren hinterlassen hat. Es entsteht eine *grammatica speculativa*, die man später auch *grammatica universalis* nennen wird, womit der übereinzelsprachliche Geltungsanspruch zum Ausdruck kommt. In den allgemeinen Regeln des Sprechens sah man den unmittelbaren Ausdruck der Gesetze des Denkens. Diese wurden lange Zeit anhand der »grammatikfähigen« Sprache Europas, anhand des Lateinischen, abgehandelt. Erst im 17. Jahrhundert wagten es Antoine Arnauld und Claude Lancelot mit ihrer *Grammaire générale et raisonnée* (*Grammaire de Port-Royal*) die allgemeinen Sprach- und Denkregeln anhand ihrer Muttersprache darzustellen.

Unter den zahlreichen Vorläufern der Vertreter der Lehre von den *modi significandi* (der Terminus *modistae* erscheint verhältnismäßig spät) wären der Franzose Petrus Helias (auch Heliae, etwa 1135–1160), der Portugiese Petrus Hispanus (etwa 1200–1270) und vor allem der Däne Martinus de Dacia (2. Hälfte des 13. Jh.) zu nennen. Einige spätere Autoren werden im folgenden getrennt vorgestellt.

Worum geht es nun bei der Lehre von den *modi significandi*, den „Arten des Bedeutens"? Grob gesprochen um das, was wir heute „grammatische Bedeutung" nennen würden. Jede Wortform vermittelt neben ihrer lexikalischen Bedeutung (*significatio*) eine »hinzutretende« Bedeutung (*con-significatio*), die einerseits auf die durch die Wortarten (*partes orationis*) ausgedrückten „Kategorien" (vgl. *leer, leeren, Leere*), andererseits auf die Funktionen der grammati-

[268] „... jener Donat, der Hand anlegte an die erste Kunst", *Paradiso* XII, 137f.
[269] Über die Rezeption dieses Werks in der mittelalterlichen Grammatik vgl. Kneepkens 1995.

schen Morpheme (Numerus, Kasus, Tempus, Person, Vox usw.) zurückzuführen ist. Dazu kommt eine besondere „Art des Bedeutens", die ausschließlich dazu dient, sich auf bereits Genanntes oder auf ohne Substanz und Qualität Gedachtes zu beziehen, die von den Pronomina ausgedrückt wird.[270] Wie gleich noch etwas genauer zu zeigen sein wird, geht die Lehre von den *modi significandi* vor allem insofern über die deskriptive Grammatik hinaus, als sie auf ein logisch-ontologisches Fundament gestellt wird, nämlich auf die *modi intelligendi*, die „Arten des geistigen Erfassens", die ihrerseits in den *modi essendi*, den „Arten des Seins" begründet sind.

9.2.1 Albertus Magnus und Siger de Courtrai

Albertus Magnus (Albert der Große, vor 1200–1280), aus süddeutschem gräflichen Geschlecht, in Paris Lehrer des Thomas von Aquin, darüber hinaus in verschiedenen Funktionen in Köln und in Regensburg tätig, war einer der herausragenden Kommentatoren des Aristotelischen *Organon* im Hochmittelalter. In seinen Schriften, vor allem in dem Traktat *De divinis nominibus*, erscheint die Lehre von den *modi significandi* bereits in ihrer »prototypischen« Form. Er unterscheidet zwischen *res significata* (sinngemäß etwa „lexikalische Bedeutung") und *modus significandi* (gelegentlich auch *dicendi*). Die *modi significandi* haben ihren Ursprung in den *modi intelligendi*, den Arten des geistigen Erfassens, die ihrerseits die *modi essendi*, die »Seinsweisen« der Dinge selbst widerspiegeln:

modi	essendi	intelligendi	significandi
	↑	↑	↑
	res	intellectus	voces

Es herrscht also eine vollkommene Isomorphie zwischen Sein, Denken und sprachlichem Ausdruck. Die inhaltlichen Kategorien der *modi significandi* – nicht ihr materieller Ausdruck – werden als in allen Sprachen gleich (*secundum substantiam*) angesehen; spätere Kommentatoren wie z.B. Roger Bacon werden dies klarer aussprechen.

Etwa zwei Generationen später liefert Siger de Courtrai[271] mit seiner am Anfang dieses Kapitels erwähnten *Summa modorum significandi* einen besonders elaborierten Beitrag zu dieser Problematik, die im Zentrum der mittelalterlichen Sprachtheorie stand. Er folgt dem oben skizzierten Schema, behandelt die eigentlich grammatischen Kategorien im Anschluß an Donat und Priscian besonders ausführlich und gründlich und unterscheidet sich im logisch-ontologischen »Unterbau« insofern von Albertus Magnus, als er zwischen *modi intelligendi* und *modi significandi* eine zusätzliche Kategorie, die *modi signandi*, einschiebt:

---

[270] Vgl. u.a. Stéfanini 1973; Rosier 1995; Kobusch 1996.

[271] Vgl. oben Fn. 248.

Modum autem intelligendi sequitur modus seu ratio signandi quia prius intelligitur res et etiam concipitur antequam per vocem signetur [...] Modum autem signandi sequitur modus significandi sicut rem sequitur modus rei ...[272]

„Dem *modus intelligendi* folgt der *modus* oder die *ratio signandi,*[273] weil zunächst der Gegenstand wahrgenommen und auch begrifflich erfaßt, bevor er durch das Wort bezeichnet wird [...] Dem *modus signandi* aber folgt der *modus significandi* wie die Art des Gegenstandes dem Gegenstand selbst ...“

9.2.2 Thomas von Erfurt (alias Duns Scotus)

Der vollständigste und zu seiner Zeit bekannteste Vertreter der Gattung „*Grammatica speculativa*“ ist der Traktat *De modis significandi, sive Grammatica speculativa*[274] des Thomas von Erfurt. Über den Verfasser ist wenig bekannt. Einiges deutet darauf hin, daß er aus England stammte; seinen Beinamen verdankt er seiner langjährigen Lehr- und Forschungstätigkeit in Erfurt. Das Werk, von dem hier die Rede sein soll, ist in zahlreichen Abschriften überliefert; der dänische Philosophiehistoriker Jan Pinborg setzt seine Entstehungszeit zwischen 1300 und 1310 an.[275] Dafür spricht, daß schon vor 1330 die ersten Kommentare und die Erwiderungen der Gegner der „Modisten“ (die sogenannten „Terministen“) im Umlauf gewesen zu sein scheinen. Die Schrift wurde später verschiedenen scholastischen Gelehrten, darunter auch Thomas von Aquin, zugeschrieben. Um 1500 wurde sie als das Werk des schottischen Franziskaners Johannes Duns Scotus („Doctor subtilis“) in Venedig veröffentlicht. Diese Zuschreibung verfestigte sich, nachdem Lucas Wadding den Traktat an erster Stelle in seine Gesamtausgabe der Werke des Duns Scotus[276] aufgenommen hatte. Als Martin Heidegger 1916 seine Habilitationsschrift *Die Kategorien- und Bedeutungslehre des Duns Scotus*[277] vorlegte, konnte er noch nicht wissen, daß er sich mit dem Werk eines anderen Gelehrten auseinandergesetzt hatte, mit einer Schrift, die möglicherweise sogar kurz nach dem Tode des vermeintlichen Verfassers entstanden ist. Heideggers Interpretation wird an einigen Stellen durch die irrtümliche Zuordnung beeinträchtigt. Erst 1922 gelang dem Ordensgeistlichen und Philosophiehistoriker Martin Grabmann der Nachweis, daß es sich

---

[272] Siger de Courtrai 1913, insb. S. 94.

[273] [Der hier getroffenen Unterscheidung zwischen *signare* „mit Zeichen versehen“ und *significare* „bedeuten, bezeichnen“ wird in der vom Bearbeiter eingesehenen Literatur wenig Bedeutung beigemessen. Gabler (1987, 48, Fn. 63) will sogar nicht ausschließen, daß man in *signandi* einen Schreibfehler des Kopisten (für *significandi*) zu sehen habe. Das oben wiedergegebene Zitat spricht dagegen.]

[274] Die Schrift wird auch mit anderen Titeln zitiert, so z.B. *Grammatica speculativa sive de modis significandi* oder *Novi modi significandi*.

[275] Pinborg 1967, 318.

[276] Lyon 1639.

[277] Heidegger 1916/1972.

bei der häufig kommentierten Schrift um ein Werk des wenig bekannten Thomas von Erfurt handelt.[278]

Wie die übrigen „Modisten“ hat auch Thomas von Erfurt eine semantische Theorie der Wortarten und der elementaren morpho-syntaktischen Kategorien vorgelegt. An diesem Ansatz ist nichts auszusetzen, denn bei den Wortarten und den grammatischen Kategorien wie Numerus, Kasus, Tempus usw. handelt es sich durchaus um semantische Größen. Problematisch an der „modistischen“ Behandlung des Gegenstandes ist somit nicht der semantische Ansatz an sich (ein konsequent asemantischer, rein formaler Ansatz, wie ihn Robins implizit fordert,[279] ist überhaupt nicht durchführbar), sondern das Fehlen einer im engeren Sinne sprachlichen Semantik. Den Bezugspunkt liefert nicht die virtuelle sprachliche Funktion, sondern der in einem konkreten Akt der Bezeichnung gemeinte Sachverhalt. Ähnlich wie bei verschiedenen modernen Ausprägungen der »logizistischen« Grammatik werden dabei die Unterschiede zwischen den Einzelsprachen allein durch den gewählten Ansatz notwendigerweise ausgeblendet. Der von Robins angestellte Vergleich zwischen den *modi significandi* und Louis Hjelmslevs *Principes de grammaire générale* ist insofern ungerechtfertigt, als der begriffliche Rahmen von Hjelmslevs *Grammatica universalis* durchaus Platz läßt für einzelsprachliche Unterschiede.[280]

Die Grundidee der *Grammatica* des Thomas von Erfurt stimmt mit den übrigen modistischen Traktaten überein: Die *modi significandi*, die „Bedeutungs-“ oder „Ausdrucksweisen“ beruhen auf den *modi intelligendi*, den „Verstehensweisen“, diese wiederum haben ihre Grundlage in den *modi essendi*, in den „Seinsweisen“ der intellektuell und sprachlich zu erfassenden Wirklichkeit. Von seinen Vorgängern unterscheidet sich Thomas zunächst durch ein ausgeprägtes Problembewußtsein. In den Vorbemerkungen zu seiner Schrift stellt er einige streng aufeinander bezogene Leitfragen, die in den darauffolgenden Kapiteln beantwortet werden.

Schon im ersten Kapitel wird eine zusätzliche Unterscheidung eingeführt, diejenige zwischen *modus significandi passivus* und *activus*. Beim passiven Modus geht es um das reine „Bedeutetsein“, um die Eigenschaften des Gegenstandes (*proprietas rei*), so wie sie von der Sprache erfaßt werden. Mit dem aktiven Modus ist die in der sprachlichen zum Ausdruck kommende kategoriale Bedeutung (*proprietas vocis*) gemeint. Hinsichtlich der *modi intelligendi* wird eine analoge Unterscheidung getroffen: Der passive Verstehensmodus repräsentiert das bloße Erkanntsein der Dinge im Intellekt, der aktive das Operieren des Intellekts beim Erfassen der kategorialen Bedeutung.[281]

Man hat in der Aufspaltung der *modi significandi* und *intelligendi* in passive und aktive Ausprägungen eine Konsequenz der Anpassung des griechischen

---

[278] Vgl. u.a. Grabmann 1922; Grabmann 1926, Bd. I, 4; darüber hinaus Gabler 1987, 9–14; Grotz 1998, vii–xv.

[279] Robins 1951, 91f.

[280] Vgl. Hjelmslev 1928; Robins 1951, 79, Fn. 1.

[281] Vgl. Thomas von Erfurt 1998, Kap. I–II; Gabler 1987, 46ff.

Begriffs des „Logos“ an lateinische Verhältnisse sehen wollen: *Logos* verstanden als „ratio“ begründet die Logik im engeren Sinn, die *logica speculativa*; *Logos* im Sinn von „sermo“ führt zur *logica sermonicalis* oder *logica loquendi*, d.h. zum sprachlichen Ausdruck des logischen Denkens und damit, wenn man so will, zur Logik im alltäglichen Verständnis.[282] Der *modus significandi activus* stellt offenbar den systematischen Ort dar, an dem grammatische Kategorien in einer gewissen (wenn auch eingeschränkten) Selbständigkeit gegenüber den logischen angetroffen werden können. Die wichtigsten Etappen auf dem Weg von den Eigenschaften der Gegenstände zu den grammatischen Kategorien sind die folgenden:

modi essendi → modi intelligendi passivi → modi significandi activi

Während die passiven und aktiven Ausprägungen der *modi* materialiter verschieden, aber formaliter identisch sind, verhält es sich mit der Reihe *modi significandi passivi → modi intelligendi passivi → modi essendi* (nicht weiter aufgegliedert) gerade umgekehrt; sie sind materialiter wie der Wirklichkeit nach identisch, formaliter jedoch voneinander geschieden.[283] Die oben bereits erwähnte Isomorphie von Sein, Denken und Sprechen bleibt also gewährleistet. Aus ihr ließe sich eine idealiter bestehende Einheit der folgenden drei Disziplinen ableiten:

modi essendi	→	Metaphysik (Ontologie)
modi intelligendi	→	Logik
modi significandi	→	Grammatik.

So werden auch in Thomas' *Grammatica speculativa* die Wortarten und ihre grammatischen Ausgestaltungen auf der Grundlage der *modi essendi* beschrieben und kommentiert.[284] Das Nomen wird als *modus entis* definiert, d.h. als die Wortart, durch die das Auszudrückende als etwas selbständig Seiendes vorgestellt wird. In Anlehnung an Donatus wird daraufhin zwischen *nomen commune* (Bezeichnung, die mehreren Gegenständen „gemeinsam“ zukommt wie z.B. *urbs* „Stadt“ oder *flumen* „Fluß“) und *nomen proprium* „Eigenname“ unterschieden. Letzterer steht im *modus individuationis* und bezeichnet Einzelwesen in ihrem Hier und Jetzt, z.B. *Roma* oder *Tiber*.[285] Die nächste Unterscheidung ist diejenige zwischen Substantiv (*nomen substantivum*) und Adjektiv (*nomen adiectivum*). Die Substantive bezeichnen „Substanzen“, die unabhängig von ihren Eigenschaften unter dem Aspekt einer „bestimmten Wesenheit“ (*essentia determinata*) erfaßt werden, z.B. *lapis* „Stein“ oder *albedo* „Weiße“. Die Adjektive bezeichnen „inhärente Eigenschaften“ einer Substanz wie z.B. *albus* „weiß“ oder *lapideus* „steinern“. Durch die gewählten Beispiele (*lapis, albus* einerseits, *lapideus, albedo* andererseits) wird beiläufig auf eine gewisse Unabhängigkeit der sprachlichen Kategorien gegenüber dem Gegebensein der Gegenstände und

---

282 [Vgl. Grotz 1998, xiif.]

283 Ebenda, Kap. IV und V.

284 Ebenda, Kap. VIII–XX.

285 Ebenda, Kap. IX.

Sachverhalte hingewiesen: Der Stein, »Prototyp« eines Gegenstandes, kann sprachlich auch in Form einer anderen Gegenständen zusprechbaren Eigenschaft, „steinern“, in Erscheinung treten; die Farbe „weiß“, »Prototyp« einer Eigenschaft, kann von der Sprache als etwas selbständig Seiendes, „die Weiße“, behandelt werden. So korrigiert Thomas die »naive« Bestimmung Priscians „nomen significat substantiam“ in „nomen significat per modum substantiae“.[286]

Bei den Substantiven werden mit Hilfe recht heterogen erscheinender Kriterien fünf Klassen unterschieden: Gattungsbegriffe, Bezeichnungen für Spezies, patronymische Bezeichnungen (z.B. *Priamides* „Sohn des Priamos“), Diminutive (z.B. *flosculus* „Blümchen“, *lapillus* „Steinchen“) und Kollektiva wie *populus* „Volk“, *gens* „Sippe“, *turba* „Menschenmenge“.[287] Bei den Adjektiven werden nicht weniger als vierundzwanzig Klassen unterschieden, die hier nicht einzeln aufgeführt werden können.[288] Es sei lediglich erwähnt, daß auch im Bereich der Eigenschaften eine Art von Genus-Spezies-Unterscheidung getroffen wird: Den reinen Farbnamen der ersten Klasse *albus* „weiß“, *niger* „schwarz“, *croceus* „gelb“ steht der allgemeine Begriff *coloratus* „farbig“ der zweiten Klasse gegenüber.[289] Schematisch läßt sich die in den Kapiteln VIII–XII vorgenommene Klassifikation wie folgt darstellen:

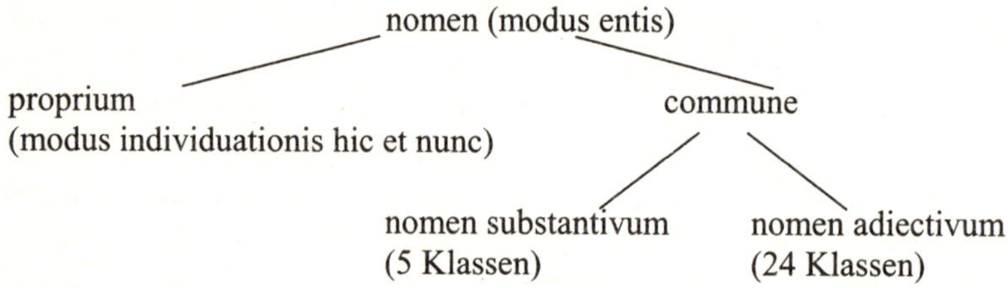

Bei der Klassifikation und bei der Charakterisierung der einzelnen Klassen wird sowohl onomasiologisch, von den Gegenständen und Sachverhalten zu ihren Benennungen, als auch semasiologisch, von den Benennungen zu den Gegenständen und Sachverhalten, vorgegangen. Es wird der Versuch unternommen, die beiden Vorgehensweisen miteinander zu vereinbaren. Auf beiden Wegen versucht Thomas von Erfurt, Inkonsequenzen zwischen Seins- und Bedeutungsmodus zu bereinigen. So argumentiert er onomasiologisch, wenn er versichert, Wörter wie *corporeum* „körperlich“, *animatum* „beseelt“, *sensibile* „die Sinne betreffend“, *rationale* „vernunftbegabt“, seien Substantive. Sie verhielten sich zwar syntaktisch wie Adjektive, bezeichneten jedoch nichts, was einer anderen Substanz inhärent wäre. Somit seien Syntagmen wie *corpus animatum* „beseelter Leib“ oder *animal rationale* „vernunftbegabtes Lebewesen“ als „syntaktisch

[286] „Das Nomen bezeichnet die Substanz“ → „Das Nomen bedeutet (bezeichnet) im Modus der Substanz“; vgl. Grotz 1998, xxviii.
[287] Vgl. Thomas von Erfurt 1998, Kap. X–XII.
[288] Eine übersichtliche Liste findet sich bei Gabler 1987, 72.
[289] Thomas von Erfurt 1998, XII, 1–2.

inkongruente" aber „grammatisch zulässige" Appositionen einzustufen, nicht als Fügungen von Substantiv und Adjektiv.[290] Da nur Adjektive Relationen bezeichnen können, sind Wörter wie *pater* „Vater" oder *filius* „Sohn" als Adjektive anzusehen; denn sie bedeuten nicht *per modum substantiae*, sondern bezeichnen Relationen „Vater/Sohn von".[291] Im Hinblick auf sprachliche Formen, die „fehlendes Sein" (*privatio*) ausdrücken wie *caecitas* „Blindheit"[292] oder fiktive Sachverhalte (*figmenta*) bezeichnen wie *Chimaera,*[293] wird die umgekehrte Argumentationsrichtung eingeschlagen, die semasiologische. In diesen Fällen wird angenommen, daß auf dem Wege einer Übertragung (*transpositio*) in Analogie zu wirklich Seiendem positive Inhalte im Intellekt aufgebaut werden. Das wird anhand der Kategorie des Genus erläutert: Für die Modisten steht das maskuline Genus im aktiven Modus (*modus agentis*), das feminine im passiven (*modus patientis*). Die *res significata* (sinngemäß „lexikalische Bedeutung") bleibt davon unberührt. Das Beispiel *lapis* (maskulin) und *petra* (feminin) – beide Wörter bedeuten „Stein" – wird seit Abälard (Petrus Abaelardus) und Petrus Helias immer wieder herangezogen.[294] Eine Form wie *deitas* „Göttlichkeit" wirft in diesem Zusammenhang ein Problem auf. Als Femininum steht sie im passiven Modus; das scheint ihrem lexikalischen Inhalt zu widersprechen. Der scheinbare Widerspruch läßt sich ausräumen, wenn man annimmt, das Wort bezeichne unsere Vorstellung von Gott, wie er unsere Gebete entgegennimmt.[295]

9.2.3 Das Modell der *modi significandi* in der späteren Grammatiktheorie

Die implizite Identifikation von sprachlichen Kategorien und Eigenschaften der durch sie bezeichneten Wirklichkeit bleibt für die Grammatiktheorie bis zum Beginn des Strukturalismus bestimmend, wobei die Art der Identifikation im einzelnen recht unterschiedliche Formen annehmen kann. Besonders augenfällig erinnern deutsche Wortartenbezeichnungen wie *Hauptwort,*[296] *Tätigkeitswort* (*Tunwort*) oder *Eigenschaftswort* an diese Tradition. Nur wenige Autoren haben sich davon emanzipiert, so Andrés Bello in seiner 1847 erschienenen *Gramática de la lengua castellana, destinada al uso de los americanos* oder Otto Jespersen (1860–1943) in verschiedenen Beiträgen zur Sprach- und Grammatiktheorie. Die Strukturalisten haben sich dann zum Teil recht energisch von dieser Tradition distanziert, indem sie die Möglichkeit und Berechtigung einer *Grammatica universalis* leugneten oder doch zumindest sehr skeptisch beurteilten. Sie nahmen lieber zu Formalismen Zuflucht, die sie aus der jeweils beschriebenen

---

290 Ebenda, X, 7–8.

291 Ebenda, XII, 19.

292 Das Beispiel wurde bereits von den Stoikern angeführt; vgl. oben 7.2.2.

293 [Im Mythos ein feuerspeiendes Ungeheuer, vorn Löwe, in der Mitte Ziege, hinten Drache; vgl. gemeinsprachlich *Schimäre* „Hirngespinst".]

294 [Vgl. u.a. Gabler 1987, 39; Rosier 1995, 140.]

295 Vgl. Thomas von Erfurt 1998, II, 8–9; VIII, 9.

296 [„Hauptwort", weil der „Substanz", der ersten der Aristotelischen Kategorien, besondere Bedeutung beigemessen wurde.]

Sprache selbst ableiten zu können glaubten. Mit der Rückkehr der Generativisten zu einer Grammatiktheorie mit Universalitätsanspruch, bei der die „Tiefenstruktur" mehr oder weniger mit den durch die Sätze bezeichneten Sachverhalten gleichgesetzt wird, ist auch das theoretische Interesse an der mittelalterlichen *Grammatica speculativa* neu belebt worden.[297] In der (heute längst überholten) „Standardversion" der Generativen Grammatik ging man sogar so weit, in den Erzeugungsmechanismus semantische Restriktionen („Selektionsbeschränkungen") einzubauen, die verhindern sollten, daß grammatisch wohlgeformte aber vermeintlich unsinnige Sätze wie *the boy may frighten sincerity* oder *the boy was abundant* (statt: *sincerity may frighten the boy; the harvest was abundant*) erzeugt („generiert") werden können.[298]

9.3 Die Lehre von den *suppositiones*

In seinem Abriß der formalen Logik bezeichnet Bocheński die Suppositionslehre als „eine der originellsten Schöpfungen der Scholastik", und versichert, der antiken und der neueren Logik sei sie unbekannt.[299] Das ist, was die Antike betrifft, nur in terminologischer Hinsicht richtig. Wir haben gesehen, daß sich Augustinus – Bocheński behandelt ihn nicht – in seinem Dialog *De magistro* gründlich mit dem Problem der Metasprache auseinandergesetzt hat. Allerdings sollte man die mittelalterliche Lehre von den *suppositiones* nicht allzu unbekümmert mit den modernen Termini *Objekt-* bzw. *Metasprache* gleichsetzen.

Der Begriff der „Supposition" zielt auf unterschiedliche Verwendungsmöglichkeiten von sprachlichen Zeichen. Es geht um die Frage, unter welcher „Voraussetzung" oder aufgrund welcher „Annahme" benennende Zeichen (Substantive oder Pronomina) gebraucht werden. Die beiden in diesem Zusammenhang wichtigsten Fachausdrücke, *suppositio formalis* und *materialis*, wurden in den Kapiteln über Augustinus und Thomas bereits eingeführt. Ihre Wiedergabe durch die modernen Termini *Objektsprache* und *Metasprache* ist zwar nicht falsch, aber etwas grob und ungenau. Bei den mittelalterlichen Theoretikern ist nämlich nicht von verschiedenen „Sprachen" die Rede, sondern von verschiedenen Verwendungsweisen der Wörter in ein und derselben Sprache. Auch beim ganz normalen Gebrauch der Wörter zur Bezeichnung damit gemeinter Gegenstände und Sachverhalte handelt es sich um eine unter mehreren möglichen *suppositiones*, um die *suppositio formalis*. Im übrigen sind die mittelalterlichen Unterscheidungen auf diesem Gebiet subtiler als die in neuerer Zeit getroffenen; so werden bei beiden *suppositiones* eine Reihe von Untertypen unterschieden.

Bocheński verfolgt die Ursprünge der Suppositonslehre bis zum Ende des 12. Jahrhunderts zurück. Schon der Lehrer des Petrus Hispanus in Paris, Wil-

---

297 Vgl. u.a. Marmo 1995; Kobusch 1996, 92f.

298 Chomsky 1965, II, § 2.3.1.

299 Bocheński 1956, 186.

helm von Shyreswood,[300] der 1249 in Lincoln starb, hat sich systematisch zur Suppositionslehre geäußert. Die Erläuterung der Grundunterscheidung lautet bei ihm folgendermaßen:

> Die Supposition ist einmal material, einmal formal. Sie wird material genannt, wenn der Ausdruck (*dictio*) entweder für den isolierten Laut (*vox*) steht, oder für den Ausdruck, der aus dem Laut und (seiner) Bedeutung zusammengesetzt ist, z.B. wenn wir sagen würden: *homo* besteht aus zwei Silben, *homo* ist ein Nomen. (Die Supposition) ist formal, wenn der Ausdruck für das von ihm Bedeutete steht.[301]

Als guter Wissenschaftler sieht Wilhelm von Shyreswood mögliche Einwände voraus: „Dubitatur de prima divisione suppositionis."[302] Handelt es sich bei den beiden Verwendungsweisen nicht einfach um verschiedene Bedeutungen, d.h. bedeutet das Wort in materialer Supposition nicht einfach sich selbst? Wilhelm weist dieses Argument mit folgender Begründung zurück: Die Wörter behielten in allen Suppositionen ihre Bedeutung; die Tatsache, daß man sie in manchen Aussagen auf sich selbst beziehen müsse, sei eine Folge des Prädikats, mit dem sie konstruiert werden.[303]

Gewissermaßen die *Summa* der Suppositionslehre stellt der *Tractatus de suppositionibus* des katalanischen Bußpredigers Vincent (Vinzenz) Ferrer (um 1350–1419) dar. Auch er lehnt die zu dieser Zeit offenbar weit verbreitete Ansicht ab, derzufolge es sich bei den Suppositionen um Bedeutungsvarianten eines Wortes handle. Die richtige Definition laute vielmehr:

> Suppositio est proprietas subiecti ad predicatum in propositione comparati.
> „Die Supposition ist eine Eigenschaft des seinem Prädikat im Satz gegenübergestellten Subjekts."

Insofern dürfe die Supposition nicht mit der Bedeutung des Terminus verwechselt werden:

> Unde ex hoc suppositio distinguitur a significatione, que [quae] competit subiecto non ut comparatur ad predicatum sed magis convenit termino absolute considerato.
> „Somit wird die Supposition von der Bedeutung unterschieden, die nicht dem auf sein Prädikat bezogenen Subjekt entspricht, sondern eher dem unabhängig (von der syntaktischen Konstruktion) betrachteten Terminus zukommt."

In den drei Sätzen *homo est animal* „der Mensch ist ein Lebewesen"; *homo est species* „der Mensch ist eine Art" und *homo est bisyllabum* „*homo* ist zweisilbig" stehe *homo* aufgrund dessen, was von ihm ausgesagt wird, in unter-

---

[300] [Gelegentlich auch Sherwood genannt (so bei Pinborg 1972, passim); Kanzler der Universität Oxford; möglicherweise Erfinder der Merkwörter für die Syllogismen, *Barbara*, *celarent* usw.]

[301] Zitiert nach Bocheński 1956, 188.

[302] „Zur ersten Einteilung der *suppositio* erhebt sich eine Frage", vgl. Pinborg 1972, 64.

[303] Ebenda.

schiedlicher Suppositon; an der Bedeutung des Wortes ändere sich dadurch nichts.[304]

Die Art des Prädikats entscheidet über den »Geltungsbereich« des in Subjektposition stehenden Terminus. Das gilt zunächst einmal für die *suppositio formalis*, die hier nicht weiter verfolgt werden soll. Bemerkenswert ist, daß im Bereich der *suppositio materialis* analoge Unterscheidungen getroffen werden: „Et dividitur suppositio materialis sicut etiam suppositio formalis ...".[305]

Bevor diese hier in schematischer Form referiert werden, soll daran erinnert werden, daß ein in materialer Supposition stehender Terminus je nach Art des Prädikats sich auf seine gesprochene oder geschriebene Form oder auch auf das vollständige Zeichen (Ausdruck + Inhalt) beziehen kann: *Blut* klingt düster; *Blut* besteht aus vier Buchstaben; *Blut* ist ein seltsames Wort.[306]

Nun aber zu den weiteren Unterscheidungen:[307]

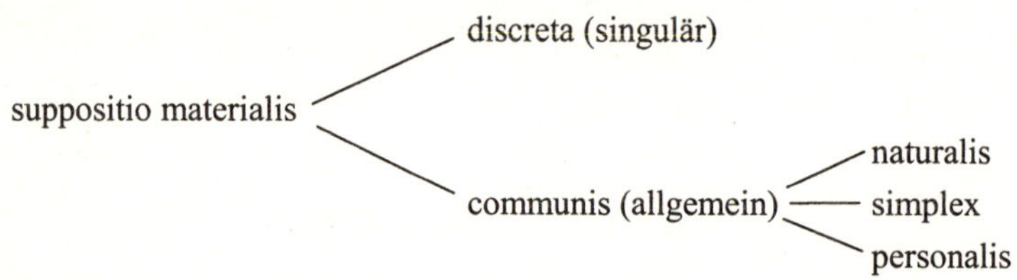

Das Subjekt steht in singulärer materialer Supposition, wenn es lediglich um das konkrete Exemplar (*token*) des Zeichens geht, das zur Diskussion steht. Das ist z.B. in der Antwort auf eine Verständnisfrage der Fall: „Was hast du gesagt?" „*Er geht* habe ich gesagt."

Das Subjekt steht in allgemeiner materialer Supposition, wenn das zur Diskussion stehende Zeichen für eine Klasse von Verwendungsmöglichkeiten (*type*) steht, z.B. „*Er geht* kann recht unterschiedlich interpretiert werden".

Die Unterscheidung zwischen dem Namen eines einzelnen Symbols (*suppositio materialis discreta*) und dem Namen einer Klasse gleichförmiger Symbole (*suppositio materialis communis*) ist laut Bocheński erst nach 1940 in die formale Logik (Logistik) eingeführt worden.[308]

Nun noch einige Erläuterungen zu den weiteren Unterscheidungen im Bereich der allgemeinen materialen Supposition; sie betreffen unterschiedliche Möglichkeiten des Verständnisses von *communis*:

---

[304] Alle direkten und indirekten Zitate nach Vincent Ferrer 1977, 93.

[305] „Und die *suppositio materialis* wird genau wie die *suppositio formalis* unterteilt ...", ebenda, 164.

[306] [Beispiele vom Bearbeiter. Um dem zusätzlichen Übersetzungsproblem aus dem Wege zu gehen, wird auch im folgenden meist mit konstruierten Beispielen operiert. Im Gegensatz zu den in der Logistik üblichen Notationskonventionen wird die materiale Supposition hier durch Kursivierung angezeigt.]

[307] Was die hier vorgenommene Schematisierung angeht, vgl. Bocheński 1956, 191f., sonst Vincent Ferrer 1977, 163ff.

[308] Vgl. Bocheński 1956, 190.

Bei der *suppositio materialis communis naturalis* wird der Terminus so gebraucht, daß sowohl die Klasse (*type*) als auch einzelne Vertreter der Klasse gemeint sein können; Sätze wie *homo est bisyllabum* oder *homo est nomen* können entweder so verstanden werden, daß *homo* zur Klasse der zweisilbigen Wörter oder zu der der Nomina gehört oder aber als einfache Charakterisierung eines konkreten Vorkommens des Worts *homo*: Dieses Wort, so wie es dasteht, ist zweisilbig und ein Nomen.

Bei der *suppositio materialis communis simplex* kann hingegen nur die Klasse verstanden werden, so z.B. in *homo est species vocis* „*homo* ist eine Art von Wort". Das Prädikat schließt den Bezug auf ein konkretes Vorkommen des Wortes aus.

Bei der *suppositio materialis communis personalis* kommen dagegen nur konkrete Vorkommensfälle des Teminus in Frage: *homo auditur, homo scribitur, homo respondetur* „*homo* wird gehört", „*homo* wird geschrieben", „*homo* wird geantwortet".[309] Hierunter sind beliebige Fälle der Hervorbringung des Terminus *homo* zu verstehen.

Bei der Entwicklung seiner scharfsinnigen begrifflichen Unterscheidungen beruft sich Vinzenz Ferrer immer wieder auf zwei Autoritäten, auf Aristoteles und auf Thomas von Aquin.

9.4 Einige Bemerkungen zur Zeichentheorie des Mittelalters und zum Neubeginn der Semiotik im 17. Jahrhundert

Eine vollständige Darstellung der Sprachphilosophie des Mittelalters müßte eigentlich auch die Zeichentheorie berücksichtigen. Gedanken zur Semiotik sind oft in Schriften enthalten, die expressis verbis ganz andere Fragen behandeln wie z.B. die zwischen 1256 und 1259 in Paris entstandenen *Quaestiones disputatae de veritate* von Thomas von Aquin.[310] Diese Rekonstruktionsarbeit kann hier nicht geleistet werden; sie würde den Rahmen der vorliegenden Übersicht sprengen. Ein bedeutender Zeichentheoretiker, der bereits im Zusammenhang mit der Geschichte des Ausdrucks κατὰ συνθήκην kurz vorgestellt wurde, soll hier wenigstens erwähnt werden: João de São Tomás (Johannes a Sancto Thomas, 1589–1644).[311] Er gehört, wie seine Lebensdaten zeigen, in zeitlicher Hinsicht nicht dem Mittelalter an, sehr wohl jedoch in geistiger, denn er ist einer der späten Vollender der thomistischen Philosophie. Der französische Neothomist Jacques Maritain (1882–1973) hat den fast Vergessenen einem größeren Publikum in Erinnerung gerufen. Der zweite seiner *Quatre essais sur l'esprit dans sa condition charnelle* – der Titel allein charakterisiert den Standpunkt des Verfassers – ist der Zeichentheorie gewidmet, im wesentlichen der scharfsinnigsten

---

[309] Vgl. Vincent Ferrer 1977, 164f.
[310] Vgl. Hennigfeld 1994, 190–209.
[311] Vgl. oben 6.3.8.5.3.

und ausgearbeitetsten, die die Scholastik thomistischer Prägung hervorgebracht hat, derjenigen von João de São Tomás.[312]

In einer kürzeren Würdigung des von ihm so Hochgeschätzten versteigt sich Maritain zu einer *songerie historique*, wie er es nennt, die nicht wenige seiner Leser befremdet haben dürfte. João de São Tomás habe ungefähr zur gleichen Zeit gelebt wie René Descartes (1596–1650), gibt er zu bedenken. Es gebe Gründe für die Annahme, daß die Welt heute weniger unglücklich wäre, wenn das moderne Denken dem Portugiesen gefolgt wäre, anstatt den von dem Erneuerer der abendländischen Philosophie aufgezeigten Weg einzuschlagen.[313]

Was immer man von dieser Spekulation halten mag, sie gibt Anlaß, daran zu erinnern, daß Descartes nicht nur in positiver, sondern auch in negativer Hinsicht für die Geschichte der Philosophie – und nicht zuletzt der Sprachphilosophie – bedeutsam war. Als Denker, der die Philosophie auf ein ganz neues Fundament stellen wollte, war Descartes gleichzeitig einer der Hauptverantwortlichen für das plötzliche Abreißen einer jahrhundertealten Überlieferung. Die ältere Philosophie wurde nicht nur »überwunden«, sie geriet schlicht weitgehend in Vergessenheit. Damit wurde Platz geschaffen für einen unbekümmerten Neubeginn, für ein Denken, das sich nicht mehr auf Zitierautoritäten berufen wollte. Schon am Ende des 17. Jahrhunderts konnte John Locke eine Semiotik konzipieren in dem Glauben, damit etwas völlig Neues vorgeschlagen zu haben. Im letzten Kapitel seines *Essay Concerning Human Understanding*, wo es um die Einteilung der Wissenschaften geht, sieht er als dritte Disziplin vor:

> *Thirdly* Σημειωτική. *Thirdly*, the third branch may be called Σημειωτική, *or the doctrine of signs*; the most usual whereof being words ...[314]

Viel später, im 19. Jahrhundert behandelt Théodore Jouffroy (1796–1842) in der Tradition der schottischen Philosophen Thomas Reid (1710–1796) und Dugald Stewart (1753–1828) die Semiotik als eine erst noch zu begründende Disziplin.[315]

Seit Erscheinen der ersten Auflage dieser Übersicht hat die Wissenschaftsgeschichte einen großen Aufschwung genommen. Wir können uns heute viel leichter über die Geschichte der Semiotik informieren als vor dreißig Jahren. Ein systematischer Vergleich der mittelalterlichen Zeichentheorie, so wie sie im »verspäteten« Werk von João de São Tomás niedergelegt ist, mit neueren Ansätzen bei John Locke, Christian Wolff,[316] Théodore Jouffroy, Charles Sa(u)nders Peirce (1839–1914), Ferdinand de Saussure und Charles W. Morris (1901–1979)[317] bleibt jedoch weiterhin Desiderat.

---

[312] Maritain 1988a, 97–158. Für Maritain ist der portugiesische Spätscholastiker bezeichnenderweise französischer Abstammung, nicht flämischer wie für andere Autoren.

[313] Vgl. Maritain 1988b, insb. 1017f.

[314] Locke 1690/1975, Book III, chap. 21.

[315] Vgl. Coseriu 1967, 96f.

[316] Vgl. oben 6.3.8.5.4.

[317] Vgl. unten, Kap. 12.

9.5 Bibliographische Hinweise

Die hier herangezogenen Ausgaben der Originaltexte finden sich unter *Quellen* im Literaturverzeichnis. Die Einführungen und Kommentare dazu werden gegebenenfalls getrennt unter *Forschungsliteratur* aufgeführt.

Das Standardwerk zur Philosophie des Mittelalters im allgemeinen stellt immer noch Etienne Gilsons *La Philosophie au moyen âge* (1922/76) dar; es behandelt die Zeit von den griechischen Kirchenvätern bis zum Frühhumanismus. Knappere Übersichtsdarstellungen haben Flasch (1987, [3]1994) und Scherer (1993) herausgegeben. In allen drei Werken wird die Sprachphilosophie sensu stricto nur am Rande behandelt.

Der französische Philosoph und Sprachtheoretiker Jean-François Thurot hat bereits 1869 eine kommentierte Auswahl von Texten mittelalterlicher Grammatiker vorgelegt, die auch in modernen Arbeiten immer wieder zitiert wird. Unter den älteren Darstellungen der Sprachphilosophie der Kirchenväter und der Scholastiker wäre Rotta (1909) zu nennen. Große Beachtung fand und findet die historische Darstellung des britischen Kontextualisten Robert H. Robins (1951), die allerdings ein wenig einseitig vom damaligen *State of the Art* einer bestimmten Form der Linguistik aus geschrieben ist. Über Thomas von Erfurt als den wahren Verfasser der bis dahin Duns Scotus zugeschriebenen Schrift über die *modi significandi* informiert Grabmann (1922), vom selben Verfasser liegt eine Arbeit über das *Mittelalterliche<s> Geistesleben* vor (Grabmann 1926), die reichhaltige Informationen zur Sprach- und Grammatiktheorie liefert. Im besten Sinne des Terminus „historisch" (d.h. keine epochenfremden Maßstäbe anlegend) sind die Arbeiten von Pinborg (1967 und 1972). Die bereits in anderem Zusammenhang erwähnte Logikgeschichte von Bocheński (1956) ist vor allem zur Suppositionslehre heranzuziehen. Albert Keller (1974) hat eine kommentierte Bibliographie speziell zu den Arbeiten über die Sprachphilosophie Thomas von Aquins zusammengestellt. Über die *Grammatica speculativa* informieren u.a. Burshill-Hall (1971), Stéfanini (1973), Rosier (1995) und Kobusch (1996). Gabler (1987), ein Schüler Bocheńskis, hat sich ausführlich mit Thomas von Erfurt auseinandergesetzt; Stephan Grotz (1998) hat seiner terminologisch eigenwilligen Übersetzung des Thomasschen Traktats einen ausführlichen und informativen Kommentar beigegeben. Über das wiedererwachte Interesse moderner Linguisten an der Lehre von den *modi significandi* informiert Marmo (1995).

10 Juan Luis Vives und die Sprachphilosophie der Renaissance

Juan Luis Vives wurde 1492, in dem Jahr, in dem die *Reconquista* mit der Eroberung Granadas abgeschlossen wurde, in Valencia geboren. Er stammte aus einer jüdischen Familie. Der Übertritt zum Christentum bewahrte seine nächsten Verwandten nicht vor dem Zugriff der Inquisition. Mit siebzehn Jahren verließ Vives Spanien, um sein Studium in Paris fortzusetzen. Er sollte nie wieder in seine Heimat zurückkehren. Im Jahre 1512 oder etwas später ließ er sich in Brügge als Privatgelehrter nieder. Für einige Jahre hatte er dann eine Professur in Oxford inne. Nachdem er bei Heinrich VIII. in Ungnade gefallen war, kehrte er nach Brügge zurück, das ihm zur zweiten Heimat geworden war. Dort ist er, noch nicht fünfzigjährig, 1540 gestorben. Wie seine berühmten Freunde Erasmus von Rotterdam (1466/67–1536); Thomas Morus (um 1478–1535); Thomas Linacre (um 1460–1524) und Guillaume Budé (1467–1540) verstand er sich als Universalgelehrter (*eruditus, doctus vir*); der Terminus *humanista* war damals außerhalb Italiens noch nicht üblich. Obwohl sich die humanistischen Gelehrten seines Schlages stärker der Antike als dem christlichen Mittelalter verbunden fühlten, waren sie doch gute Christen und bis auf wenige Ausnahmen nicht die Freigeister, als die sie die Gegenreformation später erscheinen ließ.[318]

Vives hat ein umfangreiches Œuvre hinterlassen. Er erfreute sich in der europäischen Gelehrtenwelt großen Ansehens; seine Schriften wurden überall gelesen und teilweise schon zu seinen Lebzeiten in verschiedene europäische Sprachen übersetzt, unter anderem auch ins Deutsche.[319] Obwohl er sich in vielen seiner Arbeiten zu sprachlichen Fragen geäußert hat, ist er bis heute eher als Pädagoge und Psychologe denn als Philologe und Sprachtheoretiker bekannt. Hier kann kein Überblick über sein umfangreiches Gesamtwerk gegeben werden. Es werden nur einige der Schriften aufgeführt, in denen er sich zur Sprache, zur Sprachtheorie und zur Sprachphilosophie geäußert hat:

– *In pseudo-dialecticos* (1519): eine Frühschrift, in der sich der Verfasser sehr kritisch mit der Logik und der Grammatiktheorie des Mittelalters auseinandersetzt.
– *De disciplinis* (1532): Der erste Teil, *De causis corruptarum artium,* behandelt kritisch den herkömmlichen Wissenschaftsbetrieb, der zweite, *De tradendis disciplinis,* ist der Sprache als dem wichtigsten Medium der Wissensvermittlung gewidmet. Die Schriften *De censura veri* (mit den beiden Teilen *De censura veri in enuntiatione* und *De censura veri in argumentatione*) und

[318] Vgl. Buck 1982; Brekle 1985, 91f.
[319] Vgl. Briesemeister 1982.

De instrumento probabilitatis werden von einigen als selbständig angesehen, von anderen als Teile von *De disciplinis* betrachtet.

- *De ratione dicendi* (1532): In diesem Werk entwickelt Vives seine Sprach- und Literaturtheorie; das Kapitel *Versiones seu interpretationes* behandelt das Problem der Übersetzung.[320]
- *De anima et vita* (1538): Vives' zweites Hauptwerk, das ihm den Beinamen „Vater der modernen Psychologie" eingetragen hat. Es handelt sich um eine Synthese aus den Lesefrüchten des Humanisten und den präzisen Beobachtungen des Lehrers und Menschenkenners. In sprachphilosophischer Hinsicht ist vor allem das Kapitel *De sermone* bedeutsam.[321]

Vives wird in dieser Übersicht stellvertretend für die Sprachphilosophie der Renaissance behandelt. Er darf als besonders charakteristischer Vertreter dieser Epoche gelten; denn wenn er auch in einigen sprachtheoretischen Fragen mittelalterlichen Vorstellungen verhaftet bleibt, so hat er doch in vielen Fragen bewußt gegen die Ansichten der Vertreter der *Grammatica universalis* Stellung genommen.

10.1 Ein neuer Zugang zur Sprache im Zeitalter der Renaissance

Das letzte Kapitel von Etienne Gilsons *Philosophie au moyen âge* ist mit „Le retour des belles-lettres et le bilan du moyen âge" überschrieben. Damit wird die Epoche des Frühhumanismus treffend charakterisiert. Ein exklusiver Kreis von Gelehrten war damals dabei, sich die bedeutenden Texte der Antike und damit das literarische Latein der klassischen Zeit mit seinem Reichtum an Ausdrucksmöglichkeiten zu erarbeiten. Das mittelalterliche Denken und vor allem die Sprache, in dem es sich artikulierte, geriet darüber in Mißkredit. Man wollte bei der Erörterung sprachlicher Fragen Sätze heranziehen von der Art, wie sie Cicero geschrieben hatte, und nicht mehr mit kargen konstruierten Beispielen wie *curro est verbum* oder *homo scribitur* operieren. Die Sprache wurde zunehmend als ein Gegenstand der Philologie und immer weniger als Medium der Logik verstanden und damit in erster Linie als historisch-gesellschaftliche Institution, nicht so sehr als Mittel der Erkenntnis und des Ausdrucks der Gedanken. Das Interesse an der intersubjektiven Dimension der Sprache wuchs, die theoretische Beschäftigung mit der objektiven Dimension trat in der damaligen Epoche etwas in den Hintergrund.[322]

Damit verlagerte sich auch die Aufmerksamkeit der Gelehrten von der Sprache im allgemeinen zu den Sprachen im besonderen in ihren vielfältigen historischen Ausprägungen. In der Romania begann man sich für das Verhältnis von

[320] Vgl. Coseriu 1971b; Vega (Hg. 1994), 115–118.

[321] Zu dieser Aufzählung insgesamt vgl. Coseriu 1971a, 235f.; Brekle 1985, 94 und unten 10.3.

[322] Vgl. oben 2.3.1.

Latein und den aus dem Latein hervorgegangenen „Volkssprachen“, den *volgari*, zu interessieren. Schon 1435 hatten die Sekretäre des päpstlichen Hofs, Flavio Biondo und Leonardo Bruni, im Vorzimmer des Papstes, der sich damals in Florenz aufhielt, über die Frage diskutiert, ob die Römer denn wirklich das schriftlich überlieferte »grammatische« Latein gesprochen hätten oder nicht doch eine Art von *volgare* wie ihre Nachfahren. Der Architekt Leon Battista Alberti (1404–1472) hatte mit seinen vermutlich um 1440 abgefaßten *Regole della lingua fiorentina* das Wagnis unternommen, die Grammatik einer bis dahin als nicht »grammatikfähig« angesehenen Mundart zu verfassen und sich dabei nicht an die Kategorien Donats zu halten. Mit dem wachsenden Interesse an den Volkssprachen rückten zwangsläufig auch Phänomene wie Sprachwandel und Sprachvariation in den Blickpunkt, Erscheinungen, die dem vorwiegend statischen mittelalterlichen Denken eher fremd gewesen waren.

Diese gewandelte Einstellung zur Sprache und ihren Erscheinungsformen manifestierte sich zunächst einmal vorwiegend im Bereich der Philologie, bestenfalls in dem einer Sprachwissenschaft *ante litteram*, weniger auf der Ebene der Sprachtheorie und Sprachphilosophie. Vives war einer derjenigen, die die gewandelte Einstellung ihrer Umwelt zur Sprache theoretisch reflektierten und teilweise bewußt dem Sprachdenken des Mittelalters entgegenstellten.

10.2 Juan Luis Vives als Fortführer und Erneuerer der älteren Sprachphilosophie

Niemand, auch nicht der entschiedenste Kritiker des Überkommenen, kann sich vollständig von der Tradition lösen, die er vorfindet. Das gilt bei Vives vor allem für den Bereich der Sprachbetrachtung, wo er sich bis zu einem gewissen Grad noch ganz selbstverständlich auf den Pfaden fortbewegt, die die Modisten gebahnt hatten. Wo immer er auf theoretischer Ebene zu sprachlichen Fragen Stellung nimmt, zeigt er Neigung, sich von der Sprachphilosophie der Scholastik zu distanzieren

10.2.1 Zeichentheorie, Grammatik, lexikalische Semantik und Stilistik

Zur Zeichentheorie und darüber hinaus zu Fragen der lexikalischen Semantik hat sich Vives vor allem in den beiden Büchern von *De censura veri* geäußert. Vieles erinnert allein schon deshalb an die antike und mittelalterliche Tradition, weil altbekannte Beispiele angeführt werden: so die *chimaera*, das Syntagma *animal rationale* oder die relationale Bedeutung von *pater*.[323] In zeichentheoretischer Hinsicht unterscheidet sich Vives insofern von seinen Vorgängern, als er stärker als diese darauf hinweist, daß Zeichen jeweils nur für einen bestimmten Kreis von Adressaten gelten:

---

[323] Vgl. Coseriu 1971a, 247f.; Brekle 1985, 107ff.

significare vero non simpliciter sumendum est, aut universaliter, sed semper respectu et ratione alicujus ...[324]

„Das Bedeuten ist aber nicht im einfachen oder universalen Sinn zu verstehen, sondern immer im Hinblick auf und im Verhältnis zu jemandem bestimmten ..."

Origineller erweist sich Vives dort, wo er als Renaissancephilologe gegen die mittelalterliche Sprachlogik zu Felde zieht. Die aus rein logischen Gründen vorgenommenen Gleichsetzungen vom Typ *disputat* = *est disputans* lehnt er ab, weil bei vielen Verben die Gleichung wegen eines Aspektunterschiedes nicht aufgehen kann; so drücke *hic docet filios meos* „dieser unterrichtet meine Söhne" gewohnheitsmäßiges Handeln aus; *est docens* könne hingegen nur aktuelles Handeln bedeuten.

Was das ehrwürdige Problem der „Richtigkeit der Namen" betrifft,[325] so geht Vives auch hier neue Wege. Eine wie immer geartete Korrespondenz zwischen Lautform und bezeichnetem Sachverhalt wird nicht etymologisch, sondern stilistisch interpretiert, und die Determinationsrichtung wird dabei umgekehrt. Der Laut *r* (gemeint ist natürlich das lateinische Zungen-R), so heißt es im Kapitel *Sonus et Syllaba* der Schrift *De ratione dicendi*, erinnere an den Atem eines sich schwer Anstrengenden und symbolisiere somit die Überwindung eines Hindernisses. Dies habe sich Vergil zunutze gemacht, indem er dort, wo er zeigen wollte, durch welche Anstrengung Etrurien und Rom groß geworden sind, den Laut *r* besonders häufig verwendet habe:

Hanc Remus et frater: sic fortis Ethruria crevit
Scilicet, et rerum facta est pulcherrima Roma.

„So wuchsen Remus und Romulus auf und die starken Etrusker,
So wuchs auf voll Macht in der Welt die strahlende Roma.[326]

10.2.2 Deskriptive statt präskriptive Grammatik

Vives wendet sich – wie übrigens viele moderne Sprachdidaktiker – gegen das abstrakte Studium der Sprache. Man solle nicht versuchen, durch Befolgen abstrakter Regeln zum Gebrauch der Sprache zu gelangen, man solle vielmehr umgekehrt danach streben, sich durch Beobachtung und Nachahmung des Sprachgebrauchs (und sei es durch das Studium von Texten) die zugrundeliegenden Regeln zu erschließen:

... nam prius fuit sermo latinus, prius graecus, deinde in his formulae grammaticae, formulae rhetoricae, formulae dialectices[327] observatae sunt.[328]

---

[324] *De censura veri*, 142f., vgl. Coseriu 1971a, 247.

[325] Vgl. oben 4.1.3; 5.2.2.2; 6.2.2.1.

[326] Vergil, *Georgica* II, 533f., Übersetzung von Johannes und Maria Götte; vgl. Coseriu 1971a, 249; Coseriu 1994, 115f.

[327] Für *dialectices*, lies *dialecticae*; Nachahmung des griechischen Genitivs auf -ῆς.

[328] In pseudo-dialecticos, 41; vgl. Coseriu 1971a, 242.

„... denn zuerst gab es die lateinische und die griechische Sprache und dann erst wurden die Regeln der Grammatik, der Rhetorik und der Dialektik dort festgestellt."

... quum ex usu observata et nata sit grammatica, sicut dialectica, sicut rhetorica, non ex iis usus.[329]

„... da doch die Grammatik wie die Dialektik und ebenso die Rhetorik aus der Beobachtung des Sprachgebrauchs entstanden sind und nicht der Sprachgebrauch aus diesen Disziplinen."

Um Mißverständnissen vorzubeugen sei gleich hinzugefügt, daß Vives keineswegs der Ansicht ist, man könne generell auf Grammatik verzichten.

10.2.3 Primat der Historizität gegenüber der Universalität

Wenn Grammatiken aus dem Sprachgebrauch abzuleiten sind, kann man dabei nur von einer bestimmten Einzelsprache ausgehen. Das Ziel einer *Grammatica universalis* erscheint Vives daher als weitgehend verfehlt. Es gibt nur lateinische, griechische, spanische Grammatiken. Die Formel *duplex negatio est affirmatio* gelte zwar für das Lateinische, nicht jedoch für das Griechische, Spanische, Französische und andere Sprachen, in denen eine doppelte Verneinung durchaus nicht immer als Bejahung zu interpretieren sei.[330] Jede Sprache habe ihre spezifischen Regeln:

Est in unaquaque lingua sua loquendi proprietas, quod a Graecis ἰδίωμα dicitur; sunt et vocibus sua significata, suae vires.[331]

„Jedwede Sprache verfügt über ihre Eigentümlichkeiten des Ausdrucks, was von den Griechen *idioma* genannt wird; auch die Wörter haben ihre spezifischen Bedeutungen und ihren besonderen Gehalt."

Dabei schießt Vives insofern über das Ziel hinaus, als er sowohl die Möglichkeit einer allgemeinen, an keine Einzelsprache gebundenen Rhetorik leugnet (was wenigstens bis zu einem gewissen Grad annehmbar ist) als auch die einer allgemeinen Dialektik. Damit gibt er dem Prinzip der Einzelsprachlichkeit entschieden zuviel Raum.

Mit der Betonung des Prinzips der Einzelsprachlichkeit hängen einige weitere Charakteristika der Forschungstätigkeit des großen Gelehrten zusammen: seine Beschäftigung mit dem Problem des Übersetzens, die Beachtung, die er den Volkssprachen schenkt, und die Bedeutung, die er der Muttersprache bei der frühen Vermittlung von Wissen beimißt.

---

329 *De causis corruptarum artium*, 79; vgl. ebenda.

330 Vgl. ebenda, 252.

331 *In pseudo-dialecticos*, 48; vgl. ebenda 240.

10.2.4 Ablehnung der Generalisierung von Grammatikregeln durch Analogie

Der Grundsatz, Grammatikregeln seien immer aus dem Sprachgebrauch abzuleiten, verbietet die mechanische analogische Ausweitung des Geltungsbereichs von Grammatikregeln (*formulae artis*) auf Gebiete, in denen sie üblicherweise nicht gelten. Auf diese Weise habe man versucht, den großen, unüberschaubaren Strom des Sprachgebrauchs durch Abzugsgräben (*inciles*) zu kanalisieren. Dadurch sei die Sprache nicht nur geschwächt und zerstört, sondern auch durch viele fehlerhafte Ausdrücke verdorben worden. Man habe sich an irgendwelche Richtlinien gehalten, nicht an den Brauch, der schließlich Herr und Meister der Sprache[332] sei: „*bene ad canones, non bene ad consuetudinem, quae est domina et magistra sermonis.*" Die Regel könne den Sprachgebrauch insgesamt nicht erfassen, denn dieser sei mannigfaltig und folge nicht der Analogie: „[*ars*] *totum usum non potuit comprehendere, propterea quod et varius est, nec analogiam sequitur.*"[333]

10.2.5 Primat der intersubjektiven gegenüber der objektiven Dimension der Sprache

Die Verschiebung des Interessenschwerpunkts von der objektiven zur intersubjektiven Dimension der Sprache, von der oben die Rede war, ist bei Vives besonders deutlich ausgeprägt; insofern ist er ein typischer Vertreter seiner Epoche. Für ihn ist die Sprache in erster Linie ein Modus und Mittel des Zusammenlebens:

> ... est etiam sermo societatis humanae instrumentum, neque enim aliter retegi posset animus tot involucris et tanta densitate corporis occultus.[334]
>
> „Die Sprache ist aber auch ein Mittel des geselligen Zusammenlebens der Menschen, und anders (als durch sie) könnte der Geist nicht aufgedeckt werden, der unter so vielen dichten Hüllen des Körpers verborgen ist."

10.2.6 Ablehnung des Logizismus

An verschiedenen Stellen seines Werks wendet sich Vives gegen den Logizismus; zunächst in positiver Hinsicht mit der Begründung, die Sprache sei nicht allein Ausdruck des Denkens, sondern in ihr offenbare sich der gesamte Mensch:

> „Beim Menschen sind die Wörter Zeichen für die gesamte Seele, für die Einbildungskraft, für die Gefühlsregungen, für den Verstand und für den Willen ..."

---

332 [Horaz spricht in seiner sog. *Poetik* (71f.) vom *usus* als *ius et norma loquendi*. Dieser Passus geistert in vielfältiger Variation durch die europäische Sprachnormendiskussion bis zu Vaugelas und Manzoni; vgl. Albrecht 1987.]

333 *De causis corruptarum artium*, 79; vgl. Coseriu 1971a, 243.

334 *De tradendis disciplinis*, 298; vgl. ebenda, 237.

In negativer Hinsicht geht Vives mit seiner Trennung von Logik und Sprache bedenklich weit, indem er den logischen Sprachgebrauch auch dort kritisiert, wo er durchaus am Platz ist. Die Sprache an sich ist zwar durchaus vorlogisch; man kann aber logisch und weniger logisch mit ihr umgehen. Man gewinnt manchmal den Eindruck, als sei Vives nicht mehr weit davon, der Sprache einen autonomen, vom Logischen unabhängigen Wert zuzugestehen.

10.2.7 »Vernunft« gegen spitzfindige Antinomien

Logische Spitzfindigkeiten, wie sie nicht nur die Scholastiker, sondern lange vor ihnen schon die Sophisten liebten, sind für Vives ein Ärgernis, Zeugnis unfruchtbaren Denkens, das am *sensus communis*, am gesunden Menschenverstand vorbeigeht.

In der Substanz nicht neu war sein Vorschlag zur Lösung des schon in der Antike diskutierten Sophismas vom Haufen (*sorites*): Wenn man von einem großen Haufen Getreide ein Korn wegnehmen kann, ohne damit die Existenz des Haufens zu gefährden, und wenn dies für alle Körner (*omnes*, d.h. „jedes einzeln betrachtet") gilt, muß man dann nicht annehmen, daß der Haufen unabhängig von den Körnern existiert, aus denen er besteht? Gegen diesen Trugschluß führt Vives linguistische Argumente an. Bei numerisch unbestimmten Quantifizierungen wie *multum*, *paucum*, *magnum*, *parvum* dürfe man keine punktuelle Abgrenzungen annehmen. Im Falle des Getreidehaufens bedeutet das: *per modios tritici est agendum* „man muß mit Scheffeln voller Körner operieren".[335] „Alle" Körner heißt in dem vom Erfinder des Sophismas stillschweigend unterstellten Sinn nicht „jedes für sich betrachtet", sondern „alle in ihrer Gesamtheit" (*cuncti*).[336]

Origineller ist Vives bei seiner Zurückweisung des Sophismas vom Lügner (ψευδόμενος): Wenn Epimenides, der Kreter, behauptet, alle Kreter würden immer lügen, so entsteht bei der Interpretation dieses Satzes ein scheinbar unauflösbarer Widerspruch. Wenn der Satz auf Epimenides selbst zutrifft, müßte die Behauptung eine Lüge und somit falsch sein; erwiese sich die Behauptung als richtig, so wäre sie letztlich gerade deshalb falsch, denn Epimenides, der Kreter, hätte nicht gelogen. Bei der Lösung des Problems beruft sich Vives auf zwei Gewährsmänner, Petrus Mantuanus und Andreas Limosus. Aussagen sind Instrumente zum Ausdruck von Sachverhalten und können sich nicht auf sich selbst beziehen. Ein Messer ist zum Schneiden da, ein Hammer zum Hämmern; kein Messer schneidet sich selbst, kein Hammer schlägt sich selbst. Wenn jemand sagt „Ich lüge", so meint er alle übrigen Sätze, die er äußert, nicht jedoch diesen Satz.

---

335 *De disputatione*, 72; vgl. Coseriu 1971a, 252f.

336 [Vgl. Coseriu ³1978, 35. Dort wird dem Begründer der Soziologie, Emile Durkheim, der Vorwurf gemacht, seine Ansicht, der *fait social* existiere unabhängig von den Individuen, aus denen die Gesellschaft besteht, laufe letztlich auf das klassische Sophisma vom Haufen hinaus.]

Jahrhunderte später tauchte dieses Problem in neuem Gewand wieder auf, als sogenannte „Russellsche Antinomie“ in der Mengenlehre: „Enthält die Menge aller Mengen, die sich selbst nicht als Element enthalten, sich selbst als Element oder nicht?“ Anschaulicher formuliert: „Rasiert ein Barbier, der alle Männer seines Dorfs rasiert, die sich nicht selbst rasieren, sich selbst oder nicht?“ Im Jahr 1908 hat Bertrand Russell (1872–1970) durch seine „verzweigte Typentheorie“ die von Georg Cantor (1845–1918) begründete „naive Mengenlehre“ zu korrigieren versucht, um Antinomien dieser Art auszuschalten. Dazu stellte er folgendes Axiom auf: „Keine Gesamtheit kann Glieder enthalten, die durch ihr selbst angehörige Termini definiert werden.“[337] Nicht alle Mathematiker haben das widerspruchslos akzeptiert. Vermutlich wußte Russell nicht, daß Jahrhunderte früher eine inhaltlich der seinen recht ähnliche Lösung des von ihm neu formulierten Problems vorgeschlagen worden war, wenn auch auf weniger strengem Wege.[338]

10.3 Bibliographische Hinweise

Die vollständigste Ausgabe der Werke von Vives ist die von Mayans y Siscar, die 1964 nachgedruckt wurde und somit verhältnismäßig leicht zugänglich ist (Vives 1782/1964). Aus ihr wurde hier zitiert. Die dort vorgenommenen Einteilungen und Zuordnungen der einzelnen Schriften werden heute nicht von allen Fachleuten anerkannt. Das Sprachdenken vom Frühhumanismus bis zur frühen Neuzeit wird ausführlich und gründlich bei Apel (1963) behandelt. Über die Renaissancephilologie insgesamt (nicht unbedingt aus sprachphilosophischer Sicht) berichten Kukenheim (1932) und Percival (1975). Speziell mit Vives hat sich Verburg (1951, 149–162 und 1952) auseinandergesetzt; die Arbeiten sind niederländisch geschrieben und haben daher nicht die Verbreitung gefunden, die sie verdienten. Der Beitrag von Brekle (1985) verdankt sehr viel den beiden Arbeiten des Verfassers, auf die sich das vorliegende Kapitel stützt. Den kurzen Beitrag Vives’ zur Übersetzungstheorie, der dem weit bekannteren *Sendbrief vom Dolmetschen* in nichts nachsteht, den Luther um dieselbe Zeit verfaßt hat, hat Vega (Hg. 1994, 115–118) in spanischer Übersetzung in seine Anthologie klassischer Texte zur Übersetzungstheorie aufgenommen. Der im Rahmen der *Wolfenbütteler Abhandlungen* zur Renaissanceforschung erschienene, Juan Luis Vives gewidmete Sammelband berührt sprachtheoretische Fragen nur am Rande (Buck, Hg. 1982).

---

[337] Vgl. Coseriu 1971a, 253ff.; Bocheński 1956, 456.

[338] [Sehr ausführlich wird die Diskussion um das Sophisma vom lügenden Kreter von Aristoteles bis zur *Ordinary Language Philosophy* bei Geier (1989, 63–109) behandelt.]

11 René Descartes und die Idee der Universalsprache

René Descartes (die lateinische Namensform Renatus Cartesius, die sich so gut zur Bildung von Adjektiven wie *cartesisch* oder *cartesianisch* eignet, hat er selbst nicht gern gebraucht) gehört zu den allgemein bekannten Gestalten der Geistesgeschichte. Über seine Person und seine Philosophie im allgemeinen kann man sich leicht an anderer Stelle informieren; auch heute noch erscheinen immer wieder neue Werke zu seiner Person und seinem Denken.[339] Hier soll nur das Notwendigste über ihn berichtet werden, vor allem Fakten, die geeignet sind, Licht auf die wenigen Bemerkungen zu werfen, die er zum Problem der Sprache gemacht hat.

Descartes wurde 1596 in einem kleinen Dorf in der Touraine geboren. Seine Ausbildung erhielt er im renommierten Jesuitenkollegium von La Flèche, das vom frisch zum Katholizismus konvertierten König Henri IV großzügig ausgestattet worden war. Zumindest im Bereich von Mathematik und Naturwissenschaft konnte man dort damals mehr lernen als an der Sorbonne; auch die sprachlich-philologische Ausbildung galt als vorbildlich. Latein lernte Descartes unter anderem anhand der Texte Augustins, was sich später auf die Formulierung seines berühmten *cogito* ausgewirkt haben dürfte. Mit sechzehn Jahren verließ er La Flèche. Nur über Marin Mersenne (1588–1648), den er dort kennengelernt hatte und mit dem er zeitlebens gleichartige wissenschaftliche Interessen teilte, blieb er seiner Bildungsstätte verbunden. Sein weiteres Leben ist in groben Zügen so gut bekannt, daß einige »weiße Flecken« um so auffälliger hervortreten. Nach kurzem Aufenthalt in Paris begibt er sich auf Reisen. Man findet ihn in Holland, Dänemark, Polen und Deutschland, sowohl auf protestantischer als auf katholischer Seite eher ein Beobachter des Dreißigjährigen Kriegs als aktiver Kombattant. Im Feldlager bei Ulm, so berichtet er, habe er eine Art von Erweckungserlebnis gehabt. Die Erfüllung eines damals abgelegten Gelübdes führte ihn für einige Zeit nach Italien. Auch auf Reisen war er ständig mit mathematischen, naturwissenschaftlichen und philosophischen Problemen beschäftigt. Von 1628 an lebte er vorwiegend in verschiedenen niederländischen Städten, unternahm jedoch zwischendurch immer wieder Reisen nach Frankreich in Familienangelegenheiten. Er stammte aus einer adligen Familie und war sich, obwohl er das Leben eines Intellektuellen führte, seiner Privilegien und der damit verbundenen Verpflichtungen wohl bewußt. Wenn er verhältnismäßig wenig publiziert hat, so nicht zuletzt deshalb, weil ein Edelmann zu seiner Zeit von den Erträgen seiner Besitzungen, nicht von seiner Arbeit zu leben hatte. Im Jahre 1649 folgte er einer Einladung der Königin Christine von Schweden, der Tochter Gustav Adolfs. Sie war bestrebt, bedeutende europäische Wissenschaft-

[339] Vgl. z.B. Schultz 2001.

ler an ihren Hof zu binden. Wenige Monate nach seiner Ankunft in Stockholm starb Descartes dort im Februar 1650.

Einem größeren Publikum ist der französische Philosoph vor allem durch sein berühmtes *cogito* sowie durch seine Annahme bekannt, die Zirbeldrüse (Epiphyse) sei der Sitz der menschlichen Seele. Zwischen diesen beiden Wissensbruchstücken läßt sich ein Zusammenhang herstellen. Das *cogito* wurde im 1637 erschienenen *Discours de la méthode* zunächst in französischer Sprache formuliert: *je pense, donc je suis*.[340] Erst in den 1644 veröffentlichten *Principia philosophiae* erscheint die lateinische Form *ego cogito, ergo sum*,[341] die meist ungenau zitiert wird. In der von François Picot angefertigten, von Descartes durchgesehenen französischen Übersetzung von 1647 wird wieder die ursprüngliche Formulierung verwendet.[342] In der üblicherweise zitierten Form hat das *cogito* die Gestalt eines unvollständigen Syllogismus, aus dem hervorgehen soll, daß das Subjekt sich im Denken als über jeden Zweifel erhabenes Sein erfährt. Nur auf dieser Selbstgewißheit des Subjekts könne alle weitere Philosophie aufgebaut werden. In der zweiten *Meditatio de prima philosophia* aus dem Jahre 1641 wird diese Gewißheit ausdrücklich mit dem „archimedischen Punkt" verglichen.[343] Dort wird auch genauer untersucht, was die Gewißheit *ego sum, ego existo* bedeutet:

> Ego sum, ego existo; certum est. Quandiu autem? Nempe quandiu cogito ...[344]
>
> „Ich bin, ich existiere, das ist gewiß. Aber wie lange? Doch wohl solange ich denke ..."

Und kurz darauf heißt es:

> Sum autem res vera, & vere existens; sed qualis res? Dixi, cogitans.[345]
>
> „Ich bin also etwas Wahres und wirklich Existierendes, aber was? Ich habe es gesagt, res *cogitans*, etwas, das denkt."

In der sechsten Meditation wird diese Erkenntnis in verschärfter Form vorgetragen: Daraus, daß ich *res cogitans* bin,

> ... recte concludo meam essentiam in hoc uno consistere, quod sim res cogitans. Et quamvis fortasse (...) habeam corpus, quod mihi valde arcte conjunctum est, quia tamen ex unâ parte claram & distinctam habeo ideam meî ipsius, quatenus sum tantum res cogitans, non extensa, & ex aliâ parte distinctam ideam corporis ...[346]
>
> „... schließe ich zu Recht, daß mein Wesen allein darin besteht, daß ich eine *res cogitans*, etwas Denkendes, bin. Und obschon ich vielleicht (...) einen Körper

[340] *Discours de la méthode IV*; vgl. Descartes 1970, 89.

[341] *Principiae philosophiae* I, 7; vgl. Descartes 1905, 7.

[342] *Les principes de la philosophie* I, 7; vgl. Descartes 1953, 573.

[343] Descartes 1978, 24.

[344] Ebenda, 27.

[345] Ebenda, 28.

[346] Ebenda, 76.

> habe, der mir sehr eng verbunden ist, so habe ich doch einerseits eine deutliche Vorstellung meiner selbst als eines denkenden, nicht als eines ausgedehnten Wesens und andererseits eine davon unterschiedene Vorstellung von meinem Körper."

Die Implikationen dieser Unterscheidung können hier nicht ausgeführt, mögliche Einwände nicht erörtert werden. Es sei lediglich darauf hingewiesen, daß die Fülle hierarchisch geordneter Stufen des Seins der mittelalterlichen Philosophie auf eine dichotomische Unterscheidung reduziert wird: hier *res cogitans* „Geist, Seele", dort *res extensa* „Körper, Materie". Schon die gewählten Termini deuten darauf hin, daß der *res cogitans* räumliche Ausdehnung abgesprochen wird. Es gibt Gründe für die Annahme, daß Descartes, der sich sehr für Anatomie interessierte und an Sektionen von Verstorbenen teilgenommen hat, den Sitz der Seele in einem besonders kleinen, scheinbar funktionslosen Organ vermutete, daß man sich idealiter als Punkt vorstellen konnte, der Zirbeldrüse.

Es ist häufig darauf hingewiesen worden, daß es für das *cogito* Descartes' mehrere »Vorformen« bei Augustinus gibt, die dort allerdings in einem anderen Argumentationszusammenhang erscheinen.[347]

Ungeachtet seiner zeitweise bewegten Lebensumstände, durch die er sich vielfältigen Gefahren aussetzte, war Descartes ein vorsichtiger Mensch. Ein Vers Ovids, der in unterschiedlicher Form zitiert wird, soll sein Wahlspruch gewesen sein: *bene vixit, qui bene latuit* „gut lebte, wer sich gut zu verbergen wußte". Zahlreiche Interpreten haben aus seinen Werken, trotz des dort erbrachten „Gottesbeweises", eine atheistische Grundhaltung herausgelesen. Dazu bedarf es keiner exegetischen Verrenkungen. Obwohl er einigen »Häretikern« freundschaftlich verbunden war, hat Descartes sich bei aller Kritik im einzelnen nie öffentlich von seiner Kirche distanziert und darüber hinaus alles ängstlich vermieden, was kirchliche Autoritäten hätte herausfordern können. Kurz vor seinem Tod hat er die Letzte Ölung empfangen. Seine Schriften wurden 1663 auf den *Index librorum prohibitorum* gesetzt.

Zur Sprache hat sich Descartes nur sporadisch geäußert, das räumt auch Chomsky am Anfang seiner *Cartesian Linguistics* ein. In seinen Werken stößt man gelegentlich auf sprachkritische Äußerungen, die von fern an die Sprachkritik des 19. und des frühen 20. Jahrhunderts erinnern. So heißt es in der zweiten Meditation:

> ... nam quamvis haec apud me tacitus & sine voce considerem, haereo tamen in verbis ipsis, & fere decipior ab ipso usu loquendi.[348]

> „... dann selbst solange ich dies bei mir stillschweigend erwäge, klebe ich doch an den Worten selbst und lasse mich beinahe durch den gewöhnlichen Sprachgebrauch täuschen."

Ein solcher Passus allein würde eine Behandlung des Autors in einem kurzgefaßten Entwurf einer Geschichte der Sprachphilosophie nicht rechtfertigen.

347 Vgl. u.a. Gilson 1929, 49ff.
348 Descartes 1978, 32.

Wenn hier auf Descartes eingegangen wird, so vor allem aus zwei Gründen: Einerseits haben andere Autoren Descartes einen bedeutenden Einfluß auf die Geschichte der Sprachphilosophie zugestanden; dazu soll Stellung genommen werden. Andererseits hat er einige Vorschläge zu einem Projekt beigesteuert, das lange vor ihm in Angriff genommen worden war und lange nach ihm weiterverfolgt wurde: das Projekt der Konstruktion einer Universalsprache.

11.1 Gibt es eine »cartesianische« Linguistik?

Erstaunlicherweise ist Descartes von einigen Autoren eine große Bedeutung nicht nur für die Geschichte der Philosophie im allgemeinen, sondern auch für die Geschichte der Sprachphilosophie beigemessen worden, obwohl die Sprache in seinen Schriften eine marginale Rolle spielt. Das verschweigt auch Ernst Cassirer nicht in seiner knappen Skizze einer Geschichte der Sprachphilosophie, mit der seine *Philosophie der symbolischen Formen* beginnt:[349]

> In der Lehre Descartes', die dem neuen Wissensideal der Renaissance die universelle philosophische Begründung gibt, rückt daher auch die Theorie der Sprache in ein neues Licht. Descartes selbst hat in seinen systematischen Hauptschriften die Sprache nicht zum Gegenstand selbständiger philosophischer Reflexionen gemacht ...[350]

Es folgt der Hinweis auf seinen Beitrag zum Projekt der Universalsprache in dem bekannten Brief an seinen Freund Mersenne, der später behandelt werden soll.[351]

Eine cartesianische Sprachphilosophie im strengen Sinn hat es nie gegeben. Das Projekt einer philosophischen Universalsprache stellt, wie noch zu zeigen sein wird, einen Irrweg der Sprachphilosophie dar. Dennoch muß es in einer Geschichte der Sprachphilosophie wenigstens kurz erörtert werden, was im Anschluß auch geschehen soll.

Zunächst muß auf die Bedeutung Descartes' für andere Bereiche der Sprachbetrachtung eingegangen werden. Wenn man dem Titel eines vor wenigen Jahrzehnten heftig diskutierten Buchs des amerikanischen Linguisten Noam Chomsky Glauben schenken möchte, so hat es immerhin so etwas wie eine „cartesianische Linguistik" gegeben. Chomsky und seine Schüler erheben den Anspruch, mehr zu bieten als positive Sprachwissenschaft. Sie verstehen ihre Arbeiten nicht nur als Beiträge zur Linguistik, sondern auch zur *Philosophy of Language*. Schon der Untertitel von Chomskys *Cartesian Linguistics* deutet darauf hin: „A Chapter in the History of Rationalist Thought".[352]

Der erste Satz des ersten Kapitels erinnert an die oben angeführte Äußerung Ernst Cassirers:

---

[349] „Das Sprachproblem in der Geschichte der Philosophie", Cassirer 1923/2001, 55–123.
[350] Ebenda, 67f.
[351] Vgl. unten 11.3.
[352] Chomsky 1966/71.

> Wenngleich Descartes in seinen Schriften selbst nur spärlich Bezug auf Sprache nimmt, spielen doch gewisse Beobachtungen über die Natur der Sprache eine signifikante Rolle in der Formulierung seiner allgemeinen Gedanken.[353]

Im Rest des Buchs ist dann bezeichnenderweise weit weniger von Descartes die Rede als von einer großen Anzahl von Sprachforschern, die einem nirgendwo klar explizierten „Cartesianismus" subsumiert werden. Tatsächliche Verbindungslinien zu Descartes werden nicht überzeugend nachgewiesen. Eine große Rolle spielt – neben den Autoren der *Grammaire de Port-Royal* – der Sprachtheoretiker Dumarsais, der eher ein Anhänger John Lockes als Descartes' gewesen ist. Gemeinsamer Nenner für den unterstellten „Cartesianismus" scheint ein ebenfalls nicht genau definierter „Rationalismus" zu sein, der sich in der Annahme sogenannter „eingeborener Ideen" (*ideae innatae*) äußert. Dazu kommt ein gewisser Universalismus in der Sprachtheorie. „Cartesianisch" wäre demnach jeder Linguist, der leugnet, daß der Spracherwerb beim Kind in erster Linie durch Nachahmung und Generalisierung des Gehörten verläuft und der bestrebt ist, die Unterschiede zwischen den Einzelsprachen in ihrer Bedeutung herunterzuspielen. Dazu gehören für Chomsky überraschenderweise auch Johann Gottfried Herder und Wilhelm von Humboldt.

Descartes' Gegner – darunter der nur wenig jüngere Philosoph und Mathematiker Blaise Pascal (1623–1662), der öffentliche Streitgespräche mit ihm führte – haben wohl vor allem deshalb mit ganz unphilosophischer Gereiztheit auf den Autor des *Discours de la méthode* reagiert, weil er, der die Philosophie vom blinden Glauben an Schulautoritäten befreien wollte, sehr schnell selbst zu einer Schulautorität geworden ist. So wurde das Adjektiv *cartesianisch* bald zu einem Begriff mit völlig »uncartesianisch« verwischten Konturen. Chomsky selbst scheinen am Ende seines Buches Zweifel an der Stichhaltigkeit seiner Argumente befallen zu haben. Seine historische Skizze sei „fragmentarisch und dabei in mancher Weise irreführend" ausgefallen, „mehr eine Rückprojektion bestimmter heute interessierender Ideen [...] als eine systematische Darstellung des Rahmens, in dem diese Ideen entstanden und Platz fanden."[354] Der Wissenschaftshistoriker Hans Aarsleff hat in einem Rezensionsartikel vernichtende Kritik an *Cartesian Linguistics* geübt und dem Verfasser dilettantischen Umgang mit der Primär- und Sekundärliteratur vorgeworfen.[355]

Einen Historiker hätte ein solcher Vorwurf schwer getroffen, einen im Grunde an historischen Zusammenhängen wenig interessierten Theoretiker wie Chomsky nicht. Wie andere, die einen ähnlichen Argumentationsstil pflegen, hält er sich ein »Hintertürchen« offen, durch das er hinausschlüpfen kann, wenn ihm jemand faktische Irrtümer nachweist: »So ernst war das alles nicht gemeint. Die historische Grundierung dient nur der Hervorhebung dessen, was mir eigentlich wichtig ist, meine eigenen Thesen«. Über die soll hier kein Urteil ge-

---

[353] Ebenda, 5.

[354] Ebenda, 95f.

[355] Vgl. Aarsleff 1970, insb. 584: „...no genuine history, but only a succession of enthusiastic and ignorant variations on false themes."

fällt werden. In historischer Hinsicht muß jedoch die Idee einer „cartesianischen Linguistik“ zurückgewiesen werden; es hat sie ebensowenig gegeben wie eine cartesianische Sprachphilosophie.

11.2 Sprache als unterscheidendes Merkmal des Menschen

Wir haben oben gesehen, daß der Mensch für Descartes nur in seiner Eigenschaft als *res cogitans* wirklich Mensch ist. Seinen Körper, eine *res extensa*, hat er mit den Tieren gemeinsam. Tierische Körper – Descartes hat sie in Schlachthäusern recht genau untersucht – gleichen „Automaten“, „Maschinen“, da sie von keiner *res cogitans* gesteuert werden. Man könne, so gibt er im fünften Teil des *Discours de la méthode* zu bedenken, einen künstlich gebildeten Tierkörper gar nicht so ohne weiteres von einem natürlichen unterscheiden. Bei Menschen sei dies ohne weiteres möglich. Descartes gibt zwei Gründe dafür an, von denen hier nur der erste interessiert:[356] Niemals könnten Maschinen Worte oder andere Zeichen gebrauchen und sie aneinanderreihen, wie wir es tun, um den anderen unsere Gedanken mitzuteilen.[357]

Bedeutungstragende Zeichen, die mit der Absicht hervorgebracht werden, einem anderen die eigenen Gedanken mitzuteilen – dazu gehören in erster Linie die sprachlichen Zeichen – gelten somit Descartes als eines der Merkmale, durch die sich Menschen von „Automaten“ oder Tieren unterscheiden.

Derselbe Gedanke erscheint in einem Brief, den Descartes am 23. November 1646 an den Markgrafen von Newcastle gerichtet hat: Es gebe keine äußerlich wahrnehmbaren Handlungen, die denjenigen, der sie beobachtet, davon überzeugen können, daß unser Körper mehr als eine sich selbst fortbewegende Maschine ist, und daß es in ihm auch eine denkende Seele gibt, außer den Wörtern und Zeichen, die einem anderen gegenüber hervorgebracht werden, ohne in einem unmittelbaren Bezug zu einem Gefühl oder Trieb zu stehen.[358] Die Zeichensprache der Taubstummen wird ausdrücklich mit darunter verstanden.

Ausführlich erläutert Descartes dann, was er unter „passiones“ versteht. Es handelt sich nicht etwa um die παθήματα des Aristoteles, sondern um Instinkte. Instinktiv hervorgebrachte Äußerungen wie Tierschreie läßt er nicht gelten; ein Zeichen muß mit einer aus der Ratio stammenden Ausdrucksabsicht verbunden sein.

Damit wird deutlich, daß es Descartes gar nicht primär um die Sprache geht (von der Funktion der Sprache ist in beiden Texten überhaupt nicht die Rede),

---

[356] [Der zweite ähnelt in gewisser Hinsicht den Kriterien, die heute in der „künstlichen Intelligenz-Forschung“ zur Unterscheidung der Reaktion eines Menschen von derjenigen eines Rechners vorgeschlagen werden; vgl. Descartes 1970, 121f.]

[357] Ebenda.

[358] „Enfin, il n'y a aucune de nos actions exterieures, qui puisse assurer ceux qui les examinent, que nostre cors n'est pas seulement une machine qui se remuë de soy-mesme, mais qu'il y a aussi en luy une ame qui a des pensées, exceptés les paroles, ou autres signes faits à propos des sujets qui se presentent, sans se raporter à aucune passion.“ Descartes 1901, 574.

sondern um die Intentionalität und den Verstand (*raison*), für deren Vorhandensein die Zeichenverwendung ein Indiz ist. Im *Discours de la méthode* wird dies ausdrücklich gesagt: „ ... der Verstand ist ein universal verwendbares Werkzeug, das in allen möglichen Umständen Dienste leisten kann."[359] Und etwas später fährt Descartes fort: „Und dies zeugt nicht nur davon, daß die Tiere weniger Verstand als die Menschen haben, sondern daß sie überhaupt keinen haben."[360]

Die Annahme, die Sprache sei das einzige Merkmal, durch das sich der Mensch von anderen Lebewesen unterscheidet, ist offenkundig falsch. Der Mensch unterscheidet sich auch durch andere Merkmale von den Tieren: durch die Arbeit sensu stricto (d.h. nicht als Befriedigung elementarer Bedürfnisse oder erzwungene Tätigkeit verstanden), durch die Kunst, durch die Forschung, kurz durch den gesamten Bereich der Intentionalität, für den die Sprache – das hat Descartes richtig gesehen – ein äußeres Anzeichen ist. Daher geht auch eine aus methodischen Gründen vorgenommene Reduktion der Sprache auf das Schema von *Stimulus* und *Response*, die in der ersten Hälfte des 20. Jahrhunderts von den Behavioristen praktiziert wurde, am Gegenstand „Sprache" vorbei. (Damit soll nicht behauptet werden, Descartes sei ein Behaviorist ante litteram gewesen; er war alles andere als das.)

Descartes' Idee, Worte (*paroles*) seien Anzeichen für Intentionalität, ist zwar richtig, aber nicht neu. Schon Thomas von Aquin unterschied zwischen *appetitus sensibilis affectiones, sicut ira, gaudium et alia huius modi* „Erregungen des sinnlichen Triebs wie Zorn, Freude und anderes dieser Art", die durch „natürliche Laute" ausgedrückt und *intellectus conceptiones* „Verstandesbegriffen", die sprachlich geäußert werden.[361] Dieselbe Unterscheidung finden wir später bei Vives: Die *voces* seien bei den Tieren (*in belluis*) *signa* [...] *tantum modo affectionum*, *quemadmodum in nobis* [...] *interjectiones* „in der Weise Zeichen für Gefühlszustände wie bei uns die Interjektionen", und da die Tiere über keinen Verstand (*mens*) verfügten, hätten sie auch keine Sprache: ... *idcirco bestiae omnes sicut mente ita et sermone carent.*[362]

11.3 Die Idee der Universalsprache bei Descartes

Am 20. November 1629 antwortet Descartes auf einen Brief seines Freundes, des Minoritenpaters Marin Mersenne, den er im Kolleg von La Flèche kennengelernt hatte. Mersenne muß in seinem Brief Descartes gebeten haben, sich zum Projekt einer Universalsprache zu äußern, das ihm von einem Dritten (möglicherweise einem gewissen des Vallées) vorgelegt worden war. Descartes hält

---

359 „... la raison est un instrument universel, qui peut servir en toutes sortes de rencontres ...", Descartes 1970, 121.

360 „Et ceci ne témoigne pas seulement que les bêtes ont moins de raison que les hommes, mais qu'elles n'ont point du tout." Ebenda, 122f. [Diese Bemerkung richtet sich ausdrücklich gegen Montaigne.]

361 Vgl. Thomas von Aquin 1955, I,1,2,5.

362 *De tradendis disciplinis*, 298; vgl. Coseriu 1971a, 237.

das Projekt grundsätzlich für durchführbar, beurteilt es jedoch dennoch recht skeptisch, vor allem aus praktischen Gründen.

Zunächst diskutiert er wohlwollend den ihm unterbreiteten Vorschlag. Es geht dabei um so etwas wie eine Universalsprache *a posteriori*, d.h. um Vorschläge zur nachträglichen Vereinfachung und »Verbesserung« bereits existierender Sprachen: radikale Vereinfachung der Flexion, Ausmerzung aller Unregelmäßigkeiten, die sich durch den langen Gebrauch eingeschlichen haben (*toutes choses venues de la corruption de l'usage*). Sowohl Nomina wie Verben sollten mit prä- oder postponierten Affixen ausgestattet werden, deren jeweilige Funktion in einem Wörterbuch zu verzeichnen wäre. Beim mündlichen Gebrauch sieht Descartes Schwierigkeiten, da die verschiedenen Völker unterschiedliche Artikulationsgewohnheiten hätten. Was für die Franzosen leicht und angenehm ist, sei vielleicht für die Deutschen rauh und unerträglich.[363] Die Grammatik einer solchen Sprache könne man in sechs Stunden lernen, für den Wortschatz würde man allerdings erheblich mehr Zeit benötigen.

Anschließend geht Descartes zu eigenen Vorschlägen über. Er entwirft eine „philosophische" Sprache, die man eine Universalsprache *a priori* nennen könnte, insofern es sich dabei um eine ideale, erst noch zu schaffende Sprache handelt, die über das Modell der bereits existierenden Sprachen hinaus geht. Der Vorschlag betrifft vor allem den Wortschatz und das sich in ihm manifestierende Begriffssystem. Die Erlernung des Wortschatzes einer Sprache wäre viel leichter, gibt er zu bedenken, wenn die Bedeutungen systematisch geordnet wären. Man müsse alle Gedanken, die je im menschlichen Geist in Erscheinung treten, ebenso ordnen wie die Reihe der Zahlen.[364]

So wie man die Zahlen bis ins Unendliche (tous les nombres jusques à l'infiny) an einem Tag erlernen könne, so werde man nur fünf oder sechs Tage benötigen, um eine solche Sprache zu erlernen. Man müßte dazu nur alle Ideen auf ihre einfachsten, nicht mehr weiter analysierbaren Komponenten zurückführen. Die Erfindung einer solchen Sprache hänge allerdings von der „wahren Philosophie" ab; denn ohne sie sei es nicht möglich, alle Gedanken aufzuzählen, sie zu ordnen und auf ihre einfachsten Komponenten zurückzuführen.[365]

Auf diese Weise könnte der *Mathesis universalis* eine analog gestaltete *Lingua universalis* an die Seite gestellt werden. An der Möglichkeit einer solchen Sprache zweifelt Descartes nicht; dennoch glaubt er nicht daran, daß sie je verwirklicht werden könne:

---

363 „... ce qui est facile & agréable à nostre langue, est rude & insupportable aux Allemans ...", Descartes 1897, 79.

364 „... établissant un ordre entre toutes les pensées qui peuvent entrer dans l'esprit humain, de mesme qu'il y en a un naturellement étably entre les nombres ...", ebenda, 80.

365 „... l'invention de cette langue depend de la vraye Philosophie; car il est impossible autrement de denombrer toutes les pensées des hommes, & de les mettre par ordre, ny seulement de les distinguer en sorte qu'elles soient claires & simples ...", ebenda 81. Vgl. ebenfalls Eco 1994, 224ff.

> Or ie tiens que cette langue est possible, & qu'on peut trouver la science de qui elle dépend, par le moyen de laquelle les paysans pourroient mieux iuger de la vérité des choses, que ne font maintenant les philosophes. Mais n'esperez pas de la voir iamais en usage; cela presupose de grans changemens en l'ordre des choses, & il faudroit que tout le monde ne fust qu'un paradis terrestre, ce qui n'est bon à proposer que dans le pays des romans.[366]

Eine solche Sprache und die Wissenschaft, auf der sie beruht, würde es einfachen Bauern ermöglichen, besser über die Richtigkeit von Sachverhalten zu urteilen als es heute die Philosophen tun; um sie jedoch in Gebrauch zu sehen, müsse sich sehr viel ändern. Die Welt müsse zu einem irdischen Paradies werden und somit gehöre der gesamte Vorschlag ins Reich der schönen Literatur.

Beide Arten der von Descartes skizzierten Universalsprache sind nicht philosophischer, sondern rein technischer Natur. Demjenigen, der die Idee einer solchen Sprache akzeptiert, wird ihre Ausarbeitung zu einer technischen Aufgabe. Welchen Sinn könnte die Konstruktion einer solchen Sprache haben? Wäre sie, wenn es sie gäbe, wirklich als „Sprache" anzusehen? Das sind philosophische Fragen. Descartes hat sie nicht gestellt.

11.4 Das Projekt einer Universalsprache von Raimundus Lullus bis Leibniz: Ein Irrweg der Sprachphilosophie

Bei der Idee der Universalsprache handelt es sich um einen merkwürdigen Irrweg der Sprachphilosophie und gleichzeitig der Erkenntnistheorie. Er beginnt bei dem katalanischen Dichter und Denker Ramón Llull (1235–1316) und setzt sich bis in die jüngste Vergangenheit fort. Die gesamte verwickelte Geschichte dieser Idee kann hier nur in groben Zügen wiedergegeben werden.[367] Wie im vorhergehenden Abschnitt soll auch hier zwischen Universalsprachen *a posteriori* (»vollkommenen« Sprachen, Welthilfssprachen) und Universalsprachen *a priori* (»philosophischen« Sprachen) unterschieden werden.

11.4.1 Universalsprachen *a posteriori* (Welthilfssprachen)

Die Idee einer regelmäßig gestalteten und daher leicht erlernbaren Universalsprache, durch die sich alle Völker miteinander verständigen können, ohne gezwungen zu sein, die Sprache eines fremden Volks zu erlernen, beruht auf zwei willkürlichen Annahmen. Einerseits wird angenommen, eine Sprache sei ein reines Kommunikationsmittel, das dazu dient, ein für allemal feststehende, vor jeder Sprache gegebene Inhalte zu transportieren. Praktische Zeichensysteme, explizit vereinbarte Kodes tun dies tatsächlich, aber sie können es nur auf der Grundlage einer oder mehrerer bereits vorhandener Sprachen. Andererseits nimmt man an, die grammatischen Kategorien seien in inhaltlicher Hinsicht bei allen Sprachen im wesentlichen die gleichen, sie erschienen nur in gänzlich

[366] Descartes 1897, 81f.
[367] Vgl. u.a. Couturat/Léau (1903); Eco 1994.

unterschiedlicher Form. Die Präposition *de* der einen Sprache würde dem Kasus „Genetiv" einer anderen Sprache entsprechen.

Beide Annahmen sind falsch. Was die erste betrifft, so räumen die meisten Anhänger der Idee einer Universalsprache ein, daß sie nur eine instrumentale Hilfe, eine „Welthilfssprache" anstreben. Dagegen ist nichts einzuwenden. Die Frage ist nur, ob sich eine solche Hilfssprache praktisch durchsetzen läßt. Schon Descartes hatte daran gezweifelt. Eine solche Sprache wäre kein Ersatz für die bestehenden Sprachen schlechthin, sondern nur für die Sprachen in der Funktion von Kommunikationssytemen. Die eigentlichen Sprachen sind mehr als das. Sie schaffen zugleich auch die Möglichkeit der Entwicklung noch nicht gegebener Bedeutungen und zwar keineswegs nur auf dem Wege neuer Kombinationen elementarer Bedeutungselemente. Darauf wird im nächsten Abschnitt zurückzukommen sein.

Was die zweite Annahme betrifft, so geben sich die meisten Propagatoren von Welthilfssprachen einer gefährlichen Illusion hin. Sie glauben, die »unnötigen« Schwierigkeiten der Grammatik seien nur materieller Natur. Würde man erst einmal die »unregelmäßigen« Formen beseitigen, so wären die Hauptschwierigkeiten aus der Welt geschafft. Eine sogenannte „einfache" Grammatik ist jedoch nur *eine* mögliche Grammatik, nicht *die* Grammatik. Vergleichbares gilt für den Wortschatz. Eine Vereinfachung im Bereich des materiellen Ausdrucks bringt nur eine unwesentliche Erleichterung des Lernprozesses mit sich. Inhaltlich muß eine solche in rein äußerlicher Hinsicht einfache Sprache mit all ihren Eigentümlichkeiten erlernt werden. Und in ihnen liegt die eigentliche Schwierigkeit, nicht in einer wie immer gearteten »Kompliziertheit«, sondern im Übergang zum »anderen«, sowohl im Bereich des Inhalts als auch in dem des Ausdrucks. Die beiden Phoneme des Esperanto /h/ und /ch/ sind nicht »an sich« schwer, sehr wohl jedoch für Italiener. Ebenso verhält es sich bei /č/ für Griechen, bei /p/ für Araber oder bei einem Konsonantennexus für Japaner. Es ist unmöglich, eine längere Reihe von Phonemen zu finden, deren Aussprache für die Sprecher aller Sprachen gleichermaßen »leicht« wäre. Descartes hat das sehr wohl gesehen.

Noch schwieriger stellen sich die Probleme in bezug auf die sprachlichen Inhalte dar. Die sechs Partizipien des Esperanto (drei Aktiv- und drei Passivpartizipien) sind materiell und begrifflich nicht schwer zu erlernen. Ihre Funktionen in der Gesamtsprache sind aber für viele Sprecher anderer Sprachen schwer in den Griff zu bekommen. Das gilt schon für Sprecher romanischer Muttersprachen; in weit höherem Maß jedoch für Sprecher solcher Sprachen, die keine Diathese des Verbs (z.B. Aktiv und Passiv) oder keine Verbaltempora kennen. „Schwer" und „leicht" sind relative Begriffe; sie gelten im Hinblick auf die Differenz zwischen der eigenen und der neu zu lernenden Sprache. Die Annahme einer „einfachen" Grammatik im absoluten Sinn ist nicht haltbar.

11.4.2 Universalsprachen *a priori* (»philosophische« Sprachen)

Die sogenannte philosophische Sprache beruht auf der willkürlichen und falschen Annahme, es gebe eine begrenzte, abzählbare Menge einfacher Ideen. Sie beruht darüber hinaus auf der willkürlichen Annahme, die möglichen Gegenstände der Wissenschaft seien ein für allemal gegeben und müßten lediglich im Laufe der Zeit »abgearbeitet« werden. Dem ist nicht so. Das Denken und die Wissenschaft sind schöpferisch und frei; sie lassen immer wieder unvorhersehbare, neue Gegenstände entstehen und zwar nicht nur auf dem Weg unendlicher Kombinationen einfachster vorgegebener Elemente. Auch bei der perfekt konstruierten »philosophischen« Sprache wären die Ideen „einfach" nur im Hinblick auf das schon Gegebene in einer bestimmten Kultur zu einer bestimmten Zeit. Descartes' Vergleich mit der Zahlenreihe gibt nicht viel her, denn als Ordnungsprinzip leistet die Idee der Einheit und der Reihung (Addition) von Einheiten, 1; 1+1; 1+1+1 ... usw. im Bereich der Begriffe nicht genug.

Der katalanische Dichter und Philosoph Ramón Llull (Raimundus Lullus), mit dem die Historiker in der Regel die Geschichte der Universalsprache beginnen lassen, hatte eigentlich nicht die Absicht, eine solche zu schaffen. In seinem Roman *Blanquerna* äußert er sich sogar zum Problem der Universalsprache und schlägt das Latein dafür vor. Seine *Ars generalis ultima* von 1303, besser bekannt unter dem Titel *Ars magna*, da die Straßburger Ausgabe von 1598, auf die die spätere Überlieferung zurückgeht, den Titel *Ars magna et ultima* trägt,[368] wurde nicht als „Sprache", sondern als inventives Begriffssystem konzipiert. Mit seiner Hilfe sollte es möglich sein, auf der Grundlage einer Reihe von elementaren Begriffen durch eine ausgefeilte Kombinatorik alle Begriffe und Aussagen zu bilden, die das gesamte Wissen (*omnem rem scibilem*) umfassen. Umgekehrt sollte es dieses System ermöglichen, das gesamte mögliche Wissen auf eine kleine Zahl von Grundbegriffen und Relationen zurückzuführen. Zweck des Ganzen war die Bekehrung der Ungläubigen.

Die *Ars magna* besteht aus drei Teilen: Der erste Teil enthält 54 Grundbegriffe (6 Klassen zu je 9 Begriffen); der zweite Teil behandelt die Regeln zur Kombination dieser Begriffe und im dritten Teil wird das Notationssystem für die Begriffe und die Relationen eingeführt, mit dessen Hilfe ein bequemes »Rechnen« ermöglicht werden soll.

Die sechs Klassen sind folgende: *Quaestiones*; *Principia absoluta*; *Principia respectiva* (oder *relativa*); *Subjecta*, *Virtutes*, *Vitia* (die Tugenden und Laster sind enthalten, damit auch Fragen der Moralphilosophie behandelt werden können). In der Klasse der *Quaestiones* erscheinen u.a. *utrum* „ob"; *quid* „was"; *quare* „warum"; bei den *Principia absoluta bonitas* „Güte"; *magnitudo* „Größe"; *duratio* „Dauer"; bei den *Principia respectiva differentia* „Unterschied"; *concordantia* „Übereinstimmung"; *contrarietas* „Gegensatz"; bei den *Subjecta deus* „Gott"; *angelus* „Engel"; *caelum* „Himmel"; bei den *Virtutes justitia* „Gerechtigkeit"; *prudentia* „Klugheit"; *fortitudo* „Stärke"; bei den *Vitia avaritia*

---

[368] Vgl. Eco 1994, 68.

„Geiz“; *gula* „Völlerei“; *luxuria* „Wollust“ (es wurden hier nur jeweils die ersten drei von neun Begriffen aufgeführt, die in jeder der sechs Klassen enthalten sind).[369] Zwischen den jeweils neun Begriffen der sechs Klassen gibt es, nach der einfachsten Art zu rechnen, die offenbar auch Llull selbst angewendet hat, 9^6 = 531 441 mögliche Kombinationen. Läßt man Wiederholungen von Begriffen zu, so ergeben sich weit höhere Zahlen; andererseits ergeben sich Reduzierungen, wenn man annimmt, daß bestimmte theoretisch mögliche Kombinationen aus sachlichen Gründen in praxi auszuschließen sind. Es handelt sich also um eine Art Universalsemantik, die auf der Annahme beruht, es gebe eine abzählbare Menge nicht weiter reduzierbarer Inhalte. Die scheinbare Kreativität des »Begriffserzeugungssystems« beruht ausschließlich auf der nahezu unübersehbaren Zahl der Kombinationsmöglichkeiten. Es handelt sich also um eine Art γλῶττα στοιχέα.

Ramón Llull hatte zunächst keinen Erfolg. Die *Ars magna* und seine übrigen Werke wurden sogar von der Sorbonne verboten. Erst viel später, im 16. und 17. Jahrhundert, fanden seine Werke, und ganz besonders die *Ars magna*, weite Verbreitung. Dies ist vor allem den Bemühungen des Katalanen Bernardo Lavinheta zuzuschreiben, der die „lullische Kunst“ in Frankreich bekannt machte. Agrippa von Nettesheim (1486–1535) und Giordano Bruno (1548–1600) setzten sich in Deutschland und Italien für die Verbreitung seiner Schriften ein. Um 1530 sind bereits fünfzehn verschiedene Ausgaben seiner *Ars magna* nachzuweisen. Später gehören der Spanier Sebastián Izquierdo, die Deutschen Athanasius Kircher (1602–1680) und J. H. Alsted und der Böhme Johann Amos Comenius (1592–1670) zu seinen begeisterten Anhängern. Descartes kritisierte die *Ars magna* ziemlich scharf, nicht, was die Grundidee betrifft, sondern lediglich wegen des Fehlens einer strengen Formalisierung.[370]

Im 17. Jahrhundert entstehen – vermutlich nicht ganz unabhängig von Llulls *Ars magna* – in England verschiedene Entwürfe von Universalsprachen oder »philosophischen« Sprachen. Am bekanntesten sind die *Ars signorum* des aus Schottland stammenden Lehrers George Dalgarno (um 1616–1687) und der *Essay towards a real character, and a philosophical language* des englischen Bischofs John Wilkins (1614–1672).[371]

Angeregt durch die Ideen von Llull, Descartes, Dalgarno und Wilkins entwickelt auch Leibniz seine eigene Universalsprache. „Leider“, möchte man mit Hegel sagen, denn wie noch zu zeigen sein wird, steht diese »Jugendsünde« in einem gewissen Widerspruch zu seinen übrigen Ansichten über Sprache und Sprachen, die wenigstens zu einem Teil in einem späteren Kapitel vorgestellt und kommentiert werden sollen.[372] Mit achtzehn Jahren liest er die *Ars magna*

---

369 Ein knapper schematischer Überblick findet sich bei Hjelmslev 1957/74, 107. Sehr viel ausführlicher ist die Darstellung bei Eco 1994, 65–83, hier 69. Die beiden Übersichtsschemata weichen allerdings in vielen Punkten voneinander ab.

370 Vgl. *Discours de la méthode*, IIe partie, Descartes 1970, 67.

371 Dalgarno (1661/1968); Wilkins (1668/1969).

372 Vgl. unten das Zitat aus Hegels *Logik* und Kapitel 13.

des Raimundus Lullus, im Jahre 1666, mit zwanzig Jahren, veröffentlicht er seine *Dissertatio de Arte combinatoria*, mit der er über sein Vorbild hinausgeht.[373] Wie in der Zeit des Barock allgemein üblich, enthält der Titel eine Inhaltsangabe: *Über die Kombinationskunst, worin auf der Grundlage der Arithmetik die Lehre von den Zusammensetzungen und Umstellungen durch neue Regeln aufgestellt und der Gebrauch beider im gesamten Umkreis der Wissenschaften aufgezeigt wird; worin darüber hinaus die Samenkörner einer neuen Denkkunst und Erfindungslogik ausgestreut werden.*[374]

Die im Titel gemachten Versprechungen werden weitgehend eingehalten; Leibniz stellt die *Ars magna* auf das mathematische Fundament, das Descartes bei Llull vermißt hatte.

Leibniz entwickelt eine Art von logischer Algebra, die auf alle Gegenstände des Denkens anwendbar sein soll und darüber hinaus als Universalsprache fungieren kann. Das Grundprinzip besteht wie bei allen vorhergehenden Entwürfen dieser Art in der Zerlegung komplexer Begriffe in einfachste, nicht mehr weiter analysierbare Inhaltselemente. Diese Analyse wird analog der Zerlegung natürlicher Zahlen in ihre Primfaktoren vorgenommen. Umgekehrt hat man sich die „Zusammensetzungen" (*complexiones*) von Begriffen wie die Darstellung natürlicher Zahlen in Form von Produkten ihrer Primfaktoren vorzustellen: 2 x 2 = 4; 2 x 3 = 6; 2 x 2 x 2 = 8 usw. Das Ergebnis der Multiplikation 2 x 2 wäre eine Kom*bi*nation, das von 2 x 2 x 2 eine Kon*ter*nation usw. [375] Auf diese Weise ließen sich Aussagen und Schlüsse in die strengen Regeln eines Kalküls kleiden.[376]

Die *Ars combinatoria* ist noch keine Sprache. Unter „Sprache" versteht Leibniz etwas, was man schreiben und aussprechen kann. In seiner 1678 verfaßten Schrift *Lingua generalis*[377] entwickelte Leibniz die Idee der Umgestaltung seiner *Ars combinatoria* in eine Universalsprache. Die Zahlen des Kalküls werden dabei durch Buchstaben ersetzt, aus denen sich »Silben« und »Wörter« bilden lassen. Die Ziffern von 1–9 werden durch die Konsonanten *b, c, d, f, g, h, l, m, n* dargestellt, die Dezimalstellen durch Vokale: Einer = *a*; Zehner = *e*; Hunderter = *i*; Tausender = *o*; Zehntausender = *u*. Die Zahl 81374 würde also durch das »Wort« *Mubodilefa* dargestellt. Da jedoch der Vokal in jedem Fall die Dezimalstelle der vorhergehenden Ziffer angibt, ist die Reihenfolge der »Silben« gleichgültig; man könnte für 81374 z.B. auch *Bodifalema* schreiben. In

[373] Leibniz (1875–1890, Bd. IV.).

[374] De Arte Combinatoria. In qua Ex Arithmeticae fundamentis *Complicationum* ac *Transpositionum* Doctrina novis praeceptis exstruitur, et usus ambarum per universum scientiarum orbem ostenditur; nova etiam Artis Meditandi seu Logicae Inventionis semina sparguntur.

[375] [Zugrunde liegen die lateinischen Multiplikativa *bis, ter, quater* usw.]

[376] [Dascal (1978, 213) gibt zu bedenken, daß der Vergleich mit einem formalen Kalkül sensu stricto hinkt. Die von Leibniz verwendeten Zahlen oder Buchstaben haben zuvor bereits eine Interpretation erfahren. Es handle sich also um kein *système formel*, sondern um ein *système de signes formalisé*.]

[377] Wie die meisten seiner Schriften wurde sie viel später publiziert. Sie ist abgedruckt in Couturat 1903, 277–279.

dieser prinzipiellen Umstellbarkeit der Silben sieht Leibniz große Vorzüge. In der Dichtung würde sie Variation des Klangs bei gleichbleibendem Sinn ermöglichen, die Technik des Reims ließe sich vervollkommnen. Leibniz dachte sogar an eine Übertragung des Prinzips auf die Musik.[378]

Was nun die Grundlage dieser Universalsprache angeht, die *Ars combinatoria* und die *Characteristica universalis*, auf denen sie beruht, so teilt Leibniz nicht die Ansicht Descartes', man müsse mit ihrer Ausarbeitung bis zur Vollendung der „wahren Philosophie“ warten. Wie es unendlich viele, prinzipiell auffindbare, aber zum größten Teil noch von niemandem identifizierte Primzahlen gibt, so verhalte es sich auch mit den noch nicht bekannten einfachen Ideen; mit Hilfe der Kombinatorik könnten sie entdeckt werden. Leibniz reduziert also nicht wie vor ihm Llull oder Descartes das mögliche Wissen auf alle erdenklichen Kombinationen von schon Bekanntem. Sein Vorschlag, auf der Grundlage dieses Kalküls eine *Lingua universalis* zu konstruieren, ist jedoch aus verschiedenen Gründen nicht annehmbar. Wir werden gleich sehen, daß es im Bereich der Praxis durchaus sinnvolle Anwendungsmöglichkeiten gibt.

Selbst Louis Couturat, der der Idee der Universalsprache sehr sympathetisch gegenübersteht, hält die von Leibniz konstruierte *Lingua generalis* für unpraktisch und kompliziert. Er möchte offensichtlich einen Schritt zurückgehen in Richtung auf eine Universalsprache *a posteriori*. Er glaubt nicht, daß man die Kombination von Ideen und damit das Denken auf eine so einförmige Operation reduzieren kann, wie es die Multiplikation von Primzahlen ist. Auch der Sinn gewisser möglicher Kombinationen („Tugend“ + „grün“?) will ihm nicht einleuchten. Llull hatte sie in seiner *Ars magna* ausdrücklich ausschließen wollen. Darüber hinaus zweifelt er generell am Sinn der Formalisierung: Warum soll man eine Idee, die man hat, durch eine Zahl darstellen? Wie verfügt man über Ideen »allein« ohne Darstellung? (Hier wird offensichtlich an eine Trennung von Ausdruck und Inhalt gedacht, die prinzipiell unmöglich ist).[379]

Bei seiner Kritik übersieht Couturat einen Einwand, der sich dem kritischen Leser geradezu aufdrängt: Sind einfache Ideen für den menschlichen Geist wirklich grundsätzlich leichter zu erfassen als komplexere? Die Erfahrung lehrt, daß es sich in gewissen Fällen gerade umgekehrt verhält. Eine der unschätzbaren Leistungen der Sprache besteht ja gerade darin, daß sie komplexe Begriffe zu Einheiten zusammenfaßt, mit denen Sprecher und Hörer umgehen, als handele es sich um einfache Elemente. Eine weitere Analyse ist zwar prinzipiell möglich, wird aber in der alltäglichen Kommunikation gerade nicht als „einfach“, sondern als schwierig empfunden. Wer versteht schon spontan, was mit folgender Mitteilung gemeint ist: „Die Tochter des Bruders meines Vaters und der einzige Sohn des Bruders meines Onkels wollen die Frau meines Vaters besuchen.“ Die »normale« Formulierung dieser Ankündigung: „Meine Kusine und

[378] [Viele der hier nur angedeuteten Gedanken finden sich in einer Reihe von Vorarbeiten zu dem von Leibniz nie ausgeführten Projekt einer *Characteristica universalis*, abgedruckt zum Teil in Leibniz 1875–1890, Bd. VII.]

[379] Vgl. Couturat/Léau 1903, 27; Couturat 1901, *Conclusion*.

ich wollen meine Mutter besuchen" ist zwar weniger analytisch, aber gerade deshalb leichter zu verstehen.[380]

Schließlich wäre im Hinblick auf die *Ars combinatoria* eine weitere kritische Frage zu stellen, vielleicht die wichtigste: Bleiben isoliert betrachtete Begriffe wirklich im strengen Sinne »dieselben«, wenn sie miteinander kombiniert werden? Die treffendste Kritik, die man an dieser von Leibniz und seinen Vorgängern offenbar stillschweigend gehegten Annahme in der Literatur finden kann, stammt von Hegel. In seiner *Wissenschaft der Logik* schreibt er:

> Diese Leibnizsche Anwendung des kombinatorischen Kalküls auf den Schluß und auf die Verbindung anderer Begriffe unterschied sich von der verrufenen *Lullianischen Kunst* durch nichts, als daß sie von seiten der *Anzahl* methodischer war, übrigens an Sinnlosigkeit ihr gleichkam. – Es hing hiermit ein Lieblingsgedanke Leibnizens zusammen, den er in der Jugend gefaßt und der Unreifheit und Seichtigkeit desselben unerachtet auch späterhin nicht aufgab, von einer *allgemeinen Charakteristik* der Begriffe, – einer Schriftsprache, worin jeder Begriff dargestellt werde, wie er eine Beziehung aus anderen ist oder sich auf andere beziehe, – als ob in der vernünftigen Verbindung, welche wesentlich dialektisch ist, ein Inhalt noch dieselben Bestimmungen behielte, die er hat, wenn er für sich fixiert ist.[381]

Diese Kritik betrifft allerdings in erster Linie die sprachtheoretische Ebene. Sie schließt nicht aus, daß es sinnvoll sein kann, im Bereich der angewandten Wissenschaften mit einer Kombinatorik einfachster Inhaltselemente zu operieren. Dazu gehört z.B. die automatische Übersetzung. Strenggenommen beruht sie auf der unbegründeten Annahme, Sprachen seien „Kodes", die identische Inhalte in unterschiedlicher Verpackung transportieren, und diese Inhalte seien völlig losgelöst von der Ausdrucksabsicht des Urhebers eines Textes und allen sonstigen Umständen eindeutig und „objektiv" zu ermitteln. Unbegründet ist diese Annahme allerdings nur für das ideale Sprechen, das Texte hervorbringt, die im strengen Sinne etwas Neues aussagen. Durch solche Texte wird notwendigerweise auch die Sprache berührt, in der sie verfaßt sind. Für die unzähligen konventionellen Texte, in denen Wohlbekanntes nur in neuer Anordnung ausgedrückt wird, gilt der Vorbehalt nur in eingeschränktem Maß. Hier erweist sich die Zerlegung von Bedeutungen in einfache Elemente als hilfreich. Man muß die zusätzlichen Inhaltskomponenten der englischen Wörter kennen, um entscheiden zu können, wann das »einfache« deutsche Wort *Himmel* durch *sky* und wann durch *heaven* wiederzugeben ist. Ebenso verhält es sich mit französisch *ne ... que* oder *seulement* gegenüber deutsch *nur* („beschränkt hinsichtlich einer allgemeinen Norm") und *erst* (beschränkt hinsichtlich einer zeitlichen Norm").[382]

---

[380] [Die analytische Umschreibung des außerordentlich »praktischen« Rollendeiktikums *ich* macht besondere Schwierigkeiten: Hätte „ich" einen Bruder, müßte man ganz anders paraphrasieren.]

[381] *Wissenschaft der Logik*, 2. Teil: Die subjektive Logik, 1. Abschnitt, 3. Kapitel = Hegel 1969, Bd. 6, 378f.

[382] [Vgl. „Er wiegt nur 30 Kilo" vs. „Er ist erst 11 Jahre alt".]

In der Praxis erweist sich die Lösung von Problemen dieser Art allerdings oft als weit schwieriger, als die Erfinder „philosophischer Sprachen“ es sich vorgestellt hatten.

Auf einem anderen Gebiet der angewandten Wissenschaften ist die Idee der *Ars combinatoria* längst in die Praxis umgesetzt worden, in der Lexikographie und der Terminographie. Aus dem oben erwähnten *Essay* des Bischofs John Wilkins ist im 19. Jahrhundert eines der erfolgreichsten Wörterbücher hervorgegangen: der *Thesaurus of English Words and Phrases* von Peter Mark Roget (erstmals 1852). Dieses onomasiologische Lexikon ist heute noch in mehreren Versionen im Buchhandel erhältlich. Es war gleichzeitig das Modell, nach dem Hugo Wehrle und Hans Eggers ihren bekannten *Deutschen Wortschatz* kompiliert haben. Auch die für die Bedürfnisse der Terminographie erstellten Thesauren, die es erlauben, den Fachtermini eines Glossars einen oder mehrere „Deskriptoren“ zuzuteilen, die die Zugehörigkeit zu bestimmten Fachgebieten angeben, gehen letztlich auf die Entwürfe „philosophischer“ Sprachen zurück.

11.4.3 Leibniz und die *Lingua rationalis*

Kehren wir zum Schluß nochmals zu den Universalsprachen *a posteriori* zurück. Leibniz hat auch zu diesem Gebiet einige Vorschläge gemacht. Wichtiger als seine positiven Beiträge zur Konstruktion einer solchen Sprache sind die sprachlichen Analysen, die ihnen vorausgehen. Leibniz möchte das Lateinische so weit vereinfachen, daß es als Vorstufe einer Universalsprache dienen kann. Dies schien ihm am leichtesten durchführbar, da Latein zu seiner Zeit ohnehin noch die Wissenschaftssprache Europas war.[383]

Es schwebt ihm ein Latein mit nur einer Konjugation und einer Deklination ohne Genusunterschied vor. Die Kategorie „Person“ soll nicht durch Verbalendungen, sondern nur durch Personalpronomina ausgedrückt werden, die des „Numerus“ durch die Determinatoren der Nominalphrase (Artikel, Demonstrativpronomen, Indefinitpronomen, Numerale usw.). Für die Adjektive ist keine Flexion vorgesehen; die Endung des dazugehörigen Substantivs genügt zum Ausdruck der syntaktischen Funktion. Ein Großteil der Relationen, die im klassischen Latein durch Kasusendungen ausgedrückt werden, sollen den Präpositionen anvertraut werden. Analog dazu wird der Modus des Verbs nicht durch Verbalformen, sondern durch Konjunktionen bezeichnet. Leibniz möchte also den Übergang zu größerer Analytizität künstlich fördern, der in der natürlichen Entwicklung vom archaischen Latein zu den romanischen Sprachen ohnehin zu erkennen ist. Seine Vorschläge zur Vereinfachung ähneln denen, die schon vor ihm und dann lange nach ihm bis in die jüngste Vergangenheit hinein unterbreitet worden sind.

Besondere Aufmerksamkeit verdienen einige Beobachtungen zur Grammatiktheorie. Sie werden *en passant* skizziert; Leibniz hat nie Zeit gefunden,

---

[383] Nam cum Latina sit hodie lingua scientiarum in Europa, sufficit ex Latina lingua aliquid in Linguam rationalem transferri posse, Leibniz 1875–1890, VII, 28.

seine Ideen zur *Lingua universalis*, *generalis* und *rationalis* auszuarbeiten. Couturat hat die unzähligen Fragmente gesichtet und einige davon abgedruckt:[384]

- Tempora werden nicht nur beim Verb, sondern auch beim Substantiv, Adjektiv und Adverb ausgedrückt, zumindest in der neuen Sprache, die sich Leibniz vorstellt: *ridiculurus* „einer, der lächerlich sein wird"; *ridiculure* „auf in Zukunft lächerliche Weise"[385]; *amavitio* „Geliebthaben"; *amaturitio* „zukünftiges Lieben".

- Komparation ist auch bei Pronomina und Verben vorstellbar: ipsissimus „ganz und gar selbst"; *currissimare = summe currere* „in höchstem Maße rennen."[386]

- Leibniz möchte nur die Autosemantika (Substantive, Adjektive, Adverbien und Verben) als Wortarten gelten lassen. Die Synsemantika (Artikel, Pronomen, Konjunktionen, Präpositionen) haben keinen lexikalischen Inhalt, gehören somit nicht zum Wortschatz und sind damit auch keine „Wortarten".[387] Dieser durchaus plausible Vorschlag wurde später von den Grammatiktheoretikern kaum zur Kenntnis genommen.

- Darüber hinaus stellt Leibniz einige Überlegungen zum begrifflichen Verhältnis der Wortarten untereinander an, die letztlich auf weitere Reduktionen hinauslaufen:

  [Adverbia sunt quasi adjectiva verborum].

  Verba possunt resolvi in nomina. Petrus scribit, id est est scribens.[388] Unde omnia verba reducentur ad solum verbum substantivum.

  „Die Adverbien sind gewissermaßen die Adjektive der Verben. Die Verben können in Nomina überführt werden. „Peter schreibt" bedeutet soviel wie „Peter ist schreibend." Daraus folgt, daß alle Verben allein auf das Verbum substantivum (= sein) zurückgeführt werden können."

Bei der Analyse der sprachlichen Kategorien und der Relationen, die zwischen ihnen bestehen, zeigt sich Leibniz als scharfsinniger Grammatiktheoretiker; in seiner Auffassung dieser Kategorien als Möglichkeiten der Sprache, erweist er sich als Sprachphilosoph.

Im Anschluß an Locke wird auf Leibniz im übernächsten Kapitel zurückzukommen sein; seine *Nouveaux essais sur l'entendement humain* sind seine Antwort auf Lockes *Essay on Human Understanding*.

---

[384] Couturat 1903.

[385] „... id est quod non statim ridiculum est, sed aliquando fiet ridiculum ..."; vgl. (auch für die übrigen Beispiele) Couturat 1903, 289.

[386] Vgl. ebenda, 281.

[387] Vgl. ebenda, 286f.

[388] Vgl. ebenda, 281; Vives hatte diese Gleichung kritisiert; vgl. oben 10.2.1.

11.5 Bibliographische Hinweise

Descartes wurde in diesem Kapitel in erster Linie im Zusammenhang mit der Idee der Universalsprache behandelt. Daher werden hier keine Lektürehinweise zu seiner Philosophie im allgemeinen gegeben. Einige wenige hier benutzte Werke finden sich im Literaturverzeichnis; sie dürfen nicht als repräsentativ angesehen werden. Wichtiger sind die hier herangezogenen Primärtexte: Benutzt wurde hauptsächlich die Ausgabe der Werke und Briefe von Charles Adam und Paul Tannery, Paris 1897–1913; der Einfachheit halber wurden die Bände einzeln mit ihrem jeweiligen Erscheinungsdatum zitiert. Darüber hinaus wurde die von A. Bridoux veranstaltete Ausgabe der Werke in der *Bibliothèque de la Pléiade* herangezogen (= Descartes 1953). Der *Discours de la méthode* und die *Meditationes de prima philosophia* wurden aus leicht zugänglichen, zuverlässigen Einzelausgaben zitiert (= Descartes 1970 und 1978). Zum Komplex Descartes als Sprachphilosoph und Sprachwissenschaftler sind in erster Linie Cassirer (1923/2001), Chomsky (1966/71) – die hier benutzte deutsche Übersetzung überzeugt nicht immer – und Aarsleff (1970) heranzuziehen. Für Leibniz wurden die Ausgabe von C. F. Gerhardt (= Leibniz 1875–1890) und die kommentierte Sammlung kleiner Schriften benutzt, die Couturat (1903) herausgegeben hat. Beide Werke liegen in leicht zugänglichen Nachdrucken vor. Für die Geschichte der Universalsprachen *a priori* und *a posteriori* gilt das Buch von Couturat und Léau, das ebenfalls nachgedruckt wurde, immer noch als Standardwerk; die neuere Darstellung von Umberto Eco (deutsch 1994) verdankt ihm viel. In beiden Werken wird man hinreichend über Welthilfssprachen wie Esperanto informiert.

12 John Locke (1632–1704)

Der Mann, der von manchen Historikern als Begründer der europäischen Aufklärung angesehen wird, wurde 1632 in einem kleinen südwestenglischen Ort nahe Bristol geboren. Er wuchs in bescheidenen Verhältnissen auf, in einem streng puritanischen Milieu. Seine früh erkannte Begabung und fördernde Umstände brachten es mit sich, daß er an der Westminster School in London eine hervorragende Ausbildung erhielt. Neben Griechisch und Latein lernte er auch Hebräisch und Arabisch. Später setzte er seine Studien am Christ Church College in Oxford fort. Ein Studium ohne philosophische Grundlage war damals undenkbar; die »offizielle« Philosophie, die damals in Oxford gelehrt wurde, war immer noch die der Scholastiker. Ähnlich wie Descartes reagierte auch Locke mit Unwillen auf die ex cathedra verkündeten philosophischen Lehrmeinungen; allerdings wendete er sich bald auch gegen den Cartesianismus, der ihm als Fortsetzung der Scholastik mit anderen Mitteln erschien. Von dem südfranzösischen Philosophen Pierre Gassendi (1592–1653), einem entschiedenen Kritiker Descartes', übernahm er empiristisches Gedankengut (vor allem die Atomtheorie Demokrits). Es wäre dennoch irreführend, wollte man John Locke dem klassischen Empirismus oder gar dem Sensualismus zurechnen. Seine Polemik gegen die Annahme „eingeborener Ideen" (*innate Principles in the Mind*) reicht dazu nicht aus. Es widerstrebte ihm zwar, sich allzu bereitwillig auf im menschlichen Geist verankerte Prinzipien zu berufen; er behauptet jedoch nicht, daß sich menschliche Erkenntnis einzig und allein aus der Erfahrung herleitet. Die Erfahrung spielte für ihn allerdings eine wichtige Rolle. Er interessierte sich – schon bevor er die Bekanntschaft von Isaac Newton machte – für experimentelle Naturwissenschaften und praktizierte zeitweise als Arzt, obwohl er es nicht weiter als zum Bakkalaureus der Medizin gebracht hatte.

Bald begann er auch politisches Interesse zu entwickeln, wenn er es auch vermied, herausgehobene Positionen zu bekleiden, die ihm offenstanden. Vom autoritären Konservativen, der die Macht des Staates als ein unbedingt zu verteidigendes Gut ansah, entwickelte er sich bald zu einem gemäßigten Liberalen, zu einem Anhänger der *Whigs*. Von deren Gegenspielern, den *Tories*, wurde er für gefährlich gehalten.

Seinen ersten längeren Auslandsaufenthalt trat er immerhin noch nicht aus politischen, sondern aus gesundheitlichen Gründen an; er war Asthmatiker. Von 1675–1679 hielt er sich in Frankreich auf, vorwiegend in Paris und in Montpellier. Bei seiner Rückkehr nach England fand er dort für ihn politisch bedenkliche Verhältnisse vor. Nach der Herrschaft Oliver Cromwells zwischen 1650 und 1660 hatten mit der Wiederherstellung der Monarchie konservative und katholische Kreise ständig an Einfluß gewonnen. Locke, der inzwischen als Liberaler bekannt war und, wenn nicht des Atheismus, so doch des Deismus verdächtigt wurde, hielt es 1683 für geraten, sein Land zu verlassen. Wie vor ihm Vives und Descartes fand er in den Niederlanden Zuflucht, die damals gegen England Krieg führten. Erst die Landung Wilhelm von Oraniens in England, die Anlaß zur sogenannten *Glorious Revolution* (1688) war, schuf die Voraussetzungen für seine Rückkehr nach England im Jahr 1689. Obwohl er von nun an fast bis zu seinem Tode, der ihn 1704 auf dem Landsitz einer befreundeten Familie ereilte, auf den er sich in seinen letzten Lebensjahren zurückgezogen hatte, in die Politik involviert war – immer Ratgeber im Hintergrund, nie Akteur auf der politischen Bühne – blieb ihm genug Zeit für seine wissenschaftliche Arbeit. Er betätigte sich auf den verschiedensten Gebieten, unter anderem auf denen der Ethik, der Pädagogik, der Politischen Philosophie, der Religionsphilosophie und der Bibelexegese.

An Essay concerning Human Understanding gilt als sein Hauptwerk. Nachdem er 1688 eine Kurzfassung auf französisch veröffentlicht hatte, brachte er 1690 die erste Auflage heraus. Bis zu seinem Tod hat er den Text überarbeitet; vor allem die zweite Auflage von 1694 und die 1706 postum erschienene Ausgabe letzter Hand enthalten Zusätze und Veränderungen. Das Buch wurde 1734 auf den Index gesetzt.

Wie der Titel klar zum Ausdruck bringt, hat der *Essay concerning Human Understanding* Fragen der Erkenntnis- und Wissenschaftstheorie zum Gegenstand. Locke gesteht, er habe ziemlich spät gemerkt, daß er bei der Durchführung seines Vorhabens nicht würde umhin kommen, sich mit dem Problem der Sprache auseinanderzusetzen:

> I must confess then, that when I first began this Discourse of the Understanding, and a good while after, I had not the least Thought, that any Consideration of Words was at all necessary to it.[389]

Den dritten, weit über hundert Seiten starken Teil seines *Essay* hat er schließlich der Sprache gewidmet. Lockes Sprachphilosophie ist gewissermaßen »nebenbei« entstanden.

In den folgenden Abschnitten soll nun zunächst diese Sprachphilosophie im allgemeinen vorgestellt werden. Das kann in ziemlich knapper Form geschehen, denn sie ist nicht besonders originell. Sie läßt sich allerdings nicht losgelöst von erkenntnistheoretischen Fragestellungen behandeln. Auf Lockes lexikalische Semantik soll etwas ausführlicher eingegangen werden. Auch wenn man die erkenntnistheoretischen Voraussetzungen dieser Semantik ablehnt, wird man in rein sprachtheoretischer Hinsicht doch fruchtbare und zukunftsweisende Impulse in ihr entdecken.

12.1 Lockes allgemeine Sprachphilosophie

Der große Einfluß, den das Denken Lockes auf die beginnende europäische Aufklärung ausübte, hängt nicht zuletzt mit der Unterbrechung der philosophischen Tradition durch Descartes zusammen, von der bereits die Rede war.[390]

---

[389] Essay III, 9, 21.

[390] Vgl. oben 9.4.

Lockes Essay fand ein Publikum, dem die mittelalterliche Philosophie nicht mehr bekannt war und das somit alle Ideen Lockes für neu hielt, auch diejenigen, die er, vielleicht ohne sich dessen bewußt zu sein, von seinen Vorgängern übernommen hatte.

12.1.1 Die Funktion der Sprache

Hauptzweck der Sprache ist für Locke die Kommunikation,[391] nicht nur im banalen Sinn des Gedankenaustausches. Kommunikation ist für ihn vor allem ein gemeinschaftstiftendes Moment, das Band, das eine Gesellschaft zusammenhält.[392] Das Verhältnis zwischen *word* und *idea* ist arbiträr – in diesem Punkt übernimmt Locke die scholastische Sprachphilosophie – und prinzipiell frei. Intersubjektive Verbindlichkeit stellt sich erst durch den gemeinsamen Sprachgebrauch ein.

Die Sprache wird in erster Linie als Instrument verstanden; somit wird – wie vorher schon bei Francis Bacon und Thomas Hobbes und später dann bei George Berkeley und David Hume – ihr praktischer Charakter hervorgehoben. Dies scheint ein Kennzeichen für die britische Sprachphilosophie insgesamt zu sein, wenn man einmal von so bedeutenden Ausnahmen wie James Harris (1709–1780) oder Robin George Collingwood (1889–1943) absieht. Auch bei der gemeinschaftstiftenden Funktion der Sprache betont Locke den äußerlich-praktischen Gesichtspunkt. Es geht ihm weniger um das „Sich einem anderen Mitteilen" als vielmehr um die „Mitteilung von etwas an einen anderen". In ihrer instrumentalen Funktion ist die Sprache für Locke unvollkommen,[393] mitunter auch gefährlich, weil ihre mechanische Vollkommenheit Leistungen vortäuscht, die in Wirklichkeit nicht erbracht werden.[394] In zwei umfangreichen Kapiteln des *Essay* wird auf die Unvollkommenheit der Wörter und die Gefahr ihres Mißbrauchs hingewiesen. Im Anschluß daran werden Ratschläge zur Abhilfe, d.h. zu einem in instrumentaler Hinsicht präziseren Gebrauch der Sprache erteilt.[395]

Die objektive Funktion der Sprache wird durch Locke gegenüber der intersubjektiven nicht völlig vernachlässigt, aber auch hier wird wiederum ein vorrangig praktischer Aspekt betont: Die Wörter dienen dem einzelnen zur Fixierung seiner eigenen Ideen. Die Menschen benutzen die Zeichen zunächst einmal „to record their own Thoughts for the Assistance of their own Memory ...".[396]

12.1.2 Der Status des sprachlichen Zeichens

Für Locke sind die artikulierten Laute Zeichen (*marks*) der im Geist (*mind*) befindlichen „Ideen". Wie aus seiner Definition von „idea" hervorgeht, schwe-

---

[391] Vgl. *Essay*, III, 5, 7: „...Communication, which ist the chief end of Language."

[392] Vgl. ebenda, III, 1, 1: „the great Instrument, and common Tye of Society."

[393] Vgl. ebenda, III, 9: „Of the Imperfection of Words".

[394] Vgl. ebenda, III, 10: „Of the Abuse of Words".

[395] Vgl. ebenda, III, 11: „Of the Remedies of the foregoing Imperfections and Abuses".

[396] Ebenda, III, 2, 2.

ben ihm dabei immer noch die παθήματα τῆς ψυχῆς des Aristoteles vor:[397] „Whatsoever the Mind perceives in it self, or is the immediate object of Perception, Thought, or Understanding, that I call *Idea* ...“[398] Solange die artikulierten Laute nichts anderes als Zeichen individueller Ideen (*Signs of Internal Conceptions*) sind, können sie nur in eingeschränkter Weise eine kommunikative Funktion erfüllen. Sie müssen so eingerichtet sein, daß sie für mehrere Einzeldinge gleichzeitig stehen, „as to comprehend several particular Things.“ Es sind also drei Stufen der Sprache zu unterscheiden:

– artikulierte Laute (articulate sounds)
– Zeichen für individuelle Ideen (signs of internal conceptions)
– Zeichen für allgemeine Ideen (names ... which are made to stand for general Ideas).[399]

Zeichen sind in erster Linie Ausdruck positiver Ideen. Wo das Gegenteil der Fall zu sein scheint wie bei lateinisch *nihil* oder englisch *ignorance*, handelt es sich um Ausdrücke für die Abwesenheit positiver Ideen.[400] Der Übergang von den Zeichen für individuelle Ideen zu denen für allgemeine Ideen erfolgt aus praktischen Gründen. Es wäre nahezu unmöglich und auch sinnlos, für jede partikuläre Gegebenheit ein Wort zu prägen und im Gedächtnis zu behalten. Nur die Zeichen für allgemeine Ideen haben eine soziale Funktion. Bei den meisten Wörtern habe eine Entwicklung vom Individuellen zum Generellen stattgefunden: Individuum → Art (*species*, *sort*) → Gattung (*genus*). Leibniz hat diese These zurückgewiesen; darauf wird im nächsten Kapitel zurückzukommen sein. Einige Wörter, die Eigennamen, seien, so Locke, in ihrer Entwicklung beim Individuellen stehengeblieben.[401]

In seiner 1767 erschienenen *Dissertation on the Origin of Languages* hat Adam Smith die Idee, daß sich die Appellativa aus den Nomina propria entwickelt hätten, aufgenommen und weiterentwickelt. Diese letztlich auf Locke zurückgehende Annahme wurde von dem italienischen Philosophen und Theologen Antonio Rosmini-Serbati (1798–1855) einer vernichtenden, auch heute noch gültigen Kritik unterzogen.[402]

Locke exemplifiziert seine Auffassung eines fortschreitenden Abstraktionsprozesses vom Individuellen zum Allgemeinen anhand der Sprachentwicklung beim Kind. Aus den höchstpersönlichen „Ideen“, die das Kind von einigen Bezugspersonen empfängt, entsteht durch fortschreitendes Weglassen des Partikulären ein Allgemeinbegriff wie „Mensch“:

---

397 Vgl. oben 6.3.8.4.

398 *Essay*, II, 8.8.

399 Ebenda, III, 1, 1–3.

400 Vgl. ebenda, III, 1, 4: „... they relate to positive Ideas, and signify their absence.“

401 Vgl. ebenda III, 3, 4f.

402 [Vgl. seinen *Nuovo saggio sull'origine delle idee* (1839) sowie Coseriu 1970a, 16. Die Kritik Rosminis an Smith ist in deutscher Übersetzung als Anhang zu der von Gunter Narr besorgten Ausgabe von Adam Smiths *Dissertation* abgedruckt; vgl. Smith 1767/1970, 61–104.]

> Wherein they make nothing new, but only leave out the complex *Idea* they had of *Peter* and *James*, *Mary* and *Jane*, that which is peculiar to each, and retain only what is common to them all.[403]

Eine rein sprachliche Intuition kennt Locke nicht. Für ihn sind immer zunächst die „Ideen" da, und daraufhin wird das Wort dafür geprägt. Das gilt, wie wir gleich sehen werden, auch für „gemischte Ideen". Schematisch läßt sich das folgendermaßen darstellen:

Allgemeine Idee
(what is common to
them all)

Wort (allgemein)
(general name)

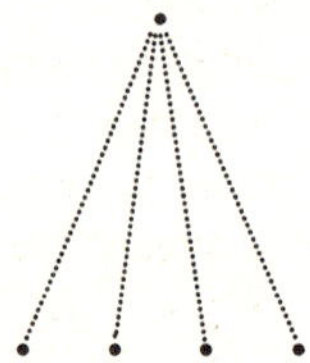

individuelle Ideen
(that which is peculiar to each)

Wörter (individuelle)
(names ... confined to
... individuals)

Wie man aufgrund einzelner Eindrücke, aus denen sich die Idee des Individuums nicht »zusammensetzen« läßt, zu dieser Idee kommt, erklärt Locke ebensowenig wie die Art und Weise, auf die man durch Abstraktion vom Individuum zur Art (*species*) gelangen soll. Und für die Tatsache, daß die sprachliche Abstraktion eben nicht nur den Bereich der Erfahrung (das Empirisch-Allgemeine), sondern auch den der Möglichkeiten (das Begrifflich-Universale) betrifft, bleibt er ebenso eine Erklärung schuldig. Den Sachverhalt sieht er sehr wohl. Im Zusammenhang mit seiner Behandlung der Namen für „Substanzen" (vgl. unten) erwähnt er den Namen der Sonne und interpretiert ihn richtig nicht als Eigennamen, sondern als Namen für eine Art, als Appellativum:

> ... for though there be but one Sun existing in the World, yet the *Idea* of it being abstracted, so that more Substances (...) might each agree in it; it is as much a Sort, as if there were as many Suns, as there are Stars.[404]

Zwischen Laut und „Idee" besteht für Locke keine natürliche Beziehung, sondern eine willkürliche. Die Verbindung zwischen artikulierten Lauten und „Ideen" besteht „not by any natural connexion [...]; but by a voluntary Imposition, whereby such a Word is made arbitrarily the Mark of such an Idea."[405] Die Zeichen stehen zunächst einmal ausschließlich für die eigenen Ideen („for nothing but the Ideas in the Mind of him that uses them").[406] So steht das Wort *Gold* für das, was der einzelne vom Gold weiß: Bei einem ist es nur die glänzende Farbe, bei anderen kommt hohes spezifisches Gewicht, Schmelzbarkeit und Formbarkeit hinzu.[407] Jeder Sprecher nehme an, bemerkt Locke kritisch, der

[403] *Essay*, III, 3, 7.
[404] Ebenda III, 6,1.
[405] Ebenda III, 2, 1.
[406] Ebenda III, 2, 2.
[407] Ebenda III, 2, 4.

Hörer verstehe das von ihm gebrauchte Wort in genau dem gleichen Sinn wie er selbst. Darüber könne man nie Gewißheit erlangen, aber wenn der Wortgebrauch vom anderen akzeptiert wird, gebe man sich in der Regel damit zufrieden. Es liegt Locke viel daran zu zeigen, daß die Spezies als solche nicht existieren. Die Sprecher hätten allerdings keineswegs den Eindruck, sie würden über ihre eigenen Vorstellungen sprechen; sie glaubten, sie sprächen unmittelbar über die Dinge selbst, „therefore they often suppose their Words to stand also for the reality of Things."[408]

Was Locke hier als echter »Philosoph« als Selbsttäuschung der Sprecher hinstellt, ist für die Sprache konstitutiv. Seine Sprachkritik verfehlt ihren Gegenstand ebenso wie diejenige Augustins.[409] Er sieht nicht, daß das Wort immer für die gemeinte Sache selbst steht. Natürlich gebrauchen wir die Wörter mit unserem Wissen von den Dingen, meinen damit aber die Dinge selbst und nicht die begrenzten Kenntnisse, die wir von ihnen haben.

Bei den „Substanzen" (etwa „selbständig existierende Einzeldinge") decken sich *nominal essence* (nominales Wesen, d.h. sprachliche Bedeutung) und *real essence* (etwa „wirkliche Beschaffenheit") nicht:

> *First, Essence* may be taken for the very being of any thing, whereby it is, what it is. [...] ... the Word *Essence* has almost lost its primary signification; and instead of the real Constitution of things, has been almost wholly aplied to the artificial Constitution of *Genus* and *Species*.[410]

In allen Ländern sind die Wörter lange vor der Herausbildung der Wissenschaften entstanden. So haben wir es immer zunächst mit den *nominal essences* zu tun; es ist Aufgabe der Wissenschaften, die *real essences,* die wirkliche Beschaffenheit der Dinge zu ermitteln, sofern dies überhaupt möglich ist. In diesem Zusammenhang identifiziert Locke die Bedeutung (*nominal essence*) ausdrücklich mit dem individuellen Wissen des Sprechers von dem gemeinten Gegenstand, wie wir bereits anhand des Worts *Gold* gesehen haben – ein Beispiel, das Locke immer wieder anführt.[411] An anderer Stelle schreibt er jedoch ausdrücklich, daß die Namen lediglich die Abgrenzung einer Art von anderen Arten ausdrücken, daß die „abstrakten Ideen", die an die Wörter gebunden sind, anzeigen, wo die eine Art – rein sprachlich gesehen – aufhört und die nächste beginnt:

---

408 Ebenda III, 2, 5.

409 Vgl. oben 8.2.3.

410 Essay, III, 3, 15. Vgl. ebenfalls Lowe 1995, 78–83.

411 Ebenda III, 6, 25 und ebenda, 19. [Hilary Putnam, der Begründer der sogenannten „Stereotypensemantik", greift Lockes Beispiel vom Gold wieder auf und stellt in diesem Zusammenhang die These von der „sprachlichen Arbeitsteilung" auf: Der gewöhnliche Sprecher habe nur stereotype Vorstellungen von dem, was Gold ist, die Kenntnis der „wahren Beschaffenheit" überlasse er den Experten. „Bedeutung" ist für Putnam die intersubjektiv verbindliche Extension, sie ist „nicht im Kopf". Vgl. Putnam 1975, 90.]

> The measure and boundary of each Sort, or *Species*, whereby it is constituted that particular Sort, and distinguished from others, is that we call its *Essence*, which *is* nothing but that abstract Idea *to which the Name is annexed* ...[412]

Locke scheint nicht bemerkt zu haben, daß diese beiden Bedeutungshypothesen nicht auf einen gemeinsamen Nenner zu bringen sind. Die Sprache ist in der Tat ein Klassifikationsprinzip. Das Wort ist, wie Platon sagte, ein διακριτικὸν τῆς οὐσίας, eine „Abgrenzung des Seins".[413] Somit kann sein Inhalt nicht darin bestehen, was der eine oder andere von dem Gegenstand weiß, den es bezeichnet. Jede ernsthafte Sprachbetrachtung hat dieser „diakritischen" Funktion der Sprache gegenüber der außersprachlichen Wirklichkeit Rechnung zu tragen. Das hat wohl auch Saussure gemeint, als er behauptete, in der Sprache gebe es nur Unterschiede ohne positive Gegebenheiten:

> ... *dans la langue il n'y a que des différences*. Bien plus: une différence suppose en général des termes positifs entre lesquels elle s'établit; mais dans la langue il n'y a que des différences *sans termes positifs*.[414]

Da die Namen, wie Locke sagt, „meine" Ideen bedeuten, ist die Namengebung an sich frei. Er sieht aber sehr wohl, daß dieser Freiheit durch den gemeinsamen Gebrauch der Wörter und durch die sich daran anschließende kollektive Überlieferung Grenzen gesetzt sind:

> And every Man has so inviolable a Liberty, to make Words stand for what *Ideas* he pleases, that no one hath the Power to make others have the same *Ideas* in their Minds, that he has, when they use the same Words, that he does. And therefore the great *Augustus* himself [...] acknowledged, he could not make a new Latin Word: which was as much as to say, that he could not arbitrarily appoint, what *Idea* any Sound should be a Sign of, in the Mouths and common Language of his Subjects.[415]

12.2 Lockes Ideen zur lexikalischen Semantik

Wenn man von einigen problematischen erkenntnis- und sprachtheoretischen Implikationen absieht, erweisen sich Lockes Ideen über die „Wörter" als originell und fruchtbar. Insofern er die Wortbedeutungen als Gefüge von unterscheidenden Merkmalen interpretiert, kann er als einer der Vorläufer der modernen strukturalen Semantik angesehen werden. In gewisser Hinsicht führt er immer noch die Lehre von den *modi significandi* fort; auch ihm geht es um die Trias *Gegenstand – Begriff – Wort*. An diesem Punkt enden jedoch die Gemeinsamkeiten; denn Locke leugnet eine direkte Korrespondenz zwischen Gegenständen und Bedeutungen und gelangt zu einer unabhängigen Analyse der sprachlichen

---

412 *Essay*, III, 6, 2; vgl. ebenfalls III, 6, 5: „... our abstract *Ideas*, which have names annexed to them, are the Boundaries of *Species* ...".

413 Vgl. oben 5.4.3.

414 Saussure 1916/71, 166.

415 *Essay*, III, 2.8.

Inhalte (*ideas*, *conceptions*, gelegentlich auch *notions*[416]). Abgesehen von den „Partikeln", die er gesondert behandelt, unterscheidet Locke drei Arten von „Namen" (er führt nur Substantive und Adjektive als Beispiele an, seine Ausführungen sind aber auf Verben und Adverbien übertragbar):

a) Namen für einfache Ideen (*simple ideas*): Sie sind unmittelbar durch die Erfahrung gegeben, nicht analysierbar und daher auch nicht definierbar. Analyse und Definition setzen voraus, daß die in Frage kommende „Idee" aus einfachen Elementen zusammengesetzt ist. Als Beispiele für „einfache Ideen" nennt Locke unter anderen: *motion*, „Bewegung"; *light*, *red*, *yellow*.[417]

b) Namen für „gemischte Modi" (*mixed modes*): Es handelt sich um Kombinationen von Ideen, die dem menschlichen Geist entspringen, ohne daß die außersprachliche Wirklichkeit eine Benennungsnotwendigkeit vorgeben würde. Sie entstehen zweckbestimmt zur Befriedigung bestimmter Ausdrucksbedürfnisse und sind damit eigentlich Begriffe (*notions*). Sie können durch Definitionen entstehen, ohne daß die außersprachliche Wirklichkeit gerade diese Kombination zwingend vorschreiben würde. Ist der Name erst einmal da, so erscheint die Ideenkombination, mit der er verbunden ist, besonders plausibel; es »gibt« dann den gemeinten Sachverhalt. Der Name ist bei den *mixed modes* eine Art von Knoten, der ein bestimmtes Ideenbündel zusammenhält.[418] Als Beispiele führt Locke unter anderen an: *adultery* „Ehebruch"; *incest* „Blutschande"; *parricide* „Vatermord"[419]; *justice* „Gerechtigkeit", *gratitude* „Dankbarkeit". Im Bereich der „gemischten Modi" seien die Bedeutungsunterschiede zwischen den Einzelsprachen besonders auffällig; man stoße immer wieder auf Wörter, für die es in anderen Sprachen kein Gegenstück gebe.[420]

c) Namen für „Substanzen" (*substances*): Hier geht es um »wirkliche Dinge«, um Raum-Zeit-Kontinua der außersprachlichen Wirklichkeit. Wie die Namen für die *mixed modes* entsprechen auch diese Wörter komplexen Ideen mit dem Unterschied, daß in diesen Fällen die außersprachliche Wirklichkeit die jeweiligen Kombinationen vorgibt. Als Beispiele für „Substanzen" dienen unter anderen: *gold, iron, man* „Mensch", *sheep, horse, lion, rose.*[421]

Bei der Behandlung dieser unterschiedlichen „Namen" geht es Locke vor allem um drei Fragen:

---

[416] Vgl. ebenda II, 22, 2.

[417] *Essay*, III, 4.

[418] Ebenda, III, 5, 10: „... the knot, that ties them fast together."

[419] Für die Ermordung eines Sohnes oder Nachbarn gebe es kein eigenes Wort, offenbar wegen der geringeren Schändlichkeit des Verbrechens.

[420] *Essay*, III, 5; vgl. auch unten 12.3.

[421] Ebenda, III, 6.

– *zunächst* um die Seinsweise der durch die „Ideen" repräsentierten Gegenstände und Sachverhalte;
– *dann* um das Verhältnis von *nominal essence* („sprachlicher Bedeutung") und *real essence* („wirklicher Beschaffenheit");
– *schließlich* um die Definierbarkeit der unterschiedlichen Arten von Ideen.

Was die *erste* Frage betrifft, so möchte Locke zeigen, daß die Namen für „gemischte Modi" und für Arten und Gattungen für Gegebenheiten stehen, die so nicht »wirklich existieren«. Bei den „gemischten Modi" versteht sich das fast von selbst: Es handelt sich um Kombinationen, die zwar nicht rein zufällig (*at random*[422]), aber doch nach eher praktischen Gesichtspunkten zusammengefügt wurden. Daher wurde auch das Analogieprinzip oft mißachtet: *parricide* „Vatermord" betrifft nur männliche Vorfahren, *incest* „Blutschande" hingegen weibliche Familienmitglieder der (vom Mann aus gesehen) Vorfahren-, Nachkommen- und der eigenen Generation. So erkläre es sich, daß gerade in diesem Bereich große Unterschiede zwischen verschiedenen Sprachen bestehen. Darauf wird gleich zurückzukommen sein. Bei den „Substanzen" seien die Abgrenzungen weniger arbiträr, da hier die „Ideen" auch in der Wirklichkeit in derselben Kombination in Form von Eigenschaften vorhanden sein müssen:

> No body joins the Voice of a Sheep, with the Shape of a Horse; nor the Colour of Lead, with the Weight and Fixedness of Gold, to be the complex *Ideas* of any real Substances ...[423]

Doch seien auch hier in gewisser Hinsicht willkürliche Abgrenzungen möglich. Unterscheidungen würden auch bei den Spezies nicht immer streng analog getroffen. Ein Unterschied wie derjenige zwischen *Wasser* und *Eis* werde bei *Gold* nicht gemacht, man spreche von festem oder flüssigem Gold. Umgekehrt würde ein auf Jamaica geborener Engländer, der bei einem Besuch auf den britischen Inseln zum ersten Mal mit dem Phänomen des Gefrierens von Wasser konfrontiert wäre, nicht von „Eis", sondern von „gehärtetem Wasser" (*harden'd Water*) sprechen.[424] Eine Spezies sei auch nichts weiter als eine abstrakte Idee, für die ein Name vorhanden sei. Die Engländer unterscheiden zwischen einer Uhr, die die Stunde schlägt, *clock*, und einer Uhr, auf der man nur die Zeit ablesen kann, *watch*. Wo diese beiden verschiedenen Namen nicht da sind, würde man auch nicht zwischen den entsprechenden Spezies unterscheiden.[425]

Was den *zweiten* Punkt angeht, so fallen *nominal essence* und *real essence* nur bei den *simple ideas* zusammen: „The *Names of simple* Ideas *and Modes*, signify *always the real*, as well as nominal Essence of their Species."[426] Bei den *mixed modes* entspricht nur die Mischung nicht der „wirklichen Beschaffenheit", sehr wohl jedoch die einzelnen Komponenten:

---

[422] Ebenda, III, 5, 7.
[423] Ebenda, III, 6, 28.
[424] Ebenda, III, 6, 12.
[425] Ebenda, III, 6, 39.
[426] Ebenda, III, 4, 3.

> To understand this aright, we must consider *wherein this making of these complex* Ideas consists; and that is not in the making any new *Idea*, but putting together those which the Mind had before.[427]

Die Namen für die „gemischten Modi" stehen für das, was man umgangssprachlich „abstrakte Begriffe" nennt: „Freiheit", „Gerechtigkeit", „Dankbarkeit" usw. Diese Wörter sind nur in ihrer „objektiven Funktion" vollkommen, d.h. wenn sie dazu dienen, die „komplexe Idee" dessen, der sie geformt hat, in seinem eigenen Gedächtnis festzuhalten. Aber sobald er den betreffenden Namen benutzt, um anderen diese Idee mitzuteilen, schleichen sich nahezu unvermeidlicherweise Abweichungen und Unklarheiten ein.[428] Bei den „Substanzen" gibt es keine Übereinstimmung zwischen der mit dem Namen verbundenen Wesenheit (*nominal essence* „Bedeutung") und der „wirklichen Beschaffenheit" eines Gegenstandes (*real essence)*. Individuen werden kraft der *nominal essence* einer Art zugerechnet, d.h. dadurch, daß sie mit einem Appellativum benannt werden. Diese Arten existieren nicht wirklich; es gibt den einzelnen Baum, nicht jedoch die Art „Linde". Was der Name zum Ausdruck bringt, entspricht dem, was wir über die Arten zu wissen glauben, nicht deren „wirklicher Beschaffenheit". Wenn die Sprecher „Namen für Substanzen" gebrauchen, verbindet jeder einzelne damit nicht nur unterschiedliche, sondern auch unterschiedlich viele Merkmale.[429]

Was nun die *dritte* Frage betrifft, so lassen sich die „einfachen Ideen" aus den oben genannten Gründen nicht definieren. Die allgemeinen Namen für einfache Ideen stellen daher auch keine Abstraktionen im üblichen Sinn dar. Die Zusammenfassung zu umfassenderen Kategorien (*rot, blau, gelb* sind Farben) erfolgt aufgrund externer Gesichtspunkte, nicht auf dem Wege stufenweisen Weglassens von Merkmalen.[430] „Gemischte Modi" sind leicht zu definieren; man muß dazu nur ihre »Machart« rekonstruieren. „Namen für Substanzen" sind hingegen kaum definierbar. Locke vermißt Kriterien dafür, mit Anspruch auf intersubjektive Geltung darüber zu entscheiden, welche ihrer Merkmale für „wesentlich" gehalten werden sollen.[431]

12.2.1 Kritik

Viele Ideen Lockes sind leicht zu widerlegen. Wenn er an der Existenz von Arten (*species*) zweifelt, kann er dies nur tun, indem er stillschweigend das annimmt, was er leugnen möchte. Er gibt zu bedenken, daß Unterschiede wie diejenigen zwischen *water* und *ice* oder *watch* und *clock* von den Wörtern auf die Realität projiziert werden. Dabei räumt er indirekt ein, daß es »hinter der Sprache« doch »reale« Spezies geben könnte, Instrumente zur Zeitmessung oder die Verbindung von Wasserstoff und Sauerstoff mit der Formel H_2O ungeachtet

[427] Ebenda, III, 5, 4.
[428] Vgl. ebenda, III, 9, 2f.
[429] Vgl. ebenda, III, 6 in toto.
[430] Vgl. unten 12.3.
[431] Vgl. *Essay*, III, 6, 4f.

ihres Aggregatzustandes. Wenn er zeigen will, daß die „Arten" sprachliche Konstrukte sind, spekuliert er insgeheim darauf, daß es so etwas wie »reale« Arten gibt, und wenn er versichert, daß die Realität »hinter der Sprache« ganz anders aussieht als diejenige, die die Sprache uns vorspiegelt, bezieht er sich notgedrungen wieder auf Sprache.

Es trifft auch nicht zu, daß *nominal essence* und *real essence* bei den „einfachen Ideen" und bei den Komponenten der „gemischten Modi" zusammenfallen. Die innere objektive Begründung der Farbe Rot ist im Wort *rot* ebensowenig gegeben wie die „wirkliche Beschaffenheit" eines bestimmten Edelmetalls im Wort *Gold*. Und das Wissen über das Dreieck und seine Eigenschaften fällt auch nicht mit der sprachlichen Bedeutung (Definition) des Worts *Dreieck* zusammen.[432] Verschiedene Sprecher, die das Wort gebrauchen, wissen unterschiedlich viel von dem Gegenstand, den es bezeichnet.

12.3 Die wichtigsten Ergebnisse Lockes bei seinen Bemühungen um die Sprache

In seinem Bestreben, die Rolle der Sprache bei der Vermittlung zwischen der Wirklichkeit und dem menschlichen Geist sowie bei der Herstellung einer Verbindung zwischen den Mitgliedern einer menschlichen Gemeinschaft zu bestimmen, gelangt Locke zu einigen wichtigen Einsichten. Er gewinnt sie zumindest teilweise auf Umwegen; denn sie entsprechen nicht immer seinem eigentlichen Erkenntnisinteresse.

Es gibt kaum jemanden, der vor ihm so eindeutig und so hartnäckig darauf hingewiesen hätte, daß sich die Wörter verschiedener Sprachen nicht nur in ihrem Klang, sondern auch in ihrer Bedeutung unterscheiden. Das gilt seiner Ansicht nach vor allem für die „gemischten Modi". Daraus, daß recht eigentümliche Ideenkombinationen zu bestimmten Zwecken gebildet und mit einem Namen „zusammengehalten" werden, erkläre sich „*how it comes to pass that there are in every Language many particular words, which cannot be rendred by any one single word of another.*"[433] Im dritten Buch seines *Essay* skizziert er dann sogar so etwas wie eine These von der Kulturabhängigkeit sprachlicher Bedeutungen. Wer nur über einige Fertigkeit in fremden Sprachen verfüge, wisse, wieviele Wörter es in einer Sprache gibt, die kein Äquivalent (*answer*) in einer anderen haben. Daran zeige sich deutlich, meint er,

> that those of one Country, by their customs and manner of Life, have found occasion to make several complex *Ideas*, and give names to them, which others never collected into specifick *Ideas*.[434]

---

[432] [Vgl. u.a. *Essay*, IV, 7, 9. Dort geht es um die logischen Schwierigkeiten, die die Idee eines Dreiecks »ohne besondere Eigenschaften« in sich birgt.]

[433] *Essay*, II, 22, 6; im Text kursiv.

[434] Ebenda, III, 5, 8.

Trotz der Schwächen seiner Argumentation, von denen soeben die Rede war, erweist sich seine Unterscheidung dreier Arten von lexematischen Bedeutungen als besonders originell; sie hat den weiteren Arbeiten auf dem Gebiet der lexikalischen Semantik entscheidende Impulse gegeben. Er unterscheidet:

- elementare Bedeutungen, die sogenannten „einfachen Ideen“;
- zu praktischen Zwecken konstruierte Bedeutungen, die sogenannten „gemischten Modi“;
- objektive (wenn auch nicht universale) Bedeutungen, die Namen für die in Spezies und Genera zusammengefaßten „Substanzen“.

Man kann daran zweifeln, ob seine Beispiele für die *simple ideas* alle zutreffen, ob hier nicht manchmal Zirkelschlüsse vorliegen: Etwas ist einfach, weil es nicht definiert werden kann, und es ist nicht definierbar, weil es einfach ist. Aber daß es solche Lexeme gibt, ist sicher. Es kommt durchaus vor, daß das Lexem mit einem unterscheidenden Merkmal zusammenfällt. Gattungsbegriffe können in diesen Fällen nicht durch Weglassen von Merkmalen – sogenannten *differentiae specificae* – gebildet werden. Was wäre die *Farbe* Rot ohne das Merkmal „rot“? Der Gattungsbegriff „Farbe“ wird von einem externen Gesichtspunkt aus gewonnen; er umfaßt nicht – wie etwa „Baum“ gegenüber „Birke“; „Linde“; „Tanne“ – das allen Arten Gemeinsame, sondern er meint eine bestimmte Kategorie der Wahrnehmung. Vergleichbares gilt für Wörter wie *kalt, warm, heiß*. Die Variable „Temperatur“, als deren Werte die durch diese Wörter ausgedrückten Bedeutungen anzusehen sind, ist kein „Oberbegriff“ im üblichen Sinn; sie wird nicht aus dem Inhalt der Lexeme selbst, sondern aus ihrer Abstufung abgeleitet.

Mit seinen *mixed modes* hat Locke Bedeutungen identifiziert, in denen die gemeinten Gegenstände und Sachverhalte in objektiver, rational notwendiger Hinsicht enthalten sind. Diese Bedeutungen sind somit eindeutig analysierbar und definierbar. Das trifft z.B. für die Verwandtschaftsnamen zu. Zwar können Wörter wie *Vater* oder *Bruder* subjektiv mehr enthalten als die durch sie bezeichneten eindeutig bestimmten Relationen (vgl. die dazugehörigen Adjektive *väterlich* und *brüderlich*), aber objektiv enthalten sie solche Eigenschaften nicht. Es gibt keine Klasse von objektiv gegebenen Eigenschaften, die den Begriff „Bruder“ konstituieren.

Lockes *names of substances* verfügen über Bedeutungen, die einer (rational nicht notwendigen) Auswahl von objektiven Merkmalen entsprechen. Die gemeinten Gegenstände und Sachverhalte enthalten mehr Merkmale als die ihnen zugeordneten Bedeutungen. Eine Trennung zwischen den rein sprachlich gegebenen Bedeutungsmerkmalen und den Eigenschaften der realen Dinge, die wir zu kennen glauben, ist daher besonders schwierig. Angesichts von Bedeutungen wie „Mensch“; „Pferd“; „Gold“ hat man sich zu fragen, welches hier die wesentlichen Merkmale sind, die das „Mensch-Sein“, „Pferd-Sein“, „Gold-Sein“ bestimmen.

Schließlich stellt Locke fest, daß die Menschen das als „Art“ betrachten, wofür sie ein Wort haben; fehlt das Wort *Eis*, so wird gefrorenes Wasser nicht als eigene Spezies der „Substanz“ angesehen, sondern nur als eine Modalität von „Wasser“. Die sprachliche Gestaltung der Welt bedingt also die Gestaltung der »Welt an sich«. Dieser Gedanke wird später in vielfältiger Form wieder auftauchen; häufig, wie bei Locke, in Form eines Zirkelschlusses: Wer zeigen will, daß die Sprache die »hinter ihr« befindliche Welt verstellt, sollte sich dabei nicht auf sprachliche Beispiele berufen.

12.4 Lockes Systematik der Wissenschaften

Im letzten Kapitel des vierten Buchs seines *Essay* unterscheidet Locke drei Bereiche des objektiv Gegebenen, die als Gegenstände dreier philosophisch-wissenschaftlicher Disziplinen in Frage kommen. Die Sprache ist dabei ein wesentlicher Teil des dritten Bereichs:

- den Bereich der „Dinge“ (*things*) selbst; ihm entspricht die φυσική, die Naturphilosophie (*natural Philosophy*);
- den Bereich des menschlichen Verhaltens, dessen, was der Mensch zu tun oder zu unterlassen hat; ihm entspricht die πρακτική „the Skill of Right applying our own Powers and Actions, for the Attainment of Things good and useful.“ Die Ethik ist nur ein Teil davon.
- den Bereich der menschlichen Erkenntnis, die Frage, wie Erkenntnis erlangt und anderen mitgeteilt werden kann; ihr entspricht die σημειωτική, die Wissenschaft von den Zeichen (*doctrine of signs*). Die Logik ist nur ein Teil dieses dritten Bereichs.[435]

12.5 Lockes Bedeutung für die weitere Entwicklung der Sprachphilosophie

Im Jahr 1700 veröffentlichte Pierre Coste seine Übersetzung des *Essay concerning Human Understanding* ins Französische. Damit fanden Lockes Gedanken Verbreitung in Frankreich und darüber hinaus in ganz Europa; die gelehrte Welt las damals noch kaum Englisch. Auch Leibniz hat Costes Übersetzung benutzt; möglicherweise hat er auch schon die 1688 in der *Bibliothèque universelle* von Jean Le Clerc erschienene Kurzfassung gelesen. Der französische Philosoph Etienne Bonnot de Condillac (1715–1780) versicherte in seinem *Essai sur l'origine des connaissances humaines* (1746), Locke sei der erste gewesen, der „en vrai Philosophe“ über die Wörter geschrieben habe.[436] Die Ideen Lockes werden in Großbritannien zum Teil schon in der oben erwähnten *Dissertation on the Origin of Languages* von Adam Smith und später durch die Vertreter der sogenannten „schottischen Schule“ weitergeführt, vor allem durch Dugald Stewart.[437] Diese Richtung wird dann später von Bertrand Russell fort-

[435] *Essay*, IV, 21.
[436] Am Ende der Einleitung; vgl. Coseriu 1967, 95.
[437] Vgl. *Elements of the Philosophy of the Mind* (1792); *Outlines of the Moral Philosophy* (1793).

gesetzt. Lockes *Essay* war in seinem Heimatland eines der erfolgreichsten philosophischen Bücher überhaupt; er wurde bis 1830 ständig nachgedruckt.

In Frankreich zeigt sich besonders Théodore Jouffroy durch Vermittlung der schottischen Schule von Locke beeinflußt. Auf höchst originelle Weise hat der amerikanische Philosoph Charles Sa(u)nders Peirce (1839–1914) Lockes Gedanken aufgegriffen und völlig umgestaltet.[438] Charles W. Morris (1901–1979) hat sie bei Peirce aufgegriffen und in behavioristischer Verkürzung für einen neuen Zweig der modernen Linguistik, die sogenannte linguistische Pragmatik, fruchtbar gemacht.[439]

Im folgenden Schema sind unmittelbare Einflüsse durch durchgezogene, mittelbare durch gestrichelte Linien angedeutet:

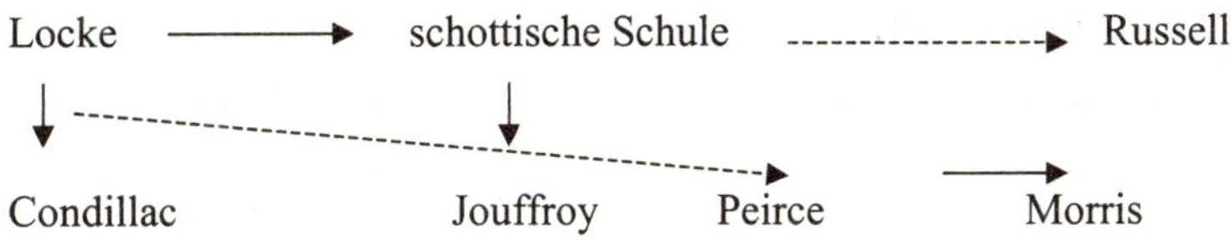

12.6 Bibliographische Hinweise

Jede Philosophiegeschichte informiert über Locke und gibt reichhaltige weiterführende Literaturhinweise. Das gilt auch für das Vorwort zu der hier benutzten Ausgabe des *Essay* von Peter H. Nidditch (= Locke 1690/1975). Die beiden Monographien von Specht (1989) und Thiel (1990) sind besonders gut für Leser mit beschränkten philosophischen Vorkenntnissen geeignet. E. J. Lowes *Guidebook* zu Lockes *Essay* ist als Hilfe bei der Lektüre des Originaltexts gedacht; einiges wird begreiflicherweise etwas einseitig aus der Sicht der modernen angelsächsischen Sprachphilosophie dargestellt (= Lowe 1995). Ausschließlich auf Lockes Sprachphilosophie konzentriert ist die knappe Darstellung von Brandt/ Klemme (1996).

---

438 *The Collected Papers of Charles Saunders Peirce* (1966). Peirce, einer der Begründer der modernen Semiotik, schrieb noch *semeiotic* in Anlehnung an das Griechische.

439 *Signs, Language, and Behavior* (1946).

13 Gottfried Wilhelm Leibniz: *Nouveaux essais sur l'entendement humain*

Wie aus dem Titel hervorgeht, soll in diesem Kapitel nicht der »ganze Leibniz« behandelt werden, noch nicht einmal der ganze Sprachforscher, Sprachtheoretiker und Sprachphilosoph. Leibnizens Beitrag zum Projekt der Universalsprache wurde bereits im elften Kapitel vorgestelllt. Die vielen kleineren Arbeiten zur Sprachforschung und Sprachpflege sowie Leibnizens Zeichentheorie sollen hier nur insoweit berücksichtigt werden, als sie in seiner Auseinandersetzung mit Locke eine Rolle spielen. Im übrigen ist dies alles bereits von anderen Autoren ausführlich behandelt worden.[440] Hier wird es allein um Leibniz' Antwort auf Lockes *Essay* gehen. Zuvor muß noch das Notwendigste zu Leben und Werk des „letzten Universalgelehrten" mitgeteilt werden, der, noch ganz in der Barockzeit wurzelnd, die Aufklärung in Deutschland einleitete.

Leibniz wurde 1646 in Leipzig als Sproß einer bürgerlichen Gelehrtenfamilie geboren. Die Schreibweise des Familiennamens schwankt; Angehörige des adligen Zweigs seiner Familie schrieben sich Leubnitz oder Leibnütz; er selbst verwendete erst ab 1671 regelmäßig die uns vertraute Namensform. Nach seinem Studium in Leipzig, Jena und im fränkischen Altdorf wurde ihm eine Universitätslaufbahn angetragen. Er schlug sie aus und nahm nach einem kurzen Aufenthalt in Frankfurt am Main eine Stelle als Jurist beim Erzbistum Mainz an. Obwohl er zeitlebens seiner protestantischen Konfession treu blieb, hatte er keine Bedenken, sich für katholische Belange einzusetzen. Von Mainz reiste er mit politischem Auftrag nach Paris. Weitere Reisen führten ihn nach England und in die Niederlande, wo er Gelegenheit zu Gesprächen mit Spinoza fand. 1676 wurde er als Hofrat und Bibliothekar nach Hannover berufen. Dort sollte er – mit zahlreichen Unterbrechungen – für die restlichen vierzig Jahre seines Lebens bleiben. Ab 1685 war seine eigentliche Funktion am Hof in Hannover die eines Historiographen des Hauses der Welfen. Obgleich er zahlreiche Reisen in dieser Angelegenheit unternahm, ist es ihm nie gelungen, die Geschichte des Hauses seiner Dienstherren abzuschließen. Durch seine guten Beziehungen zur Tochter des Hannoverschen Herrscherpaares, der Kurfürstin Sophie Charlotte, eröffneten sich ihm Wirkungsmöglichkeiten am Brandenburgischen Hof in Berlin. Im Jahre 1700 wurden seine hartnäckigen Bemühungen um die Errichtung einer Akademie der Wissenschaften – der ersten in einem deutschen Staat – von einem freilich prekären Erfolg gekrönt: Leibniz, schon lange Mitglied der *Royal Society* und vor kurzem zum auswärtigen Mitglied der *Académie des Sciences* in Paris gewählt, wurde nun zum ersten Präsidenten der *Sozietät der Wissenschaften* in Berlin ernannt. Diese Institution sollte allerdings erst viel später unter Friedrich dem Großen wirkliche Bedeutung erlangen.

---

[440] Vgl. u.a. Dascal 1978; von der Schulenburg 1973; Dutz 1983; Poser 1996, 156ff.

Zum Ärger seiner Dienstherren pendelte Leibniz ständig zwischen Hannover und Berlin. In seinen letzten Lebensjahren hielt er sich dazu noch längere Zeit in Wien auf, wo er zusätzliche Aufgaben am kaiserlichen Hof übernahm. Er starb nach kurzer Krankheit 1716 in Hannover. Trotz ernsthafter Verärgerung hat ihm sein letzter Dienstherr nicht den Stuhl vor die Tür gesetzt.

Zu seinen Lebzeiten wurde aus Leibnizens unzähligen Schriften wenig veröffentlicht. Sein gesamter Nachlaß wurde aus politischer Vorsicht sofort nach seinem Tod beschlagnahmt und ist deshalb vollständig erhalten. Bis heute ist er allerdings nicht vollständig ediert. Leibniz' Ruf beruhte vor allem auf seiner gelehrten Korrespondenz, die einen heute schwer vorstellbaren Umfang hatte. Es sollen etwa zwanzigtausend Briefe von ihm und an ihn erhalten sein. Wie Descartes, Pascal oder Locke vor ihm hat er zu den meisten wissenschaftlichen Disziplinen seiner Zeit Beiträge geleistet. In der Mathematik rivalisierte er mit Newton; der Streit um die Priorität bei der Entwicklung der Infinitesimalrechnung (Differentialrechnung) wurde zu Newtons Gunsten entschieden. Seinem Wahlspruch *theoria cum praxi* gemäß war er ständig auf technische Anwendungen seiner theoretischen Ideen bedacht. Sein Versuch, mit Hilfe von Windrädern ein Bergwerk im Harz trocken zu legen, scheiterte ebenso wie die weit fortgeschrittenen Pläne zur Konstruktion einer Rechenmaschine.

Einem breiteren Publikum ist Leibniz vor allem als Urheber der Lehre von der „prästabilierten Harmonie" bekannt, in der „fensterlose Monaden" eine auch für Fachphilosophen nicht leicht zu deutende Rolle spielen. Für die Darstellung von Leibniz' Auseinandersetzung mit Locke ist eine Behandlung der „Monadologie" nicht unbedingt notwendig. Das gilt auch für die ebenso berühmte *Theodizee*, die 1710 in Amsterdam erschien. Voltaire hat die dort entwickelte Idee von der „besten aller möglichen Welten" in seinem Roman *Candide* geistreich verspottet. Daß diese Idee nicht naivem religiösem Optimismus entsprungen ist, sondern streng aus begrifflicher Notwendigkeit abgeleitet wurde, wollte Voltaire wohl nicht zur Kenntnis nehmen; es hätte ihm eine Pointe verdorben.

Seine bedeutendsten Schriften hat Leibniz in lateinischer oder französischer Sprache verfaßt. Dennoch hat er sich energisch für das Deutsche als Wissenschaftssprache eingesetzt, wie nicht zuletzt seine *Unvorgreiffliche[n] Gedanken, betreffend die Ausübung und Verbesserung der Teutschen Sprache*[441] bezeugen. Leibniz' Nachwirkung wurde bis ins 19. Jahrhundert dadurch beeinträchtigt, daß man seine Philosophie mit derjenigen seines Schülers und Vulgarisators Christian Wolff identifizierte. Schon Lessing hat das kritisiert. In einer seiner nachgelassenen philosophischen Schriften schreibt er:

> ... weil Wolf einige Leibnizens Ideen, manchmal ein wenig verkehrt, in sein System verwebt hat, das ganz gewiß nicht Leibnizens System gewesen wäre; so muß der Meister ewig seines Schülers wegen Strafe leiden.[442]

---

[441] Entstanden 1697, erstmals veröffentlicht 1717.

[442] G. E. Lessing: „Über eine zeitige Aufgabe", in: *Werke*, herausgegeben von H. G. Göpfert et alii, München 1979, Bd. VIII, 555.

13.1 Leibniz' Auseinandersetzung mit Locke

Schon im letzten Jahrzehnt des 17. Jahrhunderts hatte sich Leibniz intensiv mit Lockes *Essay* beschäftigt. Es gelang ihm nicht, mit dem Engländer in einen brieflichen Gedankenaustausch einzutreten. Die nicht zustande gekommene direkte Auseinandersetzung wurde in den von 1703–1705 entstandenen *Nouveaux essais sur l'entendement humain* vertretungsweise geführt. Die *Nouveaux essais* sind in Form eines »platonischen« Dialogs geschrieben. *Théophile* vertritt die Ideen Leibnizens, *Philalète* diejenigen Lockes. Diesem hat Leibniz eine undankbare Rolle zugeteilt; er ist dazu verurteilt, den leicht modifizierten Text des *Essay* in der Übersetzung Pierre Costes vorzutragen. Nachdem Locke 1704 gestorben war, wollte Leibniz seinen Text nicht mehr veröffentlichen – sein Widerpart konnte sich nicht mehr zur Wehr setzen. Die *Nouveaux essais* erschienen erstmals 1765 in der von R.E. Raspe veranstalteten Ausgabe der *Œuvres de feu de M. de Leibniz.*[443]

Die *Nouveaux essais* folgen genau dem Schema des Lockeschen Essays; einige Paragraphen sind ausgelassen. Im zweiten Buch wird eine zu jener Zeit viel beachtete Auseinandersetzung zwischen Empirismus und Rationalismus geführt. Locke – nicht der radikale Empirist, als der er später zuweilen dargestellt wurde – versichert dort, daß der Geist „all the materials of Reason and Knowledge [...] from Experience" habe.[444] Dazu gibt Théophile-Leibniz zu bedenken: „Nihil est in intellectu, quod non fuerit in sensu, excipe: nisi ipse intellectus."[445]

Dem dritten Buch des *Essay* entspricht *Livre III* der *Nouveaux essais*; es ist – knapper als sein Vorbild – mit *Des mots* überschrieben. Leibniz ist in weit höherem Maß Linguist als Locke. Er weiß mehr über die verschiedenen Sprachen, ihre Geschichte, ihre Verwandtschaft und auch schon über die Grundsätze der etymologischen Forschung. So trifft man in den *Nouveaux essais* auf umfangreiche sprachwissenschaftliche Exkurse, die kein Gegenstück im *Essay* haben.[446]

Leibniz verfügt über eine bemerkenswerte Fähigkeit, sprachliche Fakten rein sprachlich zu deuten. Ein Beispiel dafür ist seine Interpretation der englischen Konjunktion *but*, für die Locke, je nach syntaktischem Kontext, verschiedene Bedeutungen angesetzt hatte.[447] Leibniz formuliert bei dieser Gelegenheit ein Prinzip, das bis heute nichts von seinem methodischen Wert eingebüßt hat: Wenn man vor der Frage steht, ob man für eine sprachliche Form eine einheitliche Bedeutung annehmen darf oder nicht, muß man prüfen, ob sich eine Paraphrase finden läßt, die die betreffende Form in allen in Frage kommenden Kon-

[443] *Œuvres philosophiques latines et françaises de feu Mr. De Leibniz*, Amsterdam und Göttingen 1765.

[444] Locke, *Essay*, II, 1, 2.

[445] „Nichts ist im Verstand, was nicht vorher in den Sinnen war, mit Ausnahme des Verstandes selbst", *Nouveaux essais*, II, 1, 2.

[446] Vgl. z.B. III, 2, 1.

[447] *Essay*, III, 7, 5.

texten ersetzen kann. Und genau das tut er im Fall der von Locke angeführten Beispiele:
- but to say no more;
- I saw but two planets;
- You pray, but it is not that God would bring you to the true religion;
- All animals have sense, but a dog is an animal[448]

In all diesen Fällen könne *but* durch *et non pas davantage* „und nicht mehr" ersetzt werden. Dabei überschüttet Théophile seinen Dialogpartner mit zusätzlichem Wissen: Die deutsche Partikel *allein* könne *but* in allen Fällen ersetzen; französisch *mais* nur im zweiten nicht. Die Etymologie *magis* für *mais* wird korrekt angegeben.[449]

Leibniz wendet hier implizit ein Prinzip an, das von vielen Vertretern der modernen Linguistik nicht anerkannt wird. In moderner Formulierung könnte es lauten: Den kontextbedingt unterschiedlichen Redebedeutungen liegt eine einheitliche Sprachbedeutung zugrunde. Sie zu ermitteln, ist die eigentliche Aufgabe der Sprachwissenschaft.

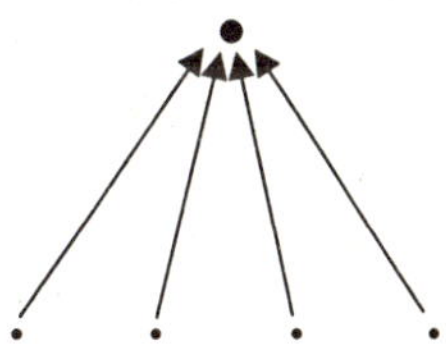

Einheitliche Sprachbedeutung

Typen von Redebedeutungen

Wer diese Aufgabenstellung umkehrt und in den bezeichungsbedingten Redebedeutungen die „zugrundeliegenden" sehen will, verkennt die eigentliche Leistung der Sprache; er wird zu einer kaum zu überblickenden Anzahl von „Tiefenbedeutungen" gelangen.[450]

---

448 [In der hier benutzten Ausgabe des *Essay* wird ein weiteres Beispiel gegeben, das die Fortsetzung zum dritten Beispielsatz bildet: (You pray, *but* it is not that God would bring you to the true religion), *but* that he would confirm you in your own. Dieser Nachsatz, der Leibniz möglicherweise nicht vorgelegen hat, fehlt in den *Nouveaux essais*.]

449 [Beim letzten Beispiel ist die Bedeutung „nun aber" zumindest für frz. *mais* veraltet. Strenggenommen darf die oben angegebene Ersetzungsregel nur innerhalb ein und derselben Sprache angewendet werden; *but* wäre durch eine englische Umschreibung zu ersetzen. Leibniz argumentiert vom Französischen her; seine Analyse ist dennoch im großen und ganzen annehmbar.]

450 Vgl. oben die Analyse von *mit*: 6.3.8.2.

13.2 Sprache, Erkenntnis, »Wirklichkeit« und Wissenschaft bei Locke und Leibniz

Aus der Diskussion zwischen Philalète-Locke und Théophile-Leibniz, die nicht zuletzt wegen der zahlreichen Exkurse des letzteren die unterschiedlichsten Fragen berührt, sollen hier vier Themenkomplexe herausgegriffen werden.

13.2.1 Abstraktion und Sprache

Wie wir im vorigen Kapitel gesehen haben, nimmt Locke an, daß sich die sprachlichen Bedeutungen vom Individuellen zum Universalen entwickeln. Leibniz widerspricht ihm in diesem Punkt mit Entschiedenheit. Allgemeine Bedeutungen könnten sich nicht gut erst in einem fortgeschrittenen Entwicklungsstadium einer Sprache einstellen, denn ohne sie sei Sprechen schlechterdings nicht möglich. Die historische Entwicklung verlaufe denn auch nicht vom Eigennamen zum Appellativum, sondern umgekehrt: *Brutus* bedeute ursprünglich „der Dumme"; *Caesar* „der durch Einschnitt auf die Welt gebrachte";[451] der *Brenner* zwischen Italien und Deutschland sei ursprünglich ebenso wie *Brennus* „der Hohe" gewesen usw.[452] Entgegen dem *mainstream* der angelsächsischen Sprachphilosophie vertritt James Harris in seinem Buch *Hermes or a Philosophical Inquiry Concerning Universal Grammar* die gleiche These: Wörter sind primär Symbole für allgemeine Ideen und stehen nur sekundär für individuelle Vorstellungen.[453]

Leibniz bestreitet nicht generell, daß sich Abstraktionsprozesse in der Sprache widerspiegeln. Er akzeptiert, daß Gattungen (*genera*) auf dem Wege der Abstraktion aus Arten gewonnen werden. Er leugnet jedoch, daß dies auch bei den Individuen möglich sei. Man könne keine vollständige Kenntnis des Individuums erlangen. *Individuum est ineffabile*; seine Inhaltsmerkmale sind unendlich an Zahl, und daher kann ein individueller Begriff weder unmittelbar erkannt noch mitgeteilt werden. Der geistige Vorgang verlaufe in dieser Sphäre in umgekehrter Richtung; man gelange vom Allgemeinen zum Individuellen durch Individualisierung aufgrund eines *principium individuationis*.[454]

Wir haben Grund zu der Annahme, daß Leibniz die unmittelbare sprachliche Intuition des Universalen auf der Ebene der Spezies ansiedelt. Sowohl zur »höheren« Ebene der Genera als auch zur »tieferen« der Individuen gelangt man durch zusätzliche Operationen des Geistes, die beide von der »mittleren« Ebene ihren Ausgang nehmen. Schematisch lassen sich Lockes und Leibnizens Hypothesen einander folgendermaßen gegenüberstellen:

---

[451] Vgl. „Kaiserschnitt".
[452] *Nouveaux essais*, III, 3, 5.
[453] Harris 1786/1996, Book the third, chapter IV; vgl. unten Kapitel 15.3.
[454] Vgl. *Nouveaux essais* III, 3, 6 und oben 12.1.2.

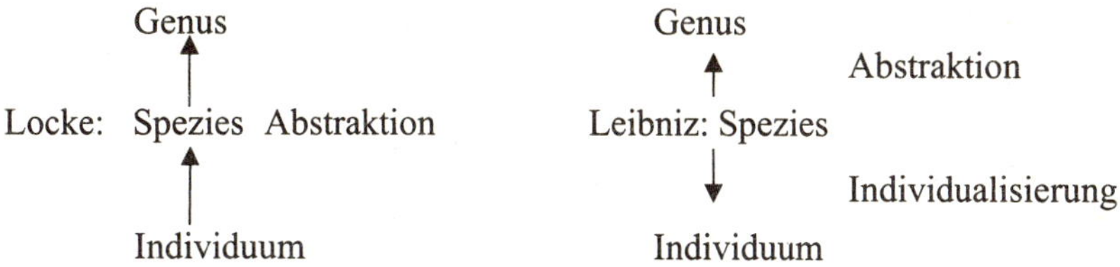

13.2.2 »Wesen« und Definition

Wesen (*essence*) und Definition hängen eng zusammen, darin stimmt Leibniz mit Locke überein. Man dürfe jedoch das Wesen nicht einfach mit durch Erfahrung erworbenen oder willkürlich angenommenen Gegebenheiten identifizieren. Die Unterscheidung zwischen Nominal- und Real*definition* sei gerechtfertigt, nicht jedoch diejenige zwischen sprachlichem (*nominal*) und realem *Wesen* (*real essence*). Eine Definition ist „nominal", wenn sie die Möglichkeit der definierten Entität nicht einschließt, denn in diesem Fall bedarf es der Erfahrung *a posteriori*, um festzustellen, ob sie tatsächlich etwas Reales betrifft. Sie ist „real", wenn sie diese Möglichkeit einschließt, und zwar unabhängig von aller vorhergehenden oder nachfolgenden Erfahrung, ja unabhängig von aller Erfahrung überhaupt. Es stehe niemandem frei, Ideen nach Gutdünken zu kombinieren; diese Kombinationen müßten sich durch die Vernunft oder durch die tatsächlich erfahrenen Dinge rechtfertigen lassen; denn was sich in der Erfahrung als real erweist, ist natürlich auch möglich.[455]

Die Unterscheidung zwischen Nominal- und Realdefinition betrifft die „Substanzen", statt von „Realdefinition" sollte man allerdings besser von „Kausaldefinition" sprechen. Die Nominaldefinition umfaßt nur die unmittelbar erfahrbaren Eigenschaften, im Fall des Goldes also „Farbe", „hohes spezifisches Gewicht", „Formbarkeit" usw. Die Kausaldefinition gebe hingegen die Gründe für die erfahrbaren Eigenschaften an, Gründe, die nur durch wissenschaftliche Forschung ermittelt werden können. Damit erweise sich die Nominaldefinition letztlich ebenfalls als real, nicht *a priori*, aber *a posteriori*, wenn sie durch die von der Kausaldefinition nachgelieferte Begründung gerechtfertigt wird.[456]

Bei den „einfachen Ideen" sei zwar eine Nominaldefinition unmöglich, Realdefinitionen, und zwar durchaus im Sinne Lockes, seien jedoch möglich. Man könne sich nämlich fragen, welches die Ursachen für Sinneseindrücke wie „heiß", „kalt", „gelb" oder „grün" sind, die wir nicht weiter analysieren können. So lasse sich „grün" ohne weiteres „real" oder besser „kausal" definieren, nämlich als „Mischung aus blau und gelb".[457]

Im übrigen seien nicht alle von Locke als „einfach" angesehenen Ideen wirklich einfach. Der Begriff „Bewegung" sei z.B. komplex und somit auch defi-

[455] *Nouveaux essais* III, 3, 15.
[456] Ebenda, III, 3, 18.
[457] Ebenda, III, 4, 4–7.

nierbar. Locke hatte sich im Zusammenhang mit der Diskussion seiner „einfachen Ideen“ über Aristoteles’ Definition des Begriffs der „Bewegung“ mokiert; er legte dabei die lateinische Fassung aus dem Kommentar Thomas von Aquins zur Physik zugrunde: *Actus entis in potentia quatenus in potentia*:

> What more exquisite *Jargon* could the Wit of Man invent, than this Definition, The act of a being in Power, as far forth as in Power ...[458]

Dieser Spott sei unbegründet, gibt Théophile-Leibniz zu bedenken. Das griechische Wort κίνησις, das Aristoteles an dieser Stelle definiert, bedeute nicht „mouvement“ (Bewegung), sondern „changement“ (Veränderung). Was wir unter „Bewegung“ verstehen, heiße bei Aristoteles φορά (lat. *latio*) und sei ein Unterbegriff, eine der Spezies von κίνησις. Die Definition von „Bewegung“ laute somit „Veränderung des Orts“. Aristoteles’ Definition der „Veränderung“ muß notwendigerweise zu einem weit abstrakteren Definiens Zuflucht nehmen; sie lautet: „Die Verwirklichung des der Möglichkeit nach Seienden (*actus entis in potentia*), insofern es der Möglichkeit nach besteht, ist die κίνησις.“[459] Veränderung ist somit Entfaltung des Seienden im Rahmen der Möglichkeit des Seins:

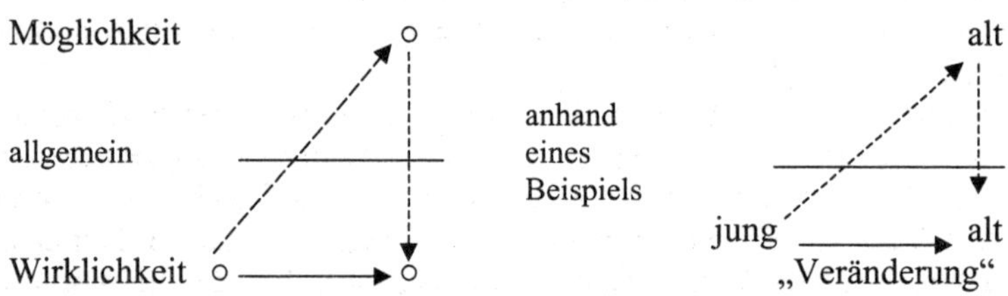

Das „Wesen“ der Dinge wird immer als Möglichkeit erfahren, unabhängig davon, ob eine konkrete Erfahrung stattgefunden hat oder nicht. „Vatermord“ ist ein mögliches Verbrechen, auch wenn es von niemandem je erwogen wurde. Die „Ideen“ sind immer schon da, unabhängig davon, ob wir über sie verfügen oder nicht, sie sind ewig.[460]

In einer modernen Ausdrucksweise würde man sagen, daß das Sein des Seienden dieses Seiende selbst in seiner unbegrenzten Möglichkeit ist, oder knapper, daß „Sein“ gerade diese Möglichkeiten meint. So enthält z.B. das „Baum-Sein“ die Bäume als seiende und als mögliche. In diesem Sinn sind übrigens Platons „Ideen“ zu interpretieren: Als Formen des Seins fallen sie nicht mit den durch diese bestimmten Seienden zusammen. Der englische Mathematiker und Philosoph Alfred North Whitehead (1861–1947), zusammen mit Bertrand Russell Verfasser der *Principia mathematica*, spricht in diesem Zusammenhang von *eternal objects*, „zeitlosen Gegenständen“, „reine[n] Potentiale[n] für die spezi-

---

[458] Locke, *Essay*, III, 4, 8.

[459] „... ἡ τοῦ δυνάμει ὄντος ἐντελέχεια, ᾗ τοιοῦτον, κινησίς ἐστιν;“ *Physik*, Buch III, 1 = 201a.

[460] *Nouveaux essais*, III, 5, 17.

fische Bestimmung von Tatsachen, *oder* Formen der Abgegrenztheit."[461] Dem dänischen Linguisten Viggo Brøndal (1887–1942) ist ein grober Irrtum unterlaufen, als er die Arten „unter dem Gesichtspunkt der Ewigkeit" (*au point de vue de l'éternité*) auf dieselbe Stufe wie die Eigennamen setzte.[462]

Für Locke ist „Möglichkeit" immer „Möglichkeit der Aktualisierung von etwas schon Gedachtem". Wenn er z.B. bei der Diskussion der „gemischten Modi" davon spricht, daß in diesem Bereich die Ideen vor den Dingen da sein können; z.B. die Idee der „Auferstehung":

> ... I think no body can deny, but that the *Resurrection* was a Species of mixed Modes in the Mind, before it really existed,[463]

so hat er den aktuellen Gedanken und die aktuelle Existenz als Möglichkeit seiner Aktualisierung im Sinn. Bei Leibnizens Möglichkeiten verhält es sich anders, sie existieren vor und nach den aktuellen Gedanken und vor und nach aller Erfahrung. Dies gelte auch für die Ideen der „Substanzen", bei denen das „Wesen" genau wie in den übrigen Fällen Möglichkeit sei. Die reale Existenz der nicht-notwendigen Wesenheiten gehöre ins Reich der aktuellen oder historischen Tatsachen. Die Erkenntnis der Möglichkeiten und Notwendigkeiten sei etwas anderes, von der realen Existenz Unabhängiges: *Notwendig* ist das, dessen Gegenteil nicht *möglich* ist.[464]

Leibniz würde also auch die Intuition mathematischer Gegenstände nicht als „Erfindung", sondern als „Entdeckung" einer im Bereich des Möglichen und Notwendigen bereits angelegten Entität betrachten. „Dreieck" oder „Kreis" existieren folglich mit ihren notwendigen Eigenschaften bereits vor ihrer aktuellen Erfassung, und diese entspricht für Leibniz ungefähr der Erfahrung der „Substanzen", der „wirklichen Einzelgegenstände".

13.2.3 Die Arten (*species*) und ihre Namen

Wie wir gesehen haben, hatte Locke festgestellt, daß es in manchen Sprachen Wörter für Spezies gibt, die in anderen Sprachen fehlen.[465] Dies sei – so Théophile-Leibniz – eine treffende Bemerkung im Hinblick auf die Wörter und die Sitten und Gebräuche der Völker; die Spezies und die Ideen berühre sie nicht. Die Arten gebe es unabhängig davon, ob sie mit einem Namen versehen sind oder nicht. Für die rationale Betrachtung sei es unerheblich, ob die verschiedenen Völker etwas Mögliches und Notwendiges benannt haben oder nicht.

---

[461] Whitehead 1929/79, 63 (= *Process and Reality* deutsch). Vgl. ebenfalls die Diskussion der *eternal objects* Whiteheads im Zusammenhang mit Locke bei Kann 2001, 196ff.

[462] Vgl. Brøndal 1928, 10.

[463] Locke, *Essay*, III, 5, 5.

[464] „... *nécessaire* est dont l'opposé n'est point *possible*"; *Nouveaux essais* III, 5, 2ff.

[465] Vgl. *Essay*, III, 5, 8 und oben 12.3.

In diesem Zusammenhang skizziert Leibniz die Idee einer *Grammatica universalis*, in der das Rational-Notwendige (*essence*) mit dem historisch Realisierten (*existence*) verglichen werden soll:

> ... il est vrai que celui qui écrirait une grammaire universelle ferait bien de passer de l'essence des langues à leur existence et de comparer les grammaires de plusieurs langues ...[466]

13.2.4 Sprache und Wissenschaft

Für Locke ist die *nominal essence*, die Bedeutung des Worts, das eine Art bezeichnet, für deren Abgrenzung bestimmend. Die *real essence*, die „wirkliche Beschaffenheit" wirkt sich nicht auf die Konstitution der (sprachlichen) Spezies aus. Die von Naturforschern zu ergründende wirkliche Beschaffenheit des Edelmetalls Gold hat keinen Einfluß auf die Bedeutung des Worts *Gold*.[467]

Leibniz akzeptiert die Unterscheidung von *nominal essence* und *real essence* nur in ihrem Ansatz: Die Wörter liefern zwar eine erste, spontane Klassifizierung des Realen; das heißt jedoch nicht, daß man nicht über sie hinaus zu den »wirklichen Arten« vordringen könne. Es ist Aufgabe der Philosophie und der Wissenschaft, die Differenz zwischen sprachlicher und realer Determination aufzuzeigen und so weit wie möglich zu überbrücken:

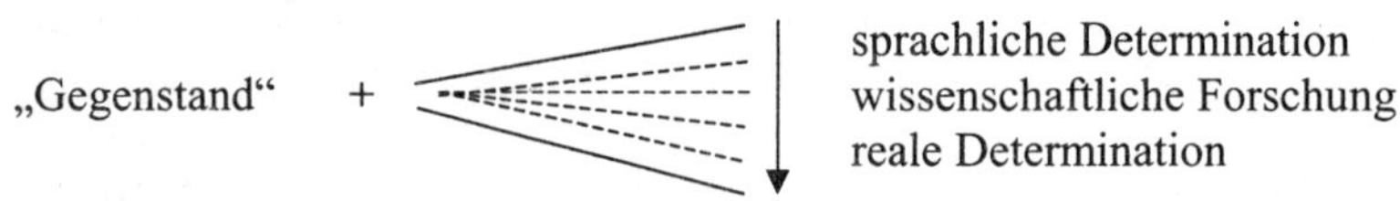

Was die Seinsweise – und abhängig davon die Anzahl – der Spezies betrifft, so unterscheidet Leibniz zwischen logischer, sprachlicher und physischer Existenz, für die die entsprechenden Kriterien ausschlaggebend sind. Logisch gesehen genügt jedes denkbare Unterscheidungsmerkmal, um eine neue Spezies entstehen zu lassen; physisch gesehen müssen reale Eigenschaften herangezogen werden, die für die Gegenstände selbst wesentlich sind. Die sprachlichen Spezies liegen zwischen diesen Bereichen. Insofern sie an historische Gemeinschaften gebunden sind, stellen sie eine historisch-kontingente Auswahl aus den logisch möglichen und physisch vorgegebenen Merkmalen dar. Leibniz spricht von *différences spécifiques civiles*, die für die Abgrenzung der *espèces nominales*, der sprachlich bedingten Spezies, konstitutiv sind. Diese *espèces nominales* dürfen nicht mit den *définitions nominales* verwechselt werden. „Sprachliche Arten" entstehen durch den Sprachgebrauch in einer bestimmten historisch-kulturellen Gemeinschaft oder sogar durch explizite Vereinbarung. Der Begriff der „Mannbarkeit" (*puberté*) wurde im römischen Recht ausdrücklich festgelegt; die *puberté* beginnt mit Abschluß des vierzehnten Lebensjahres.[468]

---

[466] *Nouveaux essais*, III, 5, 8.
[467] Vgl. *Essay*, III, 6, 50.
[468] Ebenda, III, 6, 39.

Zur Verdeutlichung der Unterschiede zwischen logischen, physischen und historisch-kulturellen (d.h. letztlich sprachlichen) *differentiae specificae*[469] seien zwei Beispiele hinzugefügt, die sich so nicht bei Leibniz finden:

„Wasser“

logisch:	Alle Modalitäten nach Aggregatzustand, Farbe, Temperatur usw. unterschieden; z.B. könnte „kaltes Quellwasser“ einen eigenen Namen erhalten.
sprachlich:	In einer bestimmten Gemeinschaft üblicherweise unterschiedene Arten: „Wasser“, „Eis“, „Schnee“ usw.
physisch:	H_2O.

„Pferd“

logisch:	Alle denkbaren Arten nach Farbe, Körperbau, Gangart usw.; z.B. könnten die Paßgänger einen eigenen Namen erhalten (vgl. frz. *cheval ambleur*).
sprachlich:	Üblicherweise abgegrenzte Arten wie „Fuchs“, „Rappe“, „Schimmel“, „Zugpferd“, frz. „destrier“.[470]
physisch:	equus caballus.

13.3 Leibniz' Beitrag zur Sprachphilosophie: Die wichtigsten Erkenntnisse im Überblick

Zum Schluß sollen die besonders bedeutsamen sprachphilosophischen Erkenntnisse Leibnizens, die die Weiterentwicklung der Disziplin entscheidend beeinflußt haben, in wenigen Worten zusammengefaßt werden. Dazu zählen:

– die These vom primären Charakter des Universalen in der Sprache. Der sprachliche Zugriff auf die »Welt« ist von Anfang an klassifikatorisch; Individualbegriffe sind nicht primär. Diesen Gedanken werden – das wurde zum Teil schon erwähnt – unter anderen Harris, Hegel, Rosmini, Rudolph Hermann Lotze (1817–1881) und Antonino Pagliaro aufgreifen und weiterentwickeln.
– die Auffassung der Spezies als „Möglichkeiten“. Die Sprache stellt kein Inventar von Benennungen für ein für allemal abgegrenzte Gegebenheiten zur Verfügung. Nicht alle Spezies haben Namen, aber sie können welche erhalten. Die Sprache erfaßt nicht das „Sein der Dinge“, sondern das „Sein als Möglichkeit“. Hier gerät Leibniz in einen Selbstwiderspruch: Die *characteristica universalis* wäre nur sinnvoll, wenn wenigstens die elementaren Bausteine der Bedeutung, die „einfachen Ideen“, universal vorgegebenen wären. Daß dem nicht so ist, zeigen bereits die Farbnamen, die in verschiedenen Sprachen unterschiedlich abgegrenzt werden.

---

469 Leibniz (ebenda) spricht von *différences spécifiques logiques, physiques* und *civiles*.

470 [Im älteren Französischen ein Streitroß, das im Kampf vom Schildknappen mit der rechten Hand geführt wird.]

- die Erkenntnis der historisch-gesellschaftlichen Bedingtheit der „sprachlichen Spezies“, d.h. der einzelsprachlichen Gliederung des Wortschatzes. Eine Sprache trifft aus den logisch möglichen Merkmalen eine »historisch-kontingente« Auswahl.
- die These vom primären Charakter der sprachlichen Abgrenzungen gegenüber den wissenschaftlich ermittelten. Hier folgt Leibniz der Grundidee von Locke, bleibt allerdings nicht bei dessen »Defaitismus« stehen. Diesen Gedanken werden später Hegel, Lotze, Ernst Cassirer, Benedetto Croce und Martin Heidegger weiterverfolgen.

13.4 Bibliographische Hinweise

Für dieses Kapitel wurde die von Jacques Brunschwig herausgegebene Ausgabe der *Nouveaux essais* herangezogen (Leibniz 1765/1966). Sie bietet bis auf wenige Korrekturen und Modernisierungen der Orthographie den Text der Ausgabe von Gerhardt, die für das elfte Kapitel benutzt wurde. Der Wortlaut wurde von Leibniz in dieser Form nicht gebilligt; er hatte die Absicht, ihn von Freunden hugenottischer Abkunft stilistisch überarbeiten zu lassen. Zu einer ersten Annäherung an den Gelehrten und sein Werk insgesamt eignet sich recht gut die hier herangezogene Monographie von Finster und van den Heuvel (1990). Die wichtigste Literatur zu Leibniz im Zusammenhang mit dem Projekt der Universalsprache wurde bereits im elften Kapitel erwähnt. Leibnizens Beiträge zu diesem Projekt wurden in der Frühphase der Formal- und Computerlinguistik mit ebensoviel Begeisterung wie Mangel an kritischem Sinn wieder aufgegriffen. (vgl. z.B. Schnelle 1962). Einige wichtige Titel zu den sprachwissenschaftlichen Leistungen Leibnizens wurden in den Fußnoten erwähnt; die vollständigen Angaben finden sich im Literaturverzeichnis. Zum eigentlichen Thema dieses Kapitels, d.h. zur Auseinandersetzung Leibnizens mit Locke wären zu nennen: Aarsleff (1964); Gensini 1993; Heinekamp (1992) und Poser (1996).

14 Kontinuität und Diskontinuität in der Geschichte der Sprachphilosophie

Mit Leibniz sind wir auf unserem Weg durch die Geschichte der Sprachphilosophie an einem Punkt angelangt, an dem es angezeigt scheint, eine erste Bilanz zu ziehen. Der Darstellung des Stoffs in den vorhergehenden Artikeln lag die stillschweigende Annahme einer im großen und ganzen kontinuierlichen Entwicklung der Sprachphilosophie zugrunde, wenn diese These bisher auch nicht expressis verbis ausgesprochen wurde. Wir haben uns nun zu fragen, ob sich diese Annahme für den bisher dargestellten Teil der Geschichte rechtfertigen läßt und ob sie auch für die noch vorzustellenden Autoren Anspruch auf Gültigkeit erheben kann.

14.1 Die ältere Sprachphilosophie: Kontinuierliche Entwicklung mit Abzweigungen und »Holzwegen«

Unsere Darstellung der älteren Sprachphilosophie von den Anfängen bis Leibniz wurde von einer These geleitet, die bisher nicht klar ausgesprochen wurde: Es gibt eine Kontinuität in der Sprachphilosophie, eine Entwicklungslinie, die – von der indischen Sprachphilosophie einmal abgesehen – von Heraklit über Platon, Aristoteles, die Stoiker bis zu Thomas von Aquin reicht. Einige Abzweigungen führen auf Nebenwege, bedeutsame, wie die Zeichentheorie Augustins, die wichtigste der Antike, und weniger bedeutsame, nicht weiterführende, wie der von Boethius eingeschlagene.

Worin besteht nun diese Kontinuität? Sie läßt sich zunächst einmal ex negativo charakterisieren: In der gesamten älteren Sprachphilosophie wird die Sprache als solche nicht eigentlich thematisiert. Die Sprache gerät immer nur in bezug auf etwas anderes in das Blickfeld des Philosophen und wird von diesem als notwendiger Übergang zu etwas anderem behandelt. Besonders aufschlußreich in dieser Hinsicht ist Lockes Eingeständnis, daß ihm die Notwendigkeit, im Zusammenhang mit seiner erkenntnistheoretischen Untersuchung auch auf das Problem der Sprache einzugehen, erst recht spät zu Bewußtsein gekommen sei.[471]

In positiver Hinsicht besteht die Kontinuität darin, daß ein Denker die ungelöste Fragestellung seines Vorgängers aufgreift und zu beantworten sucht und die weiteren Fragen, die sich dabei ergeben, seinen Nachfolgern überläßt. Dabei geht es zunächst einmal fast ausschließlich um die objektive Dimension der Sprache,[472] um das Verhältnis von Sprache, Erkenntnis und Wirklichkeit. Wenn behauptet wird, im Begriff des „logos“ bei Heraklit fielen diese drei Bereiche

---

[471] Vgl. oben 12.

[472] Vgl. oben 2.3.1.

zusammen, so darf man dabei nicht vergessen, daß „Identität", „Gleichheit" und „Ähnlichkeit" im Rahmen der „archaischen Logik" noch nicht unterschieden werden.[473] Wir haben gesehen, daß das Verhältnis von „Namen" und „Gegenstand" ganz unterschiedlich interpretiert wurde und daß sich aus diesen unterschiedlichen Deutungsversuchen neue Fragestellungen entwickeln: Die Frage nach der „Richtigkeit der Namen", die eigentlich auf den erkenntnistheoretischen Wert der Sprache abzielt, später dann jedoch öfters in die Frage nach dem Ursprung der Wörter umgedeutet wird. Platon, der mit der φύσει-These zu sympathisieren scheint, kann sie gleichwohl in ihrem ursprünglichen Sinn nicht gelten lassen; denn die Sprache muß bereits dann als in erkenntnistheoretischer Hinsicht unzuverlässig gelten, wenn diese These nur auf einen kleinen Teil der Wörter nicht zutrifft. So tendiert er dazu, sie wenigstens im Hinblick auf den Ursprung der Wörter gelten zu lassen. Die Frage, ob das sprachliche Zeichen motiviert oder arbiträr sei, wurzelt in der Frage nach der „Richtigkeit der Namen", sie löst sich jedoch später von ihrer ursprünglichen erkenntnistheoretischen Motivation und verselbständigt sich als ein Problem der Zeichentheorie. In der mittelalterlichen Lehre von den *modi significandi* wird die Diskussion um das Verhältnis von Sprache, Denken und Wirklichkeit weitergeführt; nunmehr stehen nicht mehr die Gegenstände und Sachverhalte als solche, sondern ihre »Seinsweise« sowie deren Erfassung durch das Denken und deren Ausdruck in Form von sprachlichen Kategorien im Mittelpunkt. Die Lehre von den *suppositiones* führt auf einen Nebenweg.

An zwei weitere Teilfragen, auf die wir bei unserem Gang durch die ältere Sprachphilosophie gestoßen sind, soll hier erinnert werden. Zunächst an die vom modernen Standpunkt aus gesehen wunderliche Frage, wie es denn möglich sei, mit Hilfe von Sprache etwas Unwahres und damit „Nicht-Seiendes" auszusagen. Platon hatte sich im Sophistēs an eine Lösung herangetastet, die dann von Aristoteles mit seiner Unterscheidung zwischen λόγος σημαντικός und λόγος ἀποφαντικός ausgearbeitet wird. Die zweite, mit der ersten zusammenhängende Frage betrifft den Status der sprachlichen Bedeutung. Bei Platon wird sie noch nicht klar gestellt. Wenn er erklärt, die Rede sage das, was ist und was nicht ist, so macht er keinen Unterschied zwischen „sein" und „existieren", zwischen „Sein" und „Dasein". Erst Aristoteles versichert, daß Wörter nichts über die Existenz der Dinge aussagen; denn diese werde erst in der Rede, durch den „aussagenden Logos", behauptet oder negiert. In moderner Formulierung heißt das: Bedeutungen beinhalten kein Existenzpostulat.

Auch die sich hieran anschließende Frage nach der Art des Seins, das die „Namen" ausdrücken, wird lange Zeit hindurch nur zögernd und ausweichend beantwortet. Welcher Handlung des Geistes entspricht die Namengebung? Für Platon zielt sie wohl auf das Sein des Seienden oder, besser gesagt, auf das Sein als Seiendes. Er bestimmt das Zeichen in diesem Zusammenhang als διακριτικὸν τῆς οὐσίας, als „Abgrenzung des Wesens".[474] Auch Aristoteles

[473] Vgl. oben 4.1.1.
[474] Vgl. oben 5.4.3.

kommt mit der Lösung des Problems nicht viel weiter. Für ihn bedeuten die Wörter aufgrund der *indivisibilium intelligentia* etwas Einheitliches,[475] und bei diesen „unteilbaren" Entitäten handelt es sich um παθήματα τῆς ψυχῆς, um *passiones*, die für die Gegenstände und Sachverhalte selbst stehen. In welcher Hinsicht diese παθήματα Gleichnisse der Dinge sind und ob dies für alle παθήματα in gleicher Weise gilt, sagt Aristoteles nicht. Seine Definition der Bedeutung als unendliche Möglichkeit der Bezeichnung[476] ist zwar immer noch die beste, aber nur in formaler Hinsicht. Auf diese Definition werden sich später „Pragmatisten" und „Pragmatizisten" aus der Schule von Peirce und ein Behaviorist wie Charles W. Morris berufen – obschon innerhalb eines ganz anderen theoretischen Rahmens – wenn sie die Bedeutung (*significatum*) als die Gesamtheit der Bedingungen definieren, denen ein Gegenstand oder Sachverhalt entsprechen muß, um Denotat (*denotatum*) des betreffenden Ausdrucks zu sein.[477]

Bis ins Spätmittelalter hinein wird – von punktuellen Ausnahmen abgesehen – Sprache mit Logik, genauer, der sprachliche Ausdruck mit dem logischen identifiziert. Erst bei Vives deutet sich eine Trennung von Sprache und Logik an. Für ihn ist die Sprache Ausdruck der ganzen Seele, der Einbildungskraft, der Affekte, der Einsichtsfähigkeit und des Willens.[478] Damit rückt er die intersubjektive Dimension der Sprache in den Vordergrund. Das Problem der Intersubjektivität und der davon abhängigen Historizität der Sprache wird erst allmählich und gleichsam widerstrebend zur Kenntnis genommen. Thomas von Aquin hatte sich mit der lapidaren Feststellung begnügt, der Mensch sei seiner Natur nach ein geselliges Lebewesen und daher sei es nötig, daß die Begriffe des einen auch den übrigen Menschen bekanntgemacht würden.[479] Die Theoretiker der Renaissance beginnen nun, ihre Konsequenzen aus dieser Erkenntnis zu ziehen. Zunächst geht es um die äußeren Aspekte, z.B. um die Tatsache, daß sich das Phänomen „Sprache" prinzipiell in Form von verschiedenen Einzelsprachen manifestiert, die nicht unveränderlich vorgegeben, sondern einer historischen Entwicklung unterworfen sind. Erst viel später – ansatzweise schon bei Locke und Leibniz – wird die Historizität schließlich auch in der Gestaltung der Sprache selbst wahrgenommen. Allmählich setzt sich die Erkenntnis durch, daß die Unterschiede der Sprachen mehr sind als „nur eine Verschiedenheit von Schällen".[480] Bei Locke trifft man zum ersten Mal auf eine nicht nur rein formale Phänomenologie der Bedeutungen. Bei ihm sind wenigstens in einer seiner drei Bedeutungsklassen, bei den sogenannten „gemischten Modi", zu bestimmten Zwecken »erfundene« und daher von Sprache zu Sprache unterschiedliche Be-

---

[475] Vgl. oben 6.3.5.

[476] Vgl. oben 6.3.4.

[477] Vgl. Apel 1973, 19ff.

[478] „Voces in homine signa sunt animi universi, et phantasiae, et affectuum, et intelligentiae, et voluntatis ...", *De tradendis disciplinis*, vgl. Coseriu 1971a, 237.

[479] Vgl. oben 9.1.3.

[480] Vgl. Humboldt 1829/1963, 153.

deutungen vorgesehen. Leibniz geht mit seiner Kritik weit über Locke hinaus, scheint aber nicht gesehen zu haben, daß er dabei – vor allem mit seiner Leugnung der Universalität der „einfachen Ideen“ – das Fundament der *characteristica universalis* zerstört, an der ihm soviel gelegen war. Das Projekt einer „Universalsprache“ wird zwar auch noch von Leibniz weiterverfolgt; es wird sich aber im Zeitalter der Romantik endgültig als »Holzweg« erweisen.

Mit der Trennung von Logik und Sprache nähert sich Vives der Möglichkeit, die Autonomie der Sprache zu begründen, in ihr einen eigenständigen, vom Logischen unabhängigen Wert zu entdecken. So weit geht er allerdings noch nicht. Gleichzeitig eröffnet er mit dieser Trennung eine neue Möglichkeit der Sprachkritik. Dabei geht es nicht mehr wie bei den Griechen um den Zweifel an einer wie immer gearteten Übereinstimmung zwischen Wort und Gegenstand, sondern um die Unschärfe und Willkürlichkeit der Bedeutungen. Von nun an kann die kritische Prüfung der Sprache zur unabweislichen Voraussetzung für die Beschäftigung mit der Logik erhoben werden.

Zu Beginn des 18. Jahrhunderts scheint also die Autonomie der Sprache als Gegenstand der philosophischen Betrachtung begründet zu sein. Der Sinn dieser Autonomie und der Zusammenhang der Sprache mit anderen menschlichen Tätigkeiten bleiben ungeklärt.

14.2 Die neuere Sprachphilosophie im Zeitalter der Aufklärung: Aufspaltung in verschiedene Richtungen

Nach Locke und Leibniz gibt es keine einheitliche sprachphilosophische Entwicklungslinie mehr. Wir können eine Aufspaltung in verschiedene Richtungen beobachten. Die empiristische Tradition der Sprachphilosophie bezieht sich auf Locke; das heißt nicht, daß die Vertreter dieser Richtung ihren Gründervater von aller Kritik ausnehmen würden. Zu dieser Richtung gehören George Berkeley und – sofern man bei ihm überhaupt von einem Beitrag zur Sprachphilosophie reden kann – David Hume. Der weitere Verlauf dieser empiristischen Traditionslinie über Adam Smith zur „schottischen Schule“ mit den Hauptvertretern Dugald Stewart und Thomas Reid, sowie die Abzweigung zum französischen „Sensualismus“ und von dort weiter zu so originellen Denkern wie Denis Diderot und Pierre Louis Moreau de Maupertuis – zeitweise Präsident der Akademie der Wissenschaften in Berlin – wurde zum Teil schon dargestellt.[481]

In England steht der stark ausgeprägten Richtung der empiristischen Sprachphilosophie der Grammatiktheoretiker James Harris wie ein erratischer Block gegenüber. Er steht mit der »platonischen« Schule von Cambridge um Anthony Ashley Cooper, Earl of Shaftesbury (1671–1713) in Verbindung. Die weitere Entwicklung verläuft nicht geradlinig, wie wir im einzelnen noch sehen werden.

Der Neapolitaner Giambattista Vico begründet eine völlig neue sprachphilosophische Richtung. Mit ihm beginnt die »unmittelbare« Sprachphilosophie, die die Sprache um ihrer selbst willen und nicht im Hinblick auf etwas

[481] Vgl. oben 12.5.

anderes zu ihrem Gegenstand macht.[482] Gewisse Aspekte dieser Sprachphilosophie – vor allem, was die Frage nach dem Ursprung der Sprache betrifft – werden von Rousseau wieder aufgenommen; ihre eigentliche Fortsetzung findet sie bei Hamann, Herder und bei den deutschen Romantikern, durch die sie mit der Leibnizschen Tradition verschmolzen wird.

Die weitere Entwicklung der Sprachphilosophie im Deutschland der Aufklärungszeit, die im vorliegenden Band wenigstens ansatzweise behandelt werden soll, geht von Leibniz aus. Christian Wolff, der Philosoph der deutschen Aufklärung, der Mathematiker und Astronom Johann Heinrich Lambert, der Grammatiktheoretiker Johann Werner Meiner, der Pastor und Historiker Johann Peter Süßmilch und der aus Bremen stammende Hauslehrer und Privatgelehrte Dietrich Tiedemann – sie alle greifen Leibnizsche Gedanken auf, setzen jedoch ganz unterschiedliche Schwerpunkte, so daß für den späteren Betrachter keineswegs der Eindruck einer kontinuierlichen Entwicklung entsteht.

Die verschiedenen Richtungen können hier nur sehr knapp behandelt werden. Als Gliederungskriterium für die restlichen Kapitel dieser Übersicht dienen die Sprachräume. Damit soll nicht suggeriert werden, es bildeten sich vom 18. Jahrhundert an überwiegend »nationale« Sprachphilosophien heraus. Die getrennte Darstellung nach Sprachräumen empfiehlt sich aus praktischen Gründen. Die einheitliche abendländische Kultur, in der die Gelehrten ihre Gedanken in lateinischer, ab dem 17. Jahrhundert auch in französischer Sprache austauschten, beginnt sich aufzulösen. Als Locke über Thomas Burnett, den Bischof von Salisbury, von Leibnizens Wunsch erfuhr, mit ihm über den *Essay* zu korrespondieren, soll er dieses Ansinnen folgendermaßen kommentiert haben: „Wir leben friedlich in guter Nachbarschaft mit den Herren in Deutschland, denn sie kennen unsere Bücher nicht, und wir lesen nicht die ihren."[483]

14.3 Bibliographische Hinweise

Karl-Otto Apel nannte seine Darstellung der „Idee der Sprache [...] von Dante bis Vico" einen „Beitrag zu einer noch nicht geschriebenen Geschichte der neuzeitlichen Sprachphilosophie".[484] Das damit angemahnte Desiderat besteht bis heute. Es fehlt weder an Einzeluntersuchungen zur Sprachphilosophie noch an *systematischen* Darstellungen von Teilgebieten. Eine umfassende *historische* Darstellung, in der die Überlieferungsstränge so weit wie möglich dokumentiert und nachgewiesen würden, fehlt weiterhin. Auch diese Übersicht kann nicht mehr als eine Vorstufe dazu sein. Historisch im engeren Sinn ist das einführende Kapitel zum Problem der Sprache in Cassirers *Philosophie der symbolischen Formen*;[485] schon in der ersten Fußnote erscheint allerdings der Hinweis, daß eine umfassende Darstellung der Geschichte der Sprach-

[482] Vgl. oben 2.3.1.
[483] Vgl. Brunschwig 1966, 14.
[484] Apel 1963, 17.
[485] Cassirer 1923/2001, 55–123.

philosophie ein Desiderat bleibe. Das von Marcelo Dascal und anderen herausgegebene systematische Handbuch der Sprachphilosophie[486] enthält keinen Artikel, der dem Problem der Kontinuität in der Sprachphilosophie gewidmet wäre. Jochem Hennigfeld hat in seiner Geschichte der Sprachphilosophie das Problem der Kontinuität immerhin zu einer der „Leitfragen“ seiner Darstellung erhoben: „In welchem Sinne gibt es eine Kontinuität in der philosophischen Diskussion über die Sprache? Welche epochenspezifische Probleme lassen sich aufweisen?“[487]

---

[486] Dascal et alii, Hgg., 1992ff.
[487] Hennigfeld 1994, 2.

15 Das 18. Jahrhundert in Großbritannien: Sprachphilosophie zwischen Empirismus, Platonismus und Psychologismus

Der hier zu behandelnde Zeitraum umfaßt nahezu ein Jahrhundert. Er reicht von den ersten Eintragungen, die George Berkeley 1708 seinem „Notizbuch" (*Commonplace Book*) anvertraute, bis zu John Horne Tookes *Geflügelten Worten* (Ἔπεα πτερόεντα), deren zweiter Teil 1805 erschien. Wie schon für Locke war auch für Berkeley und Hume die Sprache nicht eigentlicher Untersuchungsgegenstand, sondern eher ein potentieller Störfaktor, dem im Rahmen der Erkenntnistheorie Aufmerksamkeit geschenkt werden mußte. Harris interessiert sich dagegen tatsächlich in erster Linie für die Sprache, allerdings vor einem philosophischen Hintergrund, der nicht nur stillschweigend vorausgesetzt wird; der Autor des *Hermes* widersetzt sich entschieden dem empiristischen *mainstream* der Philosophie seines Landes. Die übrigen Gelehrten, die in diesem Kapitel behandelt werden, waren eher Sprachwissenschaftler als Sprachphilosophen; die meisten unter ihnen beschäftigten sich im übrigen nur unter anderen Dingen mit dem Problem der Sprache. Adam Smith, Joseph Priestley und John Horne Tooke setzen, wenn auch mit eigenen Akzenten, die Großbritannien beherrschende empiristische Tradition fort. Der Schotte James Burnet(t), seit 1767 Lord Monboddo, ist wie sein Freund James Harris ein Vertreter des „englischen Platonismus".

15.1 George Berkeley (1685–1753)

George Berkeley wurde 1685 als Sohn eines Steuereinnehmers und Gutsbesitzers englischer Abstammung in Südirland geboren. Obschon als Angehöriger der anglikanischen Minderheit zwangsläufig nach England orientiert, fühlte er sich als Ire. Seine erste Ausbildung erhielt er am Kilkeny College, das damals als das „Eton Irlands" galt. Im Alter von fünfzehn Jahren nahm er das Studium am Trinity College in Dublin auf, das nach der endgültigen Niederlage Jakobs II. wieder zu einer Hochburg der protestantischen Minderheit geworden war. Nachdem er den Magistergrad erworben hatte, trat er bei der ersten sich bietenden Gelegenheit als *fellow* in die Reihen des Lehrkörpers ein. Ähnlich wie Locke und Leibniz schenkte er seine Aufmerksamkeit nicht einem einzigen Wissensgebiet; er war Mathematiker, Pädagoge, Psychologe, Philosoph, Journalist, Ökonom, Arzt und Bischof.[488] 1713 verließ er Irland und begab sich nach London – das zweite große Zentrum des geistigen Lebens Europas nach Paris. Er unternahm eine kürzere Reise nach Oberitalien, der bald eine längere Italienreise folgen sollte, die ihn unter anderem nach Sizilien

[488] Vgl. Breidert 1989, 17.

und Neapel führte, wo er Zeuge eines Ausbruchs des Vesuvs wurde. Nach seiner Rückkehr nach London bemühte er sich mit mäßigem Erfolg um ein kirchliches Amt in seinem Heimatland. 1728 beginnt die abenteuerlichste Episode seines Lebens. Frisch verheiratet schifft er sich nach Amerika ein. Sein eigentliches Ziel war es, auf den Bermudas – damals eine englische Kolonie – ein College zu gründen. Zum Mißvergnügen seiner Förderer und Geldgeber begibt er sich jedoch zunächst nach New England, wo er dauerhafte, über seinen Amerikaaufenthalt hinausreichende Beziehungen zu drei Bildungsinstitutionen anknüpft, aus denen später die Columbia University in New York, die Yale University in New Haven und die Harvard University in Cambridge, Massachusetts hervorgehen sollten. Nachdem sich sein „Bermuda-Projekt" endgültig zerschlagen hatte, kehrte er nach England zurück. 1734 wurde er gegen mancherlei Widerstände zum Bischof der südirischen Diözese Cloyne ernannt. Fast zwanzig Jahre lang führte er an seinem Amtssitz das Leben eines Patriarchen; von seinen sieben Kindern erreichten nur drei das Erwachsenenalter. Er starb 1753 in Oxford, wohin er seinen zweiten Sohn begleitet hatte, um ihm bei der Aufnahme des Studiums behilflich zu sein.

In erkenntnistheoretischer – man möchte lieber sagen »erkenntnistechnischer« – Hinsicht ist Berkeley sehr viel konsequenter empiristisch ausgerichtet als Locke, mit dessen *Essay* er sich bereits in seinen Studienjahren auseinandergesetzt hatte. „Esse est percipi vel percipere" lautete seine Maxime, die er schon in jugendlichem Alter in seinem Notizbuch verzeichnet hat. Das Sein der Gegenstände der Erkenntnis besteht nur darin, daß sie wahrgenommen werden, und das der erkennenden Subjekte im Akt ihres Wahrnehmens. „Wahrnehmung" ist dabei als „Sinneswahrnehmung" zu verstehen. Das Allgemeine, das auch für Berkeley den eigentlichen Gegenstand der Wissenschaft ausmacht, ist nicht Ergebnis eines Abstraktionsprozesses. „Allgemeinheit kommt dadurch zustande, daß *ein* bestimmtes *konkretes* Individuum als Repräsentant für jedes beliebige konkrete Individuum einer Gesamtheit steht, ohne daß es damit zu einem »abstrakten« Objekt[489] würde. In der Einführung zu seinen *Principles of Human Knowledge*, auf die wir gleich ausführlicher zu sprechen kommen werden, äußert er sich nur fragmentarisch zum Problem des Universellen:

> ... *universality*, so far as I can comprehend, [does not consist] in the absolute, positive nature or conception of any thing, but in the relation it bears to the particulars signified or represented by it: by virtue whereof it is that things, names, or notions, being in their own nature *particular*, are rendered *universal*.[490]

Berkeley unterstellt seinen Vorgängern, insbesondere Locke, sie hätten, um ihre These von den „abstrakten Ideen" stützen zu können, auf die Annahme zurückgreifen müssen, es existiere so etwas wie eine „(materielle) Substanz" als Substrat alles Seienden. Die Wahrnehmung unterrichte uns nun aber nur über das

---

489 Ebenda, 23.
490 Introduction § 15 = Berkeley 1998, 96.

Vorhandensein einzelner Gegenstände, nicht über jenes Substrat, das man „Substanz“ oder „Materie“ nennt. Es sei nicht sinnvoll, die Existenz einer Entität anzunehmen, die man nicht wahrnehmen kann. Die aus dieser Überlegung resultierende These des „Immaterialismus“ ist von Berkeleys Diskussionspartnern – darunter so bekannte Persönlichkeiten wie Alexander Pope, Jonathan Swift, Samuel Johnson und Voltaire – verspottet und größtenteils naiv mißverstanden worden. Um begründen zu können, worin denn nun der Unterschied zwischen wahrgenommenen und eingebildeten oder geträumten Phänomenen besteht, muß Berkeley zu einem extremen metaphysischen Spiritualismus Zuflucht nehmen: Die Wahrnehmung des Menschen ist ein passiver Vorgang; ihr eigentliches Agens ist Gott. Die Regeln, nach denen er den endlichen Geistern die „Ideen“ der Gegenstände mitteilt, sind die Sprache Gottes. Wenn Gott uns etwas in unserer Einbildung oder im Traum zu erkennen gibt, so weicht er – zu bestimmten Zwecken – von den »üblichen Sprachregeln« ab.

Der Kern der Berkeleyschen Sprachphilosophie – es handelt sich, wie gesagt, eigentlich nur um eine kritische Anmerkung zu seiner Erkenntnistheorie – findet sich in der Einführung zu seinem wichtigsten Jugendwerk, dem 1710 erschienenen *Treatise Concerning the Principles of Human Knowledge*.[491] Ernst Cassirer bemerkt in seiner Skizze der Geschichte der Sprachphilosophie zu Recht, daß sich von „Locke zu Berkeley [...] in der Stellung des Empirismus zum Sprachproblem eine eigentümliche Umkehr vollzogen“[492] habe. Bis zu einem gewissen Punkt kann Cassirers Interpretation für unsere eigenen Ziele übernommen werden. Wir haben gesehen, daß Locke in der Sprache die Bestätigung seiner Erkenntnistheorie findet. Der menschliche Geist gelangt von den Einzelvorstellungen auf dem Wege der Abstraktion zu den allgemeinen Ideen. Dieser Abstraktionsprozeß spiegelt sich in der Sprache wider; die Wörter sind die Repräsentanten der abstrakten Ideen. Gegen diese Auffassung polemisiert Berkeley; er zitiert dabei ausführlich aus Lockes *Essay*.[493] Cassirer bemerkt zu Berkeleys Verhältnis zu seinem Vorgänger, „daß die eigentliche und wesentliche Funktion des Wortes innerhalb des sensualistischen Systems keinen Raum“ habe. „Soll dieses System aufrecht erhalten werden“, so Cassirer, „bleibt kein anderes Mittel, als diese Funktion zu bestreiten und auszuschalten“.[494] Die Sprache scheint für Berkeley geradezu das Gegenteil der Struktur der Erkenntnis abzubilden, sie wird zur Quelle aller Irrtümer. Auf den ersten Blick spricht vieles für diese Interpretation. Am Ende seiner Einführung zu den *Prinzipien der menschlichen Erkenntnis* schreibt Berkeley:

> Unless we take care to clear the first principles of knowledge, from the embarras and delusion of words, we may make infinite reasonings upon them to no purpose; we may draw consequences from consequences, and be never the wiser.[495]

---

[491] Hier wird aus der Ausgabe von Jonathan Dancy zitiert = Berkeley 1998.
[492] Cassirer 1923/2001, 78.
[493] Vgl. z.B. *Introduction*, § 11 = Berkeley 1998, 93.
[494] Cassirer 1923/2001, 78.
[495] Introduction § 25 = Berkeley 1998, 102.

Obwohl dieser Passus die Auffassung Cassirers zu bestätigen scheint, kann seine Interpretation nicht uneingeschränkt akzeptiert werden. Auf die Gründe dafür wird gleich zurückzukommen sein. Wir werden sehen, daß Cassirer die Fragestellungen Berkeleys allzu wörtlich versteht und nur ihren formalen Aspekt berücksichtigt.

Berkeley wendet sich in seiner *Einführung* vor allem gegen „das falsche Prinzip der abstrakten Ideen". Der Ursprung des Gedankens, es könne so etwas wie allgemeine Ideen geben, liege in der Sprache: „... if there had been no such thing as speech or universal signs, there never had been any thought of abstraction."[496]

Berkeleys Kritik beruht hauptsächlich auf zwei Argumenten:

a) Es sei falsch anzunehmen, jeder Name habe eine einzige und feste Bedeutung. Diese Annahme sei völlig verfehlt:

> Whereas, in truth, there is no such thing as one precise and definite signification annexed to any general name, they all signifying indifferently a great number of particular ideas.[497]

Es ist also nicht die Rede von der Unbeständigkeit oder Vagheit der sprachlichen Bedeutung wie bei anderen Sprachkritikern; die Existenz des Phänomens „Bedeutung" wird schlechterdings geleugnet:

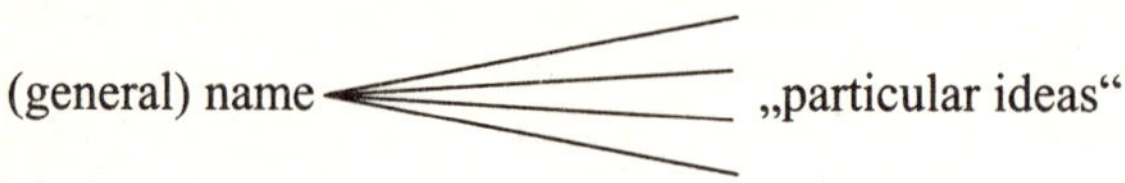

„Idee" bedeutet hier und an den meisten anderen Stellen des *Treatise* so viel wie „bildhafte Vorstellung eines Gegenstands im Bewußtsein des Menschen". (Wir werden gleich sehen, daß Berkeley den Terminus gelegentlich auch in einem anderen, eher »platonischen« Sinn verwendet.) Die Relation besteht also nicht zwischen „Namen" und „abstrakter Idee" oder zwischen „Bedeutung" und „einzelner (particular) Idee", sondern unmittelbar zwischen „Namen" und „einzelnen Ideen". Wie so etwas möglich ist , erklärt Berkeley freilich nicht.

b) Der „Name" steht nicht für die eigentlichen konkreten Bestimmungen der „Idee". Man werde einwenden, schreibt Berkeley, daß Namen, die über eine Definition verfügen, auch auf eine bestimmte Bedeutung beschränkt seien. Ein Dreieck werde definiert als „eine ebene, von drei geraden Linien eingeschlossene Fläche", und somit könne der Ausdruck „Dreieck" offenbar nur diese Idee ohne weitere Bestimmungen bezeichnen. Die Definition des Dreiecks sage jedoch nichts darüber aus, ob es sich um eine große oder kleine, eine schwarze oder weiße Fläche handelt, ob die Seiten lang oder kurz, gleich oder ungleich sind noch in welchem Winkel sie zueinander stehen. So etwas sei nicht vorstellbar, es gebe also keine „Idee", die dem Wort „Dreieck" entspricht. Es sei eben nicht dasselbe, einen Namen dauerhaft seiner Definition zuzuordnen (to keep a

[496] Ebenda, § 18 = Berkeley 1998, 98.
[497] Ebenda.

name constantly to the same definition) oder ihn als beständigen Vertreter einer bestimmten Idee zu betrachten (to make it stand every where for the same idea). Das eine sei notwendig, das andere nutzlos und nicht praktizierbar.[498]

Was meint Berkeley mit diesen Ausführungen? Sie scheinen auf eine völlige Ablehnung der Sprache hinauszulaufen. Für ihn ist die Sprache kein Gegenstand, der im Zusammenhang mit dem Problem der „Ideen" berücksichtigt werden müßte, denn die Wörter stehen nicht für das, was man in der empiristischen Philosophie unter „Ideen" versteht.

Die Thesen, von denen Berkeley bei seiner Sprachkritik ausgeht, sind ohne weiteres annehmbar. Wenn er behauptet, die „Namen" stünden für eine große Zahl von Einzelvorstellungen, so läßt sich das dahingehend interpretieren, daß er erkannt hat, daß die Bedeutung keiner Vorstellung entspricht und daß es keine „allgemeinen" Vorstellungen gibt. In der Tat läßt sich ein „allgemeines Dreieck" zwar definieren, man kann sich aber immer nur ein Dreieck mit bestimmten Eigenschaften bildlich vorstellen. Merkwürdig sind nur die Konsequenzen, die Berkeley aus seinen durchaus zutreffenden Einzelbeobachtungen zieht. Er unterstellt der Sprache eine »Täuschung«, der er selbst unterliegt. Die Sprache verleite uns dazu, die Existenz »abstrakter Ideen« anzunehmen; diese könne es jedoch gar nicht geben. Unterstellt wird dabei, die Appellativa erhöben den Anspruch, Vertreter verallgemeinerter Einzelvorstellungen zu sein. Wenn dieser Eindruck entsteht, so liegt der »Fehler« nicht bei der Sprache, sondern bei demjenigen, der sich falsche Vorstellungen von ihr macht.

Die Kritik, die Berkeley unmittelbar an der Sprache zu üben scheint, richtet sich eigentlich gegen Lockes Auffassung der Sprache. Locke habe zwar auf die Gefahren hingewiesen, die beim Umgang mit den Wörtern drohen, und anderen geraten, sich nur mit den ausgedrückten Ideen selbst zu befassen und sie nicht mit den Wörtern zu vermengen. Er selbst habe sich jedoch nicht an diesen Ratschlag gehalten. Er habe vielmehr angenommen, die einzige Funktion der Wörter bestehe darin, Ideen auszudrücken, und die Bedeutung jedes allgemeinen Namens sei eine bestimmte abstrakte Idee. Solche Ideen – und darin besteht Berkeleys Hauptthese – gebe es aber gar nicht. Er merkt nicht, daß „Idee" bei ihm und bei Locke nicht dasselbe bedeutet.

Berkeley räumt ein, daß sich die Wörter dazu eignen, dem Einzelnen Zugang zu den historischen Errungenschaften einer Gemeinschaft zu verschaffen:

> It cannot be denied that words are of excellent use, in that by their means all that stock of knowledge which has been purchased by the joint labours of inquisitive men in all ages and nations, may be drawn into the view and made the possession of one single person.[499]

Gleichzeitig müsse man sich jedoch auch über die damit verbundenen Gefahren im klaren sein:

---

[498] Ebenda, 98f.

[499] *Introduction* § 21 = Berkeley 1998, 100.

> But at the same time it must be owned that most parts of knowledge have been strangely perplexed and darkened by the abuse of words ...[500]

Die Sprache verstelle geradezu den direkten Blick auf die Wahrheit:

> ... in vain do we consult the writings of learned men, and trace the dark footsteps of antiquity; we need only draw the curtain of words, to behold the fairest tree of knowledge, whose fruit is excellent, and within the reach of hand.[501]

Berkeley nimmt sich vor, dem Ratschlag Lockes zu folgen und Ideen und Wörter klar auseinanderzuhalten. Er verspricht sich eine Reihe von Vorteilen davon: Zunächst würde er sich damit aus allen rein verbalen Streitigkeiten heraushalten; darüber hinaus würde er den Verführungen aus dem Weg gehen, denen der menschliche Geist durch die „abstrakten Ideen" ausgesetzt ist, und schließlich würde er nicht der Selbsttäuschung erliegen, über Ideen zu verfügen, die ihm in Wirklichkeit fehlten.[502] Derjenige, der sich klar darüber ist, daß er nur Einzelvorstellungen (*particular ideas*) hat, wird sich nicht vergeblich damit abquälen, die abstrakten Ideen in sich zu entdecken, die mit jedem Wort verbunden sind.[503]

Bis hierher ist, wie gesagt, alles klar und annehmbar, wenn man das Wort *Idee* richtig, d.h. im empiristischen Sinn interpretiert. Die daraus abgeleitete Sprachkritik verfehlt jedoch den intendierten Gegenstand. Zwar ist das Denken an das Medium der Sprache gebunden – soweit kann man Berkeley zustimmen –, der Gegenstand des Denkens (in diesem Fall die „Ideen") ist jedoch nicht-sprachlicher Natur. An einer anderen Stelle seiner Einführung sieht Berkeley das sehr wohl; dort wird der Sprache nämlich die Funktion abgesprochen, „Ideen" darzustellen. Häufig würden die Wörter wie die Buchstaben in der Algebra gebraucht, schreibt Berkeley; man benutze sie als Platzhalter für Vorstellungen, mit denen man operiert, ohne sie dabei zu aktualisieren:

> ... a little attention will discover, that it is not necessary (...) significant names which stand for ideas should, every time they are used, excite in the understanding the ideas they are made to stand for: in reading and discoursing, names being for the most part used as letters are in *algebra*, in which though a particular quantity be marked by each letter, yet to proceed right it is not requisite that in every step each letter suggest to your thoughts, that particular quantity it was appointed to stand for.[504]

Für Cassirer befindet sich Berkeley damit in diametralem Gegensatz zum englischen Staatsphilosophen Thomas Hobbes (1588–1679), für den „wahr" und „falsch" Attribute der Sprache, nicht der Dinge waren:[505]

---

500 Ebenda.
501 Ebenda, § 24 = 101.
502 Ebenda, § 22 = 100f.
503 Ebenda, § 24 = 101.
504 Ebenda, § 19 = 99.
505 Vgl. Kodalle 1996, 112.

> Wenn Berkeley den Wahrheits- und Erkenntnisgehalt der Sprache aufzuheben strebt, wenn er in ihr den Grund allen Irrtums und aller Selbsttäuschung des menschlichen Geistes sieht, so war bei Hobbes der Sprache nicht nur Wahrheit, sondern – alle Wahrheit zugesprochen worden. Hobbes' Wahrheitsbegriff gipfelt in der These, daß Wahrheit nicht in den Dingen, sondern einzig und allein in den Worten und im Gebrauch der Worte liege: *veritas in dicto, non in re constitit.*[506]

Cassirer zufolge war die Sprache für Hobbes

> nur insofern eine Quelle des Irrtums, als sie zugleich, gemäß seiner nominalistischen Grundansicht, die Bedingung der begrifflichen Erkenntnis überhaupt, somit die Quelle aller Allgemeingültigkeit und aller Wahrheit ist.[507]

Bei Berkeley hingegen habe die Sprache diese Funktion völlig eingebüßt, sie komme als Instanz, auf die man sich bei der Abgabe von Allgemeinurteilen berufen kann, nicht mehr in Frage. Seltsamerweise habe sich dann in Berkeleys späteren Werken „noch einmal eine eigenartige Rückkehr und Umwendung" vollzogen. In seiner Metaphysik verwandle sich „alle Wirklichkeit, die geistige wie die sinnliche, in Sprache":

> Denn jetzt hat sich die sinnliche Weltansicht selbst mehr und mehr in eine rein symbolische umgestaltet. Was wir als die Wirklichkeit der Wahrnehmungen und als die des Körpers bezeichnen – das ist, tiefer erfaßt und verstanden, nichts anderes als die sinnliche Zeichensprache, in der sich ein allumfassender unendlicher Geist unserem endlichen Geiste mitteilt.[508]

Diese Deutung Cassirers kann ebenfalls nicht ohne weiteres angenommen werden. In den von ihm zitierten Spätschriften Berkeleys – vor allem *On Siris and its Enemies* (1744) – geht es gar nicht mehr um das zuvor diskutierte Problem, d.h. um die Frage, ob die Sprache unsere Einzelvorstellungen repräsentiere. Es geht überhaupt nicht mehr um die Sprache des Menschen. Wenn Berkeley in seiner „Metaphysik" von „Sprache" redet, so meint er damit die Sprache Gottes. Die Welt selbst wird als symbolische Sprache, besser, als symbolisches Sprechen Gottes aufgefaßt.

In seiner frühen Sprachkritik kritisierte Berkeley die Sprache dafür, daß sie die Existenz „abstrakter Ideen" vorspiegele. Wörtlich verstanden ist seine Kritik als verfehlt anzusehen, jedoch kann das, was er als ein Negativum hinstellt, auch positiv interpretiert werden, nämlich als Bestimmung der sprachlichen Bedeutung. In seiner Kritik definiert Berkeley die Bedeutung gewissermaßen ex negativo: Sie besteht nicht in bildlichen Einzelvorstellungen, sie ist vielmehr etwas Begriffliches.

Einige beiläufig geäußerte Aspekte seiner Sprachkritik sind noch positiver zu bewerten. So wendet er sich z.B. entschieden gegen die Ansicht, die Mitteilung von Ideen sei der einzige und eigentliche Zweck der Sprache. Er zählt eine

---

[506] Cassirer 1923/2001, 79. Ebenda zitiert: Hobbes, *De corpore*, P. I.: *Computatio sive Logica*, Cap. III, § 7.

[507] Ebenda, 79f.

[508] Ebenda, 80.

Reihe von weiteren Sprachfunktionen auf und entwirft dabei eine Art handlungstheoretischen Rahmens für deren Einordnung:

> Besides, the communicating of ideas marked by words is not the chief and only end of language, as is commonly supposed. There are other ends, as the raising of some passion, the exciting to, or deterring from an action, the putting the mind in some particular disposition ...[509]

Die „Ideen" spielten dabei eine nebensächliche Rolle. Oft würden durch die Sprache Gefühle hervorgerufen, ohne daß dabei eine Idee in Erscheinung träte (hier gebraucht Berkeley das Wort Idee im »rationalistischen« Sinn!):

> ... it doth [...] happen either in hearing or reading a discourse, that the passions of fear, love, hatred, admiration, disdain, and the like arise, immediately in his [scil. of the reader] mind upon the perception of certain words, without any ideas coming between.[510]

Anfangs, so Berkeley, hätten die Wörter, die dergleichen Gefühle auslösen, zwar die entsprechenden Ideen hervorrufen können, doch verblasse die Evokationskraft durch den ständigen Gebrauch:

> ... it will be found that when language is once grown familiar, the hearing of the sounds or sight of the characters is oft immediately attended with those passions, which at first were wont to be produced by the intervention of ideas, that are now quite omitted. May we not, for example, be affected with the promise of a *good thing*, though we have not an idea of what it is? Or is not the being threatened with danger sufficient to excite a dread, though we think not of any particular evil likely to befall us, nor yet frame to our selves an idea of danger in abstract?[511]

Auch die Eigennamen werden nicht immer mit der Absicht gebraucht, die Vorstellung der Individuen, die sie bezeichnen, bei Hörer und Sprecher hervorzurufen. Wenn ein Scholastiker sich auf Aristoteles beruft, so wolle er damit nur seine Gesprächspartner beeindrucken; „all I conceive he means by it, is to dispose me to embrace his opinion with the deference and submission which custom has annexed to that name."[512]

Zum Schluß seien sowohl Berkeleys Sprachkritik als auch unsere »Kritik der Kritik« sowie die sich daran anschließenden Kommentare nochmals übersichtlich zusammengefaßt:

Berkeley kritisiert die Sprache dafür, daß sie uns dazu verleite, die Existenz „allgemeiner Ideen" anzunehmen, die es in Wirklichkeit nicht gebe. Jedes Wort stehe für eine große Anzahl von Einzelvorstellungen; der einheitliche Name suggeriere jedoch, er müsse auch für eine einheitliche Idee stehen.

---

[509] Introduction § 20 = Berkeley 1998, 99.

[510] Ebenda.

[511] Ebenda.

[512] Ebenda, 100.

Insofern sie auf die Sprache abzielt, verfehlt diese Kritik ihr Ziel. Sie wäre berechtigt, wenn die Wörter tatsächlich für allgemeine Vorstellungen stünden und wenn man diesen, aus welchem Grund auch immer, jeden erkenntnistheoretischen Wert absprechen wollte. Da jedoch die Wörter, wie Berkeley nicht müde wird zu betonen, *nicht* für allgemeine Vorstellungen stehen, liegt der Irrtum nicht bei der Sprache, sondern bei dem, der die sprachliche Funktion mißversteht. Berkeley meint also eigentlich Locke, wenn er vorgibt, die Sprache zu kritisieren. Seine Entscheidung, sich bei der Untersuchung von Einzelvorstellungen (*particular ideas*) nicht auf die Sprache zu berufen, ist durchaus berechtigt. Die Begründung, die er dafür liefert, ist jedoch sinnlos. Wenn jemand begründen möchte, warum er davon absieht, mit einem Messer zu schreiben, so darf er sich mit der Erklärung zufriedengeben, er habe erkannt, daß es sich bei diesem Werkzeug, entgegen seiner ersten Vermutung, nicht um ein Schreibwerkzeug handele. Er braucht sich nicht auch noch dessen zu rühmen, er werde auf diese Weise vermeiden, das Schneiden mit dem Schreiben zu verwechseln.

Es wurde versucht zu zeigen, daß sich Berkeleys Sprachkritik positiv interpretieren läßt, wenn man in dem, was er der Sprache abspricht, ihre eigentliche Bestimmung sieht. Der „Name" bezieht sich nicht auf eine allgemeine Vorstellung, sondern eher auf eine Definition, die ihrerseits zahlreiche Einzelvorstellungen hervorrufen kann. Die Definition besteht in der Abgrenzung eines allgemeinen Wissens, das innerhalb dieser Grenzen mit zahlreichen Einzelvorstellungen ausgefüllt werden kann:

Name —— Wissen < Einzelvorstellungen

Im Zusammenhang mit diesem Versuch einer positiven Interpretation der Berkeleyschen Sprachkritik ergeben sich noch eine Reihe von Fragen:

Die *erste* ist rein philologischer Natur: Hat Berkeley Locke richtig interpretiert, wenn er behauptet, bei Locke stehe der Name für eine „allgemeine Vorstellung" – letztere wohlgemerkt im sensualistischen Sinn verstanden?

Die *zweite* betrifft den von Berkeley postulierten unmittelbaren Zusammenhang zwischen „Namen" und „einer großen Anzahl von Einzelvorstellungen": Ist eine solche Relation überhaupt denkbar?

Die *dritte* zielt auf Berkeleys Vorhaben, in seiner Erkenntnistheorie auf jeden Bezug zur Sprache zu verzichten: Kann man wirklich vollständig von jenem allgemeinen Wissen absehen, für das der Name steht, wenn man zu »den Dingen selbst« gelangen möchte?

Die *vierte* Frage gilt der intersubjektiven Verbindlichkeit von Einzelvorstellungen: Ist eine solche Vorstellung überhaupt mitteilbar und wäre eine solche Mitteilung – ihre Möglichkeit vorausgesetzt – gesellschaftlich und historisch sinnvoll?

Alle vier Fragen müssen hier mit „nein" beantwortet werden. *Erstens* spricht alles dafür, daß Berkeley Locke nicht richtig interpretiert hat. Seine „general ideas" sind nicht im Sinne dessen zu interpretieren, was Berkeley selbst unter „ideas" versteht, sondern eher im Sinne von „Sprachinhalten". *Zweitens* kann sich ein Wort nicht unmittelbar auf unterschiedliche Einzelvorstellungen beziehen. Irgendeine Art von einigendem Band muß bei der Bedeutung des Wortes nämlich als gegeben vorausgesetzt werden, denn sonst könnte man nicht erklären, warum ein Wort zwar eine Menge bestimmter Vorstellungen hervorrufen kann, unzählige andere jedoch ausschließt. Das Wort muß einer Abgrenzung entsprechen, die ihrerseits keine Vorstellung ist. Hier argumentiert Berkeley widersprüchlich. *Drittens* kann keine Erkenntnistheorie von jenem »vorläufigen« allgemeinen Wissen absehen, für die das Wort steht, denn ohne diese Vermittlung ist ein Übergang zu den »Dingen selbst« nicht möglich, und *viertens* sind Einzelvorstellungen nicht kommunizierbar. Dem anderen mitteilen zu wollen, wie ich die Farbe Rot sehe, ist ein sinnloses Unterfangen; es genügt, wenn wir beide ungefähr die gleichen Erscheinungsformen mit dem Wort *rot* bezeichnen.

15.2 David Hume (1711–1776)

In vielen Philosophiegeschichten wird David Hume als der „bedeutendste englische Philosoph" vorgestellt, der die von Locke begründete und von Berkeley eigenwillig weitergeführte empiristische Philosophie Großbritanniens zu ihrem Höhepunkt führte und gleichzeitig in Frage stellte. Hume soll hier nur ganz kurz behandelt werden, denn zur Sprachphilosophie sensu stricto hat er so gut wie nichts beigetragen. Eigentlich war er kein Engländer; er stammte vielmehr aus schottischem Landadel und hatte in England immer wieder unter antischottischen Ressentiments zu leiden. Von 1734 bis 1737 lebte er in Frankreich; in La Flèche, nicht weit von dem Jesuitenkolleg, in dem Descartes seine Ausbildung erhalten hatte, entstand der größte Teil seines *Treatise of Human Nature*.[513] Der Mißerfolg dieses Werks veranlaßte Hume, die wichtigsten Gedanken daraus in gefälligerer, lesbarer Form seinem Publikum nochmals vorzulegen. Sein 1748 erstmals erschienenes Werk *Enquiry into the Human Understanding* ist das Ergebnis dieser Bemühungen. „He shortened the *Treatise* by leaving out the best parts and most of the reasons for his conclusions" bemerkt Bertrand Russell sarkastisch.[514] Völlige finanzielle Unabhängigkeit erwarb sich Hume mit seinem bekanntesten und erfolgreichsten Werk, der 1755 erstmals erschienenen *History of England*. Er hatte es während seiner Tätigkeit als Bibliothekar in Edinburgh verfaßt. Als jeder Form von dogmatischem Eifer abgeneigter Skeptiker war er seinen deistisch orientierten schottischen Freunden viel zu »atheistisch«, den französischen *esprits forts* hingegen bei weitem nicht atheistisch genug. Mit seiner Kritik des Begriffs der Kausalität nahm Hume, ohne es zu wissen oder gar zu wollen, entscheidenden Einfluß auf die deutsche Philosophie. In der Vorrede zu seinen 1783 erschienenen *Prolegomena zu einer jeden künftigen Metaphysik, die als Wissenschaft wird auftreten können* bekennt Immanuel Kant, daß

---

[513] Die ersten Bände erschienen 1739, der dritte 1740. Hier wird aus der Ausgabe von T.H. Green und T.H. Grose zitiert = Hume 1886.

[514] Russell 1946, 685.

es Hume gewesen sei, der „zuerst den dogmatischen Schlummer unterbrach und [seinen] Untersuchungen im Felde der spekulativen Philosophie eine ganz andre Richtung“ gegeben habe.[515]

Humes Beitrag zur Sprachphilosophie – wenn man denn überhaupt von einem solchen reden kann – besteht in einigen kritischen Bemerkungen zur philosophischen Fachterminologie und einer – gewissermaßen nebenbei gelieferten – neuen Deutung des „konventionellen“ (und damit „arbiträren“) Charakters der sprachlichen Zeichen.

In den Abschnitten VII und VIII der *Enquiry concerning Human Understanding* geht es um einen entscheidenden Unterschied zwischen der Terminologie der Formalwissenschaften (Mathematik, Geometrie) und der „Verhaltenswissenschaften“ (*moral sciences*). Bei den zuerst genannten dienen die Fachtermini lediglich zur Identifizierung von Gegenständen, über die man sich unmittelbar Klarheit verschaffen kann. Bei den zuletzt genannten besteht hingegen keine Möglichkeit, sich das bezeichnete Phänomen unmittelbar, d.h. ohne sprachliche Vermittlung, vor Augen zu führen; so schleichen sich unvermeidlich Zweideutigkeiten in unsere Überlegungen ein:

> ... the finer sentiments of the mind, the operations of the understanding, the various agitations of the passions, though really in themselves distinct, easily escape us, when surveyed by reflection; nor is it in our power to recal [sic] the original object, as often we have occasion to contemplate it. Ambiguity, by this means, is gradually introduced into our reasonnings ...[516]

Als Beispiele für problematische Begriffe dieser Art werden *Necessary Connexion* „notwendiger Zusammenhang“, *Liberty* „Freiheit“ und *Necessity* „Notwendigkeit“ diskutiert. Es geht dabei eigentlich nicht um die Mehrdeutigkeit natürlicher Sprachen, sondern um die potentielle Unzuverlässigkeit von Fachtermini.

Interessanter ist das, was wir in einem kurzen Abschnitt in Humes Jugendwerk *A Treatise of Human Nature* finden. In dem mit *Of the origin of justice and property* überschriebenen Kapitel[517] wird der Begriff der „Konvention“ behandelt. Dabei führt Hume den Begriff der „stillschweigenden Übereinkunft“ ein, eine Art von Zusammenarbeit, die sich nicht aufgrund eines ausdrücklich abgegebenen Versprechens (*promise*) vollzieht. Es gebe im menschlichen Zusammenleben viele Situationen, in denen die Mitglieder einer Gemeinschaft spontan gemeinsam handelten, nicht weil sie eine solche Kooperation ausdrücklich verabredet hätten, sondern weil sie sich einen gemeinschaftlichen Nutzen davon versprächen. Auch in solchen Fällen könne man von „Übereinkunft“ reden:

> And this may properly enough be call'd a convention or agreement betwixt us, tho' without the interposition of a promise; since the actions of each of us have a

515 Zitiert nach Höffe, ^{4}1996, 32.
516 Hume ^{3}1975, 60.
517 Buch III, Teil 2, Abschnitt 2 = Hume 1886, 258–273.

> reference to those of the other, and are perform'd upon the supposition, that something is to be perform'd on the other part.[518]

Und nun bringt Hume in diesem Zusammenhang etwas überraschend auch die menschlichen Sprachen ins Spiel – auch sie seien aufgrund einer solchen stillschweigenden Übereinkunft entstanden:

> In like manner are languages gradually establish'd by human conventions without any promise.[519]

Wir haben hier einen der ganz frühen Belege dafür daß der konventionelle (arbiträre) Charakter der Sprachen nicht auf explizite Vereinbarung zurückgeführt wird (dazu wäre ja bereits Sprache nötig), sondern auf eine »historisch gewachsene« stillschweigende Übereinkunft.

Zu einer späteren Phase der empiristischen Sprachphilosophie werden wir zurückkehren, wenn wir uns Adam Smith, einem Freund Humes, zuwenden. Zunächst soll jedoch von einem bedeutenden Vertreter einer ganz anderen Richtung die Rede sein.

15.3 James Harris (1709–1780)

Bevor wir uns dem wichtigsten Vertreter der Theorie der *Grammatica universalis* im 18. Jahrhundert zuwenden, muß ein bedeutender Gelehrter kurz erwähnt werden, der Harris entscheidend beeinflußt hat. Die Rede ist von Anthony Ashley Cooper, Earl of Shaftesbury (1671–1713), dem Enkel des bekannten Staatsmannes. In seinem 1711 erschienenen Hauptwerk *Characteristics of Men, Manners, Opinions, and Times*[520] findet sich nur wenig zur Sprachphilosophie; eine kurze Kritik an einer einseitig materiellen Betrachtung der Sprache ließe sich noch am ehesten dazu rechnen. Bedeutsamer ist Shaftesburys ablehnende Haltung gegenüber allen Formen der logizistisch-mathematisch ausgerichteten Philosophie und dem erkenntnistheoretischen Empirismus. Er forderte eine Rückbesinnung auf den Geist der Antike, insbesondere auf die ästhetischen und ethischen Maßstäbe, die die großen Denker jener Epoche gesetzt haben.

James Harris kann Shaftesbury nicht persönlich gekannt haben,[521] zeigt sich jedoch in seinen frühen Essays zu Fragen der Ästhetik und Ethik tief von ihm beeinflußt. Das gilt auch für sein Hauptwerk, mit dem wir uns gleich ausführlich auseinandersetzen werden. Harris war nicht nur als Gelehrter, sondern auch als Politiker recht erfolgreich. In seiner Heimatstadt Salisbury und später am Wadham College der Universität Oxford erhielt er eine vorzügliche Ausbildung. In seinen späteren Lehrjahren, als fast alle seine Werke bereits erschienen waren, bekleidete er wichtige öffentliche Ämter.

---

[518] Hume 1886, Vol. II, 263.

[519] Ebenda. Vgl. ebenfalls Coseriu 1967, Anm. 24.

[520] Shaftesbury 1711/1900.

[521] Sowohl Cassirer als auch Verburg bezeichnen ihn als Shaftesburys Neffen. Da er vier Jahre alt war, als sein Onkel starb, kann er nicht persönlich von ihm geprägt worden sein.

Sein Hauptwerk *Hermes or a Philosophical Inquiry Concerning Universal Grammar* erschien 1751.[522] Es war sehr erfolgreich; im Jahre 1825 erschien bereits die achte Auflage. Das Buch wurde 1788 ins Deutsche übersetzt und übte einen nachhaltigen Einfluß auf die wichtigsten Vertreter der frühromantischen Sprachphilosophie aus, auf Johann Georg Hamann (1730–1788) und Johann Gottfried Herder (1744–1803).

Die Rückbesinnung auf die Antike, zu der Shaftesbury aufgerufen hatte, wurde von Harris auf eindringliche Art verwirklicht. Er ist sich des dem Studium der Antike nicht gerade günstigen Meinungsklimas seiner Epoche bewußt und entschuldigt sich im Vorwort zu *Hermes* geradezu dafür, daß er sich so ausführlich mit Autoren beschäftigt, die niemand mehr für wichtig hält. *Hermes* ist eine Art von Summa der antiken Sprachphilosophie in einer modernen und originellen Neuinterpretation, die als legitime Weiterführung des Sprachdenkens der Antike angesehen werden kann. Grundlage und Ausgangspunkt seiner Grammatiktheorie bilden Aristoteles' *De interpretatione* und *De anima*[523] sowie die peripathetischen und neuplatonischen Kommentatoren der Aristotelischen Schriften, insbesondere Alexander von Aphrodisias (2. und 3. Jahrhundert nach Chr.) und Ammonios.[524] Harris kennt den größten Teil der späteren Überlieferung der antiken Sprachtheorie und beruft sich immer wieder auf zahlreiche griechische, byzantinische und lateinische Grammatiker.

Harris' Interesse gilt sowohl der Sprache im allgemeinen als auch den verschiedenen Sprachen in ihren konkreten historischen Erscheinungsformen, und hier besonders dem „Genius“ der verschiedenen Einzelsprachen oder Sprachtypen. Die allgemeine Sprach- und Grammatiktheorie wird in den ersten beiden Büchern des Werks behandelt, die Charakteristik der Einzelsprachen (bzw. Sprachtypen) im dritten Buch. Harris beschäftigt sich allerdings nur mit vier Sprachen, nämlich mit dem Englischen, Lateinischen, Griechischen und den sogenannten „Orientalischen Sprachen“, die er den „Nations of the East“ zuordnet. Seine Beispiele zeigen, daß er in erster Linie an das Persische der Zeit der Perserkriege denkt. Sowohl im Bereich der allgemeinen Sprachtheorie als auch in dem der Charakteristik der Einzelsprachen geht Harris analytisch vor. In den beiden ersten Büchern zerlegt er die Sprache in ihre funktionellen Bestandteile, wobei er vom Satz als der größten im Rahmen der Grammatiktheorie zu behandelnden Einheit ausgeht.

Im dritten Buch führt er eine Analyse der Sprache im Stoff (*matter*) und Form durch. Unter Form versteht er gerade nicht den materiellen Ausdruck, sondern den semantischen Inhalt; eine Nähe zum Humboldtschen Terminus *innere Form* ist unverkennbar. Harris' eigentliche Sprachphilosophie, seine Bestimmung der allgemeinen Funktion der Sprache, findet sich bemerkenswerterweise im dritten Buch, das nicht der Sprache im allgemeinen, sondern größtenteils den Einzelsprachen gewidmet ist.

---

[522] Hier wird aus einem Nachdruck der 4. Aufl., London 1786 zitiert (= Harris 1996).

[523] Vgl. oben 6.1.2.

[524] Vgl. oben 6.3.8.5.2.

In den beiden ersten Büchern, die uns nur kurz beschäftigen werden, führt Harris eine grammatische Analyse in absteigender Reihenfolge durch. Er geht vom Satz als der obersten Einheit aus und definiert ihn als ein Gefüge von bedeutenden Lauten, dessen Teile ebenfalls Bedeutung haben („a compound Quantity of Sound significant, of which certain Parts are themselves also significant").[525] Ausgehend vom Satz, den er als die für jedermann einsichtige Grundeinheit der Sprache ansieht („that combination in Speech, which ist obvious to all"), möchte er zu den elementaren Bestandteilen absteigen, „which, however essential, are only obvious to a few."[526] Er kommt somit zu einer satzsemantisch begründeten Einteilung der *partes orationis*, der Wortarten, oder in diesem Fall besser der „Redeteile". Er unterscheidet zwischen „selbstbedeutenden" Wörtern („words significant by themselves"), die er *principals* nennt, und „durch Beziehung bedeutenden Wörtern" („words significant by relation"), die er als *accessories* bezeichnet. Das entspricht der alten Unterscheidung von kategorematischen und synkategorematischen Wörtern (Autosemantika vs. Synsemantika). Bei den *principals* unterscheidet er weiter zwischen solchen, die anderen Dingen zukommende Phänomene bezeichnen (*attributives*) und solchen, die „Substanzen" bezeichnen (*substantives*). Bei den *accessories* wird zwischen bestimmenden (*definitives*) und verknüpfenden Wörtern (*connectives*) unterschieden. Die ersteren stehen in Relation zu einem *principal*, die letzteren zu mehreren. Schematisch läßt sich diese Einteilung folgendermaßen darstellen:

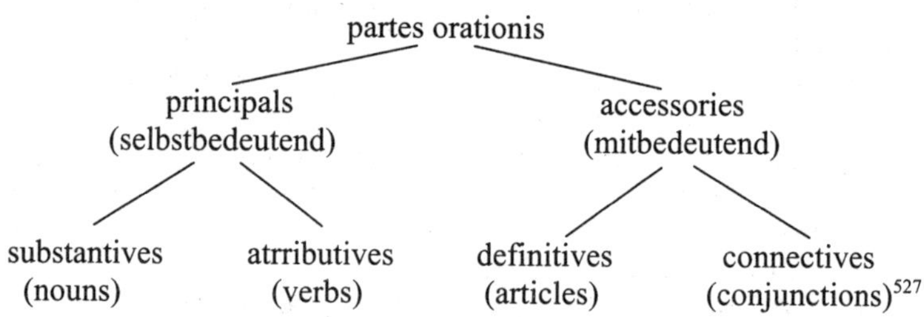

Harris geht offensichtlich davon aus, daß die von ihm getroffene Einteilung für alle Sprachen gilt. Das dürfte zutreffen, denn es handelt sich nicht um Wortarten, die bei der Beschreibung einer bestimmten Sprache festgestellt wurden, sondern um rational notwendige Satzfunktionen. Insofern dürfen auch die in der untersten Reihe unseres Schemas angegebenen „usual names" nicht im üblichen Sinn verstanden werden. Zu den „Substantiven" gehören auch substantivierte Pronomina, zu den „Verben" auch Adjektive, Partizipien, Adverbien und wahrscheinlich – aus dem Text geht es nicht klar hervor – Substantive in prädikativer Funktion, sogenannte „Prädikatsnomina". Harris' Begriff des „Verbs" entspricht

[525] Harris 1996, 19f. [Als Sprechakttheoretiker ante litteram unterscheidet Harris zwischen assertiven, interrogativen, imperativen und optativen Satztypen; vgl. ebenda, 12ff.]
[526] Ebenda, 12.
[527] Vgl. Book I, chapt. 3.

dem des ῥῆμα bei Platon, d.h. dem Prädikat im weitesten Sinn. Zu den *definitives* rechnet Harris neben dem Artikel auch adjektivische Pronomina und Quantoren (auch die sogenannten „artikellosen" Sprachen verfügen somit über *definitives*). Zu den *connectives* gehören die Präpositionen und Konjunktionen. Alle diese Redeteile werden im Hinblick auf die an ihnen feststellbaren grammatischen Kategorien wie Numerus, Genus, Person, Tempus usw. (1. Buch) oder hinsichtlich der syntaktischen und semantischen Funktionen der Synsemantika (2. Buch) behandelt. Am Ende des zweiten Buchs geht Harris kurz auf die Interjektionen ein und stellt fest, daß sie nicht wirklich zu den *parts of speech* gehören, obwohl einige Autoren sie dazu rechnen. Die Interjektionen seien

> not so properly Parts of Speech, as adventitious Sounds; certain Voices of Nature, rather than Voices of *Art*, expressing those Passions and natural Emotions, which spontaneously arise in the human Soul ...[528]

Wenn man einmal davon absieht, daß Interjektionen insofern keine reinen Naturlaute sind, als sie sich den phonologischen Gegebenheiten der jeweiligen Sprache anpassen müssen, ist diese Interpretation völlig annehmbar: Die Interjektionen lassen sich nicht mit den übrigen *partes orationis* koordinieren, sie stehen ihnen als besondere Klasse gegenüber.

In den beiden ersten Büchern finden sich eine Fülle von Einzelbeobachtungen und scharfsinnigen Bemerkungen. Dazu gehören:

- die interessante Diskussion des Verhältnisses von Zeit und Tempus (*time and tense*);[529]
- die Bestimmung des Präsens als der Zeitspanne, die den aktuellen Augenblick enthält, ohne daß äußere Grenzen angegeben würden;[530]
- die Möglichkeit einer genaueren Bestimmung jeder durch ein einfaches Tempus bezeichneten Zeitspanne mit Hilfe der Kategorie, die wir „Phase" nennen[531] (bei Harris *inceptive*: *I am going to write*; *middle*: *I am writing*; *completive*: *I have written* usw.);[532]
- die Charakterisierung der dritten Person als Nicht-Person;[533]
- die Bestimmung der beiden Artikel *a* und *the* als Formen der primären und sekundären Wahrnehmung (*primary and secondary perception*)[534] und vieles andere mehr.

Diese Bemerkungen betreffen jedoch zum größten Teil eher die Sprach*wissenschaft* als die Sprach*philosophie*. »Philosophisch« sind sie insofern, als Harris sich immer der Tatsache bewußt ist, daß seine Interpretationen nicht nur kon-

---

[528] Harris 1996, 290.
[529] Ebenda, 100ff.
[530] Ebenda, 115.
[531] Vgl. E. Coseriu: *Das romanische Verbalsystem* = Coseriu 1976, 103ff.
[532] Harris 1996, 119ff.
[533] Ebenda, 67ff.
[534] Ebenda, 215f.

krete, historisch gegebene Kategorien betreffen, sondern auch Möglichkeiten, die nicht in allen Sprachen verwirklicht sein müssen. So betrachtet er seine Einteilung der Tempora, die er anhand des Lateinischen, Griechischen und Englischen exemplifiziert, als Hypothese und sagt ausdrücklich, es sei nicht zu erwarten, daß die von ihm unterschiedenen zwölf Möglichkeiten (drei „aoristische" Tempora zur Bezeichnung der „absoluten" Zeiten: *I write*; *I wrote*; *I shall write* und dazu zusätzlich je drei „Phasen": *inceptive, middle, completive*) in allen Sprachen nachgewiesen werden können.[535] Eher philosophisch als sprachwissenschaftlich sind auch seine Betrachtungen über das Verhältnis von Zeit und Wahrnehmung: die Wahrnehmung der Gegenwart erfolgt durch die Sinne und steht auf der niedrigsten Stufe; als nächsthöhere Fähigkeit folgt die Wahrnehmung der Vergangenheit, denn sie setzt Erinnerungsvermögen voraus; die höchste Form ist die Wahrnehmung der Zukunft, die nur demjenigen offensteht, der über weise Voraussicht verfügt.[536]

Auch im dritten Teil des *Hermes* werden viele Gegenstände behandelt, die eher zum Bereich der Sprachwissenschaft als zu dem der Sprachphilosophie gehören. Das gilt für das nicht besonders originelle zweite Kapitel, das der materiellen Seite der Sprache (*matter or common subject of language*) gewidmet ist. Das Hauptanliegen des dritten Buchs, die Charakterisierung der dort behandelten Sprachen, ist ebenfalls rein linguistischer Natur. Harris stützt sich dabei auf den Wortschatz und die Stilarten (*genera elocutionis*) und gibt dem Griechischen als der Sprache mit den vielfältigsten Ausdrucksmöglichkeiten den Vorzug:

> And thus is the Greek Tongue, from its Propriety and Universality, made for all that is great, and all that is beautiful, in every Subject, and under every Form of writing.[537]

Wie in vielen anderen Stellungnahmen zur Sprachcharakterisierung und Sprachbewertung liegt auch hier eine Verwechslung von der Sprache als solcher mit ihrer Verwendung in der Literatur vor. Das Griechische wird nicht wegen seiner intrinsischen Qualitäten hoch geschätzt, sondern aufgrund der Tatsache, daß es über eine reiche Literatur in den unterschiedlichsten Gattungen verfügt.[538] So beruht auch die Charakterisierung der nicht näher bestimmten „orientalischen Sprachen" auf einer willkürlichen und reichlich dilettantischen Charakterisierung der Kultur der „Völker des Ostens". Der Orient, meint Harris, sei immer von gigantischen absoluten Monarchien beherrscht gewesen, und die Frage nach der Legitimation der Herrschaft sei dort nie gestellt worden. Es habe dort von jeher nur Tyrannen und Sklaven gegeben und dieser kulturell-politische Zustand spiegele sich auch in den Sprachen wider:

---

[535] Ebenda, 119ff.
[536] Ebenda, 105; 113f.
[537] Ebenda, 423f.
[538] [Vgl. Albrecht 2001, Abschnitt 2.]

> The great Distinction, for ever in their sight, was that of *Tyrant* and *Slave*; the most unnatural one conceivable, and the most susceptible of pomp, and empty exageration. Hence they talked of Kings as Gods, and of themselves, as the meanest and most abject Reptiles.[539]

Bei all ihren Schwächen darf diese vergleichende Charakteristik nicht unterschätzt werden; es handelt sich um einen der frühesten sprachtypologischen Versuche.

Von Sprachphilosophie im engeren Sinn ist in den Kapiteln I, III und IV des dritten Buchs die Rede, ganz besonders im vierten Kapitel, das *Concerning general or universal Ideas* überschrieben ist. In den der Sprachphilosophie sensu stricto gewidmeten Abschnitten werden einige Gedanken vorgetragen, die unsere Aufmerksamkeit verdienen:

a) *Die Bedeutung ist die „Form der Sprache"*: Harris geht von der Unterscheidung von „Stoff" und „Form", ὕλη und εἶδος aus.[540] Als „Stoff" betrachtet er das gemeinsame Substrat verschiedener Gegenstände (bzw. Arten von Gegenständen), als „Form" das jedem Gegenstand Eigentümliche, das, was ihn so sein läßt, wie er ist, und ihn in diesem So-Sein von allen anderen Gegenständen unterscheidet. Der Laut (*sound*) ist das, was die Sprache mit anderen Dingen gemeinsam hat; er ist also der „Stoff" der Sprache. Das, was die Sprache charakterisiert und von anderen Erscheinungen unterscheidet, ist die Bedeutung (*meaning or signification*):

> From hence it becomes evident, that Language, taken in the most comprehensive view, *implies certain Sounds, having certain Meanings*; and that of these two Principles, the Sound is as the Matter, common (like other Matter) to many different things; the meaning is that peculiar and characteristic Form, by which the Nature or Essence of Language becomes complete.[541]

Auch die Tiere verwenden Laute; diese sind jedoch naturgegeben. Das Eigentümliche der Sprachlaute bestehe darin, daß sie nicht aus der Natur abgeleitet sind, sondern *from Compact*. In einer Fußnote erklärt Harris, daß er den Aristotelischen Ausdruck κατὰ συνθήκην durch „from compact" wiedergebe und daß Boethius diesen Ausdruck mit *secundum placitum* übersetzt habe.[542] Wir haben es also mit einer hierarchisch geordneten Unterscheidung von „Stoff" und „Form" zu tun:

---

[539] Harris 1996, 410.
[540] Ebenda, 308, Anm. c.
[541] Ebenda, 315.
[542] Ebenda, 314, Anm. d.

Laute (Stoff$_1$)

ohne „meaning“ — mit „meaning“ (= Form$_1$; Stoff$_2$)

mit „meaning“: naturbedingt (Tierlaute) — „from compact“ (= Form$_2$; Sprachlaute)

Im folgenden spricht Harris jedoch einfach von der Bedeutung als der Form der Sprache und meint damit die κατὰ συνθήκην den Sprachlauten zugeordnete Bedeutung.

b) *Die Sprache ist ein System von Symbolen*: Da sich die Wörter auf die wirklichen Dinge beziehen, könnte der Eindruck entstehen, die Sprache sei ein „Bild der Welt“ (*a Picture of the Universe*). Bei einiger Überlegung, so Harris, werde man jedoch sogleich an der Richtigkeit dieser Annahme zweifeln. Es gebe zwei Möglichkeiten, einem anderen Gegenstände oder Sachverhalte ins Bewußtsein zu rufen: die nachahmende Abbildung oder die symbolische Darstellung. Die Nachahmung bestehe in einer Reproduktion der natürlichen Eigenschaften der Dinge; die symbolische Darstellung erfolge hingegen „from Accidents quite arbitrary“, durch völlig willkürliche Akzidenzien. Da nun aber die Wörter, die ja von Natur aus Laute sind, sich auf alle möglichen Phänomene (keineswegs nur auf klangliche) beziehen können, ergebe sich die Konsequenz „that Words *must of necessity be* Symbols, because it appears, that they cannot be Imitations“.[543]

Nun ergibt sich für Harris die Frage, warum die Menschen zum Austausch ihrer Ideen die symbolische Repräsentation gewählt und die nachahmende Darstellung darüber vernachlässigt haben. Den Grund dafür sieht Harris in der Natur des menschlichen Geists (*mind*), der direkter Beobachtung unzugänglich ist: Unser Geist ist von der Hülle des Körpers umgeben, und so können wir uns nur materieller Zeichen bedienen, wenn wir kommunizieren wollen, denn diese Zeichen müssen durch unsere Sinne wahrgenommen werden können. Unsere Sinne sind jedoch auf bestimmte Bereiche des Wahrnehmbaren beschränkt: der Sehsinn auf das Sichtbare, das Gehör auf das Hörbare usw. Es müsse also für die unterschiedlichen Bereiche der Wahrnehmung verschiedene Arten der Nachahmung geben. Auch das reiche nicht aus, denn es gebe unzählige Erscheinungen, die überhaupt nicht materiell nachgeahmt werden können. Aus diesem Grund habe man die symbolische Darstellung gewählt; es sei daher nicht zu erwarten, daß sich in den Wörtern die Eigenschaften der Dinge widerspiegeln.

c) *Die Sprache drückt in erster Linie „allgemeine Ideen“ (general ideas), keine individuellen Vorstellungen aus*: Nachdem geklärt sei, daß Wörter Symbole sind, bleibe noch die Frage offen, *was* sie denn nun symbolisieren. Sind es

[543] Ebenda, 332.

Individuen bzw. Einzelgegenstände? Dann wäre jedes Wort ein Eigenname, und das ist für Harris aus verschiedenen Gründen nicht möglich: Zunächst einmal sei die Anzahl der Gegenstände unendlich; eine vollkommene Sprache müßte demnach über unendlich viele Wörter verfügen. Außerdem sei das Unendliche für den Weisesten unverständlich – für die Wörter sei das doch wohl nicht anzunehmen. Und schließlich seien die individuellen Dinge vergänglich. Würden die Wörter für sie stehen, so könnte man die sogenannten „toten Sprachen" nicht mehr verstehen. Daher könnten die Wörter nur Symbole unserer Ideen sein:

> If Words are not the Symbols of *external Particulars*, it follows of course, they must be the Symbols of our Ideas: For this is evident, if they are not Symbols of things *without*, they can only be Symbols of something *within*.[544]

Wenn nun aber die Ideen als „sensible Ideas", d.h. als Einzelvorstellungen im Sinne der Empiristen zu verstehen wären, so müßten sich daraus dieselben Schwierigkeiten ergeben wie im Fall der Einzelgegenstände. Wörter können somit nur Symbole allgemeiner Ideen sein:

> If then Words are neither the Symbols *of external Particulars*, nor yet of *particular Ideas*, they can be Symbols of nothing else, except of General Ideas, because nothing else, except these, remains. – And what do we mean by General Ideas? – We mean such as are common to many Individuals; not only to Individuals which exist now, but which existed in ages past, and will exist in ages future; such for example, as the Ideas belonging to the Words, *Man*, *Lion*, *Cedar*.[545]

Harris trifft also die gleichen Feststellungen wie Berkeley, aber im Gegensatz zu diesem sieht er darin gerade das Positive an der Sprache. Darüber hinaus sind für ihn allgemeine Begriffe kein Trugbild, sondern etwas Wirkliches.

Wenn die Sprache in erster Linie Symbole für Allgemeinbegriffe bereitstellt, so heißt das für Harris nicht, daß sie das Individuelle nicht ausdrücken kann. Auch dazu sei die Sprache fähig, allerdings sei dies nicht ihre primäre Funktion. Es gebe zwei Möglichkeiten, Einzelgegenstände zu bezeichnen: Zunächst könne dies durch Eigennamen geschehen, doch könnten diese schwerlich als integrierende Bestandteile der Sprache angesehen werden. Man könne nämlich eine Sprache fließend sprechen, ohne die Eigennamen zu kennen. Die zweite, ausgeklügeltere Methode sei die Verwendung von „definitives or articles" (*a; the; any; a certain; this; that; such a; many; a thousand; every; each; first; second; all; no*), durch die die allgemeine Idee in verschiedener Hinsicht partikularisiert werde.[546] Daraus ergebe sich

> that Words are the Symbols of Ideas both general and particular; yet of the general, primarily, essentially, and immediately; of the particular, only secondarily, accidentally, and mediately.[547]

---

[544] Ebenda, 340f.
[545] Ebenda, 341f.
[546] Ebenda, 347.
[547] Ebenda, 348.

d) *Die Sprache ist Manifestation einer schöpferischen geistigen Tätigkeit, die der sinnlichen Erfahrung vorausgeht*: Im vierten Kapitel des dritten Buchs nimmt Harris gegen den Empirismus Stellung; er wendet sich besonders gegen die Möglichkeit der Zurückführung der Begriffe auf sinnliche Erfahrung. Die Sinne vermittelten eine Erfahrung der wahrgenommenen Dinge *in praesentia*, und diese sei ihrem Wesen nach provisorisch. Eine unmittelbare Wahrnehmung von Vergangenem oder Zukünftigem könne es nicht geben. Wenn die Seele nur über sinnliche Fähigkeiten verfügte, könnte sie sich den Begriff der Zeit nicht zu eigen machen. Harris postuliert daher die Existenz zweier weiterer menschlicher Fähigkeiten als Voraussetzung dafür, daß Menschen allgemeine Ideen in Worte fassen können: „Phantasie" und „geistige Wahrnehmung". Die *imagination or fancy*, die dem Aristotelischen Begriff der φαντασία entspricht, ist die Fähigkeit, Sinneswahrnehmungen festzuhalten oder vorwegzunehmen:

> ... from a view of the two Powers taken together, we may call Sense (if we please) *a kind of transient Imagination*; and Imagination on the contrary *a kind of permanent Sense*.[548]

Die geistige Wahrnehmung (*Reasoning and Intellect*) als die höhere Fähigkeit operiere nicht unmittelbar mit den Inhalten der Sinneswahrnehmung, sondern mit den Phantasmata der Einbildungskraft. Ihre Leistung bestehe darin, daß sie das verschiedenen Dingen Gemeinsame heraushebe; „it discerns at once what in many is one; what in things dissimilar and different is similar and the same." Dabei gelange sie zu einer Art von Gegenständen höherer Ordnung, zu

> a new Race of Perceptions, more comprehensive than those of Sense; a Race of Perceptions, each one of which may be found intire and whole in the separate individuals of an infinite and fleeting Multitude, without departing from the unity and permanence of its own nature.[549]

Damit wird der Allgemeinbegriff, das Universale, ziemlich gut beschrieben. Die Wörter sind Symbole eben dieser Universalia:

> Now it is of these Comprehensive and Permanent Ideas, the Genuine Perceptions of Pure Mind, that Words of all Languages, however different, are the Symbols.[550]

Woher kommen nun diese allgemeinen Begriffe, welchen Status haben sie? Harris ist davon überzeugt, daß ihre Form auf irgendeine Weise im menschlichen Geist vorgegeben sein muß. Um dies zu zeigen, trifft er eine letzte Unterscheidung, die zwischen „äußerer" (sinnlicher) und „innerer" (intelligibler) Form: „the Internal Form is devoid of the Matter; the External is united with it ...".[551] Es gebe eine intelligible Form, die aus der sinnlichen Erfahrung abgeleitet ist. In dieser Hinsicht sei das empiristische Credo „Nil est in Intellectu

---

[548] Ebenda, 357.
[549] Ebenda, 361ff.
[550] Ebenda, 372.
[551] Ebenda, 375.

quod non prius fuit in Sensu", durchaus richtig. Dies gelte aber nur für den „Beobachter", der aus der Betrachtung der Gegenstände deren „innere Form" gewinne. In diesem Fall gehe die sinnliche Form tatsächlich der intelligiblen voraus. Es gebe jedoch auch andere Fälle, in denen es sich umgekehrt verhalte, etwa dann, wenn ein Künstler aufgrund seiner Intuition etwas schaffe. In diesem Fall gehe die innere Form der äußeren voraus. Das geschaffene Objekt könne dann als Gegenstand der Wahrnehmung neuerdings eine intelligible Form beim Betrachter hervorrufen:

> To make these Forms by different Names more easy to be understood; *the first* may be called the Makers's Form; *the second*, that of the Subject [Gegenstand]; and *the third*, that of the Contemplator.[552]

Das zum Axiom erhobene empiristische Credo gelte also nur für den Betrachter, nicht für den „Macher", und schon gar nicht für den »Maker par excellence«, für Gott.

Kann nun auch der Mensch mehr als bloßer *contemplator* sein? Harris räumt ein, daß das empiristische Credo auf den Menschen zuzutreffen scheine, möchte aber dennoch nicht an seine Allgemeingültigkeit glauben. Es gelingt ihm allerdings nicht, überzeugende Argumente für seine Zweifel zu finden. Er kann sich nur vage auf den neuplatonischen Begriff der „Teilhabe" (μέθεξις) berufen:

> In short all Minds, that are, are Similar and Congenial; and so too are *their Ideas*, or *intelligible Forms*. Were it otherwise, there could be no intercourse between Man and Man, or (what is more important) between Man and God.[553]

Harris kommt also einer Auffassung der Sprache als menschlicher Schöpfung – etwa im Sinne Vicos – sehr nahe, vollzieht jedoch den letzten Schritt nicht oder ist zumindest nicht imstande, ihn zufriedenstellend zu begründen. So müssen wir die Darstellung seiner Sprachphilosophie mit einem kleinen Unterton des Unbefriedigtseins abschließen.

15.4 Weitere britische Sprachphilosophen im 18. Jahrhundert

Zur Charakterisierung der englischen und schottischen Sprachphilosophie des 18. Jahrhunderts sollen vier Gelehrte exemplarisch vorgestellt werden, die zwar nicht sehr viel zur Sprachphilosophie im engeren Sinn beigetragen haben, die jedoch einen großen Einfluß auf das sprachtheoretische Denken nicht nur ihres Heimatlandes, sondern auch Frankreichs und ganz besonders Deutschlands ausgeübt haben. Adam Smith, Joseph Priestley und James Burnet (Lord Monboddo) machten sich keine Gedanken über Status und Rolle der Sprache innerhalb der menschlichen Tätigkeiten insgesamt; es scheint fast so, als hätten sie nicht gesehen, daß es in dieser Hinsicht überhaupt etwas zu fragen gibt. John Horne Tooke stellt die Frage sehr wohl; die Antwort, die er gibt, scheint uns

---

[552] Ebenda, 377.
[553] Ebenda, 395ff.

jedoch, wie noch zu begründen sein wird, nicht annehmbar. Hätte man den Auffassungen, die unsere vier Autoren vertreten, charakterisierende Namen zu geben, so würden wir für Smith „psychologische Abstraktionstheorie", für Priestley „assoziationspsychologischer Determinismus", für Burnet (Monboddo) „ästhetische Erfindungstheorie" und schließlich für Horne Tooke „nominalistische und sensualistische Abkürzungstheorie" vorschlagen. Wie wir gleich im einzelnen sehen werden, sind alle vier Autoren in unterschiedlicher Art und Weise dem Denken der in den vorausgegangenen Kapiteln behandelten Philosophen verpflichtet.

15.4.1 Adam Smith (1723–1790)

Wer sich in einer der großen Enzyklopädien über Adam Smith informiert, wird darüber belehrt, daß es sich bei dem 1723 in Kirkcaldy, am nördlichen Ufer des Firth of Forth geborenen Schotten um einen „Nationalökonomen" (Volkswirtschaftler) und „Moralphilosophen" handelt. In den Philosophiegeschichten wird er meist im Zusammenhang mit seinem Freund David Hume behandelt. Daß Adam Smith, wenn auch nur beiläufig, sich zum Problem der Sprache und der Sprachen geäußert hat, war lange Zeit nur einigen Spezialisten bekannt. Die meisten älteren Geschichten der Sprachwissenschaft verzeichnen nicht einmal seinen Namen, wie Gunter Narr in der Einleitung zu dem von ihm herausgegebenen kommentierten Wiederabdruck von Smiths *Dissertation on the Origin of Languages* feststellt.[554] Das hat sich inzwischen ein wenig geändert: Der Name Adam Smith wird häufiger erwähnt; Bertil Malmberg widmet ihm in seiner Geschichte der Sprachwissenschaft ein kurzes Kapitel,[555] und auch das *Lexicon Grammaticorum* berichtet verhältnismäßig ausführlich über ihn.[556] Vielleicht hat unser Artikel „Adam Smith und die Anfänge der Sprachtypologie"[557] und die erste Auflage der vorliegenden Übersicht zu dieser Entwicklung beigetragen.

Berühmt wurde der schottische Gelehrte, der kurze Zeit einen Lehrstuhl für Logik, später auch für Moralphilosophie an der Universität Glasgow innehatte und sich dann längere Zeit in Frankreich aufhielt, wo er mit Turgot, d'Alembert, Helvétius und anderen bedeutenden französischen Gelehrten zusammentraf, durch sein 1776 erschienenes Werk *Inquiry into the nature and causes of the wealth of nations*. Die kurze Abhandlung, von der hier die Rede sein soll, wird üblicherweise mit dem Titel *A Dissertation on the Origin of Languages* zitiert. Der genaue Titel lautet jedoch: *Considerations concerning the First Formation of Languages and the Different Genius of Original and Compounded Lan-*

---

554 Narr in: Smith 1767/1970, 3.

555 Malmberg 1991, 244f.

556 Schreyer 1996.

557 Erstmals 1968 in Festschrift Marchand; später in: Smith 1767/1970, 15–25 (= Coseriu 1970a).

guages. Die Abhandlung wurde als Anhang zu Smiths erstmals 1759 erschienenen Werk *The Theory of Moral Sentiments* veröffentlicht.[558]

Smiths Abhandlung ist als zusammenhängender Text verfaßt, besteht aber, wie schon der ausführliche Titel erkennen läßt, aus zwei zwar eng zusammenhängenden, jedoch unterschiedliche Gegenstände behandelnden Teilen. Im ersten Teil stellt Smith eine Hypothese über Ursprung und Entwicklung der Sprache auf; im zweiten behandelt er den „Geist" (genius) verschiedener älterer und neuerer Sprachen, wobei er sich in erster Linie auf morphosyntaktische Kriterien stützt. Er beginnt also mit dem Problem der Glottogonie und geht dann zu Fragen der Sprachtypologie über.

Die beiden Texte können getrennt beurteilt und bewertet werden. So hat Antonio Rosmini Serbati die »Abstraktionstheorie« des ersten Teils vernichtend kritisiert;[559] der Verfasser dieser Zeilen, der die Ansichten Rosminis hinsichtlich des glottogonischen Aspekts uneingeschränkt teilt, hat sich in seinem bereits erwähnten Aufsatz bemüht, dem zweiten, sprachtypologischen Teil zumindest aus historischer Perspektive positive Seiten abzugewinnen. Darüber darf nicht vergessen werden, daß die beiden Teile – sowohl von Smiths Intention her als auch im Lichte einer kritischen Exegese betrachtet – eng miteinander zusammenhängen: Für Smith selbst stellt der zweite Teil seiner Abhandlung die Probe auf das im ersten gelieferte Exempel dar. Der fortschreitende Abstraktionsprozeß, auf den die frühe Entwicklung der Sprache zurückgeführt wird, läßt sich später im Lichte der Geschichte weiterverfolgen; denn in der Entwicklung von den alten, urtümlichen „ungemischten" (uncompounded) zu den neuen, zunehmend „gemischten" (compounded) Sprachen manifestiert sich für ihn eine Fortsetzung dieses Vorgangs. Im Lichte einer kritischen Exegese stellen sich die Verhältnisse jedoch umgekehrt dar: Grundlage der Hypothese sind die im zweiten Teil angestellten konkreten sprachlichen Beobachtungen, die dann auf die rein hypothetische Frühphase, für die es keine Belege gibt, zurückprojiziert werden. Die Vorgeschichte wird aus der bekannten und in einer bestimmten Weise kommentierten Geschichte erschlossen.

Smith stellt die Frage nach dem Ursprung der Sprache in vorwiegend technischer Hinsicht. Er fragt nicht nach der Motivation, die zur Entstehung der Sprache geführt haben könnte und zerbricht sich auch nicht den Kopf darüber, ob die Sprache als menschliche oder als göttliche Schöpfung anzusehen sei. Ihn interessiert in erster Linie, wie die „Erfinder" der Sprache (er spricht fast durchgehend von *invention*) bei der Verfeinerung ihres Werks Schritt für Schritt vorgegangen sind. Zunächst habe es wohl nur Substantive und Verben gegeben. Alle übrigen Wortarten wie Adjektive, Präpositionen, Personalpronomina, sekundäre Substantive wie *nomina qualitatis* oder *actionis*, kurz all das, was er „general names" nennt, seien später entstanden und bezeugten den sich im

---

558 [Sie findet sich nicht, wie lange Zeit angenommen, in der Erstauflage. G. Narr vermutet, daß sie in der 2. Auflage von 1761 abgedruckt wurde. Schreyer (1996, 869) gibt die 3. Auflage von 1767 als Ort der Erstveröffentlichung an.]

559 Vgl. oben 12.1.12 und Anm. 402.

Laufe der Sprachentwicklung ständig fortsetzenden Abstraktionsprozeß. Am Anfang seien die Substantive keine wirklichen Appellativa gewesen, sondern Bezeichnungen für dem Sprecher vertraute Einzelgegenstände:

> Those objects only which were most familiar to them [scil. to the savages], and which they had most frequent occasion to mention, would have particular names assigned to them. The particular cave whose covering sheltered them from the weather, the particular tree whose fruit relieved their hunger, the particular fountain whose water allayed their thirst, would first be denominated by the words *cave*, *tree*, *fountain* ...[560]

Später seien diese Namen dann auf „ähnliche Gegenstände" (similar objects) übertragen worden, und so seien schließlich die *common names* oder *general words* entstanden. Auch die Verben, die Smith für noch ursprünglicher als die Substantive hält, haben sich in ähnlicher Weise entwickelt. Sie seien zunächst unpersönlich gewesen und hätten komplexe Ereignisse global bezeichnet; denn die Trennung in Handlung, Agens, Patiens und die Umstände der Handlung sei schon Resultat der Analyse und des abstrahierenden Denkens:

> Impersonal verbs, which express in one word a complete event, which preserve in the expression that perfect simplicity and unity which there always is in the object and in the idea, and which suppose no abstraction or metaphysical division of the event into its several constituent members of subject and attribute, would, in all probability, be the species of verbs first invented.[561]

Die Verben hätten anfangs *a complete event* bezeichnet, *without the existence of any other*; bei der Annäherung eines Löwen habe man sich zugerufen, daß da dieses Kommen sei; der betreffende urtümliche Ausdruck sei weder im Sinne von „kommen im allgemeinen" noch in dem von „der Löwe kommt" zu interpretieren.[562]

Smith unternimmt offensichtlich den Versuch, eine Hierarchie der Redeteile im Hinblick auf ihren Abstraktionsgrad aufzustellen. In rationaler Hinsicht ist diese Reihung sogar zumindest teilweise annehmbar: Zuerst primäre Substantive zur Bezeichnung der Dinge, dann Adjektive für die an verschiedenen Dingen feststellbaren Eigenschaften, weiter die von Adjektiven abgeleiteten Substantive wie *goodness* (Nomen qualitatis) oder *superiority* (Nomen relationis) usw. Mit Wesen und Ursprung der Sprache hat diese Reihung jedoch wenig zu tun.

Am problematischsten ist dabei – wie bereits mehrfach hervorgehoben – die Herleitung der Appellativa aus Eigennamen. Die Nomina propria stellen keine „Wortart" unter anderen dar; es handelt sich um eine eigene Kategorie innerhalb derer die gleichen Einteilungen getroffen werden können wie bei den Appellativa: *Italia* (Substantiv), *italiano* (Adjektiv), *italianizzare* (Verb), *italianamente* oder *all'italiana* (Adverb).

---

560 Smith 1767/1970, 507 (= 39).

561 Ebenda 524 (= 46).

562 Vgl. ebenda 525 (= 47).

Darüber hinaus sind die Nomina propria in der Sprache nicht nur in historischer, sondern auch in rationaler Hinsicht sekundär. Sie entstehen durch die Partikularisierung eines Universale und nicht etwa umgekehrt durch die Universalisierung von etwas Partikulärem. Dies wurde bereits im Zusammenhang mit Leibnizens Kritik an Locke gezeigt.[563]

Die Nomina propria verfügen nicht über Inhalte, die sich generalisieren ließen, denn sie bezeichnen Individuen sensu stricto. Das hat bereits Rosmini klar gesehen:

> ... der Eigenname [...] bestimmt und unterscheidet das Individuum nicht durch eine ihm zukommende Qualität, sondern er nennt geradezu und ausdrücklich das Individuum selbst und, um es so zu sagen, seine *Individualität*. Nun ist die Individualität nicht von einem auf das andere Individuum übertragbar; denn mit dem Wort Individuum wird gerade das ausgedrückt, was einem Seienden so ausschließlich eignet, daß es bewirkt, daß es es selbst ist und nicht etwa anderes.[564]

Wenn Eigennamen zu Appellativa werden, so geschieht dies nicht durch „Generalisierung“, sondern durch „Entindividualisierung“. Wenn jemand als „ein zweiter Platon“ bezeichnet oder wenn aus Platons wirklichen oder vermeintlichen Vorstellungen von der Liebe der Begriff der „platonischen Liebe“[565] hergeleitet wird, so geht der Generalisierung eine »Typisierung« voraus; die Ausdrücke beziehen sich nicht mehr auf das Individuum Platon, sondern auf eine ihm zugeschriebene und für ihn als charakteristisch angesehene Eigenschaft. Appellativa, die aus Eigennamen abgeleitet wurden, haben tertiären Charakter:

$$\text{Appellativum}_1 \longrightarrow \text{Nomen proprium} \longrightarrow \text{Appellativum}_2$$

Wie andere Autoren vor und nach ihm nimmt Smith offensichtlich an, zur Erfahrung und Bezeichnung des Individuums bedürfe es keines abstrahierenden Denkens. Was man aufgrund einer augenblicklichen Sinneswahrnehmung geistig erfasse und bezeichne, sei ein Individuum, z.B. ein individueller Baum. In Wirklichkeit entspricht aber eine solche Einzelvorstellung gar nicht einem individuellen Baum, sondern einem bestimmten Baum zu einem bestimmten Zeitpunkt unter bestimmten Umständen. Das, was Smith für „Eigennamen“ hält, hätte eben solche Einzelvorstellungen bezeichnen müssen, nicht Individuen, die über Zeit und Umstände hinweg konstant bleiben. Vorausgesetzt es wäre möglich, eine solche Einzelvorstellung sprachlich zu erfassen und mitzuteilen – wir haben bereits darauf hingewiesen, daß dies weder möglich noch sinnvoll ist[566] – so geriete man wiederum in die Schwierigkeit zu erklären, wie der Übergang von einer Einzelvorstellung, die nicht wie andere sein kann, zu einem Indivi-

[563] Vgl. oben 13.2.1.

[564] Rosmini in Smith 1767/1970, 75. [Die deutsche Übersetzung stammt von Reinhard Meisterfeld.]

[565] [In diesem Fall, da es sich um keinen Eigennamen handelt, klein geschrieben; vgl. hingegen Platonische Schriften.]

[566] Vgl. oben 15.1, am Ende des Berkeley gewidmeten Abschnitts.

duum möglich sein soll, das nicht auf einen Zeitpunkt und eine bestimmte Situation beschränkt ist. Henri Bergson (1859–1941) sollte es später der Sprache geradezu vorwerfen, daß sie keine Einzelvorstellung ausdrücken, daß sie nicht „dieser Stein in diesem Augenblick" sagen kann.[567] In der Erzählung *Funes el memorioso* des argentinischen Schriftstellers Jorge Luis Borges (1899–1986) »leidet« der Protagonist Ireneo Funes an seiner Fähigkeit, unzählige Einzelvorstellungen dauerhaft im Gedächtnis zu speichern. Sie macht es ihm fast unmöglich, über Begriffe von Universalia *und* von Individuen zu verfügen:

> Nicht nur machte es ihm Mühe zu verstehen, daß der Allgemeinbegriff „Hund" so viele Geschöpfe verschiedener Größe und verschiedener Gestalt umfaßt; es störte ihn auch, daß der Hund von 3 Uhr 14 (im Profil gesehen) denselben Namen führen sollte wie der Hund von 3 Uhr 25 (gesehen von vorn).[568]

Auf den letzten Seiten seiner Abhandlung kommt Smith auf einen Gegenstand zu sprechen, den man später als „Sprachtypologie" bezeichnen sollte. Er vergleicht die Verfahren, durch die grammatische Kategorien wie Kasus oder bestimmte Tempora in älteren und neueren Sprachen ausgedrückt werden und erweist sich damit als ein Vorläufer der klassischen, auf morphosyntaktischen Kriterien basierenden Sprachtypologie. Statt der später üblich gewordenen Termini *analytisch* vs. *synthetisch* verwendet Smith die Ausdrücke *compounded* und *uncompounded languages*.[569] Er betrachtet die Flexion als ein Verfahren, in dem sich konkretes Denken manifestiert und dem konkurrierende analytische Konstruktionen als „abstrakte" Vorgehensweisen gegenüberstehen. Er vergleicht die lateinischen Syntagmen *fructus arboris* und *sacer Herculi* mit ihren englischen Entsprechungen *the fruit of the tree* und *sacred to Hercules* und behauptet, die lateinische Ausdrucksweise entspreche einer spontan-einheitlichen Wahrnehmung zweier in Relation zueinander stehender Gegenstände, während im Englischen die Relation selbst durch ein eigenes Morphem herausgelöst werde:

> To express relation in this manner, did not require any effort of generalization. The words *arboris* and *Herculi*, while they involve in their signification the same relation expressed by the English prepositions *of* and *to*, are not, like those prepositions, general words, which can be applied, to express the same relation between whatever other objects it might be observed to subsist.[570]

Smiths allgemeiner Grundsatz bei der Klassifizierung der Sprachen lautet folgendermaßen: je weniger Flexion, desto mehr *composition* (Syntax). Dabei führt er die von ihm beobachtete Tendenz zur Herausbildung immer abstrakterer Verfahren in den neueren Sprachen auf einen äußerlichen historischen Grund

---

[567] Vgl. u.a. *La pensée et le mouvant* = Bergson 1938/99, 84ff.

[568] [Zitiert nach der deutschen Übersetzung „Das unerbittliche Gedächtnis" von K. A. Horst und G. Haefs. In der Erzählung wird übrigens ausdrücklich auf John Lockes Sprachtheorie angespielt.]

[569] Vgl. Coseriu 1970a, 15f.

[570] Smith 1767/1970, 517f. (= 49f.)

zurück, nämlich auf fortschreitende „Sprachmischung“ (man könnte vom heutigen Gesichtspunkt aus fast von „Kreolisierung“ sprechen): Reinere Sprachen hätten eine reiche Flexion; mit zunehmender „Sprachmischung“ werde diese abgebaut und durch konkurrierende syntaktische Verfahren ersetzt. So erkläre sich der starke Abbau der Flexion im Englischen; bei dieser Sprache handele es sich nämlich um das Ergebnis einer Mischung dritten Grades. Am Anfang stehe das Griechische (er hält es für fast rein und „ursprünglich“). Dann komme das Lateinische, eine Mischung aus Griechisch und Etruskisch, darauf das Französische, aus dem bereits gemischten Latein und dem Fränkischen zusammengesetzt, und schließlich das Englische, ein Mixtum compositum aus Französisch und Sächsisch.

Auf diese Charakterisierung soll hier nicht weiter eingegangen werden; einerseits haben wir es an anderer Stelle getan,[571] andererseits würde es uns weit vom eigentlichen Gegenstand dieser Übersicht wegführen. Es sei lediglich erwähnt, daß Smith – hierin wohl einer französischen Tradition folgend – die Ansicht vertritt, die neueren Sprachen hätten gegenüber den älteren in ästhetischer Hinsicht eingebüßt, was sie an Abstraktion und analytischer Klarheit hinzugewonnen hätten. Sie seien einerseits „more prolix, several words having become necessary to express what could have been expressed by a single word before“. Darüber hinaus seien sie „less agreable to the ear“, und schließlich zwängen sie uns zu einer linearen Anordnung der Elemente, die unter Umständen unseren Ausdrucksbedürfnissen zuwiderlaufen:

> This simplification [...] restrains us from disposing such sounds as we have, in the manner that might be most agreable. It ties down many words to a particular situation, though they might often be placed in another with much more beauty.[572]

Adam Smiths Gedanken zur Sprachtypologie und zur ästhetischen Sprachbewertung werden später von August Wilhelm Schlegel in seinen *Observations sur la Langue et Littérature Provençales* übernommen und weitergeführt.[573]

15.4.2 Joseph Priestley (1733–1804)

Joseph Priestley, ein zu den *Dissenters* gehörender Prediger, der sich der anglikanischen Kirche nicht fügen wollte, hat ziemlich viel über Sprache geschrieben. Bekannt wurde er aber dadurch, daß er als einer der ersten die Existenz des Sauerstoffs nachwies. Auch im 18. Jahrhundert waren Sprachwissenschaftler und Sprachphilosophen noch recht vielseitig. Wir wollen hier ausschließlich auf seinen erstmals 1762 erschienenen *Course of Lectures on the Theory of Language and Universal Grammar*[574] beziehen. Es handelt sich dabei um eine Vorlesungsreihe zu den unterschiedlichsten Problemen der Sprache; allein acht *Lectu-*

[571] Vgl. Coseriu 1970a.
[572] Alle Zitate Smith 1767/1970, 536 (= 56).
[573] Vgl. Schlegel 1818/1971.
[574] Priestley 1762/1970.

res sind der Grammatiktheorie gewidmet (IV–XI). Wie Funke zu Recht bemerkt, zeigt das Werk – vor allem in seinen sprachtypologischen und sprachgenetischen Abschnitten – Einflüsse Adam Smiths und des französischen Grammatiktheoretikers Charles de Brosses (1709–1777).[575] Eine ausführliche Diskussion der Vorlesungsfolge würde den Rahmen dieser Übersicht sprengen, deshalb seien hier nur einige für Priestleys Auffassung der Sprache charakteristische Ideen herausgegriffen:

– *Die Einteilung der Wortarten wird aus onomasiologischer Sicht vorgenommen und begründet*: Die Fragestellung, von der Priestley ausgeht, ist originell, wenn auch nicht annehmbar, wie sich noch zeigen wird. In ihr offenbart sich seine Grundauffassung der Funktion der Sprache. Er sieht in der außersprachlichen Wirklichkeit eine Ansammlung bereits identifizierter Gegenstände und Sachverhalte, die es zu benennen gilt. Die Eigenschaften des jeweils zu Bezeichnenden sind vorgegeben; sie bestimmen die Einteilung der zu ihrer Bezeichnung heranzuziehenden Wortarten. In dieser Form der Begründung der Einteilung der Wortarten liegt das eigentlich »Philosophische« an Priestleys Ansatz; die Einteilung selbst ist ein rein linguistisches Problem. Priestley geht von zwei Arten von Erscheinungsformen des Realen aus, die es zu bezeichnen gilt: nicht-relationelle Gegenstände und deren Eigenschaften einerseits, Relationen andererseits:

> All the words of which the languages of men consist are either the names of things and qualities (the ideas of which exist in the mind) or words adapted to denote the relations they bear to one another; or lastly, a compendium for other words, with or without their relations.[576]

Auf der einen Seite stehen folglich Substantive und Adjektive und ihre Proformen, die Pronomina, auf der anderen Bezeichnungen für Relationen wie Präpositionen und Konjunktionen. Die Verben drücken Priestley zufolge „agreement or coincidence of two ideas“[577] aus. Er denkt dabei in erster Linie an das *verbum substantivum* als Substrat aller übrigen Verben. Es geht aus dem Text nicht klar hervor, ob die Verben den Relationsbezeichnungen zuzurechnen sind oder nicht. Wir wollen sie als eine dritte Klasse betrachten und Priestleys Einteilung der Wortarten folgendermaßen schematisch resümieren:

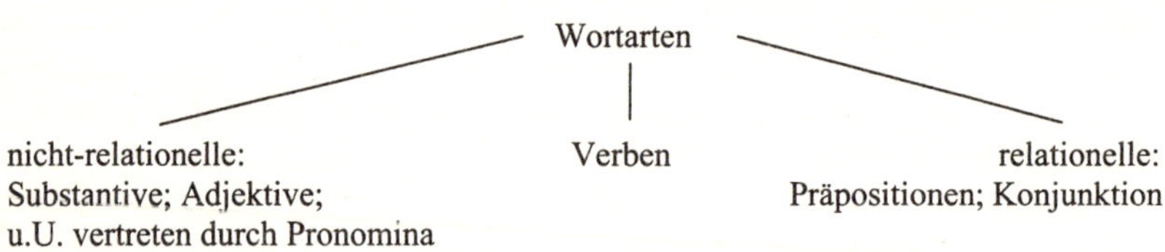

[575] Ebenda, Lecture IV, 66.
[576] Ebenda, 65f.
[577] Ebenda, 56.

Die Adverbien fallen bei Priestley aus dieser Klassifikation heraus. Sie sind „contracted forms of speech, which may be analized into words belonging to other classes".[578] In der sogenannten „Abkürzungstheorie" von John Horne Tooke werden wir etwas später auf eine ähnliche Idee stoßen. Die Auffassung, derzufolge es sich bei den Adverbien nicht um eine eigenständige Wortart handelt, stammt von dem Bischof John Wilkins, den wir bei der Diskussion des Problems der Universalsprache kennengelernt haben.[579] In seinem *Essay towards a real character, and a philosophical language* rechnet er prädikatsmodifizierende Adverbien wie *quickly* zu den Adjektiven, Satzadverbien wie *perhaps* oder *truly* zu den *pronouns*, Relationsadverbien wie *rather* oder *than* zu den Konjunktionen.[580]

In sprach*philosophischer* Hinsicht ist der Ansatz Priestleys abzulehnen, da er von einer vor aller Sprache fertig klassifizierten Wirklichkeit ausgeht, die durch die Sprache lediglich benannt wird. Aber auch in sprach*wissenschaftlicher* Hinsicht ist er kaum annehmbar, weil er nämlich mit einem strengen Parallelismus zwischen Erscheinungsformen des Realen und Wortarten rechnet. Einen solchen Parallelismus gibt es nicht. »Reale« Eigenschaften werden nicht prinzipiell durch Adjektive, sondern auch durch Verben bezeichnet; zum Ausdruck von Relationen dienen nicht nur Präpositionen und Konjunktionen, sondern auch Flexionsendungen oder relationale Adjektive wie „groß" oder „klein".

– *Die Entwicklung einer Sprache ist mehr oder weniger vorherbestimmt:* Priestley vertritt eine deterministische Auffassung der Sprachentwicklung und bezieht sich dabei weniger auf die Sprache im allgemeinen als auf die Einzelsprachen. Trotz seiner materialistischen Grundüberzeugung tendiert er bei der Frage nach dem Ursprung der Sprache dazu, der These von der göttlichen Herkunft zuzustimmen. Was die Entwicklung der Einzelsprachen betrifft, so geht er von einem Parallelismus zwischen sprachlicher und kultureller Entwicklung aus. Die von einer historischen Gemeinschaft hervorgebrachte Kultur und die Sprache als deren Träger durchlaufen eine Entwicklung, die der eines Lebewesens gleicht. Sie erreichen beide gemeinsam einen Höhepunkt und sind dann dem allmählichen Niedergang ausgeliefert. Als Beispiele für die »Lebensgeschichte« von Sprachen und Kulturen werden das Hebräische, das Griechische, das Lateinische und neuere Sprachen wie Englisch, Französisch oder Italienisch herangezogen. Das Englische sieht Priestley auf dem Höhepunkt seiner Entwicklung: „... English seems to be as near to its meridian as possible."[581] Auch dem Italienischen und dem Französischen gesteht er zu, sie seien gerade dabei, den Höhepunkt ihrer vorherbestimmten Entwicklung zu erreichen. Diese vollzieht sich mit gleichsam naturgesetzlicher Notwendigkeit. Sprachpflegerische Eingriffe können am vorgezeichneten Verlauf nichts ändern:

---

578 Ebenda, 66.

579 Vgl. oben 11.4.2.

580 Vgl. Funke 1934, 33, Anm. 3.

581 Priestley 1762/1970, Lecture XVIII, 284.

> The general prevailing custom, where ever it happen to be, can be the only standard for the time that it prevails. And in a case that admits of no authority to controul a man's actions, it is in vain to pretend that any person may not attempt to introduce whatever he thinks to be an improvement.[582]

Wir haben es bei Priestley offensichtlich mit einem Wegbereiter der Auffassung zu tun, die in der Sprache „Naturorganismen" sieht, die, wie es August Schleicher (1821–1868), der radikalste Vertreter dieser These, später formulieren sollte,

> ohne vom Willen des Menschen bestimmbar zu sein, entstunden, nach bestimmten Gesetzen wuchsen und sich entwickelten und wiederum altern und absterben ...[583]

– *Die deterministische Auffassung der Sprachentwicklung bildet die Grundlage für eine utilitaristische und gleichzeitig ästhetisierende Sprachcharakteristik und Sprachbewertung*: Bei der Charakterisierung und Bewertung von Einzelsprachen wendet Priestley verschiedene Kriterien zugleich an. Eines davon besteht in dem innerhalb der vorgezeichneten Bahn gerade erreichten Entwicklungsstadium. Dazu kommen praktische und ästhetische Kriterien: Wie steht es um die Harmonie der jeweiligen Sprache in artikulatorischer und akustischer Hinsicht? Was leistet sie bei der Bewältigung ihrer Aufgabe, die in der Bezeichnung vorgegebener Gegenstände besteht? Die Kriterien wendet er dann auf verschiedene Sprachen an. Das Hebräische kommt nicht besonders gut weg, zumindest, was seine Struktur betrifft („in some things superfluous, and in others defective").[584] Das Griechische hinterläßt einen zwiespältigen Eindruck. Im Reichtum an Flexionsformen, syntaktischer Konstruktionen und bedeutungsähnlicher Wörter sieht Priestley eine Tendenz zur Redundanz; andererseits bewertet er den reichen Wortschatz positiv, weil er eine feine Nuancierung und Präzision des Ausdrucks ermögliche:

> In consequence of the prodigious variety of words in this language [...] it admits of the utmost precision, and the most minute distinctions in our conceptions may be expressed in it.[585]

Das Lateinische weise kaum dialektale Variation und weniger „ambiguity and intricacy in its structure" als das Griechische auf und sei daher „much better adapted to the general use of mankind".[586] Das Deutsche befinde sich noch in einer frühen Entwicklungsphase: „The *German* language seems to be but little removed from its ancient barbarity."[587] Aufgrund seiner komplizierten Syntax und der Eigentümlichkeiten seines Akzents sei das Französische schlecht für die

[582] Ebenda, Lecture XII, 184.
[583] Schleicher 1863/1977, 88.
[584] Priestley 1762/1970, Lecture XVIII, 269.
[585] Ebenda, 275.
[586] Ebenda, 280f.
[587] Ebenda, 283.

Dichtung geeignet; das Italienische hingegen eigne sich von allen modernen Sprachen am besten für die Musik.[588]

Wie aus den angeführten Beispielen deutlich geworden sein dürfte, handelt es sich um eine reichlich naive und impressionistische Sprachtypologie, die nicht mit der objektiv begründeten morphosyntaktischen Typologie Adam Smiths zu vergleichen ist.

– *Die »Leistungsfähigkeit« der Sprache(n) dient als Kriterium für die Sprachkritik*: Am Anfang seiner siebzehn Vorlesungen zählt Priestley die Bedingungen auf, die eine Sprache erfüllen muß, um das leisten zu können, was man von ihr erwartet:

> In the first place it is necessary there be a sufficient copia of words; secondly that there be no ambiguities of words or constructions; and, lastly, that the pronunciation of it be not grating, but pleasing to the ear. The two former of these criterions contribute to clear expression, and are therefore the fundamental properties of a good language; the latter is a matter of ornament only.[589]

Fülle an Ausdrucksmöglichkeiten, Klarheit und Eindeutigkeit gepaart mit Wohlklang sind Eigenschaften, über die auch eine Universalsprache verfügen sollte. Priestley steht der Idee einer solchen Sprache durchaus positiv gegenüber, sieht jedoch andererseits auch in der Vielfalt der Sprachen keinen Nachteil. Noch sei es nicht Zeit für eine Universalsprache. Zunächst gelte es vielmehr, die Sprachenvielfalt zu nutzen. Sprachvergleich und Übersetzung – und hier äußert Priestley einen wirklich originellen Gedanken – könnten nämlich zur Klärung unserer Gedanken beitragen:

> We see that persons who have no knowledge of more than one language are perpetually confounding the ideas of words with the ideas of things; which the comparison of languages, and frequent rendering from one into another, helps to make us distinguish. [...] the comparison of different languages must be of infinite service to us in helping us to disentangle and distinguish our ideas.[590]

Damit hätten wir die wichtigsten Ideen Priestleys zur Sprache vorgestellt. „Vom Standpunkt der englischen Sprachphilosophie“, meint Funke, habe „hier das rationalistische Denken einen Höhepunkt erreicht.“[591] Wir können uns dieser Meinung nicht anschließen. Selbst wenn man nur die englische Sprachphilosophie als Vergleichsmaßstab heranziehen wollte, müßte man zu dem Schluß kommen, daß der im eigentlichen Sinne philosophische Ertrag von Priestleys Bemühungen um das Problem der Sprache als ziemlich gering zu bewerten ist.

---

[588] Ebenda, 284f.

[589] Ebenda, Lecture XVII, 250.

[590] Ebenda, Lecture XIX, 293f.

[591] Funke 1934, 37.

15.4.3 James Burnet, Lord Monboddo (1714–1799)

James Burnet (auch Burnett) stammte aus dem schottischen Landadel. Er erhielt eine standesgemäße Erziehung an verschiedenen renommierten Bildungseinrichtungen seines Landes; später studierte er, einer alten schottischen Tradition folgend, Jura im niederländischen Groningen. Wie viele andere britische Philosophen hielt er sich für längere Zeit in Frankreich auf. In Paris kam er mit den Schriften Rousseaus, Buffons und nicht zuletzt mit Charles de Brosses' *Traité de la formation mécanique des langues*[592] in Berührung, den er mit Mißbilligung aufnahm. In späteren Jahren bekleidete er verschiedene höhere Ämter. Den Titel *Lord Monboddo* führte er seit 1767, als er zum Richter am *Court of Session*, dem obersten schottischen Zivilgericht, ernannt worden war. Er gehörte zu den herausragenden Gestalten der sogenannten „schottischen Aufklärung". In regelmäßigen Abständen reiste er nach London, wo er vor allem mit seinem Freund James Harris und dessen Kreis verkehrte. Obwohl er sich selbst häufig genug auf Aristoteles berief, haben die Ideen der »platonischen« Schule von Cambridge unübersehbare Spuren in seinem Werk hinterlassen.

Mit dem Problem der Sprache hat er sich in seinem monumentalen Werk *Of the Origin and Progress of Language* auseinandergesetzt.[593] Es besteht aus drei Teilen. Der erste (Bd. I) enthält Burnets Ideen über die Sprache im allgemeinen, ihren Ursprung und ihre anthropologischen Voraussetzungen. Der zweite (Bd. II und III) behandelt die Theorie der Allgemeinen Grammatik und – am Ende des dritten Bandes – die Sprachcharakteristik. Der dritte Teil (Bd. IV–VI) betrifft die Stilistik, die Rhetorik und die allgemeine Kulturgeschichte; der Autor entfernt sich also immer weiter von der Sprachtheorie und Sprachwissenschaft im engeren Sinn.

In Großbritannien wurde das Werk zum Teil recht unfreundlich aufgenommen. Es wirkte vor allem auf dem Umweg über Frankreich und Deutschland. Herder veranlaßte eine deutsche Übersetzung der ersten drei Bände und versah sie mit einem Vorwort, in dem er das Werk im ganzen lebhaft begrüßte, Burnets weitgehende Gleichsetzung des Urmenschen mit den Primaten jedoch entschieden kritisierte.[594] Zuerst in den *Fragementen über die neuere deutsche Literatur* (1767)[595] und später in den *Ideen zur Philosophie der Geschichte der Menschheit* (1784–1791) hat Herder sich mit der Sprachphilosophie des schottischen Lords auseinandergesetzt. Man stößt dort auf einige Ansichten Monboddos, die bei späteren Sprachtheoretikern in Form von populären »Ideologemen« immer wieder erscheinen werden: Die Behauptung, daß es in den „primitiven Sprachen" nur Wörter für Spezies, nicht für Gattungen gebe; die Einschätzung der

[592] Voller Titel: *Traité de la formation mécanique des langues ou Principes physiques de l'étymologie* (1765), vgl. unten 18.1.

[593] Sechs Bände, Edinburgh 1773–1793. Hier wird aus dem Nachdruck Hildesheim/New York 1974 zitiert = Burnet 1773/1974.

[594] *Des Lord Monboddo Werk von dem Ursprunge und Fortgange der Sprache*, Riga 1784–85; übersetzt von E. A. Schmid.

[595] Genauer Titel: *Über die neuere deutsche Literatur. Fragmente.*

Flexion als des vollkommensten Verfahrens zum Ausdruck grammatischer Relationen – eine Ansicht, die mit einigen Variationen von Johann Christoph Adelung, Friedrich Schlegel, Wilhelm von Humboldt und August Schleicher vertreten wurde – und schließlich die sogenannte „Wurzeltheorie“, die in der historisch-vergleichenden Sprachwissenschaft des 19. Jahrhunderts (z.B. bei Franz Bopp und später bei Schleicher) eine zentrale Rolle spielen wird.

Burnet/Monboddo argumentiert auf der Grundlage einer umfassenden Dokumentation über die unterschiedlichsten Sprachen. Er muß sich freilich auf indirekte Informationen stützen. In seinen Pariser Jahren hatte er alles gelesen, was sich an Literatur über »exotische« Sprachen herbeischaffen ließ. Darüber hinaus verfügte er auch über Grundkenntnisse des Sanskrit und der semitischen Sprachen. Dadurch erweiterte er den Gesichtskreis der Sprachbetrachtung beträchtlich und beeinflußte Sprachphilosophen der Epoche der Romantik wie Friedrich Schlegel und Wilhelm von Humboldt, die ebenfalls über den Kreis der wohlbekannten europäischen Sprachen hinausblickten.

Auf eine umfassende Darstellung der komplexen und zum Teil nicht sehr kohärenten Sprachtheorie Monboddos müssen wir hier verzichten. Es sollen lediglich sechs charakteristische Gesichtspunkte herausgegriffen werden.

15.4.3.1 Das Problem des Geistes (*mind*) und der allgemeinen Begriffe (*general ideas*)

Funke bescheinigt Monboddo – insbesondere was seine Einwände gegen die vorherrschende Philosophie der englischen Aufklärung betrifft – eine „idealistische Haltung“.[596] „Idealistisch“ kann man eine solche Einstellung zur Not nennen; es handelt sich dabei allerdings um einen Idealismus in der umgangssprachlichen Bedeutung des Wortes, um einen naiven Idealismus, der eher auf Wunschvorstellungen vom Primat des Geistigen über das Materielle beruht als auf einer ernst zu nehmenden Argumentation und der somit dem Ansehen eines streng begründeten philosophischen Idealismus eher schadet als nützt. Nicht umsonst spricht Funke in diesem Zusammenhang von einem „metaphysischen Glaubensbekenntnis“.[597]

Bei der Lektüre des umfangreichen Werks stößt man auf eine Fülle guter Gedanken, die allerdings selten ernsthaft begründet und entwickelt werden. Burnet polemisiert häufig, und seine Polemik wendet sich vor allem gegen John Locke. Dieser habe zwar zwischen „sensations“ und „reflections“ unterschieden,[598] dabei jedoch das begriffliche Denken nicht entschieden genug von der reinen Sinneswahrnehmung abgehoben. Diese sei – in ihrer elementarsten Form – ein rein passives Aufnehmen, jenes hingegen eine schöpferische Tätigkeit des Geistes. Burnet/Monboddo unterstellt Locke eine konsequent sensualistische Erkenntnistheorie und behauptet darüber hinaus, daß eine solche Theorie unweigerlich zum Materialismus führen müsse. Er gesteht Locke zu, daß dies nicht

---

[596] Funke 1934, 57.

[597] Ebenda, 58.

[598] Vgl. Locke, *Essai II*, 1, 4.

in seiner Absicht gelegen habe. Im Anschluß daran legt er das „metaphysische Glaubensbekenntnis" ab, von dem oben die Rede war. Er möchte den Geist und die „Ideen" wieder in ihre angestammten Rechte einsetzen, die ihnen von den Empiristen abgesprochen worden waren:

> The philosophy I have learned is of a very different kind: it teaches me, That mind is the most antient of things; and that, as it alone has activity, and the *principle of motion in itself*, it is the efficient cause of every thing: that therefore there are *ideas* of a much higher order than those which we abstract from matter, being the *models* or *archtypes* of all *material forms*: that of such ideas *the intellectual world* is composed; of which *the material* is no more than a copy ...[599]

Wie Harris hängt auch Monboddo der neuplatonischen These der μέθεξις, der „Teilhabe" an:

> I do most firmly believe, that there is a *governing mind* in the universe, *immaterial, eternal*, and *unchangeable*; that our minds are of a nature congenial to this supreme mind; and that there is in us, even at the time our birth [sic], a portion of [...] *celestial seeds* ...[600]

Dabei gesteht er der reinen Sinneswahrnehmung weit weniger »Natürlichkeit« zu als seine philosophischen Widersacher. Der Teil der Sinneswahrnehmung, der zur Begriffsbildung beiträgt, ist das Produkt einer erlernten Fertigkeit (*acquired habit*). Wir sehen die Dinge nicht »von Natur aus« so, wie wir sie sehen, sondern aufgrund von auf Erfahrung beruhenden Urteilen, die unsere Wahrnehmung prägen.[601]

15.4.3.2 Der Status des Individuums

Beobachtungen, die sich beim Studium der Entwicklung der Menschheit machen lassen, gelten nicht nur für das Kollektiv, sondern auch für das Individuum. Die Idee der „Teilhabe" möchte Monboddo nicht im Sinne einer mystischen Kommunion zwischen einer menschlichen Gemeinschaft und »höheren Welten« verstanden wissen:

> How the *intellectual* is disclosed to us? To suppose that there is any secret communication betwixt our minds and superior minds, by which it is *revealed* to us, is a kind of visionary and enthusiastical philosophy that is now altogether exploded. The fact truly is, that every man is the architect of his own ideas, and forms a little intellectual world in his own mind.[602]

Der Gestaltungsprozeß, der zum Aufbau unserer Begriffswelt führt, wird also als individueller Vorgang angesehen, als ein Vorgang, dessen Subjekt jeder einzelne Mensch ist.

---

[599] Burnet 1773/1974, I, 81.
[600] Ebenda, 129.
[601] Vgl. Formigiari 1973, 58.
[602] Burnet 1773/1974, I, 147.

15.4.3.3 Das gesellschaftliche Leben als Voraussetzung für die Entstehung der Sprache

Die seelischen und körperlichen Fähigkeiten, die Burnet als notwendige Bedingungen für die Entstehung der Sprache annimmt (sie konnten hier nur zum Teil erwähnt werden), stellen nicht gleichzeitig eine hinreichende Bedingung dar. Voraussetzung für die Entstehung der Sprache ist darüber hinaus eine bestimmte Stufe der gesellschaftlichen Entwicklung, nämlich

> a state of society and of political union, carrying on of common consent, and with joint labour, some work necessary for defence, or the support of life.[603]

Ein solcher Zustand der Gesellschaft wird erst nach einer längeren Phase zielbewußter Tätigkeit der Menschen erreicht. Dieser Gedanke wird allerdings lediglich in Form einer Überzeugung geäußert und anschließend nicht ernsthaft weiterverfolgt. Wäre er gründlich in all seinen Konsequenzen ausgearbeitet worden, so hätte man eine ganz andere Art von Sprachphilosophie erwarten dürfen als die von Burnet tatsächlich vorgetragene.

15.4.3.4 Die Sprache als zweckbestimmte „Erfindung" des Menschen

Die Sprache ist also für Burnet ein Erzeugnis der zielbewußten Tätigkeit des Menschen. Sie kann erst entstehen, wenn sich gewisse körperliche und geistige Fähigkeiten bei den Menschen herausgebildet haben, die für die Beherrschung von *matter*, i.e. Laut, und *form*, i.e. Bedeutung, notwendig sind (die Terminologie übernimmt er von Harris). Darüber hinaus ist, wie wir gesehen haben, ein gewisses Reifestadium der Gesellschaft erforderlich. Das genügt jedoch bestenfalls, um jene Gebilde entstehen zu lassen, die Burnet „Primitivsprachen" (*primitive languages*) nennt. Die sogenannten „Kunstsprachen" – für Burnet die eigentlichen Sprachen[604] – entstehen nicht von allein, sie sind mit Kunstverstand zu einem vorgegebenen Zweck erfunden worden. In diesem Sinn interpretiert er den Aristotelischen Terminus κατὰ συνθήκην, den Harris in seinem *Hermes* mit *by compact* wiedergibt. Der willkürliche Charakter des Zeichens wird also als Indiz für eine zweckbestimmte „Erfindung" der Sprache gewertet.

Hier zeigt sich eine der typischen begrifflichen und terminologischen Inkohärenzen Burnets/Monboddos: Unter „Sprache" wird je nach Argumentationszusammenhang „jede Form von Sprache" oder aber „Kunstsprache" (im Sinne Monboddos, vgl. unten) verstanden.

15.4.3.5 „Ursprung der Sprache" vs. „Entstehung der sprachlichen Kategorien"

Monboddo macht einen Unterschied zwischen der Frage nach dem Ursprung der Sprache und der Frage nach der Entstehung der sprachlichen Kategorien. Im ersten Fall geht es um das äußere *Warum*: Bestimmte körperliche und geistige Fähigkeiten, ein gewisses gesellschaftliches Reifestadium und die daraus her-

---

[603] Ebenda, 300.

[604] Vgl. unten 15.4.3.6.

vorgehende zielbewußte Tätigkeit des Menschen sind die notwendigen und hinreichenden Bedingungen für die Entstehung von Sprache. Im zweiten Fall geht es um das innere *Wie*. Adam Smith trifft keine vergleichbare Unterscheidung; bei ihm geht das *Wie* unmittelbar aus dem *Warum* hervor. Monboddos Antwort auf die Frage nach dem *Wie* unterscheidet sich in zweifacher Hinsicht von den von Adam Smith und anderen Autoren vorgeschlagenen Lösungen. Einerseits führt er die Entstehung der ersten sprachlichen Kategorien nicht auf das rationale Denken zurück, noch nicht einmal auf eine primitive Stufe des Denkens, sondern ausschließlich auf emotionale Momente; andererseits handelt es sich für ihn bei den ersten sprachlichen Kategorien überhaupt nicht um „Redeteile", sondern um innerlich undifferenzierte satzwertige Ausdrücke. Diese Ansicht sollte später jene Sprachtheoretiker beeinflussen, die der These vom primären Charakter des Satzes anhingen, wie z.B. Wilhelm Wundt (1832–1920). Letztlich unterscheidet sich Monboddo in diesem Punkt nur in terminologischer Hinsicht von Adam Smith; denn dessen *impersonal verbs* lassen sich ohne weiteres als satzwertige Ausdrücke interpretieren. Man vergleiche Smiths oben[605] wiedergegebene Beschreibung der „unpersönlichen Verben" mit Monboddos Antwort auf die Frage nach der Entstehung der Redeteile:

> It may be asked concerning those primitive languages, What words in them were first invented? My answer is, That if by *words* are meant what are commonly called *parts of speech*, no words at all were first invented; but the first articulate sounds that were formed denoted whole sentences; and those sentences expressed some appetite, desire, or inclination, relating either to the individual, or to the common business which I suppose must have been carrying on by a herd of savages, before language was invented. And in this way I believe language continued, perhaps for many ages, before *names* were invented.[606]

Auch hier kann man nicht umhin, Burnet terminologische Inkohärenz vorzuwerfen. Wiederum bezeichnet er mit dem Ausdruck *Sprache* zwei unterschiedliche Phänomene: die vorlogische $Sprache_1$, die dem undifferenzierten Ausdruck von Gefühlen dient, und die wohlgegliederte, von einigen wenigen „erfundene" $Sprache_2$, die über Namen verfügt.

Was nun die weitere Ausdifferenzierung dieser $Sprache_2$ betrifft, so schließt sich Monboddo weitgehend den Ansichten Adam Smiths an. Das gilt allerdings nur für den logisch-begrifflichen Aspekt, d.h. für die Entstehung der Appellativa aus Eigennamen und für den angenommenen Parallelismus zwischen der Entwicklung der menschlichen Abstraktionsfähigkeit und der Entwicklung der Sprache. Darüber hinaus ist für Monboddo das ästhetische Moment in weit höherem Maße für die Sprachcharakteristik und -bewertung ausschlaggebend als für Adam Smith. Für Burnet stellt die Konzentration des Ausdrucks grammatischer Relationen vor allem in ästhetischer Hinsicht einen Vorzug dar. Folglich stellt er im zweiten und dritten Band seines Werks die flektierenden Spra-

---

605 15.4.1.

606 Burnet 1773/1974, 395f.

chen – und unter ihnen ganz besonders das Griechische – als den Höhepunkt der Sprachentwicklung hin. Im Übergang von den vollflektierenden „synthetischen" zu den schwachflektierenden „analytischen" Sprachen sieht er ein Anzeichen von Dekadenz. Seine Muttersprache, das Englische, erscheint ihm im Vergleich zum Griechischen als besonders häßlich:

> On the other hand, it appears, that the languages of northern extraction, and particularly the English, are composed almost altogether of hard inflexible words, monosyllables for the greater part, and crouded with consonants that do not easily coalesce in sound, and that these words are unskillfuly tacked together by ill-favoured particles constantly recurring,[607] and fatiguing the ear, without either melody or rhythm to soften the harshness of so rude an articulation.[608]

15.4.3.6 Der zweifache Ursprung der Sprache

Für Lord Monboddo gibt es zwei Arten von Sprachen. Die einen sind auf natürliche Weise entstanden, die anderen wurden im eigentlichen Sinn des Wortes „erfunden". Bei der ersten Art gibt es so etwas wie eine natürliche Entwicklung. Sie verläuft in zwei Stufen. Die Vorgeschichte der Menschheit sei von unartikuliertem Geschrei, heftigen Gebärden und Ansätzen von Lautmalerei begleitet worden. Auf einer zweiten Entwicklungsstufe seien dann unvollkommene, grobe Sprachen entstanden. Die Ausdrucksseite sei dem ursprünglichen Gebrüll noch sehr ähnlich gewesen; es habe fast nur Vokale und einige wenige Konsonanten gegeben. Die Inhaltsseite sei durch eine sehr geringe Abstraktionsstufe gekennzeichnet gewesen. So habe es zwar Ausdrücke für „kleiner Bär" oder „großer Bär", „kleine Hütte" oder „große Hütte" gegeben, nicht jedoch für „Bär" oder „Hütte" schlechthin. Die charakteristischen Eigenschaften dieser Art von Sprachen glaubt Burnet bei den Idiomen sogenannter „primitiver Völker" ausmachen zu können. Als Beispiele führt er u.a. Huronisch (eine nordamerikanische Indianersprache), „karibisch" und die Sprache der „Eskimos" (Inuit) an. Zu seinem Erstaunen muß er feststellen, daß einige historische Gemeinschaften, die er aufgrund des angenommenen Entwicklungsstandes ihrer Kultur zu den „primitiven Völkern" rechnen möchte, über Sprachen verfügen, die nicht die postulierten Eigenschaften von „Primitivsprachen" aufweisen, so das Guaraní (eine südamerikanische Indianersprache), das Algonkin (die Sprache der Indianer Südostkanadas) oder das Gotische. Dabei verwickelt Monboddo sich in Widersprüche: Die Korrelierung von Völkern einer angeblich primitiven Entwicklungsstufe mit den dazugehörigen Sprachen, denen rein spekulativ „primitive Strukturen" zugeschrieben werden, deckt sich nicht mit den Ergebnissen der linguistischen Analyse. So findet man bei Monboddo zweierlei Arten von „Primitivsprachen", nämlich solche, die über die angenommenen Charakteristika verfügen (es sind im wesentlichen die, über die er keine genauen Informationen hat), und solche, die Träger einer „primitiven Kultur" sind, von ihrer Struktur

[607] Vgl. die *monotony* bei Adam Smith.
[608] Burnet 1773/1974, II (= 1774), 422.

her jedoch den »Kunstsprachen« ähneln. Für das Guaraní hält er eine typische Notlösung bereit. Den Beschreibungen eines spanischen Jesuiten und eines ihm persönlich bekannten Franzosen namens de la Condamine entnimmt er, daß es sich dabei um eine Sprache handelt, die im Hinblick auf ihre grammatische Struktur den europäischen Sprachen in nichts nachsteht. Damit ist für Monboddo klar, daß es sich nicht um eine bei diesem Volk »natürlich« entstandene Sprache handeln kann. Er muß es mit einem »künstlichen« Idiom zu tun haben, das die Indianer von einem anderen Volk gelernt haben.[609] Bei den »Primitivsprachen« sei nämlich keinerlei Kunst festzustellen, sie dienten ihren barbarischen Sprechern lediglich zur Befriedigung elementarer Bedürfnisse:

> And in general, it is in vain to seek for any thing like art in the truly primitive languages; which being produced by the necessities of life, and used only to serve those necessities; had at first no rule or analogy of any kind: so that, whatever we find like art or regularity in them, we are sure is an improvement of the original jargon.[610]

Von den „Primitivsprachen" zu den „Kunstsprachen" führt bei Burnet kein Weg einer allmählichen Entwicklung. Bei den Kunstsprachen handelt es sich nämlich um „Erfindungen" im eigentlichen Sinn, Erfindungen nicht etwa eines Volkes, sondern einiger weniger, begabter Individuen. Natürliche Entwicklung gibt es nur von der ersten zur zweiten Stufe der urtümlichen Sprachen. Die auf der dritten Stufe angesiedelten Kunstsprachen setzen diesen Vorgang nicht fort. Zu den Kunstsprachen rechnet Burnet die klassischen, die semitischen und die modernen europäischen Sprachen. Als das vollendetste Beispiel dieses Typs gilt ihm das Griechische.[611]

Anhand seiner „Wurzeltheorie" läßt sich am leichtesten aufzeigen, wie sich Burnet die intentionale Konstruktion einer „Kunstsprache" auf der Grundlage von logischen und ästhetischen Kriterien vorstellt. Zunächst hält er fest, daß viele Wörter, die uns auf den ersten Blick als Simplizia erscheinen, in Wirklichkeit Ableitungen seien, z.B. viele griechische Substantive:

φόβος „Furcht" < φέβομαι „fliehen, meiden"

δρόμος „Lauf" < δρέμω „rennen"

ὄψ „Blick, Gesicht" < ὄπτω „sehen"[612]

---

[609] Ebenda, Bd. I, 355.

[610] Ebenda, 398.

[611] Spuren dieser Auffassung finden sich in der Sprachphilosophie und der Sprachtypologie der deutschen Romantik, so z.B. in den Ausführungen Friedrich Schlegels und Wilhelm von Humboldts zum Verhältnis von flektierenden und nicht flektierenden Sprachen; vgl. u.a. Coseriu 1972.

[612] Burnet 1773/1974, II, 188f. [Dort werden die Bedeutungen „metus", „cursus" und „vultus" angegeben, die nicht genau den Auskünften neuerer Wörterbücher entsprechen.]

Aus den Beispielen wird deutlich, daß er im Verb das „Wurzelwort" par excellence sieht. Zum Griechischen stellt er eine besonders weitreichende These auf: Die gesamte Sprache sei auf den fünf Diphthongen αω, εω, ιω, οω, υω aufgebaut, bei denen es sich ursprünglich um Verbalwurzeln gehandelt habe.[613] Da er aber die Wurzeln für Produkte einer intentionalen, intelligenten und künstlerischen Schöpfung hält, muß er leugnen, daß auch die Primitivsprachen über Wurzeln verfügen:

> The radical words in a formed language may be said, in one sense, to be the first words of the language, and accordingly are called *primitives*. But such words are far from being the first invented words: for the barbarous languages having no composition or derivation, can have no roots; but they belong only to artificial languages, and are the invention of the grammatical art, to make the words of a language connect and hang together, and to save the too great multiplication of them, as shall be afterwards shewn.[614]

Die scharfe Trennung zwischen den „Primitivsprachen" auf der einen und den „Kunstsprachen" auf der anderen Seite zeigt sich auch darin, daß Monboddo bei den erstgenannten Polygenese, bei den zuletztgenannten hingegen Monogenese annimmt. Die Primitivsprachen entstehen an verschiedenen Orten spontan zur Befriedigung elementarer Lebensbedürfnisse. Strukturähnlichkeiten erklären sich aus der Gleichartigkeit der Entstehungsbedingungen. Weiterentwicklung ist nur bis zu einem gewissen Grad möglich. Die Kunstsprache ist einmal zu einem bestimmten Zeitpunkt „erfunden" worden. Die Veränderung und Differenzierung in verschiedene Sprachen erfolgte nicht durch natürliche Entwicklung, sondern auf dem Weg der Verbreitung. Monboddo betrachtet das Germanische zusammen mit dem Keltischen, das Griechische, Lateinische und Persische, sowie „orientalische" Sprachen wie Hebräisch, Phönizisch, Syrisch, Chaldäisch und Arabisch als größere Einheiten. „Kunstsprachen" sind für ihn also die semitischen und die indoeuropäischen Sprachen. Er hält es für wahrscheinlich, daß auch diese großen Sprachgruppen einen gemeinsamen Ursprung haben, den er im alten Ägypten vermutet:

> I think it probable, that all the languages spoken in Europe, all Asia, if you will, and some part of Africa, are dialects of one parent-language, which probably was invented in Egypt. But I am not warranted to go further, either by the reason of the thing, by historical facts, or by any thing I can discover in the languages themselves.[615]

Burnet stellt sich hier als umsichtiger Wissenschaftler dar, der nicht berechtigt ist, „weiterzugehen". In Wirklichkeit ist er schon ziemlich weit gegangen, weiter als für einen strengen Wissenschaftler zulässig. Zumindest aus historischer Sicht ist sein Vorgehen allerdings nicht nur negativ zu beurteilen. Burnet hat mit seinen reichlich kühnen Spekulationen in nicht unerheblichem Maß zur Verbrei-

---

[613] Ebenda, II, 515.
[614] Ebenda, I, 397f.
[615] Ebenda, 476f.

tung der Idee der vergleichenden Grammatik beigetragen. 1786, im selben Jahr, als bereits der dritte Band von Burnets Opus magnum erschien, hielt sein Zeitgenosse, Sir William Jones (1746–1794) jenen folgenreichen Vortrag über das Sanskrit, der von den meisten Historiographen als Anstoß zur Entstehung der historisch-vergleichenden Sprachwissenschaft angesehen wird. Burnet ist ihm zuvorgekommen.

Zum Schluß wollen wir uns den tiefgreifenden Unterschied zwischen Monboddos „Primitiv-" und „Kunstsprachen" noch einmal schematisch vor Augen führen:

Primitivsprachen	Kunstsprachen
– aus der ersten Stufe entwickelt	– frei und intentional erfunden
– ohne „Kunst", d.h. ohne Flexion	– mit Kunst, d.h. Morphologie und Wortbildung
– ohne Wurzeln	– aus Wurzeln entwickelt
– polygenetisch entstanden	– monogenetisch entstanden

In sachlicher Hinsicht ist diese Gegenüberstellung zweifellos unhaltbar. Zur Geschichte einer Disziplin gehören jedoch auch deren Irrwege. Monboddos Thesen haben den weiteren Gang der Sprachphilosophie beeinflußt, nicht zuletzt deshalb, weil sie Spuren in der Sprachphilosophie der deutschen Romantik hinterlassen haben.

James Burnet, Lord Monboddo ist es nicht gelungen, zwei antagonistische Tendenzen der britischen Sprachphilosophie, die er aufnahm, zu einer wirklichen Synthese zu führen. Aufgrund seiner teils evolutionistischen, teil konventionalistischen Sprachtheorie, die ihn zur Annahme der Existenz zweier völlig verschiedener Arten von Sprache veranlaßt, verfügt er über keinen einheitlichen Begriff der Sprache, der es ihm erlauben würde, die Einheit der menschlichen Sprache in den verschiedenen Erscheinungsformen der historischen Sprachen zu erkennen.

15.4.4 John Horne Tooke (1736–1812)

John Horne wurde 1736 als Sohn eines Londoner Geflügelhändlers in Wimbledon geboren. Seinen zweiten Namen, der heute für die alphabetische Einordnung in den meisten Nachschlagewerken ausschlaggebend ist, nahm er erst 1782 an, um seine Verbundenheit mit seinem Gönner William Tooke auszudrücken. Tookes Landgut befand sich in Purley bei Croydon, südlich von London; im Titel von Horne Tookes Hauptwerk erscheint dieser Ort: *Diversions of Purley*, „Zerstreuungen in Purley" – sicherlich eine Art von Litotes. Horne Tooke erhielt eine mehr als nur „standesgemäße" Erziehung in Eton, studierte später an einem renommierten College in Cambridge und ließ sich, dem Druck seines Vaters nachgebend, zum anglikanischen Priester ordinieren. Seine philosophischen und politischen Überzeugungen waren weit entfernt von denen, die man bei einem Mann der Kirche vermuten würde. Er sympathisierte mit der französischen Revolution, vertrat vehement die Sache der *Whigs*, kandidierte mehrfach erfolglos für einen Sitz im Parlament und setzte sich energisch für die rebellierenden Kolonisten in den Neuenglandstaaten ein. Sein ungestümes politisches Engagement büßte er mit mehreren Gefängnisaufenthalten.

Im Gefängnis entstand denn auch seine erste sprachphilosophische Schrift in Form eines offenen Briefs an einen seiner Freunde.[616] Hier klingen einige der wichtigsten Gedanken an, die er später in seinem Hauptwerk *ΕΠΕΑ ΠΤΕΡΟΕΝΤΑ or the Diversions of Purley* ausgearbeitet hat.[617] Der Haupttitel, ἔπεα πτερόεντα „geflügelte Worte", stammt von Homer[618] und soll auf die „Abkürzungstheorie" hinweisen. Mit dem Untertitel soll der Eindruck erweckt werden, es würden schwierige philosophische Gegenstände im Plauderton vorgetragen. Seltsamerweise wählt der schärfste Gegner jeder Art von »platonischer« Philosophie den platonischen Dialog als Form für seine Ausführungen. Er versteckt sich dort allerdings nicht hinter irgendeinem Sokrates, sondern tritt unter seinem eigenen Namen als Diskussionspartner auf.

Horne Tookes Werk ist in weit höherem Maße charakteristisch für die angelsächsischen Denktraditionen als das von Harris oder Monboddo. Nicht umsonst stellen diese beiden Autoren das bevorzugte Ziel seiner geradezu gehässigen Angriffe dar. Der Verfasser der *Diversions of Purley* beruft sich auf Locke, Hume und Berkeley, radikalisiert deren Denken und kritisiert es dort, wo es seinen mitunter ziemlich simplen sensualistischen Grundüberzeugungen nicht weit genug entgegenzukommen scheint. Das Fragment gebliebene, verhältnismäßig umfangreiche Hauptwerk ist keineswegs durchgängig sprachphilosophischer Natur. In Horne Tookes manchmal kuriosen Auslassungen zu Fragen der Etymologie manifestiert sich ein ausgeprägtes sprachhistorisches Interesse. Er fordert zum Studium des Angelsächsischen und Gotischen auf und darf somit als ein Wegbereiter der historischen Grammatik des Englischen gelten.[619] Die auf dem Kontinent, vor allem in Deutschland, im Entstehen begriffene historisch-vergleichende Methode hat er nicht mehr zur Kenntnis genommen. Funke bemerkt zu Recht, daß seine Bemühungen um dieses Gebiet einer „vorwissenschaftlichen Ära"[620] angehören. Es genügt in diesem Zusammenhang, auf Horne Tookes These von der Unveränderlichkeit der etymologischen Bedeutung hinzuweisen. In Übereinstimmung mit der „Etymologie von *Etymologie*" gilt ihm die etymologische als die „wahre" Bedeutung – ungeachtet der historischen Entwicklung und des Funktionswandels der Wörter. So führt er die Konjunktion *if* auf den Imperativ von *gifan* „geben" zurück und behauptet, diese Bedeutung sei weiterhin aktuell: „And accordingly our corrupted IF has always the signifi-

616 *A Letter to Mr. Dunning, Esq.*; erstmals 1778.

617 Der erste Teil erschien 1786, der zweite 1805. Hier wird aus einem Nachdruck der Ausgabe London 1829 zitiert; der *Letter to Mr. Dunning* ist dort in Band II als Anhang abgedruckt. Die handschriftlichen Nachträge des Verf. sind dort eingearbeitet (= Horne Tooke 1829/1996).

618 [Der deutsche Gelehrte Georg Büchmann (1822–1884) hat denselben Titel für seinen bekannten, erstmals 1864 erschienenen *Zitatenschatz des deutschen Volkes* gewählt.]

619 Vgl. u.a. Horne Tooke 1829/1996, I, Part I, chapt. 8, 149–270.

620 Funke 1934, 89.

cation of the English imperative *Give*; and no other."[621] Damit erweist er sich auch als Vorläufer der negativen Aspekte der historischen Grammatik des 19. Jahrhunderts, die häufig die diachronische und die synchronische Betrachtungsweise miteinander vermengte.

Für unsere Zwecke kann Horne Tookes Sprachphilosophie auf zwei Themenkomplexe reduziert werden: auf eine bestimmte Art von Sprachkritik und auf die sogenannte „Abkürzungstheorie".

15.4.4.1 Horne Tookes Kritik der Sprache in Verbindung mit dem Problem der Allgemeinbegriffe

Mit seiner Polemik gegen die Annahme der Existenz „allgemeiner Ideen" außerhalb der Sprache ging John Locke für seinen späteren Schüler Horne Tooke noch lange nicht weit genug. Ähnlich wie bei Berkeley ist für den Verfasser der *Geflügelten Worte* im menschlichen Bewußtsein nur Platz für individuelle Vorstellungen. Er vertritt einen weit radikaleren Sensualismus und Nominalismus als sein im übrigen bewundertes Vorbild Locke. Alles, was Locke über *composition, abstraction, generalization, complexity of ideas* geschrieben habe, betreffe nur die Sprache, nicht das menschliche Bewußtsein. Daher solle man überall dort, wo bei diesem „unsterblichen Autor" von „Ideen" die Rede sei, am besten „Termini" verstehen.[622] Sein Dialogpartner Richard Beadon, ein Jugendfreund, versichert daraufhin

> ... we may [...] take it for granted that the greatest part of Mr. Locke's Essay, that is, all which relates to what he calls the composition, abstraction, complexity, generalization, relation, &c. of Ideas, does indeed merely concern *Language*.[623]

Wir stoßen hier einmal mehr auf die Widersprüche, in die sich die Vertreter konsequent nominalistischer Positionen zu verwickeln pflegen:

Der erste Widerspruch ist rein logischer Natur. Wer behauptet, etwas existiere nicht, muß wenigstens einen allgemeinen Begriff von dem haben, dessen Existenz er leugnen möchte. Leugnet er die Existenz der allgemeinen Begriffe selbst, so entzieht er seiner Argumentation jede Grundlage.

Der zweite Widerspruch ist primär begrifflicher Natur. Was kann mit der Behauptung gemeint sein, eine Gegebenheit sei keine psychische oder geistige, sondern eine rein sprachliche Erscheinung? Die Erkenntnis – was immer man darunter verstehen will – ist eine Relation zwischen dem menschlichen Bewußtsein auf der einen und der »Wirklichkeit« auf der anderen Seite. Die Sprache muß zu einer der beiden Seiten gehören. Zur »Welt« oder »Wirklichkeit« kann sie nicht gehören, denn sie ist kein »Ding«, von dem man Empfindungen und Vorstellungen hat. Sie muß also dem Bereich des *mind* angehören. Das Zustandekommen des Widerspruchs erklärt sich, wenn man die verwendeten Ausdrücke *operations of mind* und *operations of language* genauer betrachtet. Beim

---

[621] Horne Tooke 1829/1996, I, 104.
[622] Ebenda, 37.
[623] Ebenda, 37f.

ersten Ausdruck ist *mind* Subjekt des Operierens. Beim zweiten ist *language* modale Bestimmung des Operierens, man könnte ebensogut von *linguistic operations* sprechen. Und in dieser Form ist Horne Tookes Behauptung annehmbar; sie besagt nicht, daß die Sprache nichts mit dem Geist zu tun habe. Sie läuft darauf hinaus, daß es keine Verallgemeinerung oder Abstraktion ohne Sprache geben kann.

Wenn man einmal den rein erkenntnistheoretischen Aspekt der Frage beiseite läßt und primär sprachtheoretisch argumentiert, so erweist sich die sensualistische Position insofern als unhaltbar, als sie in der Sprache ein System von Benennungen einer bereits fertig klassifizierten Wirklichkeit sieht.[624] So wie die Einzelvorstellungen als psychische Fakten unabhängig von der Sprache vorhanden sind, müßten auch die Allgemeinbegriffe schon da sein und gewissermaßen darauf warten, benannt zu werden. Da dies nicht der Fall ist, schließt man daraus, es gebe diese allgemeinen Begriffe nicht. In Wirklichkeit gibt es sie, und zwar mit der und durch die Sprache. Die Begriffsbildung geht mit der sprachlichen Bezeichnung einher. Wie schon im Zusammenhang mit der Diskussion der Thesen Berkeleys festgestellt wurde, geht es auch in diesem Fall nicht um Existenz oder Nicht-Existenz der allgemeinen Begriffe, sondern um das *Wie* dieser Existenz, die unlösbar an die Sprache gekoppelt ist. Es sei also nochmals daran erinnert, daß die Sprache keine Einzelvorstellungen erfassen und kommunizieren kann. Darin liegt nicht der Zweck der Sprache. Einzelvorstellungen sind per definitionem nicht kommunizierbar.[625]

15.4.4.2 Das Wesen der Sprache im Lichte von Horne Tookes „Abkürzungstheorie“

Im 18. Jahrhundert herrscht immer noch die Überzeugung vor, es gebe eine Isomorphie zwischen Sprache, Denken und Wirklichkeit. In dieser Hinsicht hat sich seit der mittelalterlichen Lehre von den *modi significandi* nicht viel geändert. Horne Tooke ist bestrebt, diese Auffassung zu modifizieren. Die Mitteilung unserer Gedanken an andere sei nur einer der Zwecke der Sprache; ein anderer, ebenso wichtiger, sei die „Verkürzung“ dieser Mitteilung. Horne Tooke vergleicht die Sprache zur Illustration dessen, was er meint, mit der Stenographie („the excellent art of Short-hand-writing“).[626] Viele Mißverständnisse seien dadurch entstanden, daß die Sprachphilosophen nicht erkannt hätten, daß die Sprache von praktisch-ökonomischen Prinzipien beherrscht werde und daher die Wirklichkeit in verkürzter Perspektive widerspiegele:

> The first aim of Language was to *communicate* our thoughts: the second, to do it with *dispatch*. [...] The difficulties and disputes concerning Language have arisen almost interely from neglecting the consideration of the latter purpose of speech [...] Words have been called *winged*: and they will deserve that name,

[624] Vgl. oben 15.4.2.
[625] Vgl. oben 15.1.
[626] Horne Tooke 1829/1996, I, 24.

when their abbreviations are compared with the progress which speech could make without these inventions ...[627]

Die Grundwörter erscheinen ihm, allein aufgrund ihrer Bedeutungsfunktion, „Verkürzungen" komplexer Vorstellungen, dazu kommen weitere Wörter, die er als „Abkürzungen zweiten Grades", nämlich Verkürzungen bereits vorhandener Wörter, ansieht. In diesem Zusammenhang unterscheidet er zwischen rational notwendigen Wortarten (*necessary words*) und nicht rational notwendigen Wortarten, die er zu den *abbreviations in sorts of words* rechnet, d.h. aus praktischen Gründen vorgenommene „verkürzte" Ableitungen. Die notwendigen Wörter sind die Substantive (*notae rerum quae permanent*) und die Verben (*notae rerum quae fluunt*).[628] In der Klassifizierung verschiedener Typen von „Abkürzungen" liegt der Sinn seines Etymologisierens; er unterscheidet drei Arten von *abbreviations*:

– in terms
– in sorts of words
– in construction.[629]

Zu der ersten Kategorie möchte er sich nicht ausführlich äußern. Locke habe sie in seiner „Abstraktionstheorie" bereits zur Genüge behandelt. Was mit den übrigen Kategorien gemeint ist, wird nicht völlig klar. Es bestehen Widersprüche zwischen der ersten und zweiten Auflage der *Diversions of Purley*, die sich auch dann nicht vollständig ausräumen lassen, wenn man bei der Interpretation ausschließlich von der Ausgabe letzter Hand ausgeht.[630] Zuerst hatte Horne Tooke die dritte Kategorie zwar theoretisch vorgesehen, aber nur die zweite tatsächlich behandelt. Unter „abbreviations in sorts of words" versteht er in erster Linie „verkürzende Ableitungen" grammatischer Morpheme aus „notwendigen Wortarten", so z.B. *since* „da ja" aus *seon* „seing that, seen that".[631] Später scheint er diese Art von „Abkürzungen" der dritten Kategorie zuordnen zu wollen. Zur zweiten Kategorie gehören nun Syntagmen vom Typ Adjektiv + Substantiv. Einerseits scheint er die Hinzusetzung eines Adjektivs als Methode zur „verkürzten Bezeichnung" komplexer Begriffe zu betrachten, andererseits kann das betreffende Syntagma, bemerkt er, auch durch ein einfaches Wort ersetzt werden: *a good man* (= Schaffung eines komplexen Begriffs, nicht ersetzbar); *a holy man* → *a saint*, substituierbar.[632] Zur dritten Kategorie gehören nun Fälle wie *admissible* < *something to be admitted*; *sensible* < *one who can feel* oder der Übergang vom Pronomen *that* zur Konjunktion *that*.[633] Das ist alles nicht sehr klar; vom modernen Standpunkt aus würde man häufig umgekehrt argumentie-

---

627 Ebenda, 26f.
628 Ebenda, 19.
629 Ebenda, 28.
630 Vgl. Funke 1934, 98ff.
631 Horne Tooke 1829/1996, I, 252f.
632 Ebenda, II, 436f.
633 Ebenda, II, 475f. [Vgl. Ich sehe das: Er kommt. → Ich sehe, daß er kommt; ein Beispiel, auf das u.a. Wilhelm Wundt zurückgreifen sollte.]

ren und die angeblichen Basen der Ableitungen als deren Paraphrasen ansehen: *a saint → a holy man.*

In rein sprachwissenschaftlicher Hinsicht sind die zweite und die dritte Kategorie durchaus diskutabel, wenn man von Einzelheiten absieht. Es wird nämlich nicht immer klar, welche Erscheinung zu welcher Kategorie gehören soll. Mit Wesen oder Funktion der Sprache haben die beschriebenen Verfahren nichts zu tun. Die erste Kategorie, die *abbreviation in terms*, betrifft zwar die Funktion der Sprache; sie läßt sich allerdings nicht als *abbreviation* interpretieren, denn die *general terms* stehen nun einmal nicht für „verkürzte Einzelvorstellungen". Einzelvorstellungen sind unendlich, allgemeine Begriffe (*general terms*) sind es nicht, und sie enthalten noch nicht einmal in »verkürzter Form« das individuelle Moment der zuerst genannten.

Bei der zweiten und dritten Kategorie handelt es sich nicht um Funktionen, die für die Definition der Sprache relevant wären, sondern um technische Verfahren. Die *abbreviation in sorts of words* weist zumindest in bezug auf das Adjektiv Schwierigkeiten auf: Horne Tooke wird nicht müde zu versichern, allgemeine Begriffe hätten keinerlei Substrat im menschlichen Bewußtsein, es handle sich um rein sprachliche Phänomene. Im Falle von *a good man* operiert er jedoch in Analogie zu *holy man → saint* mit einem *complex term*, für den es im Englischen kein Wort gibt, wie er selbst bemerkt.[634]

Horne Tookes drei Kategorien der „Abkürzung" sind nicht koordinierbar, sie haben nicht denselben Status. Bei der zweiten und der dritten Kategorie, deren eigentliche Funktion mit „Abkürzung" völlig unzutreffend charakterisiert würde, handelt es sich um technische Verfahren. Sie betreffen nicht das *Was*, sondern das *Wie* der Sprache. Bei der ersten Kategorie geht es hingegen tatsächlich um etwas für die Sprache Konstitutives. Als *abbreviation in terms* ließe sich diese sprachliche Leistung nur dann beschreiben, wenn sich zeigen ließe, daß ein Wort die verschiedensten Einzelvorstellungen kompendienartig repräsentiert. Horne Tookes „Abkürzungstheorie" steht und fällt mit der Interpretation seiner ersten Kategorie, und damit ist klar, daß sie nicht stehen kann, sondern fallen muß, weil nämlich die Inhalte der sprachlichen Zeichen nicht als »Verkürzungen« von Einzelvorstellungen interpretiert werden können. Bei genauerem Hinsehen verhält es sich eher umgekehrt. Mit Hilfe der sprachlichen Zeichen, die für alle da sind, kann sich der einzelne dem Ausdruck seiner individuellen Vorstellungen nur in immer neuem Anlauf beliebig nähern, ohne sie wirklich zu treffen. Der sprachliche Ausdruck wird dabei nicht kürzer, sondern immer komplizierter. Harris hat offensichtlich recht, wenn er erklärt, daß wir nur über das Universale zum Partikulären gelangen können und uns daher damit begnügen müssen, das Individuelle annäherungsweise als Kombination sich gegenseitig determinierender allgemeiner Begriffe auszudrücken. Niemand kann einen daran hindern, in dieser Art der Vertretung unendlich vieler Einzelvorstellungen durch eine begrenzte Zahl von Begriffskombinationen eine „Abkürzung" zu sehen – eine *abbreviation* im Sinne Horne Tookes ist sie nicht.

---

[634] Ebenda, 437.

Es bleibt nachzutragen, daß Horne Tooke einen großen Einfluß ausgeübt hat und über die Ausprägung der sprachanalytischen Philosophie, die von Bertrand Russell begründet wurde, weiterhin ausübt. So behandelt Russell in seiner *Theory of Description*[635] den Eigennamen als Substitut für eine „Beschreibung", d.h. als eine Art von *abbreviation*.

15.5 Bibliographische Hinweise

Seit dem Erscheinen der ersten Fassung der vorliegenden Übersicht hat sich die Quellenlage auf dem hier behandelten Gebiet erheblich verbessert: Die umfangreicheren Werke liegen fast alle in Neudrucken vor, die in der Regel in den größeren Bibliotheken vorhanden und somit verhältnismäßig leicht zugänglich sind. Auf die Reihen *English Linguistics 1500–1800* und *British Linguistics in the Eighteenth Century* sei ausdrücklich hingewiesen.[636] Die dort erschienenen Nachdrucke sind in der Regel mit informativen Einleitungen versehen.

In der Forschungsliteratur werden die in diesem Kapitel behandelten Autoren eher unter linguistischen als unter philosophischen Gesichtspunkten vorgestellt und diskutiert. Otto Funke behandelt Harris, Smith, Priestley, Lord Monboddo und vor allem Horne Tooke aus sprachphilosophischer Sicht.[637] Wenn auch die dort gelieferten Interpretationen heute nur noch mit kritischer Distanz rezipiert werden können, so ist das Buch allein aufgrund der Vollständigkeit der dort zusammengetragenen Informationen auch heute noch ein wichtiges Arbeitsinstrument. Verhältnismäßig ausführlich – allerdings vorwiegend aus sprachwissenschaftlicher Sicht – informiert Pieter A. Verburg.[638] Bei Cassirer und in dem von Tilmann Borsche herausgegebenen Sammelband[639] werden die hier vorgestellten Autoren nur am Rande behandelt. Die vollständigen bibliographischen Angaben zu den Einzeluntersuchungen, die sich für unsere Zwecke als besonders hilfreich erwiesen haben (Aarsleff 1982 und 1983; Breidert 1989; Formigiari 1973; Narr 1970; Schreyer 1976 und Swiggers 1994) finden sich in Teil III des Literaturverzeichnisses.

---

[635] Vgl. oben 8.3.

[636] *History of Linguistics: British Linguistics in the Eighteenth Century*, London und Tokio; *English Linguistics 1500–1800*, hrsg. von R.C. Alston, Leeds 1967–1972.

[637] Funke 1934.

[638] Verburg 1951/1998, chapt. 10.

[639] Cassirer 1923/2001; Borsche 1996.

16 Giambattista Vico

Auf unserem Gang durch die britische Sprachphilosophie des 18. Jahrhunderts sind wir an der Schwelle des 19. Jahrhunderts angelangt. Zu dieser Zeit erschien im abgelegenen Ostpreußen Immanuel Kants *Logik*, eine Art von Vorlesungsnachschrift, die von einem Schüler Kants, dem Königsberger Privatdozenten Gottlob Benjamin Jäsche ausgearbeitet worden war.[640] In der Einleitung zu diesem Werk heißt es, das Feld der Philosophie (nicht in der schulmäßigen, sondern in der „weltbürgerlichen“ Bedeutung des Wortes) lasse sich „auf folgende Fragen bringen“:
– Was kann ich wissen?
– Was kann ich tun?
– Was darf ich hoffen?
– Was ist der Mensch?[641]
Die letzte Frage ist die wichtigste; Kant deutet an, daß sich die drei ersten Fragen auf sie reduzieren lassen:

> Die erste Frage beantwortet die *Metaphysik*, die zweite die *Moral*, die dritte die *Religion*, und die vierte die Anthropologie. Im Grunde könnte man alles dieses zur Anthropologie rechnen, weil sich die drei ersten Fragen auf die letzte beziehen.[642]

Metaphysik, die Frage nach den Bedingungen und unüberschreitbaren Grenzen aller Erkenntnis, Moral, die Frage nach dem richtigen Verhalten, nach der „Praxis“, Religion, das Urteil über das letzte Ziel der *conditio humana*, waren damals fest etablierte Disziplinen. Nicht so die Anthropologie, zumindest nicht als philosophische Disziplin. Daß bereits zu Beginn des 18. Jahrhunderts im fernen Neapel ein Entwurf dieser philosophischen Disziplin entstanden war – großartig und bizarr zugleich –, konnte Kant nicht wissen. Der Begründer der philosophischen Anthropologie war damals noch weitgehend unbekannt, er sollte erst im 19. Jahrhundert »entdeckt« werden. Es war ein ständig mit finanziellen Schwierigkeiten kämpfender Professor der Rhetorik an der Universität Neapel namens Giambattista Vico. In seiner Sprachphilosophie finden sich Gedankengänge, die kein Sprachphilosoph zuvor verfolgt hatte. Wir wollen sie am Ort und zum Zeitpunkt ihrer Entstehung aufgreifen. Dazu müssen wir an das Ende des 17. Jahrhunderts und in ein intellektuelles Umfeld zurückkehren, in dem die Philosophie Descartes’ noch als bedrohliche Neuerung empfunden wurde.

Giovanni Battista Vico – die verkürzte Namensform *Giambattista* ist üblicher als der offizielle Taufname – wurde 1668 als sechstes von acht Kindern in Neapel geboren; sein Vater war ein mittelloser Buchhändler. „Der Vater war

[640] Kant 1800/1966.
[641] Ebenda, 447f.
[642] Ebenda, 448.

von heiterem Gemüt, die Mutter von ziemlich melancholischem Temperament, und so trugen sie beide das Ihre zur Wesensart ihres Sohnes bei“, berichtet er in seiner Autobiographie.[643] Nicht nur die Herleitung des eigenen Wesens aus den unterschiedlichen Temperamenten der Eltern erinnert an Goethe, sondern auch die Stilisierung des eigenen Lebens in der Beschreibung, die er auf Veranlassung eines Freundes zwischen 1725 und 1728 verfaßt hatte. Als Jahr seiner Geburt gibt er dort 1670 an; schon diese Einzelheit bereitet den modernen Leser darauf vor, daß er „Dichtung und Wahrheit“ zu erwarten hat.

Vico brachte sich die Fundamente seiner umfassenden humanistischen Bildung weitgehend auf autodidaktischem Wege bei – nicht allein aus finanziellen Gründen, sondern auch aus Abneigung gegenüber seinen Lehrern. Als einzige Fremdsprache beherrschte er das Lateinische wirklich vollkommen; wie weit seine Griechisch- und Französischkenntnisse reichten, läßt sich nicht mit Sicherheit sagen. Kennzeichnend für sein späteres Werk ist die enge Verflechtung philosophischer, philologischer und – darin liegt seine Besonderheit – juristischer, insbesondere rechtshistorischer Interessen. Im Gegensatz zu Descartes, Pascal, Spinoza, Locke, Leibniz und anderen bedeutenden Philosophen zeigte er kein ausgeprägtes Interesse an den Naturwissenschaften. Gegenüber den Formalwissenschaften Logik und Mathematik empfand er zeitlebens eine Art von Haßliebe. 1684 begann er das Studium beider Rechte in seiner Heimatstadt. Im Anschluß daran war er für einige Jahre Hauslehrer. 1695 kehrte er endgültig nach Neapel zurück und erhielt dort bald eine schlecht bezahlte Professur für Rhetorik, die er von 1699–1741 innehatte. Da er 1723 bei seiner Bewerbung um eine weit besser bezahlte Professur für Zivilrecht einem mittelmäßigen Konkurrenten unterlag, war er bis zum Ende seines Lebens genötigt, mit Huldigungsgedichten und sonstigen Gelegenheitsarbeiten zusätzlich Geld zu verdienen, um seine Familie zu ernähren. Wie sein Vater hatte auch er acht Kinder. Der ständige Umgang mit ihnen mag seine Auffassungen von der Heranbildung der Urteilskraft und dem Erwerb von Wissen beeinflußt haben, die sich deutlich von denen bedeutender Zeitgenossen unterschieden.[644]

Vicos früheste Schriften gingen aus den „Inauguralreden“ hervor, die er im Rahmen seiner universitären Pflichten zu halten hatte. Die 1708 publizierte Abhandlung *De nostri temporis studiorum ratione*[645] enthält *in nuce* die wichtigsten Gedanken seines späteren Hauptwerks. Kurz darauf folgte die Schrift *De antiquissima italorum sapientia ex linguae latinae originibus eruenda*. Sie wird gewöhnlich als *Liber metaphysicus* zitiert, da sie – aus sehr spezifischer Sicht – das erste Hauptgebiet der traditionellen Philosophie, die Metaphysik, behandelt. Die geplanten weiteren Teile, Naturphilosophie und Ethik, hat Vico nie ausgearbeitet. In den zwanziger Jahren des 18. Jahrhunderts veröffentlichte er eine Reihe von juristischen Abhandlungen, die er selbst unter dem italienischen

---

643 [„Il padre fu di umore allegro, la madre di tempra assai malinconica; e cosí entrambi concorsero alla naturalezza di questo loro figliuolo.“ Vico 1728/1965, 3].

644 Vgl. Hösle 1990, LX.

645 Vico 1708/1971.

Sammeltitel *Diritto universale* (Allgemeines Recht) zu zitieren pflegte, obwohl sie auf lateinisch verfaßt waren. Der erste Teil trägt den Titel *De universi iuris uno principio et fine uno,*[646] der zweite ist mit *De constantia iuris prudentis* überschrieben.[647]

Im Jahre 1725 erschien – in italienischer Sprache und damit für einen Teil der europäischen Gelehrtenwelt nicht lesbar – die erste Fassung von Vicos Hauptwerk, die heute allgemein als *Scienza nuova prima*[648] zitiert wird. Das Werk blieb fast völlig unbeachtet. In den *Nova literaria*, dem offiziellen Organ der Universität Leipzig, wurde eine kurze, vernichtende Rezension veröffentlicht, auf die Vico mit einer wütenden Verteidigungsschrift reagierte.[649] 1730 gab er seine *Scienza nuova* in umgearbeiteter und gestraffter Form neu heraus. Die endgültige, mit zahlreichen Zusätzen und Modifikationen versehene letzte Fassung dieser *Scienza nuova seconda* erschien 1744, wenige Wochen nach dem Tod des Verfassers.[650]

16.1 Verschiedene geschichtliche Perspektiven des Vico-Verständnisses und Standortbestimmung der eigenen Interpretation

Im 12. Kapitel seiner der Sprachphilosophie des Humanismus gewidmeten Habilitationsschrift spricht Karl Otto Apel von „drei geschichtlichen Perspektiven des Vico-Verständnisses." Das Lebenswerk des Neapolitaners sei in der Philosophiegeschichte „durch drei ‚vorgängige Hinblicknahmen' [...] aufgeschlossen worden".[651]

Die erste Perspektive sei diejenige, die im „Aufgang des geschichtlichen Bewußtseins" das Grundmotiv des Vicoschen Denkens sieht, die seine philosophische Grundlegung der Geisteswissenschaften besonders hervorhebt und in der „deutschen Bewegung" von Herder bis Hegel die legitime Fortsetzung der Vicoschen Philosophie erkennen will. Als wichtigste Manifestation dieser ersten Perspektive in Italien wird Benedetto Croces Buch über Vico genannt.[652] Man könnte auch Croces Schüler Andrea Sorrentini oder Fausto Nicolini, dem wir die erste kritische Ausgabe der *Scienza nuova* verdanken, zu den Vertretern dieser Perspektive rechnen.

Die zweite Perspektive nehmen, Apel zufolge, diejenigen Forscher ein, die bei Vico die von Croce vernachlässigten „theologisch-philosophischen Motive" betonen, die in Vico einen „Barockmetaphysiker" sehen und gegen Croce „die

646 Vico (1914–1941), Bd. II, 1.
647 Vico (1914–1941), Bd. II, 2.
648 Der genaue Titel lautet: *Principi di una scienza nuova intorno alla natura delle nazioni per la quale si ritruovano i principi di altro sistema del diritto naturale delle genti* (= Vico 1725/1971).
649 Vico 1729/1971.
650 Vico 1744/1971; in Belegen abgekürzt *SNS*.
651 Apel 1963, 318.
652 Croce ^{6}1962.

mystische Harmonie menschlichen Schaffens und göttlicher Vorsehung in Vicos Geschichtstheologie" herausstellen. Als wichtigsten Vertreter dieser Perspektive nennt Apel den Literaturwissenschaftler Erich Auerbach, der eine (heutigen Ansprüchen nicht mehr genügende) Teilübersetzung der *Scienza nuova* angefertigt hat,[653] und Vinzenz Rüfner, der in seiner Einleitung zu einer deutschen Übersetzung der Vicoschen Autobiographie die „katholisch-metapysische" Sichtweise des Neapolitaners herausarbeiten möchte.[654] Zu dieser zweiten Perspektive könnte man unter anderen auch Jules Chaix-Ruy und Lorenzo Giusso zählen.[655] Der zuletzt Genannte stellt Vico in den geistesgeschichtlichen Rahmen des Cartesianismus und bemüht sich, Bezüge zu Nicolas Malebranche (1638–1715), d.h. zu einem »christianisierten« Cartesianismus herzustellen.

Der dritten Perspektive rechnet Apel die Interpreten zu, die Vico im Rahmen spezifisch italienischer geistesgeschichtlicher Traditionen verstehen wollen und in ihm einen Fortführer des italienischen Humanismus sehen. Es gebe nämlich „gewisse Eigenheiten des italienischen Philosophen, die weder aus dem Sinnzusammenhang der europäischen Barockmetaphysik noch aus der Perspektive des deutschen Idealismus und Historismus voll zu würdigen" seien. Dazu gehöre „die spezifische Bedeutung der Sprache" für Vicos Denken, ein Denken, das er als „methodisch durch die ständige Wechselbeziehung von Gesichtspunkten der Philosophie, Rhetorik, Poetik und Jurisprudenz charakterisiert" sieht.[656] Die „*Vico* eigene transzendentalphilologische Zusammenschau der Geistesgeschichte" habe sich in der „deutschen Bewegung" nicht wiederholt, wenn man von Herder absehe, dem wiederum „die transzendentalphilosophische Schärfe" abgehe:

> Die große deutsche Transzendentalphilosophie des ‚Bewußtseins' von *Kant* bis *Hegel* fand sich mit der großen Sprachphilosophie *Herders* und *Humboldts* bis heute nicht wirklich zusammen, und *W. Diltheys* Wiederholung der Vicoschen Grundlegung der ‚verstehenden' Geisteswissenschaften ließ [...] die Sprachphilosophie (und weitgehend auch die Jurisprudenz) aus.[657]

Als wichtigsten Vertreter dieser dritten Perspektive, die durch „die Rückbesinnung auf die Eigenart und kontinuierliche Tradition des italienischen Humanismus [...] einen dritten historischen und systematischen Schlüssel zum Verständnis Vicos" geliefert habe, nennt Apel den italienisch-deutschen Philosophen Ernesto Grassi.[658]

Diesen drei Perspektiven möchten wir eine vierte, von Apel nicht erwähnte hinzufügen, nämlich die von Nicola Abbagnano, der in Vico einen Vertreter der europäischen Aufklärung sieht.[659] Enzo Pacis existenzialistische Vico-Inter-

---

653 Vico/Auerbach 1924. Vgl. Hösle 1990, CCLXXV.
654 Rüfner 1948.
655 Chaix-Ruy (Hg.) 1946; Giusso 1943.
656 Zu den drei Perspektiven insgesamt vgl. Apel 1963, 318f.
657 Ebenda, 319.
658 Ebenda.
659 Vgl. Abbagnano 1966.

pretation,[660] die bei Grassi zum Teil bereits angelegt ist, könnte eine fünfte, die Interpretation im Rahmen der modernen Semiotik bzw. „Sematologie“[661] eine sechste Perspektive der Vico-Exegese liefern; es wird wohl nicht die letzte sein. Zu Recht läßt Apel die rein katholische Vico-Interpretation, deren anti-reformatorische Komponente neuerdings wiederbelebt wurde,[662] ebenso außer Acht wie die von Auguste Comte begründete positivistische Interpretation.[663]

Die von Apel unterschiedenen drei Perspektiven wurden als Hilfe für die Bestimmung unseres eigenen Standorts herangezogen; wir können sie schon rein formaliter nicht ohne Modifikationen akzeptieren und wir werden die einzelnen „Perspektiven“ – ebenso wie die von uns selbst hinzugefügten – darüber hinaus in inhaltlicher Hinsicht kritisieren.

Wenn man Apels Schema auf seine eigene Vico-Interpretation anwendet, so gehört er im wesentlichen zur dritten Perspektive. Ihm „erschließt sich [...] die Philosophie *Giambattista Vicos* [...] als die späte Entfaltung der geheimen Metaphysik des römisch-italienischen ‚Sprachhumanismus‘“.[664] Er möchte Vico als konsequenten Fortführer der Ideen des Humanismus und seine Philosophie als Entfaltung einer Metaphysik verstanden wissen, die im Humanismus bereits im Keim angelegt gewesen wäre. Er leugnet nicht, daß ein Zusammenhang zwischen Vico und der „deutschen Bewegung“ besteht, erklärt diesen jedoch nicht durch einen direkten Einfluß Vicos auf Hamann und Herder, sondern führt ihn auf eine gemeinsame Quelle zurück, nämlich auf die „christlich-neuplatonische Logosmetaphysik“ deren Grundgedanken er bei Nikolaus von Kues (Nicolaus Cusanus, 1401–1464) am klarsten ausgeprägt sieht.[665]

Unsere eigene Interpretation entspricht am ehesten der ersten Perspektive des Apelschen Schemas, wobei gleich hinzugefügt werden muß, daß sie nicht in allen Punkten mit derjenigen Croces übereinstimmt. Weit stärker als bei Croce soll hier die Linie Vico-Herder-Hegel (insbesondere in sprachphilosophischer Hinsicht) betont werden.[666]

Apels zweite Perspektive enthält erst recht Elemente, die zurückgewiesen werden müssen. Denjenigen, die die katholisch-metaphysische Sicht Vicos herausstreichen, soll zugestanden werden, daß Vico zweifelsohne ein gläubiger Christ war. Seine Philosophie ist die eines Christen, aber das macht sie noch nicht zu einer „christlichen“ Philosophie. Ebensowenig läßt sich seine Philosophie als „Geschichtstheologie“ begreifen. Die Versuche, Vico in die Nähe des Cartesianismus zu rücken, insbesondere in die Nähe des christlichen Cartesianismus eines Malebranche, scheinen uns ebensowenig berechtigt. Es ist sattsam bekannt, wie entschieden Vico gegen Descartes Stellung genommen hat. Seine

---

660 Vgl. Paci 1949 und 1969.
661 [Vgl. u.a. Trabant 1994 und 1996 sowie Trabant (Hg., 1995).]
662 [Vgl. Lilla 1993.]
663 [Vgl. Hösle 1990, CCLXXII.]
664 Apel 1963, 319.
665 Vgl. ebenda, 320; 324ff.
666 [Das kann allerdings erst im zweiten Band dieser Übersicht geschehen.]

Sprachphilosophie spricht ebenfalls gegen eine Nähe zum Cartesianismus. Die Berührungspunkte sind sehr allgemeiner Natur: Nur in dem Maße, in dem der Cartesianismus eine Philosophie des Menschen ist und nur insoweit die Cartesianer selbst gegen Descartes Stellung nehmen, kann von einer Verwandtschaft zwischen Vico und dem Cartesianismus die Rede sein. Vicos Kritik geht allerdings weiter als die der Cartesianer.

Was Apels dritte Perspektive betrifft, so stimmt es zwar, daß Vico eine spezifisch italienische Tradition fortführt und daß sein Denken in engem Zusammenhang mit dem der italienischen Humanisten gesehen werden muß. Das ist jedoch nur in dem Maße richtig, in dem Vicos Philosophie das Arbeitsgebiet der Humanisten berührt, es gewissermaßen mit ihnen teilt. Die Humanisten sind Philologen. Sie haben die Historizität des Menschen und insbesondere die Historizität der Sprachen bei der Ausübung ihrer Tätigkeit entdeckt. Damit gelangen sie jedoch nicht zu einer kohärenten Philosophie, und daher kann man auch schwerlich von einer „geheimen Metaphysik" des Humanismus sprechen, wie Apel es tut. Richtig ist, daß Vico zum Teil mit dem platonisierenden Humanismus im Einklang steht; um so mehr trennt ihn vom Aristotelismus gewisser Humanisten. Vico konzentriert sein Interesse auf die Hervorbringung des Menschen. Ein *Elogium hominis* im Sinne der *Elogia*, die wir bei verschiedenen Humanisten finden, hat er nicht abgegeben. Im übrigen läßt sich die humanistische Komponente seines Denkens schwer mit der von Apel behaupteten Nähe zu Nikolaus von Kues in Einklang bringen. Zwar geht Vico, ähnlich wie der Cusaner, von der Annahme aus, mit der Idee der Mathematik habe sich der Mensch die einzige Möglichkeit geschaffen, die eigenen Schöpfungen zum alleinigen Maßstab der Wahrheit zu machen (*verum-factum*-Prinzip), doch weist seine konkrete Bewertung der Mathematik in eine ganz andere Richtung als die des Cusaners; von diesem führt der Weg über Descartes zu Leibniz.

Die beiden anderen von uns hinzugefügten Perspektiven sind ebenfalls kaum annehmbar. Was immer man vom behaupteten „Antimodernismus" Vicos halten möchte – es kann nicht geleugnet werden, daß er gegen die Philosophie seiner Zeit Stellung bezogen hat und daher nicht für die Aufklärung vereinnahmt werden kann. Gewisse Berührungspunkte des Vicoschen Denkens mit dem Empirismus sind sicherlich vorhanden, sie sind jedoch für seine Philosophie insgesamt nicht maßgebend. Die existenzialistische Vico-Interpretation hat einige Züge bei Vico entdeckt, die von den Vertretern anderer Positionen übersehen wurden, sie kann deswegen jedoch nicht als Königsweg zum Verständnis Vicos herangezogen werden. Zwar schreibt Vico ausdrücklich, Descartes hätte statt *cogito ergo sum* besser *cogito ergo existo* sagen sollen; in seiner Antwort auf eine Kritik an seiner Schrift *De antiquissima italorum sapientia* heißt es:

Und hier kann ich nicht darüber hinwegsehen, daß sich Descartes ungenau ausdrückt, wenn er meditiert: „Ich denke, also bin ich". Er hätte sagen sollen: „Ich denke, also existiere ich."[667]

„Existieren" bedeutet jedoch bei Vico nicht einfach nur „Dasein" wie bei den Existenzialisten, sondern „aus etwas hervorgegangen sein", „auf etwas sein", „durch eine Substanz verkörpert sein".

Was die „sematologische" Perspektive betrifft, so ist es wohl noch zu früh, um ihre Tragweite abzuschätzen.

16.2 Gründe für die Schwierigkeiten der Vico-Interpretation

Die erheblichen Unterschiede zwischen den soeben skizzierten Positionen der Vico-Interpretation hängen nicht zuletzt mit den außerordentlichen Schwierigkeiten zusammen, die die Lektüre der Vicoschen Schriften bereitet. Diese Schwierigkeiten sind auf ganz unterschiedliche Gründe zurückzuführen:

Zunächst gilt es festzuhalten, daß es bei Vico keine geradlinige Entwicklung der Kerngedanken innerhalb des Gesamtwerks gibt. Wir haben es nicht mit einer einheitlichen Idee, sondern mit zwei unterschiedlichen Auffassungen ein und desselben Gegenstandes zu tun, die nur partiell miteinander zusammenhängen. In seiner Autobiographie deutet Vico an, daß es zwischen der Abfassung des *Liber metaphysicus* und des *Diritto generale* eine Art von „Entdeckung" gegeben habe, durch die er zu einer Neuordnung seiner Gedanken veranlaßt worden sei.[668]

Außerdem gleicht Vicos Werk auch materialiter jener *ingens silva*, jenem ungeheuren Urwald, von dem im Titel des bereits erwähnten Werks von Enzo Paci die Rede ist.[669] Vicos Stil ist sehr kompliziert, dunkel und oft wirr, die Lektüre seiner Werke verwirrt den unbedarften Leser. Zahlreiche Wiederholungen mit synomischer Variation, d.h. ohne terminologische Kohärenz, erschweren das Verständnis. Obwohl er sein Hauptwerk immer wieder neu geschrieben hat (es gibt drei vollständige und mindestens zwei weniger bekannte unvollständige Fassungen),[670] wird seine Darstellung dadurch nicht klarer und konziser, wie man erwarten könnte, sondern – im Überschwang der Freude über neue Einsichten – immer metaphorischer und dunkler.

Darüber hinaus sind weder der Gegenstand noch das Ziel seiner Bemühungen eindeutig abgegrenzt. Die *Scienza nuova* möchte eine Philosophie der Geschichte sein; sie ist jedoch auch eine Philosophie der menschlichen Tätigkeiten, die eine Geschichte haben, und damit gleichzeitig Ästhetik, Sprachphilosophie, ja sogar Psychologie und Rhetorik – alles in allem philosophische Anthropolo-

---

667 „E qui non posso non notare che con impropri vocaboli Renato parla, ove medita: »Io penso, dunque sono«. Avrebbe dovuto dire: »Io penso, dunque esisto« …; Vico 1711/1971, 143.

668 Vgl. Vico 1728/1965, 46ff.

669 Vgl. Paci 1949.

670 Vgl. Hösle 1990, LXXXVff.

gie. Anhand der geschichtsphilosophischen Thesen, die mit seinem Namen verbunden sind, läßt sich dies besonders gut aufzeigen: Bekanntlich unterscheidet Vico drei geschichtliche Stadien, die er metaphorisch „Zeitalter der Götter“, „Zeitalter der Heroen“ und „Zeitalter der Menschen“ nennt. Weiterhin geht er von einem zyklischen Verlauf der Geschichte aus: In sogenannten *ricorsi* („Wiederkehren“) müssen diese Stadien immer wieder durchlaufen werden.[671] Der philosophische Sinn dieser These zielt auf die ideale (nicht an die kalendarische Zeit gebundene) Geschichte; Vico versichert dies an verschiedenen Stellen seines Werks. Gleichzeitig beansprucht das Schema jedoch auch Gültigkeit für die konkrete Geschichte. Die Griechen, die Römer, die Italiener, alle Kulturvölker mit Ausnahme der Juden des Alten Testaments sollen die Stadien der Götter, der Heroen und der Menschen durchlaufen haben. Auf dieser konkreten Ebene bereitete vor allem die These von der zyklischen Wiederkehr Schwierigkeiten. Im Zeitalter der Götter waren die Menschen stumm. Müssen sie von neuem verstummen, wenn dieses Stadium wiederkehrt? Im übrigen sollen diese verschiedenen Stadien auch für die Geschichte des einzelnen gelten. In dieser Hinsicht beinhaltet Vicos Theorie eine entwicklungspsychologische Komponente – gewisse Parallelen bei Hegel sind nicht zu übersehen. Den frühen Stadien entsprechen die schöpferischen Tätigkeiten des Menschen, die Dichtung und die Kunst, der späten Phase entsprechen die theoretischen Tätigkeiten; die Kunst mündet in die Ästhetik, die Dichtung in die Poetik.[672]

Schließlich ist Vicos Argumentation – vor allem wenn er sich auf das Gebiet der Philologie und der Sprachbetrachtung begibt – äußerst naiv und dazu häufig völlig willkürlich. Das zeigt sich vor allem in seinen auf Etymologien gestützten Beweisführungen. Man muß ihm zugutehalten, daß zu seiner Zeit noch keine wissenschaftliche etymologische Methode zur Verfügung stand. Seine eigentliche Schwäche beruht jedoch auf der Neigung, jede These durch Autoritäten, vor allem sprachliche Fakten, zu untermauern, auch dann, wenn es gar nicht nötig ist. Anläßlich seiner oben erwähnten Kritik am Descartesschen *cogito* entschuldigt er sich sogar dafür, daß er den Unterschied zwischen *esse* und *existere* nicht aus den Anfangsgründen der lateinischen Sprache abgeleitet habe.[673]

16.3 Ein zweifacher Deutungsrahmen für die Vico-Interpretation

Zum besseren Verständnis der Vicoschen Sprachphilosophie sollen seine Fragestellungen innerhalb eines zweifachen Deutungsrahmens vorgestellt werden: Zunächst, ex negativo, vor dem Hintergrund eines Leibnizschen Schemas zu den Stufen der Erkenntnis und im Anschluß daran, positiv, im Rahmen von Vicos eigener Erkenntnistheorie.

---

671 Vgl. *SNS*, 5. Buch und Croce ^{6}1962, Kap. XI.

672 Vgl. u.a. Hösle 1990, CLXXXVIff.

673 „Confesso in verità non averlo dedotto da' principi della latina favella“; Vico 1711/1971, 143.

Vico hatte eine hohe Meinung von Leibniz. Newton und Leibniz galten ihm als die herausragenden *ingenia* seiner Epoche. Dennoch beschritt er einen anderen Weg als die von ihm bewunderten Gelehrten. Ein häufig zitiertes Schema, in dem Leibniz die Stufen zur vollkommenen Erkenntnis dargestellt hat, soll uns dabei helfen, die Eigenart der Vicoschen Position im Gegensatz zu derjenigen Leibnizens und – cum grano salis – auch der Cartesianer herauszuarbeiten. In seiner 1684 veröffentlichten Schrift *Meditationes de cognitione, veritate et ideis* skizziert Leibniz die *gradus ad cognitionem*, die von der ersten dunklen Intuition bis zur wissenschaftlichen Erkenntnis führen:

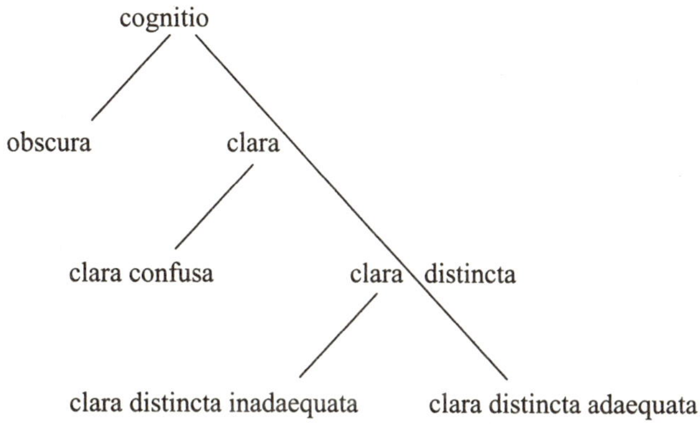

„Dunkel“ (*obscura*) ist die Erkenntnis, wenn sie mit keinem Begriff verbunden und daher aus dem Gedächtnis nicht wieder abgerufen werden kann; klar ist sie, wenn sie begrifflich erfaßt ist. Klar, aber „verworren“ (*confusa*) bleibt sie, wenn sie nicht begründet werden kann. Lassen sich hingegen einzelne Elemente des Erkenntnisinhalts isolieren und argumentativ aufeinander beziehen, so ist die Erkenntnis klar und deutlich (*distincta*). Inädaquat bleibt diese Art der Erkenntnis, solange sich nur einige Gründe zu ihrer Rechtfertigung angeben lassen, wie es in der Technik und den angewandten Wissenschaften der Fall ist. „Adäquat“ wird die klare und deutliche Erkenntnis erst dann, wenn alle Gründe, gegebenenfalls auch die „Gründe der Gründe“, zu ihrer Rechtfertigung angeführt werden können. In diesem Fall wurde die wissenschaftliche Erkenntnis, die Erkenntnis *par excellence* erreicht. Eine weitere von Leibniz getroffene Unterscheidung, die zwischen symbolischer und intuitiver Erkenntnis, spielt in diesem Zusammenhang keine Rolle.[674]

Charakteristisch für Leibniz wie für den Cartesianismus ist die Absolutsetzung der wissenschaftlichen Erkenntnis, der *cognitio clara distincta adaequata*. Nur bei ihr handelt es sich um »wirkliche« Erkenntnis. Leibniz läßt die übrigen von ihm identifizierten Stufen als provisorische Stadien gelten, die überwunden werden müssen. Und gerade hierin liegt die entscheidende Differenz zwischen Vico auf der einen und Leibniz sowie den Cartesianern auf der anderen Seite.

[674] Vgl. Leibniz (1875–1890), IV, 422–426.

Vico möchte die Autonomie bestimmter philosophischer Disziplinen – so z.B. der Ästhetik und der Sprachphilosophie – dadurch begründen, daß er die von Leibniz als vorläufig und unvollkommen angesehenen *Stufen* als eigenständige *Formen* der Erkenntnis gelten läßt, die sich (in einem anderen Sinn als bei Leibniz) als bestimmten menschlichen Tätigkeiten angemessen (adäquat) erweisen. Es geht dabei in erster Linie um die τέχναι, um die Künste und Fertigkeiten, bei denen intuitiv Erkanntes ohne hinzutretende Reflexion unmittelbar »veräußerlicht« wird. Sogar in der Tradition der Leibnizschen Philosophie zeigt sich eine Tendenz zur Höherbewertung dieser von Leibniz selbst als provisorisch eingestuften Erkenntnisformen. Alexander Gottlieb Baumgarten (1714–1762), ein Schüler Wolffs und damit ein »intellektueller Enkel« Leibnizens bezieht sich in seinem zwischen 1750 und 1758 entstandenen zweibändigen Werk *Aesthetica* auf das oben angeführte Schema und erklärt die *cognitio clara confusa* zu der für den Bereich der Sprache und der Kunst maßgeblichen Form der Erkenntnis. Die Gewißheit, die diese Form der Erkenntnis begleite, bedürfe keiner Begründung. Vico geht noch etwas weiter. Seine Leistung liegt in dem Bemühen, die ganze Philosophie auf der Grundlage dieser von seinen Zeitgenossen geringgeschätzten Formen der Erkenntnis neu aufzubauen und zu gestalten.

Damit wären wir beim zweiten Deutungsrahmen angelangt, der uns beim Verständnis von Vicos Sprachphilosophie helfen soll. Dieses Mal geht es nicht um eine Abgrenzung von andersartigen Positionen. Es geht um das Gesamtgebäude der Vicoschen Philosophie selbst, das gründlicher als bei den meisten anderen hier behandelten Philosophen vorgestellt werden muß, um die Voraussetzungen für das Verständnis der sprachphilosophischen Komponente zu schaffen. Vico behandelt nämlich die Sprache nicht nur nebenbei, in bezug auf einen anderen Gegenstand; sie ist eines der zentralen Themen seiner Philosophie.

Der Kern der Vicoschen Philosophie beruht auf zwei erkenntnistheoretischen Prinzipien: auf der Unterscheidung zwischen *verum* und *certum* einerseits und auf der Gleichsetzung von *verum* und *factum* andererseits. Das *certum* betrifft das Subjekt der Erkenntnis, die Sicherheit seines Wissens. Dem entspricht die *cognitio clara confusa* bei Leibniz, die Baumgarten als maßgebend für den Bereich der τέχναι, der *artes* ansah. Das *verum* betrifft in erster Linie das Objekt der Erkenntnis, die Erkenntnis des Gegenstandes im Kontext der Gründe und Ziele seines Seins. „Wahrheit" ist aber darüber hinaus auch eine Eigenschaft des Erkennens, nämlich derjenigen Erkenntnis, die den Kausalzusammenhang ihres Gegenstandes erfaßt. Dem würde im Leibnizschen Schema die *cognitio clara distincta adaequata* entsprechen, die voll begründete wissenschaftliche Erkenntnis. Auch für Vico ist nämlich die wahre Erkenntnis ein Erkennen *per causas*; er versteht jedoch darunter nicht die „Wirkursachen" (*causae efficientes*) der Naturwissenschaften, sondern die letzten Ursachen, die dem Gegenstand seinen Sinn verleihen. Es geht also um das „Wozu" des Gegenstandes, um seine Finalität.[675]

---

[675] [Zur Unterscheidung der vier Arten von „Ursachen" (αἰτίαι) bei Aristoteles vgl. 6.2.2 Fn. 110.]

Sein zweites erkenntnistheoretisches Prinzip hat Vico in zwei häufig zitierte Formeln gekleidet: *verum et factum convertuntur* „das Wahre und Geschaffene fallen zusammen" oder *il criterio per aver scienza di una cosa è di mandarla ad effetto* „Kenntnis von einem Gegenstand kann nur der haben, der ihn herstellen kann". Dieses sogenannte *verum-factum*-Prinzip hat ihn berühmt gemacht. Nur derjenige kann wirkliches Wissen von einem Gegenstand haben, der ihn selbst geschaffen hat. Formaliter entspricht dieses Wissen der *scientia*, der höchsten und eigentlichen Form der Erkenntnis bei Leibniz, nicht jedoch hinsichtlich des von Leibniz intendierten Gegenstandsbereichs: Diese höchste Form der Erkenntnis ist ja nur dann möglich, wenn das Subjekt der Erkenntnis deren Gegenstand selbst hervorgebracht hat. Dies ist aber nur bei den Schöpfungen des Menschen der Fall, die bislang gerade nicht zu den privilegierten Gegenständen der wissenschaftlichen Erkenntnis gehörten.

Ganz allmählich, selbst für den aufmerksamen Leser nicht leicht nachvollziehbar, kristallisiert sich bei Vico eine Unterscheidung dreier Gegenstandsbereiche heraus, innerhalb derer seine beiden erkenntnistheoretischen Prinzipien verschiedene Anwendungen finden:

Die *Natur* ist der Bereich des *verum* allein. Hier gibt es kein *certum* für die menschliche Erkenntnis, da *verum* und *factum* getrennt sind. Auch die Naturgegenstände haben ihre Wahrheit; sie ist jedoch für den Menschen nicht mit Gewißheit zu erkennen.

Die *Mathematik* ist der Bereich, in dem *certum* und *factum* übereinstimmen. Die mathematischen Gegenstände sind vom Menschen geschaffen und somit für ihn auch mit Gewißheit erkennbar. Es handelt sich jedoch um rein formale Konstruktionen, ohne eigene Wahrheit, ohne »Realität«; das *verum* geht ihnen ab.

Der *mondo civile*, die vom Menschen geschaffene und damit der Geschichte unterworfene Welt, ist das Gebiet, in dem *verum* und *factum* zusammenfallen, wobei beide darüber hinaus mit dem *certum* übereinstimmen. Diese Welt steht auf einer höheren Stufe als die Mathematik, weil sie von ihren Gegenständen her „wahr" (*realis*) ist. Es handelt sich um den Bereich der menschlichen Tätigkeiten und Institutionen: Mythos, Sprache, Kunst und Recht. Vico rechnet noch nicht expressis verbis die Religion und die Philosophie hinzu, das werden erst die deutschen Philosophen im Zeitalter der Romantik tun. Für Vico sind somit die *artes* die eigentlichen Gegenstände der *scientia*. Die wirklich „sicheren" Wissenschaften sind für ihn diejenigen, die Wilhelm Dilthey (1833–1911) sehr viel später und in einem anderen Argumentationszusammenhang „Geisteswissenschaften" nennen wird.

Vico hat diese von ihm „entdeckte" Form der Philosophie und der Wissenschaft selbstbewußt *Scienza nuova* „Neue Wissenschaft" genannt. Es geht ihm dabei sicherlich nicht um die Kenntnis der einzelnen Fakten, sondern um das philosophisch begründete Wissen in bezug auf die Prinzipien, die jeder Mensch in sich selbst vorfindet. Es handelt sich also um eine Wissenschaft des Verstehens, um eine „verstehende" Wissenschaft. Der Mensch kann sehr viel über die Natur wissen, er kann sie jedoch nicht im eigentlichen Sinn verstehen, da er sie nicht selbst geschaffen hat. Ganz anders verhält es sich mit dem *mondo civile*, mit der vom Menschen – als Individuum und/oder als Kollektivum – hervorgebrachten Welt. Von dieser Welt ist nicht nur ein Wissen möglich, sie kann verstanden werden. Um Vicos Sprachphilosophie zu verstehen, müssen wir versuchen, die Stellung der Sprache in dieser Welt des Menschen zu bestimmen.

Es wurde bereits erwähnt, daß Vico nur allmählich und auf einem nicht leicht zu verfolgenden Weg zu der oben dargestellten Auffassung gelangt. In den frühen Schriften sind die *artes* Vorstufen der *scientia*; erst später werden sie zu ihrem Gegenstand. Die Kontinuität besteht lediglich in den Grundprinzipien.

Bereits in der frühen Schrift *De nostri temporis studiorum ratione* sind die beiden oben erläuterten erkenntnistheoretischen Prinzipien vorhanden. Darüber hinaus wird die Bedeutung der *litterae* oder *humanitates*, der Geisteswissenschaften *ante litteram*, hervorgehoben, allerdings noch nicht als eigentlicher Gegenstand der Wissenschaft wie später in der *Scienza nuova*.

Vico entwickelt seine Argumente aus der Polemik gegen Descartes' Kritik an den *humanae litterae*. In den *Regulae ad directionem ingenii* lesen wir, es sei geradezu schädlich, zuviel Zeit auf das Studium der alten Schriftsteller zu verwenden, denn wenn wir es täten, würden wir damit offenbar nicht Wissenschaften, sondern „Geschichte(n)" erworben haben.[676] Descartes mißt dem Studium der *humanitates* geringen Wert bei. Er will alle Erkenntnis auf rationale Evidenz zurückführen, auf die *more geometrico* beweisende Vernunft. Dagegen wendet sich Vico mit Empörung. Es geht ihm in seiner Frühschrift vor allem darum, die Würde der *artes* gegenüber Descartes und seiner Schule zu verteidigen. Ähnlich argumentiert etwas später der Deutsche Baumgarten in seinem Bemühen, auf der Grundlage von Poetik und Rhetorik die Ästhetik als »wissenschaftsfähige« Disziplin zu etablieren. Vico geht es in seiner Auseinandersetzung mit Descartes zunächst einmal darum, den besonderen Wert und die Autonomie des *certum* gegenüber dem *verum* herauszustellen. Es gebe nämlich sicheres menschliches Wissen, das sich nicht auf rationale Evidenz zurückführen lasse. Grundlegende Bereiche des menschlichen Lebens – Vico nennt in diesem Zusammenhang *artes* wie Rhetorik, Poetik, Geschichtsschreibung sowie die *prundentia vitae*, die Lebensklugheit – beruhten nun einmal nicht auf rationaler Wahrheit im Sinne Descartes', sondern auf Wahrscheinlichkeit und Plausibilität (*verisimile*). Der *ratio* des Descartes, die die Wahrheit des schon Bekannten beurteilt, stellt Vico daher das *ingenium* gegenüber, das fähig ist, etwas gänzlich Neues zu entdecken oder zu erfinden. Es geht ihm also um die Kreativität. Descartes' *ratio* entspricht als intellektuelle Disziplin die *Kritik*. Ihr stellt Vico die dem *ingenium* zugehörige Disziplin gegenüber, die *Topik*, die Lehre von der Auffindung geeigneter Argumente zur schlüssigen Behandlung der unterschiedlichsten

[676] „ita enim non scientias videremur didicisse, sed historias", *Regulae* III, 2 = Descartes 1973, 16. Vgl. ebenfalls Descartes' Geringschätzung der *humanitates*, die er im ersten, autobiographischen Teil des *Discours de la méthode* zum Ausdruck bringt und die Vico zutiefst getroffen zu haben scheint.

Gegenstände.[677] Als eine *ratio inveniendi* sei sie der Cartesischen *ratio iudicandi* gegenüber primär:

> ... denn wie die Auffindung der allgemeinen Beweisgründe von Natur aus der Beurteilung ihrer Stichhaltigkeit vorausgeht, so muß bei den Gegenständen des Unterrichts die Topik der Kritik vorausgehen.[678]

Zu den *artes*, die der Phantasie und dem Gedächtnis entspringen und daher der Topik, nicht der Kritik unterliegen, rechnet er die oben aufgeführten Disziplinen und dazu, neben der *prudentia vitae* auch die *prudentia iuris*, die Jurisprudenz. Das *verum-factum*-Prinzip findet sich schon in dieser frühen Schrift, allerdings nur im Hinblick auf die Mathematik und deren Abgrenzung gegenüber der Physik:

> ... geometrica demonstramus, quia facimus; si physica demonstrare possemus, faceremus. In uno Deo Opt. Max. sunt verae rerum formae, quibus earumdem est conformata natura.[679]

> „... die geometrischen Gegenstände beweisen wir, weil [indem] wir sie herstellen; könnten wir die physischen beweisen, so würden wir sie herstellen. Allein in Gott, dem Allmächtigen, sind die wahren Formen der Dinge, da nach ihnen die Natur gestaltet ist."

Man dürfe den *mos geometricus*, die geometrische Methode nur auf die formalen Objekte anwenden, weil sie weder für die Natur noch für den Bereich des *verisimile* geeignet sei. Den zahlreichen *artes* stellt Vico die eine *scientia* gegenüber, die einzige Tätigkeit, durch die sich der Mensch als schöpferisches Wesen ausweist: die Mathematik.

Diese Idee ist keineswegs neu. Sie erscheint bei Nikolaus von Kues, bei verschiedenen Humanisten und in der Schrift *De homine*[680] von Thomas Hobbes. Auch die Idee, daß die Natur nicht wirklich erkannt werden könne, wurde schon vorher geäußert, wie Benedetto Croce gezeigt hat.[681] So schreibt z.B. der italienische Arzt und Mathematiker Geronimo Cardano (1501–1576), bei einem Dreieck falle die Konstruktion des Objekts mit dem Wissen um seine definitorischen Eigenschaftenschaften zusammen: drei Winkel, deren Summe zwei rechten Winkeln entspricht. Das „Machen-können" wird zum Wahrheitskriterium.[682]

---

677 [Vgl. u.a. Apel 1963, 138ff. Bei Aristoteles bildet die *Topik* zusammen mit den *sophistischen Widerlegungen* den vierten Teil des *Organon*; vgl. oben 6.1.2. Kant hat sich später eher abfällig über diese Disziplin geäußert, vgl. *Kritik der reinen Vernunft*, B 324f.]

678 „nam ut argumentorum inventio prior natura est, quam de eorum veritate diiudicatio, ita topica prior critica debet esse doctrina", *De nostri temporis* III = Vico 1708/1971, 797.

679 Ebenda IV = ebenda, 803.

680 [Erstmals 1658. Es handelt sich um den 2. Teil der *Elementa philosophiae*.]

681 Vgl. Croce [6]1962, 4.

682 „Scientia vero mentis, quae res facit, est quasi ipsa res, veluti etiam in humanis scientia trigoni, quod habeat tres angulo [sic] duobus rectis aequales, eadem ferme est ipsi veritate", zit. nach Apel 1963, 323.

Noch deutlicher tritt dieser Ideenkomplex bei Nikolaus von Kues in Erscheinung, wie Apel zu Recht betont. Auch für ihn liegt in der Mathematik das einzig sichere Wissen des Menschen. Apel zitiert ausführlich, teils in deutscher Übersetzung, teils im Originalwortlaut aus der Schrift *De possest*:[683]

> In den mathematischen Gebilden, welche aus unserem Verstand hervorgehen und von denen wir durch Erfahrung wissen, daß sie in uns ihr Prinzip haben, wissen wir ebenso genau (praecise), d.h. in der Weise einer rationalen Präzision, um unsere bzw. die Verstandesdinge (nostra seu rationis entia), wie die realen Dinge durch die göttliche Präzision, aus der sie ins Sein hervorgingen, gewußt werden. [...] Sed opera divina, quae ex divino intellectu procedunt, manent nobis, uti sunt, praecise incognita [...] Unde omnium operum Dei nulla est praecisa cognitio, nisi apud eum, qui ipsa operatur.[684]

Für den Cusaner bleiben also die göttlichen Werke, die aus Gottes Geist hervorgehen, uns Menschen unbekannt. Eine genaue Kenntnis (*praecisa cognitio*) dieser Werke hat nur derjenige, der sie hervorgebracht hat. Die Übereinstimmung mit Vico ist nahezu vollkommen. Dennoch spricht vieles für die Annahme, daß Vico diese Idee nicht von Cusanus, sondern von Hobbes übernommen hat, den er – im Gegensatz zum Erstgenannten – in seinen Schriften sehr häufig erwähnt. Wichtiger als die Frage nach der Quelle ist die Tatsache, daß Nikolaus von Kues ganz andere Konsequenzen als Vico aus der Annahme zieht, die Mathematik sei für den Menschen die einzige Quelle sicheren Wissens. Er erhebt die Mathematik zur *Mathesis universalis*; sie soll das Modell für die Darstellung der Welt abgeben und damit sozusagen die Schöpfung Gottes symbolisch nachvollziehen. Und gerade deshalb steht Vico nicht in der Linie Cusanus-Kepler-Galilei-Leibniz, die die „mathematisch-naturwissenschaftlichen" in den Rang der »eigentlichen« Wissenschaften erhebt. Vico bezieht sich, wie Apel selbst einräumt, „im wesentlichen nur auf den Umstand, daß beim Mathematiker wie bei Gott Schaffen und Erkennen eins sind".[685] Eine Anwendung der Mathematik auf die Natur lehnt Vico schon in seiner Frühschrift ab. Für diesen Bereich läßt er – in Übereinstimmung mit Francis Bacon – eher die experimentelle Methode gelten.[686]

Schon in dieser Phase seines Denkens wird die Welt der Geschichte von derjenigen der Natur und der Mathematik geschieden. Im Bereich der Geschichte gilt das *certum*, die Gewißheit, die *prudentia*, die lebenspraktische Klugheit, der *sensus communis*, der gesunde Menschenverstand, zu deren Ausübung die *ratio inventiva* des *ingeniums*, die Erfindungskunst des schöpferischen Individuums, benötigt wird. Über eine „neue Wissenschaft" verfügt

---

683 [Deutsch „Vom Können-Sein", oder, in einer anderen Übersetzung, „Dreiergespräch über das Können-Ist". Zur Literatur über Nikolaus von Kues, der hier nur am Rande behandelt wird, vgl. Meier-Oeser 1996, insb. 467f.]

684 Zitiert nach Apel 1963, 324f., Fn. 553.

685 Apel 1963, 326.

686 [Francis Bacon (1561–1626), Verfasser des gegen Aristoteles gerichteten *Novum Organum*, wird in Vicos Schriften immer wieder zitiert.]

dieses Gebiet in den Vicoschen Frühschriften noch nicht. Schematisch läßt sich der *State of the Art* am Ende der ersten Etappe des Vicoschen Denkweges folgendermaßen darstellen:

Mathematik	–	rationale Wahrheit, *scientia, cognitio adaequata*
Natur	–	Experiment als Wahrheitskriterium, keine *cognitio per causas*
Geschichte	–	Bereich des *verisimile*, der durch die *prudentia* erschlossen wird.

Ähnlich, wenn auch radikaler, stellt sich Vicos Erkenntnistheorie in der Schrift *De antiquissima italorum sapientia* dar. Auch hier wird gegen Descartes das *verum-factum*-Prinzip ins Feld geführt. Es gilt für Gott und den Menschen, und somit kann nur Gott Kenntnis im eigentlichen Sinn von der Natur haben. Nur er verfügt über die Fähigkeit des *intelligere* und über die *ratio* im strengen Sinn. Dem Menschen bleibt nur das *cogitare*, das Denken, das keine Gegenstände hervorbringt. Nur von den mathematischen Gegenständen hat er, indem er sie schafft, wahre Kenntnis. Dabei handelt es sich jedoch um fiktive Objekte, während die von Gott geschaffenen real sind. Die Mathematik definiert nur Begriffe und gibt ihnen Namen, Gott erschafft die Welt, indem er sie denkt.

So kann Vico behaupten, daß der Mensch nicht einmal sich selbst erkennen könne, da er sich nicht selbst geschaffen hat. Daher könne man auf dem Fundament des Cartesischen *cogito* auch keine Wissenschaft errichten. Der Satz *cogito, ergo sum* schaffe eine Gewißheit, begründe jedoch keine Wahrheit. Der Mensch habe nur *conscientia* („Bewußtsein"), keine *scientia* („Wissen") seines eigenen Seins. Er wisse nämlich nicht, warum er einer ist, der sich gerade durch sein *cogitare* auszeichnet. Das Denken sei nur Anzeichen, nicht Ursache seines Seins.[687]

Hiermit sind wir am äußersten Punkt der negativen Ausprägung der Philosophie Vicos angelangt, bei der von ihm vertretenen Form des erkenntnistheoretischen Skeptizismus. Und gerade hier tritt etwas ein, das Vico als seine Entdeckung ansieht, die Übertragung des *verum-factum*-Prinzips auf den Bereich der *artes*, auf die Welt der Geschichte. Und da die durch die menschlichen *artes* geschaffenen Gegenstände nicht fiktiv sind wie die mathematischen, sondern real, erhält das Prinzip in diesem Bereich einen höheren Rang als in dem der Mathematik. Es geht also nicht nur um die Entdeckung der Welt der Geschichte; diese Welt wird gleichzeitig zum einzig legitimen Gegenstand menschlicher Wissenschaft erklärt.

Im ersten Teil des *Diritto generale* ist diese neue Erkenntnis schon voll ausgebildet. Durch sie hebt sich Vico von einer Tradition ab, die das *verum-factum*-Prinzip, wie er selbst in seinen Frühschriften, nur für die Mathematik gelten läßt. Hier gelten ihm bereits die der Geschichte unterworfenen Hervorbringungen des Menschen als eigentlicher Gegenstand einer Erkenntnis, die ihren Na-

[687] Vgl. u.a. Hösle 1990, LXX.

men verdient. Vico gelangt zu der Überzeugung, daß sich der Mensch doch in gewisser Hinsicht selbst erschafft – in den Produkten seiner Tätigkeiten. Diese positive Wende der Vicoschen Philosophie hängt sicherlich mit dem Humanismus im engeren Sinn zusammen, mit jenen Denkern der Renaissance, die wie Pico della Mirandola (1463–1494), Marsilio Ficino (1433–1494) oder Gianozzo Manetti (1396–1459) die Würde des Menschen preisen. So schreibt der Letztgenannte in seiner 1451/52 entstandenen Schrift *De dignitate et excellentia hominis*, Gott habe zwar die Welt geschaffen, die Pyramiden, die Kuppel des Brunelleschi auf dem Dom zu Florenz, die nach der Erschaffung der Welt entstandenen Wissenschaften und Künste – all das sei jedoch das Werk der Menschen:

> Denn alles, was wir vor Augen haben, gehört uns an: alle Häuser, alle befestigten Orte, alle Städte, letztlich alle Bauwerke des Erdkreises [...] Unser sind die Gemälde, unser die Skulpturen, unser sind Künste und Wissenschaften.[688]

Hier handelt es sich jedoch um bloße Feststellungen, in denen sich ein naiver Stolz über die Leistungen der Menschen manifestiert. Vico geht weiter; seine Bedeutung liegt darin, daß er die Schöpfungen des Menschen zum eigentlichen Gegenstand der Erkenntnis und damit der Philosophie erhebt. In einem zentralen Passus der *Scienza nuova seconda*, der häufig zitiert wird, heißt es:

> Ma, in tal densa notte di tenebre ond'è coverta la prima da noi lontanissima antichità, apparisce questo lume eterno, che non tramonta [...] che questo mondo civile egli certamente è stato fatto dagli uomini, onde se ne possono, perché se ne debbono, ritruovare i principi dentro le modificazioni delle nostra medesima mente umana. Lo che, a chiunque vi rifletta, dee recar maraviglia come tutti i filosofi seriosamente si studiarono di conseguire la scienza di questo mondo naturale, del quale, perché Iddio egli il [= lo] fece, esso solo ne ha la scienza; e traccurarono di meditare su questo mondo delle nazioni, o sia mondo civile, del quale, perché l'avevano fatto gli uomini, ne potevano conseguire la scienza gli uomini.[689]

> „Doch in solch dichter Nacht voller Finsternis, mit der die erste von uns so weit entfernte Urzeit bedeckt ist, erscheint dieses ewige Licht, das nicht untergeht [... es sagt uns,] daß diese historische Welt sicherlich von den Menschen gemacht worden ist; deswegen können (denn sie müssen) ihre Prinzipien innerhalb der Modifikationen unseres eigenen menschlichen Geistes gefunden werden. Folgendes muß bei jedem, der darüber nachdenkt, Staunen erregen – wie nämlich alle Philosophen sich ernsthaft darum bemüht haben, Wissen zu erlangen von der Welt der Natur, von der doch, weil Gott sie schuf, er allein Wissen haben kann, und wie sie sich wenig darum gekümmert haben, diese Welt der Völker

---

688 „Nostra namque [...] quae cernuntur: omnes domus, omnia oppida, omnes urbes, omnia denique orbis terrarum aedificia [...] Nostrae sunt picturae, nostrae sculpturae, nostrae sunt artes, nostrae scientiae", zit. nach Gentile [3]1968, 110f.

689 *SNS* 331 = Vico 1744/1971, 461.

> oder historische Welt zu erforschen, von der, weil die Menschen sie geschaffen hatten, die Menschen auch Wissen erlangen konnten.[690]

Und im folgenden Kapitel, wo es um die methodischen Konsequenzen geht, die man aus diesem Prinzip zu ziehen hat, erklärt Vico, diese „neue Wissenschaft" sei in der Sicherheit ihrer Methode der Geometrie zu vergleichen, gleichzeitig sei sie jedoch etwas anderes:

> ... da diese Welt der Völker sicherlich von den Menschen gemacht worden ist [...] und daher ihre Art und Weise innerhalb der Modifikationen unseres eigenen menschlichen Geistes gefunden werden muß –; denn wenn es sich trifft, daß derjenige, der die Dinge schafft, sie selbst erzählt, dann kann es keine größere Gewißheit für die Geschichte geben. Somit verfährt diese Wissenschaft ebenso wie die Geometrie, die sich selbst die Welt der Größen schafft, während sie sie nach ihren Elementen konstruiert oder betrachtet; aber mit um so viel mehr Realität, als die Kategorien, die zu den menschlichen Angelegenheiten gehören, mehr Realität haben als Punkte, Linien, Oberflächen und Figuren.[691]

16.4 Die Sprache bei Vico

Welches ist nun der Ort der Sprache in Vicos Erkenntnistheorie und in jenem von ihm »entdeckten« vom Menschen geschaffenen Bereich der Welt, den er in Abgrenzung zur „Natur", *mondo civile* und *mondo delle nazioni* nennt?

Zunächst gilt es festzuhalten, daß die Reflexion über die Sprache den eigentlichen Ausgangspunkt seiner erkenntnistheoretischen Prinzipien bildet und gleichzeitig die Grundlage für die privilegierte Position schafft, die er den Tätigkeiten des Menschen in seiner Wissenschaftstheorie einräumt. Die Einleitung zur *Scienza nuova seconda* ist mit *Idea dell'Opera* überschrieben. Schon an dieser Stelle weist Vico darauf hin, wie wichtig die Sprache für sein gesamtes Denken ist:

> Als Prinzip dieser Ursprünge sowohl der Sprachen als auch der Buchstaben stellt sich der Umstand heraus, daß die ersten Völker des Heidentums nach einer erwiesenen natürlichen Notwendigkeit Dichter waren, die in poetischen Charakte-

---

[690] [Ebenda = Vico 1744/1990, 142f. Die Übersetzung von V. Hösle und Ch. Jermann wurde leicht modifiziert.]

[691] Vico 1744/1990, 154f. Die dt. Übersetzung wurde wiederum leicht modifiziert. Der Originaltext lautet: „... essendo questo mondo di nazioni stato certamente fatto dagli uomini [...] e perciò dovendosene ritruovare la guisa dentro le modificazioni della nostra medesima mente umana [...] perché, ove avvenga che chi fa le cose esso stesso le narri, ivi non può essere più certa l'istoria. Così questa Scienza procede appunto come la geometria, che mentre sopra i suoi elementi il costruisce o'l contempla, essa stessa si faccia il mondo delle grandezze; ma con tanto più di realtà quanta più ne hanno gli ordini d'intorno alle faccende degli uomini, che non ne hanno punti, linee, superficie e figure." (*SNS* 349 = Vico 1744/1971, 467).

> ren[692] sprachen; diese Entdeckung, die der Hauptschlüssel zu dieser Wissenschaft ist, hat uns die hartnäckige Forscherarbeit fast unseres ganzen Gelehrtenlebens gekostet ...[693]

Somit ist es nicht weiter verwunderlich, daß in der komplizierten und keineswegs geradlinigen Entwicklung des Vicoschen Gedankengebäudes die Sprache immer häufiger und mit immer größerem Nachdruck als Beweis, als Beispiel, als Analogon oder als Vorbild für alle übrigen Gegenstände angeführt wird, so daß die „Neue Wissenschaft" in ihrer letzten Entwicklungsphase zu einer Wissenschaft von der Sprache oder doch wenigstens vom Menschen als sprechendem Wesen wird. Dies betrifft sowohl die philosophische als auch die allgemein-wissenschaftliche und die historische Ebene. Die *Scienza Nuova* ist Sprachphilosophie und Philologie zugleich, wobei die Philologie überwiegend in Form einer höchst eigentümlichen Art der Etymologie auftritt.

16.4.1 Sprachphilosophie und Sprachwissenschaft

Die beiden Aspekte der Sprachbetrachtung, der philosophische und der wissenschaftliche, werden von Vico nicht unterschieden. Daher bewegt er sich ständig im Kreis: von den angenommenen Prinzipien zu den sprachlichen Fakten, die diese Prinzipien beweisen oder doch stützen und erläutern sollten, und von der Interpretation der sprachlichen Fakten (vor allem des Lateinischen) zurück zu den allgemeinen Prinzipien. Es ist Aufgabe einer sympathetischen Vico-Deutung, diese beiden Ebenen sorgfältig zu unterscheiden, denn sonst liefe sie Gefahr, die Gesamtauffassung Vicos als eine chaotische und willkürliche Konstruktion erscheinen zu lassen. Damit würde man Vicos Sprachauffassung nicht gerecht. Denn während seine Sprachphilosophie einen völlig neuen, großartigen Entwurf darstellt und von einem tiefen Verständnis des Wesens der Sprache zeugt, ist seine Sprachwissenschaft – und hier wiederum ganz besonders seine Etymologie – nicht nur vorwissenschaftlich, sondern auch unkritisch und willkürlich; und dies auch dann, wenn man die kritischen Maßstäbe seiner Epoche anlegt. Er erfindet völlig willkürliche Etymologien. So behauptet er, *fatum* „Schicksal" und *dictum* „gesagt, Ausspruch" seien im Lateinischen synonym. Als Beleg führt er – wie dies in der Antike bereits Varro getan hatte – das defektive Verb *for, fatus sum, fari* „sprechen, künden" an: *fatum = dictum*. Daraufhin bringt er *dictum* auf eine andere Weise mit *factum* in Verbindung: Die alten Römer hätten nämlich *dictum factum* gesagt, um auszudrücken, daß ein Vorha-

---

[692] Unter „Charakteren" hat man einerseits die „Einritzungen" (vgl. χαράσσειν) zu verstehen, durch die Inschriften geschrieben wurden, andererseits auch die „Prägung" im übertragenen Sinn; vgl. Trabant 1994, Kap. 2.4.

[693] *SNS* 34 = Vico 1744/1990, 32. Im Original: „Principio di tal'origini e di lingue e di lettere si truova essere stato ch'i primi popoli della gentilità, per una dimostrata necessità di natura, furon poeti, i quali parlarono per caratteri poetici; la qual discoverta, ch'è la chiave maestra di questa Scienza, ci ha costo la ricerca ostinata di quasi tutta la nostra vita letteraria ...", Vico 1744/1971, 394.

ben schnell ausgeführt worden sei. Die deutsche Übersetzung „gesagt, getan" zeigt, daß die Deutschen noch heute so verfahren.[694]

Bei der Bewertung von Vicos Sprachauffassung sollte man nicht, wie es einige philosophisch unbedarfte Linguisten getan haben, von den sprachwissenschaftlichen Grundlagen seiner Argumentation ausgehen. Es scheint ratsamer, seine Sprachphilosophie als kühnen, ausschließlich auf Intuitionen beruhenden Entwurf anzusehen; denn eine faktische Beweisführung fehlt häufig. Wenn sie da ist – und darin liegt das Irreführende – so ist sie zuweilen richtig. Das Richtige an ihr beruht ebenfalls auf Intuition und erweist sich, da es Vico an einer kohärenten Methode fehlt, als mehr oder weniger zufällig richtig.

16.4.2 Vicos Sprachphilosophie in ihren Grundzügen

In ihren Grundzügen läßt sich Vicos Sprachphilosophie verhältnismäßig leicht resümieren, wenn man von seiner »Sprachwissenschaft« zunächst einmal absieht.

Gleich zu Beginn soll betont werden, daß bei Vico in *rein formaler Hinsicht* die Sprache als autonomer Gegenstand der Reflexion und der Forschung auftritt. Dadurch unterscheidet sich Vicos Sprachphilosophie von allen bisher behandelten Beiträgen zu dieser Disziplin. Bei Vico wird nämlich zum ersten Mal die Sprache an sich und für sich – „an und für sich" im Sinne Hegels – und nicht in bezug auf ein Anderes betrachtet. Nicht die semiotische Relation Wort-Begriff-Gegenstand steht im Zentrum des Interesses, sondern das Wort (*signum*) selbst, die Sprache als solche. Es geht um das Wort als solches, um das Wort als typisch menschliches Phänomen. Es wird nicht gefragt, ob das Wort „wahr" oder „falsch" ist oder ob es einer als Maßstab herangezogenen Erkenntnis voll, teilweise oder gar nicht entspricht. Vicos Frage zielt auf die dem Wort eigene Wahrheit. Es geht also um etwas ganz anderes als bei Platon, wo wir es mit dem Problem der Angemessenheit der materiellen Wörter (Signifikanten) in bezug auf die zu bezeichnenden Gegenstände zu tun hatten, und um etwas anderes als bei Aristoteles, dem es um das Verhältnis von Wort und Begriff gegangen war, genauer, um die Art und Weise, in der das Wort im Satz für den Begriff und damit indirekt für den Gegenstand selbst steht. Vicos Fragestellungen unterscheiden sich auch von denjenigen der rationalistischen und der empiristischen Philosophie. In beiden Positionen – so unterschiedlich sie in erkenntnistheoretischer Hinsicht sein mögen – wird die Sprache als etwas gegenüber der Erkenntnis Verschiedenes angesehen und stets als Instrument interpretiert. Für Descartes ist die Sprache bloßes Werkzeug; die Einzelsprachen ermöglichen es dem Menschen, sich das Wissen anzueignen, das mit ihrer Hilfe aufgezeichnet wurde. Man lernt Sprachen, um bestimmte Texte lesen zu können, um *mittels der Sprache* etwas über die Welt zu erfahren. Ist das zu Erfahrende unwichtig, so lohnt sich auch das Erlernen der Sprachen nicht; in diesem Kontext ist Descartes' Geringschätzung der humanistischen Bildung zu sehen.[695] Der Gedanke,

[694] Vgl. *De antiquissima italorum sapientia* VIII, 3 = Vico 1710/1971, 129.
[695] Vgl. oben Fn. 676.

man könne Sprachen um ihrer selbst willen lernen, um in ihnen verschiedene Formen des Menschseins zu erkennen, ist der Auffassung Descartes' völlig fremd. Vico ist der erste Philosoph, der die Sprache nicht als Instrument betrachtet. So läßt sich aus seinen Schriften auch eine implizite Rechtfertigung einer Sprachwissenschaft ableiten, die sich nicht, wie üblich, auf die praktische Nützlichkeit der Erlernung von Sprachen beruft, sondern auf die Erforschung der Sprachen um ihrer selbst willen.

Wenn Vico in rein formaler Hinsicht die Frage nach der Sprache autonom, d.h. nicht in bezug auf etwas anderes stellt, so ist dies nur die rationale Folge des *materialen Aspekts* seiner Auffassung. Er sieht in der Sprache einen autonomen Gegenstand. Ob es, wie Grassi und Apel behaupten, bereits im Humanismus eine solche Autonomie der Sprache gegeben hat,[696] darf bezweifelt werden. Zweifellos wird auch bei den Humanisten die Sprache als hohes kulturelles Gut angesehen, aber dies doch eher in instrumentaler Hinsicht: Für sie ist die Sprache *Kulturträger*, nicht eigentlich *Kulturform.* Bei Vives der in dieser Hinsicht zum italienischen Humanismus zu rechnen ist, wird dies sogar expressis verbis gesagt: Die Bildung des Menschen beginne zwar bei der Sprache, diese sei aber nur Anleitung zur Aneignung der nicht-sprachlichen Kultur, und deshalb seien auch die *linguae eruditae* viel wichtiger als die übrigen Sprachen.[697]

16.4.3 Vicos sprachphilosophische Prinzipien und ihre Konsequenzen

Was den materialen Aspekt der Sprachphilosophie Vicos betrifft, so läßt sich diese Philosophie auf drei Prinzipien und ein Korollar zurückführen:

a) Die Sprache kann nicht der Erkenntnis gegenübergestellt werden; sie kann auch nicht nach dem Maßstab einer unabhängig von der Sprache betrachteten Erkenntnis bewertet werden – so z.B. als Instrument der Erkenntnis –; sie ist selbst eine Form der Erkenntnis.

b) Ebensowenig kann die Sprache als Hilfsmittel oder äußere Manifestation des Denkens angesehen werden; sie *ist* Denken, eine vorlogische Form des Denkens.

c) „Vorlogisch" ist die Sprache insofern, als sie kein Produkt der *ratio* ist, sondern Objektivierung der Phantasie und der Intuition. Ebenso wie die Dichtung und der Mythos entspringt sie als eine autonome Form des Menschlichen der Phantasie. Mehr noch, *ursprünglich* sind Sprache, Dichtung und Mythos eins und nicht etwa drei verschiedene Formen der intuitiven Erkenntnis – das muß besonders hervorgehoben werden. „Ursprünglich" (*alle origini*) versteht Vico in zweifacher Hinsicht, und auch in der Bedeutung des deutschen Wortes sind dic beiden Aspekte enthalten: „am Anfang, zum Zeitpunkt der Entstehung" und „in ihrem eigentlichen Wesen". Vico betont vor allem den ersten Aspekt, den genetischen. Er sieht in der Dichtung die Urform der Sprache. Dabei ist alle Dichtung Sprache, aber nicht alle Sprache Dichtung; die Sprache kann später auch etwas anderes sein. Vicos „Entdeckung" besteht in der Identifizierung

---

696 Vgl. Apels „geheime Metaphysik", 16.1.

697 Vgl. Coseriu 1971a, 240f.

eines Prinzips des menschlichen Wesens, das nicht der *ratio* unterliegt und dennoch schöpferisch ist. Es ist sogar das eigentlich schöpferische Prinzip, denn die wahre Schöpfung erfolgt bei Vico *non intelligendo*, in der vorlogischen und vorkritischen Entwicklungsphase der Menschheit. Nicht derjenige, der etwas weiß, erschafft etwas, sondern derjenige, der noch nicht weiß, der die rationale Entwicklungsstufe des Geistes noch nicht erreicht hat.

d) Insofern sie vorlogisch ist – und damit wären wir im Grunde schon bei einem Korrolar der oben angeführten Prinzipien angelangt – kann die Sprache an ihrem Ursprung auch der rationalen Logik noch nicht folgen, sie kann noch keine Universalien oder reflektierte Begriffe (*universali ragionati*) ausdrücken. Wie die Dichtung und der Mythos hat auch die Sprache ursprünglich ihre eigenen Universalien, die der Phantasie und der Intuition angehören, die sogenannten *universali fantastici*:

> Tali caratteri si truovano essere stati certi generi fantastici (ovvero immagini, per lo più di sostanze animate o di dèi o d'eroi, formate dalla loro fantasia), ai quali riducevano tutte le spezie o tutti i particolari a ciascun genere appartenenti ...
>
> „Diese Charaktere waren offenbar gewisse phantastische Gattungsbegriffe (das heißt Bilder, größtenteils von belebten Substanzen, sei es von Göttern, sei es von Heroen, die von ihrer Phantasie gebildet wurden), auf die sie alle Arten oder Besonderheiten zurückführten, die zu jeder Gattung gehörten."[698]

Aufgrund dieser besonderen „Universalien" besitzt die Sprache auch ihre eigene Wahrheit.

Aus den angeführten Prinzipien ergeben sich eine Reihe von Konsequenzen:

– Das Begriffliche ist gegenüber dem Dichterischen und Sprachlichen nicht etwa primär, sondern es geht erst aus Sprache und Dichtung hervor. Sprache und Dichtung enthalten keine begrifflich erkannte Wahrheit, die später „allegorisch" ausgedrückt würde. Es verhält sich umgekehrt: Sie enthalten eine primäre Erkenntnis, die später begrifflich-rational entfaltet werden kann.

– Dichtung, Mythos und Worte „lügen" nicht, wie ihnen bereits in der Antike ungerechtfertigterweise vorgeworfen wurde; sie verkörpern eine erste Stufe der Erkenntnis und sind somit „wahr". Sie dürfen nicht am Maßstab der Philosophie und der Wissenschaft gemessen werden, wie auch die spontane Ausdrucksweise der Kinder nicht mit dem Maßstab der Sprache der Erwachsenen beurteilt werden darf. Ein Kind, das alle Männer „Vater" nennt, irrt sich nicht; es folgt einer eigenen Intuition. Wer ein Kind darüber aufklärt, unter welchen Bedingungen man in der Sprache der Erwachsenen „Vater" sagen kann, korrigiert keine „Verwechslung", sondern lehrt einen anderen Sprachgebrauch.

– Die sogenannten „übertragenen" Bedeutungen eines Wortes sind nicht »uneigentlicher« als die „eigentlichen". Die Tropen (Vico läßt nur Metapher, Metonymie, Synekdoche und Ironie gelten) sind keine Erfindungen der Schriftsteller zur Ausschmückung der Rede, sondern sie entspringen einer Ausdrucks-

[698] *SNS* 34 = Vico 1744/1971, 394; Vico 1744/1990, 32. Vgl. ebenfalls *SNS* 381 sowie Coseriu 1995 und Di Cesare 1995.

notwendigkeit. So sind die »abstrakten« Bedeutungen von *sapere* „wissen" oder *intelligere* „einsehen, verstehen" genauso »eigentlich« wie die konkreten, nämlich „schmecken" im Fall von *sapere*, „auslesen (von Obst und Gemüse)" im Fall von *intelligere*.[699] „Konkrete" und „bildhafte" Bedeutung sind eins. Das Universale wird erst später erkannt und vom Bildhaften geschieden.

– Nicht die Logik ist gegenüber Sprache und Dichtung primär, sondern umgekehrt: Sprache und Dichtung gehen der Logik voraus, sie sind Voraussetzung für die Entstehung der Logik.

– Die Wissenschaft kann zwar den Mythos „aufheben", überwinden, sie kann ihn jedoch nicht ersetzen oder gar zerstören; denn der Mythos, die Dichtung und die Phantasie sind charakteristisch für eine Phase der Entwicklung des Menschseins, die ihre Eigenart und ihren Eigenwert besitzt.

– Die Dichtung, die gebundene Sprache, ist die ursprüngliche Form des Sprechens; sie steht am Anfang der Geschichte eines jeden Volkes, wie das Beispiel Homers und Dantes zeigt.[700] Die Prosa entsteht erst später.

– Was das alte Problem der „Richtigkeit der Namen" oder der „Wahrheit des Wortes" betrifft, so unterscheidet sich Vicos Auffassung deutlich sowohl von der Aristotelischen als auch von derjenigen Platons. Für Aristoteles bestand die „Wahrheit des Wortes" in dessen Angemessenheit gegenüber dem Begriff, die per definitionem gegeben sein muß, wenn menschliche Laute als „Wort" interpretiert werden sollen.[701] Für Platon stellte sich das Problem der „Richtigkeit der Namen" hinsichtlich des Verhältnisses zwischen Wort (Signifikant) und Gegenstand.[702] Vico sucht die „Wahrheit des Wortes" in der Bedeutung selbst, genauer gesagt, in der spontanen Motivation der Bedeutung im Hinblick auf den bezeichneten Gegenstand. Es geht ihm um das Nachvollziehen dessen, was das Wort als dichterische Intuition bedeutet, und zwar unabhängig davon, ob es einer ontologischen Wahrheit, d.h. der Objektivität des Bezeichneten entspricht oder nicht. Die Wahrheit des Wortes liegt für Vico einfach in dem menschlichen Erlebnis, das in ihm zum Ausdruck kommt. So behauptet er an einer Stelle, der Gott *Iupiter* sei von den Römern in Nachahmung des Donners *Ious* genannt worden.[703] Die Wahrheit liegt nicht in der Beziehung des lautmalerischen Wortes zum Begriff, denn von „Begriff" kann in dieser Phase der Menschheit noch keine Rede sein, allenfalls von einer bildhaften Intuition. Sie liegt ebensowenig in der lautmalerischen oder lautsymbolischen Angemessenheit des Wortes gegenüber dem bezeichneten Gegenstand; diese wäre allenfalls im Hinblick auf die Naturerscheinung gegeben, die das Wort gerade nicht allein bedeutet. Die Wahrheit liegt in dem besonderen menschlichen Erlebnis, das in dem Wort zum Ausdruck kommt, in der Identifikation Iupiters mit dem Donner. Bei genauerer

---

699 Vgl. u.a. *SNS* 409; 706 sowie Croce [6]1962, 49.

700 Vgl. u.a. *SNS* 785f.

701 Vgl. oben 6.2 und 6.3.3 sowie Coseriu 1996, 890f.

702 Vgl. oben 5.2.

703 Vgl. *SNS* 447 = Vico 1744/1971, 503. Diese Etymologie ist historisch ebenso falsch wie der an verschiedenen anderen Stellen behauptete Zusammenhang *ious – ius – iuris – Iovis*.

Betrachtung handelt es sich eigentlich nicht um eine „Identifikation", sondern um eine einheitliche Intuition, in der der Göttervater und die Naturerscheinung gemeinsam als etwas noch nicht Differenziertes erfaßt werden, also:

	Iupiter ↘		↗ Iupiter	
nicht:		Identifizierung	sondern: Intuition	(spätere Differenzierung)
	Donner ↗		↘ Donner	

In der Erfassung des Nicht-Differenzierten (des „Ungeteilten", vgl. unten) liegt für Vico gerade die menschliche Wirklichkeit des Wortes. Eine solche Wahrheit kann daher auch nicht im Widerspruch zu den Wahrheiten stehen, die in vergleichbaren Wörtern anderer Sprachen zum Ausdruck kommen: Die Intuition der Griechen, die den Namen des Göttervaters *Zeus* im Zischen des Blitzes erkannten, oder die der orientalischen Völker, die den Namen des höchsten Gottes *Ur* aus dem Knistern des Feuers heraushörten, ist ebenso „wahr" wie die der Römer.[704] Auf die Problematik dieser Auffassung wird noch einmal zurückzukommen sein.[705]

– Die Etymologie soll sicherlich auch bei Vico das ἔτυμον, die Wahrheit des Wortes aufdecken. Dabei geht es jedoch nicht um die Angemessenheit des Wortes im Hinblick auf den bezeichneten Gegenstand oder Sachverhalt, sondern um den »richtigen« Nachvollzug der Intuition, der das Wort seinen Ursprung verdankt, um die »menschliche Wahrheit« des Wortes.

– Damit erhalten Theorien, die man beim ersten Hinsehen auf altbekannte Fragestellungen zurückzuführen geneigt ist, bei Vico einen völlig neuen Sinn. Das läßt sich am besten anhand zweier Beispiele zeigen, die dem Leser zunächst bekannt vorkommen dürften, bevor sich herausstellen wird, daß die Ähnlichkeit nur oberflächlicher Natur ist:

a) Die Idee eines allen Völkern gemeinsamen „geistigen Wörterbuchs" verfolgt Vico zunächst im *Diritto universale*, später noch entschiedener in der *Scienza nuova*. Schon in der Einleitung liest man:

> Un tal lessico si truova esser necessario per sapere la lingua con cui parla la storia ideal eterna ...
>
> „Ein solches Wörterbuch erweist sich als erforderlich, um die Sprache zu verstehen, in der die ewige ideale Geschichte spricht ..."[706]

Im zweiten Abschnitt des ersten Buchs kommt Vico dann ausführlicher auf seine Idee zurück:

> Es ist notwendig, daß es in der Natur der menschlichen Dinge eine allen Völkern gemeinsame geistige Sprache gibt, die in gleichförmiger Weise die Substanz der

---

[704] Vgl. oben 6.2 und 6.3.3 sowie Coseriu 1996, 890f.

[705] Vgl. unten 16.4.5.

[706] *SNS* 35 = Vico 1744/1971, 395; Vico 1744/1990, 33f.

Dinge, die im geselligen Leben der Menschen vorkommen können, begreift und sie in ebensovielen verschiedenen Modifikationen ausdrückt, als diese Dinge verschiedene Aspekte haben können; wie wir dies bei den Sprichwörtern bestätigt finden, die Maximen einer gewöhnlichen Weisheit sind; sie werden ihrer Substanz nach von allen alten und neueren Völkern, so viele es deren gibt, als ein und dieselben verstanden, doch unter ebensovielen verschiedenen Gesichtspunkten ausgedrückt. Diese Sprache ist dieser Wissenschaft eigentümlich; in ihrem Licht werden die Sprachforscher, wenn sie sich mit ihr befassen wollen, ein geistiges Wörterbuch bilden können, das all den verschiedenen artikulierten Sprachen, den toten wie den lebendigen, gemeinsam ist.[707]

Aus diesem langen Zitat dürfte klar hervorgehen, daß Vicos Universalwörterbuch so gut wie nichts mit der Universalsprache, der *Mathesis universalis* eines Descartes oder Leibniz zu tun hat. Denn zum einen soll es nicht a priori konzipiert, sondern a posteriori aus den historischen Sprachen abgeleitet werden, und zum anderen soll es nicht dazu dienen, das Wissen über die Welt der Natur systematisch zu erfassen und mitzuteilen, sondern dazu, die Welt der Geschichte, des gesellschaftlichen Lebens der Menschen zu illustrieren und unmittelbar verständlich zu machen. Das Wörterbuch sollte dabei helfen, die von Vico a priori angenommene Einheit des menschlichen Geistes zu dokumentieren und zu offenbaren. Damit war kein einheitliches Wissen, sondern die Einheitlichkeit der menschlichen Schöpfungen und Einrichtungen gemeint.

b) Beim zweiten Beispiel geht es um die Motivation des sprachlichen Zeichens, ein Problem, das uns in dieser historischen Übersicht immer wieder beschäftigt hat. Vico lehnt die These von der Arbitrarität des sprachlichen Zeichens, so wie er sie in der Aristotelischen Tradition vorfindet (κατὰ συνθήκην; *ad placitum*) ausdrücklich ab, und zwar wiederholt, an den verschiedensten Stellen seiner Schriften. Für ihn ist das sprachliche Zeichen motiviert oder „natürlich", und er glaubt, mit dieser Auffassung auf seiten Platons gegen Aristoteles zu stehen. In Wirklichkeit geht es ihm nicht, wie Platon, um eine Motivation durch die Kenntnis und die Analyse der Dinge, sondern um eine viel unmittelbarere Beziehung: Für ihn sind die Dinge ursprünglich Zeichen ihrer selbst; ein Gegenstand wird ohne jede Analyse als »prototypisch« und damit als Zeichen für ähnliche Gegenstände aufgefaßt. Das Bild des Baums ist Zeichen für „Baum". So nimmt Vico an, die ursprüngliche Sprache sei eine *favella naturale* gewesen, eine Sprache, die durch „atti o corpi ch'avessero naturali rapporti

[707] *SNS* 161f. Im Original: „E necessario che vi sia nella natura delle cose umane una lingua mentale comune a tutte le nazioni, la quale uniformemente intenda la sostanza delle cose agibili nell'umana vita socievole, e la spieghi con tante diverse modificazioni per quanti diversi aspetti possan aver esse cose; siccome lo sperimentiamo vero ne'probverbi, che sono massime di sapienza volgare, l'istesse in sostanza intese da tutte le nazioni antiche e moderne, quante elleno sono, per tanti diversi aspetti significate. Questa lingua è propria di questa Scienza, col lume della quale se i dotti delle lingue v'attenderanno, potranno formar un vocabolario mentale comune a tutte le lingue articolate diverse, morte e viventi ...", Vico 1744/1971, 437f.

all'idee che si volevan significare" charakterisiert war (Gebärden oder Körper [...], die *natürliche Beziehungen* zu den Ideen hatten, die man bezeichnen wollte).[708] Aus diesem Grund bemüht Vico ständig die Piktogramme der Hieroglyphenschrift (*il parlar geroglifico, la scrittura geroglifica*), von der er annimmt, sie sei gleichzeitig mit oder sogar vor der Lautsprache entstanden.[709] Im selben Sinn interpretiert er die Sprache der Gebärden. Auf diese Sprache folgt (ob im chronologischen Sinn, bleibt strittig) eine zweite Sprache, in der man sich durch „Gleichnisse, Vergleiche, Bilder, Metaphern, natürliche Beschreibungen"[710] ausdrückte. Es ist die Sprache des Zeitalters, in der ein Baum (*arbor*) nicht nur eine Pflanze, sondern zugleich äußere Erscheinungsform einer weiblichen Gottheit war. Die Zeichen dieser Sprache sind nicht willkürlich, sondern motiviert; die Art ihrer Motivation ist jedoch rational nicht nachvollziehbar. Die Dinge werden nach Vico in diesem Stadium noch nicht als solche erkannt und daher auch nicht durch Begriffe, durch *universali ragionati* erfaßt. Eine Benennung konnte nicht aufgrund einer Analyse des zu benennenden Gegenstands erfolgen.

In diesem Argumentationszusammenhang nimmt Vico immer wieder gegen Aristoteles Stellung. Seine Argumente treffen jedoch nicht Aristoteles selbst, sondern – wie Pagliaro zu Recht bemerkt – den späteren Aristotelismus. Bei Aristoteles geht es nicht um den Ursprung des Zeichens, sondern ausschließlich um dessen Funktion im Satz und im Text. Hätte er die überlieferten Schriften von Aristoteles besser gekannt, so wären ihm dort vielleicht einige Passus aufgefallen, die seine Zustimmung gefunden hätten. Beide finden sich in *De anima* (Περὶ ψυχῆς). Die Stelle, an der von der „Erfassung des Ungeteilten" (τῶν ἀδιαιρέτων νόησις) die Rede ist,[711] widerspricht zumindest nicht Vicos Auffassung vom vorlogischen Charakter der sprachlichen Bedeutung. An einer anderen Stelle ist davon die Rede, daß die Bedeutungen auf Phantasie (Eingebung) zurückgehen:

> οὐ γὰρ πᾶς ζῴου ψόφος φωνή [...] ἀλλὰ δεῖ ἔμψοφόν τε εἶναι τὸ τύπτον καὶ μετὰ φαντασίας τινός ... (*De anima* II, 8, 420 b 29f.)[712]
>
> „denn nicht jedes Geräusch, das ein Tier hervorbringt, ist Stimme [...] es muß ein seelischer Impuls sein und einer Phantasie (Eingebung) entsprechen."

Bei den Stoikern wird Aristoteles' φαντασία, wie wir gesehen haben, zu den φαντασίαι λογικαί, den Lautvorstellungen der denkenden Wesen.[713]

---

[708] Vgl. *SNS* 34. [Trabant (1994, 67) moniert, daß der Konjunktiv *avessero* „haben sollten" in der Vico-Forschung (wie übrigens auch in der hier benutzten Übersetzung) geflissentlich übersehen wird.]

[709] Vgl. *SNS* 33. [Zur Analogie mit dem „Antiphonozentrismus" von Derrida vgl. Trabant 1994, Kap. 5.]

[710] „Somiglianze, comparazioni, immagini, metafore e naturali descrizioni", vgl. *SNS* 32.

[711] *De anima* 430 a, 26ff.; vgl. oben 6.3.5.

[712] Vgl. oben 6.3.3.

[713] Vgl. oben das Schema in 7.2.1.

Wo Vico Aristoteles kritisiert, verfehlt er die Ebene, auf der die Argumente angesiedelt sind, an denen er Anstoß nimmt. Aristoteles argumentiert auf der Ebene der Sprache in ihrem Funktionieren. Für Vico hingegen ist charakteristisch, daß er genetisch denkt, daß er alles in seinem Entstehen und von seinem Entstehen her betrachtet. Bis hierher können wir der Interpretation Pagliaros folgen. Was allerdings die weitere Interpretation von „genetisch" angeht, so ergeben sich unterschiedliche Deutungsmöglichkeiten.

In diesem Zusammenhang stellt sich ein grundsätzliches Problem der Hermeneutik: Ist der Interpret verpflichtet, sich streng an den Wortlaut der Texte zu halten, oder darf er über die Texte hinausgehen und versuchen zu zeigen, was der zu interpretierende Autor »eigentlich« sagen wollte; oder was er hätte sagen können? Soll er sich verhalten wie Xenophon, der – soweit wir das heute beurteilen können – getreu berichtet, was ihm über Sokrates bekannt wurde, oder wie Platon, der Sokrates' Lehren in seinen Dialogen »weitergedacht« hat?[714] Bei Xenophon finden wir möglicherweise genau das, was Sokrates gesagt oder getan hat – korrekt wiedergegeben, innerhalb der bescheidenen Verständnis- und Ausdrucksmöglichkeiten, über die Xenophon verfügte. Bei Platon stoßen wir hingegen sicherlich auf Äußerungen, die der historische Sokrates nie gemacht hat. Platon versucht zu entfalten, was Sokrates, so wie er ihn kannte, sagen wollte, auch wenn er es nicht gesagt hat. Damit verleiht er den fragmentarisch überlieferten Äußerungen des Sokrates einen bestimmten Sinn. Welcher Sokrates ist nun »wahrhaftiger«, derjenige Xenophons oder derjenige Platons? Es spricht einiges dafür, Platons Sokrates den Vorzug zu geben. Bei Platon werden nämlich gewisse Ansätze in einer Richtung weiterentwickelt, die Sokrates eingeschlagen hatte, ohne den Weg zuende zu gehen. Dieser Platonische Sokrates ist niemand anderer als Platon selbst. Wir sind damit bei dem Paradoxon angelangt, man habe in Platon den wahren Sokrates zu sehen.

Bei der Vico-Interpretation stehen wir vor einer ähnlichen Frage. Wenn Vico immer wieder den genetischen Aspekt in den Vordergrund rückt, so haben wir dabei natürlich darauf zu achten, was er tatsächlich sagt, andererseits müssen wir versuchen herauszufinden, was er eigentlich sagen wollte. Hatte er am Ende eine Intuition, die nicht wirklich zum Ausdruck gekommen ist? Geht es ihm wirklich um das Wesen bzw. um eine definitorische Eigenschaft der Sprache, oder fragt er nicht eher nach ihrer Entstehung und ihrer Geschichte? Für Pagliaro scheint die Antwort auf diese Frage klar zu sein; für ihn betrachtet Vico „die Sprache in ihrem Entstehen, in dem Moment des menschlichen Bewußtseins, der zu einem ‚Faktum' in der Sprache wird."[715] Weiterhin vertritt Pagliaro die Ansicht, Vico gehe von der freien sprachlichen Innovation aus, schreibe ihr

[714] [Xenophon (etwa 430–355 v. Chr.) war wie Platon ein Schüler des Sokrates. Seine Berichte über Sokrates stellen neben den Platonischen Dialogen die zweite wichtige Erkenntnisquelle über Sokrates dar.]

[715] „... il Vico guarda alla lingua nel suo momento genetico [...] cioè a quel certo momento della coscienza umana che diventa ‚fatto' nella lingua", Pagliaro 1961, 330.

„poetischen"[716] Charakter zu und projiziere sie schließlich in die Vorgeschichte der Sprache. Das ist ein schönes Beispiel für eine über den Text hinausgehende Interpretation. Pagliaro nimmt an, Vico habe sagen wollen, das Poetische sei in der Sprache immer präsent, auch bei den Innovationen des Einzelnen im gewöhnlichen Sprechen. Wenn wir Platons Art, seinen Lehrer zu interpretieren, folgen wollten, so könnten wir uns Pagliaro anschließen und mit ihm die Meinung vertreten, die jederzeit beobachtbare freie Innovation sei Vicos Ausgangspunkt gewesen; denn irgendwo mußte er ja den „poetischen" Charakter der Sprache beobachten. Allein, die Texte unterstützen eine solche Interpretation nicht. Nirgendwo ist von einer Poetizität des gewöhnlichen Sprechens die Rede. Das von Vico Gesagte scheint in eine andere Richtung zu weisen, und so scheint es ratsam, es in diesem Fall doch lieber mit einer Interpretation in der Art des Xenophon zu versuchen. So wollen wir uns streng an die Texte halten. Vico sieht alles aus einer genetisch-historischen Perspektive. Im „Ursprünglichen" sieht er nicht das Genuine, sondern das zuerst Dagewesene, und das Primäre geht bei ihm nicht idealiter, sondern zeitlich allem Übrigen voraus. Das Poetische ist in erster Linie eine Phase der Menschheit, weniger ein Charakteristikum des Mensch-Seins, eine Entwicklungsphase sowohl des einzelnen Menschen als auch der menschlichen Gemeinschaften. Zur Stützung seiner Argumentation bezieht sich Vico immer wieder auf die Entwicklung des Individuums:

> Die Menschen empfinden zunächst, ohne aufzumerken, sodann merken sie auf mit bewegter und erregter Seele, schließlich überlegen sie mit klarem Geist.[717]

Die im Bereich der Ontogenese gemachten Beobachtungen werden dann in den der Phylogenese übertragen. Häufig ist von „kindlichen Völkern" (*popoli ancora fanciulli*) die Rede; es gibt bei Vico eine historische Epoche, in der die Intuition und die Phantasie vorherrschen und die Schöpfungen des Menschen entstehen. Die Idee des Genetischen – durchaus in konkret zeitlicher Hinsicht – beherrscht Vicos Denken. Für ihn liegt das Wesen der Dinge in ihrem Ursprung:

> Die Natur der Dinge ist nichts anderes als ihre Entstehung zu bestimmten Zeiten und auf bestimmte Weise; immer dann, wenn diese so sind, entstehen die Dinge daraus so und nicht anders.[718]

Damit will er sicherlich keine Bemerkung im atemporalen Präsens aussprechen (etwa: „Die Sprache entspringt der Phantasie"), sondern eine historische Beobachtung: „Die Sprache ist in der Kindheit der Völker der Phantasie des Menschen entsprungen."

---

[716] Das Wort hat einen größeren Bedeutungsumfang als das deutsche „dichterisch"; vgl. Trabant 1994, 46.

[717] *SNS* 218; im Original: „Gli uomini prima sentono senz'avvertire; dappoi avvertiscono con animo perturbato e commosso, finalmente riflettono con mente pura"; Vico 1744/1971, 445.

[718] *SNS* 147; im Original: „Natura di cose altro non è che nascimento di esse in certi tempi e con certe guise, le quali sempre che sono tali, indi tali e non altre nascon le cose"; Vico 1744/1971, 435.

16.4.4 Die Deutung Vicos bei Antonino Pagliaro und Benedetto Croce

Zwei bedeutende italienische Gelehrte, die sich intensiv mit Vico auseinandergesetzt haben, neigen zu einer »Platonischen« Interpretation seiner Ideen. Da sie bis in die jüngste Vergangenheit hinein einen starken Einfluß auf die Vico-Forschung ausgeübt haben, müssen sie hier etwas eingehender berücksichtigt werden. Dabei wird deutlich darauf hinzuweisen sein, was uns an diesen Interpretationen annehmbar erscheint und in welcher Hinsicht die beiden Interpreten unseres Erachtens zu weit gegangen sind.

Zunächst einige Bemerkungen zur Vico-Interpretation des Sprachwissenschaftlers Antonino Pagliaro (1898–1973). Man könnte sich fragen, ob es nicht besser wäre, mit Croce zu beginnen, dem Lehrmeister einer ganzen Generation italienischer Gelehrter, der nicht zuletzt Pagliaro stark beeinflußt hat. Wenn wir uns hier zunächst mit Pagliaro auseinandersetzen, so geschieht dies aus darstellungstechnischen Gründen. Es erscheint sinnvoll, vom Einfachen zum Komplexen aufzusteigen.

Der Vicosche Terminus *mondo civile* wird im Deutschen häufig mit „geschichtliche Welt" wiedergegeben.[719] Er hat jedoch nur indirekt etwas mit Geschichte zu tun. Man könnte den Ausdruck auch mit „Bereich der menschlichen Fähigkeiten", „Kultur" oder sogar mit „Geist" wiedergeben; denn es handelt sich im wesentlichen um das Gebiet, das man seit Dilthey im deutschen Sprachraum als Gegenstand der sogenannten „Geisteswissenschaften" betrachtet. „Geist" wird nämlich zuweilen nicht nur im Sinn von „Subjekt einer schöpferischen Tätigkeit", sondern auch für die Objektivierung eben dieser Tätigkeit in der Geschichte gebraucht. In diesem Fall ist „Geist" synonym mit „Kultur". Es geht nun darum – und das betrifft sowohl die Interpretation Pagliaros als auch diejenige Croces –, ob Vico wirklich eine Philosophie des Geistes bzw. der Kultur entwerfen wollte, oder ob er die Phänomene als ein sich in einer konkreten Abfolge vollziehendes Geschehen auffaßt und somit eher als Geschichtsphilosoph anzusehen ist.

Pagliaro geht bei seiner Vico-Interpretation von den historischen Einzelsprachen aus. Deren Entwicklung läßt sich als eine Folge von Innovationen auffassen, die von einzelnen Sprechern geschaffen und von anderen Sprechern übernommen werden, wenn sie, aus welchen Gründen auch immer, Gefallen an ihnen gefunden haben. Auf diese Weise werden sie Teil der „Sprache". Vico verstehe nun aber unter „Sprache" nicht die bereits zur Verfügung stehende Technik des Sprechens, die die Grundlage für jede Innovation bildet; „Sprache" sei für ihn vielmehr die Intuition, die der jeweiligen Innovation zugrundeliegt.[720] Dabei kann es sich um eine neue Bedeutung eines Worts, um eine neue Form, eine neue Konstruktion, kurz um die verschiedensten Arten von »produktiven Sprachfehlern« handeln. Pagliaro nimmt an, daß das Poetische, das Vico der

---

[719] [Hösle und Jermann haben sich für den ebenfalls leicht mißzuverstehenden Terminus *politische Welt* entschieden; zu weiteren deutschen Äquivalenten wie *bürgerlich* oder *kulturell* vgl. Trabant 1994, 208ff.]

[720] Vgl. oben Fn. 715.

urtümlichen Sprache zuschreibt, in diesen Innovationen liege, die im Laufe der Entwicklung aller „lebenden" Sprachen in Erscheinung treten. Wenn Vico sage, die Sprache sei ursprünglich Dichtung, so meine er damit die zu jedem Zeitpunkt eintretenden Neuerungen.

Von diesem Punkt an können wir Pagliaro nicht mehr folgen. Der Hermeneutiker hat zwar durchaus das Recht, einen Autor über das hinaus zu interpretieren, was er tatsächlich gesagt hat. Dabei muß er sich jedoch zumindest auf entwicklungsfähige Ansätze im Text selbst stützen können. In Pagliaros Interpretation scheint Vico nicht den Ursprung der Sprache überhaupt im Auge gehabt zu haben, sondern den Ursprung der sprachlichen Fakten. Gegen diese Deutung muß Einspruch erhoben werden. Von Innovationen ist bei Vico nirgendwo die Rede. Vico spricht nicht von einem permanent poetischen Charakter der Sprache, er sieht ihn am Ursprung der Sprache. Es geht ihm dabei um die Genese der ganzen Sprache, nicht um die ständig neu entstehenden einzelnen sprachlichen Fakten. Er sagt auch ausdrücklich, es habe in späteren Zeiten einen Übergang von der poetischen zu anderen Formen der Sprache gegeben. Später habe man es mit der *lingua volgare* bzw. mit der *lingua delle nazioni* zu tun. Spuren des ursprünglichen, poetischen Charakters könne man nur retrospektiv durch etymologische Forschung erschließen. Man stößt bei Vico immer wieder auf Formulierungen, aus denen hervorgeht, daß für ihn die „Poetizität" an ein frühes Sprachstadium gebunden ist und daß sich seine Sprachbetrachtung in einem chronologisch gedachten Rahmen vollzieht.

Eine annehmbare Vico-Interpretation im Sinne Pagliaros müßte den Punkt klarer erkennen lassen, an dem das »Weiterdenken« des Interpreten beginnt. Pagliaro hätte sich in diesem Fall nicht scheuen dürfen zu erklären, Vico habe sich seiner Ansicht nach mißverständlich oder fehlerhaft ausgedrückt; das eigentlich Schöpferische an der Sprache habe man nicht in deren fernem Ursprung, sondern im ständigen Entstehen neuer sprachlicher Fakten zu sehen.

Benedetto Croce möchte nicht nur Vicos Auffassung des schöpferischen Charakters der Sprache, sondern darüber hinaus seine gesamte Konzeption der Geschichte in einem systematischen, nicht-chronologischen Sinn verstanden wissen. Die zahlreichen Stellen, an denen von einer *storia ideale eterna* die Rede ist, scheinen ihm Recht zu geben. Diese Geschichte ist jedoch nur insofern als unzeitlich aufzufassen, als sie das „ewige" Modell darstellt, dem die Geschichte jeder Nation folgt, „die ewige ideale Geschichte [...], nach der die Geschichte aller Völker in der Zeit verläuft ...".[721]

Unterzieht man Croces Vico-Interpretation ihrerseits einer Interpretation, so wird man feststellen, daß er bemüht ist, Vico so weit wie möglich als Bestätigung seiner eigenen Philosophie in Anspruch zu nehmen. Um dies für den Leser erkennbar zu machen, muß diese Philosophie wenigstens in knappster Form skizziert werden. Croce versteht seine Philosophie als *filosofia dello spirito*, als „Philosophie des Geistes". Der Geist tritt nach Croces Auffassung in vier ver-

[721] „... la storia ideal eterna, sulla quale corrono in tempo le storie di tutte le nazioni ..."; *SNS* 35, vgl. Fn. 706.

schiedenen Formen menschlicher Tätigkeiten in Erscheinung, die sich im Rahmen zweier sich überkreuzender Dichotomien darstellen lassen: intuitiv vs. begrifflich und theoretisch vs. praktisch:

	intuitiv	begrifflich
theoretisch	Ästhetik *Das Schöne*; Erkenntnis des Individuellen	Logik *Das Wahre*; Erkenntnis des Allgemeinen
praktisch	Ethik *Das Gute*; die individuelle Form des Erstrebenswerten	Ökonomie *Das Nützliche*; die kollektive Form des Erstrebenswerten

Die Sprache gehört für Croce zusammen mit der Kunst zur intuitiven Form des theoretischen Geistes – prinzipiell, nicht etwa nur in einer bestimmten Phase der Sprachgeschichte –, und in gewisser Hinsicht gehört auch der Mythos dazu. Andererseits sieht Croce im Mythos den „ewigen Irrtum des Menschen". Er beruhe nämlich wie die Dichtung auf individueller Erkenntnis, trete aber mit dem Anspruch auf, Erkenntnis des Allgemeinen zu sein und somit einer rationalen Erklärung der Welt dienen zu können. Die Dichtung erhebe diesen Anspruch nicht, sie sei nur um ihrer selbst willen da. Sie setze sich selbst als Realität und diene nicht der Erklärung anderer (z.B. historisch-gesellschaftlicher) Realitäten. Der intuitiven Form des praktischen Geistes entspricht die Regelung des individuellen Verhaltens, der begrifflichen Form die des sozialen Verhaltens, als dessen Ziel – Croce selbst tut dies nicht – man das Nützliche sehen könnte.[722]

Besonders wichtig im Zusammenhang mit Croces Vico-Interpretation ist seine These vom Primat der intuitiven Formen des Geistes gegenüber den begrifflichen. „Primat" ist hier im Sinne des logischen Funktors „Implikation" zu interpretieren, d.h. von zwei Phänomenen ist dasjenige gegenüber dem anderen primär, das es nicht impliziert. Jeder Dichter ist ein Mensch, aber nicht jeder Mensch ein Dichter; demzufolge ist „Mensch-Sein" primär gegenüber „Dichter-Sein". Dieses Schema wendet Croce auch auf das Verhältnis zwischen den intuitiven und den begrifflichen Formen des Geistes an. Die Intuition geht der rationalen Analyse, dem Urteil und dem Schluß voraus. Das Rationale beruhe, so Croce, notwendigerweise auf dem Intuitiven, denn zuerst müsse etwas intuitiv Erfaßtes da sein, bevor es analysiert oder begrifflich interpretiert werden kann. Somit ist für Croce die Kunst primär gegenüber Wissenschaft und Philosophie, die Sprache primär gegenüber der Logik. „Primär" heißt nicht „zeitlich vorausgehend"; die beiden Formen des Geistes existieren synchron nebeneinander. Die Dichtung kann mit anderen Formen des Geistes einhergehen; sie kann Medium des Logischen, des Ethischen oder auch des Ökonomischen sein. Darin liegt jedoch nicht ihre eigentliche Bestimmung: Ein Lehrgedicht kann Dichtung

722 Hier zeigt sich ein marxistisches Residuum in Croces Denken. In jungen Jahren hatte er dem Marxismus nahegestanden und Werke von Marx und Engels ins Italienische übersetzt.

und – gewissermaßen nebenbei – auch belehrend sein; ein Text, dessen eigentliche Bestimmung in der Belehrung anderer liegt, ist hingegen keine Dichtung.

Croce behauptet nun, Vicos Geschichtsverständnis müsse im Lichte des einseitigen Determinationsverhältnisses interpretiert werden, das zwischen den beiden Formen des Geistes besteht. Die Geschichte, von der Vico spricht, sei nicht die Geschichte in ihrem zeitlichen Verlauf, schließlich nenne er sie ja „ewige und ideale Geschichte". Vico meine nicht die Philosophie der Geschichte und ebensowenig ein Modell der Geschichte. Mit „Geschichte" meine er vielmehr – so heißt es wörtlich – „Philosophie des Geistes".[723] Diese Tatsache müsse auch bei der Interpretation des Verhältnisses von Sprache und Dichtung in Vicos Sprachauffassung berücksichtigt werden. Wenn dieser vom Übergang zu den nicht-poetischen Sprachen rede – zur *lingua volgare* oder den *lingue dei popoli* – so sei dies nicht im zeitlichen Sinn zu verstehen; gemeint sei der Übergang von der Intuition zur Begrifflichkeit und zur Rationalität.

Wiederum muß an dieser Stelle Einspruch erhoben werden. Es ist durchaus zulässig, Vicos ursprünglicher Intuition eine solche Interpretation angedeihen zu lassen; es ist jedoch nicht zulässig zu behaupten, Vico habe dergleichen ausdrücklich gesagt, und darüber hinaus noch geflissentlich über das hinwegzusehen, was er tatsächlich gesagt hat. Vico nimmt sein Geschichtsschema viel ernster, als Croce wahrhaben will. Vico möchte keine allgemeinen Regeln und Normen für geschichtliche Vorgänge aufstellen. Er liefert ein Schema, nach dem, wie er glaubt, die Geschichte aller Völker verlaufen ist und immer wieder verlaufen wird. Daher ist es angemessen, bei Vico von einer Philosophie der Geschichte zu sprechen und nicht von einer Philosophie der Kultur bzw. einer „filosofia dello spirito".

16.4.5 Die allmähliche Herausbildung der sprachphilosophischen Ideen in Vicos Schriften

Vico gelangt nur allmählich und keineswegs auf direktem Weg zu der oben dargestellten Auffassung. Wer den ganzen Vico kennenlernen will, muß sich auch mit den verschiedenen Etappen seines Denkweges auseinandersetzen, und dies um so mehr, als sein letztes Werk, die *Scienza nuova seconda*, nicht die Gestalt aufweist, in der sie sich zeigen würde, wenn ihr Verfasser keinerlei äußeren publizistischen Zwängen ausgesetzt gewesen wäre.[724]

In *De nostri temporis studiorum ratione* steht die Sprache noch nicht im Zentrum von Vicos Denken. Er wendet sich lediglich gegen Descartes' Geringschätzung der humanistischen Bildung. Er befürchtet, daß damit ein Niedergang der sich auf Phantasie und Gedächtnis stützenden *artes* eingeleitet werden könnte. Die Sprache würdigt er in dieser Schrift lediglich in ihrer Anwendung als Rhetorik.

In *De antiquissima Italorum sapientia (Liber metaphysicus)* zeigt sich bereits sein Bestreben, aus der Philologie die exakte Wissenschaft schlechthin zu

---

[723] Vgl. u.a. Croce ^{6}1962, 37; 150.
[724] Vgl. Hösle 1990, LXXXVIIIff.

machen. Damit wird seine Philosophie zur Philologie oder wenigstens zu einer Philosophie der Philologie.Vico beruft sich zwar auf das *certum-factum* der Mathematik, doch ist diese für ihn lediglich ein Analogon, denn sie ist weder Instrument für die eigentliche Erkenntnis der Natur noch Gegenstand seiner eigenen Bemühungen. Daher ist es auch nicht gerechtfertigt, ihn in die Linie Cusanus – Descartes – Leibniz einzureihen.[725] Im *Liber metaphysicus* geht es bereits um die Sprache selbst, nicht um die Rhetorik. Vico möchte die frühe Weisheit der „Italier" in der lateinischen Sprache aufdecken. Zu diesem Zweck betrachtet er die ursprüngliche Bedeutung eines Wortes als Definition des von ihm bezeichneten Gegenstandes. Diese ursprünglichen Bedeutungen, in denen sich die eigentliche Auffassung der gemeinten Dinge durch die Sprache widerspiegelt, versucht er durch abenteuerliche Etymologien zu rekonstruieren. Die Fragestellung an sich ist der rationalistischen Tradition zwar nicht fremd, doch hat sie bei Vico, wie er selbst betont, eine andere Zielsetzung. Er wollte nicht wie Varro oder die Sprachtheoretiker der Renaissance Julius Cäsar Scaliger (1484–1558)[726] und Franciscus Sanctius (Sánchez de las Brozas, 1523–1601) die Prinzipien der Sprache aus der Philosophie ableiten, sondern umgekehrt eine bestimmte historische Wahrheit aus der Sprache deduzieren:

> Jene waren nämlich bemüht, die Grundlagen der Sprache aus der Philosophie abzuleiten, in der sie sehr bewandert waren, und ihr System zu begreifen. Wir hingegen, keiner Schule angehörig, werden das, worin die Weisheit der alten Italier bestand, im Ursprung der Wörter selbst aufsuchen.[727]

Die Namengebung ist für Vico schon eine Art des *facere*, ein „Machen", mit dem sich der Mensch begnügen muß und das darin besteht, unter den in Frage kommenden Merkmalen der Dinge einige auszuwählen. Diese Auswahl kommt im Wort zum Ausdruck. Wenn Pagliaro behauptet, Vico bleibe innerhalb der logisch-intellektuellen Tradition, so trifft das allenfalls auf das von ihm angewandte Verfahren zu, nicht auf den Zweck, den er damit verfolgt. Wir dürfen nicht vergessen, daß wir uns immer noch in der negativen Phase der Vicoschen Philosophie befinden. Es geht ihm noch nicht um die Wahrheit der Gegenstände und Sachverhalte selbst, die durch die Erforschung der Etymologie in den Wörtern entdeckt werden könnte, sondern um eine weit bescheidenere, für den Menschen erreichbare Wahrheit. Es geht noch nicht um die *scientia*, die in dieser Phase seines Denkens Gott allein vorbehalten bleibt, sondern um die *sapientia*, nicht um das *verum*, sondern um das *certum*. Es geht um das, was der Mensch wahrgenommen und gedacht hat, als er einst den Dingen ihre Namen gab. Bei diesem Denken handelt es sich um ein *cogitare*; das *pensare*, das Abwägen und Erwägen der Dinge, ist nur Gott möglich, da er sie entstehen läßt.

---

725 Vgl. oben 16.3.

726 [Nicht zu verwechseln mit seinem Sohn Joseph Justus Scaliger (1540–1609).]

727 *Liber metaphysicus*, Proemium: „Ii enim ex philosophia, quam ipsi docti fuerant et excolebant, linguae causas eruere et systema comprehendere satagerunt; nos vero, nullius sectae addicti, ex ipsis vocabulorum originibus quaenam antiquorum sapientia Italorum fuerit sumus indagaturi", Vico 1710/1971, 59.

Die Sprache ist für Vico nun schon Gegenstand der Forschung, sie enthält jedoch keine Wahrheit, sondern verschafft lediglich Gewißheit, die einzige niedrige Form der Wahrheit, die dem Menschen zugänglich ist. Auch das Verhältnis von Wort und Gegenstand wird durch Gewißheit (*certum*), nicht durch Wahrheit (*verum*) bestimmt. Nur Gott verfügt unmittelbar, d.h. nicht durch Vermittlung der Sprache, über die Wahrheit der Dinge.

Erst in einer späteren Phase verwandelt sich das *certum* in *verum*: Das im Wort durch den Akt der Namengebung Geleistete wird als ein *factum* anerkannt, in dem die „Wahrheit des Wortes" besteht, über die der Mensch selbst befinden kann. Von der Widerspiegelung des Gegenstandes im Wort ist nun nicht mehr die Rede. Vico wird später die Fragestellung des *Liber metaphysicus* als Irrtum ansehen, aber dennoch bei seiner etymologischen Beweisführung bleiben.

Der entscheidende Übergang zur späteren Phase der Vicoschen Sprachauffassung zeichnet sich innerhalb des *Diritto universale* ab. Im ersten Teil[728] bleibt noch alles beim alten. Vico beruft sich auf eine *etymologia philosophica*, die es im Gegensatz zur gewöhnlichen *etymologia grammatica* möglich mache, die ursprünglichen „Definitionen" der Dinge aufzuspüren. Er spricht zwar davon, daß es am Anfang eine *lingua heroica* gegeben habe, die mit einem ebenso ursprünglichen *ius heroicum* korrespondierte, behauptet dann aber, „die Philosophie und die Philologie seien als Zwillinge geboren"; denn die ersten *poëtae teologi* hätten „mit ihren Urwörtern das Wesen der Dinge bestimmt".[729]

Diese Definition der *natura rerum* ist sicherlich dem *ingenium* zuzuschreiben, das im ersten Teil des *Diritto universale* immer noch als untergeordnete Vorstufe der *ratio* erscheint. Vico hält hier noch am urtümlichen Charakter der Dichtung fest. Sie enthalte keine Universalien (*genera*), sondern nur Bilder. Erst später wird er diesen Bildern auch eine Art von Universalität zusprechen, indem er sie in den Rang der *universali fantastici* erhebt. Mit ihnen werden wir uns noch zu beschäftigen haben.

Im zweiten Teil des *Diritto universale*[730] findet schließlich der Übergang zur „Neuen Wissenschaft" statt. Ein Kapitel ist mit *Nova scientia tentatur* überschrieben, „eine neue Wissenschaft wird erprobt".

> Die Philologie besteht nämlich im Studium der Sprache und in einer auf die Wörter gerichteten Aufmerksamkeit, die deren Geschichte überliefern, und somit berichtet sie von ihrer Herkunft und Weiterentwicklung [...] Da jedoch allen Wörtern Ideen anhaften, ist es in erster Linie Sache der Philologie, über die Geschichte der Dinge zu verfügen.[731]

---

728 *De uno universi iuris principio et fine uno.*

729 „... philosophia et philologia geminae ortae [sunt] [...] poëtae teologi [...] suis etymis rerum naturas definierint", Vico *De uno*, 183, 13.

730 *De constantia iurisprudentis.*

731 „Est enim philologia sermonis studium et cura quae circa verba versatur eorumque tradit historiam, dum eorum origines et progressus enarrat [...] Sed, cum rerum ideae quibusque verbis appictae sint, ad philologiam in primis spectat tenere rerum historiam", Vico, *De uno*, 183, 13, *De constantia*, Pars posterior, Caput I, Vico (1914–1941), Bd. II, 2, 308.

Hier sind jedoch offensichtlich nicht die *res ipsae*, die Dinge selbst, sondern die *ideae* gemeint, die *res* für den Menschen. Vico möchte deshalb die Philologie, die Kunde von den Wörtern, zur Norm der Wissenschaft erheben: „philologiam ad scientiae normam exigere“[732]. Nun wendet sich Vico zum ersten Mal ausdrücklich gegen die Ansicht, daß die Dichter in Bildern sprechen und daß die »normale« Sprache in der Prosa anzutreffen sei. Ganz im Gegenteil: In der Dichtung habe man das Primäre zu sehen. Er versteht dies allerdings in chronologischer Hinsicht. Es habe zunächst ein heroisches Zeitalter der Menschheit gegeben, in dem Sprache und Dichtung eins gewesen seien. Auch das ursprüngliche Recht und die erste Religion seien auf der Grundlage dieser poetischen Ursprache entstanden. Über die Beschaffenheit dieser Sprache ist er sich noch nicht im klaren; zur Beschreibung zieht er die Kindersprache als Beispiel heran. Wie die Kinder es heute noch tun, so hätten auch die Sprecher jener Ursprache bildhafte Ausdrücke verwendet. Auch die ursprüngliche Religion sei in Form von Mythen entstanden – Ergebnissen der Einbildungskraft. Diese Mythen seien jedoch deswegen nicht „falsch“ oder „lügnerisch“ gewesen – das würde eine betrügerische Absicht implizieren –, sie enthielten auch keine rational gewonnene und erst nachträglich durch bildhafte Einkleidung verhüllte Weisheit; sie seien Manifestation des ursprünglichen, prärationalen Wissens um die Dinge.

In der *Scienza Nuova prima* (SNP) operiert Vico bereits mit den „idealen und ewigen“ Phasen der Geschichte: zuerst erscheint das Zeitalter der Götter, dann das der Heroen, schließlich das der „Menschen oder Völker“. Damit stellt sich das Problem des Übergangs von der „poetischen“ zur begrifflichen Sprache in verschärfter Form. Aufgrund seiner chronologischen Auffassung muß Vico annehmen, daß ein solcher Übergang stattgefunden hat, er kann ihn jedoch nur anhand der *lingue volgari* oder *dei popoli*, d.h. der uns bekannten Sprachen, exemplifizieren. Wie drückt man durch ein Bild einen „Charakter“,[733] ein Universale aus? Indem man *Herkules* für „kräftiger Mann“ sagt.[734] In den uns bekannten Sprachen wäre das eine „Übertragung“. Der Rhetorikprofessor Vico, der mit der Lehre von den Tropen bestens vertraut ist, ist sich der damit verbundenen Schwierigkeit wohlbewußt. Er muß erklären, daß man in *Herkules* den primären Ausdruck zu sehen hat, in der Bedeutung „kräftiger Mann“ hingegen etwas später Hinzugekommenes. Zuerst ist ein »Prototyp« da, der für eine Reihe analoger Gegenstände stehen kann, erst später entsteht daraus eine Klasse. Der ursprüngliche „Charakter“ oder Prototyp ist Individuum und Idee zugleich, die Idee der „Kraft“ in einem Individuum verkörpert. Spuren dieser urtümlichen Bildhaftigkeit sind – davon ist Vico überzeugt – auch noch in den modernen Volkssprachen (*lingue dei popoli*) zu entdecken. So könnten wir, wenn wie Vicos Argumentation folgen wollten, im Wort *Schloß* das Bild des Abgeschlossenen sehen, etwas, das gleichzeitig das Land „absperrt“. Erst später entsteht das klassenbildende *universale ragionato* „bestimmte Art von Gebäude“. Das ur-

---

[732] *De constantia*, Teil II, Kap. 1, zit. nach Pagliaro 1961, 345.

[733] Zum Terminus *Charakter* vgl. Trabant 1994, 49ff.

[734] Vgl. z.B. *SNP* V, 9 = Vico 1725/1971, 323ff.

sprüngliche Bild und die moderne begriffliche Bedeutung stehen manchmal geradezu im Widerspruch zueinander: Wenn wir heute im Spanischen von einer *joven señorita*, einem „jungen Fräulein", reden können, so zeigt dies, daß die ursprüngliche Vorstellung *señor-ita* < SENIOR „älter, ehrwürdig" nicht mehr präsent ist.

Zur Erklärung des Übergangs von der „poetischen" zur „gewöhnlichen" Sprache zieht Vico also die Theorie der Tropen heran, allerdings in umgekehrter Richtung: Am Anfang des diachronisch interpretierten Übertragungsprozesses steht das, was wir gewöhnlich aus synchronisch-stilistischer Sicht als die „übertragene Bedeutung" ansehen, am Ende die „eigentliche":

– Zunächst bedeutet ein Wort eine Gottheit und eine Sache zugleich. Die Göttin Ceres *ist* das Korn; später geht durch *Metonymie* die Bedeutung auf das Korn allein über.

– Dann werden die Dinge nach ihren wichtigsten, zuerst ins Auge fallenden Teilen benannt; man sagt *Dach*, wenn man „Haus" meint. Später geht durch *Synekdoche* die Bedeutung vom Teil auf das Ganze über. So erklärt sich, daß lat. *tignum*, ursprünglich „kleine Balken", später „Baumaterial" bedeutet.

– Schließlich habe man abstrakte Sachverhalte mit Namen für konkrete Gegenstände benannt. So heiße es bei Vergil: „Auf meine Königreiche blickend, werde ich nach einigen Ähren in Staunen geraten", und an anderer Stelle „es war die dritte Ernte".[735] Diese dritte Phase sei also durch die *Metapher* gekennzeichnet. *Arista* „Ähre" und *messis* „Ernte" stehe an diesen Stellen, an denen Vergil die poetische Sprache nachahmen wollte, für „Jahr".[736] Aus rhetorisch-stilistischer Sicht wäre ein Satz wie „Nach drei Ernten kehrte sie zurück" als „bildhaft" anzusehen;[737] für Vico hingegen stünde die Bedeutung „Jahr", wenn sie im Lateinischen üblich geworden wäre, am Ende eines historischen Übertragungsvorgangs und wäre als uneigentlich anzusehen, etwa so, wie wenn jemand behaupten würde, frz. *tête* bedeute »eigentlich« nicht „Kopf", sondern „Tonscherbe".

Mit diesem Versuch einer Erklärung des Übergangs von der „poetischen" zur „gewöhnlichen" Sprache werden die eigentlichen Schwierigkeiten nicht aus dem Weg geräumt. Wenn man annimmt, *arista* „Ähre" und *messis* „Ernte" seien bildhafte Ausdrücke für „Jahr", welches waren dann die ursprünglichen bildhaften Ausdrücke für „arista" und „messis"? Stehen diese Wörter doch ebenfalls schon für Begriffe, gehören sie doch ebenfalls bereits der „gewöhnlichen" Sprache an. Der Übergang von der früheren zur späteren kann nur durch Beispiele aus der späteren angedeutet werden, denn von der früheren haben wir ja nur spärliche Zeugnisse. Vico ist sich dieser Schwierigkeit durchaus bewußt. Er

---

735 „Post aliquot mea regna videns mirabor aristas"; „Tertia messis erat"; *SNP* III, 25 = Vico 1725/1971, 277; [Das erste Zitat steht bei Vergil, *Ecl.* I, 69, das zweite scheint Ovid entnommen zu sein.]

736 Vgl. *SNS* 407; dort wird das Vergil-Zitat anders als in der *Scienza nuova prima*, nämlich als Verbindung von zwei Synekdochen und einer Metonymie eingestuft.

737 *SNP* II, 25–26 = Vico 1725/1971, 276f. Vgl. ebenfalls Di Cesare 1995, insb. 86ff.

möchte daher den „gewöhnlichen“, d.h. den artikulierten Sprachen zusätzlich noch einen anderen Ursprung zuschreiben. Er glaubt ihn in den einsilbigen Lautkörpern zu entdecken, die kleine Kinder ausstoßen, wenn sie auf die menschlichen Stimmen reagieren, die sie um sich herum hören. Die *lingue volgari* müssen dann irgendwie aus einer Synthese der ursprünglichen *lingua heroica* und der einsilbigen Partikeln der Lautsprache entstanden sein – eine keineswegs befriedigende Hypothese.[738]

In der *Scienza nuova seconda* werden die drei Phasen der Geschichte der Menschheit und die ihnen entsprechenden Phasen der Sprachentwicklung beibehalten:

Zeitalter der Götter	–	stumme Sprache
Zeitalter der Heroen	–	bildhafte Sprache
Zeitalter der Menschen	–	„konventionelle“ Sprache (*lingue volgari* oder *dei popoli*).

Den beiden ersten Phasen der Sprache schreibt Vico „poetischen“ Charakter zu; er versucht sie mit Hilfe seiner Theorie der *universali poetici* oder *fantastici* genauer zu bestimmen.[739] Worin besteht nun dieses *universale fantastico*? Es handelt sich nicht um ein „Wissen ohne Bild“, wie beim *universale ragionato*, sondern um ein Wissen, das sich in Form einer bildhaften Vorstellung manifestiert. Es ist ein Bild, das eine Bedeutung vertritt, so wie das Poetische als Exemplum dienen kann, als Intuition des Universellen im Individuellen, als eine konkret begründete universelle Möglichkeit. So kann das Bild eines konkreten Baums als Modell für die Spezies „Baum“ dienen, d.h. für eine universelle Möglichkeit der Erfassung eines Ausschnitts der Wirklichkeit, oder die Gestalt des Fürsten Myschkin in Dostoevskijs Roman *Der Idiot* für eine bestimmte Art von Menschen.

Es werden also nicht aus einer Anzahl von Gegenständen oder Sachverhalten gemeinsame Merkmale abstrahiert, die zur Bildung einer Klasse herangezogen werden können. Das ist beim gewöhnlichen Begriff, beim *universale ragionato* der Fall. Beim *universale fantastico* steht ein modellhaft herausgegriffenes Einzelphänomen für eine universelle Möglichkeit zur Bildung einer Spezies über Ähnlichkeitsbeziehungen; ob diese Spezies je »verwirklicht« wird, ist gleichgültig. Von Anfang an waren Wörter wie *Sonne* und *Mond* Universalia, Appellativa, nicht etwa Eigennamen, obwohl lange Zeit hindurch nur ein einziges Exemplar als Vertreter dieser möglichen Klassen bekannt war. Und das Universelle einer dichterischen Gestalt liegt nicht darin, daß charakteristische Merkmale tatsächlich beobachteter Individuen herausgegriffen und »verdichtet« worden wären; es liegt vielmehr in der Eröffnung der Möglichkeit, in realen Personen diesen „Charakter“ wiederzuerkennen.

Wenn es um Naturgegenstände geht, beruft sich Vico auf die Mythologie, derzufolge Berge, Bäume oder Flüsse von Gottheiten bewohnt waren. Ein Fluß,

---

[738] Vgl. u.a. *SNP* III, 37–38 = Vico 1925/1971, 293ff.
[739] Vgl. oben 16.4.3 d und Fn. 698.

der zugleich als Gottheit erfaßt wird, ist mehr als eine Einzelvorstellung. Die Vorstellung enthält ein allgemeines Prinzip, das auch in anderen Erscheinungen auftreten kann. Diese Erscheinungen sind im mythisch-poetischen Denken eins. Es handelt sich nicht eigentlich um eine „Klasse", sondern um Instanzen, Hypostasen desselben Gottes oder um verschiedene Momente des Auftretens ein und desselben Phänomens:

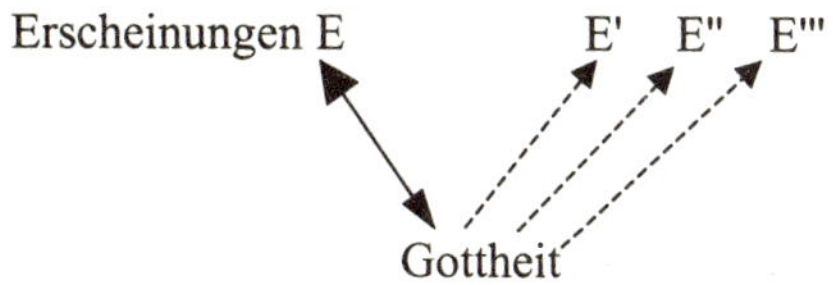

Obwohl das Prinzip als Individuum aufgefaßt wird, können andere, ursprünglich nicht wahrgenommene Erscheinungen darauf zurückgeführt werden, nicht im Sinne der Bildung einer Klasse, sondern in dem der Identifikation. Darin liegt die Besonderheit des *universale fantastico* oder *poetico*. Auch mythologische Namen sind nach Vico in diesem Sinn zu verstehen: *Ceres* und *Iupiter* stehen für die Gottheiten sowie für „Korn" bzw. „Donner" zugleich. Die Vielfalt der Erscheinungsformen von Korn oder Donner kann der Individualität des Prinzips nichts anhaben.[740]

Das Universelle, lehrt Vico, ist also schon in den frühen Phasen der Menschheit vorhanden, allerdings nicht in Form von Begriffen, sondern in Form von *universali fantastici,* individuellen Prinzipien, die unendliche Möglichkeiten der Identifikation eröffnen. In diesem Sinn ist auch die Gleichsetzung von Wort und Mythos zu verstehen. Das Wort gehört nicht zu einem Mythos, es *ist* Mythos; denn im Wesen des Mythos liegt es, in Naturerscheinungen zielgerichtete Kräfte erkennen zu wollen.

Erst in der dritten Phase der Sprachentwicklung läßt Vico den Übergang vom Individuum-Universale zum *universale qua tale* beginnen: Aus dem Bild wird ein Zeichen; aber auch das geschieht nicht auf dem Weg der Bildung einer Klasse durch Abstraktion, sondern durch Zerstörung des zur Identifikation einladenden Prinzips, also z.B. durch Ausklammerung der jeweiligen Gottheit:

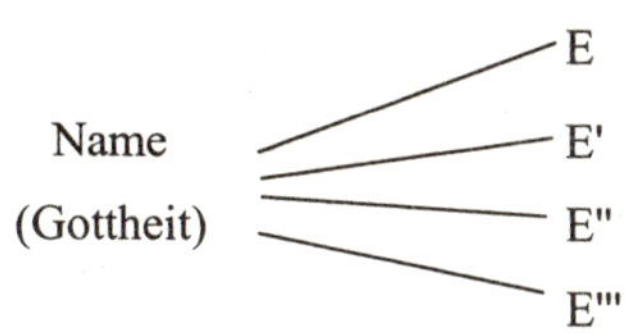

So werden Erscheinungen, die früher eins waren, zu Exemplaren einer Klasse. Es handelt sich jetzt nicht mehr um Erscheinungsformen ein und derselben Gottheit, sondern um Phänomene, die durch die Relation der Ähnlichkeit zusammengehalten werden. Die Wörter, die in der *lingua heroica* noch *proprie*

[740] Vgl. Coseriu 1995, 76.

significabant „von sich aus bedeuteten", tun dies jetzt nur durch die übrig gebliebene Konvention. Sie werden zu entindividualisierten und entmythifizierten Appellativa. Das Wort *Fluß* ist nicht mehr der Name der Flußgottheit, sondern eine Bezeichnung für die Klasse der Flüsse.

Dies alles wurde in unserer Interpretation möglicherweise »überhellt«; bei Vico selbst finden sich eher dunkle Andeutungen in ständig neuen Variationen.

Wie wir soeben gesehen haben, entstehen die Klassen, die *universali ragionati*, nicht durch einen Abstraktionsprozeß, sondern durch den Verlust des einheitsstiftenden Prinzips. Die Einzelphänomene werden jetzt nur noch durch das Wort, den „Namen" zusammengehalten. So erklärt sich die außergewöhnliche Bedeutung, die Vico der etymologischen Forschung beimißt. Nur durch sie können die ursprünglichen Intuitionen aufgespürt werden, die einst die Einheit der Bedeutung stifteten. In der Vielzahl der neueren *lingue volgari* könne man noch *le stesse origini eroiche, conservate in accorcio dentro i parlari volgari* entdecken, „dieselben heroischen Ursprünge, die in abgekürzter Fassung in den gewöhnlichen Sprachen erhalten geblieben sind."[741]

Nach dem Zeitalter der Heroen trennen sich Philosophie und Philologie. Diese Trennung ist eine unmittelbare Folge des Übergangs von der „poetischen" zur „gewöhnlichen" Sprache. In den beiden früheren Phasen war das Wort eine unmittelbare Darstellung des Gegenstandes, den es bezeichnet, und daher waren Erforschung der Wörter und Erforschung der Gegenstände dasselbe. Nun wurde ein Trennung der beiden Disziplinen notwendig. Vico sagt ausdrücklich

> ... daß, nachdem die Sprache des gemeinen Volkes als „gewöhnliche Sprache" das Wesen und die Eigenschaften der Dinge nicht mehr ausdrückte, die Philosophen von den Philologen geschieden wurden; die einen als Erforscher des Wesens der Dinge, die anderen als Erforscher des Ursprungs der Wörter; und so wurden Philosophie und Philologie, die im heroischen Zeitalter als Zwillinge entstanden waren, durch die gewöhnliche Sprache auseinandergerissen.[742]

Hier ergeben sich zwei Schwierigkeiten, auf die wir bereits hingewiesen haben: *Erstens* hat man sich zu fragen, wie man von der Sprache als ἐνέργεια, als einer schöpferischen Tätigkeit im Sinne Aristoteles', zum „Können einer Sprache", zur Sprache als δύναμις gelangt.[743] Die „poetische" Sprache ist nämlich reine Schöpfung, die „gewöhnliche" zum größten Teil Anwendung einer bereits vorgegebenen „Technik des Sprechens". *Zweitens* ergibt sich aus Vicos Auffassung das Problem der historischen Kontinuität zwischen der Ursprache und den Sprachen, wie wir sie kennen. Die poetische und die gewöhnliche Sprache, die eine aus natürlichen, die andere weitgehend aus arbiträren Zeichen zusammenge-

---

741 *SNS*, 444.

742 „... quod, cum lingua vulgi, quia communis, rerum naturas et proprietates non significabat, philosophi in naturis rerum, philologi in originibus verborum investigandis divisi sunt; et ita philosophia ac philologia, quae ab heroica lingua geminae ortae erant, lingua vulgari distractae"; *Diritto universale*, Notae 33, 3 zit nach Pagliaro 1961, 356f.

743 Vgl. Coseriu ^{3}1978, 46f.

setzt, gehören zwei verschiedenen Epochen an, und man sieht nicht, wie sie ineinander übergehen könnten.

Wie Vico die *erste Schwierigkeit* zu lösen versucht, haben wir zum Teil bereits gesehen. Seine Anwendung der Theorie der rhetorischen Tropen zur Erklärung des Übergangs von einem Sprachstadium auf das andere kann nicht so recht überzeugen. In *De constantia iurisprudentis* greift er zu einem anderen Hilfsmittel, um den Übergang zu erklären: Er sei analog zum Wechsel von den piktographischen Schriftsystemen, z.B. den Hieroglyphen der Ägypter, zur Alphabetschrift verlaufen:

> Die Schriftzeichen, die zunächst als heroische Charaktere die Dinge selbst bedeuteten und natürlich [motiviert] waren, wurden zu Zeichen für die Sprachlaute umgewandelt; und so ist aus dem Prinzip der Willkür die Schrift entstanden.[744]

Diese Annahme ist im großen und ganzen richtig. Sie gehört zu Vicos wichtigsten Intuitionen, insbesondere deshalb, weil zu seiner Zeit die Zusammenhänge zwischen piktographischen und alphabetischen Schriften völlig ungeklärt waren. Es gab Forscher, die die piktographischen Schriftsysteme wegen ihrer größeren Komplexität für jünger als die alphabetischen hielten.[745] Der englische Ägyptologe Alan H. Gardiner (1879–1963) hat in einem Aufsatz skizziert, wie er sich den Übergang von den ägyptischen Hieroglyphen über mehrere Zwischenstufen bis zu den hebräischen Buchstaben und ihren Namen vorstellt:[746]

[744] „... characteres, qui, prius heroici, significabant res ipsas et naturales erant, ad sonorum notas designandas translati sunt; unde ex arbitrio sciptura orta"; *De constantia* XIV, 5 = Vico (1914–1941), II, 2, 387; vgl. auch Otto 1995, Abschnitt 2.

[745] Vgl. Hösle 1990, CLXXXVf.

[746] Schema nach Haarmann 1990, 279; vgl. ebenfalls Gardiner 1915.

Aus dem Piktogramm für das Rind entwickelte sich ein Graphem, das nach dem entsprechenden hebräischen Wort *āleph* benannt wird. Dieser Name steht nicht mehr für die bezeichnete Sache, sondern für den Anfangsbuchstaben, der dann erst bei den Griechen, die auch Vokale aufzeichneten, den Lautwert *Alpha = A* erhielt. Die übrigen Beispiele sind analog zu verstehen.

Die Gelehrten sind sich über die Einzelheiten beim Übergang von den piktographischen zu den alphabetischen Zeichen keineswegs einig,[747] das Prinzip als solches wird jedoch allgemein akzeptiert. Aber auch hier wird, wie beim Übergang von der „poetischen" zur „gewöhnlichen" Sprache, nur das *Wie* des Übergangs beschrieben. Warum der Wechsel zu einem völlig andersartigen Prinzip erfolgte, erfahren wir nicht. In beiden Fällen handelt es sich keineswegs um eine zwangsläufige, von vornherein zu erwartende Entwicklung.

Auch die *zweite Schwierigkeit*, das Problem des Übergangs von der „poetischen" zur „gewöhnlichen" Sprache in rein chronologischer Hinsicht, hat Vico sehr wohl gesehen. An verschiedenen Stellen seiner Schriften – an einer, wie wir gleich sehen werden, besonders ausführlich – bemüht er sich, die Abfolge seiner drei Sprachstadien nicht als eine chronologische, sondern als eine rationale erscheinen zu lassen. Die ideale Abfolge dreier Entwicklungsphasen der Sprache, versichert er, schließe faktische Gleichzeitigkeit nicht aus:

> Um nun auf die äußerst schwierige Bildungsweise aller drei Arten von Sprachen und Buchstaben einzugehen, ist folgendes Prinzip aufzustellen: So wie zur gleichen Zeit die Götter, die Heroen und die Menschen entstanden [...] so entstanden zur gleichen Zeit auch diese drei Sprachen [...] doch mit diesen drei höchst wichtigen Unterschieden: Die Sprache der Götter war fast ganz stumm und nur sehr wenig artikuliert; die Sprache der Heroen war gleichmäßig aus artikulierter und stummer gemischt [...]; die Sprache der Menschen war fast ganz artikuliert und nur höchst selten stumm ...[748]

Damit ist jedoch nicht viel gewonnen; auch so bleiben drei „Sprachen", die auf völlig unterschiedlichen Prinzipien beruhen, nebeneinander bestehen, ohne daß die Möglichkeit eines Wechsels von der einen zur anderen wirklich erklärt würde. Vico hätte expressis verbis sagen können, was ihn, wie wir gesehen haben, Pagliaro sagen läßt: daß es keine zeitliche Abfolge von „poetisch-intuitiv" und „logisch-rational" in der Sprache gibt, daß die Sprache immer wieder von neuem entsteht und daß es daher unsinnig ist, nach ihrem zeitlichen Ursprung zu fragen; daß es auch gar keines Übergangs von der poeti-

---

[747] Vgl. u.a. Haarmann 1990, 278.

[748] „Ora, per entrare nella difficilissima guisa della formazione di tutte e tre queste spezie e di lingue e di lettere, è da stabilirsi questo principio: che, come dallo stesso tempo cominciarono gli dèi, gli eroi e gli uomini [...], cosí nello stesso tempo cominciarono tali tre lingue [...]; però con queste grandissime differenze: che la lingua degli dèi fu quasi tutta muta, pochissima articolata; la lingua degli eroi, mescolata egualmente e di articolata e di muta [...]; la lingua degli uomini, quasi tutta articolata e pochissima muta ...", *SNS* 446 = Vico 1744/1971, 502f. Die deutsche Übersetzung von Hösle und Jermann wurde leicht modifiziert.

schen zur nicht-poetischen Sprache bedarf, weil das „Poetische“ in der Sprache durch die fortwährende Entstehung neuer Bedeutungen ständig anwesend ist.

Vico hat dies nicht gesagt, zumindest nicht ausdrücklich, und wenn er es hätte sagen wollen, so hätte er andere Dinge nicht sagen dürfen, die er tatsächlich gesagt hat: daß die „poetische“ Sprache in der „gewöhnlichen“ aufgegangen sei und daß es etymologischer Forschungen bedürfe, um die fast völlig ausgelöschten Spuren der ersten in der zweiten zu entdecken. Er hätte sagen müssen, daß die Erfindung einer neuen Bedeutung immer auf Intuition beruht und somit – in seiner Sprechweise – als „poetischer“ Akt anzusehen ist. „Poesie“ in diesem Sinne muß nicht unbedingt mythisch oder metaphorisch sein.

Und schließlich hätte er folgendermaßen fortfahren können: Jede neue Bedeutung beruht auf der Intuition einer Art des Seins, die als Einheit, jedoch nicht als Klasse erfahren wird. Bedeutungen sind Individuen und Modelle für mögliche individuelle Phänomene, sie erfassen Seiendes in seiner unbegrenzten Möglichkeit. Erinnern wir uns daran, daß in dieser Erkenntnis der Sinn der Platonischen Ideenlehre besteht und daß Whitehead – unseres Erachtens zu Recht – die Begriffe „zeitlose Gegenstände“ (*eternal objects*) nannte.[749] Bedeutungen deduziert man nicht aufgrund von Klassenerfahrung, denn eine Erfahrung der Klassen in der Weise, wie die Wörter sie bedeuten, kann es nicht geben. Das wurde bereits im Zusammenhang mit Locke und vor allem mit Berkeley ausgeführt.[750] Bedeutungen entstehen auch nicht induktiv durch die Erfahrung verschiedener zu einer Klasse gehörigen Gegenstände. Es muß zunächst die Intuition einer Einheit, eine *indivisibilium intelligentia*[751] gegeben sein; ohne sie wäre es unmöglich, verschiedene Gegenstände als „die gleichen“ zu erfassen, verschiedene *tokens* auf einen *type* zurückzuführen.[752] Diese Intuition des „Gleichen“ geht der Vielzahl der Gegenstände, die ihm subsumiert werden können, voraus. Wenn wir z.B. ein Zeichen wie das folgende ¤ „Track“ nennen, so betrifft dieser Akt der Benennung die Möglichkeit der entsprechenden Gegenstände, nicht die Gegenstände selbst als Klasse, denn die gibt es noch nicht. Wenn „Gegenstände“ entstehen sollen, die als „die gleichen“ wahrgenommen werden, so werden sie auf bereits existierende Bedeutungen zurückgeführt. Klassen werden durch Bedeutungen gestiftet und nicht umgekehrt Bedeutungen aus Klassen abgeleitet.[753]

Das einheitliche Prinzip, das poetische Universale im Wort, braucht somit auch keine Gottheit zu sein, die in den Naturerscheinungen mit diesen zugleich erkannt wird; denn dieses Prinzip, nach dem Vico suchte, ist die Bedeutung selbst. Wie wir bereits gesehen haben, sind die Bedeutungen „Sonne“ und „Mond“ nicht als Begriffe für Klassen entstanden, die es gar nicht gab, sondern als Begründung der Möglichkeit der Bildung solcher Klassen. Viel später erst

[749] Vgl. oben 13.2.2 sowie Coseriu 1995, 77.
[750] Vgl. oben Kap. 12 und 15.1.
[751] Vgl. oben 6.3.5.
[752] Vgl. oben 1.3.2.1.1.
[753] Vgl. Coseriu 1987 und oben 6.3.5.

wurden andere, von »unserer« Sonne und »unserem« Mond verschiedene Objekte, diesen Klassen zugeordnet.

Daraus folgt ebenfalls, daß keine anderen als die durch die Sprache gegebenen Universalien existieren. Es gibt primäre und sekundäre Bedeutungen; die ersten beruhen auf unmittelbarer Intuition, die zweiten (die terminologischen Bedeutungen im weitesten Sinn) werden mit Hilfe der bereits vorhandenen abgegrenzt.

Ferner folgt aus dem Gesagten, daß der Etymologie keine allzu große Bedeutung zukommt. Sie mag aufdecken, »als was« ein Phänomen ursprünglich erfaßt wurde. Entscheidend ist jedoch nicht, *als was*, sondern *daß* es als etwas Einheitliches erfaßt wurde. Wichtig ist, daß mit der Bedeutung „Schloß" das Schloß-Sein erfaßt wurde, weniger wichtig ist der besondere geistige »Zugriff« dieses Akts der Erfassung. Nicht nur die Erfassung »von etwas als etwas« ist „poetisch"; das eigentlich Schöpferische liegt darin, daß es überhaupt als etwas Einheitliches erfaßt wird, denn damit wird eine unbegrenzte Möglichkeit eröffnet. Eine solche Möglichkeit wird auch in der Dichtung in einer Situation oder einer Gestalt erfaßt und dadurch »erschaffen«. Sprache und Dichtung sind konstituierende Prinzipien, sie werden nicht durch etwas anderes, ihnen Vorausgehendes konstituiert. Die Sprache ist nicht das Ergebnis einer Analyse der Wirklichkeit, die zu einer Reduktion der Vielfalt der Erscheinungen auf Klassen geführt und sich in den sprachlichen Bedeutungen niedergeschlagen hätte. Sie schafft die Grundlage für die Bildung solcher Klassen.

Natürlich gehören Bedeutungen historischen Sprachen an und werden somit gewissermaßen »fertig« überliefert. Das heißt jedoch nicht, daß das eigentlich schöpferische Merkmal in einer fernen Urzeit zu suchen wäre. Bei der Erlernung einer Bedeutung muß die ursprüngliche Intuition nachvollzogen werden – ein ebenso kreativer Akt wie die Erfindung. Man kann zwar weitere Bedeutungen mit Hilfe bereits bekannter abgrenzen, und man kann den Lernprozeß erleichtern, indem man neue Bedeutungen analytisch darstellt.[754] Dabei handelt es sich aber nur um methodische Hilfestellungen. Bedeutungen sind Einheiten, sie lassen sich nicht aus Bruchstücken von bereits zuvor Erlerntem zusammensetzen. Gewiß, man kann den Begriff „sechs" auf ganz unterschiedliche Art und Weise analysieren: als 1+1+1+1+1+1; als 2 x 3 oder 3 x 2; als 2+2+2 oder 3+3 usw. usf. Nicht darin liegt jedoch das eigentlich Sprachliche, sondern schlicht und einfach in der Tatsache, daß es die Bedeutung „sechs" gibt.

Das Erlernen von Bedeutungen ist kein mechanischer, sondern ein schöpferischer, zumindest nachschaffender Akt, bei dem man zwar Hilfestellung leisten, den man jedoch niemandem abnehmen kann. Dabei verhält es sich wie mit der Kunst. Was Kunst ist, muß jeder in sich selbst entdecken. Wer da behaupten wollte, er könne jemandem Bedeutungen vermitteln, ohne daß dieser dabei genötigt wäre, die ursprüngliche Intuition nachzuvollziehen, die der Bedeutung zugrundeliegt, geriete leicht in einen *circulus vitiosus*: Wie ließe sich jemandem

---

[754] [So z.B. indem man die Methoden der „strukturellen Semantik" für die Sprachdidaktik nutzbar macht.]

die Bedeutung des Wortes *Bedeutung* vermitteln, ohne daß er bereits wüßte, was eine Bedeutung ist? Man kann ihm »gemeinte« Gegenstände und Sachverhalte zeigen; damit zeigt man ihm jedoch nicht die „Bedeutung“, sondern bestenfalls den Weg zu ihrer Entdeckung. Die Bedeutung selbst kann nur intuitiv erfaßt werden. Augustinus hat das Problem zwar gesehen, aber nicht zufriedenstellend formuliert.[755] In einfachen Worten: Um Bedeutungen zu erlernen, muß ich die Bedeutung und den Sinn von „Bedeutung“ verstehen, ich muß die Voraussetzungen dafür in mir selbst schaffen.

Wenn es im Bereich der Sprache eine wichtige Grenze gibt, so liegt sie nicht zwischen einer ursprünglich schöpferischen und einer späteren begrifflichen Sprache. Sie liegt auch nicht zwischen der sprachlichen Innovation und dem historisch Gegebenen; sie liegt zwischen der Intuition der Bedeutung und ihrer Verwendung im Sprechen, der Nutzbarmachung des zuvor Erfaßten.

Vico kommt zu anderen Ergebnissen. Zunächst einmal deshalb, weil er, wenn er glaubt, von der Intuition der Wortbedeutung zu sprechen, eigentlich den Sinn einer *Äußerung* oder eines *Textes* im Auge hat. Das gilt übrigens auch für die Autoren, die die Sprache mit der Dichtung identifizieren.[756] Wer seine Aufmerksamkeit darauf richtet, »als was« etwas erfaßt wird (z.B. *intelligere* als „Auslesen von Obst und Gemüse“)[757] meint den Sinn eines Textes, der ein Mythos sein kann, auch wenn er in einem einzigen Wort ausgedrückt wird. Im übrigen schwebt Vico mit seinen „poetischen Charakteren“ keine klare Intuition vor, sondern etwas Undifferenziertes, das sich auch in Form von Malerei und Musik äußern könnte. Nicht umsonst spricht er von einer „stummen Sprache“.

Das eigentliche Charakteristikum der Sprache ist die Intuition der Bedeutung des Wortes, nicht die Bedeutung von Sätzen oder Texten. Satz- und Textbedeutungen können auch in nicht-sprachlicher Form gegeben sein, Wortbedeutungen sind immer sprachlich, gleichgültig, ob es darum geht, etwas auszudrücken oder etwas zu verstehen. So gehen auch diejenigen in die Irre, die den Text für das sprachlich Primäre halten und glauben, die Wörter könnten durch Analyse von Texten oder Sätzen gewonnen werden.[758] Die Kriterien, die bei einer solchen Analyse herangezogen werden müßten, sind gerade die Wortbedeutungen. Bei dieser Art von Analyse bleibt man eigentlich außerhalb der Sprache und beruft sich insgeheim auf etwas, das durch die Analyse erst gewonnen werden soll. Es gibt sehr wohl einfache, nicht analysierbare Ausdrücke, die tatsächlich Sätzen oder Texten entsprechen, die Interjektionen. Sie bleiben am Rande der Sprache und würden uns vor dieselben Schwierigkeiten stellen wie die Sätze, wenn wir versuchen sollten, aus ihrer Analyse „Wörter“ zu gewinnen. Kommen wir zum Schluß: Die Philosophie Vicos ist Ausdruck einer großartigen intuitiven Einsicht: Die Sprache geht allen übrigen Tätigkeiten des Menschen voraus, die man „ästhetisch“ oder „poetisch“ nennen könnte. Die Intuition als solche ist richtig;

---

[755] Vgl. oben 8.3, b).
[756] Vgl. oben 16.4.4.
[757] Vgl. oben 16.4.3, Fn. 699 und *SNP* III, 27 = Vico 1725/1971, 279.
[758] Vgl. Coseriu 1994, 36ff.

ihre Herleitung, Darstellung und Begründung müssen hingegen als gescheitert angesehen werden.

16.5 Bibliographische Hinweise

Über Vico, der zu Lebzeiten fast unbekannt war, ist vom 19. Jahrhundert an eine reichhaltige Literatur entstanden, die hier nur in geringem Ausmaß berücksichtigt werden kann.

Zunächst zu den verfügbaren und zu den hier verwendeten Ausgaben sowie zu den deutschen Übersetzungen: Maßgeblich ist immer noch die Ausgabe der Werke von Fausto Nicolini in acht Bänden (Vico 1914–1941). Dem Bearbeiter waren nicht alle Bände dieser Ausgabe zugänglich, daher wird hier vorwiegend aus der Ausgabe von Nicola Badaloni und Paolo Cristofolini (= Vico 1971) zitiert, die Nicolinis Text mit kleinen Modifikationen bietet, das *Diritto universale* allerdings nicht enthält. Die Absatzzählung der *Scienza nuova seconda* (*SNS*) aus der Ausgabe von Nicolini wurde beibehalten. Von Vicos Hauptwerk, der *SNS*, gibt es zwei deutsche Übersetzungen: die ältere ist die des Romanisten Erich Auerbach (Vico/Auerbach 1924, Neuauflage 1966), die heutigen Ansprüchen nicht mehr genügt. Hier wurde die Übersetzung von Christoph Jermann und Vittorio Hösle (Vico 1744/1990) herangezogen. Auch sie fand nicht die ungeteilte Zustimmung der Fachwelt; der Bearbeiter hat den Text gelegentlich leicht modifiziert. Die Übersetzungen der übrigen Zitate stammen vom Bearbeiter, bei den lateinischen Texten wurden zum Teil neuere italienische Übersetzungen mitherangezogen. Die in der ersten Fassung der vorliegenden Übersicht angeführte Anthologie von Jules Chaix-Ruy (1946), die die wichtigsten Werke in französischer Übersetzung bietet, verdient es, hier weiterhin genannt zu werden. Jürgen Trabant (1994, 132f. und 141) hat gezeigt, daß diese Texte Jacques Derridas Vico-Verständnis prä- und deformiert haben.

Was die Sekundärliteratur betrifft, so wurden die Werke, die für das vorliegende Kapitel besonders wichtig sind, bereits in 16.1 genannt. Nachzutragen wäre das Buch von Isaiah Berlin (1976); der Haupttitel *Vico und Herder* ist irreführend, der erste umfangreiche Aufsatz ist ausschließlich Vico gewidmet. Auf die fast dreihundert Seiten starke Einleitung, die Vittorio Hösle seiner zusammen mit Christoph Jermann angefertigten Übersetzung vorangestellt hat, sei hier besonders hingewiesen; dort findet man eine überaus reichhaltige Bibliographie.[759] Weitere Arbeiten, die hier zu Einzelproblemen herangezogen wurden, finden sich im Literaturverzeichnis.

[759] Hösle 1990; insb. CCLXXIX–CCXCIII.

17 Das 18. Jahrhundert in Deutschland: Zeichentheorie, Allgemeine Grammatik, Theorien über den Ursprung der Sprache

Wir wenden uns nun wieder dem deutschen Sprachraum zu, den wir mit Leibniz zum ersten Mal betreten hatten. Dabei werden wir es jetzt zum größten Teil mit deutschsprachigen Texten zu tun haben. Die Zeit der bedeutenden deutschen Sprachphilosophie ist indes noch nicht angebrochen. Wir werden uns mit Erkenntnistheoretikern zu beschäftigen haben, für die die Sprache kein autonomer Gegenstand der Reflexion ist, die sich jedoch insofern mit ihr auseinandersetzen müssen, als sie die Frage nach den Bedingungen der Erkenntnis mit der Theorie der Zeichen verknüpfen. Andererseits ist die zweite Hälfte des 18. Jahrhunderts auch die Zeit der Grammatiktheorie. Seitdem die beiden Gelehrten Antoine Arnauld (1612–1694) und Claude Lancelot (1615–1695) es gewagt hatten, im vor den Toren von Paris gelegenen Nonnenkloster von Port-Royal eine *Grammatica universalis* in einer Volkssprache zu schreiben, war der Weg frei für die Entstehung Allgemeiner Grammatiken in anderen Volkssprachen. Meiners *Philosophische und allgemeine Sprachlehre* soll im Zusammenhang mit der *Grammaire de Port-Royal* behandelt werden. Am Schluß dieses Kapitels wird ganz kurz auf zwei unterschiedliche Sprachursprungstheorien einzugehen sein – in erster Linie im Vorausblick auf Herder, der im vorliegenden Teil der Übersicht allerdings nicht behandelt werden kann.

17.1 Christian Wolff (1679–1754)

Dem Namen des Hallenser Philosophen sind wir bereits im Zusammenhang mit Aristoteles und Leibniz begegnet.[760] Er stammte aus Breslau, lehrte von 1707 bis 1723 in Halle und wurde zwischenzeitlich auf Betreiben der Pietisten als „Religionsfeind" des Landes verwiesen und schließlich im Jahre 1740 von Friedrich dem Großen nach Halle zurückberufen. Christian Wolff war der wichtigste Vertreter der deutschen Aufklärung. Seine zahlreichen Schüler besetzten später viele philosophische Lehrstühle an deutschen Universitäten; man nannte sie, teils anerkennend, teils herablassend, die „Wolffianer". Wolff vertrat eine Philosophie des »gesunden Menschenverstandes«, eine Art von »Rationalismus für das Volk«; die meisten seiner deutschsprachigen Werke führen das Syntagma „Vernünfftige Gedancken von ..." im Titel. Charakteristisch für seine Philosophie ist der Begriff der „Fundierung". Er ist bemüht, alle Gegenstände, auch die alltäglichsten, *more geometrico* abzuhandeln; Kant ist ihm darin gefolgt. *Sub specie aeternitatis* betrachtet, war Wolff sicherlich ein Denker von eher bescheidener Statur. Er hat jedoch zu seiner Zeit einen außerordentlich starken

[760] Vgl. oben 6.3.8.5.4 und 13.

Einfluß auf die „deutsche Ideologie“ ausgeübt und die Voraussetzungen für den Auftritt der bedeutenden Denker des deutschen Idealismus auf der philosophischen Weltbühne geschaffen.

Wie bei so vielen bisher behandelten Philosophen tritt auch bei Wolff die Sprache nicht als selbständiger Gegenstand des Interesses in Erscheinung. Die theoretischen Leitwissenschaften seines Systems sind die Metaphysik und die Logik; ihnen sind die praktischen Wissenschaften Moral, Politik, Ökonomie, Technologie und Experimentalphysik untergeordnet. Weder die Sprachphilosophie noch die Sprachtheorie oder Sprachwissenschaft erscheinen als Disziplinen in seinem Lehrgebäude. Dennoch geht Wolff in den folgenden Werken mehr oder weniger ausführlich auf sprachphilosophische Fragen ein:

– *Vernünfftige Gedancken von den Kräfften des menschlichen Verstandes und ihrem richtigen Gebrauche in Erkäntniß der Wahrheit* (1713, allgemein „Deutsche Logik“ genannt).[761] Wolffs Sprachtheorie findet sich im zweiten Kapitel „Von dem Gebrauche der Wörter“.
– *Vernünfftige Gedancken von Gott, der Welt und der Seele des Menschen, auch allen Dingen überhaupt, den Liebhabern der Wahrheit mitgetheilet* (1720, allgemein „Deutsche Metaphysik“ genannt).[762] In den Paragraphen 291–324 finden sich Wolffs Gedanken zur Zeichentheorie, zur allgemeinen Grammatik und zur Sprachphilosophie.
– *Vernünfftige Gedancken von der Menschen Thun und Lassen, zu Beförderung ihrer Glückseligkeit, den Liebhabern der Wahrheit mitgetheilet* (1720, allgemein „Deutsche Ethik“ genannt).[763]
– *Philosophia prima sive ontologica* (1730, allgemein „Lateinische Metaphysik“ genannt).[764] Am Ende des Werks, Pars II, Sectio III, Caput III „De signo“ findet sich Wolffs knappe, aber vollständig ausgearbeitete Zeichentheorie (§§ 952–967).

Zwei Aspekte der Wolffschen Sprachphilosophie verdienen besondere Aufmerksamkeit: seine Zeichentheorie und sein Versuch einer Standortbestimmung der Sprache und der Zeichen im allgemeinen innerhalb des Erkenntnisprozesses.

Wie wir bereits gesehen haben, ist Wolff bei Leibniz in die Schule gegangen und hat als der zu seiner Zeit bekannteste Denker die Rezeption der Leibnizschen Philosophie lange Zeit hindurch stark beeinflußt.[765] Eines von Leibniz' wichtigsten Werken, die *Nouveaux essais sur l'entendement humain*, konnte er nicht kennen; sie waren erst 1765 veröffentlicht worden. Er kannte jedoch offensichtlich die hier bereits erwähnte Schrift *Meditationes de cognitione, veritate et ideis*[766] und einen Teil der der *Ars combinatoria* und der *Characteristica*

[761] Wolff 1713/1978.
[762] Wolff 1720/1983.
[763] Wolff 1720/1976.
[764] Wolff 1730/1962.
[765] Vgl. oben 13.
[766] Vgl. oben 16.3.

universalis gewidmeten Arbeiten.[767] In seiner Zeichentheorie folgt er aber auch älteren, scholastischen Traditionen. Wolffs Zeichentheorie soll hier nicht in all ihren Aspekten behandelt werden. Seine Ansichten über den willkürlichen Charakter des Zeichens wurden bereits im Zusammenhang mit Aristoteles vorgestellt.[768]

Wolffs Zeichentheorie ist auf zwei Ebenen angesiedelt; die erste umfaßt die allgemeine Semiotik, die zweite die *Characteristica universalis*, die als eine Art von »Metasemiotik« aufgefaßt wird. Auf der ersten Ebene sollen vor allem die Regeln für den Gebrauch der Zeichen sowie ihre Klassifikation ermittelt werden, wozu eine Wissenschaft notwendig ist, die es noch gar nicht gibt:

> Und zu der letzten Absicht [scil. „zum Erfinden“] haben die Zeichen gar viel zu sagen, und sind noch mehr als die übrige an Regeln gebunden, welche für eine besondere Wissenschaft gehören, die ich die Zeichen-Kunst nenne, bisher aber noch unter dasjenige rechnen muß, was man suchet.[769]

Sowohl in der deutschen als auch in der lateinischen Metaphysik begnügt sich Wolff damit, eine elementare Einführung in die Zeichenlehre zu geben, die in einer allgemeinen Zeichendefinition und in einer ersten Klassifikation der verschiedenen Zeichenarten besteht. Damit geht er schon über den damaligen Stand der Semiotik hinaus. In ihrer deutschen Fassung lautet seine Zeichendefinition folgendermaßen (offenbar denkt er zunächst an „natürliche Zeichen“):

> Ein Zeichen ist ein Ding, daraus ich entweder die Gegenwart, oder die Ankunft eines andern Dinges erkennen kan, das ist, daraus ich erkenne, daß entweder etwas würcklich an einem Orte vorhanden ist, oder daselbst gewesen, oder auch etwas daselbst entstehen werde. Z. E. Wo Rauch aufsteiget, da ist Feuer.[770]

Wolffs Zeichenklassifikation läßt sich schematisch folgendermaßen zusammenfassen:

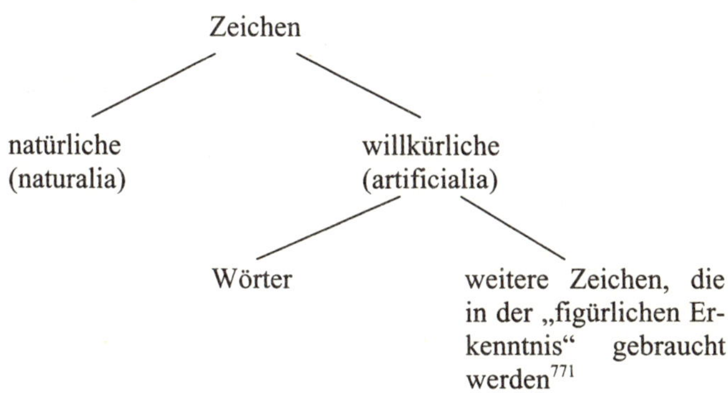

[767] Vgl. oben 11.4.2.f.
[768] Vgl. oben 6.3.8.5.4.
[769] *Deutsche Metaphysik*, § 318 = Wolff 1720/1983, 176.
[770] Ebenda, § 292 = p. 160.
[771] Vgl. unten.

Die Wörter gehören für Wolff zusammen mit einigen anderen Zeichenarten zu den willkürlichen Zeichen. Bevor er diese etwas ausführlicher erläutert, kommt er zunächst noch einmal auf die „natürlichen“ Zeichen zu sprechen:

> Wenn also zwey Dinge beständig mit einander zugleich sind, oder eines beständig auf das andere erfolget; so ist allezeit eines ein Zeichen des andern. Und dergleichen Zeichen werden natürliche Zeichen genennet. Z. E. Der Rauch ist ein natürliches Zeichen des Feuers. – Wir pflegen auch nach Gefallen zwey Dinge mit einander an einen Ort zu bringen, die sonst für sich nicht würden zusammenkommen, und machen das eine zum Zeichen des andern. Dergleichen Zeichen werden willkührliche Zeichen genennet [...]. – Die Wörter gehören unter die willkührlichen Zeichen ...[772]

Zu den „willkürlichen“ Zeichen rechnet er auch die Ziffern zur Angabe der Zahlbegriffe und verschiedene andere Symbole, mit denen Konstanten und Variable in der Algebra bezeichnet werden, weiterhin die Symbole für die Planeten, die Noten der Musik und einiges andere mehr. Die in der Algebra gebrauchten Zeichen dienen „zum Erfinden“.[773]

Abgeleitete Zeichen, im Falle der Wörter Ableitungen und Komposita, haben den Status von Sätzen, genauer gesagt von Definitionen, und sind somit nur zum Teil als „willkürlich“ anzusehen. Im letzten Paragraphen der *Lateinischen Metaphysik* heißt es:

> Da die *abgeleiteten Zeichen als Vertreter von Definitionen und Sätzen* ihre Grundbedeutung aus dem Gutdünken dessen, der die Bedeutung festsetzt, die abgeleitete Bedeutung jedoch von den bezeichneten Dingen selbst beziehen [...], sind sie hinsichtlich der zuerst Genannten willkürlich; hinsichtlich der zuletzt Genannten ahmen sie die natürlichen Dinge nach. Folglich stellen sie eine *Mischung aus willkürlichen und natürlichen* Zeichen dar.[774]

Diese Zurückführung der „abgeleiteten Zeichen“ (in der Sprache sind dies die Wortbildungsprodukte) auf Sätze ist für spätere Wortbildungstheorien von großer Bedeutung. Auch im Hinblick auf den nur partiell arbiträren Charakter von Wortbildungsprodukten vertreten spätere Sprachwissenschaftler ähnliche Ansichten: Ein Wort wie *Mülleimer* besteht zwar aus zwei „willkürlichen“ Bestandteilen (*significata primitiva*), die Zusammensetzung ahmt jedoch die „natürliche“ Bestimmung der bezeichneten Sache nach: „Eimer für Müll“.[775]

Wir kommen nun zur zweiten, zur »metasemiotischen« Ebene der Wolffschen Zeichentheorie. Hier geht es darum, „Klarheit und Deutlichkeit“ in die

---

[772] *Deutsche Metaphysik*, §§ 293ff. = p. 161.

[773] Ebenda, § 318 = p. 176.

[774] *Lateinische Metaphysik*, § 967 = Wolff 1730/1962, 696: „Quoniam *signa derivativa definitionum ac propositionum vicaria* significatum primitivum ab arbitrio significatum imponentis, derivativum autem a rebus significatis habent [...]; ideo respectu illius artificialia sunt [...], respectu hujus naturalia imitantur [...], consequenter *ex artificialibus & naturalibus mixta*.“

[775] [Vgl. die Unterscheidung von *arbitraire absolu* und *arbitraire relatif* bei Saussure, *CLG* 180f., sowie die entsprechende Unterscheidung bei Lambert, unten 17.2.]

Erkenntnis zu bringen, die durch Zeichen vermittelt wird, um eine *cognitio adaequata* im Sinne des bereits mehrfach erwähnten Leibnizschen Schemas. Wolff schwebt offenbar das vor, was man in der modernen Terminologielehre eine „Nomenklatur" nennt, ein Begriffszeichensystem, das so gestaltet ist, daß die Strukturen des von ihm repräsentierten Begriffssystems unmittelbar aus der Form der Benennungen selbst erschlossen werden können:

> Es ist möglich, daß auch in die figürliche Erkäntniß eine Klarheit und Deutlichkeit gebracht wird, und sie eben dasjenige gleichsam vor Augen stellet, was in einer Sache anzutreffen ist, und dadurch man sie von andern unterscheidet, dergestalt daß, wenn nach diesem zusammengesetzte Zeichen, die den Begriffen gleichgültig [= gleichgeltend, J. A.] sind, gegen einander gehalten werden, man auch das Verhalten der Dinge gegen einander daraus ersehen kan. Exempel hievon hat man in der Algebra, wie sie heut zu Tage von Verständigen abgehandelt wird, und in den Nahmen von den Arten der Schlüsse.[776]

Ein solches Zeichensystem könnte dazu dienen, daß man allein durch Operieren mit Zeichen über die Wahrheit der durch sie repräsentierten Dinge befindet, da die Zeichen und die Regeln ihrer Verknüpfung ein Modell für die Welt der Dinge und der Begriffe darstellen würden. Genau das sollte später auch mit den Kalkülen der formalen Logik erreicht werden. Wolff begnügt sich damit, einen solchen Kalkül, den er „Verbindungs-Kunst der Zeichen" nennt, als ein Projekt für spätere Zeiten zu entwerfen. Die ernsthafte Ausarbeitung einer solchen formalen Sprache erscheint ihm als noch nicht erfolgversprechend, da die Wissenschaft mit der Erforschung der Gegenstände und Sachverhalte noch nicht weit genug fortgeschritten sei:

> Allein die Kunst die Zeichen zu verbinden, die man die Verbindungs-Kunst der Zeichen nennen kan, ist so wenig als die Zeichen Kunst zur Zeit erfunden, wie denn auch keine von der andern abgesondert werden kan, wenn man sie gründlich abhandeln soll. Derowegen da noch zur Zeit wenige sind, die von dieser Kunst sich einen Begrif machen können, am allerwenigsten aber die Wissenschaften in einem solchen Stande sind, daß man ihre Begriffe von allen Bildern der Sinnen und Einbildungs Kraft gäntzlich absondern und auf blosse Zeichen bringen kan, durch deren geschickte Verknüpfung alle mögliche Wahrheit heraus zu bringen stehet; so lässet sich an diesem Orte hiervon nicht reden.[777]

Wolff hat also eine bescheidenere Vorstellung von den Möglichkeiten einer *Characteristica universalis*, als Leibniz sie seinerzeit besessen hatte. Im Gegensatz zu diesem räumt er der empirischen Wissenschaft von den Dingen den Vorrang ein; Leibniz hatte hingegen eine parallele Entwicklung von formalem Kalkül und empirischer Forschung für möglich und wünschenswert gehalten.[778] Wolff selbst betont, daß Leibniz zumindest in praktischer Hinsicht vor den

---

[776] *Deutsche Metaphysik*, § 324 = Wolff 1720/1983, 179.
[777] Ebenda, 179ff.
[778] Vgl. oben 11.4.2.

Schwierigkeiten zurückgeschreckt sei, die die Ausarbeitung einer solchen „Verbindungs-Kunst der Zeichen" mit sich bringen würde:

> Er [scil. Leibniz] hält es aber gleichwohl [...] für etwas schweres vor sich, und ist daher kein Wunder, daß er sich nicht daran gemacht, ob er gleich schon A. 1675 daran gedacht.[779]

Auch für Wolff bleibt die gesamte zweistufige Semiotik mit der *Charcteristica universalis* als Obergeschoß ein Projekt. Die Ausarbeitung überläßt er späteren Generationen.

So viel zu Wolffs Zeichentheorie. Was den zweiten Aspekt seines sprachphilosophischen Denkens betrifft, seinen Versuch einer Standortbestimmung der Sprache innerhalb des Erkenntnisprozesses, so bewegt er sich zunächst auf wohlgebahnten Pfaden: „Durch die Wörter pflegen wir anderen unsere Gedancken zu erkennen zu geben", lesen wir am Anfang des zweiten Kapitels der *Deutschen Logik.*[780] Auch der kurze grammatiktheoretische Teil der *Deutschen Metaphysik* (Wolff versichert dort, daß er nicht die Absicht habe, die „Sprach-Kunst" ausführlich abzuhandeln)[781] enthält viele Gedanken, die aus der *Grammatica universalis* des Mittelalters stammen. So möchte er alle Verben, die er „Haupt-Wörter" nennt, auf das Verb *sein* und ein Partizip zurückführen:

> Da alle Urtheile entweder eine Verbindung oder Trennung zweyer Begriffe sind [...]; so solte das Verbindungs-Wort und zwar in dem andern Falle mit dem Verneinungs-Worte jederzeit anzutreffen sey [sic!], wenn man ein Urtheil aussaget: dergleichen Aussage auch ein Satz genennet wird [...]. Allein der Kürtze halber hat man das Verbindungs-Wort in die Haupt-Wörter mit verstecket, und muß daher in den meisten Fällen nur darunter verstanden werden. Denn z. E. ich sage: Das Eisen glüet, anstatt, das Eisen ist glüend.[782]

Aus den altbekannten Lehrmeinungen entwickelt Wolff jedoch zuweilen neue und originelle Gedanken: „Im Reden dencket man nicht stets an die Bedeutung der Wörter", heißt es in der *Deutschen Logik.* Es komme nämlich vor, „daß man mit einander reden, und einander verstehen, und doch keiner einen Begrif von dem haben kan, was er redet, oder höret, indem von lauter nichts geredet wird"; denn „Wörter können etwas bedeuten, davon wir keinen Begrif haben". Es sei deshalb notwendig, den Sprachgebrauch genau zu beobachten, vor allem genau darauf zu achten, *wodurch* wir zum Gebrauch eines Wortes veranlaßt werden: „Denn so bekommen wir die Merckmahle, dadurch die Sache, so diesen Namen führet, von anderen unterschieden wird."[783]

Worauf läuft das alles hinaus? Wolff unterscheidet zwei Stufen des Denkens, denen im Bereich der sprachlich vermittelten Inhalte auf der ersten Stufe die Bedeutungen, auf der zweiten die Begriffe entsprechen. Die sprachlichen

---

779 *Deutsche Metaphysik*, § 324.
780 Wolff 1713/1978, 151.
781 *Deutsche Metaphysik*, § 305.
782 Ebenda, § 309.
783 Vgl. *Deutsche Logik*, 2. Kap. §§ 5; 10; 11 und 16.

Bedeutungen sind intuitiv gegeben; sie erfassen die Dinge und grenzen sie voneinander ab, ohne daß dabei das Sein der gemeinten Gegenstände und Sachverhalte ins Bewußtsein gehoben würde. Sie haben darüber hinaus jedoch auch einen heuristischen Wert; denn durch die Reflexion des Gebrauchs der Wörter, der von den Bedeutungen gesteuert wird, kann man sich einen Begriff von den gemeinten Gegenständen und Sachverhalten machen.

In der *Deutschen Ethik* wird dies noch etwas gründlicher ausgeführt. Bei der durch Zeichen vermittelten Erkenntnis, so betont Wolff, müsse man alles erklären können. Dabei müsse man sowohl über die „uneigentliche Bedeutung" (= unreflektierte sprachliche Bedeutung) als auch über die „eigentliche Bedeutung" (= Begriff) des Wortes verfügen:

> Da nun in Erklärungen kein Wort in einem uneigentlichen Verstande darf genommen werden, es sey denn daß derselbe vorher erkläret worden [...]; so ist nöthig, daß man auch so wohl die eigentlich, als uneigentliche Bedeutung der Wörter lerne und also der Sprache wohl mächtig werde. – Da man nun die eigentliche Bedeutung eines Wortes erlernet, wenn man in denen Fällen, wo das Wort gebrauchet wird, auf alles genau acht giebet, was uns dasselbe zu brauchen veranlasset [...]; so wäre es über die Maassen dienlich, wenn man alles, was einem vorkommet, nicht allein mit seinem Nahmen nennen lernete, sondern auch mit aller Sorgfalt darauf acht hätte, was wir in der Sache, deren Nahmen wir gehöret, nur auf einige Art und Weise unterscheiden können, und nach diesem untersuchten, welches doch eigentlich dasjenige sey, warum wir der Sache denselben Nahmen geben. Und dergleichen Übungen solte man gleich von Jugend auf mit denen anstellen, deren Auferziehung uns oblieget.[784]

Mit diesen Ausführungen geht keinerlei Sprachkritik einher. Wolff fordert seine Leser lediglich dazu auf, sich den eigenen Sprachgebrauch bewußt zu machen. Er vertraut offensichtlich der Sprache, indem er annimmt, in der Abgrenzung der sprachlichen Bedeutungen spiegele sich eine sinnvolle Abgrenzung der wirklichen Dinge wider. Seine Ausdrucksweise ist anspruchslos-nüchtern; nichts deutet darauf hin, daß es ihm um eine kritische Analyse der Bedeutung bzw. des Bedeutens selbst gehen könnte. Dennoch ist man versucht, seine Gedanken mit Husserls Frage „Was meine ich eigentlich, wenn ich ‚Baum' sage?" in Verbindung zu bringen[785] – wenn auch auf einer weit bescheideneren Ebene. Wolffs Aufforderung zur genauen Beobachtung des Wortgebrauchs zielt nicht auf die eidetische Intuition des Gegenstandes, sondern nur auf die unterscheidenden Merkmale, die es gestatten, eine große Menge ähnlicher Gegenstände mit ein und demselben Namen zu benennen.

Noch wichtiger im Zusammenhang mit Wolffs Versuch einer Standortbestimmung der Sprache ist die Art und Weise, wie er die Leistung der Sprache in das Leibnizsche Erkenntnisschema einordnet. Sie liegt offenbar zwischen der *cognitio clara confusa* und der *cognitio clara distincta*.[786] Er nennt diese zwi-

---

[784] Deutsche Ethik, § 276f. = Wolff 1720/1976, 177f.

[785] Vgl. Logische Untersuchungen, II/1, §§ 1–21 = Husserl 1901/80, 23ff.

[786] Vgl. oben 16.3.

schen der reinen Intuition oder Anschauung und der reflektierten Erkennntis angesiedelte Stufe „figürliche Erkenntnis“ und gibt als ihr Kennzeichen an, daß sie die Anschauung von Gegenständen *in absentia* vermitteln könne:

> Es ist nehmlich zu mercken, daß die Worte der Grund von einer besonderen Art der Erkäntniß sind, welche wir die figürliche nennen. Denn wir stellen uns die Sachen entweder selbst, oder durch Wörter, oder andere Zeichen vor.[787]

Bei dieser Entdeckung einer speziell durch die Sprache begründeten Stufe der Erkenntnis handelt es sich unseres Erachtens um Wolffs bedeutsamsten sprachphilosophischen Gedanken.

Die Verknüpfung der Wörter im Satz dient nach Wolff der Verdeutlichung dessen, was man sich durch reine Anschauung vor Augen führen kann:

> Absonderlich dienen die Wörter und Zeichen zu der Deutlichkeit im Urtheilen. Denn da es hauptsächlich darauf ankommet, wenn man urtheilet, daß man die Eigenschaft, oder Veränderung, oder Würckung, oder das Verhalten gegen andere, so einem Dinge zugeeignet oder abgesprochen wird, von ihm unterscheidet, und dieser beyden unterschiedenen Dinge Verknüpfung erweget [...], und daher zur Deutlichkeit des Urtheils in der anschauenden Erkäntniß nicht allein erfordert wird, daß man sich den Unterschied der Begriffe, die entweder getrennet oder verknüpfet werden, sondern auch die Würckung der Seele, dadurch sie dieses erweget, ordentlich vorstellet; die Wörter aber die Verknüpfung und Trennung der Begriffe an sich zeigen [...]; so zeiget sich in der figürlichen Erkäntniß der Unterscheid der Urtheile und blosser Begriffe klärer, als in der anschauenden [...] und ist demnach die Deutlichkeit größer.[788]

Dies werde auch durch die Erfahrung bestätigt, daß wir die Dinge klarer und deutlicher denken, wenn wir sie für uns selbst mit dem richtigen Ausdruck bezeichnen:

> Daher geschiehet es auch, daß, so bald wir uns entweder einen allgemeinen Begrif von einer Art Dinge, davon wir eines sehen, oder sonst empfinden, formiren, oder auch nur etwas deutliches mercken, oder von einem Dinge ein Urtheil für uns fällen wollen, wir von der anschauenden Erkäntniß zu der figürlichen schreiten, oder zu uns selbst reden, oder wenigstens die dazu nöthige Worte gedencken.[789]

Die durch die Wörter vermittelte „figürliche Erkenntnis“ dient also nicht nur der Fixierung, sondern auch der Verdeutlichung der bloßen Anschauung. Bei dieser Erkenntnis bleibt Wolff stehen und verfolgt den eingeschlagenen Weg nicht weiter. Auch Johann Heinrich Lambert, dem wir uns nun zuwenden wollen, wird nicht über diesen Punkt hinausgelangen. Er übernimmt einige Ideen Wolffs, versucht daraus eine Synthese mit eigenen Gedanken zu bilden und läßt dabei einige wichtige Aspekte der Wolffschen Sprachauffassung außer acht.

---

787 *Deutsche Metaphysik*, § 316.

788 Ebenda, § 321.

789 Ebenda, § 322.

17.2 Johann Heinrich Lambert (1728–1777)

Der Elsässer Johann Heinrich Lambert war zunächst in München, später in Berlin tätig. Er ist als Astronom, Meteorologe, Kartograph und vor allem als Mathematiker hervorgetreten; als einer der ersten behauptete er die Irrationalität der Zahl π. In seiner Philosophie war er bestrebt, den Rationalismus der Leibniz-Wolffschen Schule mit Elementen des Lockeschen Empirismus zu verbinden. Damit hat er sicherlich Kant beeinflußt, mit dem er in regem Briefwechsel stand. Sein Hauptwerk – obschon in der zweiten Hälfte des 18. Jahrhunderts entstanden – trägt immer noch einen reichlich »barocken« Titel: *Neues Organon oder Gedanken über die Erforschung und Bezeichnung des Wahren und dessen Unterscheidung von Irrthum und Schein.*[790] Die beiden Bände gliedern sich in vier Teile, in denen Disziplinen behandelt werden, denen Lambert aus dem Griechischen stammende Namen gegeben hat:

- die *Dianoiologie*, die Lehre von den Gesetzen des Denkens (διάνοια);
- die *Alethiologie*, die Lehre von der Wahrheit (ἀλήθεια), bei Lambert die Lehre von den einfachsten Elementen des Denkens;
- die *Semiotik*, die Lehre von der Bezeichnung der Ideen und Gegenstände (σημειωτική)
- die *Phänomenologie*, die Lehre vom Schein (φαινόμενον), bei Lambert eigentlich die Erforschung der Quellen des Irrtums.

Im Rückblick auf die Geschichte der Philosophie läßt sich Lamberts Hauptanliegen klarer als durch die bloße Lektüre seines Werks als Versuch einer Synthese der Wolffschen und der Lockeschen Philosophie charakterisieren. In seiner *Dianoiologie* folgt er weitgehend Wolffs Logik, ohne deren Prämissen zu diskutieren. In der *Alethiologie* übernimmt er Lockes Konzeption der „einfachen Ideen“ (*simple ideas*),[791] die er dann auf seine Weise weiterentwickelt. Er versichert, „Lockes einfache Begriffe mit Wolffs Methode“ verbinden zu wollen, in Wirklichkeit geht es ihm jedoch eher darum, die Konzeption der *simple ideas* in das Projekt der *Characteristica universalis*, einer noch zu konstruierenden wissenschaftlichen Universalsprache, einzubringen. In der *Semiotik* folgt er Locke sogar in rein terminologischer Hinsicht. Lamberts Zeichentheorie stellt den ersten ernstzunehmenden Versuch dar, das von Locke aufgestellte Programm zu verwirklichen. Dabei behandelt er in seiner Semiotik allerdings nur einen Teil dessen, was Locke für seine σημειωτική vorgesehen hatte. Wie im 12. Kapitel gezeigt wurde, ging es bei Locke um das Problem der Erkenntnis im weitesten Sinn, d. h. sowohl um die Erlangung als auch um die Mitteilung von Erkenntnissen. Lambert behandelt einen Teil dieser Problematik in der Dianoiologie und in der Alethiologie. In der Semiotik geht es ausschließlich um die Zeichen im engeren Sinn, genauer gesagt um einen Vergleich zwischen den gemeinsprachlichen Zeichen und den Symbolen, die in einer „wissenschaftlichen Sprache“ Verwendung finden könnten und finden.

---

[790] Lambert 1764.

[791] Vgl. oben 12.2.

Die *Alethiologie* ist zweifellos der wichtigste und originellste Teil des *Neuen Organon*. Hier wird die Lockesche Konzeption der „einfachen Ideen" eingebracht und selbständig weiterentwickelt. Die „einfachen Begriffe" entziehen sich, da nicht weiter zerlegbar, der Definition und haben somit axiomatischen Charakter. Man kenne sie zwar nur durch die Erfahrung; ihre Möglichkeit sei jedoch allein schon durch ihre Denkbarkeit gegeben und insofern seien sie so etwas wie die Formen der Erfahrung selbst und damit gewissermaßen doch vor aller Erfahrung angesiedelt. Unter Lamberts „einfachen Begriffen" finden sich einige Kategorialbegriffe wie „Festigkeit", „Existenz", „Dauer", „Ausdehnung", „Kraft", „Bewußtsein", „Wille", „Bewegung", „Einheit" und dazu einige Sinnesdaten wie Licht, Farbe, Schall. In rein sprachlicher Hinsicht handelt es sich wie bei Locke um „einfache Bedeutungen", die nicht in unterscheidende Merkmale zerlegt und damit auch nicht auf andere Bedeutungen zurückgeführt werden können. Mit Hilfe einer Kombinatorik, deren Elemente die „einfachen Begriffe" sind, möchte Lambert alle Wissenschaften aufkonstruieren, so wie er es in der Geometrie vorexerziert hat: Auch hier wollte er mit wenigen Grundbegriffen wie Punkt und Gerade sowie einigen Prinzipien und Postulaten auskommen. Diese fehlen ihm jedoch in den übrigen Wissenschaften; er unternimmt auch keinen Versuch, sie aufzufinden. In die eigentlich konstruktive Phase seiner Wissenschaftslehre kann er deshalb nicht eintreten. Wie so viele vor ihm, begnügt er sich damit, einen Weg aufzuzeigen, den andere nach ihm zu gehen haben.

Das Fehlen einer ausgearbeiteten Kombinatorik in der Alethiologie hat natürlich Auswirkungen auf die Semiotik. Programmgemäß müßte diese das Regelsystem der jeweiligen Wissenschaft mit der dazugehörigen „Sprache" vergleichen. Das ist *in concreto* nicht möglich, wenn die in Frage kommenden Systeme noch gar nicht konstituiert, sondern nur in Form von Postulaten skizziert sind. Ob die „wirkliche" Sprache mit einer solchen wissenschaftlichen Sprache überhaupt verglichen werden kann, soll hier nicht diskutiert werden. Es sei lediglich festgehalten, daß Lambert einen solchen Vergleich *in concreto* nicht durchgeführt hat.

Seiner Semiotik mißt Lambert besondere Bedeutung bei. Das geht schon aus der Vorrede hervor, wo er ein Programm dieser Disziplin entwirft und die zu erwartenden Ergebnisse zusammenfaßt:

> In der Semiotic wird man sehr viele und verschiedene Absichten finden, und wo ich nicht irre, alle, die man sich in Ansehung der Sprache und Zeichen vorstellen kann [...]. Es wird dabey untersucht, was in den Sprachen willkührliches, natürliches, nothwendiges und zum theil auch wissenschaftliches vorkömmt, und wie sich das metaphysische in den Sprachen von dem characteristischen und bloß grammatischen unterscheide [...]. Nimmt man die Wurzelwörter willkührlich an, so sind die abgeleiteten und zusammengesetzten Wörter bereits schon auf eine characteristische Art [scil. im Sinne der *Characteristica universalis*] wissenschaftlich, und jede metaphorische Bedeutungen sind es auf eine metaphysische Art.[792]

[792] Lambert 1764, Bd. I, Vorrede (unpaginiert).

Was die Diskussion der verschiedenen Arten von Zeichen angeht, so ist Lamberts Semiotik die umfangreichste, die bis zum damaligen Zeitpunkt je erarbeitet worden war; was jedoch ihr Hauptanliegen betrifft, so ist sie eher enttäuschend. In der Ausarbeitung gelangt Lambert kaum über die oben wiedergegebenen programmatischen Erklärungen hinaus.

Die Semiotik beginnt mit einem einführenden Kapitel, in dem zunächst von der Notwendigkeit der Zeichen für den Menschen und im Anschluß daran von den verschiedenen Arten nicht-sprachlicher Zeichen die Rede ist. Recht ausführlich wird von der Notenschrift bis zu den in der Algebra verwendeten Symbolen alles Erdenkliche behandelt. Auf dieses erste Kapitel folgen neun weitere, die die Sprache und eine Art von allgemeiner Grammatik zum Gegenstand haben. Man stößt dort auf zahlreiche interessante sprachwissenschaftliche Beobachtungen, insbesondere hinsichtlich der Wortbildung des Deutschen und anderer Sprachen sowie zur Sprachcharakteristik. Mit James Harris und Adam Smith, die in Kapitel 15 vorgestellt wurden, gehört Lambert zu den Wegbereitern der Sprachtypologie. Er versucht, verschiedene europäische Sprachen wie das Englische, das Französische und ganz besonders das Deutsche im Hinblick auf ihre Ausdrucksmöglichkeiten zu charakterisieren. Auch zum Begriff „genius linguae“ (*génie de la langue*) finden sich dort Ideen, die unsere Aufmerksamkeit verdienen. Man gewinnt bei der Lektüre den Eindruck, Lambert sei durch Harris beeinflußt worden. Das läßt sich nicht ohne weiteres belegen; Harris wird nicht zitiert. Es würde sich lohnen, möglichen Zusammenhängen auf diesem Gebiet nachzugehen – nicht im Rahmen einer Geschichte der Sprachphilosophie, sondern in dem einer Geschichte der Sprachwissenschaft. Bemerkenswert ist auch Lamberts Bemerkung zur Linearität der Rede; sie nimmt bis in die Terminologie hinein fast schon Saussures diesbezügliche Ausführungen vorweg: „Die Rede hat nur eine Dimension und ist linear.“[793] All dies hat jedoch nur einen indirekten Bezug zur Sprachphilosophie. Lamberts sprachphilosophische Ideen bleiben in Ansätzen stecken und werden weder begründet noch weiterentwickelt.

In seiner allgemeinen Zeichenauffassung folgt Lambert weitgehend Wolff, ohne dessen Terminologie in allen Einzelheiten zu übernehmen. So spricht er von „symbolischer Erkenntnis“, wo Wolff von „figürlicher Erkenntnis“ gesprochen hatte, verweist jedoch ausdrücklich auf den älteren Terminus.[794]

Eine Einordnung der „symbolischen Erkenntnis“ in das Leibnizsche Schema versucht Lambert nicht; damit bleibt der spezifische Charakter dieser Form der Erkenntnis – anders als bei Wolff – auf die Art und Weise beschränkt, in der sie ausgedrückt wird.

Die Gründe, die Lambert für die Notwendigkeit der „symbolischen Erkenntnis“ anführt, finden sich ebenfalls im großen und ganzen schon bei Wolff:

Die symbolische Erkenntnis ist unentbehrlich für die Fixierung von Sinneswahrnehmungen und für die Möglichkeit, auch außerhalb des Akts der Wahrnehmung auf sie zurückzugreifen. Lambert sieht nicht, daß es sich bei dieser Art

793 Ebenda 81 = § 135. [Vgl. *CLG*, 103: „second principe; caractère linéaire du signifiant“.]
794 Vgl. Lambert 1764, Bd. II, 15 = § 22.

von Rückgriff nicht um eine Auffrischung der Wahrnehmung, sondern um den Übergang zu etwas anderem handelt. Er schreibt ausdrücklich:

> Die Zeichen thun uns ferner den Dienst, daß dadurch alle [sic!] unser Denken in eine ununterbrochene Reihe von Empfindungen und klaren Vorstellungen verwandelt wird.[795]

Die symbolische Erkenntnis ist unentbehrlich für die Mitteilung unserer Begriffe an andere.[796] Sie ergänzt die Sinneserfahrung und füllt Lücken in unserem Denken:

> Da wir ferner weder immer die Dinge empfinden, an welche wir denken, und viele *Abstracta* nicht empfunden werden können, so füllet die Empfindung der Zeichen die meisten Lücken in unserem Denken aus, und besonders ist unsere allgemeine oder abstracte Erkenntniß durchaus symbolisch, weil alles, was wir unmittelbar empfinden können, individual ist.[797]

Hier wird noch deutlicher, daß es sich bei dieser Form der Erkenntnis nicht um einen bloßen Rückgriff auf gespeicherte individuelle Erfahrungen, sondern um einen Übergang zu einer anderen Erkenntnisart handelt, die Lambert an anderer Stelle „abstrakte oder allgemeine Erkenntnis" nennt. Darüber scheint er sich an diesem Punkt seiner Ausführungen nicht im klaren gewesen zu sein.

Auch die beiden Ebenen der Wissenschaft von den Zeichen übernimmt er von Wolff, wobei er allerdings in der zweiten Stufe eine reine Kombinatorik ohne heuristischen oder gar prognostischen Wert sieht. Den Übergang zum Begrifflichen und Universellen, der mit der Einkleidung der individuellen Erfahrung in die Form von Zeichen einhergeht, scheint er viel später bis zu einem gewissen Grad doch zu sehen, wenn er schreibt:

> Da die Wörter und ihre Verbindung Zeichen von unsern Begriffen und deren Verbindungen sind, so daß wir durch das Bewußtseyn und Empfinden der Zeichen das Bewußtseyn der Begriffe erneuern, und dadurch die wiederholte Empfindung der Dinge selbst großentheils entbehrlich machen, so hat die Sprache unstreitig einen vielfachen und merklichen Einfluß in die Art und Gestalt unserer gesammten Erkenntnis.[798]

Dazu muß allerdings einschränkend bemerkt werden, daß er genau wie Locke die Begriffe auf sinnliche Erfahrung zurückführen möchte.

Die Sprache repräsentiert für Lambert die menschliche Erkenntnis. Sie erweitere sich im Einklang mit der Zunahme unserer Kenntnisse, so meint er, und habe immer ungefähr denselben Umfang wie diese. Offenbar denkt er dabei an die Gegenstände, die wir kennen und benennen, nicht an die Relationen zwischen ihnen, die nicht sprachlich gegeben sind.

---

[795] Ebenda, 12 = § 16.
[796] Vgl. ebenda, 11 = § 13.
[797] Ebenda, 12 = § 17.
[798] Ebenda, 201 = § 329.

Lamberts Hauptanliegen bestand ja gerade darin, die Lockesche Auffassung von den *simple ideas* und den sie repräsentierenden sprachlichen Zeichen mit der Idee der *Characteristica universalis* zu verbinden. Eine wirklich angemessene zeichenhafte Repräsentation unserer Erkenntnis ist daher nur im Rahmen einer wissenschaftlichen Sprache möglich, die folgende Bedingungen erfüllen muß:

> Die Zeichen der Begriffe und Dinge sind ferner im engeren Verstande wissenschaftlich, wenn sie nicht nur überhaupt die Begriffe oder Dinge vorstellen, sondern auch solche Verhältnisse anzeigen, daß die Theorie der Sache und die Theorie ihrer Zeichen mit einander verwechselt [i.e. ausgetauscht, J.A.] werden können. [...] – Die Theorie der Sache auf die Theorie der Zeichen reduciren, will sagen, das dunkle Bewußtseyn der Begriffe mit der anschauenden Erkenntniß, mit der Empfindung und klaren Vorstellung der Zeichen verwechseln [i.e. austauschen, ersetzen, J.A.].[799]

Das vollkommenste Modell einer solchen wissenschaftlichen Sprache stellt für ihn die Algebra dar. Dort werden allerdings die Größen selbst, mit denen operiert wird, überhaupt nicht berücksichtigt, sondern nur ihre „Verwandelungen und Verhältnisse". Die Reihenfolge der Elemente in einer Kette bzw. einer sprachlichen Äußerung ist für Lambert stets Träger von Bedeutung und somit nicht beliebig. Hierin unterscheidet er sich von Leibniz, der die Dezimalstellen der Zahlen durch unterschiedliche Vokale darstellen wollte, um die Möglichkeit von Permutationen ohne Bedeutungsänderung zu gewährleisten.[800]

Für Lambert besteht also eine Isomorphie zwischen Gegenständen und Sachverhalten einerseits und dem Wissen darüber andererseits, wobei dieses Wissen durch die von ihm angestrebte „Sprache" unmittelbar und vollständig ausgedrückt wird:

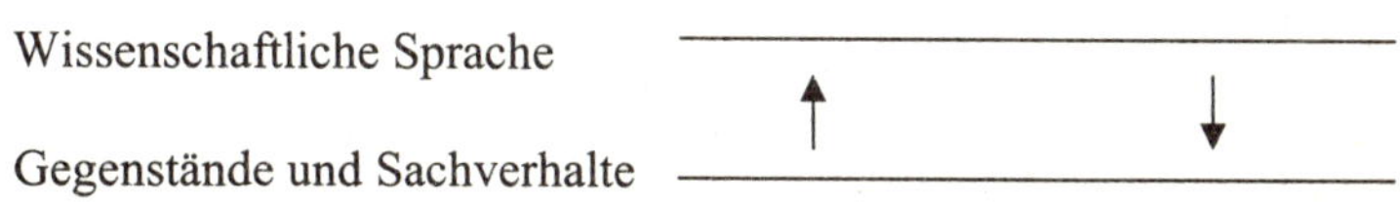

In dieser Hinsicht, d.h. in der Möglichkeit der gegenseitigen „Verwechslung", fällt die wissenschaftliche Sprache mit der Wissenschaft selbst zusammen.

Einen Vergleich dieser wissenschaftlichen Sprache mit einer „natürlichen" führt Lambert nicht durch, zumindest nicht anhand eines konkreten Beispiels. Er begnügt sich mit einem generischen Vergleich und gelangt dabei zu einer wichtigen Einsicht: Die „wirkliche" Sprache sei *keine* „Charakteristik"; sie entspreche nicht den Forderungen, die an eine wissenschaftliche Sprache zu stellen seien. Sie sei nicht in jederzeit nachvollziehbarer Weise aus einfachen Elementen zusammengesetzt; ihre Wurzelwörter seien willkürlich und ließen somit nicht – wie für eine „Charakteristik" erforderlich – Schlüsse auf die Beschaffenheit der bezeichneten Gegenstände und Sachverhalte zu. Erst bei den Wortzu-

---

[799] Ebenda, 16 = § 23f.

[800] Vgl. oben 11.4.2.

sammensetzungen liege etwas „Charakteristisches" vor, da diese wenigstens von einem bestimmten Punkt an etwas über das bezeichnete Ding aussagen.[801] In diesem Zusammenhang kommt Lambert auf das Deutsche und das Altgriechische zu sprechen: Durch die Leichtigkeit der Bildung von Komposita seien diese beiden Sprachen vollkommener als andere und kämen einer wissenschaftlichen Sprache ziemlich nahe.

Im Hinblick auf die Flexion ist seine Einschätzung sehr viel zurückhaltender. Die „Abänderungen" der Wörter entsprächen zwar durchaus einer Modifizierung der bezeichneten Gegenstände; eine „reciprocierliche Verwechslung beyder Theorien" [i.e. eine vollständige gegenseitige Austauschbarkeit, J.A.] dergestalt, „daß wir nämlich jede nach den Regeln der Sprache mögliche Verbindung der Wörter sogleich als eine an sich auch mögliche Verbindung der Dinge, die sie vorstellen, ansehen könnten",[802] sei jedoch nicht möglich. Das zeige sich u.a. an den Diminutivbildungen, bei denen eine Verminderung des bezeichneten Gegenstands durch eine Vergrößerung des Wortkörpers ausgedrückt werde. Zudem gebe es Redewendungen, die „keinen Verstand" haben; er meint damit offensichtlich die „undurchsichtigen" Phraseologismen.[803]

Noch bedeutsamer ist Lamberts implizite Kritik an der Komplexität der „wirklichen" Sprachen. Aus einem Vergleich dieser Sprachen mit einer „Charakteristik" gehe hervor:

> ... daß die ersten Urheber einer Sprache unmittelbar da anfangen, wohin man bey einer characteristischen oder wissenschaftlichen Sprache erst nach sehr weitläuftigen Zusammensetzungen einfacher Zeichen gelangen würde, weil man endlich doch auf Abkürzungen denken müßte, wie man es in der Algeber thut.[804]

Was ist damit gemeint? In einer „Charakteristik", in der jeder komplexe Ausdruck aus seinen elementaren Bestandteilen aufkonstruiert wird, gelangt man schnell zu derart umfangreichen Ausdrücken, daß man nicht mehr ohne weiteres mit ihnen operieren kann. Man wird genötigt sein, zu Abkürzungen zu greifen, z. B. eine ständig wiederkehrende Kette von der Form a+b+c+d als A zu bezeichnen. In den „wirklichen" Sprachen sind schon die scheinbar einfachen Ausdrücke Kombinationen dieser Art:

> Die Urheber der wirklichen Sprachen verfuhren aber ganz anders, und Natur und Nothwendigkeit verhalf ihnen dazu. Sie fiengen bey dem Ganzen an. Sie benennten [sic!] jedes Thier, jede Pflanze, jeden kenntlichen Körper, der ihnen vorkam, die Handlungen und kenntlichsten Arten der Veränderungen, Modificationen und Verhältnisse mit beliebigen Namen, als eben so vielen abgekürzten Zeichen. Vom Ganzen giengen sie zu den grössern, und von diesen zu den kleinern Theilen desselben.[805]

---

801 Vgl. oben die Ausführungen zu Wolff und Saussure, Fn. 775.
802 Lambert 1764, 75f. = § 128.
803 Ebenda.
804 Ebenda, 72 = § 122.
805 Ebenda, 72f. = § 123.

Die wichtigste sprachphilosophische Feststellung Lamberts wird also *ex negativo* getroffen: Das, was einer „wirklichen“ Sprache im Vergleich zur „wissenschaftlichen“ fehlt, stellt sich zuletzt als wesentliche Eigenschaft der Sprache schlechthin heraus. Lambert gelangt allerdings nur zu der Einsicht, daß „wirkliche“ Sprachen keine „Charakteristiken“ sind. Wäre er in seinen Überlegungen fortgeschritten, so hätte er zeigen müssen, daß die beiden Arten von „Sprache“ auf völlig unterschiedlichen Prinzipien beruhen.

Lambert spricht also den „wirklichen“ Sprachen die Eigenschaften einer „Charakteristik“ ab. Allein mit dieser negativen Feststellung und erst recht mit den positiven Implikationen, die sie mit sich bringt, hat er sich einen Platz in der Geschichte der Sprachphilosophie verdient. Bei der „wissenschaftlichen Sprache“, die ihm vorschwebt, handelt es sich gar nicht um „Sprache“, sondern um Sprachbeschreibung und Sprachanalyse. Diese Erkenntnis hat sich bis heute nicht wirklich durchgesetzt. Sowohl im Strukturalismus als auch in den verschiedenen Ausprägungen der Generativen Grammatik wird auf fast allen Strukturierungsebenen der Sprache immer wieder das primär sprachlich Gegebene mit den sekundär durch wissenschaftliche Analyse gewonnenen Fakten verwechselt. Wir sind heute daran gewöhnt, in der Phonologie, der Morphologie und in der Lexik mit unterscheidenden Merkmalen zu operieren: *P* und *b* unterscheiden sich durch das Merkmal ± „stimmhaft“; *gib* und *gab* durch „Imperativ“ vs. „Indikativ“ einerseits, „Präsens“ vs. „Präteritum“ andererseits; *tun* und *machen* durch das Merkmal ± „resultativ“. Daraus könnte der Eindruck entstehen, die Sprachen seien systematisch aus Merkmalen dieser Art aufgebaut. In Wirklichkeit verhält es sich gerade umgekehrt, und Lambert hat dies sehr wohl gesehen, wenn er es auch nicht bis in alle Konsequenzen hinein deutlich ausgesprochen hat: Primär sprachlich sind Einheiten von verhältnismäßig großer Komplexität; die einfachen Einheiten entstehen sekundär durch das Hinzutreten neuer Einheiten, die sich mit den bereits vorhandenen zum Teil überschneiden, wobei die jeweiligen »Schnittmengen« die Merkmale liefern, mit denen wir in der Sprachbeschreibung operieren:

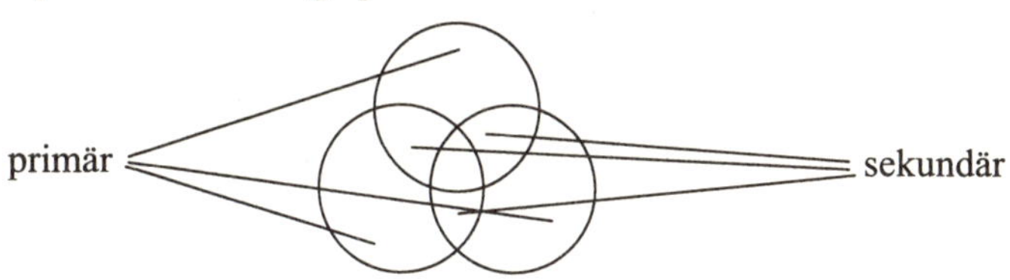

In der Sprache ist das Ganze primär gegenüber seinen Bestandteilen.

17.3 Johann Werner Meiner (1723–1789)

Johann Werner Meiner wurde in Unterfranken nicht weit von Schweinfurt als Sohn eines Volksschullehrers geboren. Seine akademische Ausbildung erhielt er in Leipzig, wo er Philosophie, verschiedene philologische Fächer, vor allem jedoch protestantische Theologie studierte. Nach Abschluß seiner Studien war er über vierzig Jahre lang zuerst als Konrektor, später als Rektor des Gymnasiums in Langensalza in Thüringen tätig. Dort unterrichtete er Hebräisch, Griechisch, Lateinisch, Französisch und Deutsch; sein sprachtheoretisches Werk basiert auf den Erfahrungen, die er beim Unterrichten dieser fünf Sprachen machen konnte. In seinen letzten Lebensjahren widmete er sich religiösen Fragen.

Meiner war sicherlich der bedeutendste Vertreter der Allgemeinen Grammatik im Deutschland des 18. Jahrhunderts, ja er darf zusammen mit James Harris zu den wichtigsten Repräsentanten dieser Richtung in ihrer neuzeitlichen Ausprägung gerechnet werden. Sein Hauptwerk trägt den Titel *Versuch einer an der menschlichen Sprache abgebildeten Vernunftlehre oder Philosophische und Allgemeine Sprachlehre.*[806] Er setzt damit eine Gattung fort, die mit der oben erwähnten, erstmals 1660 erschienenen *Grammaire de Port-Royal* beginnt: die *Grammatica universalis* in einer Volkssprache. Die *Grammaire générale et raisonnée* von Arnauld und Lancelot soll hier nicht ausführlich behandelt werden. Da sie jedoch – zumindest indirekt – das Modell für Meiners *Allgemeine Sprachlehre* geliefert hat, muß sie hier wenigstens in groben Zügen vorgestellt werden.

17.3.1 Die *Grammaire de Port-Royal* und die Theorie der Allgemeinen Grammatik

Wie im 17. Jahrhundert allgemein üblich enthält der vollständige Titel den gesamten Plan des Werks: *Grammaire générale et raisonnée contenant les fondemens de l'art de parler; expliquez d'une manière claire & naturelle. Les raisons de ce qui est commun à toutes les langues, & des principales differences qui s'y rencontrent. Et plusieurs remarques nouvelles sur la Langue françoise.*[807]

Auch in der Überschrift zum zweiten Teil, der uns hier ausschließlich interessiert, erfährt der Leser, was ihn erwartet: *Seconde partie de la Grammaire generale. Où il est parlé des principes & des raisons sur lesquelles sont appuyées les diverses formes de la signification des mots.*[808]

Wer eine Allgemeine Grammatik verfassen möchte, kann dabei verschiedene, besser oder schlechter geeignete methodische Ansätze verfolgen. Die wichtigsten seien hier in schematischer Form vorgestellt:

a) Man kann versuchen, die allgemeine Grammatik auf dem Wege der induktiven Generalisierung aus den bekannten Sprachen abzuleiten. „Ce qui est

---

806 Meiner 1781/1971.

807 „Allgemeine, theoretisch-kritische Grammatik, enthaltend die Grundlagen der Kunst des Redens, auf klare und natürliche Weise erklärt; die Vernunftgründe für das, was allen Sprachen gemeinsam ist und für die wichtigsten Unterschiede, auf die man dort stößt, sowie mehrere neue Bemerkungen über die französische Sprache", *Grammaire de Port-Royal* ^{3}1676/1966.

808 „Zweiter Teil der *Grammaire générale*, wo von den Prinzipien und Vernunftgründen die Rede ist, auf die sich die verschiedenen Formen der Wortbedeutungen stützen", ebenda, 26.

commun à toutes les langues" bedeutet in diesem Fall „Was man in allen Sprachen feststellt". Dieser Weg ist ungeeignet, denn die dem Verfasser einer solchen Grammatik nicht bekannten Sprachen würden dabei ebensowenig berücksichtigt wie die in den ihm bekannten Sprachen zufällig nicht verwirklichten Möglichkeiten. Man kann auf diesem Weg allenfalls Einzelheiten ohne Anspruch auf Vollständigkeit darstellen.

b) Man versucht, von einem außersprachlichen „Denkinhalt" auszugehen und die verschiedenen sprachlichen Inhalte als sekundäre Ausprägungen dieses allgemeinen Inhalts darzustellen. Das Prinzip der Sprache wird dabei außerhalb der Sprache gesucht. Da man aber zum Außersprachlichen nur über eine Sprache oder mehrere Sprachen gelangen kann, muß dieser »reine« Denkinhalt erst von seinen konkreten sprachlichen Verkörperungen abgelöst werden – eine Operation, die nicht immer gelingt.

c) Man wählt eine historische Sprache als Modell für die allgemeine Sprachidee und versucht, alle anderen Sprachen auf dieses Modell zurückzuführen.

d) Man geht von der Idee der Sprache aus und versucht festzustellen, was aus ihr als rational Notwendiges abgeleitet werden kann und welche Merkmale, insofern sie als historisch-kontingent anzusehen sind, in potentiell unendlich vielen Ausprägungen auftreten können. In diesem Fall wird man nur ein allgemeines Schema erhalten; denn der »Stoff« der Grammatik kann nicht aus der Idee der Sprache abgeleitet werden.

Eine besonders häufig auftretende Form der Allgemeinen Grammatik stellt eine Variante des Typs b) dar: Bei ihr wird eine bestimmte Art des Denkens, nämlich das logisch-rationale Denken, als außersprachliche Grundlage der Sprache schlechthin angenommen. Daraufhin werden in den konkreten historischen Sprachen Übereinstimmungen mit und Abweichungen von dieser Grundlage festgestellt. Die Abweichungen werden dann als „Irrtum" oder „Willkür" der jeweiligen Sprache eingestuft. Die mittelalterliche Grammatik und Semantik war eine Kombination aus Typ c) und der »rationalistischen« Variante des Typs b): Man ging zwar vom Lateinischen als Modell aus, stellte jedoch auch dort Widersprüche gegenüber den »logischen« Denkgesetzen fest. Die *Grammaire de Port-Royal* ist ein hybrides Produkt, nämlich ein Kombination aus den Typen b) (in der »rationalistischen« Variante), c) und a): Die beiden Verfasser gehen vom logischen Denken aus, wenn sie versichern:

> Tous les Philosophes enseignent qu'il y a trois operations de nostre esprit: CONCEVOIR, IUGER, RAISONNER.[809]

Folgerichtig stellen sie Begriffe und Sätze in Form von Aussagen und Urteilen dar. Über weite Strecken folgen sie dabei einer Sprache, nämlich dem Lateinischen, so z.B. bei der Behandlung des Kasus,[810] beziehen sich darüber hinaus jedoch ständig auf andere Sprachen wie Hebräisch, Griechisch, Italienisch und –

---

809 „Alle Philosophen lehren, daß unser Geist drei Tätigkeiten ausübt: begreifen (begrifflich erfassen), urteilen, schließen (Schlußfolgerungen ziehen)"; ebenda, 27.

810 Ebenda, II, 7, 43-51.

last but not least – Französisch, um das zu erfassen, „was allen Sprachen gemeinsam ist". Die beiden Autoren sehen in der Sprache selbst ein hybrides Produkt, das einerseits allgemeine, unveränderliche und denknotwendige Prinzipien enthält, andererseits jedoch auch willkürliche Regeln mit beschränktem Geltungsbereich, die auf Konventionen beruhen. Wir werden gleich sehen, daß der französische Grammatiktheoretiker Nicolas Beauzée (1717–1789) eine sehr ähnliche Ansicht vertritt. Mit dem von ihnen gewählten Weg haben die beiden Autoren eine einfache Möglichkeit gefunden, Einwände zu entkräften, die gegen ihre Darstellung vorgebracht werden könnten: Alles, was nicht mit ihren Prinzipien in Einklang steht, wird jenem »anderen« Bereich der Sprache zugerechnet, der auf Willkür und Konvention beruht.

An dieser Stelle scheint ein Exkurs in eigener Sache angebracht. Der Herausgeber der verdienstvollen Reihe *Grammatica universalis*, in der viele wichtige ältere Arbeiten zur Sprachtheorie in kommentierten Nachdrucken erschienen sind, rechnet mich in seiner Einführung zur *Grammaire de Port-Royal* zusammen mit Chomsky zu den Bewunderern dieses Werks: „M. Coseriu cite la *grammaire générale* avec respect en discutant les implications ontologiques et sémantiques de la catégorie »Verbe«".[811] In der Tat habe ich in meinem Aufsatz „Logizismus und Antilogizismus in der Grammatik" den beiden Verfassern bescheinigt, daß sie im Gegensatz zu anderen Autoren sehr wohl zwischen semantischen und ontologischen Kategorien zu unterscheiden wußten.[812] Das ändert nichts an der Tatsache, daß ich den theoretischen Ansatz, der der *Grammaire de Port-Royal* zugrundeliegt, und die Art und Weise, wie er ausgeführt wurde, für absurd halte. Arnauld und Lancelot sind nicht *dank*, sondern *trotz* ihres verfehlten Ansatzes in diesem spezifischen Punkt zu einem heute noch akzeptablen Ergebnis gelangt. Niemand kann stets irren.

Das 18. Jahrhundert ist die Blütezeit der Allgemeinen Grammatik. Alle Werke dieser Art sind, sofern sie zu Typ b) oder c) gehören, widersinnig in ihrer Zielsetzung. Sie sind als verfehlte Ansätze auf dem Gebiet der Sprach- und Grammatiktheorie anzusehen. Ihr positiver Aspekt besteht nicht in der Deutung der sprachlichen Fakten, sondern in ihrer stillschweigend angenommenen theoretischen Grundlage, nämlich in der Idee der Einheit des menschlichen Geistes. Daß diese Einheit auf einem Gebiet gesucht wird, wo sie nicht gefunden werden kann, ist eine andere Frage. Sie gehört zur unendlichen Geschichte des menschlichen Irrens.

17.3.2 Meiners *Philosophische und Allgemeine Sprachlehre*

Meiners Allgemeine Grammatik ist eine exponierte Vertreterin ihrer Gattung. Aufgrund ihrer extremen Ausrichtung ist sie besonders gut geeignet, Ansätze und Ziele dieser Denkrichtung zu charakterisieren. Die typischen Fragestellungen der logizistischen Grammatik und die sich daraus zwangsläufig ergebenden Irrtümer lassen sich anhand dieses Werks besonders klar darstellen. Die Ge-

---

[811] Brekle 1966, XI.

[812] Vgl. Coseriu 1967a, 256, Fn. 53.

schichte einer Disziplin besteht nicht nur in ihren Errungenschaften, sondern auch in ihren Irrtümern. Falsche Ansichten geben neue Impulse. Sie fordern zu ihrer Widerlegung heraus und geben Anlaß zur Gewinnung neuer Einsichten – und zur Entstehung neuer Irrtümer.

Die Fragestellungen, von denen Meiner ausgeht, und die Prinzipien, denen er folgt, werden in der über neunzig Seiten umfassenden *Vorrede* ausführlich erläutert. Das Werk selbst enthält die praktische Durchführung des zuvor aufgestellten Programms. Es besteht aus drei Teilen, die ihrerseits wieder in verschiedene Abschnitte untergliedert sind:

- Erster Teil:
  Behandelt Fragen der Orthoepie (Orthophonie) und Orthographie.
- Zweiter Teil:
  Behandelt die Lehre vom Satz und von den Satzteilen (partes orationis).
- Dritter Teil:
  Behandelt die Lehre vom Satzgefüge (Periode).

Schon von seinem Umfang her (etwa 250 Seiten) ist der zweite Teil der bedeutendste; er ist auch in linguistischer Hinsicht der interessanteste.

Meiner unterscheidet zwei Arten der Allgemeinen Grammatik, die „harmonische Sprachlehre" und die „philosophische Sprachlehre". Unter der zuerst Genannten versteht er eine empirische, induktiv vorgehende Disziplin. Sie beginne bei der Betrachtung der Einzelsprachen und stelle durch Vergleiche Übereinstimmungen zwischen ihnen fest, ohne die Gründe dafür angeben zu können. Sie müsse sich mit bloßen Feststellungen zufriedengeben. Die philosophische Sprachlehre hingegen gehe vom menschlichen Denken aus und ermittele dabei die denknotwendigen Übereinstimmungen zwischen den Sprachen, die ihre Grundlage in den allgemeinen Denkgesetzen haben. Daher schließe sie die harmonische Sprachlehre mit ein, während dies in umgekehrter Hinsicht nicht der Fall sei:

> Dieser gedoppelte Weg der Meditation, worauf die Regeln der Sprachkunst erfunden werden können, macht eben den Unterschied zwischen einer *harmonischen* und *philosophischen* Sprachlehre aus. Beyde haben dieses mit einander gemein, daß sie beyde Lehrsätze und Regeln enthalten, so mehrern Sprachen gemeinschaftlich sind; sie unterscheiden sich aber dadurch von einander, daß die *philosophische Sprachlehre* ihre gemeinschaftliche Regeln aus der allgemeinen Beschaffenheit des menschlichen Denkens; die *harmonische* aber aus der Vergleichung etlicher Sprachen gegen einander hernimmt, indem sie das, worinnen die verglichenen Sprachen mit einander übereinstimmen, in Regeln verfasset, ohne sich dabey um den Grund dieser Übereinstimmung zu bekümmern. Demnach ist eine *philosophische Sprachlehre* zwar allezeit *harmonisch*, und muß es auch natürlicher Weise seyn, aber darum ist eine *harmonische* nicht gleich auch *philosophisch*. Die *harmonische* überzeuget nur, daß etliche Sprachen unterschiedene Eigenschaften und also auch einerley Regeln mit einander gemein ha-

> ben; die *philosophische* aber unterrichtet uns von dem Grunde, warum diese Eigenschaften und Regeln gemeinschaftlich seyn müssen.[813]

In diesem Passus geht es um einen begrifflichen Unterschied, der in der hier verwendeten Terminologie mit den Ausdrücken *empirisch-allgemein* vs. *universell* oder *rational notwendig* bezeichnet wird. Das Empirisch-Allgemeine kann in der Tat nur festgestellt, nicht eigentlich begründet werden. Das Universelle als das rational Notwendige geht hingegen auf Prinzipien zurück und findet seine Erklärung in eben diesen Prinzipien; man könnte es daher auch das „Wesentliche" nennen. Daß Meiners „philosophische Sprachlehre" den selbst gestellten Ansprüchen nicht gerecht wird, ist eine andere Frage, auf die zurückzukommen sein wird.

In seinem Eintrag *grammaire*, den er zur *Encyclopédie* beigesteuert hat, trifft Nicolas Beauzée eine ähnliche Unterscheidung, wobei er die *grammaire générale* nicht wie Meiner einer empirisch-vergleichenden, sondern einer einzelsprachlichen Grammatik mit praktischer Zielsetzung gegenüberstellt:

> Die *allgemeine Grammatik* ist eine *Wissenschaft*, weil sie ausschließlich die vernunftgeleitete Betrachtung der unwandelbaren und allgemeinen Prinzipien des Sprechens zum Gegenstand hat; die *einzelsprachliche Grammatik* ist eine *Kunstfertigkeit*, weil sie auf die praktische Anwendung der Prinzipien des Sprechens auf die willkürlichen an Traditionen gebundenen Einrichtungen einer bestimmten Sprache abzielt.[814]

Meiners methodisches Prinzip besteht in der Annahme, daß eine philosophische Sprachlehre nur a priori gegebene Sachverhalte behandeln dürfe. Sie sei unabhängig von aller Erfahrung, denn sie leite aus dem Denken ab, was sein *muß*, sie stelle nicht einfach fest, was *ist*:

> Folglich müssen ihre Lehrsätze auf dem Wege der Meditation *a priori* und keineswegs *a posteriori* gefunden werden, und wenn sie erfunden worden sind, dann müssen sie erst gegen die Erfahrung verglichen und durch sie bestätiget werden.[815]

Hier drängt sich ein Vergleich mit Louis Hjelmslev auf. Er versteht unter „Empirie" – ganz im Gegensatz zum üblichen Sprachgebrauch – die nachträglich durch Beobachtung erfolgte Bestätigung einer a priori aufgestellten Theorie.[816]

Im Zusammenhang mit seiner Unterscheidung zwischen „Grammatik als Wissenschaft" und „Grammatik als Kunst(fertigkeit)" stellt Beauzée in sehr ähnlichen Formulierungen ein analoges methodisches Prinzip auf:

---

813 Meiner 1781/1971, IVf.

814 „La *Grammaire générale* est une science, parce qu'elle n'a pour objet que la spéculation raisonnée des principes immuables & généraux de la parole; une grammaire particulière est un art, parce qu'elle envisage l'application pratique des principes généraux de la parole aux institutions arbitraires & usuelles d'une langue particulière"; Beauzée, Art. *Grammaire*, in: *Encyclopédie* 1966, Bd. 7, 841f.

815 Meiner 1781/1971, IV.

816 Vgl. Hjelmslev 1943/1974, Kap. 3f.

> *Grammatik* kann aufgrund von zwei Arten von Prinzipien betrieben werden. Die einen sind unwandelbar gültig und unbeschränkt anwendbar. Sie hängen mit dem Wesen des Denkens selbst zusammen, gehen aus der Analyse dieses Denkens hervor und sind deren Ergebnis. Die anderen sind von hypothetischer Gültigkeit und hängen von frei getroffenen, wandelbaren Übereinkünften ab und finden nur bei den Völkern Anwendung, die sie aus freien Stücken übernommen haben [...] Die Wissenschaft der Grammatik [= *Grammaire générale*] geht allen Sprachen voraus, da ihre Prinzipien ewig gültig sind und da sie lediglich die Möglichkeit der Sprachen voraussetzt; die Grammatikkunst hingegen kommt nach den Sprachen, denn der Gebrauch der Sprachen muß bereits da sein, bevor er künstlich auf die allgemeinen Prinzipien zurückgeführt werden kann.[817]

In bezug auf das erste Postulat, die stillschweigende Annahme der Einheit des menschlichen Denkens, ist eigentlich nur zu kritisieren, daß diese Annahme (von Beauzée wie von Meiner) von vornherein auf eine bestimmte Art des Denkens beschränkt wird, auf das rationale Denken. Möglicherweise entspricht die Sprache jedoch einer anderen Art des Denkens, etwa dem mythischen oder „poetischen" Denken Vicos. Vielleicht gibt es auch so etwas wie ein genuin sprachliches Denken, das sich sowohl vom mythischen als auch vom rationalen Denken unterscheidet.

Was das zweite Postulat betrifft, die Annahme der „Einerleiheit des Originals" der Sprachen, so sagt Meiner nicht, wo er sie gefunden hat und wo man sie überhaupt antreffen kann. So wie er die Dinge darstellt, scheint er die umgekehrte Richtung als die von ihm selbst angegebene eingeschlagen zu haben. Er hat das einheitliche menschliche Denken aus den Sprachen abgeleitet, genauer gesagt aus einer einzigen Sprache, dem klassischen Griechisch, das er offenbar mit dem Denken schlechthin identifizieren möchte. Auch der Titel des Werks scheint darauf hinzudeuten, daß die „Vernunftlehre" aus der Betrachtung der Sprache abgeleitet wurde, wenn auch sein Autor das Gegenteil behauptet. Er habe den Weg gewählt,

> nach welchem ich aus einer genauern Betrachtung des Originals der Sprachen, der menschlichen Denkungsart, dasjenige erst aufsuchte, was ich in den Sprachen zu suchen hätte, und alsdenn bey angestellter Vergleichung, zu meinem großen Vergnügen, ja auch öfters zu meiner Verwunderung, auch wirklich fand ...[818]

---

[817] „La *Grammaire* admet donc deux sortes de principes: les uns sont d'une vérité immuable & d'un usage universel; ils tiennent à la nature de la pensée même, ils en suivent l'analyse; ils n'en sont que le résultat: les autres n'ont qu'une vérité hypothétique, & dépendante de conventions libres & muables, et ne sont d'usage que chez les peuples qui les ont adoptés librement [...] La science grammaticale [= *Grammaire générale*] est antérieure à toutes les langues, parce que ses principes sont d'une vérité éternelle, et qu'ils ne supposent que la possibilité des langues: l'art grammatical, au contraire, est posterieur aux langues, parce que les usages des langues doivent exister avant qu'on les rapporte artificiellement aux principes généraux"; Beauzée, Art. *Grammaire* in: *Encyclopédie* 1966, Bd. 7, 841.

[818] Meiner 1781/1971, VII.

Dabei bleibt er die Antwort auf die Frage schuldig, wie er die Erkenntnis des reinen Denkens erlangt hat. Die Autoren der *Grammaire de Port-Royal* haben es sich in dieser Hinsicht leicht gemacht. Sie beriefen sich auf Zitierautoritäten: „Tous les philosophes enseignent ...". Natürlich kann nicht alles, was die Philosophen in bezug auf die Kategorien des Denkens lehren, ohne weiteres auf die Sprache übertragen werden. Doch das kümmerte die Grammatiker von Port-Royal wenig, denn unter „allen Philosophen" verstanden sie insgeheim in erster Linie sich selbst.

Ganz abgesehen von der Tatsache, daß wir nicht erfahren, wie man zu der von Meiner angenommenen Grundlage gelangen kann, ist das zweite Postulat, die Annahme der „Einerleiheit des Originals", je nachdem an welchem konkreten Beispiel Meiners es gemessen wird, falsch oder falsch und widersprüchlich zugleich. Um dies zu zeigen, müssen wir auf ein Korollar dieser Grundannahme zurückgreifen: Wer von der „Einerleiheit des Originals" spricht, räumt damit ein, daß die „Kopien", nämlich die Einzelsprachen, unterschiedlich ausfallen. Wie wir bereits gesehen haben, war für Arnauld und Lancelot die Verschiedenheit der Einzelsprachen aus ihrem gemischten Charakter zu erklären; um einen festen Kern des rational Notwendigen, in dem sich die *grammaire de la raison* manifestiert, gruppieren sich unregelmäßige und dem historischen Wandel unterworfene Bereiche des Willkürlichen und mehr oder weniger Zufälligen:

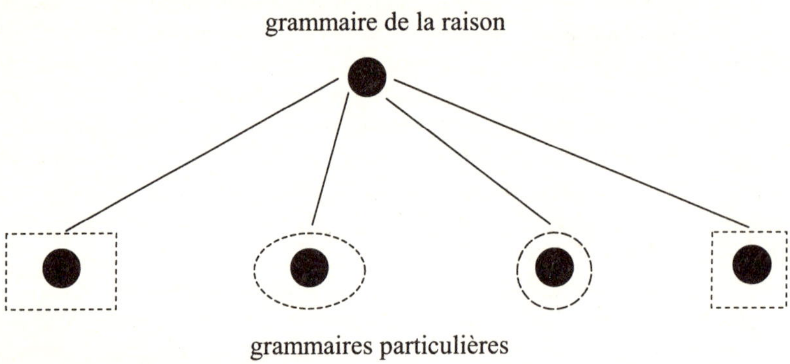

Für Meiner gibt es neben den rationalen keine weiteren – auf Konvention oder Gutdünken beruhende – Prinzipien. Er muß die faktische Verschiedenheit der Einzelsprachen anders erklären. Für ihn sind die verschiedenen Sprachen unterschiedlich »treue« oder mehr oder weniger gut »gelungene« Kopien des Originals:

> Ich betrachte zuvörderst das Original nach allen seinen Eigenschaften, und nachdem ich alles das Mannichfaltige darinnen entdecket habe, es mögen *wesentliche* oder *zufällige* Stücke seyn, so sammle ich das Wesentliche und sondere es von dem Zufälligen ab; dann schließe ich also: wenn von diesem Originale Abdrücke vorhanden sind, so müssen sich an diesen Abdrücken alle diese Eigenschaften befinden, die ich an dem Originale gefunden habe, wenn anders die Abdrücke getreu verfertiget sind. Freylich können die Abdrücke in Ansehung der Voll-

kommenheit sehr von einander unterschieden seyn, und einige mehr, andere weniger dem Originale entsprechen. Ich untersuche also nunmehro die Kopien nach dem Originale und sehe, ob die Eigenschaften des Originals, die ich zuvor aufgesucht und aus einander gesetzt habe, sich auch alle in den Kopien ausgedrückt finden*; dieß ist das Verfahren der philosophischen Sprachlehre.*[819]

Meiner kennt also zwei Formen der »Abweichung« vom Original: die »Verfälschung« und die »unvollständige Wiedergabe«. Beim ersten Fall lassen sich nochmals zwei Varianten unterscheiden: Verfälschung eines Denkprinzips in der gesamten Sprache oder lediglich in einer bestimmten Sprachregel.

Die erste Variante konstatiert Meiner im Arabischen: „Der Araber" beging einen logischen Irrtum, als er von den Griechen ein Kasuszeichen für den Nominativ übernahm. Dadurch kam es zu einer unerwünschten Redundanz, denn mit dem Genusunterschied beim Verb wird das Subjekt im Arabischen ohnehin schon klar bezeichnet:

> Daß aber der *Araber* außer der Bestimmung des Subjekts, die er schon in seiner Sprache durch das gedoppelte Genus der Personen in dem Verbo hatte, auch noch von den Griechen ein Casuszeichen angenommen hat, das hat er wohl unüberlegt gethan, weil er nicht wußte, worzu das gedoppelte Genus in den Personen des Verbi vorhanden ist.[820]

Ein Beispiel für die zweite Variante des ersten Falles findet Meiner im Deutschen: Der Gebrauch der Eigennamen ohne Artikel sei eigentlich nur im Nominativ zulässig, denn in allen übrigen Fällen werde der Artikel zur Kasusmarkierung benötigt: „Anna hat Peter gesehen", sei zweideutig; wenn damit gemeint sei, daß Peter als Objekt fungiert, müsse es eigentlich heißen: „Anna hat *den* Peter gesehen":

> Er [scil. der Araber] hat sich hier in der Nachahmung der griechischen Sprache eben so betrogen, wie sich heutiges Tages die deutschen Sprachlehrer bey der Declination eines Nominis proprii in der Nachahmung der französischen Sprache betrügen, doch mit dem Unterschiede, daß *jener* was unnöthiges annahm, *diese* was nöthiges wegwerfen.[821]

Im Französischen sei hingegen der Gebrauch des Artikels überflüssig, weil die Präpositionen *à* und *de* die Kasusmarkierung übernehmen:

> Weil nun bey den Franzosen der Nominativus und Accusativus kein Casuszeichen brauchen, so wird ein Nomen proprium in diesen beyden Casibus ganz nackend und bloß ohne alle Bestimmung und ohne Casuszeichen hingesetzet. Aber entbehret auch ein Nomen proprium bey den Franzosen in den übrigen Casibus [...] die Casuszeichen? Da hätte der Deutsche bedenken sollen, daß *du* und *au* aus *de le* und *à le*, das ist, aus dem Casuszeichen *de* und *à* und dem Articulo *le* und *la* zusammengesetzt sind, und daß, nach Weglassung des Articuli *le, la* bey

---

[819] Ebenda, VI.
[820] Ebenda, XLVIf.
[821] Ebenda, XLVII.

dem Nomine proprio, *de* und *à* als Casuszeichen übrig bleiben müssen [...]. Er hätte ferner bedenken sollen, daß, wenn er, wie der Franzos, kein Casuszeichen zum Nominativo nöthig hat, darum noch nicht gleich folge, daß er auch, wie der Franzos, das Casuszeichen für den Accusat. entbehren könne; denn der Deutschen ihr Accusat. läßt sich nicht so, wie der Franzosen ihrer, bloß aus der Stelle, die er im Satze einnimmt, erkennen. Demnach muß der Deutsche zur Declination eines Nominis propr. für alle Casus, bis auf den Nominativum, Casuszeichen haben. [...] Lutherus hat also in seiner Bibelübersetzung richtig declinirt: Nom. Adam; Gen. des Adams; Dat. dem Adam; Accus. den Adam.[822]

Mit Verwunderung stellt man fest, daß Meiner die Form *des Adams* für richtig hält, obwohl sie gerade die Redundanz aufweist, die er „beim Araber“ gerügt hatte.

Nun zum zweiten Fall, zur Unvollständigkeit der „Kopien“. Meiner zieht unter den ihm bekannten Sprachen diejenige als Maßstab heran, die in einem bestimmten Bereich ein Höchstmaß von Unterscheidungen aufweist; die anderen gelten ihm demgegenüber als „unvollständig“:

Die ersten Sprachen, die hebräische mit all ihren Schwestern, waren zufrieden, nur die drey Hauptzeiten, 1) *die gegenwärtige*, 2) *die vergangene*, 3) *die zukünftige* bestimmet zu haben. Damit war aber der philosophischdenkende Grieche nicht zufrieden. Dieser sahe ein, daß etwas an und vor sich vergangen seyn könnte, aber, mit einer andern Handlung verglichen, *entweder* noch dauerte, da diese andere anfieng, *oder* schon vollkommen vorbey war, da die andere anfieng. Er fieng also an, das Praeteritum in 1) absolutum s.[ive] perfectum, und 2) in relativum abzutheilen und *jenes* zu gebrauchen, wenn von einer Handlung alleine die Rede ist, *dieses* aber, wenn zwo Handlungen, die beyde nunmehro vergangen sind, mit einander in Absicht auf die Zeit, verglichen werden [...].[823]

Dabei gebe es wiederum zwei Möglichkeiten, nämlich das παρατατικόν (imperfectum) einerseits und das ὑπερσυντελικόν (plusquamperfectum) andererseits. Damit war jedoch „der Grieche“ noch nicht zufrieden. Er sah ständig von neuem Anlaß, weitere Unterschiede einzuführen und schuf damit einen – zumindest im Tempussystem – unüberbietbaren Standard:

Man hat also die ganze Bestimmung der Modalität der Sätze wieder dem Witze der Griechen zu verdanken.[824]

Kehren wir zum Ausgangspunkt unserer Ausführungen zurück, zu Meiners Postulat der „Einerleiheit des Originals der Sprachen“. Es ist offensichtlich, daß Meiner hier zwei Ebenen des Denkens miteinander verwechselt bzw. nicht voneinander unterscheidet. Einerseits entspricht sein „Original“ den allgemeinen Regeln des Denkens, andererseits beinhaltet es jedoch auch die faktischen und potentiellen Ergebnisse der Befolgung dieser Regeln, nämlich das nach diesen Regeln Gedachte und das nach diesen Regeln Denkbare.

---

[822] Ebenda, XLVIIf.

[823] Ebenda, XLII.

[824] Ebenda, XLV.

Im ersten der beiden diskutierten Fälle erweist sich das Postulat als empirisch falsch. Die Sprachen folgen nicht durchgängig den logischen Regeln, die Meiner als „Original“ ansieht. Viele Redundanzen und Ambiguitäten sind rein sprachlich gesehen durchaus „korrekt“; sie können lediglich auf der Ebene der Texte »korrigiert« werden.[825]

Im zweiten Fall erweist sich das Postulat aus demselben Grund als empirisch falsch, darüber hinaus jedoch auch als falsch in rationaler Hinsicht, d.h. als kontradiktorisch. Es beinhaltet nämlich die Unveränderlichkeit des Denkens in allen seinen Manifestationen. Diese kann zwar für die Denkregeln selbst unterstellt werden, nicht jedoch für das nach diesen Regeln Gedachte oder Denkbare. Mögen die Regeln des Denkens unwandelbar sein, die Produkte ihrer Befolgung unterliegen der Zeitlichkeit. Zum Wesen des Gedachten gehört, daß es sich ständig vermehrt und erneuert, und zum Wesen des Denkbaren, daß es noch nicht gedacht worden ist. Darin liegen die unbegrenzten Möglichkeiten seiner Realisierung durch das Denken. Natürlich muß auch Meiner im Gedachten eine progressive Verwirklichung von Virtualitäten anerkennen. Er tut dies, indem er, wie oben demonstriert wurde, das Entstehen immer neuer sprachlicher Unterschiede im Lauf der Zeit schildert. Diese Unterschiede können jedoch von keinem Original kopiert werden, da sie unendlich wiederholbar und mit einander kombinierbar sind. Für die Tempora läßt sich das folgendermaßen darstellen:

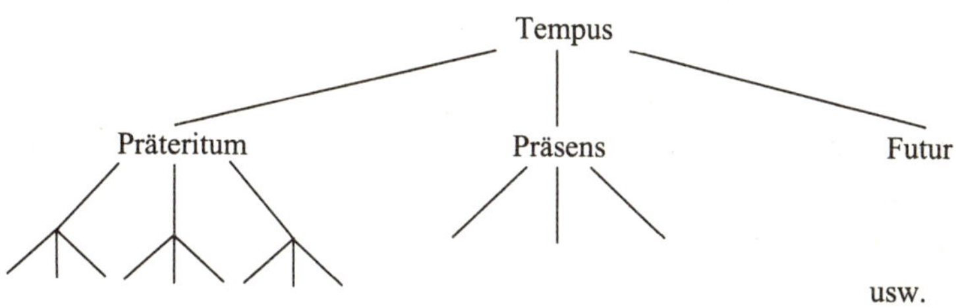

Die Unterscheidung von Vergangenheit, Gegenwart und Zukunft kann innerhalb der auf diese Weise ausgegliederten Zeiträume immer wieder von neuem getroffen werden.

Selbst wenn sich die sprachlichen Unterschiede auf logische reduzieren ließen, könnte nie vorhergesagt werden, welche Merkmale eine Sprache in einem ständig feiner auszugestaltenden Bereich haben muß. Es kann nur empirisch festgestellt werden, über welche Merkmale eine bestimmte Sprache verfügt, und Feststellungen dieser Art gelten nur für eine begrenzte Zeit.

825 [Vgl. hierzu Coserius *Textlinguistik*, insb. Coseriu 1994, 54ff. und den Vorabdruck des Teils eines bislang unveröffentlichten, umfangreichen Manuskripts in *Energeia und Ergon*, Bd. I = Coseriu 1988a.]

So kommt Meiner nicht umhin, eine neue, einigermaßen merkwürdige Kategorie einzuführen, um die Verschiedenheit der Sprachen zu rechtfertigen, die Kategorie der „Denkungsart“. Er nimmt an, man könne

> aus dem Unterschied der Sprachen, der, nach Abrechnung desjenigen Eigenthümlichen, so in der Materie einzelner Wörter bestehet, bloß in einem größern oder mindern Grad der Deutlichkeit oder der Bestimmtheit zu suchen ist, auf die mehr oder minder erleuchtete Denkungsart der Völker richtig schließen ...[826]

Somit erwachse aus der philosophischen Betrachtung der Sprachen gleichzeitig eine „Geschichte des menschlichen Verstandes“:

> Denn weil die Sprache eine sinnliche Abbildung unserer Gedanken ist, so kann man ja aus der zunehmenden Vervollkommnung der Sprache immer auf die vorausgegangene Vervollkommnung der Denkungsart eines Volkes sicher zurücke schließen.[827]

Wie die Rede eines Kindes, das seine Muttersprache erlernt, im Laufe der Zeit immer vollkommener wird, so lasse sich auch in den „partikulären Sprachen“ im Lauf der Geschichte ein Zuwachs an Vollkommenheit konstatieren:

> In welcher partikulären Sprache wir einen beträchtlichen Zuwachs an Vollkommenheit gewahr werden, deren ihrer Nation kann man auch sicher einen vorzüglichen Grad von erleuchteter Denkungsart beylegen.[828]

Entweder fallen die „Denkungsarten“ mit der „allgemeinen Beschaffenheit des menschlichen Denkens“ zusammen oder sie tun es nicht. Wenn sie es tun, so kann an der „Einerleiheit des Originals“ nicht festgehalten werden, denn die „Denkungsarten“ sind verschieden, wie Meiner selbst einräumt. Fallen diese „Denkungsarten“ nicht mit dem allgemeinen Denken zusammen, so stellt sich die Frage, was man darunter zu verstehen hat. „Allgemein“ im strengen Sinn kann es nicht sein, denn es manifestiert sich offenbar nicht in allen Formen der Denktätigkeit. Darüber hinaus können auch die Sprachen nicht Kopien eines Originals sein, da sie offenbar unterschiedliche „Denkungsarten“ widerspiegeln. Schematisch läßt sich diese Auffassung – mit all ihren Schwierigkeiten – etwa folgendermaßen darstellen:

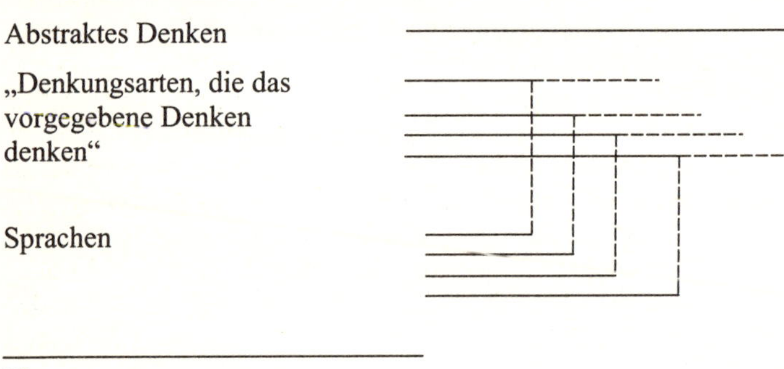

---

[826] Meiner 1781/1971, VIII.
[827] Ebenda.
[828] Ebenda, IX.

Meiner geht zunächst von einer Ebene des abstrakten Denkens aus, die er dann aber schnell aus den Augen verliert, denn er sagt uns nicht, was wir uns darunter vorstellen sollen und wie wir Kenntnis von ihr erhalten können. Darauf hin werden verschiedene „Denkungsarten" eingeführt, die sich mit dem abstrakten Denken nur bis zu einem bestimmten Grad messen können (repräsentiert durch die unterschiedliche Länge der Linien im obenstehenden Schema). Schließlich treten die Einzelsprachen auf den Plan; in ihnen spiegeln sich die mehr oder weniger vollkommenen Denkungsarten wider. Damit ließe sich die größere oder geringere Vollkommenheit der Sprachen einigermaßen erklären. Was nun aber die „Verfälschungen" des Originals angeht, so gerät man in größere Schwierigkeiten. Wie ließe sich der logische Irrtum der Araber erklären? Man hat von einer „Denkungsart" auszugehen, die die Funktion des Subjekts durch die Kategorie des Genus am Verb bezeichnet, und ihr müßte sich dann ein anderes Denken zugesellen, das nichts von dieser Kennzeichnung der Satzfunktion weiß und sie daher nochmals durch ein Kasusmorphem vornimmt.

Meiner hat offensichtlich die Verschiedenheit des sprachlichen Denkens wohl gesehen; insofern liegt seinem Operieren mit verschiedenen „Denkungsarten" eine richtige Intuition zugrunde. Er macht jedoch bei der Interpretation dieser Intuition zwei eng miteinander zusammenhängende Fehler. Einerseits möchte er in seinen „Denkungsarten" mehr oder weniger vollkommene „Kopien" eines vorgegebenen »Originaldenkens« sehen und nicht etwa verschiedene Verwirklichungen einer Art des Denkens oder einer bestimmten geistigen Fähigkeit; andererseits möchte er seine Denkungsarten und mit ihnen die verschiedenen Sprachen in eine hierarchische Reihenfolge bringen. Die Unterschiede zwischen den Sprachen werden als Anzeichen geringerer oder größerer „Erleuchtetheit" gewertet. Neu entdeckte Differenzierungen bei den sprachlichen Funktionen entsprechen nicht »anderen«, sondern »weiteren« oder »feineren« Unterschieden. In diesem offenbar unwiderstehlichen Hang zur Hierarchisierung liegt sein Hauptirrtum. Der wesentliche, wenn auch noch nicht vollständig geglückte Schritt Wilhelm von Humboldts wird darin bestehen, daß er in neu entdeckten sprachlichen Differenzierungen nicht unbedingt etwas »Fortschrittlicheres«, sondern in erster Linie etwas Anderes sehen wird.

Die „Kopien", die Meiner in Augenschein nimmt, sind die fünf Sprachen, die er zu unterrichten hatte: Hebräisch, Griechisch, Lateinisch, Französisch und Deutsch. Andere Sprachen werden nur selten in Betracht gezogen. Bei einer so geringen Anzahl von Sprachen und bei den Kategorien, denen Meiners Hauptinteresse gilt (es sind dies im wesentlichen die wichtigsten Satzglieder, Prädikat und Subjekt), läßt sich zur Not, wenn auch nicht ohne Gewaltanwendung, eine Anordnung im Hinblick auf geringere oder größere Fortgeschrittenheit vornehmen. Hätte Meiner noch weitere Sprachen untersucht, so hätte er feststellen müssen, daß es viele weitere sprachliche Unterscheidungen gibt und daß sich diese keineswegs zur Klassifikation ganzer Sprachen nach dem Grad ihrer Vollkommenheit eignen. Die Sprache L kann im Bereich X sehr viel feinere Unterschiede machen als die Sprache M, im Bereich Y hingegen weit hinter dieser zurückbleiben. Wenn man die Vielfalt der sprachlichen Strukturen in größerem

Umfang erkannt hat, so wird man geneigt sein, im Neuhinzugekommenen in erster Linie das Andere, nicht unbedingt das Bessere zu sehen.

Was nun Meiners methodisches Prinzip betrifft, die Annahme, daß eine philosophische Sprachlehre von a priori gegebenen Sachverhalten auszugehen habe, so befindet er sich damit in rein formaler Hinsicht sicherlich auf dem richtigen Weg. Rational notwendige Kategorien können tatsächlich nur deduktiv aus einer eidetischen Intuition und nicht aus empirischen Beobachtungen gewonnen werden. In faktischer Hinsicht befindet er sich jedoch auf einem Irrweg, da er seine Kategorien aus dem außersprachlichen Denken ableiten möchte. Eine Deduktion dieser Art ist jedoch nur zulässig, wenn sie auf die Ebene der Sprache zurückgreift, wenn sie von der Idee der Sprache aus vorgenommen wird. Man hat sich zu fragen, welche Merkmale eine Institution besitzen muß, um der Sprachidee zu entsprechen und somit zu Recht „Sprache" genannt werden zu können. Mithilfe einer solchen Deduktion gelangt man jedoch lediglich zur *Form*, nicht zum *Stoff* der Grammatik. Eine „Allgemeine Grammatik", so wie sie Meiner selbst theoretisch konzipierte, bewegt sich im Reich des Universellen, des Notwendigen und des Möglichen. Sie kann somit nur das formale Schema einer Grammatik liefern. Meiner ist jedoch in seiner *Philosophischen Sprachlehre* weit in den Bereich der Empirie vorgestoßen. Er hat versucht, einen großen Teil des grammatischen Stoffs aus dem menschlichen Denken abzuleiten. Das ist nicht möglich. Der grammatische Stoff gehört in den Bereich des Empirisch-Allgemeinen; er kann von keiner Instanz abgeleitet, sondern lediglich ermittelt werden. Das zeigt sich nicht zuletzt bei Meiner: Wo immer seine Deduktionen zutreffend sind, betreffen sie das rational Notwendige; die empirischen Generalisierungen führen fast alle zu unhaltbaren Behauptungen.

Im übrigen hat Meiner recht naive Vorstellungen von der Entstehung und Verbreitung sprachlicher Kategorien. Mit stillem Vergnügen nimmt der moderne Leser zur Kenntnis, wie sich das alles in Meiners Augen abgespielt hat: Der „philosophischdenkende Grieche" ist mit dem Tempussystem, das er vorfindet, unzufrieden. Er führt weitere, feinere Unterschiede ein. Diese hat dann „der Franzos dem Griechen abgelernet." Besondere Klugheit bewies „der Grieche" bei der Aufteilung des Futurs in ein *Futurum absolutum* und ein *Futurum exactum*. „Dieses hat dem Griechen nicht nur der Lateiner, sondern auch der Deutsche mit dem Franzosen abgelernet." „Der Araber" handelte „unüberlegt", wie wir gesehen haben, als er den Subjektskasus in seinem Verbalsystem gleich doppelt markierte.[829] Um die historische Plausibilität von Übernahmen dieser Art kümmert sich Meiner nicht.

Dies alles sollte uns nicht davon abhalten, die scharfsinnigen Beiträge Meiners zur Grammatiktheorie zu würdigen. Wenn er bei der rein grammatischen Einordnung sprachlicher Erscheinungen in die Irre geht, so vor allem deshalb, weil er sie seiner Auffassung des Verhältnisses von Sprache und Vernunft unterordnet. In rein grammatiktheoretischer Hinsicht hat er Bedeutendes geleistet. So formuliert er z. B. ein Prinzip, das erst sehr viel später zum Allgemeingut lin-

[829] Vgl. Meiner 1781/1971, XLIIff. und oben.

guistischer Forschung werden sollte. Man dürfe nicht die Kategorien einer Sprache auf eine andere projizieren, sondern man solle jede Sprache innerhalb ihrer eigenen Kategorien – „immanent“, wie man später sagen sollte – beschreiben. Bei der Interpretation des griechischen Syntagmas ὁ Φιλίππου 'Αλέξανδρος (wörtlich: „der Philipps Alexander“) wendet er sich gegen die herkömmliche, bequeme »Ellipsenhypothese«:

> Ich weiß wohl, daß man dieses [scil. die betreffende Konstruktion] durch Auslassung (Ellipsin) des Wortes υἱός [„Sohn, Nachkomme“] zu erklären sucht; aber etwas durch Ellipsin in einer fremden Sprache erklären, heißt nichts anders, als eine fremde Sprache nach unserm Sprachgebrauch ergänzen und sie nicht nach ihrer eigenen Denkart richten und beurtheilen wollen.[830]

Ein weiteres Beispiel für seine umsichtigen grammatiktheoretischen Analysen stellt sein Vergleich der Verben und der Adjektive im Hinblick auf deren prädikative Funktion dar. Er unterscheidet „Verba, die etwas unselbständiges bezeichnen und zugleich die *Copulam propositionis* [i.e. *sein* in prädikativer Funktion, J.A.] mit in sich schließen“ und „Adjektiva, die zwar, wie die Verba, etwas unselbständiges bezeichnen, aber nicht so, wie die Verba, eine *copulam propositionis* mit in sich schließen.“[831] Demnach schließt ein Verb wie *aegrotare* „kranken“ die Kopula ein, nicht jedoch das Adjektiv *aegrotus* „krank“. *Puer aegrotat* entspricht somit *puer aegrotus est* „der Knabe ist krank“; in *puer aegrotus* „der kranke Knabe“ ist hingegen keine Prädikation enthalten.

Bei der Betrachtung der Konditionalperiode in verschiedenen Sprachen kommt Meiner zu dem Ergebnis, daß völlig unterschiedliche sprachliche Instrumente sehr ähnliche grammatische Funktionen haben können. Im Griechischen und im Französischen gehe unabhängig von der Wortstellung, allein aus dem Tempus hervor, welche Proposition als Vordersatz und welche als Nachsatz anzusehen ist. Im Deutschen wird in beiden Propositionen dasselbe Tempus gebraucht. Um den Nachsatz als solchen klarer zu kennzeichnen, was sich bei komplizierten Perioden als notwendig erweisen könnte, behelfe sich das Deutsche mit dem Wörtchen *so*: „Gehorchtest du mir, *so* wärest du mir angenehm.“ Meiners Kommentar dazu lautet:

> Demnach vertritt des Deutschen sein Wörtchen *so* die Stelle des verdoppelten Imperfecti und Plusquamperfecti bey den Franzosen, und des gedoppelten Aoristi bey den Griechen.[832]

In verschiedenen Handbüchern wird Meiner als früher Vorläufer der Dependenzgrammatik dargestellt, nicht zuletzt aufgrund der besonderen Rolle, die er dem Prädikat im Satz zuweist.[833] Dieser dependenzgrammatische oder valenztheoretische Ansatz *ante litteram* zeigt sich auch in seiner streng parallelen Behandlung von Verb- und Adjektivkonstruktionen. Er kennt nicht nur einstel-

---

[830] Ebenda, 94.
[831] Ebenda, 80 und 81.
[832] Ebenda, XLIII.
[833] [Vgl. z.B. ebenda, 127.]

lige und zweistellige Verben (*Verba absoluta* und *relativa*, z.B. *liegen – legen*), sondern auch einstellige und zweistellige Adjektive (*Adjectiva absoluta* und *relativa*, z.B. *schön* und *begierig nach*). Er zeigt, daß in der Komparation sowohl die Verben als auch die Adjektive um eine Stelle erweitert werden; bei den einstelligen erscheinen zwei, bei den zweistelligen drei Argumente: „*Caius* ist schöner als *Titius*"; „*Caius* ist nach *Gelde* begieriger als *Titius*"; „*Caius* steht besser als *Titius*"; „*Caius* liebt *die Wissenschaft* mehr als *Titius*".[834]

Die abschließende Beurteilung des Beitrags, den Meiner zur Sprachtheorie und zur Sprachphilosophie beigesteuert hat, muß geteilt ausfallen. Er erweist sich als ein naiver Historiker und als ein schwacher Logiker – wie dies bei den Vertretern des Logizismus in der Grammatiktheorie meist der Fall ist, auch wenn sie von Haus aus Logiker sind –, aber als ein genialer Grammatiker. Hätte er die sprachlichen Kategorien als Möglichkeiten betrachtet, so wäre aus der *Allgemeinen Sprachlehre* ein Meisterwerk des grammatischen Denkens geworden. Damit hätte er jedoch seinen eigenen Grundauffassungen widersprochen. So wie uns Meiners Werk heute vorliegt, ist es nur im Hinblick auf einige Einzelansichten zu gebrauchen, die zudem uminterpretiert und in einen anderen Rahmen eingeordnet werden müssen, wenn sie der Wirklichkeit der Sprache entsprechen sollen.

17.4 Die Frage nach dem Ursprung der Sprache

In der zweiten Hälfte des 18. Jahrhunderts stieß das Problem des Ursprungs der Sprache auf ein erneutes Interesse. Akademien schrieben Preisfragen aus, bedeutende Denker wie Condillac, Maupertuis oder Rousseau legten Lösungsvorschläge vor, wie im nächsten Kapitel noch zu zeigen sein wird. Im 19. Jahrhundert galt die Fragestellung in den Fachkreisen zünftiger, aller philosphischer Spekulation abgeneigter Linguisten als naiv. Die *Société de Linguistique de Paris* schrieb sogar in ihren Statuten fest, daß sie keine Beiträge zum Problem des Ursprungs der Sprache oder zur Konstruktion einer sogenannten „Universalsprache" annehmen werde.[835]

Wenn nun hier zwei deutsche Sprachursprungstheoretiker kurz erwähnt werden, so geschieht dies vor allem zur Vorbereitung auf die Thesen und Ideen Herders und Hamanns, die allerdings im vorliegenden Teil dieser Übersicht nicht mehr behandelt werden können. Es sollen hier lediglich zwei bekanntere Vertreter entgegengesetzter Positionen vorgestellt werden, die zu der Streitfrage, ob die Sprache göttlichen oder menschlichen Ursprungs sei, mit Entschiedenheit Stellung bezogen haben.

17.4.1 Johann Peter Süßmilch (1707–1767)

Johann Peter Süßmilch wurde in Zehlendorf geboren, das erst viel später ein Teil Berlins wurde. Nachdem er eine anatomische Grundausbildung erhalten

---

[834] Vgl. ebenda, XL.

[835] [Vgl. u.a. Auroux 1989, in Gessinger/von Rahden 1989, Bd.II, 122ff.]

hatte, studierte er an den Universitäten Halle und Jena Rechtswissenschaft und orientalische Sprachen. Er ist heute vor allem als ein Pionier auf dem Gebiet der Demographie bekannt.

Als Mitglied der einst von Leibniz gegründeten Akademie der Wissenschaften in Berlin[836] verlas er 1756 eine Stellungnahme, die ausdrücklich gegen die Auffassung des damaligen Akademiepräsidenten Pierre Louis Moreau de Maupertuis (1698–1759)[837] gerichtet war, in der er in Wirklichkeit jedoch auch gegen die Ansichten Condillacs und Rousseaus über den Ursprung der Sprache polemisierte. Erst zehn Jahre später erschien dieser Beitrag unter dem Titel *Versuch eines Beweises, daß die erste Sprache ihren Ursprung nicht vom Menschen, sondern allein vom Schöpfer erhalten habe.*[838] Herder sollte sich wenige Jahre später in seiner von derselben Akademie preisgekrönten *Abhandlung über den Ursprung der Sprache* unmittelbar auf Süßmilch beziehen.

Süßmilch gehörte zu den zahlreichen Forschern, die die Sprache auf göttliche Offenbarung zurückführten, weil sie sich nicht erklären konnten, wie ein so komplexes System hätte geschaffen werden können, ohne dabei seinen Schöpfern bereits zur Verfügung zu stehen. Er ist sich sicher, „daß [...] die Sprache ohnmöglich von Menschen entstehen können, ehe und bevor sie eine ordentliche Sprache gehabt haben ...“.[839] Bei seiner Beweisführung möchte er sich nur auf innere, nicht auf äußere Argumente stützen:

> Der Zweck dieser Abhandlung geht dahin, daß ich suchen will zu erweisen, daß der Ursprung der Sprache nicht von Menschen herrühre. Dieser Beweis soll nicht historisch oder biblisch seyn, sondern er soll aus der innern Beschaffenheit der Sprache hergenommen werden ...[840]

Die Ausstattung des Menschen mit der Institution der Sprache kann weder durch zwingende menschliche Bedürfnisse noch durch den Zufall erklärt werden. Gott hat den Menschen zugleich mit der Sprache geschaffen:

> ... da also weder die Nachahmung noch die Noth zur Erfindung und zur Verbesserung der Sprache zureichend haben seyn können, gleichwohl aber in der Sprache Ordnung und Vollkommenheit befindlich ist [...], der Hazard aber gar nicht zur Entstehung einer Sprache kann angenommen werden, so bleibt nichts übrig, als daß man zu Gott, als dem Schöpfer, seine Zuflucht nehme ...[841]

17.4.2 Dietrich Tiedemann (1748–1803)

Dietrich Tiedemann stammte aus Bremervörde bei Bremen. In Göttingen studierte er Mathematik, klassische Altertumswissenschaft und Geschichte der Philosophie. Zwischen 1769 und 1773 war er in Livland, der historischen Land-

---

836 Vgl. oben 13.

837 Vgl. oben 14.2.

838 Süßmilch 1766/1998.

839 Ebenda, 124.

840 Ebenda, 13f.

841 Ebenda, „Inhalt“, unpaginiert.

schaft um Riga, als Hauslehrer tätig. Sein *Versuch einer Erklärung des Ursprungs der Sprache*, mit dem er sich ebenso wie Herder um den Preis der Berliner Akademie beworben hatte, ist denn auch 1772 in Riga erschienen. Später kehrte er nach Deutschland zurück, lehrte zunächst klassische Philologie in Kassel, später Geschichte der Philosophie in Marburg. Er trat als entschiedener Gegner Kants und Fichtes auf.

In seiner Schrift, die von Hamann, der für Herder Partei ergriff, hart rezensiert wurde, bemühte sich Tiedemann nachzuweisen, daß die Sprache nicht, wie Süßmilch, auf den er sich bezieht, behauptet hatte, auf göttliche Offenbarung zurückzuführen ist, sondern daß sie von den Menschen selbst geschaffen wurde:

> Der Ursprung der Sprache, oder ihre Entstehungs-Art, oder, bestimmter zu reden, die Art und Weise, wie die Sprache von Menschen hat können erfunden werden, und wie sie wahrscheinlicher Weise ist erfunden worden, ist der Gegenstand dieser Abhandlung.[842]

Um seine These zu stützen, muß Tiedemann leugnen, daß die Einzelsprachen von Anfang an vollkommene Einrichtungen gewesen seien:

> Diese zuerst erfundene Sprache war aber noch keine ordentlich eingerichtete, keine zusammenhängende Sprache, viele Theile waren da, mehrere fehlten, und selbst die, die da waren, waren roh und ungeschliffen. [...] Wenn also im andern Abschnitte von der Ausarbeitung der zuerst erfundenen Sprache geredet werden soll: so muß gezeigt werden, auf welche Art die Menschen die besondern Theile erfunden, wie sie sich nach und nach ausgebessert, und zu ihrer jetzigen Vollkommenheit erhoben haben.[843]

Dieser selbstgestellten Aufgabe versucht Tiedemann zu entsprechen. Die Sprache habe sich allmählich entwickelt, bedingt durch äußere Notwendigkeit, auf die der Mensch mit Überlegung reagiert habe. Von der bloßen Lautnachahmung seien die Menschen nach und nach zur Verwendung arbiträrer Zeichen übergegangen:

> Der Gebrauch der Töne, welcher sich anfänglich nur auf Nachahmungen erstreckte, breitete sich weiter aus. Durch den guten Erfolg und durch die Bequemlichkeit der Töne aufgemuntert, fiengen die Menschen an, nach Anlaß der nachahmenden, auch andere zu ersinnen, die weniger Ähnlichkeit mit den Dingen selbst hatten.[844]

Das habe die Einbildungskraft befördert, und so sei bald jedes Mitglied der Gemeinschaft im Stande gewesen, eigene Erfindungen zum gemeinsamen Sprachbesitz beizusteuern:

> Auf diese Art also erfand bald dieser bald jener von der Gesellschaft ein Wort, je nachdem es ihm seinem Gebrauche und seinem Bedürfnisse nach am bequemsten und am nöthigsten war.[845]

---

[842] Tiedemann 1772/1995, Vorrede (unpaginiert).
[843] Ebenda, 152f.
[844] Ebenda, 191.
[845] Ebenda, 192.

Ganz am Schluß seiner Abhandlung stellt Tiedemann die Frage nach der Entstehung der Allgemeinbegriffe:

> Aber, wird man fragen: woher kommen denn die allgemeinen Ausdrücke? Die ersten Worte konnten nicht so allgemein seyn, als sie es jetzt sind, weil die Begriffe es nicht waren. Die ersten Vorstellungen der Menschen waren sinnliche Empfindungen, so wie sie es noch jetzt bey den kleinen Kindern sind. Die darauf folgenden Begriffe von Substanzen waren Bilder derselben, die sich der Einbildungskraft eindruckten. Man kann daher diese Begriffe individuell nennen, weil sie von Individuis hergenommen waren, und weil sie Individua abbildeten, ob sie gleich den Individuis nicht in allen Stücken ähnlich waren.[846]

Es handelt sich – wie bei Locke und Berkeley – offenbar um individuelle Vorstellungen, nicht wirklich um Begriffe. Wie die „ersten Vorstellungen", die „sinnlichen Empfindungen" sich in sprachliche Bedeutungen verwandeln sollen, erklärt Tiedemann nicht, wenn er auch den Anspruch erhebt, eine Erklärung zu liefern. Leibnizens Einwände gegen die Möglichkeit individueller Begriffe werden weggewischt.

Vorläufig nur so viel zu den Sprachursprungstheorien im deutschen Sprachraum. Auf einen Teil dieses Komplexes werden wir im nächsten Kapitel im Zusammenhang mit einigen französischen Autoren zurückkommen; der größere Teil kann erst in Verbindung mit Herder und Hamann behandelt werden.

17.5 Bibliographische Hinweise

Wie der Leser bereits den in den Fußnoten dieses Kapitels gegebenen Literaturhinweisen entnehmen konnte, liegen inzwischen von allen hier behandelten Werken verhältnismäßig leicht zugängliche kommentierte Nachdrucke vor. Die vollständigen bibliographischen Angaben finden sich im ersten Teil des Literaturverzeichnisses. Auch von Lamberts *Neuem Organon* existiert ein photomechanischer Nachdruck;[847] der Bearbeiter hat die in der Universitätsbibliothek Heidelberg befindliche Originalausgabe benutzt. Von der *Grammaire de Port-Royal* existieren eine größere Anzahl von kommentierten Neuausgaben. Neben der hier benutzten sei auf den Nachdruck der Ausgabe von 1830 mit den Bemerkungen von Ch. P. Duclos und einer Einführung von Michel Foucault verwiesen.[848]

Was die sogenannte „Sekundärliteratur" betrifft, so sind – mit Ausnahme von Wolff, über den jede Philosophiegeschichte Auskunft gibt – eher die einschlägigen Werke zur Geschichte der Sprachwissenschaft als die zur Geschichte der Sprachphilosophie heranzuziehen. Es gibt noch keinen verbindlichen Kanon der im Rahmen einer Geschichte der Sprachphilosophie zu behandelnden Autoren. Das *Lexicon grammaticorum* informiert über Meiner und Süßmilch, Verburg zusätzlich über Lambert. Wiederum erweist sich dieses nunmehr in einer

---

[846] Ebenda, 252f.
[847] Lambert 1764/1965.
[848] Grammaire de Port-Royal 1830/1969.

»gängigen« Sprache vorliegende Werk als auch heute noch unverzichtbare Informationsquelle.[849] Eines der wichtigsten Werke zur *Grammaire de Port Royal* ist die Untersuchung von Roland Donzé[850]. Nahezu alles Wissenswerte über Sprachursprungstheorien findet sich in den beiden von J. Gessinger und W. von Rahden herausgegebenen Bänden.[851] Auf Literatur zu Beauzée und weiteren französischen Grammatiktheoretikern wird im nächsten Kapitel hingewiesen. Zu einem gründlicheren Studium des Themas „Logik und Grammatik" sind vor allem zwei längere, diesem Thema gewidmete Abhandlungen des Verfassers zu konsultieren.[852]

---

849 Verburg 1951/1998.

850 Donzé ²1971.

851 Gessinger/von Rahden (Hg.) 1989.

852 Vgl. Coseriu 1987a und 1988a.

18 Das 18. Jahrhundert in Frankreich: Von der Aufklärung zur Präromantik

Die französische Aufklärung steht bis in die Anfänge der Präromantik hinein unter dem Zeichen der Diskussion über das Problem der Sprache. Nicht umsonst wurde in dieser Zeit der Terminus *grammairien-philosophe* geprägt. Fast alle „Philosophen" jener Zeit – und darunter verstand man auch Wissenschaftler und Literaten – haben einen größeren oder geringeren Beitrag zur Sprachdiskussion beigesteuert.[853] Die wichtigsten unter ihnen sollen hier zunächst einmal genannt werden; auf einige von ihnen wird noch zurückzukommen sein: Jean le Rond d'Alembert (1717–1783), zusammen mit Diderot, der hier etwas ausführlicher behandelt werden wird, Herausgeber der großen französischen Enzyklopädie;[854] Charles Batteux (1713–1780); Nicolas Beauzée und Charles Pinot Duclos (wir haben sie bereits im Zusammenhang mit der *Grammaire de Port-Royal* kennengelernt); Antoine Court de Gébelin (um 1725–1784); Charles de Brosses (1709–1777); César Chesneau Dumarsais (auch Dumarsais, 1676–1756); François-Urbain Domergue (1745–1810); Claude Adrien Helvétius (1715–1771), einer der resolutesten Materialisten und Atheisten unter den Mitarbeitern der *Encyclopédie*; Maupertuis, der Präsident der Berliner Akademie, gegen den Süßmilch aufgetreten war; Antoine-Isaac Silvestre de Sacy (1758–1838); Anne Robert Jacques Turgot (1727–1781), ein hoher Staatsbeamter, der, angeregt durch Condillac und Maupertuis, Thesen zur Sprachentwicklung aufstellte und den Eintrag *Etymologie* zur *Encyclopédie* beisteuerte und nicht zuletzt Voltaire (bürgerlich François Marie Arouet, 1694–1778), der Inbegriff des „philosophe" im 18. Jahrhundert, der auf dem Gebiet der Sprache allerdings eher als *grammairien* und *puriste* in Erscheinung getreten ist. Condillac, Diderot und Rousseau werden in eigenen Unterkapiteln behandelt.

18.1 Die Sprachtheorie und Sprachphilosophie der französischen Aufklärung im Überblick

Das geistige Klima im Frankreich des 18. Jahrhunderts läßt sich – wenn man von Neben- und Unterströmungen absieht – als eine Synthese aus »heimischem« Rationalismus und »importiertem« Empirismus charakterisieren. Beide erkenntnistheoretische Richtungen waren mit dem Anspruch aufgetreten, die herkömmliche Philosophie zu erneuern und auf sichere Grundlagen zu stellen. Der mathematisierende Rationalismus eines Descartes wurde von den Cartesianern in Frankreich und anderen kontinentaleuropäischen Ländern weiterentwickelt. Dazu gesellte sich nun der britische Empirismus, dessen Entwicklung

---

[853] Vgl. Ricken et alii (1990), 66.

[854] *Encyclopédie ou dictionnaire raisonné des sciences, des arts et des métiers*, 1751–1780 = *Encyclopédie* 1966.

mit John Lockes *Essay* einen vorläufigen Höhepunkt erreicht hatte. Pierre Coste hatte das Werk bereits im Jahre 1700 ins Französische übersetzt und mit kritischen Kommentaren versehen. Lockes konzilianter Empirismus war in einigen Punkten durchaus mit rationalistischem Gedankengut kompatibel. Auf britischen Ursprung läßt sich auch eine vorwiegend praktisch bestimmte Haltung gegenüber der zu erkennenden Welt zurückführen, die nicht ausschließlich aus erkenntnistheoretischen Motiven abgeleitet werden kann. Der Staatsmann und Wissenschaftstheoretiker Francis Bacon (1561–1626), ein Zeitgenosse Shakespeares, hatte als einer der ersten gefordert, daß die Überprüfung von Hypothesen durch Experimente als Standard für jede Art von Wissenschaft zu gelten habe und daß das Ziel der wissenschaftlichen Erkenntnis in der Beherrschung der Natur zur Vervollkommnung der Kultur zu sehen sei. Der Physiker Isaac Newton (1643–1727) hat dieses Programm besonders eindrucksvoll in die wissenschaftliche Praxis umgesetzt. Voltaire hat das Newtonsche Lehrgebäude in seinen 1738 erschienenen *Eléments de la philosophie de Newton* einem breiteren Kreis von Gebildeten in Frankreich zugänglich gemacht und damit auch bei den *beaux esprits* ein Interesse für die experimentellen Naturwissenschaften geweckt.

Aus dem Zusammentreffen dieser beiden philosophisch-wissenschaftlichen Strömungen entsteht die französische Aufklärung. Es handelt sich eher um eine Ideologie, um eine allgemeine Einstellung gegenüber den philosophischen und wissenschaftlichen Problemen als um eine eigenständige und einheitliche philosophische Richtung. Sie läßt sich am besten dahingehend charakterisieren, daß die Frage nach dem „Was" der Dinge, nach ihrem Wesen, zunehmend durch die Frage nach dem „Wie", d.h. nach dem Verhalten der Dinge unter möglichst genau festzustellenden Bedingungen, abgelöst wird. Condillac bringt diese neue Haltung gegenüber dem Objekt der Erkenntnis besonders klar zum Ausdruck. In seinem *Essai sur l'origine des connaissances humaines*, auf den wir noch zurückkommen werden, versichert er, daß er den Geist untersuchen wolle, und dies nicht, um dessen Wesen zu ergründen („pour en établir la nature"), sondern um die Tätigkeiten des Geistes kennenzulernen („pour en connaître les opérations"), um zu verstehen, wie er funktioniert.[855]

Das klingt nach abgeklärtem Skeptizismus gegenüber den »unbeantwortbaren« Fragen der traditionellen Wesensphilosophie, doch wird damit die Frage nach dem Wesen der Dinge nicht einfach aus der Welt geschafft. Wer nach den „Operationen" eines Gegenstandes fragt, setzt die Kenntnis seines Wesens insgeheim voraus. Wie könnte man versuchen herauszufinden, wie der menschliche Geist vorgeht, ohne irgendeine Vorstellung von ihm zu haben? In dieser auf den ersten Blick elegant erscheinenden Ausklammerung der wichtigsten Fragen liegt die Schwäche der französischen und der europäischen Aufklärung.

Aus dem Glauben an die Fähigkeit des Menschen, das Verhalten der Dinge restlos aufzuklären, erwächst die Überzeugung, daß die Welt sehr wohl ohne ein unmittelbares Eingreifen Gottes funktionieren kann. Dies führt zu einer allgemeinen Zurückhaltung gegenüber religiösen Fragen, die vom Deismus bis zum

[855] Condillac, *Essai*, Introduction = Condillac 1746/1970, 5.

erklärten Atheismus reichen kann. Gleichzeitig wird auch die traditionelle Metaphysik abgelehnt, da die Frage nach dem „Was" als unzeitgemäß gilt. Der Mensch schafft sich seine „Ursachen" selbst, indem er das unmittelbar beobachtbare „Wenn-Dann" in ein „Deshalb-weil" uminterpretiert. Dies alles war im englischen *enlightenment* bereits angelegt. In Frankreich kommt lediglich die Übertragung des Ursache-Wirkung-Prinzips auf den Bereich der Geschichte hinzu. In diesem allgemeinen geistigen Klima entwickeln sich verschiedene philosophische Richtungen. Sie reichen vom »geistfreundlichen« Sensualismus Condillacs über den flexiblen und kompromißbereiten Szientismus der beiden Herausgeber der *Encyclopédie* sowie den Naturalismus eines Maupertuis bis hin zum Materialismus und Mechanismus, den Julien Offroy de la Mettrie (1709–1789) in seinem Buch *L'Homme-machine* oder Paul Henri, baron d'Holbach (1723–1751) in seinen Werken *Système de la nature* und *Le Christianisme dévoilé* vertraten. Daß diese Einstellung nicht mit der offiziellen Ideologie des monarchistischen Frankreich vereinbar war, zeigt sich darin, daß La Mettrie und d'Holbach im Exil in Deutschland gestorben sind; von Holbach war allerdings pfälzischer Abstammung.

Die Sprachphilosophie der Epoche bleibt im Rahmen dieser Ideologie. Es wird nicht danach gefragt, *was* die Sprache ist, sondern *wie* sie funktioniert oder *wie* sie entsteht und sich entwickelt. Die Beantwortung der ersten Teilfrage erfolgt im Rahmen der Theorie der Allgemeinen Grammatik, die der zweiten im Rahmen der Theorie vom Ursprung der Sprache. Im ersten Fall wird versucht, die Sprachen in ihrem morphologischen und semantischen Aufbau auf allgemeine Prinzipien zurückzuführen, im zweiten Fall soll die Entwicklung der Sprache (es geht dabei eher um die Sprache im allgemeinen, *le langage*, als um die Einzelsprachen, *les langues*) rational interpretiert werden. Darunter hat man das Bestreben zu verstehen, die Evolution der Sprache, in materieller wie in inhaltlicher Hinsicht, als eine geordnete Folge von Schritten darzustellen, die zu größerer Komplexität führen. Die Schritte der Analyse werden dabei mit denen der Entwicklung gleichgesetzt: Was sich rationaliter als das „Einfachste" erweist, muß auch historisch das „Erste" gewesen sein. In der Entwicklung der Sprachen vom Einfachen zum Komplexen soll sich der Fortschritt der menschlichen Evolution dokumentieren – vom ursprünglich tierischen Zustand bis zur vollkommenen Rationalität. Vergleichbares gilt auch für die Ermittlung der Strukturen und Funktionen der Sprachen. Wie so viele andere Gegenstände auch, erscheinen den aufgeklärten Geistern die Sprachen nicht mehr als die geheimnisvollen Phänomene, die man in dunkler Frühzeit in ihnen sehen wollte. Es genügt, einige Prinzipien heranzuziehen, um Aufbau, Funktion und Entstehung der Sprache restlos aufzuklären. Die Entwicklung wird dabei aus dem Aufbau erklärt. Die Sprache ist ein vollständig analysierbarer, aus allgemeinen Prinzipien ableitbarer Gegenstand, gleichgültig ob es sich um ihr Sein oder ihr Werden handelt. Diese Überzeugung verbindet die Vertreter der beiden unterschiedlichen Richtungen der französischen Sprachtheorie des 18. Jahrhunderts, die Theorie der Allgemeinen Grammatik und die Theorie des Ursprungs der Sprache.

Bei genauerem Hinsehen gehen die Vertreter beider Richtungen deduktiv und dabei gleichzeitig „konstruktivistisch“ vor. Trotz ihrer empiristischen Grundüberzeugungen nähern sie sich ihrem Gegenstand nicht auf dem Wege der Beobachtung, sondern sie leiten ihn aus allgemeinen Prinzipien ab, und dieser Gegenstand gilt ihnen als hinreichend erklärt, wenn angegeben werden kann, wie er entstanden ist oder wie er hergestellt werden könnte („Konstruktivismus“). Die Vertreter der Allgemeinen Grammatik gehen – wie wir es bereits im Fall Meiners festgestellt haben – von einem Parallelismus zwischen dem rationalen Denken und der Sprache aus. Sie untersuchen keine Sprachen. Sie stellen fest, über welche Merkmale eine Sprache notwendigerweise verfügen muß und belegen das theoretisch Geforderte *post festum* mit Beispielen aus verschiedenen Sprachen. Die Sprachursprungstheoretiker legen ihren Untersuchungen eine Hypothese über die einfachsten Elemente und über die Herstellung zunehmender Komplexität durch Kombinationsregeln zugrunde. Diese rational abgeleitete Hypothese wird dann auf die Entwicklung der Sprache projiziert und in zeitlicher Hinsicht interpretiert. Der Gedanke, daß das rational Einfachere in der Sprache nicht unbedingt das Frühere sein muß, wird nicht ernsthaft erwogen. Die Vor- und Frühgeschichte der Sprachen, über die keine der Beobachtung zugänglichen Zeugnisse vorliegen, wird auf der Grundlage von Plausibilitätsüberlegungen rekonstruiert. Das spiegelt sich in Formulierungen wieder wie „es ist nicht anzunehmen, daß ...“; „man kann sich schwerlich vorstellen, daß ...“; „sicherlich war dies nur dadurch möglich, daß ...“ usw. Die Titel der Arbeiten, in denen sich diese Formulierungen finden, lauten „Réflexions philosophiques sur l’origine des langues“ oder ähnlich und bringen den spekulativen Charakter der Abhandlungen klar zum Ausdruck. Die Entwicklung der Sprache wird nicht mit Fakten aus früheren Sprachstadien belegt, sondern es werden Argumente dafür vorgebracht, wie sie sich vollzogen haben *muß*.[856]

Hinsichtlich der Allgemeinen Grammatik stellt sich die Frage, ob das von dem jeweiligen Sprachtheoretiker für wesentlich Gehaltene tatsächlich dem Wesen der Sprache entspricht. Wenn dies nicht der Fall ist, erweisen sich einige der für „rationaliter notwendig“ gehaltenen Merkmale bestenfalls als „historisch-kontingent“. Die Frage nach dem Wesen der Sprache wird jedoch nicht wirklich gestellt, denn sie gilt von vornherein als gelöst. Ähnlich verhält es sich mit den Vertretern der zweiten Richtung. Unter der Voraussetzung der uneingeschränkten Gültigkeit des evolutionistischen Prinzips ist das Vorgehen der Sprachursprungstheoretiker zweifellos gerechtfertigt, aber auch sie stellen die entscheidende Frage nicht. Wenn man nämlich die Gültigkeit dieses Prinzips leugnet, wenn man es für möglich hält, daß die Entwicklung der Sprache – und sei es nur in einigen Sektoren – auch vom Komplexen zum Einfacheren verlaufen kann, und daß das Einfachste überhaupt nicht in der Sprache, sondern erst als Ergebnis der Sprachanalyse in Erscheinung tritt, wenn man darüber hinaus sogar die Annahme für zulässig hält, daß jede Sprache von vornherein in mehr

---

[856] Vgl. oben 15.4.1 die „Abstraktionstheorie“ Adam Smiths und die Kritik an ihr von Rosmini Serbati.

oder weniger vollständiger Form auftritt, dann stürzt das ganze Gebäude in sich zusammen. Die logische Analyse als solche bleibt davon unberührt, aber ihre Projektion auf die Sprachgeschichte erwiese sich dann als sinnlos. Die Grundannahmen der beiden Richtungen werden durch ihre Vertreter nie in Frage gestellt, denn dadurch wären die Grundlagen beider Forschungsrichtungen zerstört worden. Im Rückblick erscheinen uns heute daher die Manifestationen der Ideologie der französischen Aufklärung oft als das, was ihre Vertreter am entschiedensten bekämpften, als Aberglaube.

Bevor wir uns mit einigen Autoren etwas gründlicher auseinandersetzen werden, sollen hier zunächst die wichtigsten Vertreter der beiden Richtungen vorgestellt werden, von denen bisher die Rede war:[857]

Zur ersten Richtung, mit der die bereits im 17. Jahrhundert entstandene *Grammaire de Port-Royal* fortgesetzt wird, gehören:

- Nicolas Beauzée: *Grammaire générale ou exposition raisonnée des éléments nécessaires du langage, pour servir de fondement à l'étude de toutes les langues* (1767);[858] wie so häufig in dieser Zeit gibt schon der Titel Aufschluß über Standpunkt und Zielsetzung des Verfassers;
- César Chesneau Du Marsais (Dumarsais): *Les Véritables principes de la grammaire ou Nouvelle grammaire raisonnée pour apprendre la langue latine* (1729); ein Werk, das nicht über die Vorrede und ein einführendes Kapitel hinausgediehen ist; dazu kommen 149 Einträge zu grammatischen Begriffen, die Dumarsais zur *Encyclopédie* beigesteuert hat;[859]
- François-Urbain Domergue: *Grammaire générale analytique* (1799); eine späte Vertreterin der Gattung, in der der Syntax außergewöhnlich viel Platz eingeräumt wird;[860]
- Antoine-Isaac Silvestre de Sacy: *Principes de Grammaire générale, mis à la portée des enfants, et propres à servir d'introduction à l'étude de toutes les langues* (1799); der didaktische Charakter des Werks wird dadurch unterstrichen, daß es mit einem Dialog zwischen dem Lehrer Antoine und dem Schüler Victor endet;[861]
- Charles-Pinot Duclos: *Remarques sur la Grammaire de Port-Royal*; diese Anmerkungen des Sekretärs der *Académie Française* erschienen erstmals 1754 in einem Neudruck der zweiten Auflage der *Grammaire de Port-Royal*; sie sind in vielen späteren Auflagen enthalten.[862]

Als Vertreter der zweiten Richtung, der Sprachursprungstheorie, die sich nicht immer säuberlich von der ersten Richtung trennen läßt, seien genannt:

---

[857] Wie immer finden sich die vollständigen Literaturangaben und – soweit vorhanden – die leichter zugänglichen Nachdrucke im ersten Teil des Literaturverzeichnisses.

[858] Beauzée 1767/1974.

[859] Dumarsais 1971 und 1987. Dumarsais' heute bekanntestes Werk, der *Traité des tropes*, war als Teil der Gesamtgrammatik gedacht.

[860] Domergue 1799; vgl. auch Busse 1986.

[861] Silvestre de Sacy 1799/1975.

[862] Vgl. *Grammaire de Port-Royal* 1830/1969.

- Pierre Louis Moreau de Maupertuis: *Réflexions philosophiques sur l'origine des langues et la signification des mots* (1748); *Dissertation sur les différents moyens dont les hommes se sont servis pour exprimer leurs idées* (1754).[863] Beide Abhandlungen sind in den Akten der Berliner Akademie erschienen, deren Präsident Maupertuis damals war. Als Naturforscher näherte er sich seinem Gegenstand mit einer Unbefangenheit, die von seinen philologisch geschulten Kontrahenten, darunter Condillac und Turgot, kritisiert wurde;
- Charles de Brosses: *Traité de la formation méchanique [sic!] des langues ou Principes physiques de l'étymologie* (1765).[864] Hier wird der Versuch unternommen, die Herkunft der Sprachen aus einigen natürlich motivierten Wurzeln abzuleiten und die späteren Differenzierungen durch einige mechanische Lauttransformationen zu erklären;
- Antoine Court de Gébelin: *Monde primitif analysé et comparé avec le Monde moderne* (1773–1782); die neuen Bände des Werks tragen Untertitel wie: *considéré dans son génie allégorique*; *considéré dans l'Histoire naturelle de la parole, ou origine du langage et de l'écriture; considéré dans l'histoire civile, religieuse et allégorique du calendrier* usw. Eine gekürzte Fassung des zweiten und dritten Bandes, in denen die eigentliche Sprachtheorie enthalten ist, hat J. D. Lanjuinais mit kritischen Kommentaren versehen als Nachdruck herausgegeben.[865] Der Verfasser, dem es gelang, als Protestant im monarchistischen Frankreich eine politische Karriere zu machen, hatte seine ganze Energie und sein gesamtes Vermögen in dieses gigantische Projekt gesteckt, mit dem er eine Geschichte der Sprache und der Welt in all ihren durch die Sprache vermittelten Erscheinungsformen geben wollte. Was den hier interessierenden sprachlichen Anteil angeht, sollte er bald von Männern wie Lorenzo Hervás y Panduro (1735–1809) oder Johann Christoph Adelung (1732–1806) übertroffen werden, die weniger weitgesteckte Ziele verfolgten, jedoch über umfassendere Sprachkenntnisse verfügten.[866]

Die vorgestellten Werke sollen hier nicht behandelt werden. Im Rahmen einer Geschichte der Sprachwissenschaft wäre ein solches Vorhaben sicherlich vielversprechend; für die Ziele der Geschichte der Sprachphilosophie wäre es weit weniger ergiebig. Statt dessen wollen wir etwas genauer auf einige Werke dreier Persönlichkeiten eingehen, die eher als Philosophen und Literaten denn als Sprachtheoretiker in die Geschichte eingegangen sind: Die Rede ist von Etienne Bonnot de Condillac, Denis Diderot und Jean-Jacques Rousseau.

Was spricht dafür, gerade diese drei Autoren in einer Übersicht zur Geschichte der Sprachphilosophie zu privilegieren? In erster Linie ihre Originalität. Sie vertreten eine Sprachauffassung, die sich in mancherlei Hinsicht von derjenigen

---

[863] Vgl. Grimsley (Hg. 1971).

[864] Brosses 1765.

[865] Court de Gébelin 1773-1782; die vollständige wie die gekürzte Fassung scheinen schwer zugänglich zu sein.

[866] Vgl. Auroux 1996.

der meisten zeitgenössischen *grammairiens-philosophes* unterscheidet: Sie ist lebendiger, breiter und weniger logizistisch. Dabei waren zumindest Condillac und Diderot durchaus darum bemüht, dem *mainstream* zu folgen. Der eine bekannte sich ausdrücklich zum Parallelismus von Logik und Sprache, der andere spendete der *communis opinio* über die logischen und didaktischen Vorzüge der Satzgliedstellung des Französischen Beifall. Gewisse Analogien in der Sprachauffassung dieser drei Männer sind nicht ganz zufällig. Wie wir aus Rousseaus *Bekenntnissen* erfahren, verband sie in den vierziger Jahren des 18. Jahrhunderts eine enge Freundschaft und sie pflegten einen lebhaften Gedankenaustausch.[867]

Der *muet de convention*, den Diderot in seiner *Lettre sur les sourds et muets* (Brief über die Taubstummen) als Demonstration konstruiert hat – ein Mann, der auf den Gebrauch der Lautsprache verzichten und sich nur durch Gesten mitteilen möchte[868] – ist das Vorbild für Condillacs *statue organisée intérieurement comme nous, et animée d'un esprit privé de toute espèce d'idées,*[869] die im Zentrum seines *Traité des sensations* steht. In beiden Fällen sollen erkenntnistheoretische Probleme anhand von konstruierten Subjekten diskutiert werden, denen zu Demonstrationszwecken ein Teil der natürlichen menschlichen Fähigkeiten genommen wurde. Diderot wiederum schließt in seinem Brief über die Taubstummen unmittelbar an die Überlegungen an, die Condillac einige Jahre zuvor in seinem *Essai sur l'origine des connaissances humaines* über die natürliche Wortfolge angestellt hat.[870] Am Anfang seines Briefes weist Diderot im übrigen ausdrücklich auf seine Inspirationsquellen in Sachen „Inversion" hin: „Ich hätte mich an den Abbé de Condillac oder an Herrn Du Marsais wenden können, denn sie haben die Frage der Inversionen ebenfalls behandelt ..."[871] In seinem *Discours sur l'origine et les fondements de l'inégalité parmi les hommes* (*Rede über den Ursprung der Ungleichheit unter den Menschen*) betont Rousseau, wieviel er Condillac bei seinen eigenen Überlegungen zum Problem des Ursprungs der Sprache verdankt:

> Ich könnte mich damit zufriedengeben, die Forschungen zu zitieren oder in eigenen Worten wiederzugeben, die M. l'Abbé de Condillac auf diesem Gebiet angestellt hat; sie bestätigen meine eigene Meinung voll und ganz und haben mir vielleicht die erste Anregung in diesem Bereich geliefert.[872]

Sowohl Diderot als auch Condillac sind bemüht, sich einen Menschen im Naturzustand vorzustellen, in dem er noch nicht über eine konventionelle und ge-

---

867 Vgl. Rousseau, *Confessions*, 7. Buch = Rousseau 1770/1959, 347f.

868 Diderot 1751/1875, 351.

869 Eine „Statue, innerlich ganz wie wir selbst eingerichtet und von einem Geist beseelt, der über keinerlei Ideen verfügt"; Condillac 1754/1984, 11.

870 2. Teil, Kap. IV, § 84ff. = Condillac 1746/1970, 272ff.

871 „J'aurais pu m'adresser à M. l'abbé de Condillac, ou à M. du Marsais, car ils ont aussi traité la matière des inversions ..."; Diderot 1751/1875, 349.

872 „Je pourrois me contenter de citer ou de repeter ici les recherches que Mr. L'Abbé de Condillac à faites sur cette matière, qui toutes confirment pleinement mon sentiment, et qui, peut-être, m'en ont donné la première idée"; Rousseau 1755/1964, 146.

regelte Sprache (*langage d'institution*) verfügte. Diese Vorstellung gehört bekanntlich zu den Ideen, die das Werk Rousseaus geprägt haben.

Wichtiger als alle diese belegbaren Fakten, die persönlichen Beziehungen zwischen den drei Autoren und die Anleihen, die einer beim anderen gemacht hat, ist jedoch eine allgemeine Einstellung gegenüber der Sprache, die sich in den Werken der drei Freunde abzeichnet. Zwar geht es ihnen wie vielen anderen Aufklärern auch um Ursprung und „Fortschritt" der Sprache, sowie um die Differenzierung der Sprachen, die sich im jeweiligen *génie de la langue* niederschlägt. Doch darin folgen sie nur dem allgemeinen aufklärerischen Schema. Charakteristisch für die drei Denker ist, daß sie ein weiteres Verständnis von „Sprache" als die meisten übrigen Aufklärer haben, daß sie darunter jede Form der menschlichen Äußerung einschließlich der Gestik, Mimik und der melodisch-rhythmischen Stimmführung (Prosodie) verstehen. Die artikulierte Sprache in ihrer gesprochenen und geschriebenen Form ist für sie nur eine Art des menschlichen Ausdrucks unter anderen. Sie binden die Sprache nicht so eng an die Logik und an das rationale Denken als vielmehr an die Affekte, an die Emotionalität und damit an Dichtung und Musik. Am kohärentesten wird dies alles in Rousseaus Sprachtheorie entwickelt: Dort werden Dichtung, Musik und Sprache als ein ursprünglich einheitliches Phänomen betrachtet, wobei Musik und Sprache als zwei sich erst spät ausdifferenzierende Zweige ein und derselben menschlichen Tätigkeit dargestellt werden.[873] Sowohl die Fragestellung, von der sie ausgehen, als auch der Gang der Argumentation ist bei den drei Autoren allerdings grundverschieden.

18.2 Etienne Bonnot de Condillac (1714–1780)[874]

Etienne Bonnot de Condillac wurde in Grenoble als Sohn einer dem niederen Adel angehörigen, gut situierten Familie geboren. Er studierte Theologie in seiner Heimatstadt und empfing 1741 die Priesterweihe. Um diese Zeit machte er bei seinem Onkel in Lyon die Bekanntschaft Rousseaus, der die Kinder des Hauses unterrichtete. Rousseau machte ihn etwas später mit Diderot bekannt. Bald gehörte Condillac zum Kreis der „philosophes", steuerte jedoch nichts zur *Encyclopédie* bei; 1749 wurde er zum Mitglied der Berliner Akademie gewählt. Von 1758 bis 1767 hielt er sich als Erzieher des Prinzen von Parma in Italien auf; er verfaßte bei dieser Gelegenheit ein umfangreiches Werk, das den Wissensstand seiner Zeit vermitteln sollte (*Cours d'études*). Es ist immerhin nicht auszuschließen, daß er in Parma die Schriften Vicos kennenlernte. Seit 1768 war er Mitglied der *Académie Française*.

Der *Essai sur l'origine des connaissances humaines*, den er als erste größere Arbeit in verhältnismäßig jungen Jahren veröffentlichte, enthält seine Auseinandersetzung mit Lockes *Essay Concerning Human Understanding*. Darüber hin-

---

873 [Ausführlich dargestellt bei Wilhelm 2001, Kap. IV, 4.]

874 [Die Bezeichnung *l'abbé de Condillac*, die häufig anzutreffen ist, erweckt falsche Vorstellungen; Condillac war Abbé des Mureaux.]

aus verdankt er einiges den Schriften Newtons. Von Locke übernahm er die analytische Methode und die Grundprinzipien seiner Erkenntnistheorie, von Newton das Erkenntnisziel: So wie dieser die Welt der Natur auf ein einheitliches Prinzip zurückführen wollte, war er darum bemüht, dasselbe für die Welt des Menschen zu erreichen. Dieses Prinzip findet er in der *sensation* oder *perception*, in der Erfahrung durch Sinneswahrnehmung.[875] Eingangs wurde bereits erwähnt, daß es ihm nicht um das Wesen des Geistes geht, sondern um seine „Operationen", um die Art und Weise, wie er vorgeht. Bei der Analyse dieses Vorgehens möchte er von „Fakten" ausgehen. Um genauer zu verstehen, wie das gemeint ist, müssen wir auf den drei Jahre später erschienenen *Traité des Systèmes* zurückgreifen. In diesem Werk, das zwar keine sprachlichen Fragen berührt, das jedoch Aufschlüsse über Condillacs wissenschaftstheoretische Grundüberzeugungen gibt, unterscheidet er drei Arten von philosophischen Systemen:

- Systeme, die von allgemeinen abstrakten Prinzipien ausgehen;
- Systeme, die von Hypothesen ausgehen;
- Systeme, die von gesicherten Fakten ausgehen.[876]

Sein eigenes System rechnet er natürlich zu der dritten Art, und zwar bereits im Vorwort des *Essai sur l'origine des connaissances humaines,* also zu einem Zeitpunkt, zu dem er seine Theorie der philosophischen Systeme noch nicht entwickelt hatte:

> Man sieht, daß meine Absicht darin besteht, alles, was den menschlichen Verstand betrifft, auf ein einziges Prinzip zurückzuführen, und daß dieses Prinzip weder in einer vagen Behauptung, noch in einem abstrakten Grundsatz oder einer unbegründeten Annahme bestehen soll, sondern in einer beständigen Erfahrung, deren Auswirkungen durch weitere Erfahrungen zu bestätigen sein werden.[877]

Aus Condillacs Formulierung geht (hoffentlich auch in der Übersetzung) hervor, daß es sich bei dem „Prinzip", von dem er spricht, eigentlich um den Ausgangspunkt seiner Untersuchung handelt, was nicht dasselbe ist. Bezeichnenderweise erklärt er in diesem Zusammenhang auch nicht, warum es so etwas wie Ideen gibt und wieso der Mensch nicht bei der Sinneswahrnehmung stehenbleibt, über die schließlich auch die Tiere verfügen. Erst in der *Logik* von 1780 und in der postum erschienenen *Langue des calculs* versucht er dann, die Regeln seiner Methode formal zu interpretieren. Es handele sich um ein Verfahren in zwei Schritten: Auf die Zerlegung (*décomposition*) folge die Wiederherstellung (*composition*). Ein solches zweistufiges Verfahren sei nur mithilfe von Zeichen möglich. So erklärt er sich, daß er – teilweise im Widerspruch zu seinen sonsti-

---

[875] [Seine Terminologie ist in diesem Punkt nicht ganz kohärent; vgl. unten.]

[876] Vgl. Condillac 1749/1970, 1. Kap., 1-10.

[877] „On voit que mon dessein est de rappeler à un seul principe tout ce qui concerne l'entendement humain, et que ce principe ne sera ni une proposition vague, ni une maxime abstraite, ni une supposition gratuite, mais une expérience constante, dont toutes les conséquences seront confirmées par de nouvelles expériences"; Condillac 1746/1970, 5f.

gen Ausführungen – in seinen späten Schriften die Sprache als eine „analytische Methode“ bezeichnet.

Es fällt nicht besonders schwer, die Grundlagen dieses Systems zu kritisieren. Es genügt, auf einige falsche oder zumindest mißverständlich formulierte Annahmen hinzuweisen:

a) Es geht eigentlich nicht um die *Erkenntnisse* des menschlichen Geistes, sondern um die Explizierung eines bereits vorhandenen Wissens. Um die „Operationen“ des Geistes zu ermitteln, muß man auf ein Wissen über bestimmte *Fähigkeiten* des Geistes (oder über Fähigkeiten, die wir gewöhnlich „Geist“ nennen) zurückgreifen.

b) Es geht eigentlich nicht um die „Operationen“ des Geistes, sondern um den Gegenstand, den »Stoff« dieser Operationen. Zwar kann die Sinneserfahrung durchaus als eine auf einen Gegenstand, auf das Erfahrene, ausgerichtete Operation interpretiert werden, sie kann jedoch weder als Erfahrung noch als Erfahrenes die weiteren *opérations de l'âme* – sie werden gleich im einzelnen vorgestellt werden – erklären, die Condillac bei seiner Beschreibung der kognitiven Entwicklung des Menschen heranzieht. Das Prinzip, auf das er alles, was den menschlichen Verstand betrifft, zurückführen möchte, ist also einfach der Verstand selbst, bzw. ein für den Menschen charakteristisches Gefüge von Fähigkeiten, das man „Geist“, „Verstand“ oder „Seele“ nennen kann.

c) Es geht ferner eigentlich nicht darum, die besagten „Operationen“ auf ein Prinzip zurückzuführen. Es geht vielmehr darum, sie nach dem Grad ihrer Komplexität zu ordnen. Dabei stellt jede Operation zusammen mit ihrem Gegenstand einen Gegenstand höherer Ordnung für die nächst komplexere Operation dar. Man kann sowohl an der Berechtigung der von Condillac vorgesehenen Reihenfolge als auch an seiner stillschweigend vorausgesetzten Annahme zweifeln, es könne so etwas wie „reine Sinneserfahrung“ (*sensation*) auf der untersten Stufe dieser Leiter geben. Es gibt gute Gründe für die Annahme, daß es nur eine konstruktive, die verschiedenen Stufen integrierende Wahrnehmung gibt. Der ausschließlich auf Sinneserfahrung reduzierte Mensch ist eine methodische Idealisierung, die noch nicht einmal in didaktischer Hinsicht sinnvoll ist.

d) Es geht beim Menschen eigentlich nicht um eine besondere Form der Wahrnehmung, wenn ein charakteristisches Merkmal gesucht wird. Es geht vielmehr um seine Fähigkeit, sich selbst als etwas von der Wahrnehmung Verschiedenes, als etwas Wahrnehmendes zu erfahren. Damit unterscheidet er zwischen Subjekt und Objekt der Wahrnehmung und versetzt sich in die Lage, sich in einer potentiell unendlichen Reihe von Schritten über seine Rolle als Subjekt zu erheben. Er kann sich selbst als Subjekt sehen, aber auch als einen, der sich selbst als Subjekt sehen kann usw. usf. Das „Bewußtsein“ wird nur vollständig erfaßt, wenn man in Rechnung stellt, daß es auch als „Bewußtsein des Bewußtseins“, als „Bewußtsein des Bewußtseins des Bewußtseins“ usw. auftreten kann.

Wir wollen hier die Kritik an den methodischen Grundlagen des Systems abbrechen, das den Arbeiten Condillacs zugrundeliegt und uns wieder dem zuwenden, was er zur Sprache zu sagen hat. Er geht von der Annahme aus, daß zwischen Ursprung und Entwicklung der geistigen „Operationen" sowie Ursprung und Entwicklung der Sprache ein strenger Parallelismus besteht:

> ... um mein Prinzip zu entwickeln, war ich genötigt, nicht nur die Operationen der Seele in all ihren Fortschritten zu verfolgen, sondern darüber hinaus auch zu erforschen, auf welche Weise wir uns Vertrautheit mit Zeichen jeglicher Art angeeignet haben, und welchen Gebrauch wir von ihnen machen sollen.[878]

Die Untersuchungen zur Sprache sollen die Ergebnisse seiner Forschungen über den Ursprung der Ideen bestätigen:

> In der Absicht, dieses zweifache Vorhaben auszuführen, bin ich die Dinge von der höchsten mir erreichbaren Warte aus angegangen. Auf der einen Seite bin ich bis zur Wahrnehmung vorgedrungen, denn bei ihr handelt es sich um die erste der Operationen, die man in der Seele ausmachen kann; ich habe gezeigt, wie und in welcher Reihenfolge sie alle jene anderen Operationen hervorbringt, die wir uns aneignen können. Auf der anderen Seite habe ich bei der Körper- und Gebärdensprache begonnen: Es wird gezeigt, wie aus ihr alle weiteren Fertigkeiten hervorgegangen sind, die sich zum Ausdruck unserer Gedanken eignen; die Gestik, die Tanzkunst, die Rede, der metrische Vortrag, die Notenschrift, die Pantomime, die Musik, die Dichtung, die Beredsamkeit, die Schrift mit ihren von Sprache zu Sprache verschiedenen Systemen. Die Geschichte der Sprache wird die Umstände aufzeigen, die bei der Entstehung der Zeichen Pate gestanden haben; sie wird die Bedeutung der Zeichen erklären und lehren, wie man ihrer mißbräuchlichen Verwendung vorbeugen kann und wird, wie ich meine, alle Zweifel hinsichtlich des Ursprungs unserer Ideen ausräumen.[879]

Dieser Parallelismus gilt für ihn nicht nur diachronisch, sondern auch panchronisch, und somit ergibt sich die Gleichung „Sprache = analytisches Wissen." Diese Gleichung gilt in beiden Richtungen, jede Seite kann als unabhängige Variable betrachtet werden. Somit würde die vollkommene Beherrschung der

---

[878] „... j'ai été obligé, pour développer mon principe, non-seulement de suivre les opérations de l'âme dans leurs progrès, mais encore de rechercher comment nous avons contracté l'habitude des signes de toute espèce, et quel est l'usage que nous en devons faire"; ebenda, 6.

[879] „Dans le dessein de remplir ce double objet, j'ai pris les choses d'aussi haut qu'il m'a été possible. D'un autre côté [sic] je suis remonté à la perception, parce que c'est la première opération qu'on peut remarquer dans l'âme; et j'ai fait voir comment et dans quel ordre elle produit toutes celles dont nous pouvons acquérir l'exercice. D'un autre côté, j'ai commencé au langage d'action: on verra comment il a produit tous les arts qui sont propres à exprimer nos pensées; l'art des gestes, la danse, la parole, la déclamation, l'art de noter, celui des pantomimes, la musique, la poésie, l'éloquence, l'écriture, et les différens caractères des langues. Cette histoire du langage montrera les circonstances où les signes sont imaginés; elle en fera connaître le vrai sens, apprendra à en prévenir les abus, et ne laissera, je pense, aucun doute sur l'origine de nos idées"; ebenda, 6f.

Sprache der analytischen Wissenschaften einer vollkommenen Kenntnis dieser Wissenschaften selbst gleichkommen:

> Jede Sprache ist eine analytische Methode und jede analytische Methode eine Sprache. Diese beiden ebenso einfachen wie neuen wahren Aussagen wurden bewiesen; die erste in meiner Grammatik, die zweite in meiner Logik. [...] Die Sprachen sind nichts anderes als mehr oder weniger vollkommene analytische Methoden, und sollten sie erst einmal bis zum höchsten Grad der Vollkommenheit gelangt sein, so würden diejenigen, die die entsprechenden Sprache gut beherrschten, auch über eine vollkommene Kenntnis der analytischen Wissenschaften verfügen.[880]

Die beiden „ebenso einfachen wie neuen wahren Aussagen" entsprechen also ziemlich genau – wenn auch in einem anderen Kontext – den Ideen, die Leibniz schon gegen Ende des 17. Jahrhunderts entwickelt hatte. Bei Condillac handelt es sich nun nicht mehr nur um einen Parallelismus zwischen Sprache und Erkenntnis; an die Stelle der Erkenntnis ist die Wissenschaft getreten.

Condillacs Untersuchung des Ursprungs und der Entwicklung der Sprache hängt mit den unterschiedlichen „Operationen" zusammen, die er im „Geist" oder in der „Seele" unterscheidet. Er stellt die folgende Reihenfolge auf, die er allerdings selbst nicht immer genau einhält: *sensation*, die unmittelbare Sinnesempfindung; *perception*, die darauf beruhende Wahrnehmung; *conscience*, die bewußte Wahrnehmung; *attention*, die Aufmerksamkeit; *réminiscence*, die „unwillkürliche Erinnerung"; *imagination*, „die Vorstellungskraft"; *contemplation*, die Anschauung; *mémoire*, das dem Willen unterworfene Gedächtnis; *réflexion*, die Analyse und Synthese von Ideen, wie sie im Urteil und Schluß der klassischen Logik vorliegen. Dabei schließt jede dieser Operationen die vorausgegangene ein.[881]

Die Bestimmung der Grundfunktion der Sprache nimmt Condillac bereits im ersten Teil seines *Essai* vor, obwohl der eigentlich nicht der Sprache gewidmet ist. Diese Funktion tritt erst nach den elementaren „Operationen" des Geistes in Erscheinung; die Zeichen treten erst mit der *réminiscence* auf – also nach der *sensation*, *perception*, *conscience* und *attention*. Condillac unterscheidet in diesem Zusammenhang drei Arten von Zeichen:

> 1° zufällige Zeichen, d.h. Gegenstände, die durch einige besondere Umstände fest mit einigen unserer Ideen verknüpft wurden, so daß sie geeignet sind, diese in uns wachzurufen; 2° natürliche Zeichen, d.h. die Schreie, die die Natur zum Ausdruck von Gefühlen wie Freude, Furcht, Schmerz usw. vorgesehen hat; 3°

---

[880] „Toute langue est une méthode analytique, et toute méthode analytique est une langue. Ces deux vérités, aussi simples que neuves, ont été démontrées; la première, dans ma grammaire, la seconde dans ma logique. [...] Les langues ne sont que des méthodes analytiques plus ou moins parfaites, et, si elles étaient portées à la plus grande perfection, les sciences parfaitement analytiques seraient parfaitement connues par ceux qui en parleraient bien le langage"; *La langue des calculs* = Condillac 1798/1970,1.

[881] Vgl. Condillac 1746/1970, Teil I, Abschnitt 2, 26–70, und das Schema weiter unten.

konventionelle (verabredete) Zeichen, d.h. jene, die wir selbst ausersehen haben und die in einem nur willkürlichen Zusammenhang mit unseren Ideen stehen.[882]

Die elementaren „Operationen der Seele" können ohne die Unterstützung durch Zeichen ablaufen:

> Zur Durchführung der Operationen, die der unwillkürlichen Erinnerung vorausgehen, sind diese Zeichen keineswegs nötig; denn die einfache und die bewußte Wahrnehmung müssen notwendigerweise stattfinden, solange man wach ist, und da es sich bei der Aufmerksamkeit um nichts anderes als die Art von bewußter Wahrnehmung handelt, die uns besonders eindringlich auf das Vorhandensein einer einfachen Wahrnehmung hinweist, genügt es, daß ein Gegenstand lebhafter als die anderen auf unsere Sinne einwirkt, um sie wachzurufen.[883]

Auch bei den drei nächsten Operationen, bei der *réminiscence*, der *imagination* und der *contemplation* (Condillac nennt ausdrücklich nur die ersten beiden) sei der Gebrauch von Zeichen oder zumindest der Gebrauch von konventionellen Zeichen nicht unbedingt notwendig. Immerhin sei eine Verbindung mit den beiden ersten Zeichenarten, mit den zufälligen und den natürlichen Zeichen, durchaus denkbar:

> Aber stellen wir uns einen Menschen vor, dem der Gebrauch auch nur irgendeines willkürlichen Zeichens fremd wäre. Allein mit Hilfe der zufälligen Zeichen würde er bereits in einem gewissen Maß über seine Vorstellungskraft und sein Erinnerungsvermögen gebieten können, d.h. beim Anblick eines Gegenstandes könnte die Wahrnehmung, mit der er verknüpft ist, wachgerufen werden, und der Mensch könnte seine Wahrnehmung als eine wiedererkennen, die er schon einmal gehabt hat. Dabei muß allerdings festgehalten werden, daß sich dergleichen nur dann ereignen kann, wenn eine äußere Ursache ihm den betreffenden Gegenstand vor Augen führt. Ist ein solcher nicht vorhanden, so verfügt der Mensch, an den ich denke, über kein Mittel, sich von sich aus an etwas zu erinnern, denn es gibt nichts, das mit seiner Wahrnehmung verknüpft wäre. Es steht also nicht in seiner Macht, die Idee in sich wachzurufen, die an sie gebunden ist, und somit liegt der Einsatz der Vorstellungskraft noch keineswegs im Bereich seiner Möglichkeiten.[884]

---

[882] „1° les signes accidentels, ou les objets que quelques circonstances particulières ont liés avec quelques-unes de nos idées, en sorte qu'ils sont propres à les réveiller; 2° les signes naturels, ou les cris que la nature a établis pour les sentiments de joie, de crainte, de douleur, etc.; 3° les signes d'institution, ou ceux que nous avons nous-mêmes choisis, et qui n'ont qu'un rapport arbitraire avec nos idées"; ebenda, 55.

[883] „Ces signes ne sont point nécessaires pour l'exercice des opérations qui précèdent la réminiscence: car la perception et la conscience ne peuvent [manquer d'; ich ergänze, J.A.] avoir lieu tant qu'on est éveillé; et l'attention n'étant que la conscience qui nous avertit plus particulièrement de la présence d'une perception, il suffit, pour l'occasioner, qu'un objet agisse sur les sens avec plus de vivacité que les autres"; ebenda.

[884] „Mais supposons un homme qui n'ait l'usage d'aucun signe arbitraire. Avec le seul secours des signes accidentels, son imagination et sa réminiscence pourront déjà avoir quelque exercice, c'est-à-dire qu'à la vue d'un objet, la perception avec laquelle il est lié pourra se réveiller, et qu'il pourra la reconnaître pour celle qu'il a déjà eue. Il faut cependant remar-

Dasselbe gelte für die natürlichen Zeichen. Auch sie können der Vorstellungskraft nicht zum Einsatz verhelfen, denn sie rufen keine schon einmal gehabten Wahrnehmungen wach, sondern sie sind Folgen einfacher Wahrnehmungen. Nur wenn natürliche Zeichen durch ständigen Gebrauch zu konventionellen werden, ändert sich die Situation.

Bei all den bisher genannten „Operationen" benötigt der Geist also die Sprache noch nicht. Sie können erfolgen, jedoch nur zufällig, durch äußere Umstände ausgelöst, nicht in Form von intentionalen Handlungen. Erst zur Ausübung des Gedächtnisses, der *mémoire*, sind die konventionellen – und das heißt in erster Linie die sprachlichen – Zeichen unerläßlich. Das Gedächtnis darf nicht mit der spontanen Erinnerung, der „Reminiszenz" verwechselt werden. Condillac greift hier eine Aristotelische Unterscheidung auf, die im Titel eines Kapitels von *De anima* erscheint: ἀνάμνησις, das unwillkürliche Wiederauftauchen von Bewußtseinsinhalten, und μνήμη, das bewußte Zurückgreifen auf Bewußtseinsinhalte. Für den intentional gesteuerten Zugriff auf solche Inhalte braucht der Mensch nach Ansicht Condillacs konventionelle Zeichen; das geht schon aus seiner Definition der *mémoire* hervor:

> Wie wir gesehen haben, besteht das Gedächtnis allein in dem Vermögen, uns die Zeichen für unsere Ideen oder ihre Begleitumstände ins Bewußtsein zu rufen ...[885]

Ohne *signes d'institution*, ohne konventionelle Zeichen, sei der Mensch ohne Gedächtnis, denn das Gedächtnis ist auf solche Zeichen angewiesen:

> ... und dieses Vermögen kann nur in dem Maß ausgeübt werden, in dem die Gegenstände, die wir uns wieder vor Augen führen wollen, einigen unserer aktuellen Bedürfnisse entsprechen, und dies nach Maßgabe der Zeichen, die wir dafür gewählt und der Reihenfolge, in der wir unsere Ideen angeordnet haben. Kurz und gut, wir können uns nur in dem Maß an einen Gegenstand erinnern, in dem er irgendwie mit den Elementen verbunden ist, über die wir frei verfügen können. Nun hat aber ein Mensch, dem nur zufällige oder natürliche Zeichen zu Gebote stehen, nichts, was er abrufen könnte. Seine Bedürfnisse können also nur sein Vorstellungsvermögen in Gang setzen; so muß der denn ohne Gedächtnis bleiben.[886]

---

quer que cela n'arrivera qu'autant que quelque cause étrangère lui mettra cet objet sous les yeux. Quand il est absent, l'homme que je suppose n'a point de moyens pour se rappeler de lui-même, puisqu'il n'a à sa disposition aucune des choses qui y pourraient être liées. Il ne dépend donc point de lui de réveiller l'idée qui y est attachée: ainsi l'exercice de son imagination n'est point encore en son pouvoir"; ebenda, 56.

885 „La mémoire, comme nous l'avons vu, ne consiste que dans le pouvoir de nous rappeler les signes de nos idées ou les circonstances qui les ont accompagnées ..."; ebenda, 57.

886 „... et ce pouvoir n'a lieu qu'autant que, par analogie des signes que nous avons choisis, et par l'ordre que nous avons mis entre nos idées, les objets que nous voulons retracer tiennent à quelques-uns de nos besoins présens. Enfin, nous ne saurions nous rappeler une chose qu'autant qu'elle est liée par quelque endroit à quelques-unes de celles qui sont à notre disposition. Or un homme qui n'a que des signes accidentels et des signes naturels n'en a point qui soient à ses ordres. Ses besoins ne peuvent donc occasioner que l'exercice de son imagination: ainsi il doit être sans mémoire." Ebenda, 57f.

Die Tiere haben kein Gedächtnis; darin besteht für Condillac der wichtigste Unterschied zum Menschen.[887] Die Trennungslinie zwischen Tier und Mensch wird also mit dem Besitz von *signes d'institution* überschritten. Die arbiträren Zeichen, die erst auf der Stufe des Gedächtnisses wirklich ins Spiel kommen, wirken jedoch auf die „niederen Operationen" wie *contemplation*, *imagination*, *réminiscence* und *attention* zurück. Deshalb sind diese Operationen, über die auch die Tiere prinzipiell verfügen können, beim Menschen anders ausgebildet als beim Tier:

> Aber sobald ein Mensch beginnt, Ideen an selbstgewählte Zeichen zu knüpfen, kann man beobachten, wie sich das Gedächtnis in ihm ausbildet. Sobald es vorhanden ist, beginnt er frei über seine Vorstellungskraft zu verfügen und eröffnet ihr ein neues Betätigungsfeld; denn mit der Hilfe der Zeichen, die er nun nach Belieben abrufen kann, führt er sich häufig die mit ihnen verbundenen Ideen vor Augen oder kann es zumindest tun. In der Folge wird er in dem Maß, in dem er noch mehr Zeichen erfindet, eine immer größere Herrschaft über seine Vorstellungskraft erlangen, denn er wird sich damit mehr Mittel verschaffen, sie auszuüben.[888]

Im Anschluß daran kommt Condillac auf seinen Hauptgedanken hinsichtlich des Unterschieds zwischen Mensch und Tier zu sprechen:

> Hier beginnt die Überlegenheit unserer Seele gegenüber derjenigen der Tiere sich bemerkbar zu machen; denn einerseits steht fest, daß es nicht in deren Macht steht, ihre Ideen an konventionellen Zeichen festzumachen, andererseits liegt es auf der Hand, daß dieses Unvermögen nicht ausschließlich von ihrer Beschaffenheit herrühren kann. Ist ihr Leib nicht ebenso für die Körper- und Gebärdensprache geeignet wie der unsere? Haben nicht einige unter ihnen alles, was man zur Hervorbringung artikulierter Laute braucht? Wenn sie denn derselben Verrichtungen fähig wären wie wir, warum sollten sie es nicht unter Beweis stellen? An diesen Eigentümlichkeiten zeigt sich, wie der Gebrauch verschiedener Arten von Zeichen zum Fortschritt der Vorstellungskraft, der Anschauung und des Gedächtnisses beiträgt.[889]

---

[887] [Was man gemeinhin unter dem „Gedächntnis der Tiere" versteht, z.B. das sprichwörtliche „Gedächtnis eines Elefanten", wäre für Condillac nur *réminiscence*.]

[888] „Mais aussitôt qu'un homme commence à attacher des idées à des signes qu'il a lui-même choisis, on voit se former en lui la mémoire. Celle-ci acquise, il commence à disposer par lui-même de son imagination et à lui donner un nouvel exercice; car, par le secours des signes qu'il peut rappeler à son gré, il réveille, ou du moins il peut réveiller souvent les idées qui y sont liées. Dans la suite, il acquerra d'autant plus d'empire sur son imagination, qu'il inventera davantage de signes, parce qu'il se procurera un plus grand nombre de moyens pour l'exercer"; ebenda, 63.

[889] „Voilà où l'on commence à apercevoir la supériorité de notre âme sur celle des bêtes; car, d'un côté il est constant qu'il ne dépend point d'elles d'attacher leurs idées à des signes arbitraires; et de l'autre, il paraît certain que cette impuissance ne vient pas uniquement de l'organisation. Leur corps n'est-il pas aussi propre au langage d'action que le nôtre? Plusieurs d'entre elles n'ont-elles pas tout ce qu'il faut pour l'articulation des sons? Pourquoi donc, si elles étaient capables des mêmes opérations que nous, n'en donneraient-elles pas des preuves? Ces détails démontrent comment l'usage de différentes sortes de signes concourt aux progrès de l'imagination, de la contemplation et de la mémoire"; ebenda, 63f.

Die Sprache und das mit ihrer Hilfe ausgebildete Gedächtnis ist dann auch die Voraussetzung für die Ausbildung der *réflexion* und der noch höher stehenden „Operationen". Für sie wird keine strenge Reihenfolge mehr angegeben. Condillac spricht von „Operationen, die darin bestehen, unsere Ideen zu unterscheiden, abstrakter zu machen, zu vergleichen, zusammenzusetzen und zu zerlegen.[890] Etwas später gebraucht er konkretere Ausdrücke. Die Rede ist von logischen Operationen wie „behaupten, absprechen, urteilen, schließen, begrifflich erfassen."[891] Schematisch läßt sich das alles folgendermaßen darstellen:

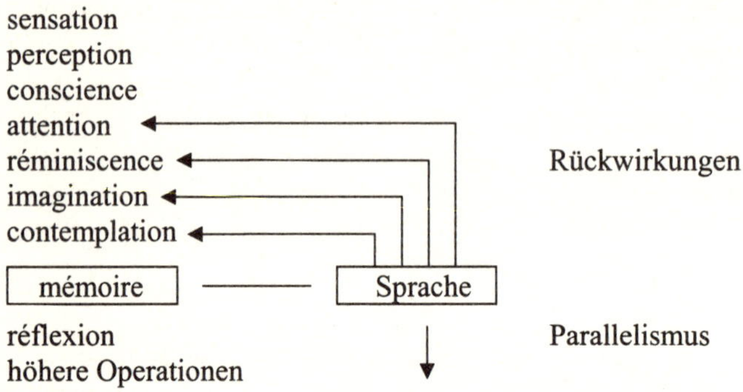

Von einem bestimmten Moment an ist der Fortschritt der menschlichen Erkenntnis fest mit der Sprache verbunden, denn ohne sie könnten gewisse „Operationen" nur in geringem Umfang oder überhaupt nicht ausgeübt werden. Diese These möchte Condillac durch Beispiele stützen. Dafür bemüht er einerseits die Arithmetik, andererseits ihm bekannte Fälle von ausgesetzten Kindern, die einen Teil ihres Lebens sprachlos unter Tieren zugebracht haben.[892]

Worin besteht nun Condillacs eigentliche Leitung? Ohne es ausdrücklich zu sagen, hat er zwischen den wirklich geistigen „Operationen" und jenen „niedrigeren Operationen" unterschieden, die direkt mit der Sinneswahrnehmung verbunden sind. Die Sprache spielt eine entscheidende Rolle beim Überschreiten der Grenze zwischen diesen beiden Typen von geistig-seelischen Tätigkeiten. Sie wird selbst als eine dieser „Operationen" eingeführt, nämlich als diejenige, „durch die wir unsere Ideen mit Zeichen versehen."[893] Condillac spricht ausführlich von ihrer Bedeutung; sie ist „eine der wesentlichsten bei der Suche nach der Wahrheit".[894] Jedoch sagt er wiederum nicht, was er genau darunter versteht. Vor allem erhalten wir keine präzisen Auskünfte über die Stellung der Sprache

---

[890] „Opérations qui consistent à distinguer, abstraire, comparer, composer et décomposer nos idées"; 1. Teil, 2. Abschnitt, Kap. 6, Überschrift = ebenda, 70.

[891] „Affirmer, nier, juger, raisonner, concevoir"; ebenda, Kap. 8, Überschrift, 82.

[892] Vgl. ebenda, 1. Teil, 4. Abschnitt, 128-154.

[893] „De l'opération par laquelle nous donnons des signes à nos idées"; ebenda, Kap. 1, Überschrift, 128.

[894] „Elle est une des plus essentielles dans la recherche de la vérité"; ebenda.

in der Hierarchie der übrigen von ihm unterschiedenen „Operationen“. Nimmt sie (wie im obenstehenden Schema) dieselbe Position ein wie das Gedächtnis (*mémoire*) oder ist sie zwischen *contemplation* und *mémoire*, also unmittelbar vor dem Gedächtnis einzuordnen? Wir erfahren lediglich, welche anderen Operationen an ihrer Entstehung beteiligt sind:

> Diese Operation [scil. die zeichengebende, i.e. die Sprache] resultiert aus der Vorstellungskraft, die dem Geist bisher noch nicht gebräuchliche Zeichen vorhält, und der Aufmerksamkeit, die diese Zeichen mit den Ideen verknüpft.[895]

Man hat sich demzufolge die Sprache als das Ergebnis eines Zusammenwirkens von *imagination* und *attention* vorzustellen. Darin besteht Condillacs sicherlich wichtigste Aussage über das Wesen der Sprache. Bezeichnenderweise findet sie sich nicht im zweiten Teil des *Essai*, obschon dieser den Titel „Von der Sprache und der Methode“ trägt.

In diesem zweiten Teil kommt Condillac nicht auf die Funktion der Sprache zurück. Er behandelt dort auf seine Weise das übliche Thema der Aufklärung: Ursprung und „Fortschritt“ der Sprache. Es wird nach dem hier bereits zur Genüge dargestellten Schema abgehandelt. Zu Beginn seiner Ausführungen läßt Condillac seine Leser nicht im Zweifel darüber, daß er Hypothesen vorträgt: „Vielleicht ist die Annahme gerechtfertigt“, „man darf annehmen“, „es ist anzunehmen“, liest man zunächst. Schnell schlägt die zunehmende Sicherheit in Gewißheit um; modale Einschränkungen werden immer seltener. „Dann erfand man“, „viel später erfand man“, „schließlich erfand man“, heißt es nun; in seiner Begeisterung für die Plausibilität seiner Annahmen geht Condillac mehr und mehr zur Form des Tatsachenberichts über. Erst am Ende überkommen ihn gewisse Zweifel, und darin unterscheidet er sich von den meisten anderen Sprachursprungstheoretikern der Aufklärung. Hatte er am Ende keine wissenschaftliche Abhandlung, sondern einen Roman verfaßt? Ganz von der Hand zu weisen war das wohl nicht, aber wenn es sich denn um einen Roman handeln sollte, so doch um einen vernünftigen, der allen Forderungen der Glaubwürdigkeit genügt:

> Vielleicht wird man diese ganze Geschichte für einen Roman halten, doch wird man ihm dann zumindest nicht die Glaubwürdigkeit absprechen können. Es fällt mir schwer zu glauben, daß die Methode, die ich befolgt habe, mich oft in die Irre geführt hätte ...[896]

Nein, davon konnte keine Rede sein. Er war bei der Rekonstruktion der verschiedenen Arten von Sprache streng und folgerichtig vorgegangen. Das Ergebnis seiner Forschungen war plausibel und durfte somit den Anspruch erheben, für real gehalten zu werden.[897]

---

[895] „Cette opération résulte de l'imagination qui présente à l'esprit des signes dont on n'avait point encore l'usage, et de l'attention qui les lie avec les idées“; ebenda.

[896] „Peut-être prendra-t-on toute cette histoire pour un roman; mais on ne peut du moins lui refuser la vraisamblance. J'ai peine à croire que la méthode que j'ai suivie m'ait souvent fait tomber dans l'erreur ...“; ebenda.

[897] Vgl. ebenda, 340f.

Als Geistlicher, der er war, mußte Condillac seine Anschauungen mit der Welt der Bibel in Einklang bringen; also beginnt er seinen „Roman“ wie eine Erzählung aus dem Alten Testament. „Zwei Kinder unterschiedlichen Geschlechts“ haben sich in der Wüste verirrt. Warum sollte so etwas nicht möglich sein? Dergleichen ist keineswegs auszuschließen, und was nicht auszuschließen ist, darf als Grundlage für weitergehende Spekulationen herangezogen werden. Die beiden Kinder könnten sich doch zunächst wie die Wilden gegen eine feindliche Umwelt behauptet und, kaum herangewachsen, eine Familie gegründet haben? Und könnte nicht aus ihrer Nachkommenschaft ein Volk entstanden sein, das eine eigene Kultur hervorgebracht und eine Sprache erfunden hat? In seinem *Essai* bleibt er bei dieser Geschichte. Sie soll ihm lediglich als Hypothese für die Entstehung eines bestimmten Volkes dienen. Wenn wir heute sein gesamtes Werk als Interpretationshilfe mit heranziehen, so dürfen wir unsererseits annehmen, daß ihm die Geschichte der gesamten Menschheit dabei vorschwebte.

Gestützt auf biblische Beispiele schildert er, wie sich aus der ursprünglichen Körper- und Gebärdensprache Stufe für Stufe neue Formen der Sprache entwickelten. Wir werden darauf zurückkommen. Zunächst machen wir jedoch einen Sprung und sehen uns an, wie er sich die Ausdifferenzierung der *partes orationis*, der Wortarten und Satzglieder, vorstellt. Er folgt dabei im großen und ganzen dem aufklärerischen Schema, das einige Varianten zuläßt:

a) Als erstes erscheinen die Namen für sinnlich wahrnehmbare Gegenstände (*objets sensibles*), also Wörter wie *arbre* „Baum“; *fruit* „Frucht“; *eau* „Wasser“; *feu* „Feuer“. Condillac verwendet die Terminologie Lockes. Wie bei Locke erscheinen bei ihm nicht die *simple ideas*, sondern die *nominal essences* zuerst:

> Da die komplexen Substanzbegriffe als erste bekannt waren, denn sie rühren unmittelbar von den Sinnen her [!], mußten sie auch als erste Namen erhalten.[898]

b) Daraufhin erschienen die Zeichen für die „einfachen Ideen“. Als der Begriff „Baum“ erst einmal da war, entstanden Wörter wie *tronc* „Stamm“; *branche* „Ast“; *feuille* „Blatt“, *verdure* „Grün“ – inkonsequenterweise erscheint hier bereits neben Teilen des Baumes ein *Nomen qualitatis*.

c) Später kamen nach und nach die Bezeichnungen für wahrnehmbare Eigenschaften (*qualités sensibles*) und Umstände (*circonstances*) hinzu, d.h. Adjektive und Adverbien.

d) Noch etwas später kamen die Ausdrücke hinzu, die das Handeln und Erleiden (*actions et passions*) bezeichnen, die Verben.

e) Von den Adjektiven und den Verben wurden schließlich jene „abstrakten Substantive“ (*substantifs abstraits*) hergeleitet, die wir heute *Nomina qualitatis* und *actionis* nennen; so z.B. *grandeur* von *grand* und *vigilance* „Wachsamkeit“ von *vigilant* (die Möglichkeit von Verbalableitungen wird nur erwähnt, es wird kein Beispiel gegeben).

---

[898] „Les notions complexes des substances étant connues les premières, puisqu'elles viennent immédiatement des sens, devaient être les premières à avoir des noms“; ebenda, 270f.

f) Ganz zum Schluß treten die Pronomina auf, „denn ihre Notwendigkeit leuchtete erst ganz zuletzt ein.[899]

Im Zusammenhang mit der Herausbildung der Wortarten kommt Condillac auch auf das Problem der Entstehung der Allgemeinbegriffe zu sprechen:

> Es war unmöglich, sich für jeden besonderen Gegenstand einen Namen auszudenken, und so benötigte man schon frühzeitig allgemeine Bezeichnungen.[900]

Die Entstehung dieser Bezeichnungen verläuft parallel zur Entwicklung der „Operationen des Geistes"

> Um zu verstehen, in welcher Reihenfolge die allgemeinen Bezeichnungen erdacht wurden, muß man sich nur an die Reihenfolge der Allgemeinbegriffe halten. Ursprung und Fortschritte auf beiden Seiten entsprechen sich genau. Damit meine ich folgendes: So klar es feststeht, daß wir unsere allgemeinsten Begriffe von den Ideen beziehen, die wir unmittelbar aus der Sinneserfahrung gewinnen, so sicher ist es auch, daß sich die allgemeinsten Bezeichnungen von den ersten Namen herleiten, die den sinnlich wahrnehmbaren Gegenständen verliehen worden waren.[901]

So wie die „Operationen des Geistes" vom Sinnlichen zum Nicht-Sinnlichen übergehen, bewegen sich auch die Wörter vom Konkreten zum Abstrakten. Condillac möchte dies anhand einiger lexikalisierter Metaphern zeigen. Wenn man heute von der „Bewegung", der „Ruhe" oder einer „Neigung" der Seele spricht, wenn man Ausdrücke gebraucht wie „der Geist regt sich", „trübt sich", „klärt sich", „entwickelt sich", „schwächt sich ab", „verstärkt sich", so beruhe dies auf einer Übertragung der in der Außenwelt beobachtbaren Sachverhalte auf das Innere des Menschen.[902] Condillac läßt sich in dieser Hinsicht mit Vico vergleichen, der eine ähnliche Entwicklung annimmt, wenn auch aus anderen Gründen.

In rein sprachwissenschaftlicher Hinsicht entwickelt Condillac in diesem Zusammenhang interessante Ideen. So vertritt er die Ansicht, daß die Hilfsverben der zusammengesetzten Zeiten den Endungen der einfachen entsprechen: In „j'ai fait" sei *faire* als das eigentliche Verb anzusehen, *avoir* entspreche hier nur den Lauten, die ursprünglich an die Verben angehängt worden seien, um Kategorien wie Tempus, Modus und Numerus zu bezeichnen.[903] Entsprechend verhalte es sich mit *être*. Bei Passivformen wie „je suis aimé", „j'étais aimé" liege eigentlich eine Art von Inversion vor. Nach dem üblichen Konjugationsschema

---

899 „... parce qu'ils furent les derniers dont on sentit la nécessité"; ebenda, 290f.

900 „Il n'etait pas possible d'imaginer des noms pour chaque objet particulier; il fut donc nécessaire d'avoir de bonne heure des termes généraux"; ebenda, 283.

901 „Pour comprendre dans quel ordre les termes abstraits ont été imaginés, il suffit d'observer l'ordre des notions générales. L'origine et les progrès sont les mêmes de part et d'autre. Je veux dire que, s'il est constant que les notions les plus générales viennent des idées que nous tenons immédiatement des sens, il est également certain que les termes les plus abstraits dérivent des premiers noms qui ont été donnés aux objets sensibles"; ebenda, 283f.

902 Vgl. ebenda, 285.

903 Vgl. ebenda, 276.

habe man Formen wie *aimésuis, aimétais* zu erwarten.[904] Condillac vertrat die Ansicht, alle Flexionsformen seien aus ursprünglich selbständigen Wörtern entstanden. In moderner Terminologie ausgedrückt heißt das, die agglutinierenden und die flektierenden Sprachen wären aus den isolierenden hervorgegangen. Diese Idee wird in den Anfängen der historisch-vergleichenden Grammatik eine große Rolle spielen. Es ist bis heute nicht sicher, ob die frühen Vertreter dieser Richtung von Condillac beeinflußt waren oder nicht.

Was nun das Verhältnis zwischen den beiden Teilen des *Essai* betrifft, so läßt sich schwer erkennen, inwiefern der zweite, der Sprache gewidmete Teil, den ersten „bestätigen" soll. Dazu hätten dort unabhängig gewonnene Ergebnisse mit denen des ersten Teils konfrontiert werden müssen. Man hat jedoch den Eindruck, die Entwicklung der sprachlichen Kategorien sei ganz einfach in Abhängigkeit von der Entwicklung der kognitiven Fähigkeiten dargestellt worden. Das geht besonders deutlich aus den oben wiedergegebenen Passus über die Entstehung der Appellativa, der *termes généraux* hervor: Für Condillac folgt die Entwicklung der Sprache ganz einfach der Entwicklung des Geistes; insofern versprechen seine Ausführungen über den Zusammenhang zwischen kognitiver und sprachlicher Entwicklung keine überraschenden Aufschlüsse.

Viel interessanter sind seine Äußerungen zur Entwicklung der Sprache, wenn sie für sich betrachtet werden. Das gilt vor allem für seine Bemerkungen zur Wortstellung. Schon in der mittelalterlichen Sprachphilosophie gab es eine Diskussion über die „Natürlichkeit" der Wortfolge. Zuerst muß genannt werden, wovon die Rede ist, dann erst, wie es sich damit verhält, denn *prius est esse quam sic esse* „das Sein kommt vor dem So-Sein".[905] Ab dem 16. Jahrhundert nahmen vor allem französische Philologen für ihre Sprache in Anspruch, in ihr sei das Ideal der „natürlichen" und damit der „logischen" Wortstellung in vollkommenerer Form verwirklicht als in allen übrigen Sprachen. Das allgemein bekannte, immer wieder zitierte Loblied, das Antoine Rivarol (1753–1801) in seiner von der Berliner Akademie preisgekrönten Abhandlung *De l'universalité de la langue française* auf die sogenannte „geradlinige Satzgliedstellung" (*ordre direct*) anstimmt, stellt nur den Höhepunkt einer langen Tradition dar:

> Was unsere Sprache von den alten und modernen Sprachen unterscheidet, ist die Reihenfolge bei der Satzkonstruktion. Diese Reihenfolge muß immer geradlinig und damit klar sein. Das Französische nennt zuerst das *Subjekt* der Aussage, dann das *Verb*, das die Handlung ausdrückt und schließlich das *Objekt* dieser Handlung. Das ist die für alle Menschen natürliche Logik ... [...] Was nicht klar ist, ist nicht französisch. Was nicht klar ist, mag englisch, italienisch, griechisch oder lateinisch sein.[906]

---

[904] Vgl. ebenda, 276f.

[905] Vgl. Scaglione 1980, 151.

[906] „Ce qui distingue notre langue des langues anciennes et modernes, c'est l'ordre et la construction de la phrase. Cet ordre doit toujours être direct et nécessairement clair. Le Français nomme d'abord le *sujet* du discours, ensuite le *verbe*, qui est l'action, et enfin l'*objet* de cette action: voilà la logique naturelle à tous les hommes ... [...] *Ce qui n'est pas clair*

Diese *communis opinio*, die Rivarol besonders eindringlich formuliert hat, wird von Condillac nicht geteilt, zumindest nicht, was die Gleichung natürlich = logisch betrifft. Wie wir gesehen haben, stehen für ihn alle Kunstfertigkeiten (*arts*), die den Ausdruck betreffen, in genetischem Zusammenhang mit der Sprache. Somit vertritt er auch in der Frage der sogenannten „Inversionen" eine differenziertere Auffassung:

> Wir schmeicheln uns, daß das Französische gegenüber den alten Sprachen den Vorzug besitze, die Wörter in der Rede genau so anzuordnen, wie sich die Ideen in unserem Geist ganz von selbst einstellen; denn wir bilden uns ein, die natürlichste Reihenfolge erfordere, daß man zunächst das Subjekt nennt, von dem die Rede ist, bevor man angibt, was von ihm ausgesagt wird, d.h. daß dem Verb das Nomen im Nominativ vorausgehen muß und die von ihm abhängigen Satzteile zu folgen haben. Wir haben jedoch gesehen, daß am Anfang der Sprache die natürlichste Satzkonstruktion eine ganz andere Wortstellung erforderlich machte.[907]

Gegen diese allgemein verbreitete Auffassung von der „natürlichen" und damit „logischen" Wortstellung bringt Condillac die folgenden Argumente vor:

a) Die Reihenfolge Subjekt (S) – Verb (V) – Objekt (O) sei nicht die ursprüngliche, ganz im Gegenteil; man habe zunächst von der Folge OVS auszugehen. Im Zentrum der Aufmerksamkeit von Sprecher und Hörer habe zunächst das Objekt gestanden. Als dann die Verben hinzugekommen seien, habe man das, was von dem Objekt ausgesagt werden sollte, hinten angehängt, z.B. *fruit vouloir* „Frucht wollen". Zwischen Objekt und Verb habe man das Subjekt nicht einschieben können, weil damit der Zusammenhang verdunkelt worden wäre, also habe man es an den Schluß gesetzt: *fruit vouloir Pierre* „Pierre veut du fruit", „Peter möchte Obst". Zeitliche oder sonstige Umstände der Handlung habe man an das Verb angehängt, später seien die Konjugationsendungen daraus entstanden: *fruit manger à l'avenir moi* = *je mangerai du fruit*.[908]

b) Es gebe keine schlechthin „natürliche" Wortfolge, die Wortstellung hänge vielmehr mit dem jeweiligen *génie de la langue* zusammen:

> Was man hier „natürlich" nennt, ändert sich notwendigerweise mit dem jeweiligen „Geist der Sprache" und diese Natürlichkeit hat in einigen Sprachen einen größeren Spielraum als in anderen.[909]

---

n'est pas français; ce qui n'est pas clair est encore anglais, italien, grec ou latin"; Rivarol 1784/1852, 111.

907 „Nous nous flattons que le français a sur les langues anciennes l'avantage d'arranger les mots dans le discours, comme les idées s'arrangent d'elles-mêmes dans l'esprit, parce que nous nous imaginons que l'ordre le plus naturel demande qu'on fasse connaître le sujet dont on parle, avant d'indiquer ce qu'on en affirme, c'est-à-dire que le verbe soit précédé de son nominatif et suivi de son régime. Cependant nous avons vu que, dans l'origine des langues, la construction la plus naturelle exigeait un ordre tout différent." Condillac 1746/1970, 301.

908 „Frucht essen in Zukunft ich" → „Ich werde Obst essen"; vgl. ebenda, 272ff.

909 „Ce qu'on appelle ici naturel varie nécessairement selon le génie des langues, et se trouve dans quelques-unes plus étendu que dans d'autres"; ebenda, 301.

Im Lateinischen seien im Gegensatz zum Französischen die Konstruktionen *Alexander vicit Darium* „Alexander besiegte den Darius" und *Darium vicit Alexander* „den Darius besiegte Alexander" gleichermaßen natürlich. Wenn das Französische nur die erste Konstruktion kenne, so liege dies an den fehlenden Deklinationsendungen. Zum eindeutigen Ausdruck des Gemeinten habe man im Französischen gar keine andere Wahl.[910]

c) Die Beteuerungen der Franzosen, sie verfügten über die schlechterdings „logische" Wortstellung, beruhten auch in rationaler Hinsicht auf einem Vorurteil. In dem Satz „Alexander besiegte den Darius" habe man es mit drei Ideen zu tun, die dem Geist entweder gleichzeitig oder nacheinander erscheinen könnten:

> Im ersten Fall weisen sie [scil. die Ideen] überhaupt keine Reihenfolge auf, im zweiten Fall kann diese Reihenfolge variieren, denn es ist ebenso natürlich, daß sich die Ideen „Alexander" und „besiegen" im Anschluß an „Darius" einstellen, wie es natürlich ist, daß sich „Darius" im Anschluß an die beiden anderen einstellt.[911]

Beide Konstruktionen seien also gleichermaßen natürlich. Wer dies bestreite, tue es nur deshalb, weil er unkritisch den Gewohnheiten seiner Muttersprache folge:

> Man täuscht sich nur deshalb in diesem Punkt, weil man die Reihenfolge für die natürlichste hält, bei der es sich nur um eine Gewohnheit handelt, die uns die Eigenschaften unserer Sprache aufgenötigt haben.[912]

Ein besonders enger Zusammenhang bestehe zwischen dem Verb und seinem Subjekt einerseits sowie seinem Objekt andererseits. Werde er in der Wortstellung nicht berücksichtigt, wie z.B. in *Vicit Darium Alexander* „Es besiegte den Darius Alexander", dann handele es sich wirklich um eine „Inversion".[913]

Kehren wir nun nochmals zu Condillacs Vorstellungen über die allgemeine Sprachentwicklung zurück. Am Anfang einer Reihe von verschiedenen Formen des Ausdrucks steht für ihn die Körper- und Gebärdensprache (*langage d'action*). Aus ihr hätten sich nach und nach höhere Formen entwickelt. In dem Moment, in dem sie nicht mehr als Sprache verwendet worden seien, hätten sie

---

910 Vgl. ebenda, 301f.

911 „Dans le premier cas, il n'y a point d'ordre entre elles; dans le second, il peut varier, parce qu'il est tout aussi naturel que les idées d'*Alexandre* et de *vaincre* se retracent à l'occasion de celle de *Darius* comme il est naturel que celle de *Darius* se retrace à l'occasion des deux autres"; ebenda, 302.

912 „On ne se trompe à ce sujet que parce qu'on prend pour plus naturel un ordre qui n'est qu'une habitude que le caractère de notre langue nous a fait contracter". Ebenda, 303. [Vgl. hierzu, was der deutsche Sprach- und Literaturtheoretiker Johann Christoph Gottsched (1700-1766) in seiner *Grundlegung einer deutschen Sprachkunst* (^{5}1762) den französischen Wortstellungstheoretikern entgegenhält: „Allein sie irren alle; und bemerken nicht: daß ihnen ihre Art zu denken, zuerst durch ihre Muttersprache beygebracht worden". Gottsched 1762/1970, 399. Condillac muß von diesem Vorwurf ausgenommen werden. Vgl. auch Gardt 1999, 176ff.]

913 Vgl. Condillac 1746/1970, 304.

sich zu einer Kunstfertigkeit ausgebildet und verselbständigt. So sei aus der Köper- und Gebärdensprache die Pantomime (*la danse des gestes*) und die Tanzkunst (*la danse des pas*) hervorgegangen. Die Ausdrucksmittel der Körper- und Gebärdensprache seien auf die Lautsprache übergegangen, durch die sie abgelöst wurde:

> Als die Lautsprache auf die Körper- und Gebärdensprache folgte, behielt sie deren Charakter bei. Diese neue Art der Mitteilung unserer Gedanken konnte man sich nur nach dem Vorbild der früheren vorstellen. So hob und senkte sich die Stimme in deutlich wahrnehmbaren Intervallen, um an die Stelle der heftigen Körperbewegungen zu treten.[914]

So entstand der melodische Akzent und eine stark ausgeprägte Prosodie – eine Art von gesungener Sprache. Beim Übergang zur nächsten Stufe, zur gesprochenen dichterischen Sprache, entwickelte sich diese nunmehr überholte Form der Sprache zur Gesangskunst und zur Musik. Auf dieser neuen Stufe ist die Sprache nun weniger musikalisch, sie bleibt aber noch poetisch:

> So wie die Prosodie am Beginn der Sprachen dem Gesang nahe war, so übernahm nun der Stil alle möglichen Redefiguren und Metaphern, um die sinnlichen Bilder der Körper- und Gebärdensprache nachzuahmen ... [...] Der Stil war anfangs poetisch, denn er begann damit, die Ideen durch ungemein sinnliche Bilder auszumalen ...[915]

Und im Anschluß daran wird die Idee der Verselbständigung der überwundenen Form der Sprache – dieses Mal geht es um die poetische Sprache – besonders deutlich ausgesprochen:

> ... aber in dem Maß, in dem die Sprachen an Ausdrucksfülle zunahmen, verlor sich nach und nach der Gebrauch der Körper- und Gebärdensprache, hob und senkte die Stimme sich weniger, nahm der Geschmack an den Redefiguren [...] unmerklich ab, näherte sich der Stil unserer heutigen Prosa. Indes bemächtigten sich die Schriftsteller dieser älteren Form der Sprache, die ihnen lebhafter schien und besser geeignet, sich dem Gedächtnis einzuprägen ... Man gab dieser Sprache verschiedene Formen, man dachte sich Regeln aus, um sie harmonischer zu gestalten und schuf daraus eine besondere Kunst.[916]

---

914 „La parole, en succédant au langage d'action, en conserva le caractère. Cette nouvelle manière de communiquer nos pensées ne pouvait être imaginée que sur le modèle de la première. Ainsi, pour tenir la place des mouvemens violens du corps, la voix s'éleva et s'abaissa par des intervalles fort sensibles". Ebenda, 204.

915 „Si, dans l'origine des langues, la prosodie approcha du chant, le style, afin de copier les images sensibles du langage d'action, adopta toutes sortes de figures et de métaphores ... [...] Le style, dans son origine, a été poétique, puisqu'il a commencé par peindre les idées avec les images les plus sensibles ..."; ebenda, 258; 260.

916 „... mais les langues devenant plus abondantes, le langage d'action s'abolit peu à peu, la voix se varia moins, le goût pour les figures et les métaphores [...] diminua insensiblement, et le style se rapprocha de notre prose. Cependant les auteurs adoptèrent le langage ancien, comme plus vif et plus propre à se graver dans la mémoire ... On donna différentes formes à ce langage; on imagina des règles pour en augmenter l'harmonie, et on en fit un art particulier". Ebenda, 260.

Die älteren Stufen der Sprache gehen also nicht verloren. Sie werden in dem Maß, in dem sie als Sprache außer Gebrauch kommen, zu besonderen Formen der Kunst weiterentwickelt:

Körper- und Gebärdensprache → Pantomime (*la danse des gestes*), Tanzkunst (*la danse des pas*)

Gesungene Sprache → Gesangskunst, Musik

Poetische Sprache → Poesie

Prosaische Sprache

Natürlich ist dieses Schema als Darstellung der Entwicklungsgeschichte der Sprache nicht annehmbar. Man kann es jedoch auch uminterpretieren und in einem systematischen, nicht-chronologischen Sinn verstehen. In diesem Fall bringt es lediglich zum Ausdruck, daß die Sprache eng mit der Kunst zusammenhängt und daß man daher bei der Wesensbestimmung der Sprache zunächst darum bemüht sein muß, sie gegenüber der Kunst abzugrenzen. Manches daran erinnert an Vico. Condillac könnte ihn in Parma gelesen haben, erwähnt ihn jedoch nicht. Das will vielleicht nicht viel besagen; außer Locke und Newton zitiert er nämlich fast niemanden. Auf mögliche Einflüsse Vicos wird im Kapitel über Rousseau zurückzukommen sein.

Zum Schluß seien hier nochmals die Ideen zusammengefaßt, die als Condillacs eigene, positive Beiträge zur Sprachphilosophie anzusehen sind:

– Die Bestimmung der Sprache als der primären „Operation" des menschlichen Geistes, die den Übergang von den rein physischen zu den höheren Vorgängen in der „menschlichen Seele" markiert. Die Sprache fungiert damit als wichtigstes Unterscheidungsmerkmal zwischen Mensch und Tier. Bemerkenswert ist hierbei auch die Idee der Rückwirkung der Sprache auf die „niederen Operationen" des Geistes, die prinzipiell auch bei den sprachlosen Tieren vorhanden sind, beim Menschen jedoch durch die Sprache umgestaltet und »angehoben« wurden.
– Die Ablehnung der Gleichung natürlich = logisch, eine Form des Antilogizismus, dic im Zusammenhang mit der Behandlung des Problems der Inversion entwickelt wird.
– Die Auffassung, daß die Sprache eine Form des menschlichen Ausdrucks unter anderen ist. Der Zeichencharakter ist dabei zwar wesentlich vor allem für die Form der Sprache, wie wir sie heute kennen, jedoch nicht grundlegend für die Sprache schlechthin. Der Gebrauch von arbiträren Zeichen ist eine der Möglichkeiten, in der sich menschlicher Ausdruckswille verwirklichen kann.

Diese für Condillacs Beitrag zur Sprachphilosophie zentralen Ideen lassen sich nicht ohne weiteres mit anderen Gedanken in Einklang bringen, die er in seinem umfangreichen Œuvre äußert. „Toute langue est une méthode analytique“ heißt es in dem oben zitierten Passus aus der *langue des calculs*. Das kann unmöglich für die Sprache als eine der Ausdrucksformen des Menschen gelten, sondern allenfalls für eine völlig entpoetisierte und intellektualisierte Sprache. Es ergibt sich auch ein gewisser Widerspruch zu dem, was er zum *génie des langues* zu sagen hat. Klima und politische Institutionen bestimmen den Charakter eines Volkes, dieser bestimmt wiederum den „Geist der Sprache“. Dieses *génie de la langue* manifestiert sich jedoch nicht von Anfang an in einer jedermann zugänglichen Form. Es sind vielmehr die großen Schriftsteller – und dieser Gedanke mutet erstaunlich modern an –, die den „Geist der Sprache“ aufdecken und weiterentwickeln:

> Wenn ein Genie den Charakter einer Sprache entdeckt hat, bringt er ihn lebhaft zum Ausdruck und hebt ihn in allen seinen Schriften hervor. Mit dieser Hilfe erkennen ihn nun auch die übrigen talentierten Leute, die vorher nicht in der Lage gewesen wären, von sich aus in ihn einzudringen, und sie bringen ihn nun nach diesem Vorbild ebenfalls zum Ausdruck, jeder in seiner Gattung.[917]

18.3 Denis Diderot (1713–1784)

Denis Diderot wurde als Sohn eines Messerschmieds, der es zu einem bescheidenen Wohlstand gebracht hatte, in Langres geboren. Seine auf einem Hochplateau gelegene Heimatstadt, von deren Mauern der Blick im Norden weit hinein in die Champagne, im Süden bis in die Gegend von Dijon reicht, empfand er früh als zu eng; später jedoch hat er sie in den Briefen an seine Geliebte und in dem lange nach seinem Tode erschienenen Bericht *Voyage à Bourbonne et à Langres* liebevoll beschrieben. Sein Vater hatte ihn für die geistliche Laufbahn bestimmt, und so erhielt er seine schulische Ausbildung am Jesuitenkollegium seiner Heimatstadt. Früh zog es ihn nach Paris, wo er Studien unbestimmten Inhalts nachging, die wohl nie auf ein konkretes Berufsziel ausgerichtet waren. Der Religion war er früh entfremdet; er soll sich später sogar über den „Gott Voltaires“ lustig gemacht haben, über die religiösen Vorstellungen eines Mannes, der als der Inbegriff eines „Freigeistes“ galt. Nachdem ihm sein Vater, den er zeitlebens verehrte, die finanzielle Unterstützung entzogen hatte, war er genötigt, sich und seine Familie selbst zu versorgen. Er tat es als Übersetzer englischer Literatur. Später hat er sich auf vielen Gebieten versucht: Ähnlich wie Voltaire machte er seine Zeitgenossen als wissenschaftlicher Schriftsteller mit den Fortschritten im Bereich von Naturwissenschaft und Technik vertraut. Er verfaßte erfolgreiche Bühnenstücke und war als Theaterkritiker ähnlich wie

---

[917] „Quand un génie a découvert le caractère d'une langue, il l'exprime vivement et le soutient dans tous ses écrits. Avec ce secours, le reste des gens à talens, qui auparavant n'eussent pas été capables de le pénétrer d'eux-mêmes, l'apercoivent sensiblement, et l'expriment à son exemple, chacun dans son genre.“ Ebenda, 331.

Lessing in Deutschland, der sich auf ihn berief, für die Minderung des Ansehens verantwortlich, das die klassische französische Tragödie damals in Europa genoß. Seine frühen Romane und Erzählungen waren wegen ihrer Frivolität berüchtigt. Da er an persönlichem Ruhm nicht sonderlich interessiert war und den Schwierigkeiten mit der Zensur aus dem Weg gehen wollte, blieb vieles in der Schublade. Einige seiner bedeutendsten Werke erschienen postum: So wurde *Le neveu de Rameau* 1821 als Rückübersetzung aus Goethes deutscher Fassung veröffentlicht; erst 1891 wurde die wieder aufgetauchte Originalversion publiziert.

Fünfundzwanzig Jahre lang hat Diderot zusammen mit seinem Mitherausgeber d'Alembert einen großen Teil seiner Kraft der Betreuung der *Encyclopédie* gewidmet, die bei Erscheinen des letzten Bandes bereits veraltet war. Welch große Bedeutung er Naturwissenschaft und Technik beimaß, geht nicht nur aus der Gesamtkonzeption dieses monumentalen Werks hervor, sondern auch aus seinem Entwurf für die Organisation des Unterrichtswesens in Rußland, den er im Auftrag seiner Gönnerin, der Zarin Katharina II., verfaßte. In seinem Heimatland, noch stärker aber in Deutschland, stand und steht Diderot im Schatten Voltaires und Rousseaus. „Er war zu Lebzeiten nicht verkannt, aber in wesentlichen Zügen und Werken unbekannt."[918] Von seiner Freundschaft mit Condillac und Rousseau war bereits die Rede; der dramatische Bruch mit Rousseau, an dem Diderot weitgehend unschuldig gewesen sein dürfte, betraf seine Arbeit weit weniger als die seines gekränkten Freundes.

Die *Lettre sur les sourds et muets* (Brief über die Taubstummen), der wir uns nun zuwenden wollen, erschien 1751, zu einer Zeit, als die drei Freunde noch in regem Gedankenaustausch standen. Von einer gründlichen und kohärenten Behandlung sprachtheoretischer Probleme kann bei einem genialen *causeur* wie Diderot keine Rede sein. In seinem Brief nimmt er zu jenen anderen Briefen Stellung, die Charles Batteux (1713–1780) im Jahr 1748 publiziert hatte: *Lettres sur la phrase françoise comparée avec la phrase latine à M. l'Abbé d'Olivet.*[919] Da Diderot sich in der Vorrede ausdrücklich an den „Verfasser von *Les Beaux-arts réduits à un même principe*" wendet – mit diesem Werk hatte sich Batteux zuvor einen Namen als Kunsttheoretiker gemacht – wurde später oft angenommen, der *Brief über die Taubstummen* beziehe sich auf dieses Werk. Es geht dort aber, ebenso wie in Batteux' *Lettres*, um Sprachtheorie, insbesondere um das Problem der Wortfolge.

Diderot beginnt in seinem Brief mit dem Problem der Inversion und leitet im Anschluß daran sofort zum Ursprung der Sprache über: „Um die Frage der Inversionen angemessen zu behandeln, ist es angezeigt, meine ich, zu unterscheiden, wie die Sprachen entstanden sind."[920] Wie Condillac versichert er, daß es keine absolut „natürliche" Wortfolge gebe. Die „Natürlichkeit" hängt bei ihm

---

[918] Wuthenow 1994, 27.

[919] Batteux 1748; die *lettres* finden sich in Bd. II.

[920] „Pour bien traiter la matière des inversions, je crois qu'il est à propos d'examiner comment les langues se sont formées." Diderot 1751/1875, 349.

jedoch nicht vom *génie des langues* ab, sondern vom Entwicklungsstadium der Sprache. Er unterscheidet drei Stadien: *état de naissance* „Stadium der Entstehung"; *état de formation* „Stadium der Entwicklung"; *état de perfection* „Stadium der Vollendung".[921] Die Wortstellung des Französischen, so meint er, sei „natürlich" nur im Hinblick auf das dritte Stadium und unterscheide sich darin nicht nur von den alten, sondern auch von den modernen Sprachen. Batteux, auf den er sich bezieht, hatte eine „praktische" (*ordre moral-pratique*) und eine „philosophische" Wortstellung (*ordre spéculatif-métaphysique*) unterschieden. Bei der praktischen steht das im Vordergrund, was der Sprecher für wichtig hält, also z.B. *rond est le soleil* „rund ist die Sonne". Bei der „philosophischen" muß hingegen das Subjekt dem Prädikat notwendigerweise vorausgehen: *le soleil est rond* „die Sonne ist rund". Auch diese Wortstellung kann als „praktische" gewertet werden, nämlich dann, wenn der Sprecher das Subjekt hervorheben möchte. „Natürlich" ist für Batteux immer nur die Wortstellung, die er als die „praktische" bezeichnet, und da im Lateinischen diesbezüglich mehr Variationsmöglichkeiten bestehen, ist für ihn die lateinische Wortstellung der französischen überlegen. Anklänge an die spätere Diskussion um die Thema-Rhema-Gliederung sind unübersehbar.

Diderot wollte das Ergebnis, zu dem Batteux gelangt war, nicht einfach hinnehmen. Es war ihm darum zu tun, im Rahmen seiner Sprachauffassung die Vorzüge des Französischen herauszustreichen. Ähnlich wie Condillac, der in diesem Punkt von Locke abhängig ist, skizziert er zunächst seine Vorstellungen darüber, in welcher Reihenfolge die verschiedenen Arten von Wörtern bei der Entwicklung der Sprache aufgetreten sein müssen: Zuerst die *Eigennamen*, dann die *Adjektive* als Bezeichnungen wahrnehmbarer Eigenschaften, schließlich die *Appellativa* und die *Abstrakta*. Die Appellativa (Diderot argumentiert auf der Grundlage von Abstrakta) seien semantisch nahezu leer. Gemeinhin werde behauptet, das Adjektiv sei eine Art von »Zutat« zum Substantiv, in Wirklichkeit verhalte es sich jedoch gerade umgekehrt; das Substantiv sei nichts, das Adjektiv alles:

> Man fragt Sie, was ein Körper sei, und Sie werden antworten, das sei *eine Substanz: ausgedehnt, undurchdringlich, geformt, farbig und beweglich.*[922] Nun entfernen Sie alle Adjektive aus dieser Definition, und was bleibt dann noch übrig von diesem imaginären Wesen, das Sie „Substanz" nennen? Wollte man bei dieser Definition die einzelnen Ausdrücke in ihrer natürlichen Reihenfolge aufführen, so würde man sagen: *eine farbige, geformte, ausgedehnte, undurchdringliche, bewegliche Substanz.* In dieser Reihenfolge, so scheint mir, würden die verschiedenen Eigenschaften der Portionen von Materie auf denjenigen einwirken, der zum ersten Mal einen Körper sieht.[923]

---

921 Vgl. ebenda, 372.

922 [Aus unmittelbar einleuchtenden Gründen mußte die französische Wortstellung hier beibehalten werden.]

923 „Qu'on vous demande ce que c'est qu'un corps, vous répondrez que c'est *une substance étendue, impénétrable, figurée, colorée et mobile.* Mais ôtez de cette définition tous les adjectifs, que restera-t-il pour cet être imaginaire que vous appelez *substance*? Si on voulait

Diese „natürliche Reihenfolge der Ideen" (*ordre naturel des idées*) müsse allerdings, fährt Diderot fort, von der durch Konvention festgelegten Reihenfolge (*ordre d'institution*) unterschieden werden. Bei dieser handele es sich gewissermaßen um die „wissenschaftliche Abfolge", an die sich der Geist halte, wenn die Sprache erst einmal vollständig ausgebildet sei. „Natürlich" in diesem Sinn ist die Folge „Adjektiv-Substantiv", „wissenschaftlich" die Folge „Substantiv-Adjektiv". Gemessen an der ursprünglichen Gebärdensprache weise die „wissenschaftliche" Wortfolge Inversionen auf, denn sie verkehre die natürliche Reihenfolge der Wahrnehmung. Mit Hilfe der eingangs erwähnten methodischen Konstruktion eines *muet de convention* erörtert er ausführlich, wie man sich die Ursprache vorstellen könnte. Er räumt ein, und hierin zeigt er sich wahrscheinlich als von Condillac beeinflußt, daß man verschiedene Vorstellungen zugleich haben kann:

> ... denn obwohl Aussagen wie: *Was für eine schöne Frucht!*; *ich habe Hunger*; *ich würde diese da gerne essen* durch mehrere Ausdrücke wiedergegeben werden, so setzen sie doch alle nur eine einzige Schau der Seele voraus. Die mittlere, *ich habe Hunger*, wird im Lateinischen durch das eine Wort *esurio* wiedergegeben. Die Frucht wird gleichzeitig mit ihrer Eigenschaft wahrgenommen, und wenn ein Römer *esurio* sagte, so glaubte er, nur eine einzige Idee auszudrücken. Die Aussage *ich würde diese da gerne essen* enthält nur Modalitäten einer einzigen Empfindung. [...] Die Empfindung weist nichts von dem auf, was dieser linearen Abfolge der Elemente in der Rede entspräche.[924]

Auch wenn wir einen Vergleich anstellen, gibt Diderot zu bedenken, sind beide Terme im Geist gleichzeitig präsent, obwohl sie in der Rede notwendigerweise nacheinander genannt werden müssen. Aus diesen Überlegungen leitet Diderot eine Folgerung ab, die zunächst merkwürdig anmutet: Unsere modernen Sprachen entsprechen weder der Ursprache noch der Wahrnehmung in ihrer Komplexität. Der Geist müsse die Einzelaspekte einer Vorstellung analysieren und in eine bestimmte Reihenfolge bringen. Diese „Syntax des Geistes", die für die Angehörigen aller Völker gelte, spiegele sich in der Satzkonstruktion des Französischen am vollkommensten wider. Das Französische weise besonders viele Inversionen auf, wenn man es an früheren Sprachstadien messe, besonders wenige hingegen, wenn man die „Syntax des Geistes" als Maßstab heranziehe:

---

ranger dans la même définition les termes, suivant l'ordre naturel, on dirait *colorée*, *figurée, étendue, impénétrable, mobile, substance*. C'est dans cet ordre que les différentes qualités des portions de la matière affecteraient, ce me semble, un homme qui verrait un corps pour la première fois." Diderot 1751/1875, 350.

924 „... car, quoique tous ces jugements, *le beau fruit!*, *j'ai faim*, *je mangerais volontiers icelui*, soient rendus chacun par deux ou trois expressions, ils ne supposent tous qu'une seule vue de l'âme; celui du milieu, *j'ai faim*, se rend en latin par le seul mot *esurio*. Le fruit et la qualité s'apercoivent en même temps; et quand un latin disait *esurio*, il croyait ne rendre qu'une seule idée. *Je mangerais volontiers icelui* ne sont que des modes d'une seule sensation. [...] la sensation n'a point dans l'âme ce développement successif du discours ..."; ebenda, 366f.

> Wir drücken die Dinge auf französisch so aus, wie der Geist sie notwendigerweise betrachten muß, gleichgültig in welcher Sprache man schreibt. Cicero befolgte also sozusagen zuerst einmal die französische Syntax, bevor er sich der lateinischen anbequemte.[925]

Für Diderot kann kein Zweifel daran bestehen, daß sich das Französische als am besten dazu geeignet erweist, die Hauptaufgabe der Sprache zu übernehmen, die in der Mitteilung von Gedanken besteht:

> ... da nun einmal in der Mitteilung der Gedanken der Hauptzweck der Sprache liegt, ist unsere Sprache unter allen übrigen die ausgefeilteste, die genaueste und schätzenswerteste; kurz und gut diejenige, die am wenigsten von jenen Nachlässigkeiten zurückbehalten hat, die ich gerne das Überbleibsel des *Stammelns* der Frühzeit nennen würde. In ihr, so würde ich mich ausdrücken, um die Parallele unparteiisch fortzuführen, haben wir durch das Fehlen von Inversionen an Deutlichkeit, Klarheit und Genauigkeit – wesentliche Eigenschaften für die Rede – gewonnen, während wir dafür an Wärme, Beredsamkeit und Energie einiges einbüßten.[926]

Aufgrund seines „didaktischen Voranschreitens" (*marche didactique*) sei das Französische am besten für die Wissenschaft geeignet, die übrigen Sprachen eher für die Dichtung. Das Französische könne den Geist am besten zum Sprechen bringen, und der *bon sens* würde, um sich auszudrücken, gewiß zum Französischen greifen:

> Das Französische ist dafür gemacht zu belehren, die Dinge zu klären, den anderen zu überzeugen; das Griechische, Lateinische, Italienische und Englische um zu überreden, zu rühren und zu täuschen. Man spreche Griechisch, Lateinisch, Italienisch oder Englisch zum Volk, aber Französisch mit dem Weisen.[927]

Da Diderot jedoch ständig seine „Unparteiischkeit" unter Beweis stellen möchte, fügt er hinzu:

> Alles in allem betrachtet bietet unsere ruhig zu Fuß einherschreitende Sprache im Vergleich zu den anderen den Vorzug des Nützlichen gegenüber dem Angenehmen.[928]

---

925 „Nous disons les choses en français, comme l'esprit est forcé de les considérer en quelque langue qu'on écrive. Cicéron a, pour ainsi dire, suivi la syntaxe française avant que d'obéir à la syntaxe latine". Ebenda, 371.

926 „... la communication de la pensée étant l'objet principal du langage, notre langue est de toutes les langues la plus châtiée, la plus exacte et la plus estimable; celle, en un mot, qui a retenu le moins de ces négligences que j'appellerais volontiers des restes de la *balbutie* des premiers âges; où, pour continuer le parallèle sans partialité, je dirais que nous avons gagné, à n'avoir point d'inversions, de la netteté, de la clarté, de la précision, qualités essentielles au discours; et que nous y avons perdu de la chaleur de l'éloquence et de l'énergie." Ebenda.

927 „Le français est fait pour instruire, éclairer et convaincre; le grec, le latin, l'italien, l'anglais, pour persuader, émouvoir et tromper: parlez grec, latin, italien au peuple; mais parlez français au sage". Ebenda, 372.

928 „Ainsi, tout bien considéré, notre langue *pédestre* a sur les autres l'avantage de l'utile sur l'agréable." Ebenda.

Das waren die wichtigsten sprachtheoretischen und sprachphilosophischen Gedanken, auf die man in Diderots *Brief über die Taubstummen* stößt. Einige interessante Exkurse über die Kategorie „Tempus“, über den Stil und über die Unmöglichkeit der Übersetzung von Poesie würden es verdienen, an anderer Stelle behandelt zu werden.

Diderots Hauptthese zur Frage der sogenannten Inversionen ist naiv und läßt sich sowohl in empirischer als auch in theoretischer Hinsicht leicht widerlegen. Was die Empirie betrifft, so genügt es, das oben angegebene Zitat über die bevorzugten Verwendungszwecke der verschiedenen Sprachen aus dem Französischen ins Italienische zu übersetzen:

> L'italiano è fatto per istruire, chiarire e convincere; il greco, il latino, il francese, l'inglese per persuadere, commuòvere e ingannare; parlate greco, latino, francese al popolo, ma parlate italiano al saggio.[929]

Es zeigt sich, daß das angeblich so ungeordnet-emotive Italienische exakt die gleiche Wortstellung aufweist wie das Französische. Condillac hatte vor dergleichen Spekulationen gewarnt, als er darauf hinwies, daß die Wortfolge mit dem sogenannten *génie de la langue* zusammenhänge und daß man aus typologisch unterschiedlichen Satzstrukturen nicht auf Denkstrukturen schließen dürfe. Die „peripathetische“ (i.e. scholastische) Philosophie, die Diderot für die Durchsetzung der „didaktischen“ Wortfolge im Französischen verantwortlich macht[930], ist gerade in einer Sprache entwickelt worden, der er eben diese Wortfolge abspricht. Im übrigen gibt es auch im Französischen vorangestellte Adjektive, eine Tatsache, die Diderot zwar einräumt, jedoch in ihrer Bedeutung relativiert.[931]

Um Diderots Thesen in theoretischer Hinsicht zurückzuweisen, genügt es, auf das Kapitel über Aristoteles zu verweisen, wo alles Notwendige gesagt und begründet wurde.[932] „Wahrheit“, „Falschheit“, „Belehrung“, „Überredung“ oder „Täuschung“ haben nichts mit den Sprachen als solchen zu tun, sondern nur mit der Art und Weise, in der man sie gebraucht. Das Griechische „lügt“ genau so wenig wie das Französische, und man kann auf französisch genau so gut lügen wie auf italienisch. Mit dem Weisen kann man sich auch in *bas breton* unterhalten, wenn er diese Sprache versteht.[933]

Müssen wir nun Diderots Beitrag zur Sprachtheorie als eines jener Beispiele für chauvinistische Sprachideologie abtun, an denen im 18. und im 19. Jahrhundert gewiß kein Mangel herrscht? Das wäre ungerecht. Wie bei vielen Autoren, die zu insgesamt betrachtet völlig unannehmbaren Ergebnissen gelangt sind, sollten wir auch im Fall Diderots darum bemüht sein, den positiven Kern seiner Einsichten freizulegen. Diderot hat klarer als viele andere Sprachphilosophen gesehen, daß man zwischen „Wahrnehmung“ und „Analyse“ der Wirklichkeit

---

[929] Vgl. oben das französische Originalzitat, Fn. 927.

[930] Vgl. Diderot 1751/1875, 351.

[931] Vgl. ebenda, 361.

[932] Vgl. oben 6.2.4.

[933] [Mit dieser Ansicht schockierte ein anderer Franzose die Humanisten; vgl. *Discours de la méthode*, 1. Teil = Descartes 1970, 52.]

unterscheiden muß und daß sich in der Sprache nicht die Wahrnehmung der Wirklichkeit widerspiegelt, sondern daß durch die Sprache eine Analyse der außersprachlichen Gegebenheiten vorgenommen wird. Dies gilt für alle Sprachen. Alle Sprachen im eigentlichen Sinn – nicht nur das Französische – unterscheiden sich grundlegend von der Gebärdensprache. Gebärden drücken ganze Situationen aus, sie haben, um es in der Terminologie des Bühlerschen Organonmodells auszudrücken, die Funktion des „Ausdrucks“ (der Kundgabe) und des „Appells“ (der Auslösung), nicht die der „Darstellung“.[934] Die Tatsache, daß man Gebärden in Sprache »übersetzen« kann, darf nicht darüber hinwegtäuschen, daß eine Gebärde keinen sprachlichen Inhalt hat. Ein durch eine Geste nachgeahmter Kreis hat nicht die Bedeutung „Kreis“; es *ist* ein Kreis, bzw. die Darstellung eines Kreises. Die Annahme, es könne einen Übergang von den Gebärden zur Sprache geben, beruht auf einem Irrtum. Andererseits läßt sich Sprachliches sehr wohl durch Gebärden ausdrücken, es handelt sich dabei aber um eine Ersatzfunktion, die das Vorhandensein von Sprache voraussetzt. Diderot hat nicht gesehen, daß es sich bei seiner „wissenschaftlichen“ Sprache mutatis mutandis um die Sprache schlechthin handelt. Wenn er behauptet, Cicero sei „sozusagen zuerst der französischen Syntax gefolgt“, so läßt sich dies gutwillig nur dahingehend interpretieren, daß er erkannt hat, daß eine Analyse der Wirklichkeit ohne Sprache nicht möglich ist. Daß es dazu nicht notwendigerweise des Französischen bedarf, werden heute auch nationalstolze Franzosen nicht mehr ernsthaft bestreiten.

18.4 Jean-Jacques Rousseau (1712–1778)

Jean-Jacques Rousseau wurde als Sohn eines relativ gebildeten Uhrmachermeisters in Genf geboren, im damaligen „Rom des Protestantismus“, dem Zufluchtsort vieler politisch Verfolgter aus ganz Europa. Seine Vorfahren väterlicher- und mütterlicherseits waren einige Generationen früher aus Paris zugezogen. Er selbst hat den größten Teil seines Lebens in Frankreich zugebracht, dennoch war er lange Zeit stolz darauf, Bürger der „kleinsten Republik Europas“ zu sein – Genf war damals nur lose mit der Eidgenossenschaft verbunden –, einige seiner Werke tragen auf dem Titelblatt unter seinem Namen den Zusatz *citoyen de Genève*. 1763 hat er dann mit seiner Vaterstadt gebrochen, wie schon vorher mit einigen Freunden und Gönnern. Das Bild, das er uns in seinen autobiographischen Schriften von sich selbst hinterlassen hat, ist – entgegen allen Aufrichtigkeitsbeteuerungen – schon hochstilisiert genug; jedoch wirkt auch seine objektiv rekonstruierbare Lebensgeschichte so romanesk, daß man den Eindruck gewinnt, er habe sie ebenfalls selbst verfaßt. Es ist hier nicht der Ort, ausführlich über den Verfasser der *Nouvelle Héloise*, des *Emile* oder des *Contrat social* zu berichten. Das Leben des schwer depressiven Mannes, der sich als Zivilisationskritiker und Erziehungstheoretiker einen Namen gemacht hat und seine eigenen Kinder einem Waisenhaus anvertraute, regt bis heute Autoren unter-

[934] Vgl. Bühler 1934/1982, Teil I, § 2, 24–33, und Coseriu 1994, 71–75.

schiedlichster Couleur zu immer neuen Darstellungen an. Die Fülle der Literatur über Rousseau ist überwältigend; einige knappe Hinweise werden am Ende dieses Kapitels gegeben. Im Zusammenhang mit den beiden Werken, denen wir uns nun zuwenden wollen, muß eine Einzelheit besonders hervorgehoben werden: Rousseau hat sich einen großen Teil seines Lebens hindurch in praktischer und in theoretischer Hinsicht mit Musik beschäftigt. Eines seiner Singspiele wurde in Anwesenheit von Louis XV. aufgeführt. Er entwarf eine neuartige Notenschrift, sorgte mit seiner *Lettre sur la musique française* aus dem Jahr 1753 für Entrüstung in der Pariser Musikwelt und steuerte musikwissenschaftliche Artikel zur *Encyclopédie* bei.

Rousseau hat sich vor allem in zwei Werken mit dem Problem der Sprache auseinandergesetzt, in seinem eingangs bereits erwähnten *Discours sur l'inégalité* – es handelt sich um die Antwort auf eine von der *Académie de Dijon* ausgeschriebenen Preisfrage – und in seinem *Essai sur l'origine des langues*, der zwar erst postum erschienen, aber vermutlich unmittelbar im Anschluß an den *Discours* entstanden ist.[935]

Im *Discours sur l'inégalité* greift Rousseau ein Problem auf, das Condillac seiner Ansicht nach noch nicht wirklich gesehen hatte: Kann es vor der Existenz der Sprache überhaupt so etwas wie eine menschliche Gemeinschaft geben? Rousseau begnügt sich damit, dieses seines Erachtens schwerwiegende Problem aufzuwerfen, ohne eine Lösung vorzuschlagen:

> ... ich überlasse demjenigen, der sich damit abgeben will, die Diskussion dieses schwierigen Problems, das darin besteht zu entscheiden, was notwendiger war, die schon gefügte Gesellschaft für die Einrichtung der Sprachen oder bereits erfundene Sprachen für die Entstehung der Gesellschaft.[936]

Im Hinblick auf das Wesen der Sprache scheint diese Frage von marginaler Bedeutung, aber sie gibt Rousseau Anlaß dazu, den schwachen Punkt der *théorie de l'institution* herauszustellen, die besagt, daß die sprachlichen Zeichen nicht natürlich motiviert sind, sondern auf menschlicher Übereinkunft beruhen. Wie soll nun aber die Verabredung arbiträrer Zeichen ohne Sprache vor sich gegangen sein? Im Widerstreit von φύσει und θέσει sieht er sich genötigt, die θέσει-Annahme zu verwerfen. Im *Essai sur l'origine des langues* geht er noch weiter. Hier entwickelt er im einzelnen, wie er sich den natürlichen Ursprung der Sprache vorstellt. Nicht die elementaren Bedürfnisse, sondern die Gefühle seien es gewesen, die den Menschen zu den ersten Lautäußerungen angeregt hätten:

> Nicht Hunger oder Durst, sondern Liebe, Haß, Mitleid und Zorn waren es, die ihnen [scil. den Menschen] die ersten Wörter entlockten. Die Früchte entziehen

---

935 Rousseau 1781/1990. [Zum Verhältnis zwischen den beiden Werken vgl. Wilhelm 2001, 63ff.]

936 „... je laisse à qui voudra l'entreprendre, la discussion de ce difficile Problème, lequel a été le plus nécessaire, de la Société déjà liée, à l'institution des Langues, ou des Langues déjà inventées, à l'établissement de la Société." Rousseau 1755/1964, 151.

sich unseren Händen nicht, man kann sie verzehren, ohne zu sprechen; stumm verfolgt man die Beute, an der man sich gütlich tun will. Aber um ein junges Herz zu rühren, einen anmaßenden Angreifer zurückzuschrecken, gibt uns die Natur Hebungen der Stimme, Schreie, Klagelaute ein. Das waren die ältesten Wörter, die erfunden wurden, und deshalb waren die ersten Sprachen melodisch und leidenschaftlich, bevor sie schlicht und methodisch wurden.[937]

Damit kritisiert Rousseau gleich zwei Thesen, die zu seiner Zeit allgemein vertreten wurden: Zum einen die These, die Sprache sei „erfunden“ und in einer gewissen Reihenfolge „ausgebaut“ worden, zum anderen die Annahme, elementare Bedürfnisse hätten dazu den Anlaß geliefert. So spricht er sich nachdrücklich gegen den Logizismus aus:

> Man hat uns die Sprache der ersten Menschen als eine Sprache von Geometern vorgestellt, und wir sehen nun, daß da Sprachen von Dichtern waren. Das mußte auch so sein. Man begann nicht damit, Vernunftgründe vorzubringen, sondern damit, Gefühle auszudrücken.[938]

Und daher war die erste Sprache notwendigerweise bildhaft:

> Da die ersten Beweggründe, die den Menschen zum Sprechen brachten, Leidenschaften waren, waren seine ersten Ausdrücke Tropen. Zuerst entstand die übertragene Bedeutung, die eigentliche wurde zuletzt gefunden. Man nannte die Dinge erst bei ihrem richtigen Namen, als man sie in ihrer wahren Form erblickte. Zuerst drückte man sich nur poetisch aus, erst viel später schickte man sich an zu argumentieren.[939]

Eine Parallele zu Vico drängt sich hier geradezu auf. Manches klingt wie eine wörtliche Übersetzung.[940] Wie Vico muß auch Rousseau eine allmähliche Entpoetisierung der Sprache annehmen:

---

937 „Ce n'est ni la faim ni la soif, mais l'amour, la haine, la pitié, la colère qui leur ont arraché les premières voix. Les fruits ne se dérobent point à nos mains, on peut s'en nourrir sans parler, on poursuit en silence la proye dont on veut se repaître; mais pour émouvoir un jeune cœur, pour repousser un aggresseur injuste la nature dicte des accens, des cris, des plaintes: voilà les plus anciens mots inventés, et voilà pourquoi les premières langues furent chantantes et passionnées avant d'être simples et méthodiques.“ Rousseau 1781/1990, 67. [Alle Zitate aus dem *Essai* wurden hinsichtlich Akzentsetzung und Interpunktion den heutigen Regeln angepaßt.]

938 „On nous fait du langage des premiers hommes des langues de Geometres, et nous voyons que ce furent des langues de Poétes. Cela dût être. On ne commença pas par raisonner mais par sentir.“ Ebenda, 66.

939 „Comme les premiers motifs qui firent parler l'homme furent des passions, ses premières expressions furent des Tropes. Le langage figuré fut le premier à naître, le sens propre fut trouvé le dernier. On n'appella les choses de leur vrai nom que quand on les vit sous leur véritable forme. D'abord on ne parla qu'en poésie; on ne s'avisa de raisonner que longtems après.“ Ebenda, 68.

940 [Schon Cassirer und im Anschluß an ihn Derrida haben über mögliche Zusammenhänge spekuliert; vgl. Trabant 1994, Kap. 5. Vielleicht wäre auch an Condillac als möglichen Vermittler zu denken.]

All das führt zur Bestätigung des Prinzips, daß die artikulierten Sprachen durch ein natürliches Fortschreiten ihren Charakter ändern, an Kraft verlieren und an Klarheit zunehmen müssen und daß, je mehr man sich auf die Vervollkommnung von Grammatik und Logik verlegt, man diesen Vorgang umsomehr beschleunigt und daß man, um eine Sprache möglichst bald eintönig und kalt werden zu lassen, nur Akademien bei dem Volk einrichten muß, das sie spricht.[941]

Wir haben gesehen, daß Rousseau an Condillac milde Kritik dafür geübt hat, daß dieser das Problem des sich gegenseitigen Bedingens von Sprache und Gesellschaft nicht klar genug erkannt habe. Im Anschluß daran zeigt er, daß das gleiche Problem bei der Bestimmung des Verhältnisses von Sprache und Denken auftritt. Einerseits ist Denken offenbar ohne Sprache nicht möglich, andererseits ist das Denken zur „Erfindung“ der Sprache notwendig – zumindest zur Erfindung in der Form, wie sie sich seine Zeitgenossen vorstellten. So nimmt er sich im *Discours sur l'inégalité* vor zu untersuchen,

... wie sie [scil. die Sprachen] überhaupt beginnen konnten, sich bei den Menschen durchzusetzen. Eine neue Schwierigkeit, schlimmer noch als die vorhergehende; denn wenn die Menschen die Sprache brauchen, um denken zu lernen, müssen sie erst recht denken können, um die Kunst des Sprechens zu erfinden ...[942]

Das gleiche Problem stellt sich ein drittes Mal, dann nämlich, wenn man erklären soll, wie der Übergang von den natürlich motivierten Gebärden, deren Funktion man sehr wohl nachvollziehen kann, zu den arbiträren Zeichen der Lautsprache sich vollzogen haben soll. Bei der Problemstellung, nicht bei der Lösung, zeigt sich Rousseau scharfsinniger als viele seiner Zeitgenossen:

... schließlich beschloß man, sie [scil. die Geste] durch artikulierte Laute zu ersetzen, die, ohne dieselbe Beziehung zu gewissen Ideen aufzuweisen, doch geeigneter sind, sie alle als konventionelle Zeichen zu repräsentieren. Diese Ersetzung konnte nur in allgemeinem Einverständnis vorgenommen werden und dies in einer Weise, die Menschen mit groben und ungeübten Organen recht schwergefallen sein muß und die man sich, in sich selbst betrachtet, noch schwerer vorstellen kann; denn dieses allgemeine Einverständnis mußte ja motiviert sein, und so scheint es, daß man der Lautsprache dringend bedurfte, um den Gebrauch der Lautsprache durchzusetzen.[943]

941 „Tout ceci mène à la confirmation de ce principe, que par un progrès naturel toutes les langues lettrées doivent changer de caractère et perdre de la force en gagnant de la clarté, que plus on s'attache à perfectionner la grammaire et la logique plus on accelère ce progrès, et que pour rendre bientôt une langue froide et monotone il ne faut qu'établir des académies chez le peuple qui la parle.“ Rousseau 1781/1990, 86.

942 „... comment elles purent commencer à s'établir. Nouvelle difficulté pire encore que la précédente; car si les Hommes ont eu besoin de la parole pour apprendre à penser, ils on eu bien plus besoin encore de savoir penser pour trouver l'art de la parole ...“; Rousseau 1755/1964, 147.

943 „... on s'avisa enfin de lui substituer les articulations de la voix, qui, sans avoir le même rapport avec certaines idées, sont plus propres à les représenter toutes, comme signes insti-

Das Problem, daß zwei Dinge sich gegenseitig voraussetzen, tritt also bei Rousseau in dreifacher Form auf: Es besteht zwischen Sprache und Gesellschaft, Sprache und Denken und schließlich zwischen „Sprache“ und „Sprache“; denn die ursprüngliche, natürlich motivierte Sprache erscheint nicht geeignet, die Voraussetzungen für die Entstehung der artikulierten Lautsprache zu schaffen. Damit deckt er den Schwachpunkt der θέσει-Annahme auf – zumindest in der Form, wie sie zu seiner Zeit vertreten wurde. Seinen *Essai sur l'origine des langues* eröffnet er mit einem eindeutigen Bekenntnis zur φύσει-These: „... als früheste gesellschaftliche Einrichtung verdankt die Sprache ihre Form ausschließlich natürlichen Ursachen“.[944]

Diese natürlichen Ursachen glaubt er in den Gefühlen ausgemacht zu haben; sie sind es, die Sprache und Gesellschaft zugleich hervorbringen: „Alle Gefühle bringen die Menschen einander näher, die sich zur Befriedigung ihrer Lebensbedürfnisse gezwungenermaßen aus dem Wege gehen.“[945] Somit lehnte Rousseau all das ab, was seine Zeitgenossen über den allmählichen, rational gesteuerten Ausbau der Sprache lehrten. Sprache war für ihn aus Gefühlen hervorgegangene Dichtung. Im neunten und zehnten Kapitel seines *Essai* malt er diese These in einer Form aus, die uns heute belustigt: Die Sprachen des Südens sollen aus Gefühlen vom Typ *aimez-moi* „liebt mich“, die des Nordens aus Gefühlen vom Typ *aidez-moi* „helft mir“ hervorgegangen sein. Das Verhältnis von Sprache und Musik stellt er sich ähnlich wie Condillac vor:

> ... die Poesie wurde vor der Prosa erfunden; das mußte so sein, denn vor der Vernunft hatten die Leidenschaften das Wort. Ebenso verhielt es sich mit der Musik. Am Anfang gab es keine andere Musik als die Melodie und keine andere Melodie als die Modulationen der Stimme. Die Hebungen bildeten den Gesang, Längen und Kürzen gaben den Takt an; man drückte sich durch Töne und Rhythmen genauso aus wie durch die artikulierten Laute und Wörter. Reden und singen waren ursprünglich dasselbe, sagt Strabo, woraus hervorgeht, fügt er hinzu, daß in der Poesie die Quelle der Beredsamkeit liegt. Er hätte sagen sollen, daß beide denselben Ursprung hatten und am Anfang ein und dasselbe waren.[946]

---

tués; substitution qui ne put se faire que d'un commun consentement, et d'une manière assés difficile à pratiquer pour des hommes dont les organes grossiers n'avoient encore aucun exercice, et plus difficile encore à concevoir en elle-même, puisque cet accord unanime dut être motivé, et que la parole paroît avoir été fort nécessaire, pour établir l'usage de la parole.“ Ebenda, 148f.

944 „... la parole étant la première institution sociale ne doit sa forme qu'à des causes naturelles“. Rousseau 1781/1990, 59.

945 „Toutes les passions rapprochent les hommes que la nécessité de chercher à vivre force à se fuir“, ebenda, 67.

946 „... la poésie fut trouvée avant la prose; cela devoit être, puisque les passions parlèrent avant la raison. Il en fut de même de la musique; il n'y eut point d'abord d'autre musique que la mélodie, ni d'autre mélodie que le son varié de la parole, les accens formoient le chant, les quantités formoient la mesure, et l'on parloit autant par les sons et par le rhythme que par les articulations et les voix. Dire et chanter étoit autrefois la même chose dit Strabon; ce qui montre, ajoute-t-il, que la poésie est la source de l'éloquence. Il faloit dire que

Noch entschiedener als Condillac vertritt er die Ansicht, daß die Musik als selbständige Kunst aus der Sprache hervorgegangen sei:

> ... der Gesang wurde allmählich zu einer Kunst, die sich von der Sprache, aus der sie hervorgegangen war, vollständig löste.[947]

Rousseau erweist sich besonders in negativer Hinsicht als scharfsinniger Denker. Er sieht vor allem die Schwachpunkte in der Argumentation seiner Gegner. Um so mehr ist man erstaunt darüber, mit welcher Entschiedenheit er an der φύσει-These festhält, obwohl er doch selbst wenigstens ansatzweise erkannt hat, daß es keinen rational nachvollziehbaren Übergang vom Sich-Kundtun durch Gebärden zu den arbiträren Zeichen der Lautsprache gibt. In dreifacher Form hat er gezeigt, in welche nahezu unüberwindlichen Schwierigkeiten man gerät, wenn man die Konventionalität der Sprache behaupten möchte. Um selbst den Schwierigkeiten zu entgehen, die er mit seinem dritten Argument heraufbeschworen hat, müßte er eigentlich den nicht-konventionellen Charakter auch der modernen Sprachen behaupten. Das tut er jedoch nicht oder zumindest nicht in eindeutiger Form.

Mit den drei Autoren, die wir hier etwas ausführlicher zu Wort kommen ließen, insbesondere aber mit Condillac und Rousseau, sind wir bei einer Auffassung angelangt, die in der Sprache vornehmlich eine Form des Ausdrucks sieht. Ein Großteil der Philosophen, die in dieser Übersicht behandelt wurden, vertreten eine instrumentale Sprachauffassung, bei der das Verhältnis von Sprache und Erkenntnis im Mittelpunkt steht. Diese beiden Auffassungen stehen in der zweiten Hälfte des 18. Jahrhunderts einander ziemlich unvermittelt gegenüber. Eine neue Fragestellung, die beiden Auffassungen gerecht werden kann, wird zum Desiderat. Wir werden sie in der Sprachphilosophie der deutschen Romantik kennenlernen.

18.5 Bibliographische Hinweise

Über die Sprachbetrachtung der französischen Aufklärung ist seit dem Erscheinen der ersten Auflage der vorliegenden Übersicht viel gearbeitet worden. Als wichtige Informationsquellen erweisen sich immer noch Guy Harnois' Darstellung der französischen Sprachtheorie im 17. und 18. Jahrhundert; Gunvor Sahlins Dissertation, die entgegen ihrem Titel keineswegs nur Dumarsais gewidmet ist, und Luigi Rosiellos *Linguistica illuministica*.[948] Ulrich Ricken und seine Schüler haben sich immer wieder der Linguistik der Aufklärung angenom-

---

l'une et l'autre eurent la même source et ne furent d'abord que la même chose." Ebenda, 115.

947 „... le chant devint par degrés un art entièrement séparé de la parole dont il tire son origine ..., ebenda, 142.

948 Harnois 1929; Sahlin 1928; Rosiello 1967.

men.[949] Daniel Droixhes *Linguistique et l'appel de l'histoire* ist in verhältnismäßig kurzer Zeit zu einem vielzitierten Klassiker geworden.[950] Irene Monreal-Wickert hat sich in ihrer Dissertation vor allem mit den Sprachtheoretikern auseinandergesetzt, die einen direkten oder indirekten Beitrag zur großen französischen Enzyklopädie geleistet haben.[951] Vor wenigen Jahren ist ein von Gerda Haßler und Peter Schmitter betreuter Sammelband erschienen, der einige Beiträge enthält, die nicht nur zum vorliegenden, sondern auch zum vorhergehenden Kapitel dieser Übersicht herangezogen werden können.[952] Die meisten der hier genannten Werke enthalten viel weiterführende Literatur.

Was die behandelten Primärtexte betrifft, so liegen viele von ihnen inzwischen in kommentierten Nachdrucken vor, die im Literaturverzeichnis aufgeführt sind. Rousseaus *Essai sur l'origine des langues* ist sogar in einer bekannten Taschenbuchreihe erschienen; die Ausgabe wurde von Jean Starobinski besorgt und ist durchaus »zitierfähig«.[953]

Zu den drei Autoren, die hier etwas eingehender behandelt wurden, können nur äußerst knappe Literaturhinweise gegeben werden. Zu Rousseau und Diderot liegen in zwei weit verbreiteten biographischen Taschenbuchreihen einführende Gesamtdarstellungen vor.[954] Zu Condillac gibt es eine notgedrungen knapper gehaltene Darstellung, die Winfried Franzen zu einem hier bereits häufig zitierten Sammelwerk beigesteuert hat.[955] Die umfangreiche Habilitationsschrift von Raymund Wilhelm gilt zwar dem Sprachdenken Rousseaus, informiert jedoch darüber hinaus auch über Condillac und Diderot.[956]

---

949 Ricken 1978; Ricken et alii (Hg.) 1990.
950 Droixhe 1978.
951 Monreal-Wickert 1977.
952 Haßler/Schmitter (Hg.) 1999.
953 Rousseau 1781/1990.
954 Holmsten 1972; Wuthenow 1994.
955 Franzen 1996.
956 Wilhelm 2001.

19 Ausblick

Mit Rousseau sind wir am Ende der ersten Etappe unseres Erkundungsgangs durch die Geschichte der Sprachphilosophie angelangt. Dem aufmerksamen Leser wird nicht entgangen sein, daß die im ersten Kapitel getroffene Unterscheidung zwischen Sprachphilosophie, Sprachtheorie und Sprachwissenschaft bei den bisher behandelten Autoren noch nicht streng beachtet werden konnte. Die meisten von ihnen sind – mit unterschiedlicher Gewichtung – Sprachphilosophen, Sprachtheoretiker und Sprachwissenschaftler zugleich. Mit der Sprachphilosophie der deutschen Romantik wird sich das ändern.

Fast ein Jahrhundert lang waren die wichtigsten Denkanstöße aus anderen Ländern nach Deutschland gekommen, vor allem aus England. Nach Leibniz' Tod und nach dem Niedergang der Leibniz-Wolffschen Schule hatte Deutschland fast nur noch »absorbiert«, was in anderen Ländern hervorgebracht wurde. Nun wird es zum Zentrum des Ausstrahlens neuer Ideen. Es beginnt eine Epoche, die für das philosophische Denken eine ähnliche Bedeutung hatte wie das Zeitalter der Renaissance für die Künste und große Bereiche der allgemeinen Kultur. Alles, was dem optimistischen Fortschrittsglauben der Aufklärer als mühsam erarbeitetes und nunmehr gesichertes Wissen galt, wird nun wieder in Frage gestellt und neu begründet. Wenn uns heute einige der im vorliegenden ersten Teil dieser Übersicht referierten Fragestellungen ein amüsiertes Lächeln abnötigen, weil wir uns diesem fremdartig-altertümlichen Denken weit überlegen fühlen, so sollten wir uns darüber im Klaren sein, daß diese uns heute so fremdartig anmutende Vorstellungswelt erst durch das Sprachdenken der deutschen Romantik abgelöst wurde. Zumindest in philosophischer Hinsicht leben wir noch immer in dieser Epoche, auch wenn wir es nicht wissen oder nicht wissen wollen. Der Terminus *Renaissance* darf in diesem Zusammenhang durchaus wörtlich verstanden werden. Die Sprachphilosophie der deutschen Romantik bringt ebenfalls eine Wiederentdeckung der Antike mit sich, vor allem eine Wiederentdeckung des Philosophen Aristoteles, der unter den Sedimenten einer jahrhundertealten Schultradition nur noch als trockener Logiker zu erkennen gewesen war. Es beginnt nun vor allem eine Renaissance der Sprachwissenschaft. Sie zeigt sich nicht zuletzt darin, daß sprachwissenschaftliche Ideen wieder aufgenommen werden, die in der Renaissance bereits diskutiert, später jedoch fallengelassen worden waren. Nun wird die Sprachwissenschaft auf der Grundlage einer ihr angemessenen Methode als autonome Disziplin begründet. Die Sprachphilosophic, die nun nicht mehr zugleich Sprachwissenschaft sein will und zu sein braucht, kann sich daraufhin ebenfalls als sclbständige Disziplin von der Sprachbetrachtung im allgemeinen emanzipieren und damit faktischen Irrtümern und den mit ihnen verknüpften naiven Anschauungen aus dem Wege gehen.

Die Zentren dieser neuen Kultur des Sprachdenkens waren Königsberg, Weimar, Berlin und Bonn. Die Namen ihrer wichtigsten Repräsentanten lauteten

Johann Gottfried Herder, Johann Georg Hamann, Johann Gottlieb Fichte, Friedrich und August Schlegel, Georg Wilhelm Friedrich Hegel, Friedrich Wilhelm Joseph Schelling, Friedrich Daniel Ernst Schleiermacher und Wilhelm von Humboldt. Das Sprachdenken dieser Männer soll uns im zweiten Teil dieser Übersicht beschäftigen. Darüber hinaus wird auch zu berücksichtigen sein, was die Sprachwissenschaftler und die Dichter über die Sprache zu sagen haben.

Literaturverzeichnis

I. Quellen- und Nachschlagewerke

Das Zeichen = steht statt : in den Fällen, in denen der in den Anmerkungen gegebene Nachweis aus verschiedenen Gründen von den üblichen Normen abweicht.

Ammonius (1961) = Ammonius. *Commentaire sur le Peri Hermeneias d'Aristote.* Traduction de Guillaume de Moerbeke. Edition critique et étude sur l'utilisation du commentaire dans l'œuvre de Saint Thomas par G. Verbeke, Löwen/Paris.

Annambhaṭṭa/Hultzsch (1907) = Annambhaṭṭas Tarkasaṃgraha, ein Kompendium der Dialektik und Atomistik, mit des Verfassers eigenem Kommentar, genannt Dîpikâ. Aus dem Sanskrit übersetzt von E. Hultzsch, Berlin.

Aristoteles (1956ff.): *Werke in deutscher Übersetzung* (mit historisch-philologischen und philosophischen Kommentaren), begründet von E. Grumach, hrsg. von H. Flashar, Berlin (noch nicht abgeschlossen).

Aristoteles (1970): *Metaphysik* (dt. Übers. von F. F. Schwarze), Stuttgart (= Reclams Universalbibliothek).

Aristoteles (1974): *Kategorien. Lehre vom Satz* (dt. Übers. von E. Rolfes), 9. Nachdruck, Hamburg.

Aristoteles (1982): *Poetik* (zweisprachig; dt. Übers. von M. Fuhrmann), Stuttgart (= Reclams Universalbibliothek).

Aristoteles (1984) = *The Complete Works of Aristotle.* The Revised Oxford Edition, hrsg. von Jonathan Barnes, 2 Bde., Princeton.

Arnim (1905/1964): *Stoicorum Veterum Fragmenta* collegit Ioannes ab Arnim, Vol. I: *Zeno et Zenonis Discipuli*, Fotomechanischer Nachdruck der Ausg. Leipzig 1905, Stuttgart.

Augustinus (1975) = *De dialectica* [anderenorts *Principia dialecticae*]. Herausg. von Jan Pinborg, engl. Üb. von B. D. Jackson, Dordrecht.

Augustinus (1989): *Bekenntnisse.* Mit einer Einleitung von Kurt Flasch. Übersetzt, mit Anmerkungen versehen und herausgegeben von Kurt Flasch und Burkard Mojsisch, Stuttgart.

Augustinus (1998) = Aurelius Augustinus: *De magistro/Über den Lehrer.* Lateinisch/deutsch. Übersetzt und herausgegeben von Burkard Mojsisch, Stuttgart.

Augustinus: weitere Werke s. Migne *Patrologia* und Pinborg/Jackson 1975.

Batteux, Charles (1748): *Cours de Belles Lettres distribué par exercices*, 5 Bde., Paris.

Beauzée, Nicolas (1767/1974): *Grammaire générale ou exposition raisonnée des éléments nécessaires du langage, pour servir de fondement à l'étude de toutes les langues*, 2 Bde., Stuttgart-Bad Cannstatt.

Bellay, Joachim du (1549/1892): *La deffence et illustration de la langue francoyse*, édition E. Person, Paris.

Bergson, Henri (1938/99): *La pensée et le mouvant*, Paris.

Berkeley, George (1998): *A Treatise Concerning the Principles of Human Knowledge*, ed. Jonathan Dancy, Oxford.

Boethius (1877) = *Anicii Manlii Severini Boetii Commentarii in Librum Aristotelis* ΠΕΡΙ ΕΡΜΗΝΕΙΑΣ recensuit Carolus Meiser, Leipzig.

Bovillus (1533) = Carolus Bovillus (Charles de Bouvelles): *Liber de differentia vulgarium linguarum et Gallici sermonis varietate*, Paris chez Robert Estienne.
Brosses, Charles de (1765): *Traité de la formation méchanique des langues ou Principes physiques de l'étymologie*, Paris.
Burnet, James (1773/1974) = *Of the Origin and Progress of Language*, 6 Bde., Edinburgh 1789, Nachdruck Hildesheim/New York 1974.
Bußmann, Hadumod (1992): *Lexikon der Sprachwissenschaft*, Stuttgart.
Capelle, Wilhelm ([8]1973): *Die Vorsokratiker. Fragmente und Quellenberichte*, Stuttgart.
Chaix-Ruy, Jules (Hg. 1946): J. B. Vico: *Œuvres choisies*, Paris.
Condillac, Etienne Bonnot de (1746/1970): *Essai sur l'origine des connaissances humaines*; in: *Œuvres complètes*, Bd. I, Nachdruck Genf 1970.
Condillac, Etienne Bonnot de (1749/1970): *Traité des systèmes*; in: ebenda, Bd. II.
Condillac, Etienne Bonnot de (1798/1970): *La langue des calculs*; in: ebenda, Bd. XVI.
Condillac, Etienne Bonnot de (1754/1984): *Traité des sensations*, Paris.
Court de Gébelin, Antoine (1773–1782): *Monde primitif analysé et comparé avec le Monde moderne*, 9 Bde., Paris.
Couturat (1903) = *Opuscules et fragments inédits de Leibniz*. Extraits des manuscrits de la Bibliothèque royale de Hanovre par Louis Couturat, Paris (Nachdruck Hildesheim 1966).
Crecelius (1857) = *S. Aurelii Augustini de dialectica liber*, rec. W. Crecelius, Elberfeld.
Dalgarno, George (1661/1968): *Ars signorum, vulgo character universalis*, Oxford. Nachdruck Leeds 1968 (= English Linguistics 1500–1800, Nr. 116).
Der kleine Pauly. Lexikon der Antike in fünf Bänden. Auf der Grundlage von Pauly's Realencyclopädie der classischen Altertumswissenschaft unter Mitwirkung zahlreicher Fachgelehrter bearbeitet und herausgegeben von Konrat Ziegler und Walther Sontheimer, München 1975.
Descartes (1897–1913) = *Œuvres de Descartes* publiés par Charles Adam & Paul Tannery sous les auspices du Ministère de l'Instruction Publique, Paris.
Descartes (1897) = ebenda, *Correspondance*, Bd. I, Paris.
Descartes (1901) = ebenda, *Correspondance*, Bd. IV, Paris.
Descartes (1905) = ebenda, *Correspondance*, Bd. VIII, Paris.
Descartes (1953): *Œuvres et Lettres*. Textes présentés par André Bridoux, Paris (= Bibliothèque de la Pléiade).
Descartes (1970): *Discours de la méthode*. Introduction par Etienne Gilson, Paris.
Descartes (1973): *Regulae ad directionem ingenii. Regeln zur Ausrichtung der Erkenntniskraft*, Lateinisch-Deutsch, kritisch revidiert, übersetzt und herausgegeben von Heinrich Springmeyer, Lüder Gäbe, Hans Günter Zehl, Hamburg.
Descartes (1978): *Meditationes de prima philosophia. Méditations métaphysiques*. Texte latin et traduction du Duc de Luynes, Paris.
Diderot, Denis (1751/1875): *Lettre sur les sourds et muets à l'intention de ceux qui entendent et qui parlent*, in: *Œuvres complètes*, Paris, Bd. I, 345–428.
Diels/Kranz (1992) = *Die Fragmente der Vorsokratiker*. Griechisch und Deutsch von Hermann Diels. Herausgegeben von Walther Kranz. Unveränderter Nachdruck der 6. Auflage 1951, Zürich/Hildesheim 1992.
Domergue, François-Urbain (1799): *Grammaire générale analytique*, Paris.
Dumarsais, César Chesneau s. Marsais, César Chesneau du.
Encyclopédie (1966) = *Encyclopédie ou dictionnaire raisonné des sciences, des Arts et des métiers* [1751–1780], 35 Bde., Stuttgart-Bad Cannstatt.
Gellius (170/1903) = Aulus Gellius, *Noctium Atticarum Libri XX*, post Martinum Hertz, ed. Carolus Hosius, Leipzig.

Gottsched, Johann Christoph (1762/1970): *Vollständigere und Neuerläuterte Deutsche Sprachkunst*, nach den Mustern der besten Schriftsteller des vorigen und itzigen Jahrhunderts abgefasset ... usw., 5. Auflage, Leipzig, Nachdruck Hildesheim/New York.

Grammaire de Port-Royal (^{3}1676/1966) = Antoine Arnauld / Claude Lancelot: *Grammaire générale et raisonnée ou La Grammaire de Port-Royal*, Bd. I, Stuttgart-Bad Cannstatt. [= Grammatica universalis 1.]

Grammaire de Port-Royal (1830/1969) = Arnauld/Lancelot: *Grammaire générale et raisonnée* [...], avec les remarques de Duclos. Préface Michel Foucault, Paris.

Grimsley, Ronald (1971): *Maupertuis, Turgot et Maine de Biran. Sur l'origine du langage*. Suivi de trois textes, Genf.

Harris, James (1786/1996): *Hermes or a Philosophical Inquiry Concerning Universal Grammar*, Nachdruck der Ausgabe von 1786, London/Tokio 1996.

Hegel, Georg Wilhelm Friedrich (1807/1970): *Phänomenologie des Geistes*, Auf der Grundlage der Werke von 1832–1845 neu edierte Ausgabe, Bd. 3, Frankfurt am Main.

Horne Tooke, John (1829/1996): *ΕΠΕΑ ΠΤΕΡΟΕΝΤΑ or the Diversions of Purley*, London 1829, Nachdruck London/Tokio 1996.

Hülser, Karlheinz (Hg. 1987f.): *Die Fragmente zur Dialektik der Stoiker.* Neue Sammlung der Texte mit deutscher Übersetzung und Kommentaren, 4 Bde., Stuttgart-Bad Cannstatt.

Humboldt, Wilhelm von (1829/1963): „Über die Verschiedenheit des menschlichen Sprachbaues", in: Idem: *Werke in fünf Bänden*, Bd. III: *Schriften zur Sprachphilosophie*, Darmstadt, 144–367.

Hume, David (^{3}1975): *Enquiries Concerning Human Understanding and Concerning the Principles of Moral*, reprinted from the posthumous edition of 1777 usw., Oxford.

Hume, David (1886/1964): *A Treatise of Human Nature and Dialogues Concerning Natural Religion*. Edited, with Preliminary Dissertations and Notes by T.H. Green and T. H. Grose, 2 Bde., London 1886, Nachdruck Aalen 1964.

Husserl, Edmund (1901/80): *Logische Untersuchungen*, 3 Bde., Tübingen.

Husserl, Edmund (1950/1992): *Cartesianische Meditationen.* Eine Einleitung in die Phänomenologie, in: Elisabeth Ströker (Hg.): Edmund Husserl: *Gesammelte Schriften*, Tübingen, Bd. 8, 3–164; franz. Original 1950.

Isidor (1911/89) = Isidori hispalensis episcopi: *Etymologiarum sive originum libri XX,* ed. W. M. Lindsay, Oxford, 2 Bde., 1911 (^{2}1989).

Kant, Immanuel (1800/1966) = *Immanuel Kants Logik. Ein Handbuch zu Vorlesungen*, in: Idem: *Werke in sechs Bänden*, Bd. III *Schriften zur Metaphysik und Logik*, Darmstadt 1966, 421–582.

Kirk, G.S. / Raven, J.E. / Schofield, M. (1983): *The Presocratic Philosophers*, Cambridge; dt. *Die vorsokratischen Philosophen*. Einführung, Texte und Kommentare, übers. von K. Hülser, Stuttgart 1994.

Lambert, Johann Heinrich (1764): *Neues Organon oder Gedanken über die Erforschung und Bezeichnung des Wahren und dessen Unterscheidung vom Irrtum und Schein*, 2 Bde., Leipzig.

Lambert, Johann Heinrich (1764/1965): Nachdruck des oben aufgeführten Werks, Hildesheim.

Leibniz, Gottfried Wilhelm (1765/1966): *Nouveaux essais sur l'entendement humain.* Chronolgie et introduction de Jacques Brunschwig, Paris.

Leibniz (1875–1890) = *Die philosophischen Schriften von Gottfried Wilhelm Leibniz.* Herausgegeben von C. F. Gerhardt, Berlin. Nachdruck Hildesheim/New York 1978.

Lexicon Grammaticorum. Who's Who in the History of World Linguistics, edited by Harro Stammerjohann, Tübingen 1996.

Locke, John (1690/1975): *An Essay Concerning Human Understanding*, edited with a forword by Peter H. Nidditch, Oxford. Erstausgabe 1690.

Long, A.A. / Sedley D.N. (1987): *The Hellenistic Philosophers.* Vol. 1: *Translation of the Principal Sources with Philosophical Commentary*; Vol. 2: *Greek and Latin Texts with notes and Bibliography*, Cambridge.

Marcovich, Miroslav (1967): *Heraclitus.* Greek Text with a Short Commentary, Mérida (Venezuela).

Marsais, César Chesneau du (1971): *Mélanges de grammaire, de philosophie etc.*; *Exposition d'une méthode raisonnée pour apprendre la langue latine*; *Des Tropes ou des différens sens dans lesquels on peut prendre un mème mot dans une mème langue*; Stuttgart-Bad Cannstatt. [= Grammatica universalis, 5,1 und 5,2.]

Marsais, César Chesneau du (1987): *Les véritables principes de la grammaire et autres textes*, Paris.

Maupertuis, s. Grimsley.

Meiner, Johann Werner (1781/1971): *Versuch einer an der menschlichen Sprache abgebildeten Vernunftlehre oder Philosophische und Allgemeine Sprachlehre*, Stuttgart-Bad Cannstatt. [= Grammatica universalis, 6.]

Méridier (⁴1969) = Platon: *Cratyle.* Texte établi et traduit par Louis Méridier, Paris ⁴1969 (1. Aufl. 1931).

Migne, J.P. (Hg. 1877ff.): *Patrologia Cursus completus*, Vol. 32 (*De dialectica*); Vol. 34 (*De doctrina christiana*), Vol. 42 (*De trinitate*), Paris.

Pinborg/Jackson (1975) = Augustinus: *De dialectica.* Hrsg. von J. Pinborg, übersetzt von B.D. Jackson, Dordrecht.

Platon (²1990): *Werke, griechisch und deutsch.* Hg. von G. Eigler, Darmstadt 1970–1982, 2. Aufl. 1990, übersetzt von Friedrich Schleiermacher u.a.

Priestley, Joseph (1762/1970): *A Course of Lectures on the Theory of Language and Universal Grammar*, Warrington 1762, Nachdruck Menston 1970.

Proclus Diadochus / Pasquali (1908/1994) = Procli Diadochi *in Platonis Cratylum Commentaria.* Edidit Georgius Pasquali. Nachdruck der Ausgabe von 1908, Stuttgart/Leipzig 1994.

Rabelais, François (1546/1941): *Le Tiers livre*, *Œuvres complètes*, édition J. Boulanger, Paris (= Edition de la Pléiade).

Rivarol, Antoine (1784/1852): *De l'universalité de la langue française*, in: *Œuvres de Rivarol.* Etudes sur sa vie et son esprit par Sainte-Beuve, Arsène Houssaye, Armand Malitourne, Paris.

Rousseau, Jean-Jacques (1755/1964): *Discours sur l'origine et les fondemens de l'inégalité parmis les hommes*, in: *Œuvres complètes*, Bd. III, Paris, 111–223.

Rousseau, Jean-Jacques (1770/1959): *Les Confessions de J.J. Rousseau*; ebenda, Bd. I, 1–656.

Rousseau, Jean-Jacques (1781/1990): *Essai sur l'origine des langues où il est parlé de la mélodie et de l'imitation musicale.* Texte établi et présenté par Jean Starobinski, Paris.

Saussure, Ferdinand de (1916/71): *Cours de linguistique générale* publié par Charles Bally et Albert Sechehaye avec la collaboration de Albert Riedlinger, Paris ³ 1971.

Scaliger (1584) = Iulius Caesar Scaliger: *De causis linguae latinae libri tredecim*, Paris apud P. Santandreanum.

Schlegel, August Wilhelm (1818/1970): *Observations sur la Langue et la Littérature Provençales.* Neudruck der ersten Ausgabe Paris 1818 herausgegeben mit einem Vorwort von Gunter Narr, Tübingen 1971.

Schottel(ius), Justus Georg (1663/1967): *Ausführliche Arbeit Von der Teutschen Haubt Sprache [...]*, Braunschweig 1663, Neudruck hrsg. von W. Hecht, Tübingen.

Sextus Empiricus (1914) = *Sexti Empirici Opera* recensuit Hermannus Mutschmann. Vol. II: *Adversus Dogmaticos Libros Quinque* (Adv. Mathem. VII–XI) *continens*, Leipzig.

Shaftesbury, Anthony Earl of (1711/1900): *Characteristics of Men, Manners, Opinions, Times*, etc. Edited by John M. Robertson, Nachdruck der Ausgabe von 1711 und 1900, Bristol 1995.

Siger de Courtrai (1913) = *Les Œuvres de Siger de Courtrai* (Etude critique et textes inédits) par G. Wallebrand, Löwen (= *Les philosophes belges*, Bd. VIII).

Silvestre de Sacy, Antoine-Isaac (1799/1975): *Principes de grammaire générale, mis à la portée des enfans, et propres à servir d'introduction à l'étude de toutes les langues*, Kommentierter Nachdruck Stuttgart-Bad Cannstatt. [= Grammatica universalis 10.]

Smith, Adam (1767/1970): *A Dissertation on the Origin of Languages* or Considerations Concerning the First Formation of Languages and the Different Genius of Original and Compounded Languages. Herausgegeben und mit einer Einleitung versehen von Gunter Narr, Tübingen.

Snell, Bruno (Hg. [5]1965): *Heraklit.* Fragmente Griechisch und Deutsch, o.O. [München].

Süßmilch, Johann Peter (1766/1998): *Versuch eines Beweises, daß die erste Sprache ihren Ursprung nicht vom Menschen, sondern allein vom Schöpfer erhalten habe*, Berlin, Nachdruck Köln.

Thomas von Aquin (1955): *In Aristotelis Libros PERI HERMENEIAS ET POSTERIORUM ANALYTICORUM EXPOSITIO*, hrsg. von P. Fr. Raymundi und M. Spazzi, Turin.

Thomas von Erfurt (1998) = Thomas von Erfurt: *Abhandlung über die bedeutsamen Verhaltensweisen der Sprache (Tractatus de Modis significandi).* Aus dem Lateinischen übersetzt und eingeleitet von Stephan Grotz, Amsterdam/Philadelphia (= Bochumer Studien zur Philosophie 27).

Tiedemann, Dietrich (1772/1995): *Versuch einer Erklärung des Ursprungs der Sprache*, Riga 1722; Photomechanischer Nachdruck in: *History of Linguistics: 18th and 19th Century German Linguistics*, London/Tokio. [Der Band ist nicht durchpaginiert; Tiedemann ist zwischen Herder und Fichte plaziert.]

Totok, Wilhelm (1997): *Handbuch der Geschichte der Philosophie*, 2. völlig neu bearbeitete und erweiterte Auflage, Frankfurt am Main.

Vico, Giambattista (1914–1941): *Opere*, 8 Bde. in 11 Büchern, hrsg. von Fausto Nicolini, Bari.

Vico, Giambattista (1971): *Opere filosofiche.* Introduzione di Nicola Badaloni, testi, versioni e note a cura di Paolo Cristofolini, Florenz.

Vico, Gambattista (1708/1971): „De nostri temporis studiorum ratione", in: Vico (1971), 787–855.

Vico, Giambattista (1710/1971): „De antiquissima italorum sapientia ex linguae latinae originibus eruenda" (= Liber metaphysicus), in: Vico (1971), 55–131.

Vico, Giambattista (1711/1971): „Risposta del signor Giambattista di Vico nella quale si sciogliono tre opposizioni fatte da dotto signore contro il primo libro »De antiquissima italorum sapientia«", in: Vico (1971), 145–168.

Vico, Giambattista (1725/1971): „Principi di una scienza nuova" usw. = SNP, in: Vico (1971), 169–338.

Vico, Giambattista (1728/1965): *Autobiografia*, seguita da una scelta di lettere, orazioni e rime; a cura di Mario Fubini, Turin.

Vico, Giambattista (1729/1771): „Vici Vindiciae", in: Vico 1971), 339–375.

Vico, Giambattista (1744/1971): „Principi di scienza nuova d'intorno alla comune natura delle nazioni" usw. = SNS, in: Vico (1971), 377–702.

Vico, Giambattista (1744/1990): *Prinzipien einer neuen Wissenschaft über die gemeinsame Natur der Völker*, übersetzt von Vittorio Hösle und Christoph Jermann, mit Textverweisen von Christoph Jermann, 2 Bde., Hamburg.

Vico/Auerbach (1924) = *Die neue Wissenschaft über die gemeinschaftliche Natur der Völker*, übersetzt von Erich Auerbach, München.

Vincent Ferrer (1977): *Tractatus de Suppositionibus*. Critical edition with an introduction by John A. Trentman, Stuttgart-Bad Cannstatt.

Vives (1782/1964) = *Joannis Ludovici Vivis Valentini Opera omnia*, distributa et ordinata in argumentorum classes praecipuas a Gregorio Majansio, Valencia 1782–1790; Neudruck London 1964.

Wilkins, John (1668/1969) = *Essay towards a Real Character and a Philosophical Language*, London; Nachdruck Leeds 1969 (= English Lingusistics 1500–1800, Nr. 119).

Wolff, Christian (1713/1978): *Vernünftige Gedanken von den Kräften des menschlichen Verstandes und ihrem richtigen Gebrauche in Erkenntnis der Wahrheit*; Gesammelte Werke, 1. Abteilung, Bd. 1, Hildesheim/New York. [= Deutsche Logik]

Wolff, Christian (1720/1983): *Vernünfftige Gedancken von Gott, der Welt und der Seele des Menschen, auch allen Dingen überhaupt*; Gesammelte Werke, 1. Abteilung Bd. 2, Hildesheim/Zürich/New York. [= Deutsche Metaphysik].

Wolff, Christian (1720/1976): *Vernünfftige Gedancken von der Menschen Thun und Lassen, zur Beförderung ihrer Glückseligkeit*, Gesammelte Werke, 1. Abteilung Bd. 4, Hildesheim/New York. [= Deutsche Ethik].

Wolff, Christian (1730/1962): *Philosophia prima sive ontologia*, Gesammelte Werke, 2. Abteilung, Bd. 3, Hildesheim. [= Lateinische Metaphysik].

II. Einführungen in die Sprachphilophie und ihre Geschichte; Anthologien sprachphilosophischer Texte

Zu einigen im Text nicht erwähnten Arbeiten werden kurze Kommentare gegeben.

Bermes, Christian (Hg. 1999): *Sprachphilosophie*, Freiburg i.Br. (Knapp gehaltene, fragmentarische Anthologie.)

Black, Max (1949): *Language and Philosophy*, London. (Behandelt Einzelprobleme systematisch und unvoreingenommen.)

Borsche, Tilmann (Hg. 1996): *Klassiker der Sprachphilosophie*. Von Platon bis Noam Chomsky, München.

Braun, Edmund (Hg. 1996): *Der Paradigmenwechsel in der Sprachphilosophie*. Studien und Texte, Darmstadt. (Nur ein Teil der Studien und der ausgewählten Texte betreffen die hier behandelten Epochen; der größere Teil ist der modernen Sprachphilosophie gewidmet.)

Dascal, Marcelo et alii (Hgg. 1992/1996): *Sprachphilosophie*. Ein internationales Handbuch zeitgenössischer Forschung, Berlin/New York, Bd. I 1992; Bd. II 1996.

Ebbesen, Sten (Hg. 1995): *Sprachtheorien in Spätantike und Mittelalter*, Tübingen.

Fahrenbach, Helmut (1970/71): „Positionen und Probleme gegenwärtiger Philosophie. Teil II: Philosophie der Sprache", *Theologische Rundschau*, (Neue Folge), 35,1, 277–306; 36,1, 125–144 und ebenda 221–243. (Betrifft die hier behandelten Epochen nur am Rande, führt jedoch umfassend in die Grundprobleme der Sprachphilosophie ein.)

Geier, Manfred (1989): *Das Sprachspiel der Philosophen.* Von Parmenides bis Wittgenstein, Reinbek bei Hamburg.
Gilson, Etienne (1986): *Linguistique et philosophie.* Essai sur les constantes philosophiques du langage, Paris. (Das Spachdenken Augustins, Thomas' und Descartes' aus der Sicht der neoscholstischen Philosophie und der modernen Linguistik.)
Hartig, Matthias (1978): *Einführung in die Sprachphilosophie: das Verhältnis von Sprache und Denken*, Stuttgart. (Konzentriert sich auf die „objektive" Dimension der Sprache.)
Hegel, Georg Wilhelm Friedrich (1826/1989): *Vorlesungen über die Geschichte der Philosophie.* Herausgegeben von Pierre Garniron und Walter Jaeschke, Hamburg 1989.
Heintel, Erich (^{4}1991): *Einführung in die Sprachphilosophie.* Vierte, um ein Nachwort erweiterte Auflage, Darmstadt. (Eher für die späteren, in diesem Teil noch nicht behandelten Epochen von Bedeutung.)
Hennigfeld, Jochem (1994): *Geschichte der Sprachphilosophie.* Antike und Mittelalter, Berlin/New York.
Huisman, Bruno / Ribes, François (1986): *Les philosophes et le langage.* Les grands textes philosophiques sur le langage, 2 Bde., Paris. (Eher systematisch als historisch ausgerichtete Anthologie gut ausgewählter Texte in frz. Übersetzung.)
Jespersen, Otto (1924): *The Philosophy of Grammar*, London. (Im Zentrum steht weniger die Sprachphilosophie als die Grammatiktheorie.)
Junker, Heinrich F.J. (1948): *Sprachphilosophisches Lesebuch*, Heidelberg. (betrifft die Zeit ab Locke, etwas einseitig auf deutsche Philosophen ausgerichtet.)
Mojsisch, Burkhard (Hg. 1986): *Sprachphilosophie in Antike und Mittelalter*, Amsterdam.
Pinborg, Jan (1967): *Die Entwicklung der Sprachtheorie im Mittelalter*, Münster/Kopenhagen (= Beiträge zur Geschichte der Philosophie und Theologie des Mittelalters 42).
Robins, Robert H. (1951): *Ancient & Mediaevial Grammatical Theory in Europe with Particular Reference to Modern Linguistic Doctrine*, London.
Schmitter, Peter (Hg. ^{2}1996): *Geschichte der Sprachtheorie.* Bd. 2: *Sprachtheorien der abendländischen Antike*, Tübingen (2. verbesserte Aufl. 1996).
Simon, Josef (1971): *Philosophie und linguistische Theorie*, Berlin/New York.
Stutterheim, Cornelius Ferdinand Petrus (1949): *Inleiding tot de Taal-Philosophie*, Antwerpen. (Eher systematisch als historisch ausgerichtet; enthält eine reichhaltige Bibliographie.)
Urban, Wilbur Marshall (1939): *Language and Reality*, London/New York. (Ein systematischer, nahezu vollständiger Abriß der Sprachphilosophie; der Verf. war Schüler von E. Cassirer.)
Vossler, Karl (1923): *Gesammelte Aufsätze zur Sprachphilosophie*, München. (Behandelt eher Fragen der Sprachtheorie als der Sprachphilosophie.)

III. Forschungsliteratur

Aarsleff, Hans (1964): „Leibniz on Locke on Language", *American Philosophical Quarterly* 1, 165–188.
Aarsleff, Hans (1970): „The History of Linguistics and Professor Chomsky", *Language* 46/3, 570–585.
Aarsleff, Hans (1982): *From Locke to Saussure. Essays on the Study of Language and Intellectual History*, London.

Aarsleff, Hans (1983): *The Study of Language in England 1780*–1860, London/ Minneapolis.
Abbagnano, Nicola (1966): „Introduzione“, in: G. Vico: *La scienza nuova e opere scelte*, Turin, 2. Aufl.
Abercrombie, D. (1949): „What is a «letter»?“, *Lingua* II, 1, 54–63.
Abramczyk, I. (1929): *Zum Problem der Sprachphilosophie im platonischen Dialog Kratylos,* Diss. Breslau.
Ackrill, J. L: (1981): *Aristotle the Philosopher*, Oxford (Dt.: Aristoteles. Eine Einführung in sein Philosophieren. Übers. von E.R. Miller, Berlin/New York 1985).
Albrecht, Jörn (1981): „»Les dictionnaires nous diront que *acqua* signifie *le feu*«. Du Marsais zum Problem der kontrastiven Metaphorik und Idiomatik“, in: *Logos Semantikos* (Festschrift Coseriu), Bd. I, Berlin/New York/Madrid 1981, 215–228.
Albrecht, Jörn (1987): „Consuetudo, usus, usage, uso: Zur Sprachnormproblematik bei Vaugelas und Manzoni“, in: H.-J. Niederehe / Brigitte Schlieben-Lange (Hg.): *Die Frühgeschichte der romanischen Philologie: Von Dante bis Diez*, Tübingen, 109–121.
Albrecht, Jörn (1988 Hg.): *Schriften von Eugenio Coseriu (1965–1987)* (= Jörn Albrecht / Jens Lüdtke / Harald Thun [Hgg.]: *Energeia und Ergon*, Studia in honorem Eugenio Coseriu, Bd. I), Tübingen.
Albrecht, Jörn (2001): „Sprachbewertung“, in: Günter Holtus / Michael Metzeltin / Christian Schmitt (Hgg.): *Lexikon der Romanistischen Linguistik*, I, 2, 526–540.
Apel, Karl-Otto (1963): *Die Idee der Sprache in der Tradition des Humanismus von Dante bis Vico*, Bonn (= Archiv für Begriffsgeschichte 8).
Apel, Karl-Otto (1973): „Charles W. Morris und das Programm einer pragmatisch integrierten Semiotik“, Einführung zu Charles W. Morris: *Zeichen, Sprache und Verhalten*, Düsseldorf 1973, 9–66.
Aschenberg, Heidi (1991): *Eigennamen im Kinderbuch.* Eine textlinguistische Studie, Tübingen.
Auroux, Sylvain (1989): „La question de l'origine des langues: ordres et raisons du rejet institutionnel“, in: Gessinger/von Rahden (1989), Bd. II, 122–150.
Auroux, Sylvain (1996): Artikel „Court de Gébelin“ in: *Lexicon grammaticorum*, 207f.
Ax, Wolfram (1991): „Sprache als Gegenstand der alexandrinischen und pergamenischen Philologie“; in: Schmitter (Hg. ²1996), 275–301.
Ax, Wolfram (1992): „Aristoteles“, in: Dascal et alii (Hgg.; 1992), 244–259.
Baratin, Marc (1991): „Aperçu de la linguistique stoïcienne“, in: Schmitter (Hg. ²1996), 193–216.
Barnes, Jonathan (1982): *Aristotle*, Oxford (dt. von Christiana Goldmann: *Aristoteles.* Eine Einführung, Stuttgart 1992).
Barth, P. (1908): *Die Stoa*, Stuttgart (6. Aufl. 1946).
Barwick, Karl (1957): *Probleme der stoischen Sprachlehre und Rhetorik*, Berlin.
Benfey, Theodor (1866): *Über die Aufgabe des platonischen Dialogs Kratylos*, Göttingen.
Berlin, Isaiah (1976): *Vico and Herder*, London.
Bloomfield, Leonard (1933/73): *Language*, London 1973, erste Aufl. 1933.
Bocheński, Joseph Maria (1956): *Formale Logik*, Freiburg/München (3. unveränderte Aufl. 1970).
Bocheński, Joseph Maria (1957): *Ancient Formal Logic*, Amsterdam.
Borgeaud, W. / Bröcker, W. / Lohmann, J. (1942–43): „De la nature du signe“, *Acta Linguistica* III, 24–30.

Borsche, Tilmann (1986): „Macht und Ohnmacht der Wörter. Bemerkungen zu Augustins ‚De magistro'", in: Mojsisch (Hg. 1986), 121–161.
Borsche, Tilmann (1991): „Platon", in: Schmitter (Hg. ²1996), 140–169.
Borsche, Tilmann (1994): „Zeichentheorien im Übergang von den Stoikern zu Augustin", *Allgemeine Zeitschrift für Philosophie* 19/2, 41–52.
Brandt, Reinhardt / Klemme, Heiner F. (1996): „John Locke (1632–1704)", in: Borsche (Hg. 1996), 133–146.
Breidert, Wolfgang (1989): *George Berkeley (1685–1753)*, Basel/Boston/Berlin.
Brekle, Herbert Ernst (1966): „Introduction" zu Grammaire de Port-Royal (³1676/1966), VII–XXXII.
Brekle, Herbert Ernst (1985): *Einführung in die Geschichte der Sprachwissenschaft*, Darmstadt.
Brentano, Franz (1911): *Aristoteles und seine Weltanschauung*, Leipzig.
Briesemeister, Dietrich (1982): „Die gedruckten deutschen Übersetzungen von Vives' Werken im 17. Jahrhundert", in: Buck (Hg. 1982), 177–191.
Brøndal, Viggo (1928): *Les Parties du Discours*. Partes Orationis. Etudes sur les catégories du langage. Résumé d'un ouvrage danois intitulé Ordklasserne, Kopenhagen.
Brown, Peter (1967): *Augustine of Hippo*. A Biography, Berkely (dt. Von J. Bernard, München 1973).
Brunschwig, Jacques (1966): „Introduction" zu Leibniz 1765/1966, 13–21.
Buchheim, Thomas (1999): *Aristoteles,* Freiburg/Basel/Wien.
Büchner, K. (1936): *Platons Kratylos und die moderne Sprachphilosophie*, Berlin.
Buck, August (Hg. 1982): *Juan Luis Vives*. Arbeitsgespräch in der Herzog August Bibliothek Wolfenbüttel vom 6. bis 8. November 1980, Hamburg (= Wolfenbütteler Abhandlungen zur Renaissanceforschung, Bd. 3).
Buck, August (1982): „Juan Luis Vives' Konzeption des humanistischen Gelehrten", in: Idem (Hg. 1982), 11–21.
Bühler, Karl (1934/1982): *Sprachtheorie*. Die Darstellungsfunktion der Sprache, Stuttgart/New York.
Bursill-Hall, G.L. (1971): *Speculative Grammar of the Middle Ages*. The Doctrine of Partes Orationis of the Modistae, Den Haag/Paris.
Busse, Winfried (1986): „La syntaxe à la fin du XVIIIe siècle: la grammaire générale analytique d'Urbain Domergue (An VII)", in: *Linguistique générale et linguistique romane. Histoire de la grammaire*. Actes du XVIIe Congrès International de Linguistique Générale et Philologie Romanes (Aix-en-Provence, 29 août – 3 septembre 1983), Vol. 1, Marseille.
Cassirer, Ernst (1923/2001): *Philosophie der symbolischen Formen*. Erster Teil: *Die Sprache*, Darmstadt (= *Gesammelte Werke*, Bd. 11).
Cassirer, Ernst (1995): *Descartes. Lehre – Persönlichkeit – Wirkung*. Mit einer Einleitung herausgegeben sowie mit Anmerkungen und Registern versehen von Rainer A. Bast, Hamburg.
Chaix-Ruy, Jules (1944): *La formation de la pensée de G.B. Vico*, Gap.
Chakrabarti, K. (1975): „The Nyāya-Vaiśeṣika Theory of Universals", *Journal of Indian Philosophy* 3, 363–382.
Chakravarti, P.C. (1930): *The Philosophy of Sanskrit Grammar*, Calcutta.
Chakravarti, P.C. (1933): *The Linguistic Speculations of the Hindus*, Calcutta.
Chomsky, Noam (1965): *Aspects of the Theory of Syntax*, Cambridge, Mass.
Chomsky, Noam (1966/71): *Cartesianische Linguistik*. Ein Kapitel in der Geschichte des Rationalismus, Tübingen 1971, amerikanisches Original 1966.

Coseriu, Eugenio (1967): „L'arbitraire du signe. Zur Spätgeschichte eines aristotelischen Begriffs“, *Archiv für das Studium der neueren Sprachen und Literaturen* 204, 2, 81–112.
Coseriu, Eugenio (1967a): „Logicismo y antilogicismo en la gramática“, in: Idem: *Teoría del lenguaje y lingüística general*, Madrid ²1967, 235–260.
Coseriu, Eugenio (1970): „Bedeutung und Bezeichnung im Lichte der strukturellen Semantik“, in: Peter Hartmann / Henri Vernay (Hgg.): *Sprachwissenschaft und Übesetzen.* Symposion an der Universität Heidelberg 24.2.–26.2.1969 (= Commentationes Societatis Linguisticae Europaeae III), München, 1–18.
Coseriu, Eugenio (1970a): „Adam Smith und die Anfänge der Sprachtypologie“, in Smith (1767/1970), 15–25.
Coseriu, Eugenio (1971a): „Zur Sprachtheorie von Juan Luis Vives“, in: W. Dierlamm / W. Drost (Hgg.): *Aus der französischen Kultur- und Geistesgeschichte* (=Festschrift Walter Mönch), Heidelberg, 234–255.
Coseriu, Eugenio (1971b): „Das Problem des Übersetzens bei Juan Luis Vives“, in: K.-R. Bausch / H.-M.Gauger (Hgg.): *Interlinguistica.* Sprachvergleich und Übersetzung (Festschrift Mario Wandruszka zum 60. Geburtstag), Tübingen, 571–582.
Coseriu, Eugenio (1972): „Über die Sprachtypologie Wilhelm von Humboldts. Ein Beitrag zur Kritik der sprachwissenschaftlichen Überlieferung“, in: *Beiträge zur vergleichenden Literaturgeschichte. Festschrift für Kurt Wais zum 65. Geburtstag*, 107–135.
Coseriu, Eugenio (1974/88): „Die sprachlichen (und die anderen) Universalien“, in: Albrecht (Hg. 1988), 233–262, erstmals französisch 1974.
Coseriu, Eugenio (1976): *Das romanische Verbalsystem.* Herausgegeben und bearbeitet von Hansbert Bertsch, Tübingen.
Coseriu, Eugenio (1977): Antrittsrede an der Heidelberger Akademie der Wissenschaften, *Jahrbuch der Heidelberger Akademie der Wissenschaften*, 107–108.
Coseriu, Eugenio (³1978): *Sincronía, Diacronía et Historia.* El problema del cambio lingüístico. Madrid. Erstausgabe Montevideo 1957, dt. Üb. 1974.
Coseriu, Eugenio (1979): „τὸ ἓν σημαίνειν“ Bedeutung und Bezeichnung bei Aristoteles“, *Zeitschrift für Phonetik, Sprachwissenschaft und Kommunikationsforschung* 32/4, 432–437.
Coseriu, Eugenio (1980/88): „»Historische Sprache« und »Dialekt«“, in: Albrecht (Hg. 1988), 45–61, erstmals 1980.
Coseriu, Eugenio (1987): „Palabras, cosas y términos“, in: *In Memoriam Inmaculada Corrales*, Universidad de la Laguna, Sta Cruz de Teneriffe, 175–185.
Coseriu, Eugenio (1988): „Die Sprache zwischen φύσει und θέσει“, in: *Natur in den Geisteswissenschaften I.* Erstes Blaubeurer Symposion, Tübingen.
Coseriu, Eugenio (1988a): „Die Ebenen des sprachlichen Wissens. Der Ort des »Korrekten« in der Bewertungsskala des Gesprochenen“, in: Jörn Albrecht (Hg.): *Energeia und Ergon.* Bd. I Schriften von Eugenio Coseriu (1965–1988), Tübingen 1988, 327–364.
Coseriu, Eugenio (1994): *Textlinguistik.* Eine Einführung. Herausgegeben und bearbeitet von Jörn Albrecht, Tübingen (= UTB 1808).
Coseriu, Eugenio (1995): „Von den universali fantastici“, in: Trabant (Hg. 1995), 73–80.
Coseriu, Eugenio (1996) = Coseriu, Eugenio / Bimal K. Matilal: „Der φύσει-θέσει Streit. Are words and things connected by nature or by convention?“, in: Dascal, Marcelo et alii (Hg.), Bd. II, Art. 62, 880–900.
Couturat, Louis (1901): *La logique de Leibniz d'après des documents inédits*, Paris.
Couturat, Louis / Léau, L. (1903): *Histoire de la langue universelle*, Paris. Nachdruck Hildesheim/New York 1979.

Croce, Benedetto (1902): *Estetica comme scienza dell'espressione e linguistica generale*, Mailand.

Croce, Benedetto ([6]1962): *La filosofia di Giambattista Vico*, Bari.

Dascal, Marcelo (1978): *La sémiologie de Leibniz*, Paris.

Delbouille, Paul (1961): *Poésie et sonorités*, Paris.

Derbolav, Josef (1972): *Platons Sprachphilosophie im Kratylos und in den späteren Schriften*, Darmstadt.

Deuschle, J. (1852): *Die platonische Sprachphilosophie*, Marburg.

Dewey, John (1938): *Logic. The Theory of Inquiry*, New York. Dt. Üb.: *„Logik". Die Theorie der Forschung*, Frankfurt am Main 2002.

Di Cesare, Donatella (1986): „Heraklit und die Sprache", in: Mojsisch (1986), 1–16.

Di Cesare, Donatella (1995): „Dal tropo retorico all'universale fantastico", in: Trabant (Hg. 1995), 81–92.

Donzé, Roland ([2]1971): *La grammaire générale et raisonnée de Port-Royal*. Contribution à l'histoire des idées grammaticales en France, Bern.

Droixhe, Daniel (1978): *La linguistique et l'appel de l'histoire (1600–1800)*. Rationalisme et révolutions positivistes, Genf.

Duchrow, Ulrich (1965): *Sprachverständnis und biblisches Hören bei Augustin*, Tübingen.

Düring, Ingemar (1966): *Aristoteles. Darstellung und Interpretation seines Denkens,* Heidelberg.

Dutz, Klaus, D. (1983): *Zeichentheorie und Sprachwissenschaft bei G.W. Leibniz*. Eine kritisch annotierte Bibliographie der Sekundärliteratur, Münster.

Eco, Umberto (1984): *Semiotica e filosofia del linguaggio,* Turin (dt. *Semiotik und Philosophie der Sprache*, München 1985).

Eco, Umberto (1994): *Die Suche nach der vollkommenen Sprache* (*La ricerca della lingua perfetta nella cultura europea*), München.

Engels, J. (1963): „Origine, sens et survie du terme boécien »secundum placitum«", *Vivarium* 1, 87–114.

Finster, Reinhard / Gerd van den Heuvel (1990): *Gottfried Wilhelm Leibniz*, Reinbek bei Hamburg.

Flasch, Kurt (1987): *Einführung in die Philosophie des Mittelalters*, Darmstadt [3]1994.

Flasch, Kurt ([2]1994): *Augustin*. Einführung in sein Denken, Stuttgart.

Formigiari, Lia (1973): „Monboddo: antropologia e linguistica", in: Eadem/Nicolao Merker (Hgg.): *Herder-Monboddo. Linguaggio e società*, Bari, 49–68.

Franzen, Winfried (1996): „Etienne Bonnot de Condillac (1714–1780)", in: Borsche (Hg. 1996), 179–185.

Frede, Michael (1974): *Die stoische Logik*, Göttingen.

Frege, Gottlob (1884/1988): *Grundlagen der Arithmetik: eine logisch mathematische Untersuchung über den Begriff der Zahl,* Hamburg.

Funke, Otto (1934): *Englische Sprachphilosophie im späteren 18. Jahrhundert*, Bern.

Gabler, Darius (1987): *Die semantischen und syntaktischen Funktionen im Tractatus „De modis significandi sive grammatica speculativa" des Thomas von Erfurt*, Bern usw.

Gadamer, Hans-Georg (Hg. 1968): *Um die Begriffswelt der Vorsokratiker*, Darmstadt 1968 (= Wege der Forschung 9).

Gaiser, Konrad (1974): *Name und Sache in Platons ‚Kratylos'*, Heidelberg.

Ganeri, Jonardon (1999): *Semantic Powers*. Meaning and the Means of Knowing in Classical Indian Philosophy, Oxford.

Gardiner, Alan H. (1915): „The Nature and Development of the Egyptian Hieroglyphic Writing", *Journal of Egyptian Archeology* II, 61ff.

Gardt, Andreas (1999): *Geschichte der Sprachwissenschaft in Deutschland.* Vom Mittelalter bis ins 20. Jahrhundert, Berlin/New York.
Gensini, Stefano (1993): „Leibniz. Linguist and Philosopher of Language", in: M. Dascal / E. Yakira, (Hgg. 1993): *Leibniz and Adam*, Tel Aviv, 111–136.
Gentile, Giovanni (1954): *Sommario di pedagogia come scienza filosofica*, Florenz.
Gentile, Giovanni (^{3}1968): *Studi vichiani*, Florenz.
Gessinger, Joachim / Wolfert von Rahden (Hgg. 1989): *Theorien vom Ursprung der Sprache*, Berlin/New York.
Gilson, Etienne (1922/76): *La philosophie au moyen âge*, 2 Bde., Paris.
Gilson, Etienne (1929): *Introduction à l'étude de Saint Augustin*, Paris.
Giusso, Lorenzo (1943): *G. B. Vico e la filosofia dell'età barocca*, Rom.
Grabmann, Martin (1922): „De Thoma Erfordiensi auctore grammaticae quae Johanni Duns Scoto adscribitur speculativae", *Archivum Franciscanum Historicum* 15, 273–277.
Grabmann, Martin (1926): *Mittelalterliches Geistesleben*, 3 Bde., München.
Graeser, Andreas (1996): „Aristoteles (384–321 v. Chr.)", in: Borsche (Hg. 1996), 33–47.
Grassi, Ernesto (1939): *Vom Vorrang des Logos*, München.
Grassi, Ernesto (1946): *Verteidigung des individuellen Lebens*, Bern.
Grotz, Stephan (198): Einleitung und Kommentar zu Thomas von Erfurt (1998), vii–xlvi.
Guzzo, A. (1958): „La problematica del Cratilo", in: *Il Parlare*, Turin.
Haag, E. (1933): *Platons Kratylos*, Stuttgart.
Haarmann, Harald (1990): *Universalgeschichte der Schrift*, Frankfurt/New York.
Harnois, Guy (1929): *Les théories du langage en France de 1660–1821*, Paris.
Haßler, Gerda / Schmitter, Peter (Hgg. 1999): *Sprachdiskussion und Beschreibung von Sprachen im 17. Und 18. Jahrhundert*, Münster.
Hegel, Georg Wilhelm Friedrich (1969): *Wissenschaft der Logik*, Theorie Werkausgabe, Bd. 5–6, Frankfurt am Main.
Heidegger, Martin (1916/72): „Die Kategorien- und Bedeutungslehre des Duns Scotus", jetzt in: Idem: *Frühe Schriften*, Frankfurt am Main 1972, 131–353.
Heidegger, Martin (1954): *Vorträge und Aufsätze*, Pfullingen.
Heidegger, Martin (1959): *Unterwegs zur Sprache*, Pfullingen.
Heinekamp, Albert (1992): „G.W. Leibniz", in: Dascal et alii (Hgg.1992), 320–330.
Herculano de Carvalho, José (1961): „Segno e significazione in João de São Tomás", in: *Aufsätze zur portugiesischen Kulturgeschichte* (= *Portugiesische Forschungen der Görresgesellschaft*), hrsg. von Hans Flasche, Bd. 2, Münster, 152–176.
Hjelmslev, Louis (1928/^{2}1968): *Principes de grammaire générale*, Kopenhagen.
Hjelmslev, Louis (1943/1974): *Prolegomena zu einer Sprachtheorie.* Übersetzt von Rudi Keller, Ursula Scharf und Georg Stötzel, München.
Hjelmslev, Louis (1957/74): „Für eine strukturale Semantik" (Pour une sémantique structurale), in: Idem: *Aufsätze zur Sprachwissenschaft*, Stuttgart, 105–119.
Höffe, Otfried (1996): *Aristoteles*, München.
Höffe, Otfried (^{4}1996): *Immanuel Kant*, München.
Hösle, Vittorio (1990): Einleitung zu Vico (1744/1990), XXXI–CCXCIII.
Hoffmann, Ernst (1925): *Die Sprache und die archaische Logik*, Tübingen.
Holmsten, Georg (1972): *Jean-Jacques Rousseau*, Reinbek bei Hamburg.
Hülser, Karlheinz (1996): „Stoa (Beginn ca. 300 v. Chr.)"; in: Borsche (Hg. 1996), 49–62.
Jäger, Werner (1923/^{2}1955): *Aristoteles.* Grundlegung einer Geschichte seiner Entwicklung, Berlin.

Jaspers, Karl (³1985): *Plato*, München/Zürich.
Kann, Christoph (2001): *Fußnoten zu Platon*. Philosophiegeschichte bei A.N. Whitehead, Hamburg.
Keller, Albert (1974): „Arbeiten zur Sprachphilosophie Thomas von Aquins“, *Theologie und Philosophie* 49, 464–476.
Kneepkens, C.H. (1995): „The Priscianic Tradition“, in: Ebbesen (Hg. 1995), 239–264.
Kobusch, Theo (1996): „Grammatica speculativa (12.–14. Jahrhundert)“, in: Borsche (Hg. 1996), 77–93.
Kodalle, Klaus-M. (1996): „Thomas Hobbes (1588–1679)“, in: Borsche (Hg. 1996), 111–131.
Kraus, Manfred (1996): „Platon (428/27–348/47 v. Chr.)“, in: Borsche (Hg. 1996), 15–32.
Kukenheim, Louis (1932): *Contributions à l'histoire de la grammaire italienne, espagnole et française à l'époque de la Renaissance*, Amsterdam.
Kuypers, K. (1934): *Der Zeichen- und Wortbegriff im Denken Augustins*, Amsterdam.
Lee, Tae-Soo (1984): *Die griechische Tradition der aristotelischen Syllogistik in der Spätantike*. Eine Untersuchung über die Kommentare zu den analytica priora von Alexander Aphrodisiensis, Ammonius und Philoponus, Göttingen.
Lersch, Laurenz (1838–41): *Die Sprachphilosophie der Alten dargestellt an dem Streite über Analogie und Anomalie der Sprache*, 3 Bde., Bonn.
Lilla, Mark (1993): *G. B. Vico*. The Making of an Anti-Modern, Cambridge/London.
Lowe, E. Jonathan (1995): *Locke on Human Understanding*, New York.
Łukasiewicz, Jan (²1958): *Aristotle's Syllogistic from the standpoint of Modern Formal Logic*, Oxford.
Malmberg, Bertil (1991): *Histoire de la linguistique de Sumer à Saussure*, Paris.
Maritain, Jacques (1988a): „Signe et symbole“, in: Idem/Raïssa Maritain: *Œuvres complètes*, Bd. VII, Fribourg/Paris, 97–158.
Maritain, Jacques (1988b): „Jean de Saint.Thomas“, in: Idem/Raïssa Maritain, *Œuvres complètes*, Bd. II, Fribourg/Paris, 1017–1027.
Marmo, Costantino (1995): „A Pragmatic Approach to Language in Modism“, in: Ebbesen (Hg. 1995), 169–183.
Marrou, Henri-Irénée (1956): *Saint Augustin et l'augustinisme*, Paris.
Martin, Gottfried (1969): *Platon*, Reinbek bei Hamburg.
Mates, B. (1961): *Stoic Logic*, Berkeley/Los Angeles (1. Aufl. 1953).
Matital, Bimal K. (1992): „Indian philosophy of language“, in: Dascal et alii (Hgg. 1992), 75–94.
Mauthner, Fritz (1923): *Beiträge zu einer Kritik der Sprache*. Repographischer Nachdruck der 3. Aufl. Leipzig 1923; Hildesheim 1967–1969.
Meier-Oeser, Stephan (1996): „Nikolaus von Kues (1401–1464)“, in Borsche (Hg. 1996), 95–109.
Mojsisch, Burkhard (1996): „Augustin (354–430)“, in: Borsche (Hg. 1996), 63–76.
Monreal-Wickert, Irene (1977): *Die Sprachforschung der Aufklärung im Spiegel der großen französischen Enzyklopädie*, Tübingen. [= Lingua et traditio 3.]
Moraux, Paul (1962): *Aristote et son école*, Paris.
Moraux, Paul (1973/84): *Der Aristotelismus bei den Griechen*. Von Andronikos bis Alexander von Aphrodisias, Berlin/New York 1973; Bd. II: *Der Aristotelismus im I. und II. Jahrhundert n. Chr.*, Berlin/New York 1984.
Moraux, Paul (Hrsg. 1968): *Aristoteles in der neueren Forschung*, Darmstadt.
Müller, Max (1986): *Existenzphilosophie*. Von der Metaphysik zur Metahistorik, Freiburg/München.

Narr, Gunter (1970): Einleitung zu Adam Smith: „A Dissertation on the Origin of Languages“, in: Smith 1767/1970, 3–14.
Ong, Walter J. (1982): *Orality and Literacy*. The Technologizing of the Word, London/ New York.
Ott, W. (^{2}1908): *Über die Schrift des heiligen Augustins »De Magistro«*, Hechingen.
Otto, Stephan (1995): „Sprachzeichen, geometrische Zeichen, Metaphysik. Vicos neue Wissenschaft des Anfänglichen“, in: Trabant (Hg. 1995), 3–15.
Paci, Enzo (1949): *Ingens sylva*, Mailand.
Paci, Enzo (1969): „Vico and Cassirer“, in: Tagliacozzo, Giorgio / Verene, Donald Phillip (Hg. 1969): *Giambattista Vico*. An International Symposium, Baltimore, 457–473.
Pagliaro, Antonino (1930/1993): *Sommario di linguistica arioeuropea*, Nachdruck der Ausgabe von 1930, Palermo 1993 (= Opere, *Storia della linguistica*, tomo primo).
Pagliaro, Antonino (1951): *Il linguaggio come conoscenza*, Rom, tatsächliches Erscheinungsjahr 1952.
Pagliaro, Antonino (1956a): „Il capitolo linguistico della »Poetica« di Aristotele“, in: Ibid.: *Nuovi saggi*, 77–151.
Pagliaro, Antonino (1957): *La parola e l'immagine*, Neapel.
Pagliaro, Antonino (1961): *Saggi di critica semantia*. Seconda edizione riveduta, Messina/Florenz.
Pagliaro, Antonino (^{2}1956): „Struttura e pensiero del 'Cratilo' di Platone“, jetzt in: Idem: *Nuovi saggi di critica semantica*, Messina/Florenz 1956, 47–76.
Pagliaro, Antonino (1961): „Lingua e poesia secondo G. B. Vico“, in: Idem: *Altri saggi di critica semantica*, Messina/Florenz, 299–444.
Patnaik, Tandra (1994): *Śabda*. A Study of Bhartṛhari's Philosophy of Language, Neu Dehli.
Percival, W. Keith (1975): „The Grammatical Tradition and the Rise of the Vernaculars“, in: Sebeok, Thomas A. (Hg. 1975): *Current Trends in Linguistics*, Vol. 13, *Historiography of Linguistics*, Den Haag/Paris, I, 231–275.
Pinault, Georges-Jean (1996a): „Pāṇini“, in: *Lexicon Grammaticorum*, 692–697.
Pinault, Georges-Jean (1996b): „Patañjali“, in: *Lexicon Grammaticorum*, 704–706.
Pinborg, Jan (1962): „Das Sprachdenken der Stoa und Augustins Dialektik“, *Classica et Mediaevalia* 23, 148–177.
Pinborg, Jan (1972): *Logik und Semantik im Mitelalter*. Ein Überblick. Mit einem Nachwort von Helmut Kohlenberger, Stuttgart-Bad Cannstatt.
Pohlenz, Max (1939/65): „Die Begründung der abendländischen Sprachlehre durch die Stoa“, jetzt in: Idem: *Kleine Schriften I*. Herausgegeben von Heinrich Dörrie, Hildesheim, 39–86.
Pohlenz, Max (^{4}1970): *Die Stoa*. Geschichte einer geistigen Bewegung, Göttingen (1. Aufl. 1948).
Poser, Hans (1996): „Gottfried Wilhelm Leibniz (1646–1716)“, in: Borsche (Hg. 1996), 147–160.
Posner, Roland (Hg. 1980): *Ikonismus in den natürlichen Sprachen*. (= Zeitschrift für Semiotik II, 1–2.)
Putnam, Hilary (1975/^{2}1990): *Die Bedeutung von „Bedeutung“*. Herausgegeben und übersetzt von Wolfgang Spohn, Frankfurt am Main.
Rapp, Christof (1997): *Vorsokratiker*, München.
Rehn, R. (1982): *Der logos der Seele*. Wesen, Aufgabe und Bedeutung der Sprache in der platonischen Philosophie, Hamburg.

Ricken, Ulrich (1978): *Grammaire et philosophie au siècle des lumières*. Controverses sur l'ordre naturel et la clarté du français, Villeneuve-d'Asqu.

Ricken, Ulrich et alii (Hgg. 1990): *Sprachtheorie und Weltanschauung in der europäischen Aufklärung*. Zur Geschichte der Sprachtheorien des 18. Jahrhunderts und ihrer europäischen Rezeption nach der Französischen Revolution, Berlin.

Röd, Wolfgang (1994): *Der Weg der Philosophie*. Band I *Altertum, Mittelalter, Renaissance*, München.

Rosiello, Luigi (1967): *Linguistica illuminista*, Bologna.

Rosier, Irène (1995): „*Res significata* et *modus significandi*: Les implications d'une distinction médiévale", in: Ebbesen (Hg. 1995), 135–168.

Rosmini Serbati, Antonio (1830/1970): „Kritik der glottogonischen Theorie Adam Smiths", in: Smith 1767/1970, 61–104.

Ross, W.D. (1923/[5]1949): *Aristotle*, London.

Rostagni, A. ([2]1945): *La poetica di Aristotele*, Turin.

Rotta, P. (1909): *La filosofia del linguaggio nella Patristica e nella Scolastica*, Turin.

Ruef, Hans (1891): *Augustin über Semiotik und Sprache*. Sprachtheoretische Analysen zu Augustins Schrift »De Dialectica« mit einer deutschen Übersetzung, Bern.

Ruef, Hans (1995): „Die Sprachtheorie des Augustinus in *De dialectica*", in: Ebbesen (Hg. 1995), 3–11.

Rüfner, Vinzenz (1948): „Vicos philosophische Bedeutung", Einleitung zur dt. Ausg. der *Autobiografia*, Zürich.

Russell, Bertrand (1946): *History of Western Philosophy*, London.

Sacy, Samuel S. de (1956): *Descartes*, Paris.

Sahlin, Gunvor (1928): *César Chesneau Du Marsais et son rôle dans l'évolution de la grammaire générale*, Paris.

Scaglione, Aldo (1980): „The Eighteenth-Century Debate Concerning Linearity or Simultaneity in the Deep Structure of Language: from Buffier to Gottsched", in: Konrad Koerner (Hg.): *Progress in Linguistic Historiography*. Papers from the International Conference on the History of the Language Sciences (Ottawa, 28–31 August 1978), Amsterdam.

Scarpat, G. (1950): *Il discorso e le sue parti in Aristotele*, Arona.

Schäublin, Fr. (1891): *Über den platonischen Dialog Kratylos*, Diss. Basel.

Scherer, Georg (1993): *Philosophie des Mittelalters*, Stuttgart/Weimar.

Schleicher, August (1863/1977): „Die Darwinsche Theorie und die Sprachwissenschaft", in: Hans Helmut Christmann (Hg.): *Sprachwissenschaft des 19. Jahrhunderts*, Darmstadt 1977, 85–108; erstmals 1863.

Schmidt/Hülser (1979) = Rudolf T. Schmidt: *Die Grammatik der Stoiker*. Einführung, Übersetzung und Bearbeitung von Karlheinz Hülser. Mit einer kommentierten Bibliographie zur stoischen Sprachwissenschaft (Dialektik) von Urs Egli, Braunschweig/ Wiesbaden.

Schnelle, Helmut (1962): *Zeichensysteme zur wissenschaftlichen Darstellung*. Ein Beitrag zur Entfaltung der ars characteristica im Sinne von G.W. Leibniz, Stuttgart-Bad Cannstatt.

Schreyer, Rüdiger (1996): „Adam Smith", in: *Lexicon Grammaticorum*, 868–869.

Schulenburg, Sigrid von der (1973): *Leibniz als Sprachforscher*. Mit einem Vorwort herausgegeben von Kurt Müller, Frankfurt am Main.

Schultz, Uwe (2001): *Descartes*, Hamburg.

Seyfort, Ruegg, David (1959): *Contributions à l'histoire de la philosophie linguistique indienne*, Paris.

Specht, Rainer (1989): *John Locke*, München.

Stéfanini, Jean (1973): „Les modistes et leur apport à la théorie de la grammaire et du signe linguistique“, *Semantica* 8, 262–275.

Stefanini, L. (1932/35): *Platone*, 2 Bde., Padua.

Steinthal, Heymann [Hajim] (^{2}1890): *Geschichte der Sprachwissenschaft bei den Griechen und Römern mit besonderer Rücksicht auf die Logik*, Berlin.

Swiggers, Pierre (1994): „Joseph Priestleys Approach of Grammatical Categorization and Linguistic Diversity“, in: K. Carlon / K. Davidse / B. Rudzka-Ostyn: *Perspectives of English*, Löwen.

Taylor, A. E. (1926, ^{8}1955) : *Plato*, London.

Taylor, A. E. (^{2}1919) : *Aristotle*, London.

Thiel, Udo (1990): *John Locke.* Mit Selbstzeugnissen und Bilddokumenten, Reinbek bei Hamburg.

Thurot, Ch. (1869): *Notices et extraits des divers manuscrits latins pour servir à l'histoire des doctrines grammaticales du moyen-âge.* Notices et extraits de divers manuscrits de la Bibliothèque Impériale 22, Paris.

Trabant, Jürgen (1988): „Onomato-Poetika“, in: Jens Lüdtke (Hg.): *Enerergeia und Ergon,* Bd. III: *Das sprachtheoretische Denken Eugenio Coserius in der Diskussion*, Tübingen, 253–264.

Trabant, Jürgen (1989): *Zeichen des Menschen.* Elemente der Semiotik, Frankfurt am Main.

Trabant, Jürgen (1994): *Neue Wissenschaft von alten Zeichen: Vicos Sematologie*, Frankfurt am Main.

Trabant, Jürgen (Hg. 1995): *Vico und die Zeichen/Vico e i segni.* Akten des von der Freien Universität Berlin, der Volkswagenstiftung und dem Istituto per gli Studi Filosofici (Neapel) veranstalteten internationalen Kolloquiums (Berlin, 23.–25. September 1993), Tübingen.

Trabant, Jürgen (1996): „Giambattista Vico (1668–1744)“, in: Borsche (Hg. 1996), 161–178.

Tucci, Giuseppe (1957): *Storia della filosofia indiana*, Bari.

Vega, Miguel Angel (Hg. 1994): *Textos clásicos de teoría de la traducción*, Madrid.

Verburg, Pieter A. (1951): *Taal en functionaliteit*: Een historisch-critische studie over de opvattingen aangaande de functies der taal vanaf de praehumanistische philologie van Orleans tot de rationalistische linguistiek van Bopp, Dissertation Wageningen.

Verburg, Pieter A. (1951/1998): *Language and its Functions*, Amsterdam/Philadelphia (engl. Übersetzung von Verburg 1951 mit historisch-kritischer Einleitung).

Verburg, Pieter A. (1952): „De Taaltheorie van Juan Luis Vives (1492–1540)“, Handelingen van het XXIIe Nederlandse Philologenkongres te Utrecht 69–70, Zusammenfassung.

Verpoorten, Jean-Marie (1996): „Bhartṛhari“, in: *Lexicon Gramaticorum*, 101–103.

Whitehead, Alfred North (1929/79): *Prozeß und Realität.* Entwurf einer Kosmologie. Übersetzt und mit einem Nachwort versehen von Hans-Günter Holl, Frankfurt am Main.

Wilamowitz-Moellendorff, Ulrich von (^{3}1948): *Platon. Sein Leben und seine Werke.* Nach der dritten vom Verfasser herausgegebenen Auflage durchgesehen von Bruno Snell, Berlin/Frankfurt am Main.

Wilhelm, Raymund (2001): *Die Sprache der Affekte.* Jean-Jacques Rousseau und das Sprachdenken des siècle des Lumières, Tübingen.

Wuthenow, Ralph-Rainer (1994): *Diderot zur Einführung*, Hamburg.

Namenregister

Das Register führt nur im Text behandelte oder erwähnte historische Personen auf. Angaben zu Autoren der Forschungsliteratur wurden nicht erfaßt.